U0528179

SIRENBANG
XINGWANG

"四人帮"兴亡

1

初起

(增订版)

叶永烈 著

当代中国出版社

2019年·北京

图书在版编目(CIP)数据

"四人帮"兴亡（增订版）（全四卷）/ 叶永烈著. —北京：当代中国出版社，2014.7（2019.3重印）
ISBN 978-7-5154-0409-7

Ⅰ.①四… Ⅱ.①叶… Ⅲ.①王、张、江、姚反党集团—史料 Ⅳ.①K05

中国版本图书馆CIP数据核字（2014）第120527号

本书图片由作者提供。因时间仓促，未能完全确定摄影者姓名，特向未署名的摄影者致歉；并请相应著作权人见到本书后，与本社联系，以便支付稿酬及再版时准确署名。

出 版 人	曹宏举
策划编辑	克　川　陈立旭　柯琳芳
责任编辑	柯琳芳　胡志华　袁又文　章文岚　叶敏娟
责任校对	康　莹
装帧设计	古涧文化
出版发行	当代中国出版社
地　　址	北京市地安门西大街旌勇里8号
网　　址	http://www.ddzg.net　邮箱：ddzgcbs@sina.com
邮政编码	100009
编 辑 部	(010)66572264　66572154　66572132　66572180
市 场 部	(010)66572281　66572161　66572157　83221785
印　　刷	北京润田金辉印刷有限公司
开　　本	787毫米×1092毫米　1/16
印　　张	96印张　9插页　插图253幅　2168千字
版　　次	2014年7月第1版
印　　次	2019年3月第8次印刷
定　　价	198.00元（全四卷）

版权所有，翻版必究；如有印装质量问题，请拨打(010)66572159转出版部。

增订版前言

《"四人帮"兴亡》是我花费心血最多的一部著作，也是修改次数最多的一部著作。1980年观看中央电视台转播的最高人民法院特别法庭审判"四人帮"实况节目，触发了我写这部长篇的计划，直至今日已经过去三十多个春秋。

《"四人帮"兴亡》题材庞大，最初分为《江青传》《张春桥传》《姚文元传》《王洪文传》四本书，在1988年初版，此后多次修订再版。由于"四人帮"你中有我，我中有你，因此分成四本书来写，部分内容重复，而且是把这个"帮"拆散了来写，没有整体感。到了2002年，终于把四本书合为《"四人帮"兴亡》，即把"四人帮"作为一个"帮"来写。在《"四人帮"兴亡》完成之后，搁置多年，未能出版。

2008年，《"四人帮"兴亡》经中共中央党史研究室审读、国家新闻出版总署批准，由人民日报出版社出版。《"四人帮"兴亡》共182万字，分上、中、下三卷。我庆幸能够在许多"文革"当事人还健在的时候进行了多方面的采访，获得大量第一手资料。倘若我在今日才动手写这部长卷，那就无法获得那么多极其重要的口述历史资料。

《"四人帮"兴亡》出版之后，我花费很多时间对全书进行大修改，大补充，而且还进行了许多补充采访。放在您面前的《"四人帮"兴亡》增订版，便是补充了2002年以来学界对"四人帮"研究的一系列最新成果的版本。由于新增了十几万字的内容、增加了与"四人帮"成员及历史背景有关的图片，增大了整书的篇幅，原来分上、中、下三卷的做法不利于读者阅读；同时考虑到"四人帮"从产生到灭亡经历了一个较长过程，因此，增订版按照"四人帮"的兴亡历程，分为初起、兴风、横行、覆灭四卷。这样既方便了读者阅读，也勾勒了"四人帮"兴亡的脉络。另外，增订本还逐一订正了读者以及专家指出的本书初版的错误之处。

在今天，出版《"四人帮"兴亡》增订版，可以说有双重的意义：

一是让年轻的"80后"、"90后"读者，了解那十年浩劫的真实历史。随着时光的流逝，如今很多年轻人连"四人帮"是哪四个人都说不上，更谈不上汲取"文革"的沉痛教训。历史是一面镜子。以史为鉴，让历史告诉未来，可以防止"左"的顽症卷土重来。

二是近年来沉渣泛起，为"四人帮"翻案者借助网络推波助澜。有人称"四人帮"为"文革四杰"，为"四杰帮"，称江青为"无产阶级文化大革命的伟大旗手、毛主席最亲密的战友和最好的学生"，称张春桥是"杰出的马列主义理论家"，还称粉碎"四人帮"是"华、叶、汪、李反革命集团"的"宫廷政变"……

为了让年轻读者了解历史真相，了解所谓"文革四杰"的真正面目，历史的责任感驱使我对《"四人帮"兴亡》做认真的修改和补充。

早在2005年，当代中国出版社就多次与我联系，期望出版《"四人帮"兴亡》。这次，他们得知我完成《"四人帮"兴亡》增订版，再度热情约稿。在本书出版之际，谨对当代中国出版社表示深切的感谢。

《"四人帮"兴亡》是一个大题材，涉及中国当代诸多政治人物与重大事件，需要不断修改、增订。我愿继续对本书进行修改，以求更加符合历史真实。

叶永烈
2012年10月7日上海沉思斋

序

> 十年天地干戈老，
> 四海苍生痛苦深。

以明朝顾炎武的《海上》一诗，来形容1966年5月16日至1976年10月6日这创巨痛深的十年，是非常妥切的。

"文革"十年，中华民族的大灾难，哀鸿遍野，冤狱遍地。"直如弦，死道边；曲如钩，反封侯"！

正因为这样，"文化大革命"被人们称为中国历史上空前的浩劫。

中共十一届六中全会通过的《中国共产党中央委员会关于建国以来党的若干历史问题的决议》指出："'文化大革命'，使党、国家和人民遭到建国以来最严重的挫折和损失。""历史已经判明，'文化大革命'是一场由领导者错误发动，被反革命集团利用，给党、国家和各族人民带来严重灾难的内乱。"

"文化大革命"史，是中国当代史研究工作中一片荆棘丛生、暗雷四伏的地带，一片忌讳甚多、禁规甚多的是非之地，一片浓雾迷茫、透明度甚差的"百慕大"，却又是泪流成河、冤狱众多的重灾区。它是中国的"特产"——因为这场既不是"无产阶级"的、又不是"文化"的、更不是"革命"的"无产阶级文化大革命"，是在中国发生，在中国进行的。

1980年，我以一个爱国知识分子在"文革"中的悲惨遭遇为题材，写了12万字的中篇小说《黑影》，于1981年春连载于《羊城晚报》。这篇小说借主人公之口，说出了这样的话：

"真理终究会战胜强权，光明终究会战胜黑暗。一时强弱在于力，千秋胜负在于理！"

"那黑暗的岁月终于过去，但是那深刻的历史教训值得永远记取。"

当小说正在《羊城晚报》连载的时候，中华人民共和国最高人民法院特别法庭在北京开庭，林彪、江青反革命集团案的十名主犯被押上了历史的审判台。每天晚上，我都坐在荧光屏前，聚精会神地收看这一举世瞩目的审判，一边看，一边作笔记。我发觉，审判中揭露出来的大量惊心动魄的事实，比任何虚构的小说更具有震撼力！于是，我萌发了写作反映"文革"的长篇纪实文学的念头……

我注意到,"文化大革命"作为一场悲剧、闹剧、惨剧、丑剧,早已降下大幕。沸沸扬扬、大灾大难的十年,已经凝固成为历史。然而,这段特殊的历史,迄今仍为海内外所瞩目。"文化大革命"幕后的一切,依然是千千万万读者关注的热点。

我最初是从两本书中得到启示的:

一是当时陆陆续续读到的巴金的《随想录》。巴老对于"文化大革命"的深刻、尖锐的鞭笞,给了我思想上的震撼。

巴金说:"张春桥、姚文元青云直上的道路我看得清清楚楚。路并不曲折,他们也走得很顺利,因为他们是踏着奴仆们的身体上去的。我就是奴仆中的一个,我今天还责备自己。我担心那条青云之路并不曾给堵死,我怀疑会不会再有'姚文元'出现在我们中间。我们的祖国母亲再也经不起那样大的折腾了。"

巴金说出了振聋发聩的话:"只有牢牢记住'文化大革命'的人才能制止历史的重演,阻止'文化大革命'的再来。"

另一本给我以启示的书是美国威廉·夏伊勒所著的长卷《第三帝国的兴亡——纳粹德国史》。作者掌握了纳粹德国的485吨档案,花费五年半时间,写成130万字的长篇。

在卷首,作者引用了桑塔亚那的一句格言,那含义与巴金不谋而合:"凡是忘掉过去的人注定要重蹈覆辙。"

十年浩劫给中国人民带来的巨创,绝不亚于当年希特勒纳粹给德国人民带来的痛楚。

我作为上海作家,也从上海的历史及其相应的文学作品加以考虑:

关于上海的开埠和"洋人"们进入上海,已经有了长篇小说《上海——冒险家的乐园》;

关于20世纪30年代的上海,有柯灵写的电影《不夜城》;

关于上海的解放,有电影《战上海》;

关于20世纪50年代的上海,有周而复的长篇小说《上海的早晨》……

我以为,内中有两个上海的重大历史题材,尚无相应的文学作品:

一是1921年中国共产党在上海诞生,用毛泽东的话来说,这是"开天辟地"的大事,却没有一部相应的长篇文学作品;

二是20世纪60年代至1976年10月,"上海帮"("四人帮")的出现、发展以及覆灭,这一重大当代史题材,也没有相应的文学长篇。

我决心填补这两个空白。

关于中国共产党在上海的诞生历程,我写出了长篇纪实文学《红色的起点》。

当我着手采写"四人帮"的兴亡史时,不少人笑话我自不量力。因为这么一个浩大的写作工程,凭我单枪匹马,怎么能够完成?

我这个人,一旦认定了目标,就要坚决干下去。

关于"四人帮"的这部长篇,曾经数易其名:最初是从上海题材的角度,取名《上海风云》,分上、中、下三卷。后来觉得"风云"太平淡,没有火药味,于是改名《上海的拼搏》,仍分上、中、下三卷。然而,着手之后,很快就发觉题材太大,篇幅甚巨,一下子难以下笔。

于是，我又改变了写作计划，即把这一"母题"分切为四个子题，分为四部长篇，即《江青传》《张春桥传》《姚文元传》《王洪文传》。总书名也就相应改为《"四人帮"全传》。

1986年10月，为了庆贺粉碎"四人帮"十周年，一家出版社得知我的写作计划，要我把已经完成的初稿，以《浩劫》为书名，作为"重中之重"，决定以一个月的速度出版（在当时已经是很了不起的出版速度）。

在书稿付厂排印之后，我忽然接到出版社的电报，要我马上从上海乘飞机赶去，有要事商议。我匆匆赶去，方知《浩劫》因故停止排印。我拎着一大包手稿，怀着沉重的心情，飞回上海。

后来我才知道，有人主张"淡忘文革"，所以对"文革"题材书籍严加控制。尽管在当时无法出书，我仍毫不灰心。我以为，这是一部重大题材的书，需要精心创作、精心修改。我花了一年多时间，埋头于修改、补充。

终于，中国的政治气氛变得宽松。从1988年初起，在半年的时间里，陆续出版了《"四人帮"全传》初稿。

这四本书初版本的第一次印数，颇为耐人寻味：

《江青传》，20万册；

《张春桥传》，15万册；

《王洪文传》，13万册；

《姚文元传》，5万册。

这印数，其实从某一方面反映了"四人帮"四个人不同的历史影响力，也反映了普通百姓对他们不同的兴趣度。

这四本书的出版，引起各方注意。许多报纸加以转载或者发表报道、评论。1988年12月16日《人民日报》发表记者倪平的报道《历史使命 笔底波澜——访作家叶永烈》，披露了《"四人帮"全传》四本书的出版以及写作、采访的艰辛。

我以为初稿还很粗糙，又继续进行修改、补充。在1993年，出版了《"四人帮"全传》修订本。中共中央党史研究室审读了《江青传》，认为此书"对重要史事的叙述，态度比较慎重，并纠正了一些不恰当的说法"，全书"史实基本上是准确的"。中共中央党史研究室对于《张春桥传》的审读意见则指出："这本书对于揭露张春桥的丑恶面目有深度、有力度，对'文革'的祸害有比较具体而生动的描绘，有助于加深读者否定'文革'的认识。书稿文笔生动流畅，且多秘闻轶事，可读性强。"

《"四人帮"全传》出版之后，成为遭受盗版的重灾户。光是我所收集到的《江青传》盗版本，竟然达十种之多！

《"四人帮"全传》是四本各自独立而又相互关联的系列书。在写作《"四人帮"全传》的时候，我感到存在这样的难题：

"四人帮"你中有我，我中有你。就拿批判《海瑞罢官》来说，在《江青传》中要写到，在《张春桥传》、《姚文元传》中也要写到。如果都写，彼此有重复感。如果只在《江青传》中写到，《张春桥传》、《姚文元传》中不写，则又不行，因为批判《海瑞罢官》毕竟是张春桥、姚文元历史上的重大事件。

为了解决这一难题,我在写作的时候,有一个详略的总体考虑:

某一事件以某人为主,则在此人传记中详写,而他人传记中则略写。仍以批判《海瑞罢官》来说,《评新编历史剧〈海瑞罢官〉》是姚文元写的,在《姚文元传》详写,而在《江青传》、《张春桥传》中略写。采取这样详略有别的方法,大体上解决了王张江姚这四本长篇传记的互相重复问题。

不过,王张江姚毕竟是一个"帮",是一个整体。在完成《"四人帮"全传》之后,我又着手把四本书合并成一本书,把"子题"合并为"母题",回归最初的创作设想,书名改为《"四人帮"兴亡》。

在《"四人帮"兴亡》中,把"四人帮"作为一个"帮"来写,不仅把"四人帮"的兴亡脉络清楚地勾勒出来,而且完全解决了彼此的重复问题。

经过前后20年的努力,经过多次修改和不断补充,我终于完成了182万字的长卷《"四人帮"兴亡》。

在《"四人帮"兴亡》出版之际,回顾漫长而又艰难的创作历程,感慨万千……

历史的迷雾需要经过时间的沉淀,才能渐渐看清。大量地收集各种"文革"资料也需要时间。

我希望本书不仅仅是文学作品,而且具有一定的史料价值。正因为这样,我在写作中十分尊重史实,以大量掌握的第一手资料作为前提。

档案是写作这样的史实性作品必不可少的参考资料。《第三帝国的兴亡》的作者是美国人,由他来写纳粹德国史,美国为他的创作提供了极大的方便,作者可以自由地利用那485吨从纳粹手中缴来的机密档案。可是,我却与《第三帝国的兴亡》的作者处境大大不同。我是以一个中国人,去写中国刚刚过去的十年浩劫。我所需要参考的档案绝大部分被视为禁区,不可接触。有关部门甚至明文规定,只有人事干部为了外调需要,开具党组织的外调专用介绍信,方可允许查看有关外调对象的那一小部分"文化大革命"档案。至于为了创作而去查看"文化大革命"档案,只能吃闭门羹。我不得不把许多时间花费在办理各种手续上,花在向各级档案部门负责人的"游说"上。差不多每去一处查看"文化大革命"档案,都要花费很多口舌。

为此,我向上海作家协会党组递交了创作报告,并报中共上海市委宣传部,获得支持,使我得以进入种种禁区。

我吃惊地发现,"文化大革命"档案的保管处于相当混乱状态。比如,张春桥在安亭事件时给王洪文所签的"五项条件"手稿,是研究上海"一月革命"的重要档案,竟在一个与此毫不相干的档案室里收藏着。又如,姚文元之父姚蓬子的档案,我在上海市公安局档案室里找不到(在"文化大革命"中已被作为"防扩散"材料烧毁),却在上海华东师范大学的档案室里偶然翻到。因为姚蓬子曾经担任上海师范学院教师,而上海师范学院又一度是上海华东师范大学的一部分。

上海第一医学院一个"造反兵团"头头的工作笔记本,引起我的注意。因为此人的笔头甚勤，看见街上贴了什么大字标语，都要记下来；出席市革会会议，谁发言他都记下来，所以他的十几本工作笔记，成了我研究上海"文化大革命"可供参考的资料之一。

在安亭事件的档案中，我偶然找到一张纸。那时王洪文带着"上海工人革命造反总司令部"的造反队员在安亭闹事，中共上海市委为了缩小事态，派出许多卡车要接他们回上海，同时还带去许多面包。那张纸是分发面包的签收单，写着某某厂某某人领多少面包。签收者绝大部分是当时各厂造反派负责人。依照这张名单，便可查找那些当年的安亭事件闹事者。

张春桥之妹张佩瑛在1954年所写的一份自传，其中有不少内容可供写作《张春桥传》参考。那时，张春桥尚未青云直上，内容大都真实可靠。

同样，我在王秀珍所在的工厂里，查阅她的人事档案，见到内中有一份王秀珍1964年所写的自传，对于她如何从一个穷孩子成长为劳动模范，写得颇为真实，亦甚有参考价值。

在"文化大革命"中，当王洪文青云直上的时候，曾叫人捉刀，写了一份三四万字的"大事记"，详述王洪文造反之初的历史。这份"大事记"在王洪文被捕后，他的小兄弟曾打算塞进一段铁管里，两头焊死，埋于黄浦江江堤之中。我得知有这么一份重要档案，追踪寻找，终于在上海国棉十七厂查到。我家在上海西南角，国棉十七厂在上海东北角，我要斜穿整个上海市区，换乘好几辆公共汽车。往往清早6时离家，8时多才能到达国棉十七厂。在这家工厂的人事科，一边阅读，一边抄录，花费了几天时间。这份"大事记"成为我写作《王洪文传》很重要的参考材料。尽管这份"大事记"吹嘘王洪文的"光荣史"，但所载事件的日期基本准确，而且内中提到的事件发生的地点、人名，都成了我作进一步采访弄清真相的线索。

同样，我查到姚文元亲笔填写的履历表，也为我写《姚文元传》提供了很多方便。

有一回，我在某档案室查到一箱重要档案，花了一个星期，天天前去摘抄，虽然抄得非常吃力，但收获颇大，使我非常高兴。

图书馆是我创作的另一大资源库。

张春桥、姚文元、姚蓬子是作家，我必须查阅他们的全部作品。

江青30年代在上海时，也写了不少文章，大报、小报关于她的报道多达221篇，也必须逐一查阅、复印。

去图书馆查阅"文化大革命"资料，手续也够麻烦的。幸亏我已经有了与档案部门打交道的经验，何况图书馆终究是文化部门，比之组织部门更能与我接近，终于逐一打开大门，让我查阅、复印。

当年的各种"文化大革命"小报、传单，虽然有的不甚准确，有的甚至掺假，但只要加以鉴别，仍不失为重要参考资料。例如，那各种不同版本的《林彪选集》、《江青文选》、《中央首长讲话集》，都有一定参考价值。"武汉三司革联司令部秘书组编"的《庐山会议文件集》，内中收入关于庐山会议的文件、讲话，很有参考价值。那本在"文化大革命"中用红塑料封皮精装的《两报一刊社论选》，是研究"文化大革命"必不可少的参考资料，为我节省了查阅社论的时间。

说来也有趣，当年几乎能一口背诵的《毛主席语录·再版前言》，我要用时却查不到。为什么呢？自从林彪折戟沉沙之后，按照当时的规定，必须从每一本《毛主席语录》中撕去。我翻了一本又一本红宝书，都不见《再版前言》，幸亏找到一本漏网的，上面居然还保存着！

当年的《工人造反报》、《井冈山报》、《新北大》、《红卫战报》、《文艺战报》等等，我都逐一查阅。我偶然发现，当年上海的《支部生活》杂志，刊载了一系列"文化大革命"期间的中央文件，当即复印。

我得到有关部门的支持，获得当年上海向中央专案组上报的有关江青、张春桥、姚文元的资料……

后来，我在美国加利福尼亚大学伯克利分校的中国问题研究所，查阅了《新编红卫兵资料》（*A New Collection of Red Guard Publications*），共二十大本，内中收入中国"文化大革命"中各地红卫兵及其他群众组织出版的小报（又称"文革小报"）。有《井冈山》、《农奴戟》、《六月天兵》、《北京公社》、《赤卫军》、《民院东方红》、《长缨》、《长江风云》、《常州工人》、《八八战报》、《安徽八·二七》等等。还有香港东方出版社出版的《"文化大革命"博物馆》上下卷大画册、《中共"文革"运动中的组织与人事问题》等等。他们也收藏上海"文革"史料整理小组编辑的《上海"文化大革命"史话》一至三卷以及北京国防大学内部出版的三大卷《"文化大革命"研究》。

我对他们收藏的台湾《中共研究》杂志社出版的《中共年报》发生浓厚的兴趣。这套书，一年一厚册。我多次到那里，逐年细细查阅。虽然是台湾出版物，明显带有国民党的政治倾向，但是其中一些文章和资料，还是颇有参考价值。比如，在1969年出版的《中共年报》中，对中共九届中央政治局委员作了详细介绍。内中关于江青的介绍，大约有5000字，详细记述江青的身世、30年代在上海的影剧活动、进入延安的情况、"文革"中的崛起等。内中写及与江青十分熟悉的姚克（电影《清宫秘史》编剧）对江青的评价："不结人缘，落落寡言"，"为人器量狭小，心狠手辣；得意时高视阔步，睥睨一切"，"野心甚大，睚眦必报"。《中共年报》中关于张春桥的介绍更为详尽，长达万字。文中说："张春桥和江青、姚文元等都是靠'文化大革命'起家的，我们可以称他为'文革派'。"

就在我大量查阅"文革"档案、资料之际，曾经深受张春桥迫害的葛正慧老先生的一席话，给了我莫大的启示。葛老先生在上海图书馆工作多年，首先查明"狄克"是张春桥的就是他，为此他被张春桥投入秘密监狱。葛老先生向我指出：《第三帝国的兴亡》一书有很大缺陷，即作者重"文"不重"献"。"文"，即档案，文字材料，是"死材料"；"献"，指"活口"，即当事人，熟悉情况的人。只有"文"、"献"并重，才能写好纪实长卷。

确实，那些"死材料"几十年后以至几百、几千年后，后人仍可查到。他们甚至可以比我更方便地查阅这些"死材料"，诚如姚雪垠写《李自成》可以查阅各种明史档案，大可不必持党组织介绍信！可是，后人无法得到"活材料"——当事人的亲口叙述。挖掘"活材料"以至抢救"活材料"，是一项极为重要、刻不容缓的工作。"文化大革命"的许多当事人尚在，必须赶紧做好采访工作。

"死材料"往往是平面的，只记载某年某月什么事，什么人讲什么话。"活材料"却常常是立体的，可以采访到各种细节，使作品变得非常丰满。不过，人的记忆力毕竟有时不甚准确，"活材料"又必须用"死材料"加以核实、校正。

于是，我着手拟订了一份长长的名单，逐一采访。我以为，进行"文化大革命"史的采访，既要广泛访问在"文化大革命"中蒙冤受屈者，同时也应访问那些"文化大革命大员"。1986年10月9日《社会科学报》发表《叶永烈谈要研究"文化大革命"》一文，我对该报记者说："现在，'文化大革命'刚刚结束十年，可是'文化大革命'材料分散各处，很多饱经风霜的老同志要请他们留下口碑，那些'文化大革命''风云人物'，也应让他们留下史料，这些都有待人们赶着去做。"

在采访时，我一般尽量争取被采访者的同意，进行录音。这些录音磁带，我作为史料永久保存，并拟在若干年后捐赠给历史学家或者我在1986年曾建议成立的"文化大革命"研究所（当时许多报刊刊登了我的关于成立"文化大革命"研究所的建议）。因为录音远比笔记准确、详细，而且所作速记往往只有我自己看得懂，后人难以看懂。

这些年来，我走南闯北，走访了众多的"文化大革命"受害者，记下中国历史上那苦难的一页。

北京大学原校长兼党委书记陆平，是"文革"的"重灾户"。"文革"第一炮，打的就是他。他很详细地向我讲述了自己在"文革"中的苦难经历。

在北京陆定一家中，我与严慰冰胞妹严昭多次长谈。严慰冰案件（简称"严案"）是"文化大革命"大案之一，严昭痛诉林彪、叶群对严慰冰令人发指的迫害。她还由"文化大革命"回溯到延安时代，谈到那时的严慰冰与叶群的冲突，谈到那时陆定一与严慰冰的恋爱、结婚，谈到毛泽东、周恩来、任弼时的戎马生涯等等。

贺绿汀是张春桥、姚文元的"死对头"。在"文化大革命"中，贺绿汀坚强不屈，人称"硬骨头"。我多次访问贺绿汀，请他详细地叙述他与姚文元关于德彪西的论战，他在"文化大革命"中与张、姚的斗争。

东海舰队司令员陶勇之死，是"文化大革命"大案之一。为了探明陶勇之死，我一次次访问东海舰队司令部，走访他的几位老秘书、他的家属以及有关当事人，甚至访问了当年解剖陶勇尸体的医生。

秦桂贞是江青20世纪30年代在上海时借住房东家的女佣，深知江青底细，为此在"文化大革命"中被江青骗往北京，投入秦城监狱。寻访秦桂贞颇费周折，因为她早已退休，很难寻找。经过友人帮助，才在一个鲜为人知的地方找到了她。然而，她却又不愿接受采访，因为有关部门要求她，务必办妥必要的手续，才能接待采访。于是，我只得再奔走，办妥手续，秦桂贞才给予接待。她一打开话匣子，我发现，她是一位非常热忱的老人。虽然文化粗浅，但记忆力甚好，叙事也有条有理。说到江青恩将仇报，她咬牙切齿，潸然泪下。她的四小时谈话，为我写江青提供了翔实而丰富的"活材料"。此后，我们成了很好的朋友。我常去看望她。她甚至带我到江青当年在上海的住处。她离开人世，我还参加了她的追悼会。

在最高人民法院特别法庭审讯江青时，与秦桂贞同去北京、出庭作证的是郑君里夫人黄晨。在20世纪30年代，她叫江青"阿蓝"，江青叫她"阿黄"。买一块料子，她俩往往同做一色上衣。可是，在"文化大革命"中，江青对知情甚深的郑君里、黄晨进行了残酷迫害。黄晨的回忆，清楚地刻画出当年江青的形象。我庆幸及时采访了黄晨。不久之后，她便病逝了。

毛泽东的儿媳刘松林、刘少奇夫人王光美、陈云夫人于若木，在"文革"中深受江青迫害。我采访了她们。

王观澜夫人徐明清，是江青当年在沪时的团支部书记，江青进入延安又是她介绍的，是极为重要的知情人。我在北京对她进行了多次采访。

在北京，我还采访了原中央文革小组副组长刘志坚将军，江青前夫黄敬（即俞启威）之胞妹俞瑾；采访了王稼祥夫人朱仲丽（《江青秘传》作者，曾经为毛泽东、江青看病），曾经为毛泽东侍读的芦荻教授（她向我讲述了"批《水浒》运动"的由来）……

在四川，原中共中央办公厅副主任、中央警卫团团长张耀祠将军，接受了我的采访，第一次详细透露了亲手拘捕江青的全过程。

在美国，我采访了当年的红卫兵领袖、清华附中学生骆小海。他是红卫兵的倡议者之一，也是所谓红卫兵"三论"，即《无产阶级的革命造反精神万岁》、《再论无产阶级的革命造反精神万岁》和《三论无产阶级的革命造反精神万岁》的起草者。

在上海，《解放日报》原总编王维，《解放日报》原副总编夏其言；《文汇报》原总编陈虞孙，《文汇报》原办公室主任全一毛；原上海出版局局长、著名杂文作家罗竹风；上海图书馆原参考书目部主任葛正慧；中共上海市委原教卫部部长常溪萍的夫人陈波浪……他们从不同的角度揭发了江青、张春桥、姚文

■ 叶永烈采访张耀祠将军，江青就是他拘捕的。

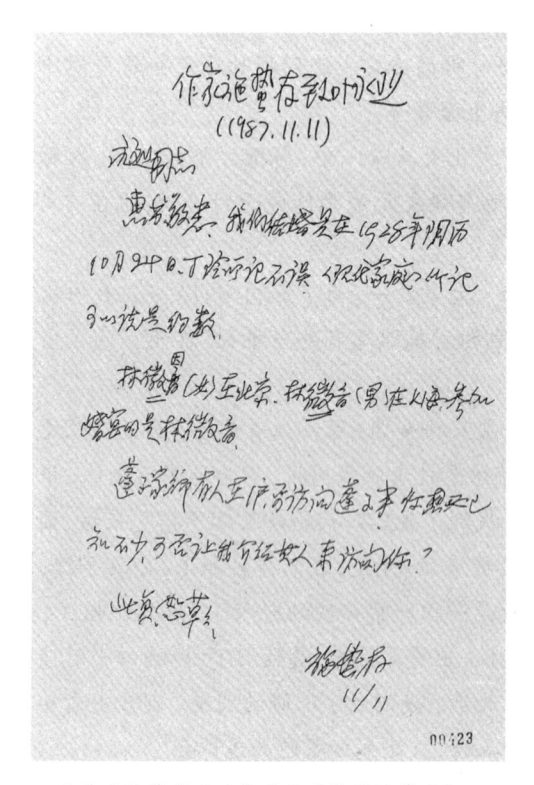

■ 老作家施蛰存致叶永烈函（关于姚蓬子）

■ 叶永烈访问秦桂贞

■ 叶永烈采访毛泽东儿媳刘松林

■ 叶永烈采访徐明清

元在上海的劣迹。

为了弄清姚文元解放前入党的经过,当年他的入党介绍人、支部书记、支委给我诸多帮助。他们和我一起聚会,共同回忆。这样相互启发,你一言,我一语,使回忆变得更为准确、丰富。

老作家楼适夷则向我长谈了他所知道的姚蓬子。他还介绍我去采访了姚蓬子的胞妹,使我对姚家的身世有了更深入的了解。我前往姚文元故乡——浙江诸暨采访,姚公埠的老邻居以及诸暨县档案馆给予热情接待;关于姚蓬子在南京狱中的情况,我访问了当年国民党中将汤静逸先生。很可惜的是,我曾向丁玲谈了我写姚蓬子,当时她太忙,说过些日子约我细谈,不料她竟与世长辞……

当年在反右派时挨过张、姚之棍的老作家施蛰存,熟知张、姚的底细。张春桥18岁刚从山东来到上海滩时,便在施蛰存手下干活。张春桥不懂装懂,乱标古书,正是被施蛰存发觉,停了他的工作。当时的《小晨报》,曾详细对张春桥的劣行作了报道。施蛰存也与姚蓬子相熟。丁玲第一次结识姚蓬子,便是在施蛰存的婚礼上……

这些年,我奔走于"文化大革命"受害者的家庭,访问了众多的"重灾户"。他们对"文化大革命"的控诉,激励着我前进——尽管这是一项工程量大、头绪繁多的工作,我仍坚持去做。他们赋予我一种历史的使命感。这样,我的调查,我的研究,我的写作,不再是我个人的事情,而是对历史负责,对党和人民负责。电影《东进序曲》中挺进纵队政治部主任黄秉光的原型、上海市委统战部原部长陈同生之死,是上海"文化大革命"大案之一。深感遗憾的是,我曾访问过陈同生夫人,只粗粗谈了一下,原拟过些日子再访,她却突然病逝,我迟了一步……

我还采访了当年的"文革"大员们:

我多次采访中共中央政治局原常委、中央文革小组组长陈伯达,他回忆了《五一六

■ 叶永烈采访陈伯达

■ 叶永烈采访王力

通知》、《中国共产党中央委员会关于无产阶级文化大革命的决定》(即"十六条")等"文化大革命"纲领性文件的起草经过,回忆了他奉命前往人民日报社"夺权"的经过,中央文革小组的成立经过,他与第一副组长江青的矛盾,他如何倒向林彪以及在中央九届二中全会上遭到毛泽东痛斥的经过……

我多次采访原中央文革小组组员王力,他的回忆提供了"文化大革命"初期的重要第一手资料。他还把诸多手稿交给了我。

我还多次采访了原中央文革小组成员关锋和戚本禹。

我访问了当年《红旗》杂志编辑、"揪军内一小撮"社论的起草者林杰。

我实地走访了江青、张春桥、姚文元、王洪文当年在上海的住处,走访了江青进入延安时所去的西安七贤庄八路军办事处,江青生活或者学习过的延安凤凰山、杨家岭、王家坪、枣园以及中共中央党校旧址、鲁迅艺术学院旧址,走访了北京中南海毛泽东、江青住处。我还采访了曾任江青秘书的阎长贵和杨银禄。

虽然我终于完成了长卷《"四人帮"兴亡》,但是,并不意味着这一写作已经画上了句号。我仍将继续采访、补充、修改,以求写出更加丰富、充实的《"四人帮"兴亡》。

叶永烈
2002年4月22日初稿
2004年9月10日二稿
2005年6月6日三稿
2008年7月5日四稿
于上海沉思斋

总目录

引　言　世界各报竞载《毛的遗孀被捕》// 1

第一章　江青之初 // 8
第二章　影剧明星蓝苹 // 53
第三章　成为"第一夫人" // 109
第四章　张春桥之初 // 203
第五章　张春桥的发迹 // 232
第六章　姚蓬子的儿子姚文元 // 252
第七章　江青"偶尔露峥嵘" // 330
第八章　毛泽东注意起张、姚 // 407
第九章　江、张联手抓"样板戏" // 466
第十章　批《海瑞罢官》一炮打响 // 503
第十一章　江、张、姚进入中央文革 // 562
第十二章　上海冒出了"造反司令"王洪文 // 608
第十三章　张春桥在安亭"发现"了王洪文 // 650
第十四章　张、姚、王发动"一月革命" // 703
第十五章　"得志便猖狂" // 777
第十六章　疯狂的复仇 // 840
第十七章　王洪文横行上海 // 965
第十八章　与林彪又握手又踢脚 // 1022

第十九章　毛泽东一度选定王洪文接班 // 1072

第二十章　四人结帮斗"周公" // 1126

第二十一章　与邓小平对着干 // 1143

第二十二章　"文官"要夺华国锋的权 // 1208

第二十三章　末日的疯狂 // 1296

第二十四章　抓捕"四人帮" // 1321

第二十五章　押上历史审判台 // 1407

附　录

一　江青著作及报道目录 // 1464

二　张春桥著作目录 // 1476

三　姚文元著作目录 // 1480

四　王洪文著作目录 // 1495

本卷目录

引　言　世界各报竞载《毛的遗孀被捕》// 1

韦德发现中共高层领导人"步调不一致" // 1
"四人帮"中的"四结合" // 3

第一章　江青之初 // 8

江青的身世之谜 // 8
李家是个不安宁的家庭 // 12
李云鹤的学戏生涯 // 16
短暂的第一次婚姻 // 20
成为梁实秋的部属 // 22
最初的爱侣黄敬 // 26
19岁加入中共 // 29
借住在上海田汉家中 // 32
在晨更工学团当教员 // 34
黄敬来上海寻找江青 // 38
江青和阿乐接头时猝然遭捕 // 39
徐明清带江青到临海老家躲风头 // 48
孙达生介绍江青重新入党 // 49

第二章　影剧明星蓝苹 // 53

改名蓝苹主演《娜拉》// 53
崔万秋晚年忆蓝苹 // 55

和赵丹领衔主演初露头角 // 57
进入上海电通影业公司 // 60
从《蓝苹访问记》看蓝苹 // 62
唐纳其人 // 66
沸沸扬扬的六和塔婚礼 // 70
婚变使唐纳在济南自杀 // 74
王泊生使蓝苹大失所望 // 77
蓝苹想以"得脑膜炎死了"赖账 // 79
蓝苹的心病所在 // 81
蓝苹终于与唐纳重回上海 // 82
"唐蓝事件"满城风雨 // 85
和王莹争演《赛金花》主角 // 88
蓝苹、狄克和崔万秋 // 92
蓝苹终于离弃唐纳 // 97
秦桂贞是历史见证人 // 98
蓝苹成了破坏章泯家庭的第三者 // 100
蓝小姐受到社会舆论谴责 // 104
蓝苹终于告别大上海 // 107

第三章 成为"第一夫人" // 109

千里迢迢到西安找徐明清 // 109
博古同意蓝苹进入延安 // 111
黄敬先去了延安 // 113
江青的党籍问题受到了审查 // 115
成为中央党校第十二班学员 // 119
"他乡遇故知"——康生 // 120
亮相于延安舞台 // 121
指导员兼"网员"的双重身份 // 124
从"二姨太"到"大红鞋" // 125
江青初识毛泽东 // 128
毛泽东与贺子珍的婚姻 // 136
风姿绰约的才女吴莉莉 // 138

"吴莉莉风波" // 141

贺子珍后悔终生 // 151

江青乘虚而入 // 153

关于毛、江"约法三章" // 156

江青终于和毛泽东结婚 // 165

生了女儿李讷 // 172

整风运动中康生保江青过关 // 174

江青变娇变骄了 // 177

江青与周恩来的"惊马事件" // 179

江青借牙病飞往重庆 // 182

唐纳在重庆拒见江青 // 184

江青写信慰问赵丹 // 191

在转战陕北的日子里 // 194

城南庄的惊险一幕 // 200

第四章　张春桥之初 // 203

华蒂社的中坚 // 203

"文坛恶少"张春桥 // 206

眼高手低的"前进的作家" // 208

《小晨报》出了张春桥的丑 // 210

崔万秋其人 // 213

作为作家的崔万秋 // 215

崔万秋的真面目 // 217

狄克成了崔万秋的打手 // 219

泄露狄克底细的是张春桥自己 // 222

鲁迅再驳狄克 // 224

红皮白心的张春桥 // 228

第五章　张春桥的发迹 // 232

狄克钻进延安 // 232

张春桥告了邓拓一状 // 239

晋察冀之恋 // 240

张春桥喝下了苦酒 // 241

与柯庆施共事于石家庄 // 243

取恽逸群而代之 // 245

张春桥坐镇《解放日报》// 248

成为柯庆施的智囊 // 250

第六章　姚蓬子的儿子姚文元 // 252

姚文元在批胡风大会上一鸣惊人 // 252

姚文元结识张春桥 // 254

文坛上冒出长角带刺的脑袋 // 256

姚蓬子被捕使姚文元跌入低谷 // 257

姚蓬子本是阔少爷 // 263

象征派诗人姚蓬子 // 269

潘汉年深刻地影响了姚蓬子 // 274

对诗集《银铃》的自我否定 // 276

姚蓬子出任左联执委 // 278

与丁玲创办《北斗》// 281

鲁迅写诗《赠蓬子》// 285

出任《文学月报》主编 // 287

转入秘密战线——中共特科 // 289

姚蓬子在天津被捕 // 291

发表《姚蓬子脱离共产党宣言》// 295

丁玲笔下的姚蓬子 // 300

与徐恩曾攀上干亲 // 305

假钞票帮助了作家书屋 // 310

精明的投机商 // 314

姚蓬子为姚文元操碎了心 // 317

姚文元披上了革命外衣 // 320

令人寻味的姚文元道路 // 322

长篇《百炼成钢》成了废铁 // 324

"我已变成一棵墙头草" // 326

姚文元跨进《萌芽》编辑部 // 328

第七章　江青"偶尔露峥嵘" // 330

江青飞往苏联疗养 // 330

贺子珍顾全大局 // 334

住进中南海菊香书屋 // 337

江青第一次重返上海 // 339

出任中宣部电影处处长 // 342

批判《武训传》江青"露峥嵘" // 344

又一次飞往苏联治病 // 347

第一次匿名信事件 // 349

"游泳池事件" // 354

对于俞平伯《红楼梦》研究的批判 // 355

"政治夫妻" // 361

成为毛泽东"五大秘书"之一 // 366

旁人眼中的江青 // 369

"骄杨"风波 // 372

"桂花酒"之谜 // 377

毛泽东在庐山会晤贺子珍 // 381

又一封令江青坐立不安的匿名信 // 389

江青之兄李干卿惹风波 // 392

江青的体育疗法和文化疗法 // 396

跟王光美比高低 // 401

康生开创索隐式批判恶例 // 403

引 言
世界各报竞载《毛的遗孀被捕》

四人帮兴亡

韦德发现中共高层领导人"步调不一致"

"新闻记者的耳朵,连睡觉时都是竖着的。"此言不假。

1976年10月12日清早,英国《每日电讯报》送到订户手中时,一条10月11日发自北京的电讯,一下子便轰动了伦敦。

这期编号为37752的《每日电讯报》头版头条位置,以三行通栏大字标题报道了来自中国的重大新闻。

那醒目的三行大字标题,把读者镇住了:

眉题——**华粉碎极左分子**
主题——**毛的遗孀被捕**
副题——**四个领导人被指控策划北京政变**

报纸都很注重抢新闻,尤其是抢重大新闻。《每日电讯报》在全世界报纸面前,抢到了一个第一:第一个独家披露了中国政局的重大变化。其他报纸都晚了一步,在翌日才竞相刊载《毛的遗孀被捕》的新闻。

《每日电讯报》那独家新闻,是该报驻北京记者尼杰尔·韦德从北京发出的。他并非"老北京",四个月前,他才从驻华盛顿记者调任驻北京记者。

据韦德说,他最初注意到,9月16日,中国各报都在显著位置刊载所谓的毛泽东"遗言",即"按既定方针办",可是9月18日华国锋在追悼毛泽东的百万人大会上致悼词,却没有提到这句话!当时,韦德在收看大会实况转播电视,他注意到,王洪文站在华国锋身边,不时不安地从华国锋的肩膀后看着华国锋的手稿。

仅仅凭借这两点,韦德机智地发现了中共高层领导人之间"步调不一致"!

韦德作出自己的判断:中共中央第一副主席华国锋和中共中央副主席王洪文之间,存在严重的政见分歧。

不过,作为一名外国记者,在当时的中国,活动深受限制。他设法向英国驻华大使馆里的中国雇员打听消息。

终于,在10月10日,韦德从英国驻华大使馆的中国雇员那里获知重要信息:北京大学出现大字标语,热烈欢呼"两报一刊"(即《人民日报》、《解放军报》、《红旗》杂志)当天的社论《亿万人民的共同心愿》。

韦德立即找来这篇社论,细细琢磨,发觉社论有几句话很值得玩味:

> 任何背叛马克思主义、列宁主义、毛泽东思想,篡改毛主席指示的人,任何搞修正主义、搞分裂、搞阴谋诡计的人,是注定要失败的。

是谁在背叛毛泽东?是谁在篡改毛泽东指示?"两报一刊"的社论虽然没有点明,显然是有所指的。

"两报一刊"社论在当时的中国具有最权威的地位。韦德断定,中国政局发生了重大变化。

韦德使出浑身解数,很快就打听到"毛的遗孀被捕"!"两报一刊"社论中所说的背叛毛泽东、篡改毛泽东指示的人,就是指"毛的遗孀"及其同伙。

于是,韦德在10月11日写出独家新闻《毛的遗孀被捕》,并立即发往伦敦《每日电讯报》。

韦德写道:

> 据北京可靠消息,毛泽东主席的遗孀江青和她在中国政治局的三名追随者被指控策划政变而被捕。
>
> 这一逮捕行动是在周末特别会上向工厂和附近单位的政工人员宣布的。首都昨夜没有发现骚乱现象。
>
> 拘捕包括毛夫人江青在内的所谓"上海帮"是1971年前国防部长林彪企图发动政变后,中国最大的爆炸性政治新闻。

翌日,《每日电讯报》在头版头条位置推出韦德的报道,世界为之震惊了!

10月13日,世界各报纷纷转载英国《每日电讯报》的消息,使这家报纸和韦德出了大风头……

由于第一个报道江青被捕,韦德受到了国际新闻界的赞许,成为"新闻界的新闻人物"。

"四人帮"中的"四结合"

本书名为《"四人帮"兴亡》,理所当然在开头,对于"四人帮"的来历以及"四人帮"中的"四结合",略表几句。

"上海帮",是对"四人帮"的最初叫法。这样以地域定名,未免使上海人反感。于是,又有人称之为"四联帮"。最后,人们称之为"四人帮"。

所谓"四人帮",也就是指江青及其同伙王洪文、张春桥、姚文元这四人所结成的帮派。"四人帮"一词,是对于江青反革命宗派集团的一种简明、通俗的称呼。

在"四人帮"中,最年长的是江青,最年轻的是王洪文。

江青,生于1914年;张春桥,生于1917年;

姚文元,生于1931年;王洪文,生于1935年。

在1976年,这四人的年龄分别为:

江青,62岁;张春桥,59岁;

姚文元,45岁;王洪文,41岁。

在这四人之中,江青是首领。但是,在四人之中,江青的职务并不是最高的,她只是中共中央政治局委员。由于江青是毛泽东夫人,亦即"第一夫人",所以具有很大的号召力和影响力,使她成为"四人帮"中的首领。

在四人之中,职务最高的是王洪文,担任中共中央副主席、中共中央政治局常委。

王洪文虽然职务最高,但是在"四人帮"之中,资历最浅,年纪最轻。

"四人帮"中的"智囊人物"是张春桥。他是一个摇鹅毛扇的城府很深的人。他的职务是中共中央政治局常委、国务院副总理。

姚文元,人称"无产阶级的金棍子",在中国文坛上以"大批判"起家,进而成为中国的"舆论总管",是一个"从墨水瓶里爬出来的大人物"。他的职务是中共中央政治局委员,主管宣传工作。

■ 王洪文　　■ 张春桥　　■ 江青　　■ 姚文元

"四人帮"中的四人,通常按王、张、江、姚为序,称之"王洪文、张春桥、江青、姚文元'四人帮'",那是按职务高低为序排列的。

实际上,"四人帮"是这样实行"四结合"的:江青的"旗子";王洪文的"位子";张春桥的"点子";姚文元的"笔杆子"。

"四人帮"的确切"排名序列"应该是江青、张春桥、王洪文、姚文元。

独力难当,四人结帮!

在中央文革小组的旗帜下,张春桥与江青、姚文元实际上早已结成一伙。

在"四人帮"之中,善于出"点子"的张春桥,其实处于核心地位。

说实在的,张春桥在江青面前,虽然总是装出一副顺从的姿态,但是打心底里,他并不一定把这个女人放在眼中!他处处"敬重"江青,全然因为她是"第一夫人",有着无与伦比的特殊地位和特殊作用。在张春桥遭遇的两次"炮打"危机中,都是由于江青拉他一把,才使他脱离险境。

至于姚文元,向来对他言听计从。姚文元是他一手拉扯上去的。在姚文元面前,他永远是"老上级"。

王洪文虽说有着俊俏潇洒的外表,张春桥却知道他的底细——绣花枕头而已。此人胸无点墨,在张春桥掌握之中。尽管有时也与张春桥闹点别扭,毕竟畏惧张春桥三分。

"四人帮"曾筹划着一旦大权在握,将作如下"分工":

江青任中共中央主席;

张春桥任国务院总理;

王洪文任全国人大常委会委员长;

姚文元任全国政协主席。

"四人帮"最初被称之为"反党集团",这表明他们是中共党内的反对派。后来在受到最高人民法院审判时,被定为"江青反革命集团"。"江青反革命集团"一词是精确的法律名词。

第一,以江青命名,表明江青是首领,而不是最初那样称之为"王张江姚'四人帮'",容易给人以王洪文是首领的误解。

第二,指明性质是"反革命集团"。"反党集团"要受党纪处置,而"反革命集团"要受国法制裁。

"四人帮"一词,最初是谁首创,不得而知。

"四人帮"最初被叫作"上海帮"。"上海帮"一词,最初是谁首创,也不得而知。

有人说,首创权属毛泽东。固然,从中共中央政治局会议的记录上,可以查到是毛泽东最早提到"上海帮"、"四人帮",但未必就是毛泽东首创的——因为极有可能是毛泽东听了某人反映的情况,这四人关系不正常,在中共中央政治局内拉帮结派,人们称之为"上海帮"、"四人帮",于是毛泽东在政治局会议上对这四人提出批评。这"某人"已经很难考证,但是毛泽东的讲话记录倒是可以查到。

常在一些书籍、报刊上,写及1966年"文革"之初"四人帮"如何如何。在中央电视台播出的文献纪录片《共和国元帅——叶剑英》中,也说老帅们在"二月逆流"中如何跟"四人帮"作斗争……

其实,在1966年、1967年,还不存在"四人帮"!

"四人帮"是在王洪文进入中共中央政治局之后才形成的。毛泽东本来寄希望于王洪文,把这个年轻人提拔为中共中央副主席。谁知王洪文到了北京,就被江青、张春桥、姚文元拉了过去——他们本来就是一伙。

在中共中央政治局里,江青、张春桥、姚文元、王洪文结成一帮。

就在王洪文当上中共中央副主席还不到一年,毛泽东已经察觉了王、张、江、姚的不正常的活动。

1974年7月17日,毛泽东当着中央政治局委员们的面,指着江青说:"她算上海帮呢!你们要注意呢,不要搞成四人小宗派呢!"

这是毛泽东第一次公开警告江青、张春桥、王洪文、姚文元。

这是迄今有案可查的毛泽东最早批评"四人小宗派"——"上海帮"的话。

毛泽东最初称他们为"上海帮",显然是一个不恰当的名词。因为"上海帮"带有鲜明的地域性,容易造成混淆,把在上海工作的干部都算进"上海帮";再说,有了"上海帮",就容易引出"北京帮"、"山东帮"、"广东帮"之类,更会造成混淆。

另外,"上海帮"给人的印象是由上海人组成的帮派,而江青是山东诸城人,张春桥是山东巨野人,王洪文是吉林长春人,姚文元是浙江诸暨人——他们四人之中,无一上海人。除了姚文元能操上海话之外,王洪文、张春桥、江青连"阿拉"都不会说。他们只是在上海生活过,或者原本在上海工作。所以,称他们为"上海帮",并不太确切。

倒是毛泽东所说的"四人小宗派",极为确切。

毛泽东显然发觉"上海帮"一词的涵义不准确,所以在1975年5月3日的中共中央政治局会议上,毛泽东便改称他们为"四人帮":"不要搞'四人帮',你们不要搞了,为什么照样搞呀?为什么不和二百多个中央委员搞团结?搞少数人不好,历来不好。"

从此,江青、张春桥、王洪文、姚文元这"四人小宗派",便被称之为"四人帮"。

当然,在江青、张春桥、王洪文、姚文元的人生道路上,上海的一段生活经历对于他们来说是那么的重要。"四人帮"曾一度被称为"上海帮",那是因为这四个人都是从上海"基地"起飞的:

蓝苹的成名,便是在上海滩,她的"革命样板戏",她的批判《海瑞罢官》,都是以上海为基地才搞起来的。

"狄克"——张春桥钻入左翼作家阵营,也是在上海滩。后来,就任《解放日报》社长兼总编,出任柯庆施政治秘书,直至解决安亭事件,发动"一月革命",都是在上海干的。

王洪文从部队复员以后,分配在上海国棉十七厂。他在安亭卧轨拦车,他成为"工总司"司令,都是在上海。正因为这样,在中共召开十大时,张春桥握着上海国棉十七厂的代表杨小妹的手说:"十七厂贡献了一个王洪文!"

至于姚文元,他1948年入党,1957年发表了那篇引起毛泽东注意的《录以备考》,他写那篇震惊全国的《评新编历史剧〈海瑞罢官〉》,都在上海。

追溯"四人帮"中四个"伙计"的"结交史",也都是在上海。

在"四人帮"之中,江青与张春桥应该最早认识。

江青、张春桥在20世纪30年代都生活在上海。据沈醉回忆,他在《大晚报》副刊主编崔万秋那里,既见到过穿蹩脚西装的张春桥,也见到过殷勤倒茶递烟的蓝苹(即江青)。当然,那时候的蓝苹是否与张春桥有过来往,就不得而知了。

接着,张春桥与姚文元相识。他们在上海当时都住在香山路。先是在1955年的反胡风运动中,张春桥救出了陷入困境的中共上海卢湾区团委宣传部干事姚文元,在他把持的《解放日报》上接连发表姚文元批判胡风的文章,张姚有了交情。此后,姚文元与张春桥有了诸多接触。

江青为了抓样板戏,在1963年从北京前来上海,中共上海市委书记柯庆施派出市委宣传部部长张春桥协助,于是江青与张春桥开始共同工作。

为了批判《海瑞罢官》,江青要在上海寻找"笔杆子",张春桥推荐了姚文元,于是江、张、姚在极其秘密的状态下开始写《评新编历史剧〈海瑞罢官〉》。此后,江、张、姚都进入中央文革小组,江青任第一副组长,张春桥为副组长,姚文元为组员。

1966年11月,"上海工人革命造反总司令部"在安亭拦截火车,造成京沪线中断。张春桥奉命从北京飞往上海,赶往安亭。在那里,张春桥结识了"上海工人革命造反总司令部"司令王洪文,给予他"鼓励与支持"。

自从王洪文进入中共中央政治局,成为中共中央副主席,为了共同反对周恩来、邓小平,王、张、江、姚终于结成"神圣同盟"——"四人帮"。

那么,四人结成"四人帮",是不是从毛泽东在1974年7月17日中共中央政治局会议上第一次批评"四人小宗派"算起呢?

对此,有三种不同的见解:

第一种见解——

主张以毛泽东的这一批评,作为"四人帮"出现的日子。

第二种见解——

以为四人结成"四人帮",应该从王洪文进入中共中央政治局算起:在四人之中,王洪文最后一个进入中共中央政治局。

当然,在王洪文进入中共中央政治局之前,已经与江青、张春桥、姚文元紧密勾结,但是,那不能说已经形成"四人帮"。"四人帮",应是指中共中央政治局委员中的"四人小宗派",所以应从王洪文进入中共中央政治局算起。

王洪文在1973年8月31日召开的中共十届一中全会上,当选为中共中央政治局常委、中共中央副主席。所以,"四人帮"应从1973年8月算起。

第三种见解——

王洪文并不是刚一进入中共中央政治局,就跟江青、张春桥、姚文元结成"四人小宗派"。"四人帮"的形成,有一个过程:从王洪文进入中共中央政治局起,逐渐与江青、张春桥、姚文元结成"四人小宗派"。到毛泽东批评这"四人小宗派"时,表明"四人帮"已经正式形成。所以,"四人帮"大体上形成于1974年。

这三种说法,各有各的道理。

在笔者看来,用这样一句话来概括,也许比较妥切:从王洪文进入中共中央政治局之后,开始与江青、张春桥、姚文元在中共中央政治局内形成"四人小宗派",亦即"四人帮"。

不论这三种见解如何不同,但是都一致认为,在1973年8月底之前,亦即王洪文进入中共中央政治局之前,还没有形成"四人帮"。

接下来,书归正传。让我们循着"四人帮"每个成员的初起、发迹,以及如何狼狈为奸,横行一时,最后走向覆灭的轨迹,回顾"四人帮"的兴亡史。首先从"四人帮"的第一号人物江青讲起。

第一章
江青之初

江青的身世之谜

江青曾在自己拍摄的一幅庐山云雾照片上,洋洋得意地题诗一首:

江上有奇峰,锁在云雾中。
寻常看不见,偶尔露峥嵘。

然而,越是"锁在云雾中",人们倒越是想知道个究竟。在20世纪30年代,各报刊曾有过许多关于蓝苹(亦即江青)身世的报道。那些报道,在猜疑中掺杂着真实,也确有几篇大体上是准确的。

好在她也有"露峥嵘"的时候,虽说只是"偶尔"。当她在1972年跟美国的那个露克珊·维特克女士谈话的时候,眉飞色舞地讲起自己的身世,露出了"峥嵘"。不过,她习惯于信口开河。本来,她的谈话是供露克珊·维特克写作"江青传记"(也就是后来出版的《江青同志》)之用,应当百分之百真实,她却掺进了种种虚假之词。

幸亏有大量档案材料在,有好几位20世纪30年代蓝苹的见证人在,才算为破云拨雾提供了依据。

1936年7月10日出版的《沪光》杂志,对蓝苹的身世概述,基本上是那么回事:

蓝苹,原名李云鹤,山东诸城县人。幼失恃,倚其姐丈度日。在家曾受小学教育数年,后入济南实验剧院从赵太侔、王泊生等学戏剧艺术。李尚在幼年,唯个性极强,常恃强好胜,故对于课程极为努力。十九年(即1930年——引者注)实验剧院因时局之转变而停办,赵太侔调至青岛大学。多数学生随王泊生赴北平,组"海鸣剧社",独李随赵至青岛,任图书馆职员,半工半读得以饱览群书,智识猛进,思想亦随之前进,且亦能写作。当时有人认其有左倾嫌疑。后与俞珊(田汉创立的南国电影剧社的著名女演员。郑君里亦为该社演员。详见田海男著《田汉小传》——引者注)之弟俞某相识。由爱而婚。后俞某因共产党嫌疑被捕,李亦离开他去。此后数年,不知其音信。唯传闻李曾居沪,因参加秘密工作被捕。去年秋,李忽返济探望其母。同学有见之者,问其数年经过,皆模糊回答,但知其曾在江南之乡村任小学教员。再问其有无被捕事,则笑谓无之。然观其行动,确似艰苦奋斗之人物。在济不数日,又翩然他去。初不知其他往,后电通公司出品之《自由神》一片到济公演,则与王莹配演女兵之蓝苹女士,即李云鹤也。由是济南友人,方知其已至沪入影界,后于报章杂志中得知李与其电通公司男演员唐纳结婚。……

1936年7月1日,《辛报》所写的蓝苹经历,也大体上是准确的:

> 蓝苹的真姓名是叫李云鹤。在未来上海之前她曾在各地干过话剧运动。除了演剧之外,并且还参加政治活动,加入过好几种不同派别的政治团体;但,因为她不忠于所参加的政治团体的关系吧,她也曾被所有参加过的政治团体开除出来。山东济南本来是她的故乡,到最后就为了她那种善变的政治活动,一时站不住脚了,她才偷偷的避到上海来,想冷冷场再回去的。至于她的恋爱生活,过去原已非常丰富:她以前虽则没结过婚,可是事实上的丈夫是早已有了的。女演员俞珊女士的弟弟小俞(他的名字连干话剧的人们也不知道,虽则他一向也是干话剧的,同伴们都只叫他小俞),就是和她同居了三年多的丈夫,在她到上海来之前,她和小俞是在北平闹翻了。在一个夜里两人争吵,她就不别而行。回故乡不久就转避来沪。蓝苹倒的确可以说不是一个普通女人了。……

不错,蓝苹真的并非一个普通女人。1933年7月,当她拎着已经破了一只角的黑皮箱走下火车,第一次踏进十里洋场时,不过是19岁的山东姑娘而已。她已经有着相当丰富的人生经验,有着一套自己的人生哲学,尽管人地生疏,她居然在上海闹得沸沸扬扬,在舞台上演戏,在舞台下也演戏……

> 今天从出身谈起。我1914年生在一个很贫苦的手工业家庭,3月生的,究竟是哪一天不告诉别人,保密,怕人祝寿。
>
> 我父亲从一个学徒,上升到作坊主。父亲脾气很暴躁,我说他是骂人艺术家,每天打人,骂母亲。有一年元宵节,父亲把母亲的小手指打断了,母亲背着我跑了,从此我学会走夜路……

成为"旗手"之后的江青,曾用这样的口气,向美国的露克珊·维特克自述身世。

江青，生于山东诸城东关街（也有的说是诸城府前街上秩沟）。

诸城是山东东南部的一个县，位于潍河上游，以生产小麦、甘薯、大豆、高粱、玉米为主。诸城曾经出过中共一大代表王尽美、作家王愿坚、诗人臧克家等名人。诸城人称诸城有四大家族：一是孔老二的女婿家（公冶长，孔子侄女婿）；二是毛泽东的丈人家（也就是江青家）；三是康生的姥娘家（也就是康生家）；四是李清照的婆家。

她的祖父李纯海，本是拥有一百多亩土地的地主。但是，到了她父亲手中，已经破落了。她的父亲名叫李德文。所谓"很贫苦的手工业家庭"，其实，就是木匠铺。李德文是做车轮的木匠。江青说，"山东的木制手推车是很有名气的"。李德文雇了小徒弟，自己也做木匠活，"上升到作坊主"。后来，在诸城城关开了爿旅店。

李德文的元配妻子生了一子一女。儿子名叫李建勋，后来改名李干卿，生于1901年3月13日，比江青大13岁。女儿名叫李云露。

李德文五十多岁了，嫌发妻年老色衰，娶了一个比他小二十多岁、颇有姿色的女人作妾。这个小老婆生下的一个女儿，便是本书的主角之一——江青。据说，本来李德文盼望生个男孩，事先取名"李进男"。可是，待孩子出生，方知是女孩，便以"李进孩"作为她的乳名（后来，江青的摄影作品署名"李进"，便源于她的乳名）。

另外，由于这个女孩是第二个女儿，在家中也叫"二妮子"。

不久前发现的江青与母亲在1936年的一帧合影，是江青母亲唯一存世的照片。

江青的出生年月，有两种不同的说法。

通常说成"1914年3月"，因为江青1944年在延安填表时是这么写的。1950年，她在干部简历表上也这么写，此后她也一直这么说。

大抵也由于这一缘故，1981年1月23日中华人民共和国最高人民法院特别法庭判决书上，也写道："被告人江青，女，现年六十七岁，山东省诸城县人。"67岁，亦即1914年生。

另外，江青对美国记者维特克也这么说："我1914年生在一个很贫苦的手工业家庭，3

■ 江青（右）与母亲的合影

关于江青家庭情况的调查报告

江青出身于山东省诸城县的一个地主家庭。其父李德文在城关经营旅店和木匠铺，有房屋十四间，敞棚六间，雇长工一人，还雇有两个盲人专为她家推磨，忙时雇有季节工若干人。后其父将店房出卖，典入本县大地主的土地一百二十亩，全部出租，每年收租一万多斤粮食，全家不劳动，以剥削为生。江青从小就过着寄生生活。

李德文娶两个老婆，江青系李德文妾所生。

■ 关于江青家庭情况的调查报告

月生的……"

不过，美国记者斯诺所著《西行漫记》（1968年增订本）则称江青生于1912年。

另外，曾任共产国际联络员的彼得·弗拉第米洛夫在他1942年12月3日的日记（后来以《延安日记》为题公开发表）中也记载："江青很友好……据她告诉我们，她在1912年生于诸城（山东）一个贫苦家庭。"

因此，江青有可能生于1912年。有人猜测，江青后来又改口说成1914年，以显得更年轻些。

不过，中共党史出版社在2004年11月出版的《中国共产党历届中央委员大辞典（1921—2003）》第267页，却说江青生于1915年。原文照录如下：

江青　女，汉族，1915年生，山东诸城人，原名李云鹤，又名李鹤、李云古、蓝苹、李进，1933年2月加入中国共产党（后被开除党籍）。

在关于江青出生年月的三种不同说法之中，本书作者以为第一种说法（即1914年出生）更可靠些，中华人民共和国最高人民法院特别法庭判决书也采用第一种说法。

在20世纪30年代，曾有不少报道说江青本姓栾，名淑蒙。其实，她的母亲姓栾，山东临沂人。按照中国传统的命名法，她的母亲便叫"李栾氏"。

江青出生时，父亲已60岁。江青说，虽然她的妈妈当时也已年过四十，但在记忆里，妈妈比爸爸仍要年轻许多，两人有明显的年龄和体态的差距。

除了乳名李进孩之外，江青正儿八经的名字叫李云鹤。大抵由于她向来张嘴就说，今天说的跟昨天说的常常不一样，所以关于李云鹤名字的由来，她曾有过两种不同的版本。

"我原来的名字叫李云鹤，我很喜欢这个名字。你想，蓝天白云，仙鹤飞翔，多美！你听说过中国有句成语叫'鹤立鸡群'吗？鹤不仅站在那里比鸡高，而且鹤能从鸡的头顶上飞过去。鹤是出众的！"这是江青在维特克面前絮絮叨叨说过的一段"台词"。

在此之前，她还曾如此说过："我上小学的时候，还没有大名。看到我长得又高又瘦，双腿细长，薛焕登先生给我取了个名字，叫'云鹤'。"

薛焕登何许人？在诸城，是一位知名人士。他是江青读书的那个小学的校董。

相比之下，第二种版本显然离历史的真实要近得多。

薛焕登为李进孩取名李云鹤，还有一个原因，那就是她属"云"字辈——她的同父异母的姐姐就叫李云露。

其实，"云鹤"倒也有出典之处。清代蒋士铨所作传奇《临川梦·隐奸》出场诗为：

妆点山林大架子，附庸风雅小名家。
终南捷径无心走，处士虚声尽力夸。
獭祭诗书充著作，蝇营钟鼎润烟霞。
翩然一只云间鹤，飞来飞去宰相衙。

这"翩然一只云间鹤",不断地"飞来飞去",后来不是"飞"进了"宰相衙",而是"飞"进了中南海!当然,这是后话,此处暂且按下不表。

由于本书主角的名字颇多,笔者经过一番查证,开列于下:

李进孩——乳名。

二妮子——乳名。

李云鹤——从上小学开始使用的学名。她去世之后,墓碑上刻着李云鹤这一名字。

李鹤——1933年7月她从青岛第一次来到上海,在晨更工学团任教员,用李鹤这一名字。

张淑贞——1934年6月,她第二次来到上海,在小沙渡路办的女工夜校当教员,化名张淑贞。

李云古——1934年10月,她在上海被国民党特工总部逮捕,关押在国民党上海公安局看守所,化名李云古。

蓝苹——1935年春节,她第三次来到上海,进入影剧界,取艺名蓝苹。

江青——1937年8月,她进入延安,改名江青。

李进——1951年6月,参加山东"武训历史调查团",化名李进。不言而喻,此名源于她的乳名。1951年9月,她参加湖北农村土改工作组,亦用此化名。后来她发表摄影作品,用李进作为笔名。

高炬——1966年5月8日她在《解放军报》上发表《向反党反社会主义的黑线开火》一文时所署笔名[1]。

峻岭——1971年在《人民画报》、《解放军画报》发表林彪学"毛选"的整版照片时所署笔名。

李润青——1991年住院时使用的化名。

此外,还用过李淑贞、李淑珍、李素浣、李青云、李维芳、李惠芳、兰淑孟等名字。

李家是个不安宁的家庭

李家是不安宁的家庭,"小吵天天有,大吵三六九"。

李家充满暴戾的气氛,其原因有三:一是大老婆、小老婆争斗;二是李德文脾气急躁、粗暴,特别是在手头拮据的时候,肝火更盛,往往把怨气发泄在妻子们身上;三是江青的母亲李栾氏个性极强,不论在与大太太的争斗中,或者在与丈夫争吵时,不肯退让半步。

江青曾说,"由于我们很穷,粮食也不够吃,所以我父亲经常打骂我的母亲。"这种行为使他赢得了"骂街艺术家"的绰号。

就这样,江青的童年是在家庭不断争吵中度过,在贫苦、压抑和不幸中度过的。江青的个性极强,极为好强,一方面可能是母亲"遗传"的性格,一方面也由于家庭环

---

[1] 也有人对此提出异议,认为《向反党反社会主义的黑线开火》不是江青写的。

境所造成。

维特克根据江青的自述,在《江青同志》一书中这么写道:

尽管无论什么时候他(指江青的父亲——引者注)感到气不顺,他就打孩子出气;但是当他粗暴地殴打她母亲时,所有的孩子就都聚集在母亲的周围,这也是他们试图保护母亲的最好方式了。

他的有些狂暴之举是难以忘记的。那是个"花灯节"发生的事,适逢正月十五那天,一些地主家挂出了许多彩灯。似乎是受到这种超出他所能达到的富裕程度的炫耀的刺激而使他疯狂起来,江青的父亲抓起一把铲子冲向她的母亲。先是打她的后背,接着又击她的手,她的小手指都给打断了。当江青冲到她母亲身前以保护母亲时,她的嘴巴也被打着了,还打掉了一颗牙。正如江青所描述的这个强暴的情景,她母亲的手指留下残疾,她还用食指掀开自己的上唇让人们看她儿时被打碎的牙。

像一种思想上的反省一样,她谈道:"最初我认为所有的男人都不是好东西,因为我父亲就欺侮我母亲和我们几个孩子。事实上,导致他作出这种行为的根源是那折磨人的贫穷。"

无论他有天大的理由,这件事对于她母亲来说,终于使她不能再忍受这最后一击。她把江青绑在背后,娘俩逃走他乡,再也没有回来。江青故弄玄虚地又说,虽然还仅仅是个孩子,但是从那时起她就开始学着在黑暗中摸索自己的路,随后独自在夜间行路。

诸城县一个有一妻几妾但还没有男性子孙的地主收留了江青母亲,作他们家的仆人。江青虽然最初拒绝和母亲一道去,不过随后还是同意了。她记得从那时候起,她母亲就一直被一些男人所包围。她母亲参与家务的目的和动机可能使江青很为难,下面这些话为此提供依据:

"我母亲要出去工作,因此我可以能够上学。只是因为学费和书本是免费的,我还能够读完小学。但就是这样,我还是经常挨饿或者吃冷饭。最终造成慢性胃肠炎的疾病。"

她记得在勉强吃下乡亲们救济给她的冰冷薄煎饼以解饥饿之痛以后,她呕吐了,很长时间始终感到恶心。她说,自童年起,她就患上了消化方面的疾病,且长期受此疾病。

作为一个孩子,她从未穿过一件新衣服(她讲到这里时明显地带着怨恨的语调)。"所有的衣服都是一个哥哥传给我的。"

她的头发总是梳着两条小辫,这也招来麻烦。她母亲做工那家地主有一个小女孩,没事找事要嘲弄江青那奇妙的发辫式样。一次,那女孩正在辱骂的兴头上,突然猛揪江青的头发,这下激怒了江青,她竭尽全力将那女孩推开。可怕的事情发生了。这家里的其他成员一齐出动来整治她这个胆敢抗争的孩子。结果,她母亲只好带着她离开了这家。

不久，她母亲又找到一份工作。这一次是一家"破落地主"。那时财富的损失也就意味着要挨饿。

一天晚上，江青独自待在与母亲同住的房间里，雨水流过那破烂的窗框，窗上已没有几片窗纸了。借着仅有的一盏小油灯所提供的光亮，江青一动不动地在炕上坐了几个小时，什么事也没做，一直等她母亲的归来（炕是中国北方家里用石头砌成的大床）。天快亮了雨才停下来，这时母亲出现在门口。江青大吃一惊，娘俩都直立在那儿，她母亲突然放声痛哭，一把将江青搂入怀中。她递给江青一块大饼，可是江青太疲劳了，一口也没吃就睡在母亲的怀里。母亲也一点没吃，轻轻地将这点宝贵的食物包起来，留着以后分享。

"在我只有五六岁的时候，我就试着走夜路去找我母亲。"

她多次重复这个事实，就是要留给她的听众一个很想知道的悬念，即她母亲找到的工作是夜间做事。在夜晚独自对想知道的事的想象，成为江青回忆童年往事的主题。江青接着说，别人在夜间走路都怕遇到妖魔鬼怪或神仙；而她却从未有过这种恐惧。但是有一样东西她害怕，这就是那些恶狗。

多年来，她常与摆脱不掉的恐怖为伴，它们穷追不舍，甚至要吃掉她。想到令人不安的恶狗，又使她回想起另一件事。

那时她住在一个叫陈庄的村子里，这里的人跟她家一样都姓李。那天她就吃上一顿饭，受饥饿折磨的驱使，她漫游到街上走入一条小巷寻找她母亲。在这个人口稀疏的村子里，恶狗猖獗。突然她受到一群贪婪的恶狗的攻击，而且一口咬在她的腿上。

回忆此事时，她撩起裤角，让人们看就在她脚踝上部的依稀可以看出的疤痕。由狗的狂吠声发出警报，她母亲奔跑过来，一把搂过江青拉入她的怀里，随后把孩子背起来回家去了，眼泪顺着母亲的面颊流了下来。

如江青自述的那样，在那年元宵节，由于父亲李德文满肚子的气，在盛怒之下，打了她的母亲以及维护母亲的她，她的母亲再也无法忍受这样痛苦、屈辱的生活，背起江青，连头也不回，离开了李家。

江青没有说出李德文在元宵节大打出手的原因：李栾氏不甘于在李家做二房，要求独立门户，以求与大太太平起平坐。李德文不愿一家分成两家，李栾氏坚不让步。于是，爆发了一场家庭大战。

大战的结局是李栾氏带着女儿离开李家，去自立门户了。

江青曾叹道："在我的记忆里，童年的生活是充满了恐怖、凄凉的情调。"

维特克在《江青同志》一书中还这么写及："江青的家境实在太穷，买不起制服，有什么便穿什么，但大多数是男孩子不要了的旧衣服，别的孩子觉得她的模样滑稽可笑。江青的破烂鞋子，其中一只露出了大脚趾，同学们刻薄地称她为大哥；至于她那突出的脚趾，则被谑称为'鸭蛋'。"

尽管江青从小就对她的父亲毫无好感，对充满暴戾的李家并无好感，然而，江青与她的同父异母的哥哥和姐姐倒相处甚好。尤其是跟比她大11岁的姐姐李云露,感情甚笃。

当然,江青从小最爱的,还是她的生母李栾氏。

江青从未对人提及的一段往事,在这里却不能不提:

江青的母亲,曾在诸城张家帮佣。张家是大地主,与臧、王、孟家并称为诸城四大家族。张家的小少爷,名唤张宗可,字少卿,乳名张旺。此人生于1898年,比江青大16岁。他对于江青后来的革命生涯影响颇大,对于江青成为"旗手"也是出了大力。

张家原本不在诸城,而在山东胶县利民区大台庄。

张家四兄弟,大少爷张宗彝,二少爷张宗开,三少爷张宗儒,四少爷便是张宗可。

1915年,17岁的张宗可娶胶南县陈家庄的陈宜为妻,后来,生一子一女。儿子叫张玉珉,又名张子石,在"文革"后期曾成为杭州市负责人之一;女儿叫张玉瑛,在青岛烟厂当工人。

1917年秋天,张家在胶县遭到土匪抢劫。为了日后安全,旋即迁往诸城,从此定居诸城。这时候,张宗可改名张叔平。

张叔平在诸城县小学当教师,后来当校长。

1924年,张叔平入上海大学社会科学系,改名为"赵容"。翌年,他加入中国共产党。此后,他担任中共上海大学特支书记,上海沪中、沪西、沪东、闸北区委书记。后来担任中共江苏省委委员、省委组织部部长兼秘书长。自1930年起,他投靠王明,成为王明手下一员干将。

1933年7月,张叔平作为中共驻共产国际代表团主要负责人,在苏联莫斯科工作。他给自己取了一个俄文名字,曰"КАНШЕН",音译即"康生"。此后,他以"康生"为名。至于作为张家四少爷而命名的"张少卿",几乎无人知晓了。

康生与江青有着同乡之谊。当江青在1937年进入延安时,正值康生和王明也回到延安。这位同乡曾对江青鼎力相助——这是后话。

由于江青和康生同为"大左派",在"文革"中江青为中央文革小组第一副组长,康生为顾问,政治关系非常亲密,于是有人就由后来推测当初,把江青与康生的关系想象为从小就"非常亲密"。

有的书描绘张叔平当年"每天准时站在大门外的台阶上,以贪婪的目光迎着打这里经过的李云鹤"。还有的书甚至描写在上海的时候,康生与江青如何有着"性关系"。也有的说,"康生虽然知道李云鹤也到了上海,却无法接近她"。

其实,赵容(康生)是在1933年7月中旬,与曹轶欧一起前往苏联,从此离开了上海。而李云鹤匆忙从青岛逃往上海,恰恰也是在1933年7月,与赵容交错而过。怎么可能会有"性关系"?怎么会想接近"却无法接近她"?

这种由后来推测当初的推测法,近乎荒唐!

1937年8月上旬,当江青从上海到达延安,才过了三个多月——11月29日,康生也从苏联随王明飞回延安。

所以,江青与康生真正有了政治上的联系,那是在1937年11月底康生回到延安之后。

在这之前,江青与康生是否认识,都不得而知——因为康生离开诸城的时候,江青只有10岁而已!江青在面对维特克的采访时,谈起自己的童年,也从未提及康生……

李云鹤的学戏生涯

江青只有小学学历,念过五年小学。

维特克在《江青同志》一书中这么写道:"江青最讨厌的课程是孔子之道的'修身'。有一天,上修身课的时候,江青在教室上心不在焉,老师把她拖到厕所,用戒尺打了五下。下课后,那位教师似乎有些歉意,主动地和她和解。可是江青后来又因其他事故而发生两次冲突,一个学期结束后她被开除。她的小学经历,就这样在第五年便突然结束了。"

1926年,12岁的李云鹤小学没有毕业,就失学了。

关于她失学的原因,有两种说法:一种是江青自己所说的冒犯了修身课老师,而她又个性很强,不向老师认错,被学校开除;另一种说法,则是说江青的母亲无法负担江青的学费,使得江青失学。

也就在这一年,父亲李德文病重,而大太太已经去世,请求二太太李栾氏回家照料。

李栾氏终于又回到李家——因为李德文一死,她可以分到一笔遗产。

不久,李德文病死。

翌年——1927年,她跟母亲一起,离开了诸城,来到天津她姐姐李云露家。

姐夫王克铭,当时是奉系军阀部队军官。李云鹤没有上中学,在姐姐家闲住。

在天津,李云鹤第一回看到了电影,尽管当时放的是默片——无声电影,她还是看得津津有味。

她给姐姐家做家务——拖地板、整理房间、上街买菜以及上当铺等等。

维特克在《江青同志》中这么记述:

> 江青说:"不过,体力劳动也使我更强壮起来。然而我非常想继续上学。但是,这里的所有学校的学费都是非常高的,我根本就付不起这笔学费。除此之外,我姐夫又失去了工作。"

第二年——她记得就是北伐军就要到来的时候(北伐军是1928年6月6日到达天津的),她决定离开家,打算到中国人办的卷烟厂当一名工人。那时,香烟还是靠手工制作。而且这些工作大都是由童工完成。

但是她姐夫阻止她去卷烟厂做工,尽管这种窘迫的状况已使她去当铺典当了家里几乎所有值钱的东西。姐夫告诉她,进入一个地方工作就会把她变成一个"小官僚"(这是一个她难以解释的名词)。由于他的反对和阻止,最后她遵从了姐夫的意愿。1929年姐姐全家迁往山东省会济南,江青和她的母亲也一同到了那里。

那是在1929年春,姐夫王克铭奉调济南,江青跟母亲、姐姐一起来到济南,住在城内按察司街27号（笔者曾在济南寻找过此屋,这个年久老屋已经拆除）。

老是在姐夫家吃闲饭,毕竟非长久之计。江青听说济南有所山东省立实验艺术剧院,正在招生,便去报考。

关于江青考入山东实验剧院的经过,她的同学王庭树后来在台湾发表《江青是我老同学》一文,写道:

> 剧院招生,虽是分为两地（济南与北平）考试,重点都在北平。江青不是北平考区考取的,而是在济南考取的。这一点,我是记得很清楚的。
>
> 论学历,入剧院要中学毕业,江青似乎当时是以同等学历考取的。因为当时我也是学生,自然对她考取的经过不甚深知,然而剧院的师长之一吴瑞燕女士,曾在重庆时（抗战期间,剧院迁到后方）向我内子说过江青入学考试的旧事。据说,江青虽然一口土腔,可是外貌还可以,对演戏虽然不是材料,可是她那光溜溜的、长长的拖在身后的大辫子,却吸引住了吴老师,于是心想:"女生既不易得,就是她吧! 还可以演个乡下姑娘什么的。"可是当录取了她之后,她却已把大辫子剪了来报到,使吴老师大失所望。

江青自己则曾这么对维特克说:"1929年,我在济南进入山东省立实验艺术剧院。这是一所艺术学校,在那里我主要学习现代戏剧,同时也学习一些古典音乐和古典戏剧。那时我只有15岁。学校免交学费,而且提供免费宿食,另外每个月还发给2元钱的津贴（相当于60美分）。由于学校倾向于招收初中和高中毕业生,甚至是大学生,而我并没有技术和学业方面的入学资格。我之所以被接收,仅仅是因为学校的女学生太少的缘故。尽管我在这儿只学习了一年,但是我学到了许多东西。我学习了到达我艺术之路的每个方面。我黎明前就起床,试图尽可能多地学到一些东西。"

这所山东省实验剧院,直属山东省教育厅,教授京昆、话剧。院长是赵太侔。每逢周末及星期日晚上,实验剧院对外售票,学生们登台演出。院址设在济南贡院墙根,学生宿舍则在济南文庙。

赵太侔又兼任青岛大学教务长,迁往青岛居住,但仍挂着山东实验剧院院长之职。实验剧院,实际上由王泊生及其妻子吴瑞燕主持。

步入山东省实验剧院,是李云鹤人生的转折点。没有话剧演员李云鹤,就不会有日后的电影演员蓝苹。学戏剧,李云鹤从此走上文艺之路。

结识赵太侔,也给了李云鹤的人生道路以极为深刻的影响。

赵太侔（1889—1968）颇有声望,是著名戏剧

■ 山东实验剧院院长赵太侔

家,现代教育学家。他原名赵海秋,曾用名赵畸,太侔为其字,后来即以字行世。赵太侔是山东益都(今青州市东关青龙街)人。他在1914年考入北京大学英文系,1918年毕业后,留学美国哥伦比亚大学。

梁实秋在他的《谈闻一多》一文中,曾多次提及跟闻一多一起留学美国的赵太侔:"常往来的朋友们如张禹九、赵太侔、熊佛西等都是长发披头,常常都是睡到日上三竿方才起床。""赵太侔是一个整天不说话的奇人,他在纽约从Norman Geddies学舞台图案……"

1925年5月,赵太侔和闻一多、余上沅一起回国,担任北平国立艺术专门学校戏剧系主任。后来赵太侔投身北伐,任国民政府外交部秘书。

北伐军进入山东之后,赵太侔参与创办山东大学,并于1932—1936年、1946—1949年两度出任山东大学校长。

赵太侔还在山东泰安创办民众剧场。后来迁往济南,改称"实验剧院",聘王泊生为教务主任。

王泊生(1902—1965)是河北遵化县人,吴瑞燕则是广东人,他俩是北平国立艺专同班同学。除了王、吴之外,实验剧院的教师还有马彦祥、张鸣琦、刘念渠。主持话剧组的教师万籁夫,则是王泊生的国立艺专同学。

维特克在《江青同志》一书中这么记述江青在山东实验剧院的学习生活:

> 她不仅广泛地阅读戏剧方面的文献,学唱古典歌剧,学演现代戏剧,而且还接触到各种乐器。
>
> 虽然她的老师很喜欢她,但是这位男老师却是一个顽固的维持训练纪律的人。为了调准她弹出的节奏,老师用指挥棍敲打她的手腕,她哀叹这种教师的技巧。由于她受的训练太少,所以她只能做些基本练习,还没有达到一定等级水平。
>
> 江青所在的班级只有三个女孩,她的年龄最小。那两个女孩与学校的其他学生一样,都看不起她。因为她经常穿着补过的衣服。校长夫人是天津第一师范学校的学生(周恩来的夫人邓颖超也在那所学校学习过)。那两个女孩中的一个是校长的妹妹,是一个"反动分子",不断欺侮江青。但是江青坚持自己的立场,寸步不让,并设法用自己的方式作弄别的女学生。四十年后的今天,她坦率地承认,她是轻松愉快地回想这些往事,而不纯粹是带着怨恨的。
>
> 这座学校建在一座陈旧的孔庙里,那些房间在夏季非常闷热。下课以后,学生们经常到巨大的厅里乘凉。江青还生动地记着坐落在大厅中央巨大的孔子塑像。那尊塑像孔子头戴一顶大帽子,前后装饰着缀有含珠的帘布,同在两侧的是他的七十二个门徒。一个闷热的晚上,江青到那个大厅睡觉,不小心碰倒了一只破旧的藤椅,那两个女学生闲逛着走进来,她们命令江青马上起来,为她们把椅子弄好。江青决定以她自己的方式做这件事。她首先提出把灯举起来帮助她们,然后把椅子推进大厅给她们使用。就在她们得意地坐下时她突然带着灯溜出了大门口,然后将身后的门砰地关上逃走了。在与世隔绝的黑暗的、可怕的卧室里,那两个女孩歇斯底里地尖叫着,乞求来人救救她们。

王庭树在台湾发表《江青是我老同学》一文,也这么写及:

> 山东实验剧院是利用济南的文庙上课与充当学生宿舍。建校初期,我们年事都轻,文庙又大,自然有不少玄之又玄的怪事被渲染着,大家胆子都小,入夜便不敢出宿舍乱走动。不知是谁,出了个馊主意,试验同学是否迷信,夜半走上大成殿,去摘回至圣先师头上的平天冠来,才是真不怕鬼神的。这是男同学们构想出来富于刺激的新花招;可是男同学们只能空口说白话,无人前往。真的有了个大胆的人,拿了平天冠来,可把大家唬住了,这个人便是李云鹤,也就是今日的江青。

江青进入实验剧院时,女同学很少,只有王墨琴(王泊生的幼妹)和陈崇娥,她们三人住一间宿舍。男同学较多,内中有王庭树、谭纹、马君价、王广良、郭建英、陈贻、赵荣琛等。

顺便提一笔,1929年跟李云鹤同时考入山东省实验剧院的,有一个来自天津的中学生,名叫魏鹤龄。他从1935年起,也转入上海电影界,一直做电影演员,他先后参加《马路天使》、《中华儿女》、《乌鸦与麻雀》、《祝福》、《家》、《燎原》、《北国江南》等许多部影片的拍摄,担任主要演员,他在济南、上海跟李云鹤(蓝苹)共事,后来在"文革"中遭到江青的迫害。

另外,还有一位男同学,后来成为中国电影名演员、名导演,那便是崔嵬。

《江青同志》一书这么描述江青的学艺生涯:

> 有一次,学校上演由剧作家田汉创作的一部"资产阶级的戏剧"——《湖上的悲剧》这部实验作品。田汉创建的南国剧社在那个时代是一个进步的、有很大影响的戏剧团体。她的那个校长夫人妹妹身份的同学被指定为领衔主角。江青每星期一扮演一个轮换的角色。那时观众通常是很少的。江青全身心地投入角色之中,用她的表演风格使观众流下眼泪。观众的反响又从她的眼睛里引致更多的泪水流出。这就是按照"自然主义"流派表演所产生的效果(正如她随后解释的,自然主义最终要被共产主义制度所放弃)。当她表演完后正在卸装时,学校的校长和她的老师大踏步地走进更衣室赞扬她的表演水平,并且高声称赞她是一个大有希望的悲剧演员,被他们的褒奖弄得不知所措,她感动得又流出了热泪,然后从更衣室里猛地冲了出去。

在山东实验剧院学习了一年光景,江青到北平演出去了。

她曾对维特克说道:

> 1930年,西北军阀韩复榘主政济南,山东省实验剧院停办。剧院的一些老师和同学组织巡回话剧团到北平去演出,我也参加了。
>
> 我没有告诉母亲就起程了,只是在火车开出前在火车站给她发了一封信。
>
> 那年我只有16岁,在北京的生活确实是非常艰苦的。我那时的装备太寒酸了,甚

至没有什么内衣和内裤。尽管我把我们家最好的棉被子带来了,但是我仍冷得发抖。因为棉被的棉絮经多年使用已经变薄了。在北平的那个季节,正是多风沙的日子,猛烈的带沙风暴搅得人心烦闷,到了夜晚更是凄凉。那时我还不懂得政治。对国民党和共产党我也没有什么重要的见解。我只是知道我要自己养活自己,而且非常喜欢戏剧。

江青还在一个京剧班子里当演员,曾在济南、青岛、烟台演出。"我很早就演京剧。天刚麻麻亮,我就起来吊嗓子。我那时候成天练功、排练、演出,瘦得很,哪像你们现在这样舒服?舒舒服服,怎么能搞京剧革命?"三十多年以后,"旗手"江青在谈"京剧革命"的时候,吹了起来。

其实,她的京剧本钱,也就是在一个七拼八凑的京剧班子里,混了几个月而已。

王庭树也回忆了这一段生活:"剧院因军阀混战,韩复榘入鲁,以致停顿了一段日子。我们追随王院长(泊生)回北平,但海鸣社在北平演戏。王泊生的《打金砖》是有名的,倒数第三的戏码,曾有李云鹤的《玉堂春》。我当时任后台管理之责,虽对这位师妹能单独唱一出,已觉可喜。不过,她戏龄太短、土音太重,北平人对她是难接受的。加上是创新的,北平演出又不是经常的,样样都对李云鹤不利,既不适宜她发展,她回山东也是一法……"

短暂的第一次婚姻

从北平回到济南之后,江青有过短暂的第一次婚姻。

曾任上海《文汇报》总编辑的徐铸成这样写及:

1928年前后,我那时已开始从事新闻工作了。有一个山东实验京剧团到北平(那时北京刚改称北平)演出,记得我曾去看过《打金砖》,演的是汉光武的故事。这出戏唱词很多,特别在最后凌烟阁自责一场。主角就是该团的团长王泊生,其他的演员姓名,都没有刊登海报,是否有女角李云鹤登台,我就无从查考了。

但李云鹤当时确是该团刚培养出来的小旦,而且当他们回到济南后,不久就由媒妁之言,和一个后生结婚了。……大概是因为嫌弃新结婚的小丈夫太"土头土脑"吧,也许那时自认为是"江上有青峰",怕长期隐没在白云之中?总之,这个小女人是逃出了家庭,偷偷到了青岛,投奔赵老师求助。自然,她的学历是不够上大学的,无可奈何,赵太侔给她在该校图书馆安排了一个图书收发员的位置。没多久,她竟和正在山大(即山东大学,青岛大学曾改名山东大学——引者注)读书的赵教授的内侄黄敬,由卿卿我我而正式宣布同居。[①]

---

① 徐铸成:《蓝苹与唐纳》,《书林》1988年6期。

江青的那位"小丈夫"究竟是谁？徐铸成没有说及。美国罗斯·特里尔所著《江青正传》一书，根据江青当年的老同学、后来在台湾的王庭树的回忆，写及了这一段往事：

> 云鹤回到济南，没有人提出给她一个工作职位。她也没有舒适合意的家可归。她当时知道，她缺乏正规高等教育和可靠的家庭背景，构成了她的障碍。在她看来，只有凭自己的才能、个性或阴谋抓得到的东西才会是她的。
>
> 有个姓费①的青年，是中学毕业生，爱好京戏和地方戏，到艺专去看《湖上惨事》（又名《湖上的悲剧》——引者注）的演出。可巧云鹤那天晚间上场。费君这个济南商人的儿子，被云鹤的风度和美貌迷得如醉如痴。费君是个禀性孝顺、务实的人，比云鹤大几岁，人长得也很像样。云鹤非常高兴，她在《湖上惨事》里出场，引起了观众当中一个人的激动。她和费君会过几次面。
>
> 艺专一关门，云鹤没有事做，而且手头拮据，因为她在艺专待了几学期，她和留下的家庭成员的距离比以前更远了。不止一个朋友劝她顺从大势，求得保障："不可让金龟跑掉。"这是面临"好出价"的姑娘的座右铭。1930年底，她和费君结婚，按照社会风俗，去费姓商人家里住下，做一个受拘禁的儿媳妇。……
>
> 这段姻缘只有几个月，最末几星期家里一团骚乱，喧闹争吵不休。人家闲谈议论，说云鹤懒惰，"睡觉睡到日上三竿"（大约上午十时）才起，"像个指使别人去厨房给她端来菜的阔太太"似的在那里坐着。人家指责她对费君的母亲缺礼教，受不惯家规的约束，总离家跟一伙人聚会或找不三不四的朋友，她不能理解她已经不是在舞台，而是处于费家排行最低的新媳妇在现实生活中的地位。②

那个"费君"——裴明伦，是江青三叔李子明的学生，是富家子弟，而且是独子。他跟江青的婚姻非常短暂。江青1931年5月嫁给富家子弟裴明伦，7月，便与裴明伦离婚，可谓闪电结婚、闪电离婚。

江青与裴明伦离婚之后，从济南前往青岛。她后来的经历表明，她的每一次婚姻的破裂，总要离开原先居住的城市，跑到另一个完全陌生的地方，开始一番新的生活。

王庭树这么说及江青从济南来到青岛：

> 她竟跑到青岛去找到赵太侔院长（时赵已任青岛大学校长）。
> 赵安置她在校中任图书馆管理员的工作；当时梁实秋正任青大图书馆馆长。

就这样，江青离开了北平，进入青岛大学图书馆当助理员，不料，那里成了她人生的转折点……

---

① 此处误译为费，应为裴，即裴明伦。
② 罗斯·特里尔：《江青正传》，世界知识出版社1988年版，第28—29页。

成为梁实秋的部属

青岛是镶在黄海之滨的一座美丽城市,碧绿的海水有节奏地拍打着米黄色的沙滩。一群红瓦别墅掩映在绿树丛中。这是一座充满诗意的城市。

国立青岛大学在当时刚刚创立不久,坐落在万年山麓。那里过去是德国的万年兵营。五六座楼房,便成了这所新建的大学的校舍。校门口,高悬着蔡元培题写的"青岛大学"四字。蔡元培曾任北京大学校长,在教育界颇有声望。他那时担任青岛大学筹备委员会主任,也住在青岛大学内,所聘教师,不少来自北大、清华,如杨振声、闻一多、梁实秋等。

国立青岛大学第一任校长是杨振声(又名杨金甫),教务长便是赵太侔[①]。

■ 作家、教育家杨振声

梁实秋担任外文系主任,兼图书馆馆长。江青在梁实秋手下担任图书馆助理员。

对于江青来说,她在青岛大学所受到的影响,深刻地决定了她此后的人生道路。她曾这么自述:

> 1931年的初春[②],我来到青岛。寒冷的大雾和港湾里带着盐味的海风,多奇妙啊!我从前的一位姓赵的老师,也是我的一个街坊(他曾任山东实验剧院的导演),现在是青岛大学一个学院的院长,同时也在文学系任教授。既然有这层关系,他就安排我到青岛大学(今山东大学)。

在一张青岛大学图书馆馆藏的1931年全馆工作人员合影中,既有戴眼镜、穿棉袍的馆长梁实秋,也有穿西式大衣、打扮入时的助理馆员李云鹤(见下页)。

根据江青的回忆,维特克在《江青同志》一书中这么记述:

> 虽然赵先生的邀请使她的心情轻松些,但是要搬到青岛这个完全不熟悉的环境,仍使她感到不适应。为了鼓励她,赵先生应允在大学里建立一个她感兴趣的艺术系,而且答应支付她的青岛的旅费。她的那些实验艺术剧院的同学们都极力主张她接受邀请。最后她同意了。
>
> "实际上赵先生属于国民党的改良派。他在文学和艺术方面的观点与胡适的那

[①] 1931年"九一八"事变后,校长杨振声辞职,赵太侔暂代校长职务。1932年7月,南京政府教育部决定改青岛大学为国立山东大学,调整院系。9月30日,正式任命赵太侔为国立山东大学校长。

[②] 应当是1931年7月江青与裴明伦离婚之后。

些观点很接近。我曾很欣赏资产阶级的观点和意识,"她带着一丝笑容进一步地说,"那时胡适的那个团体的成员为数不少,这些人当中包括梁实秋和闻一多等。他们试图把我拉到他们那边。闻一多是我青岛大学的一位老师。我旁听了他的许多门课。"

"我们最大的反面教员的例子就是日本帝国主义,1931年9月18日'沈阳事变'以后,我国东北三省(满洲)被日本帝国主义者占领。我们绝不能容忍这样的事实。我们不能成为一个外国的奴隶。就我自己而言,我非常强烈地反对日本人的侵略。到那时,全中国掀起了民族民主革命的一个高潮。许多学生举行罢课,或者到政府权力机构请愿,而且得到了工人们的支持。这场运动吸引了广泛的各阶层人民。

"这种形势唤醒了我,于是我对赵老师说,'我想参加请愿活动。'他把我顶了回来,'那么你也想惹麻烦吗?'我被吓得哑然,几乎没有说出任何反驳的话。于是我调转身走开了。我完全清楚,他对我的行动感到极为不快。我独自走上了一座小山,在树林中徘徊,深深陷入思想混乱之中。按照他说话的含义也就是学生的爱国运动是'制造麻烦'。最后,我终于认识到他的观点是错误的。因此我决定在青岛加入左翼戏剧家联盟。

"在青岛大学,有大量学生抵制上课和考试。在这种情况下,我拒绝了我老师给予我的更多帮助。于是我加入了大学的教职员工队伍,成为一名图书馆职员,我的工作就是填写卡片。与此同时,我还继续旁听大学课程。每个月我可挣到三十元钱(约合九美元),并给我母亲寄去十元。由于青岛的生活费用非常高,所以我留下的二十元钱是不够我花销的。正如你们所知,我不能只养活我自己,我还必须掏腰包为抗日救国运动支付演出费用——没有人在经济上给予我们帮助。当我们把演出送到工厂

■ 1931年在青岛大学做图书管理员的江青(左三),图中戴眼镜者(右三)为梁实秋先生。

或农村时,受到工人和农民的欢迎和帮助。但是他们也很缺钱,不可能给我们更多的经济援助。在那时,我并不可能知道解放全中国必须依靠穷人才能夺取胜利。"

梁实秋也曾忆及他的部属江青。1981年1月13日台湾《中央日报》所载报道《梁实秋先生今庆八秩华诞》,有那么一段:

> 席间欢然道故,谈到在大陆惨死的小说家老舍……由老舍又谈到正在北平受审的江青,江青曾是梁氏的部属,时在五十年前梁氏担任青岛大学图书馆长,当时叫李云鹤的江青,是图书馆中的办事员。根据青岛大学同仁名册上的记载,馆长月薪四百元,江青的薪水是三十元,有人说:"难怪她后来要造反。"

梁实秋夫人韩菁清女士从台北来沪时对笔者述及[①]:梁实秋一边看公审江青的电视,一边说过:"当年,在青岛大学,她忽地向我借两角钱。我问她干什么用,她说买酒心巧克力吃。她借了钱,到现在还没有还我呢!"梁实秋说罢,大笑不已。

2004年5月28日,笔者在旅美画家李斌、王亚卿夫妇处看到一帧从未见过的江青17岁时的照片:这是四人合影,李云鹤(江青)17岁(前左)。前右为邓宛生,后左为邓译生,后右为杨蔚。

邓译生和邓宛生为姐妹,青岛大学校医主任邓仲纯之女。邓译生又名方瑞,后来成为剧作家曹禺的夫人。杨蔚是国立青岛大学校长、作家杨振声之女。

这张照片拍摄的时间为1931年秋,地点为青岛黄县路7号。那是一幢米黄色外墙、二层带阁楼的洋房,住着杨、赵、邓三家。杨即杨振声,赵即赵太侔,邓即邓仲纯。

当时,李云鹤住在赵家。

李斌先生告知,这帧照片是在香港邓宛生女士家翻拍而得。他当即致电83岁的邓宛生女士,征得她的同意,把这一珍贵的历史照片供我收入《"四人帮"兴亡》一书之中。

据江青自述,17岁的她一边在图书馆当管理员,一边在青岛大学中文系旁听。她很喜欢听闻一多的课。她曾向赵炳欧教授请教,学着写了一个剧本《谁之罪?》。她结识了沈从文的姐姐沈楚楚,常去看望沈楚楚,认识了沈从文。她写过短篇小说,

■ 江青1931年秋在青岛的照片

---

① 1990年1月2日,叶永烈采访梁实秋夫人韩菁清于上海。

向沈从文请教。沈从文曾经非常仔细地修改过她的习作，使她在写作上大有进步。她也写过诗，只是未敢拿出来请闻一多指点。生活在良好的文化氛围中的她，那时很想在文学上有一番作为。

众所周知，从抗战开始，由于沈从文与左翼作家们的关系恶化，在"与抗战无关论"、"战国策派"、"反对作家从政论"、"自由主义文学"等一系列论争中，沈从文几乎每次都成为批判对象。1949年后沈从文一直处于逆境之中，只能在中国历史博物馆研究古代服饰。然而江青一直记得他。1973年，江青曾经特意安排沈从文在人民大会堂看演出，但是沈从文只愿意坐在一个角落里。

就在青岛大学，一个物理系19岁的学生，深刻地影响了江青的一生。

江青结识他是很自然的，因为他是赵太侔的妻弟。

赵太侔之妻俞珊，中国话剧界的明星，南国社的一员。

俞珊乃浙江山阴（今属绍兴市）人氏，望族名媛，1908年生于日本东京。俞珊少时就读于天津南开女中，后来入上海国立音乐学院及南京金陵大学。她天生丽质，精通英语，才貌双全。

1929年，田汉带领南国社剧团到南京金陵大学演出话剧《湖上的悲剧》，发现该校女生俞珊有一双"金色的眼睛"，而且有演剧才华。应田汉之邀，俞珊加入南国社。当时，田汉正在筹划演出英国唯美主义作家王尔德的名剧《莎乐美》——田汉早在1925年就翻译了《莎乐美》剧本，田汉聘请俞珊主演，自任导演。

21岁的俞珊初出茅庐，一炮而红。1929年7月29日至8月5日《莎乐美》在南京、上海演出，引起轰动。当时的评论认为，俞珊"容貌既美，表现又生动"。她那张求爱不得便割下所爱者头颅捧着亲吻的剧照，成了中国话剧史上的经典形象。直至2003年出版的《插图中国话剧史》一书，还把这张剧照作为标志性的画面用在封面和封底上。

1930年，俞珊又主演了根据法国作家梅里美的小说《卡门》改编的同名话剧。《卡门》的改编者仍是田汉。她，成了名演员。就连著名诗人徐志摩也倾慕俞珊，在自己上海四明村的书房里挂起一幅俞珊在《莎乐美》中的剧照。

在俞珊的热心观众之中，还有梁实秋。《莎乐美》在上海首演时，梁实秋就是捧场者之一。梁实秋与俞珊相识。

就在俞珊在演员之路上登峰造极之时，遭到父亲俞大纯的激烈反对。俞大纯以为，女儿当戏子有损名家门，警告俞珊，倘若再上舞台，他就要登报脱离父女关系。俞珊无奈，只得遵从父命。

1930年，俞珊在上海患疟疾和伤寒。待身体稍好，医生劝她到风景宜人之处休养。正巧，梁实秋接受青岛大学校长杨振声的邀请，到青岛大学执教，任外文系主任兼图书馆馆长。青岛当然是风景宜人之地。于是，俞珊随梁实秋前往青岛，在青岛大学图书馆任职，权且休养。

俞珊的到来，引来赵太侔的追求。赵太侔与原配妻子离异，爱上比自己小19岁的俞珊，并与俞珊结婚。"蜚声戏剧界之名闺俞珊女士与赵太侔君新婚"，在当时的青岛，一时间成为新闻。

江青在青岛住在黄县路7号赵太侔家。江青翻阅着俞珊的剧照相册,对俞珊极为羡慕。虽然俞珊只比江青大6岁,但是江青称她为师母,而且喊得很亲热。

在赵太侔、俞珊那里,江青邂逅了俞珊之弟俞启威,陷入了热恋之中……

据邓宛生女士在电话中告知笔者[①],当时她还充当信使,在江青与俞启威之间传递情书。

最初的爱侣黄敬

俞启威成了江青最初的爱侣。他,也就是后来改名黄敬的中共高干——1949年初当天津市人民政府宣告成立时,他被任命为第一任天津市市长,兼任中共天津市委书记。

俞家乃名门望族。为了详细了解俞家身世,笔者几经周折,于1988年11月3日在北京访问了俞珊的胞妹俞瑾。当时年近古稀的俞瑾,眉目清秀,个子瘦弱,戴一副老花眼镜,穿一身老式的蓝卡其衣服,独居于一幢很普通的宿舍楼。步入她的住屋,墙上竟挂着从1985年起的一本本挂历——过时了她也不取下。她说从未有人前来采访。看罢我的介绍信,她陷入了回忆。她谈吐缓慢而清晰,思维很有条理。面对我的录音机,她谈起了她的三哥俞启威……

俞家是名门望族。原籍浙江绍兴,鲁迅的同乡。

祖父俞明震(1860—1918),字恪士,号觚庵,清朝翰林,晚清知名于诗界、教育界、政界。

俞明震曾随台湾巡抚唐景崧赴台任职,适逢甲午战争,与日军作战,受伤返回内地,撰《台湾八日记》。因精通军事,为清廷派往日本考察军事教育,返国后任南京水师学堂督办,亦即校长。1898年,18岁的鲁迅进入该校,成为俞明震的学生。《鲁迅日记》中多处提及的"恪士师",就是俞明震。

鲁迅在《朝花夕拾》一书中,这么写及他的老师、"新党"俞明震:

> 但第二年的总办是一个新党,他坐在马车上的时候大抵看着《时务报》,考汉文也自己出题目,和教员出的很不同。有一次是《华盛顿论》,汉文教员反而惴惴地来问我们道:"华盛顿是什么东西呀?……"

俞明震著有《觚庵诗存》四卷。俞明震还曾担任厘捐总局局长,甘肃省学台、藩台等职。俞明震的许多学生成了社会名流。内中有一个做了大官的学

■ 俞明震

[①] 2004年5月28日,叶永烈电话采访香港邓宛生女士。

生,曾在杭州买了一幢房子送他,那房子人称"俞庄"。俞家在北京、上海、南京也都置有房产。

俞明震三兄弟,他是长兄。

他的小弟弟俞明熙曾任湖南陆军小学堂(原武备学堂)总办、清军协统,热心维新运动。

俞明熙之妻曾广珊也是名门闺秀,乃曾国藩的孙女,曾纪泽之女,书香世家,擅诗文。

俞明熙的长子俞大维,也是名人。

笔者于2010年3月1日在金门访问了"俞大维先生纪念馆"。纪念馆里的《先生家世》,写明俞大维是浙江绍兴人,1896年12月2日出生。绍兴俞家,是名门望族。《先生家世》中写及俞大维之父俞明熙,清军协统。俞大维之母曾广珊,为曾国藩孙女。

其实,金门"俞大维先生纪念馆"的《先生家世》把俞大维的出生日期写错了,俞大维生于清光绪二十三年十二月二日,应为1897年12月25日。

俞大维18岁入复旦大学预科。19岁,考入南洋公学(交通大学前身)电机科。后因病辍学。两年后,插班考入圣约翰大学,三年后毕业,获文学学士学位。1918年10月,至美国哈佛大学,专攻哲学数学。1920年,毕业取得博士学位,并获希尔顿旅行奖学金。

俞大维后来成为导弹专家。俞大维不是国民党党员,却先后任台湾国民党当局的"军政部兵工署长"、"交通部长"、"国防部长"。

俞大维是蒋经国的儿女亲家,即蒋经国女儿蒋孝章嫁给了俞大维的儿子。

97岁高龄之际,俞大维在台湾接受香港《新闻天地》社长卜少夫的采访,思路非常清晰,还提及在南京四条巷的故居,提及当年堂侄女俞珊在南京演话剧《莎乐美》,导演是田汉……

1993年7月8日,俞大维在台去世,享年97岁。

俞大维之妹俞大彩,则是傅斯年夫人。傅斯年曾任北京大学校长。1950年1月起,任台湾大学校长。俞大维另一个妹妹是北京大学西语系教授,嫁给中国科学院学部委员(即院士)、化学家曾昭抡。

俞明震的长子俞大纯,即俞启威之父。算起来,俞大维是俞启威的堂叔,一个成了国民党政府大官,一个成了共产党高级干部。

俞大纯曾留学日本、德国,回国后任铁道部技正、陇海铁路局局长。据俞瑾回忆,俞大纯在日本学化学,回国后在南京家中制造炸药,不慎爆炸,幸未受伤。在当时,私制炸药要判杀身之罪,俞大纯赶紧躲往德国,直至几年之后才悄然回来。

俞大纯娶妻卞洁君,生下四个儿子和两个女儿,性格各异,职业不同,人生道路也各走各的。

长兄俞启孝出生于北京,后来留学美国,回国后在天津当教授。

老二俞启信在德国出生,专攻化学,在一家兵工厂工作,后来长期患病。

老三便是俞启威,生于北京,幼年随母住在南京,人称"三少爷"。在兄弟姐妹之中,唯独他加入中国共产党,从事政治活动。

老四俞启忠,学农,20世纪50年代从美国回国,在北京当教授。

大姐俞珊其实是老大，小妹便是俞瑾，妇产科专家，博士生导师。她一生从医，洁身自好，既不过问政治，也不爱好文艺。退休之后，独自在家看看电视。她告诉笔者说，她看过印着姐姐剧照的画报，也看过姐姐演的戏，觉得姐姐确实是一位很有才华的演员。

俞瑾记得，她出生后，家里还很阔绰。那时，俞宅在上海哈同路（今铜仁路），父亲出入总坐小汽车，只消给霞飞汽车公司挂一个电话，轿车马上便会应召而来。

在俞明震去世之后，俞大纯依然花天酒地，家道日渐衰落。到了1930年前后，俞大纯在担任交通部陇海铁路局局长时，得罪了山东新军阀刘峙，丢了官，躲到上海家中赋闲，家境一落千丈。

■ 俞瑾教授

据俞瑾回忆，三哥黄敬（由于俞启威后来以"黄敬"之名传世，下文均以"黄敬"相称）从小就与众不同。他没有少爷架子，跟佣人、轿夫们挺讲得来。那时，有一个名叫小亭的佣人专门伺候他，三少爷待小亭如同手足。三少爷上大学之后，每逢假期，一回到家里，佣人们就非常高兴，跟他有说有笑。

俞瑾记得，俞家在北平先是住西单劈柴胡同1号，后来迁往阜内大街59号鄂家大院。那是一幢豪华住宅，院子里种着海棠树、杏树、牡丹、芍药。暑假里，黄敬穿一身白绸衫，戴一顶白草帽，回家住几天就出去了，不知道住到哪里去了。家里谁都不知道他参加了共产党。后来，母亲跟人搓麻将，在牌桌上听人说起老三是共产党，惊诧不已……

其实，黄敬加入共产党，最初是受大姐俞珊的影响，虽说俞珊并不是中共党员。他随俞珊一起，也参加了南国社。

南国社是田汉创办的。田汉，字寿昌，笔名陈瑜，湖南长沙人，1898年生。1912年入长沙师范学校，校长便是徐特立。1917年随舅父去日本，最初学海军，后来改学教育，热心于戏剧，和郭沫若结为挚友。1922年田汉回国，在上海中华书局任编辑，和妻易漱瑜创办《南国月刊》，发表剧作。1925年，田汉创办南国电影戏剧社，拍摄了由他编剧的电影《到民间去》。1927年，扩大为南国社，分文学、绘画、音乐、戏剧、电影五部。南国社有着明显的左翼文化团体色彩。

黄敬在南国社，结识了演员宗晖。他本名谢伟伯，中共地下党员。在宗晖影响下，黄敬在上海静安寺等处参加了散发革命传单等活动，这位三少爷的思想逐渐左倾。

1930年初冬，由于姐夫赵太侔、姐姐俞珊在青岛，黄敬进入青岛大学作旁听生。翌年暑假，他成为青岛大学物理系学生。

在青岛大学，黄敬和王弢（后来改名王林）同住一屋。这位王弢，便是中共青岛大学地下支部书记。

虽说王弢已经注意到黄敬思想左倾，不过，并没有马上发展他加入中共，其原因是黄敬的家庭背景颇为复杂，需要对他进行考察。当时的中共青岛市委书记祖茂林（当时化名李春亭），向王弢说过这样的意见。这样，当江青初识黄敬时，黄敬尚不是中共党员。

19岁加入中共

1931年9月18日，日本关东军突然炮轰沈阳北大营，几天之内占领了中国东三省。

中国各地掀起了反对日本侵略、反对蒋介石"不抵抗主义"的浪潮。江青和黄敬，都投入了学生运动。

江青在对赵太侔说"我要参加请愿"被认为是去捣乱后，便决定参加青岛的左翼文化运动。

江青说，1931年她参加左翼戏剧家联盟和左翼作家联盟的青岛分会，并在第二年参加了反帝国主义联盟。

黄敬成了学生运动中的活跃分子，他领导青岛大学的学生罢课，抢占火车，去南京向国民党政府请愿。经过这番实际考察，中共青岛大学地下党支部决定批准黄敬加入中共，举行了秘密的入党仪式。

黄敬加入中共，也就影响了江青。江青的思想，也渐渐激进。那时，江青和黄敬从热恋而同居。

江青跟黄敬的相爱，倒是真心实意的。当时，他们的一位同学张栋材（现在台湾）这么回忆："在青岛大学时，李云鹤虽只是图书馆的一名小职员，但靠了和赵太侔的关系，被允许到中国文学系旁听闻一多的'名著选读'，她就坐在我的邻桌。同时我和她的爱人俞启威则共一宿舍，所以对他们两人的一切都看在眼里。"

江青自己则说，她在青岛大学图书馆工作，使她有机会可以大量阅读以前不知道的许多读物。在下班时间里，她读了她的"第一部马列著作"——列宁的一篇文章，这使她开始对中国的另一种可能出路——社会主义有了兴趣。

2001年3月，笔者来到位于青岛八大关的青岛大学旧址（今山东海洋大学）。江青当年工作过的图书馆仍在。那是一幢两层的欧式建筑物。在青岛大学，闻一多的住处已经辟为纪念馆，而梁实秋的住处前立了石碑，上刻"梁实秋故居"。

江青和黄敬志同道合。黄敬虽说读的是物理，却喜爱文艺，在南国社当过演员。他在

■ 1935年北平"一二·九"学生运动时的黄敬

叶永烈寻访江青当年在青岛大学工作过的图书馆（身后的楼房）

青岛组织了海鸥剧社，江青也参加了。海鸥剧社是中共外围组织，成员除黄敬、江青外，还有王弢、崔嵬、王东升、张福华，王弢为社长。当时，在中共领导下的上海《文艺新闻》，称青岛大学的海鸥剧社是"预报暴风雨的海鸥"。海鸥剧社和上海左翼剧联领导人赵铭彝取得了联系。

江青和黄敬结合，没有办理结婚证书，也没有举行婚礼。一方面由于双方都是新潮人物，不拘泥于这些礼仪；另一方面也由于俞家是名门望族，择媳择婿总希望门当户对，江青出身低微，这样的婚事难以得到俞家父母的认可。

江青曾这样谈及自己当时生活的困境："我每月拿三十块钱薪水。十块钱汇给娘，因为青岛的生活费很高，除下的二十元不够我开支。……"

中共在青岛大学的活动，受到青岛国民党警察局的密切注意。1932年春夏之交，中共青岛大学地下支部书记王弢成了密探追捕的对象。

"到上海去躲一躲，我的家在上海。"黄敬对王弢这般说道。

于是，黄敬秘密地陪伴王弢前往上海。安顿好王弢的生活之后，悄然返回青岛。

黄敬接替了王弢的空缺，担任中共青岛大学地下支部书记。他是赵太侔的妻弟，几乎没有人怀疑他是中共党员。

然而由于叛徒的出卖，中共青岛地下市委屡被破坏。1932年12月上旬，中共上海中央局派李俊德到青岛整顿恢复党的组织。当时，李俊德化名"老王"，于1933年3月成立中共临时青岛市委，李俊德任书记，王经奎任组织委员，黄敬任宣传委员。

江青曾说，1933年初的一天，三个共产党员被安排假装在青岛的街上偶然碰到了江青，她被引导着在一个男学生的陪伴下沿着一条特定的路线散步，这两个人靠得很紧，似乎是一对恋人，但事实上，他们走得很小心，警惕着密探，并注意接头暗号。这次策划成功了，她与党的直接代表联系上了。

1933年2月，经黄敬介绍，江青在青岛一个码头仓库宣誓加入中国共产党。

江青曾说，当她在青岛秘密参加共产党时，她几乎不知道党的组织机构，也不知道除了她周围的几位同志外还有谁是共产党员，她甚至对马克思主义在中国意味着什么也知道得很少。作为一个生活在被男人统治的世界里的女子，她还很脆弱。

然而江青后来却多次说起，李大章是她的入党介绍人。就连跟美国记者维特克谈话时，江青也说，1933年她入党时李大章是介绍人。

李大章，亦即李俊德，亦即中共青岛市委书记老王。

其实，江青的入党介绍人应是黄敬，而江青入党是中共青岛市委书记李大章批准的。由于入党介绍人需要两名，而江青只有一人，所以就加上了李大章为第二介绍人。在"文革"中，江青已经成为"中央首长"，在公开场合不便再提黄敬，因为黄敬毕竟是她的前夫，所以她只说李大章是她的入党介绍人。不过，李大章为人低调，即便是江青显赫之时，也从来不提曾经批准江青入党之事。

李大章是资深的中国共产党人。李大章原名李畅英，号如章，1900年生于四川省合江县，1922年加入旅欧中国少年共产党（次年改名为中国社会主义青年团旅欧支部），1924年转为中国共产党党员。在法国勤工俭学期间，他跟邓小平是两位刻蜡版的好手，油印的《赤党》月刊便出自他与邓小平之手。

李大章在1925年起任中国共产主义青年团旅欧区执委会秘书长。同年下半年转赴苏联莫斯科，入东方大学学习，任中国共青团旅莫斯科支部宣传委员。1927年春回国，被派往西北军（国民联军宋哲元部）从事政治工作。1927年7月起任共青团陕西省委宣传部部长。1928年被捕入狱，1930年出狱。1931年初到上海入中共中央培训班学习。1932年5月到香港中共广东省委秘书处工作。1932年底调任中共青岛临时市委书记。1934年起在中共上海中央局工作，任上海中央局秘书长。此后，他还担任过刘少奇秘书……

解放后，李大章历任四川省人民政府副主席、中共四川省委第一副书记、四川省省长。

在"文革"中，李大章一度被作为"走资派"打倒。1968年3月15日20时至16日0时30分，为了解决四川问题，周恩来、陈伯达、康生、江青、姚文元、谢富治、吴法宪、叶群、汪东兴等在人民大会堂河北厅接见四川省军政领导以及造反派头头，其中李大章"是中央决定他参加的"。

在接见大会上，根据当时的记录，江青与李大章有这样的一段对话：

江青：我认识你（指李大章）是1932年还是1933年？

李大章：1932年底。

江青：主要是触及自己灵魂，揭发，群众是会原谅你的……还可以揭发刘少奇，北方局你是知道的。

李大章的问题不知说了多少次了，到现在站不出来。李大章同志，我为了接济你，一天吃两个烧饼。要保持革命的晚节。

由于有江青的这番话，李大章很快就得到"解放"，成为"三结合"中的革命干部。1968年5月至1975年10月，李大章任四川省革命委员会副主任；1971年8月16日至1975年10月，任中共四川省委书记。

1975年11月起，李大章调任中共中央统战部部长。

1976年5月3日，李大章在北京逝世，终年76岁。

在江青入党之后不久，在1933年7月，一桩突然发生的事情，使江青仓皇出逃，拎着一只小皮箱奔向上海，失去了党的组织关系。

这是因为叛徒出卖，黄敬被密探逮捕。

借住在上海田汉家中

匆匆踏上南去的海轮，驶出胶州湾，向上海前进。

头一回坐海轮的江青，没有兴致欣赏大海的景色，她被大海的波涛颠得头昏脑胀，呕吐不已。一个姓王的济南艺专的学生向她献殷勤。看出他不怀好意，她更加心绪不宁。

江青曾经这样自述这次坐船的经历：

> 我只够买三等舱的船票，是日本船。我的朋友送我，我朋友的朋友介绍了这个朋友给我，让他在船上照顾我，因为我晕船。爬山我是老虎，在女学生爬山中我是冠军。坐船是狗熊。这个朋友的朋友的朋友非常坏。我晕船，吐。因为他听说我下船时有朋友来接我，他就起坏心了。他说我们到上海，你的朋友不来接你没关系，我们开旅馆去。这样我就知道他不是个好人。那时我知道上海有专门为女人开的旅馆，我想女人总会帮女人的。如果没有人来接我，一下船我就叫个黄包车到女人旅馆去，那是我当时的想法。实际上后来我才认识到我的想法是不行的，因为要住那个旅馆，先得交15块钱的押金，所以我就绝望了。总向外边看，也不晕船了。这个坏蛋站在我后面，提着我的小行李，对我说咱们开旅馆去，我没有理他。下船后看到没有人来接我，我决心叫黄包车。就在这时候，来接我的人从人群中突然走过来，我什么都忘了，高兴得跳起来了，把那个坏蛋也忘了。

当轮船在黄浦江泊岸时，一位28岁的青年前来接她。

此人名叫史东山，原名匡韶，浙江峡石人。由于家境贫寒，史东山17岁来到张家口，在电报局当报务员。19岁起，在上海影戏公司绘制电影背景。这样，他涉足影戏圈。1925年，23岁的他参加征文比赛，以电影剧本《柳絮》中选，不久当上导演。不过，此时他尚属初出茅庐。后来，他成了中国电影界的名导演。特别是在1946年，导演了《八千里路云和月》，轰动了全国。

据云，史东山是奉左翼剧联（即左翼戏剧家联盟）之命，和前山东实验剧院话剧组教师李也非一起，前来接待这位青岛海鸥剧社的成员。江青上了史东山喊来的出租汽车之后，这才记起把一件行李忘在轮船的甲板上了！

江青说，到达上海的那天晚上，偶然碰到了她的另一个朋友。这人属于一个与俄国联合的戏剧社团。这个戏剧社当时正在排一部有关中国农村的"进步戏"。这个朋友邀请她到一家公司吃快餐，这个公司是当时上海最大的百货商店。在他们吃饭的时候，饭店的沉静被一阵从街道上传来的女人的尖叫声打破了。"怎么回事？"她警惕地问。"只是一个妓女在拉客。"他回答说。这就是她对上海有名的街道生活的第一次观感。

江青还说，那天晚上的谈话对她以后在上海的四年生活有很大的影响。她第一次知道了一个新成立的春秋剧社，那时这个剧社是左翼戏剧活动的主要力量，由戏剧家田汉领导，他也同时是左翼剧作家联盟的头领。

本来，江青可以住到上海俞宅。只是俞家并不承认她这个未经明媒正娶的儿媳妇，所以她不能不在魏鹤龄家暂住。她提出要求，希望拜见田汉。

田汉的大名，对于江青来说，早已如雷贯耳。田汉是南国社的创始人，跟俞珊、黄敬都熟，跟江青的老师王泊生、吴瑞燕也都很熟。江青所演的《湖上惨事》，编剧便是田汉。

田汉在1932年加入中共，担任中央文委委员。他参加发起过中国自由大同盟、中国左翼作家联盟（简称"左联"）、左翼戏剧家联盟（简称"剧联"），担任左联常委、剧联党团书记。

江青说，在寻找田汉和春秋剧社其他领导人的活动中度过了自己在上海的最初日子。找人、建立联系，对她来说都是极困难的。她终于得知，田汉是两兄弟中的长者，他的弟弟田沅被指定来与她联系。他带她去见他的哥哥田汉。田汉那时正在为了避免遭受政府的扣押而不停地在他的几所住处搬来搬去。她被带到一个田汉母亲住的地方，田汉母亲慈祥地接待了她，江青和田汉母亲一起住了几天。

当江青前往田汉家拜访时，廖沫沙正住在田汉家。廖沫沙本名廖家权，湖南长沙人，田汉的同乡，也曾在徐特立为校长的长沙师范学校学习，1930年5月加入中共，此时，正在上海从事地下工作。在"文革"中，廖沫沙作为"三家村"中的一家受到江青挞伐，那是后话。

刘茵所写《繁星闪耀——记廖沫沙》，内中记述了廖沫沙回忆的江青头一回到田汉家的情景，颇为珍贵。只是文中按晚年的习惯称他为"廖老"，其实他当时不过24岁罢了。

（二十世纪）三十年代，田汉给艺华电影公司撰写剧本，廖老作为他的助手，住在田汉家。一天，黄敬的姐姐俞珊带来一位女士，说是从北方逃难到上海，请田汉为她找个住处。廖老就这样认识了这位李女士。其实，这位女士早已慕田汉之名，想投奔他的门下，这次找上门来，绝非偶然。她与廖老见面后又说又笑，东拉西扯，呱呱啦啦不停。田汉家房子不多，只得安排她和保姆同住一室。当时，廖老与田汉住到旅馆里去写剧本，妻子又回湖南去了，他在田家分住的房间空着。有一次，江青见廖老回来取东西，便蹩进房间，大模大样地说："廖先生，我是第一次来上海，没地方住，你们在旅馆写剧本，你这房间空着，就让我先住你这儿吧。"廖老不便拒绝，只得含糊地回答道："内人不几天就回上海来，她回来前你先住吧。"后来，廖老与妻子搬到别处，不料江青又找上门来说："廖先生，田汉家干扰大，你们这儿如果能住，我也想搬来，同你们住在一起。"廖老夫妇除一间卧室外，只有一间厨房，他们对江青冷淡地说：

"那只好住厨房了。"

"我先到另一个朋友家看看,如果那儿能住下就不来了,住不下,我再来住厨房。"说完她走了,再未登门。江青对那次廖老没有殷勤欢迎她住下耿耿于怀。1972年她竟然气狠狠地对美国记者维特克追叙了三十九年前这件鸡毛蒜皮的小事,足见其度量之小,为人之阴!

田汉、廖沫沙是江青20世纪30年代的知情者,难怪"文革"一开始,她就拿"三家村""四条汉子"开刀了。

在田汉家借住了些日子,田汉派他的弟弟田沅照料江青。

田沅向田汉建议,把江青安排到晨更工学团去工作。江青同意了。于是,田沅陪着江青,来到上海西郊的小镇——北新泾镇,把江青介绍给晨更工学团的负责人徐明清。

这样,江青就在僻远的北新泾镇住了下来,在徐明清领导之下工作。

在晨更工学团当教员

论知名度,她的丈夫王观澜是一位名人,不论在《中共党史人物传》还是《中共党史辞典》上,都可以查到他的传略或条目。他于1926年加入中国共产党,参加过长征,曾任中央农委主任、农业部党组书记。而她——徐明清[①],原本鲜为人知。

然而,如今她的名字被成千上万次印刷。不论是中国人写的,还是外国人写的;不论是正传、外传,还是秘史、野史,凡是写江青的,她的名字是无法绕过去的。这是因为江青当年在上海的时候,跟她有过非同一般的密切关系。

令人遗憾的是,那么多写江青传记的作者,没有一个直接采访过徐明清。正因为这样,据徐明清已收集到的近十种江青传记之中,没有一本能够如实反映她和江青的关系,其中好多本书把徐明清写成"叛徒",写成江青的"同伙"。已经步入垂暮之年的她,陷入深深的痛苦之中。作为作者之一,我也曾误信1977年3月印发的某些文件中关于她的材料,以为她是"叛徒",陷入迷误。

1989年9月中旬,我在北京给她挂了电话,希望对她进行详细采访。她家颇为僻远。为了便于采访,我干脆搬到了离她家只有二三百米的一家招待所住下。

■ 深知江青历史的徐明清(叶永烈 摄)

---

① 1989年9月12日、1989年9月17日、1993年4月3日、1995年10月9日,叶永烈在北京多次采访徐明清。

她是副部长级离休干部，住在一幢宽敞的平房里。

我步入徐明清家客厅，便看见墙上悬挂着毛泽东1941年12月16日写给病中的王观澜的那封著名的信："既来之，则安之，自己完全不着急，让体内慢慢生长抵抗力和它作斗争，直至最后战而胜之，这是对付慢性病的方法……"

徐明清年近八旬，个子小巧，态度谦和，南方口音。她跟王观澜同乡，1911年5月13日出生于浙江临海。她于1926年底加入共青团，1929年秋由团转党。

1984年春节，薄一波受党中央委托，在茶话会上提及15位在1927年以前参加革命的老大姐的名字，并致以亲切问候。徐明清是这15位老大姐之一。

徐明清是怎么结识江青的呢？我打开录音机，请这位历史的见证人讲述自己所知道的江青。

1928年，徐明清考入著名教育家陶行知先生在南京创办的晓庄师范。不久，她成为该校共青团支部的支部书记。1930年4月，蒋介石查封了晓庄师范，陶行知逃亡日本，徐明清转往上海从事女工教育工作。

1931年春，陶行知从日本潜回到上海。不久，他公开露面，倡议成立工学团，相继创办了山海工学团、报童工学团、晨更工学团、流浪儿工学团。徐明清成为晨更工学团的负责人。

所谓工学团，用陶行知的话来说："工就是做工，工以养生；学就是科学，学以明生；团就是团结，团以保生。"

晨更工学团是1932年10月成立的。这个工学团办在上海西郊北新泾镇，那里有个村子叫陈更村，借"陈更"的谐音取名"晨更"。在当时，晨更工学团是公开的、合法的教育团体。

■ 20世纪30年代的陶行知

上海左翼教联、社联、剧联以及左联，都纷纷派人参加晨更工学团的工作。左联派出的是陈企霞，剧联派出的便是田沅。

《我的父亲陈企霞》根据晨更工学团柴川若的回忆，写道：

> 晨更工学团是陶行知先生筹办的第一个普及大众教育的组织。从表面上看，它政治上不偏不倚，提倡教育救国，实施实验教育，实际上它是我党的外围组织。其成员大都是满腔热血的革命青年，共产党员和共青团员起着核心的组织和团结作用。晨更工学团的教育对象主要是工农大众及其子弟，包括纱厂女工、小店员、黄包车夫等劳苦大众。
>
> 工学团办了很多各种类型的学校，有全日制的工人子弟学校，也有各种业余的夜校。①

---

① 陈恭怀：《我的父亲陈企霞》，接力出版社1994年版，第50页。

正因为田汉之弟田沉跟晨更工学团有着密切的工作关系，所以他也就把江青安排到这里来。

徐明清记得，那天田沉忽地陪着一位山东姑娘来。她细高个子，穿一身蓝布旗袍，长得俊俏而性情活泼。她便是李云鹤，当时叫李鹤，亦即江青。

徐明清又名徐瑛，那时叫徐一冰（有的江青传记误为"徐一永"）。虽然她只比江青大三岁，在政治上却要成熟得多。她不仅领导着晨更工学团，而且还是上海左翼教育工作者联盟（简称"教联"）的常委。

陈企霞之子陈恭怀在《我的父亲陈企霞》一书中说："当时和父亲一起在工学团工作和任教的有柴川若（现北京市委离休干部）、徐瑛（即徐明清，工学团团长，现中央农村工作部离休干部）、李鹤（即江青）、王洞若、王东放、袁超俊（又名严皋）等人。"①

晨更工学团是一个教育团体，设有幼儿院、小学、特别班、农民识字班、工人识字班、店员识字班。最初，徐明清分配江青在店员识字班里当教员，教唱歌，辅导识字、读书。工学团其实是松散的组织，并非正规的学校。最初只是借用陈更村几间农舍办学，非常简陋，经费也极拮据，靠着一位"交际家"在外募捐。此人名叫黄警顽，是上海商务印书馆交际股股长。黄警顽有着过目不忘的天才，见上一面，此后便认得，号称认得十万青年。黄警顽在十里洋场为工学团募捐，使晨更得以维持。

晨更工学团的教员们，只有一碗饭吃，没有工资。江青在那里除了教店员识字外，还和田沉一起，编演小节目，诸如田汉编剧的《放下你的鞭子》等，组织学员到附近农村演出。

晨更工学团的人员逐渐增多，几间农舍不够用了。黄警顽到底不愧为交际家，他打听到北新泾镇罗别根路罗家花园对面，有一座被资本家废弃的花园。那里，有一道黑色竹篱笆围着，里面是一幢破败的小楼，底楼四间，二楼三间，顶上还有一个小阁楼。小楼后边，有一排平房。另外，还有一个破旧的玻璃花房。这座烂摊子一般的花园，由一位姓陆的农民看管。经交际家前往交际，花园的主人答应借给晨更工学团办学用，不收分文房租。

于是，那里便成了晨更工学团的大本营。那座小楼、那排平房成了教室和教员宿舍，玻璃花房成了伙房。

女教员不多，只徐明清、江青和一个名叫李素贞的宁波姑娘。据徐明清回忆，江青当时喊她"一冰"，她叫江青"小李"，而她俩都称李素贞为"宁波李"。她们三人同住那座小楼顶上的阁楼。每天爬着竹扶梯上去，小阁楼里只有一扇老虎窗，没有床，三个人在地板上铺了草席睡觉。宁波李是共青团员，受徐明清领导。江青因为没有组织关系，只是作为徐明清手下一名普通教员，没有参加党组织活动。江青当时参加了剧联，后来又参加了教联。

天天住在一起，徐明清跟江青慢慢熟悉起来。当时江青一头短发，一身蓝布旗袍，从不涂脂抹粉。徐明清记得，江青那时教唱歌、演戏，很活泼，可是回到小阁楼里，往往判若两人，常常独自唉声叹气，久久地凝视着北方，一言不发。徐明清看出她有心事，又不便于问她。有时，江青从身边掏出一封信，细细地看，看罢又收了起来。

---

① 陈恭怀：《我的父亲陈企霞》，接力出版社1994年版，第50页。

很偶然，有一次这封信掉在小阁楼的地板上。徐明清拾了起来。出于好奇，也出于想了解江青究竟为何苦闷，她打开了这封信，一边看，一边不由得大笑起来。时隔半个多世纪，徐明清还记得，那信的开头是"进子"两字——江青原名李进孩，又叫李进；落款是"小俞"。信的原文，她还记得一句："你是我心中的太阳。"看了这封信，徐明清明白了江青为什么苦闷。

徐明清在把信交还给江青时，问起了小俞。江青说出了心里话："小俞是我的爱人。这封信，是我们谈恋爱时他写给我的。我们结婚以后，他被捕了。我不知道他现在究竟在哪里，非常想念！"

徐明清劝慰了一阵，从此知道了江青愁眉苦脸的原因。不过，江青没有说她的丈夫和她都是中共党员，徐明清也从未向她提起自己是中共党员。

宁波李调走了。小阁楼里只剩下徐明清和江青，她们之间的交谈更多了。

那时，晨更工学团的教员已经有二十多人，徐明清把其中的共青团员组织起来，成立了共青团支部，支部书记为陈企霞。

陈企霞比徐明清小两岁。他曾在自传中这样写及："1932年起，从通信中结识了叶紫。在他的鼓励下，我到了上海。……1933年下半年，由左联派到沪西郊区，参加工会教育工作，入共青团，也和党有了联系。"[①]

就在这时，共青团支部认为江青表现还不错，吸收她入团。据徐明清回忆，当时陈企霞叫"陈华"，团员之中有王东放、紫玉玺（后来改名紫川若）等。这样，江青在失去党的组织关系之后，由徐明清为介绍人，加入共青团。

当时的生活颇为艰难，每顿饭只有黄豆芽、菠菜汤之类的素菜，连油都很少，能有大米饭吃就算不错了。江青为了避难来到此地，有吃、有住已是万幸，不太计较生活问题。她每日与众不同的"常课"，是打了井水洗头发。天天洗，很注意保养自己的乌亮的头发。

那时，谁要进城，就向徐明清讨几角钱车费。江青在上海没有亲戚，朋友也很少，所以她几乎不进城，没向徐明清要过车钱。

后来，江青向美国记者维特克这么叙述自己初到上海的经历：

> 到上海的第一夜，住朋友家。我是以群众组织的关系到上海，通过田汉找党。我知道有个"春秋剧社"是左翼的。田汉住哪里不知道，只能通过社会关系，这是冒生命危险。每天找春秋剧社，我一句上海话也不会讲，也听不懂，但很快找到了。我到那里就说是北方的戏剧工作者，要找田汉，把党的关系藏起来了，但这样也有被捕的危险。田汉有两个弟弟老三和老五，老三带我去见了田汉。田汉叫我哪也别去了，就住在他家，要弄清问题。因他们认识我在青岛的一个同志，就信任我了。
>
> 过了几天，田汉、周扬、阳翰笙三人共同跟我谈话，要我放下关系，党的关系可以接上。他们问我想做什么工作，当时有两个电影公司靠拢我们。还有剧社，问我上不

[①]《中国现代作家传略》下册，四川人民出版社1983年版，第247页。

上舞台,甚至问上不上银幕,我拒绝了。

我要求做群众工作,基层工作。他们叫我到北新"晨更工学团",那里很荒凉。"晨更"与陶行知有关系,我们募捐,有时找陶。陶很爱护青年,我是被爱护者之一。

"晨更工学团"是义务学校,主要教工农子弟,还办店员补习班。我去时,田汉派他的弟弟老五与我同去,他忽然间对我起好感,不顾那样的环境,老在屁股后追着,弄得大家都议论纷纷。我冒险写了封信给田汉,请你把弟弟调走吧,我不能工作了,你是官僚主义。谁敢批评他呀,从此我倒了霉,他弟弟是调走了,我的党的关系不给解决了。因我的关系都在他们那里。

我赌咒再不见左翼戏剧家联盟的人。我在群众中定会找到党,党也会找到我的。当时上海有文总、左翼作家联盟、青年团左翼教联,都找了。我什么都做,凡是革命工作都做。

黄敬来上海寻找江青

1933年冬天的时候,忽然有一个穿棉袍的男青年来到晨更工学团,说是找"李老师"。当徐明清听说男青年姓俞,立即明白了他是谁。这是徐明清头一回见到黄敬。江青一见到黄敬,兴奋得流下热泪。

黄敬在青岛被捕后,经他的父亲找国民党的上层人物打通关节,才终于被救出狱。借口养病,黄敬离开了已经很难进行革命活动的青岛,来到上海。这时,黄敬的两位母亲都住在上海。他住在静安寺附近哈同路(今铜仁路)他的生母卞君那里。他从姐姐俞珊那儿知道江青在上海,于是他便到西郊北新泾找江青。这样,江青不再孤苦伶仃。

本来,哈同路上的俞宅华丽而又宽敞,腾出一间屋子给他俩居住是很便当的。无奈,黄敬的生母不承认这门亲事。任凭黄敬怎么说,他的生母不许江青进家门。黄敬跟他的"大妈妈"——俞大纯的大老婆关系不融洽,自然,也无法在大妈妈那里找到落脚之处。

黄敬求助于徐明清。陷于穷困之中的晨更工学团,哪儿有地方给他和江青住呀! 最初,她请一位老师让出住房,给黄敬和江青临时住了几天。后来,黄敬在静安寺附近租了个小小的灶披间,和江青搬了过去,算是有了个住所。他们又开始生活在一起。不过,这时江青每天仍到晨更工学团当教员。

江青入团之后,知道徐明清是地下党员。她带着黄敬来找徐明清,希望恢复组织关系。黄敬向徐明清谈了他在青岛入党的情况,可是,他没有出示任何党组织证明。

徐明清随即把黄敬的情况向中共上海沪西区委反映。区委对此持慎重态度,原因是明摆着的:第一,黄敬没有接关系的证明;第二,黄敬出身于那么错综复杂的官僚家庭;第三,黄敬又刚刚从国民党监狱中出来。他在狱中表现如何,不知道。这样,区委认为不能接受黄敬的请求。尤其是在当时白色恐怖相当严重的情况下,党组织的行动非常谨慎。

不过,党组织也不是对黄敬不理不睬。因为从黄敬的自述,从江青的表现,表明他们确实是革命青年。区委决定对黄敬进行考验,让他参加一些外围活动,分配他做一些危险的工作。

于是,徐明清分配黄敬去做贴标语、撒传单之类的工作。黄敬很积极地去做这些工作。他跟徐明清熟悉了，总叫她"阿徐"。

1934年1月28日，上海爆发了纪念"一·二八"抗战两周年的示威游行。晨更工学团很多人参加了，黄敬和江青也参加了。在游行途中，晨更工学团的王大个被捕了。王大个是个工人，苏北人，个子高大，大家都喊他"王大个"。他刚从龙华监狱出来不久，身上衣服破破烂烂。警察逮捕了他。

那天，徐明清没有参加游行。那是因为工学团里有人把标语贴在工学团所在地的黑色竹篱笆上，引起北新泾镇警察的注意，传唤晨更工学团负责人。于是，徐明清去了。

"一·二八"游行，明显地暴露了晨更工学团的进步面目。王大个从狱中托人带出消息，说"包打听"已经在盯梢江青。徐明清赶紧把消息告诉江青，并叫她暂时不要到晨更来。

黄敬意识到又一次面临被捕的危险，何况在上海又无法接上组织关系，于是决定和江青迅速离开上海。俞家在北平西单劈柴胡同有房子，黄敬带着江青躲往北平。

徐明清也暴露了。党组织当即要她离开晨更。经过陶行知以及陈望道夫人蔡葵等社会关系介绍，得到基督教上海女青年会郑裕志的帮助，徐明清由该会劳工部介绍到上海浦东工作，去主持该会在那里办的一个女工夜校。浦东与上海繁华市区（即浦西）隔着一条黄浦江，那里像北新泾一样冷僻，徐明清在那里安身。

江青和阿乐接头时猝然遭捕

黄敬和江青来到了北平。

黄敬在北京大学旁听数学，又去中国大学旁听《资本论》，讲课者乃是中共一大代表李达教授。李达自1923年脱离中共，但仍致力于马克思主义理论的研究和教学。他在1949年12月经中共中央批准，重新加入中共。

江青和黄敬一起，也去旁听李达的讲课。

据江青对维特克说，当时她每月只有七块大洋的收入，除了付房租之外，剩下的钱只够吃咸菜、馒头。只是她没有说及她做的是什么工作。

江青对维特克还这么自述：

我到了北京。我在北大旁听不要钱。那时一个月花七元钱。

北京图书馆是全国最著名的，我从朋友那里搞了借书证，带烧饼进去，一整天不出来。有几个月学会了脚踏车，尽闯祸。

有一天，我和赵丹、崔嵬一起骑车，赵丹在前，崔嵬在后，来了个流氓把我逼下车来，崔嵬、赵丹把他揍了一顿。

几个月后——1934年5、6月间，徐明清听说"李先生"又从北平回上海了[①]。她知道，

[①] 1989年9月12日、1989年9月17日、1993年4月3日、1995年10月9日，叶永烈在北京多次采访徐明清。

李先生便是江青,因为江青当时用"李鹤"为名,大家都喊她李先生。

江青为什么又回上海呢?原来,她跟黄敬到了北平之后,依然受到俞家父母的反对,在经济上不予帮助。黄敬只能从姐姐俞珊那里要到一点钱。江青在北平生活不下去,于是,独自再去上海。

江青到了晨更工学团,才知道徐明清已不在那里了。借助于基督教上海女青年会劳工部的介绍,江青被安排到该会在小沙渡路办的女工夜校里当教员。小沙渡路,即今日西康路,在上海西北角,离静安寺不太远。江青在那里教女工们唱歌、演戏、识字。

江青也去浦东,在徐明清那里的女工夜校当教员。这时,她化名张淑贞。

江青曾经这样说及当时自己的经历,她是由基督教女青年会安排到浦东的。江青分配到了一间位于厂区的宿舍,她自己在后面还有一间房子。前面的房子用作教室,女工们住在附近的另一间房子里。刚开始时,由于是新手,工作效率不高,她感到很扫兴。比如,在参加演出和政治活动的同时,她要花去相当长的时间备课,还要批改学生作业,结果总是筋疲力尽,没有时间睡。在她的记忆中,那段日子最主要的感觉就是非常疲惫。

江青说,与那些女工相比,这又是微不足道的。她的学生大都来自中国人经营的日本纺织厂,其他的在英国烟厂,尤其是英美烟叶公司。这些人早晨6点开始工作,为了准时到厂,她们4点就得起床,摸黑往厂里走。英美烟叶公司的工作条件如同地狱一样,女工的最高工资是每月17—18元。童工也很多,但挣得的钱却很少。夏天,天气很热时窗户仍是关的,车间闷得像蒸笼。而冬天,窗户又是打开的。为什么?因为雇主认为太舒服了工人就会变懒,所以用夏天的闷热和冬天的寒冷来控制工人。车间里脏得让人一看就恶心。

1960年5月,大抵江青还不是"旗手",还不是"无产阶级司令部领导同志"的缘故,由上海人民出版社出版的《战斗的五十年》一书,写及江青当年在上海的情况。这本书是上海卷烟一厂(原英美烟草公司)厂史,其中《永远割不断的联系》一节中,有这么一段老年女工的回忆:

> 1934年,我18岁的时候,浦东女青年会办了一个平民夜校。那时候没有人教我们排戏和唱歌,徐老师(指徐明清——引者注)就请了一些内行的同志来教我们。教唱歌的蓝苹同志(此处可能回忆者的记忆有出入。据徐明清回忆,当时江青用"张淑贞"化名,称"张老师",而"蓝苹"则是江青进入电影界之后才取的艺名——引者注),每星期来二次,总是准时来到。她拉得一手好二胡,在教我们之前,先要自拉自唱两遍,她那婉转的歌声和悠扬的琴声,真使我们听了发呆。
>
> 过了一些天,热心为我们工人服务的蓝苹老师忽然不来了。大家正感到奇怪,徐老师面带愁容,悄悄地告诉我们说:"蓝苹老师被捕了,现在正关在监牢里受反动派的折磨。"我们听了这个消息,感到无比的气愤。

关于她的被捕,江青曾这么自述:

唉,我在上海干革命真不容易,惊心动魄!

有一次,我在兆丰公园附近,那里是别墅区了,靠近郊外。忽然听到后面有骂声,一个警察突然往前跑,这时我被两个工商打扮的人架起来,离开这条路,到一个警察分局。天黑了,一大批人押我在野外走路。我当时穿朋友送的丝绒旗袍,罩蓝布褂子,秘密表格在衣角上。架起时意识到被捕了,我大声喊救命,一个人也没有。他们赶快把我弄到野地里,一个人叫我快走,另一个人出来说好话。一个装红脸,一个装白脸。前面是水田,我装倒下了,把口袋里的东西吃到肚里。这就什么证据也没有了。到警察局,听他们打电话,说抓到嫌疑犯。我想是被牵连的……

■ 从江青住地查出的饶漱石专案组提供的关于黑大汉的资料

我被捕后,装着什么都不懂。后来知道有个女的叛变了。她的丈夫先叛变的,有名的黑大汉,他认识我,知道我是地下党员。他当叛徒后骗他的妻子,出卖了党的文件,有一天特务提审我,我又装着大哭大闹。忽然一个巴掌打了过来,我回头一看,正是那个黑大汉……

在维特克的《江青同志》一书中,则是这么记述的:

搬到新的住所后,她有一天在去寄信的路上碰到了一位青岛来的老朋友,江青清楚地记得他穿一套白制服。谈话中,那人说他在国际住宅区的上海邮局工作,但是他显然属于左翼的某个组织,在邮局工作只是一个幌子。他多次强调,很高兴见到她,她会对他的工作感兴趣并帮助他吗?她愿意替他给她任教的学校里的人送信吗?她对他的这些提问感到迷惑和害怕,她说她"还没有与党组织取得联系"。

她向教育家联盟的党组织汇报了这次意外的相遇,组织对她如何再去见面给出了建议。几天后,她去兆丰公园散步,这是一个由外国人建的公园,但是她可以进去,因为她买了一张季票。在那里,她又一次碰到了她的朋友,根据教育家联盟党组织的指示,她交给他一封信,尽管她不知道信的内容。他们交谈了几句,她告诉他不应该再见面,他似乎理解她的处境,但又很明显地不想与她失去联系。

几天后,他给她送了一份左翼的出版物《世界知识》,仍然表达了对她的好感,并邀请她一块吃饭,她有些害怕,说是没有时间,谢绝了他的邀请。

为了缩短路程,她从另一个方向离开了公园。那条道在一片住宅区旁,她在那又碰到了一个原来在青岛当秘书的女朋友。那女孩邀她到她的屋里谈话。江青不敢耽误时间,拒绝了,继续往回走,那条道上没有公共汽车。

在离开那女孩后，一阵男人的叫声从她背后传来，她看到有两个人在追一个人，向她这个方向跑来，另一个人在骂："你们这些蠢猪！"过了一会儿，她感到两个人紧紧跟在她后面，她转过脸去，看到其中一人是工人模样，另一个像商人——都是特务伪装的。没等她说出话来，那两人就抓住了她。

　　平生第一次遭到"绑架"，她很气愤地告诉那两个人，在外国人住地进行这种绑架是非法的，但是这种争辩是没用的，她被鲁莽地带到了警察局。主管人不在，那两个人不能像以往那样搜身，他们没有让她脱衣服，只搜到了那份《世界知识》，这刊物本身是没有争议的。

　　尽管没有足够的理由把她扣在警察局，那两个人还是决定把她送出市区。江青害怕被送到陌生的地方，便告诉那两人她在夜里找不到出城的路，而且她的穿着也不合适做这种旅行。那两人没有被她的话打动，为了让她尽快离开，他们给了她一件亚麻布长袍，若是平常，她是绝不会穿这种衣服的。但现在，她将它套在了自己的身上，又在上面加了自己的外国风格的礼服，还有一件毛织马甲。就这样，她穿着奇怪地离开警察局，走进黑夜中。

　　像她生活中其他恐怖的事情一样，江青描述这次夜行时用了许多夸张和奇怪的词语，她走得很快，能跑则跑，路上有次差点又被拦劫，她都逃了过去。很快，她到了城市边缘，乡村就在前面，她累得气喘吁吁，继续往前走。突然，有一双手从身后抓住了她，她尽力去挣脱，但是失败了，她大声地叫"有人遭绑架了！"但是没有用，在城外是没有人会听到，来救她的。她以为抓她的人是警察，但是，当她仔细看时，发现他们是身着便衣的密探。逃跑是不可能的，为了给自己壮胆，她显出很生气的样子，她指责那些人像是畜牲。她的话起了作用，其中一人放松了她，显出一点骑士风度。

　　她被押到了一个地区警察局，锁进了单人牢房里。她听到他们在打电话汇报说他们抓住了一个嫌疑犯。

　　在审问的时候，她对每一件事都装得很无辜的样子。他们看到了她在公园里出现和她与一个年轻人的约会——显然，是那人告密（她已经多次被盯梢了）。她说，去兆丰公园散步是她的习惯，因为她喜欢在那儿看小孩子玩。她编的故事让那些人相信了，但仍受嫌疑，从地区警察局转到了市里。她很气愤："你们应该把时间花在抓真正的共产党员上面！"

　　牢里的大多是政治犯，其中有一个有经验的共产主义分子给了她许多有益的建议。打量了一下江青的外表，她告诉江青不该留短发，那样会让人觉得她很激进，她自己就留着长辫子。但别的狱人唱革命歌曲时，她唱京剧！（江青说，那段日子，她确实很懦弱。）不管她尽力装得多么迟钝，警察还是没有停止对她的调查。她后来知道，警察之所以不肯放过她，是因为牢里的另一个"女叛徒"告了密，说她并不像看上去那么迟钝。

　　不论是江青的回忆，还是维特克的记述，毕竟离历史真相相差甚远。江青"用了许多夸张和奇怪的词语"。

了解这一历史真相的是徐明清。

据徐明清告诉笔者[①]，江青是和阿乐接头时被捕的。

"天下真小"。一天，江青走在大上海的马路上，忽地见到一张熟悉的面孔，使她惊呆了！那人也认出她来，喜出望外。这位小伙子会在偌大的上海跟她面对面遇上，真是巧合！

此人名唤乐若，平常大家叫他"阿乐"。他是青岛的中共地下党员，当年跟江青在一起活动。在黄敬突然遭捕时，是阿乐送她上船，逃往上海的。

他乡遇故知。影单形孤的江青流落上海，见到阿乐使她非常兴奋。她即和阿乐找一僻静处细谈。原来，阿乐当时是共青团中央交通，在上海工作，公开的身份是邮局出纳员。

阿乐擅长拉胡琴。于是，江青邀他伴奏。她唱戏，阿乐拉琴，彼此间有了来往。

1934年10月底，阿乐约江青在兆丰公园见面。这时，连阿乐自己也不知道，他已被国民党特工总部特务跟踪。那是因为中共中央上海局交通胡耀华在1934年6月中旬被捕，此人是负责团中央交通任务的，被捕后叛变；6月下旬，中共中央上海局书记李竹声（即余其全）被捕叛变，竟然布置特务跟踪中共地下党负责人，致使大批中共地下党员遭捕。10月下旬，共青团中央宣传部部长番茄（即陈子林，后来改名黄药眠）被捕。他没有叛变，但是，国民党特工总部已从其他方面获知共青团中央两位交通——王哲然和乐若。王哲然得到团中央一位宣传干事的通知，急速离开了他所住的上海新闸路培德里142号，躲进一家旅馆。但是，10月26日，他在去上海《申报》图书馆接头时，突然遭捕。

特务们在跟踪王哲然的同时，也在跟踪乐若。当乐若来到兆丰公园，特务已在暗中监视。

兆丰公园即今日上海的中山公园，离北新泾不太远。那时，公园有两个门，其中一个门一出去，便通往英租界。

阿乐在兆丰公园跟江青见面时，发觉有人跟踪，知道事情不妙，当即与江青分头而走。阿乐熟悉那里的环境，飞快地从那个通往英租界的大门出去，逃入租界，甩掉了特务。这样，他没有被捕。

江青见阿乐朝那个大门走，她便向这个大门逃，结果被特务截住。她，被捕了，关押在国民党的上海市公安局看守所。特务们原本要抓的是乐若，却把江青逮住。当时，特务们并不知道江青的政治情况。

在看守所里，江青遇上一个女的，也是小沙渡路女工夜校的，共青团员。此人在江青被捕后十来天获释。江青托她带口信给基督教上海女青年劳工部总干事钟绍琴。钟绍琴很快把消息告诉徐明清："李先生被捕了！"

关于江青在狱中的情况，斯季英于1976年10月20日写下这样的材料：

1934年10月间，樊伯滋（剧联成员）对我和郑毓秀说，李云古到上海失踪了，

[①] 1989年9月12日，叶永烈在北京采访徐明清。

一定是被捕了。过了大约二十天,即1934年11月初,我和郑毓秀也被捕了,关押在伪上海市公安局拘留所。1935年1月,我在狱中听郑毓秀对我说:李云古和她一起关在小监房(又称优待室)里,特务股的头头看李云古长得漂亮,夜里常常叫李去特务股陪那几个头头喝酒。……我因知道郑毓秀是叛徒,对她非常气愤,没有理她。

另一个当事人覃晓晴,则于1976年12月18日写下这样的材料:

1934年春,我在上海经我原来的丈夫高某的介绍认识了李鹤。当时我和李鹤都是上海"无名剧社"(后改名为"无名剧人协会")的成员。我叫她阿姐,她叫我小净。这年秋后的一天,高某匆匆跑回家来对我说:"李鹤被捕了。"我们随即搬了家。

1934年冬,我和高某在福履里路(今上海建国西路——引者注)住所被捕,约两星期后,由法巡捕房"引渡"到伪上海市公安局看守。特务不断找我上楼去审讯。这时,我心里很悲伤,整天哭哭啼啼。有一天,一个叫"黑大个"的特务问我:"你伤什么心?你不叫小净吗?有人惦念你呢。你阿姐是李鹤吧,她和我们谈起你。"还说:"你看有的人有什么好结果,坐了老虎凳,还是搞到龙华监狱里去了,李鹤就不像他们。她在这里住了几天,就恢复自由了。她很乐观,很活泼,京剧唱的怪好听,还给我们唱过几段,临走还给我们一张剧照。"说完,这个特务给我看了一张二三寸的照片,照片是戏装打扮的李鹤,好像是扮《打渔杀家》的萧桂英。

据查,江青关押在当时上海市公安局看守所,由国民党中央调查科上海区训练股审讯组赵耀珊(绰号"黑大汉")在公安局特务股楼上审问。国民党中央调查科上海区训练股审讯组长朱大启也参加了审讯。

朱大启在解放后被捕。1958年5月19日,朱大启在狱中写下的供词中,有这么几句:

还有个女的李云古,左翼文化方面的,被捕后我同他(她)谈过话。

朱大启写这一供词时,并不知道"李云古"是江青。
朱大启在1968年2月20日,在供词中又一次涉及"李云古":

李云古被捕案件:李云古,山东人,女性,1935年初(注:应为1934年10月)被捕,经过不详,当时经匪上海区训练审讯组长赵耀珊谈话,据赵谈李参加左翼文化组织。

这时候,朱大启仍不知道"李云古"正是当时(1968年)在中国"大红大紫"的江青。倘若他知道"李云古"即江青的话,他断然不敢这么写的。

朱大启这两次写下的供词,也正因为他不知道"李云古"是谁,所以他的供词比较接近于真实。他的供词表明,他确曾参与处理江青被捕一案,但是他并没有对"李云古"在狱中的表现说过什么。

在江青倒台之后,专案人员提审了已经在1975年获释的朱大启。专案组告诉他"李云古"即江青。面对专案组,朱大启在1977年1月18日写下一份材料,全文如下:

> 李云古,女,山东人,左翼文化组织成员。1934年下半年被国民党特工总部上海区逮捕,关押在伪上海市公安局看守所,由上海区训练股审讯组赵耀珊在伪公安局特务股楼上审问,我参加过劝降谈话。有一次赵耀珊迫使李云古自首,打李一个耳光,我以伪善面孔劝李自首,说:"你的问题很简单嘛,只要转变就好了。"当时,李表现很可怜的样子。以后李云古就自首了,由训练股长阎松年和赵耀珊经办了自首手续,李的自首登记表和保证书我审查过,其中写了反对共产主义、拥护三民主义等内容。自首登记表和保证书由我报送了南京特工总部。1934年间,自首的女性如张蕙芬等人的自首手续,都是经我报送南京特工总部的。

朱大启所写的这份材料,后来收入《王洪文、张春桥、江青、姚文元反党集团罪证(材料之二)》,成为定江青为"叛徒"的重要依据。

不过,当时定江青为"叛徒"的证据并不充分。正因为这样,在1980年特别法庭审判江青时,没有审判江青的"叛徒"问题:

> 1980年9月10日上午,王文正①和参加"两案"预审的人员在秦城监狱听取了对于法庭上是否审判江青"叛徒"一事的传达。负责传达的是王洪文预审组组长、黑龙江省副省长兼公安厅厅长卫之民。传达的是9月8日彭真在中央政治局常委会上汇报的内容:江青的叛徒问题,在审讯中未被追问,"两案"审判的是刑事犯罪,四五十年前的叛徒问题纵然核实,也不能判刑,只是党籍问题,现党籍已开除。江青的历史材料已被她销毁了,现在能够证明她是叛徒的材料和罪证都不足。如果在法庭上提出,江青必然反咬一口,反会冲淡林彪、江青在"文化大革命"中的罪行。这一点要向中央报告一下。
> 根据这一情况,公安部和特别检察厅对江青都没有起诉有关叛徒问题,特别法庭在法庭上也未对此进行审判。②

不过,江青对于她在上海曾经被捕一事,讳莫如深。陈丕显在回忆录中,曾经写及与江青的一次不经意的谈话,说起江青在上海曾经被捕一事,江青急忙掩饰:

> 1952年3月,我从苏南区党委书记任上调任上海市委代理第一书记。由于上海了

---

① 王文正,最高人民法院特别法庭审判员。
② 沈国凡:《江青三十年代当过叛徒吗?》,《百年潮》2008年第4期。

解江青底细的人很多，所以有关她的浪漫生活传闻又听说不少。因此，我对她这个人是敬而远之，心有想法，但表面还是客客气气。"不看僧面看佛面"，毕竟她身份特殊。好在江青一到上海就找柯庆施、张春桥。柯庆施突然病故后，江青才和我来往较多。1965年的一天，江青请我和谢志成（即陈丕显夫人——引者注）以及张春桥到西郊宾馆她的住处吃饭，大概是答谢我们对她搞革命现代戏的支持。

席间，我们随便聊了起来。江青问我："阿丕同志，你是什么文化程度？"我13岁参加革命，在此之前只是断断续续读过七年书，便回答她："我只上过小学。"

"我也是小学文化程度。"江青转脸又问张春桥，"春桥，你呢？"

"我是中学毕业。"

"小谢呢？"

"我读的是中专，也算中学吧。"

"我和丕显都是小学程度。"接着江青又若有所思地说，"有时书读多了并不见得就有用。"江青显出一副怡然自得的样子，言语之中流露出对知识分子的鄙视和对自己文化低的自慰。

也是酒后话多，席间我们谈起参加革命的往事，我说谢志成参加革命受华家影响很大。

"什么华家？"江青似是不经意地问。

谢志成回答说，我在老家无锡读书时，学校有一个很要好的同班同学叫华辉（又名华英），她的一家人思想进步，很早就参加和支持革命。二哥华斌、姐姐华萼都很早就入党了，他们经常向华辉和我灌输革命道理，启发我们参加革命。1934年，华辉到上海参加"反帝大同盟"，回到无锡后送给我一条衬裙，说是一个和她有组织关系的同志送给她的，而这裙子又是上海的蓝苹送给那个同志的。华辉送我衬裙的意思是以此为"念物"，希望她早日加入革命组织。

哪知江青一听此事，脸色大变，赶忙说："没有这个事！没有这个事！你晓得我当时叫什么名字吗？"

"蓝苹呀。我还听说你演出的《大雷雨》呢。"心直口快的志成说。

"你那个同学叫什么？"

"她对外叫华英，是华家小妹，后来在福建牺牲了。她的姐姐华萼当时就和你一起坐牢呀。我还听说有一个叫陶方谷又名陶永的人，当时也是和你一起坐牢的……"志成在新四军时当过军部速记员，为叶挺、项英、曾山等领导做速记，记忆力特别好，对这些亲身经历的事记忆犹新，聊天时随便说了出来。哪想到这恰恰触到了江青的心病和隐痛！

"没有这个事！根本没有这个事！我没有被捕过，我从来没有送给别人衬裙……"江青厉声说道，声调都变了。

场面顿时变得异常尴尬，张春桥头都不抬，只顾吃饭，一声不吭。

但是，后来江青又承认她在上海时曾被敌人逮捕过，说是没有暴露身份，更没有

"自首"、"动摇"之类的事。江青说:"我是装疯以后被放出来的。"

其实,当时谁也没想到要揭江青的老底,只是不经意地说说往事。倒是江青自己做贼心虚。

后来得知,江青对于她1934年在上海被国民党特务机关逮捕一事讳莫如深,成为一块心病。1964年上海市公安局长黄赤波曾向我汇报过,江青曾问过他:她1935(应为1934)年在上海接头时被巡捕房"扣留"过,公安局有没有她被扣留的指纹档案(指她具结自首的手续)。这实际是要黄查找后送给她。就在那次谈话之后,江青在杭州休息时也和当时浙江省公安厅长王芳说过,她在上海时没有被捕过。与此同时,她又要上海市警卫处处长王济普到市局档案处查她被捕的档案材料。此后不久,江青又找王芳解释说,她要王济普查敌伪档案是查浙江的一个坏人,所以才要这份档案。江青所做这一切都是企图销毁罪证。然而,1968年2月,在一次中央文革小组碰头会上,她却反咬一口,捏造说上海公检法的同志搞了她的"黑材料",并通过空军的吴法宪将上海市委分管政法工作的书记梁国斌、公安局长黄赤波(此处似误,黄赤波的公安局长任期为1957年3月—1967年1月——引者注)、警卫处长王济普等20多人分批押送北京,投入监狱;被牵连的还有浙江省公安厅的王芳、吕剑光等人。华家也因了解江青这段不光彩的历史,在"文革"中备受迫害。大哥华渭臣、二哥华斌、姐姐华苓、三哥华祝以及他们的家属先后被批、被斗、被关,受尽凌辱和折磨。华苓被迫害致死。①

据徐明清回忆,得知江青被捕之后,教联曾设法保释。教联常委孙达生②让交际家黄警顽委托律师李伯龙出面,到看守所了解情况,据告江青确实关在里面。于是,着手以基督教女青年会的名义,去保释江青。

过了些日子,徐明清收到一封信。一看,竟是黄敬从上海寄出的。原来,他在北平也站不住脚,又来到上海。这一回,他住在他的大妈妈那里。黄敬在信中留下了大妈妈家的地址,希望跟徐明清见一面。

经过组织上研究同意,徐明清去了。她记得,黄敬的大妈妈家在一条弄堂里,房子不算很豪华,但是还可以。

江青在狱中一个多月,由基督教上海女青年会保释。据曾任许涤新秘书的向枫回忆,出面保释的是上海公共租界华人教育处处长陈鹤琴和公共租界公董局何德奎。

出狱之后的江青无处落脚。百般无奈,只得求助于黄敬的大妈妈。这样,她和黄敬暂时在大妈妈家借住。

徐明清去看她,她正在发低烧,有点神经质,脸色很难看。因是保释,她还得定期向国民党的上海市公安局汇报自己的情况。

就在这时,徐明清收到家中的电报,说是母亲病重。徐明清向组织上告假,回乡探望

---

① 陈丕显:《陈丕显回忆录》,上海人民出版社2002年版,第16—19页。
② 1993年4月3日,叶永烈在北京采访孙达生。

母病。组织上说:"你把李鹤也带去吧,让她避一避风头。"

徐明清不知道江青是否愿意去山窝窝里。谁知,徐明清一说,江青马上表示愿意去。当时的江青,在大妈妈家日子难熬,正巴不得有一脱身之处。

黄敬也爽快地答应了,觉得这是解决目前窘境的好办法。

于是,徐明清买了两张船票,带江青离开上海。黄敬到十六铺码头送她俩上船……

徐明清带江青到临海老家躲风头

徐明清的老家,在浙江省临海县溪路乡南坳村。那儿离县城有几十里地。小村子只有几十户人家,一幢幢平房散落在大山脚下。如今,那儿成了牛头山水库。

从上海花了二十多元路费,徐明清带着江青来到这个山清水秀的江南小村,如入仙境。江青那紧张的神经松弛下来了。

小村子里的人差不多都姓徐。南方农民见到了这位讲一口国语的北方姑娘,都非常好奇。徐明清说江青是她的同学,村子里的亲友都友好地相待。

徐明清的父亲是中医,家中有几亩薄地,几间小屋。母亲虽然得了伤寒病,但精神尚好。徐明清和江青同住一屋。

这里简直是个"保险箱"。四面环山,只有村前一条路。有谁来了,远远地就看得清清楚楚。有什么事,朝山后的小路上一逃,躲进大山之中,纵有几千人马也难以寻觅。在1927年蒋介石发动"四一二"反革命政变时,徐明清便回到家乡,躲过灾难。

江青初来时,天天发低烧,双颊红润。正巧,徐明清有一堂侄回家探亲,他是北平军医学院毕业的西医。徐明清请他为江青看病。他断定江青得了肺痨(即肺结核)。经他诊治,江青低烧渐退,肺痨渐愈。

徐明清的父亲也为江青诊治,徐明清的父亲是老郎中,用中草药为江青治病。很快,江青的病好了。徐明清说,江青那时停经多日,这时候也恢复月经了。

黄敬不时写信来。从信中得知,黄敬离开上海去北平了,仍在北京大学旁听数学。

在那个远离十里洋场的江南山村里,江青简直过着疗养生活。空余时,打打毛线衣,如此而已。她的脸色由黄转红,人也变胖了。

在南坳村住了两个多月,江青想离开临海,上北平找黄敬去。她希望和徐明清一起去上海。徐明清因母亲的身体尚未完全康复,况且春节即将来临(农历正月初一为公历2月14日),希望在家里再住些日子。这样,江青只好单独离开临海。她没有路费,黄敬也没有寄钱来,徐明清给了她路费,并一直送她到临海汽车站。

江青走后,从北平给徐明清来过信,告诉她在北平的地址。

江青走后一个多月——1935年3月,徐明清见母亲恢复健康,就离开了临海,前往上海。

到了上海,徐明清仍去浦东,在那里主持基督教上海女青年会的女工夜校。这时,剧联的成员樊伯滋曾向徐明清了解江青到哪里去了,徐明清把江青在北平的地址给了他。

孙达生介绍江青重新入党

北京的迎春花在几天内黄灿灿地都开了。1993年4月,我住进位于玉渊潭公园之中的望海楼宾馆时,便置身于一片黄色的海洋之中了。那里离王观澜夫人徐明清的住处不远。我给她打电话时,她马上热情地说:"欢迎!欢迎!"

已经八十有二的她,身体还不错,不时外出开会,参加各种社会活动,虽说走路时已显得蹒跚。

这一回,徐老除了向我补充讲述了有关江青的一些情况之外,特地向我推荐了她的老战友孙达生。她说,孙达生也是江青20世纪30年代历史的重要见证人,建议我去采访孙老。她告诉我,江青本人也曾把孙达生列为历史证明人之一。

她给孙达生打了电话,于是,我跟孙老约定了见面时间。

孙达生住在北京的西北郊。年已八十有二的他,瘦削而灵活,确实有点"孙大圣"的风度[①]。

说起他的名字的来历,孙达生哈哈大笑,用一口纯正的东北话对我说道:江青被捕后,曾向中央专案组提及有个名叫"宋介农"的人,可以证明她的20世纪30年代的历史。可是,专案组查来查去,查不到宋介农其人。后来,还是从徐明清那里得知,宋介农就是孙达生。再一查,孙达生的工作单位在"文革"中已内迁到四川。赶快派人赴四川,到了那里,才知孙达生正在北京治病。于是,重返北京,才找到这位"孙大圣"!

孙达生确实姓宋,1911年出生于吉林双辽县,原名秉全。后来,他在上海学习农业专业,遂改名宋介农。1933年他加入中国共产党。不久江青——那时叫李云鹤,从山东来到

■ 叶永烈采访江青在上海的入党介绍人孙达生

[①] 1993年4月3日,叶永烈在北京采访孙达生。

上海，所以她只知道他叫宋介农。

至于他怎么会叫"孙达生"，内中有一番趣事：那是中共地下组织考虑到他是东北人，便派他前往张学良的东北军工作，需要改名换姓。改什么名字好呢？当他请张学良的好友杜重远先生写介绍信时，杜重远给他起了个名字"张万发"。介绍信写好时，他细细一思量，觉得姓张不好，因为他是东北人，姓张容易叫人误以为他是张学良的什么亲戚。杜重远以为言之有理，拿起毛笔沉思了一下，把"张"字略加改动，变成了"孙"字，从此他便叫"孙万发"！

这位孙万发持杜重远的介绍信去见张学良将军手下的军长王以哲，马上就被任命为少校秘书，人称"孙秘书"。凭着少校军衔，他免费乘坐火车软席，往来奔走，做着中共地下工作。

后来，在西安事变之后，他生病需要住院。这时张学良在南京被拘，他这位孙万发秘书也引起注意。住院时填病历卡，刘澜波替他写上"孙达生"。他问刘澜波为什么给他取名孙达生？刘澜波笑谓："孙达生"，孙大圣的谐音也。你瘦削机灵，身份又千变万化，不正是孙大圣吗？

不久，他来到延安，就用"孙达生"这名字。不料，这名字一用竟用了一辈子，以至现在身份证上都写着孙达生。他的本名只有在填写履历表时才提到。

在说罢"孙达生"的来历之后，他跟我谈起了江青。

江青是在1933年2月加入中国共产党。后来，江青匆匆离开青岛前往上海时，未带中共组织关系。在晨更工学团时，徐明清见她表现不错，便发展她为共青团员。田沉在那里教日语。孙达生也在那里工作，结识了江青。

孙达生记得江青那时在工学团教唱歌、排练话剧、刻蜡纸、印传单，颇为活跃，工作也积极。那时的生活颇为清苦。有一回，江青说施展手艺，炒了一盘青菜，孙达生和朋友们吃了都说味道很不错，后来才发现他们半个月的油都用光了。

江青提出恢复中共组织关系，并向徐明清、孙达生说明了她在青岛加入过中共。可是，由于无法得到证明，徐明清、孙达生认为还是重新办理入党手续为好。

那时，孙达生担任左翼教联常委兼党团组织委员，由他出面找江青作了两次谈话，并准备由他作为江青的入党介绍人。

孙达生把江青的情况向左翼教联党团组织作了汇报。他记得，1934年9月左翼教联党团组织已经同意吸收江青入党。

就在此后不久，江青突然失踪了。

孙达生许久不知江青音讯，后来才知道她关押在上海市公安局。据了解，特务们跟踪的是阿乐，偶然抓住了她，并不知道她的底细。她在狱中只说自己是女工学校的教师。过了一个多月，特务们审不出什么名堂，也就准备放掉她。孙达生得讯，忙于营救。

孙达生以为她的案情很平常，不必找上层关系出面保释，由女工学校出面即可。谁知女工学校是一所未经教育局登记的补习学校，不能作保。于是，孙达生请上海基督教女青年会劳工部总干事钟绍琴开具证明，为江青作保。

出狱时，要办理例行手续。江青在印有"共产主义不适合中国国情，决不参加共产党活动"之类句子的单子上签了"李云古"。然后，她交保获释。

当时孙达生用的名字是"宋介农"。所以，江青把宋介农列为她的历史证明人之一。

孙达生说，由于江青突然被捕，而出狱后组织上要调查她在狱中的表现，所以关于她重新入党之事，也就搁了下来。

笔者问孙老："江青在被捕前夕，即1934年9月，左翼教联党团组织既然已经同意吸收她入党，那么江青算不算已经重新入党了呢？"

孙老说："这是一个很特殊的问题。从组织手续上说，当时我作为党组织的代表，而且又是她的入党介绍人，找她谈了两次，就算办理了重新入党的手续。在当时，党处于地下状态，不可能召开支部会议讨论新党员的入党问题，由党组织的代表找入党申请人谈话，就算是办理这一手续。一旦入党申请经上级党组织批准，就是党员了。江青的申请，当时已经获得上级党组织批准，所以可以说她已经重新入党。但是，江青本人还不知道党组织的这一决定——她在获知这一决定之前被捕了！在她被捕之后，党组织听说她在狱中的表现不是很好，所以在她出狱之后，没有让她参加党的组织活动。她的重新入党问题，也就搁置下来。正因为江青本人不知道在她被捕前上海党组织已经批准她重新入党，所以后来她到了延安，中共中央组织部审查她的党籍问题时，她并没有说起在上海的这一段特殊情况……"

按照孙达生所说，江青入党经历应是这样的：

1933年2月，在青岛由俞启威（黄敬）介绍加入中国共产党。

1933年7月，俞启威在青岛被捕，江青匆忙逃往上海，失去组织关系。

1933年秋，在上海由徐明清介绍加入中国共产主义青年团，支部书记为陈企霞。

1934年9月，经上海左翼教联党团组织同意，孙达生为入党介绍人，重新吸收江青入党，但是党组织还没有通知江青本人。

1934年10月，由于江青在上海被捕，她的重新入党问题被搁置。

1937年10月，由黄敬、徐明清等提供证明，江青在延安恢复党籍。

也就是说，江青1933年7月从青岛匆忙逃到上海，失去了中国共产党的组织关系，直到1937年才在延安恢复了这一组织关系。

江青出狱后曾辗转多次躲避。此后，改用艺名"蓝苹"，步入上海影剧圈，成了明星。由于江青脱离了教联，也就和孙达生联系不多了。

后来，在1938年12月，孙达生在延安的一次晚会上，见到江青。这时，江青已经与毛泽东结婚了。江青仍喊孙达生为"老宋"——她并不知道当年的宋介农，已经改名孙达生。

几天后，江青打电话给他，约他到中央军委合作社，吃点东西，叙叙旧。

他去了。记得，那天江青向他谈了别后的种种情形。孙达生提醒她道："延安和上海不同。你现在的地位也和过去不同了。你可要注意呢！邓颖超可以同周恩来一起出席报告会并解答问题，刘群先可以和博古一起在晚会上对口唱无锡景，孟庆树可以和王明一起骑马郊游，可以在晚会上男女二重唱苏联歌曲……你跟这些夫人相比，革命资历要差得多,务必谦虚谨慎。"江青听罢连连点头。她说:"我一定接受你的意见,多加注意。"

分别时,江青紧握着孙达生的手,显得十分激动。

那时,孙达生在延安柳树店抗日军政大学二大队讲课,跟张浩住得很近。张浩本名林育英,林彪的堂兄,曾任中共驻共产国际代表团代表。张浩曾向孙达生问起江青在上海的表现,孙达生如实作了答复。

1939年5月,孙达生上前线去了,从此再也没有见过江青。

孙达生回首往事,对我说道:人是在不断变化的。江青后来变坏了,以至成了反革命集团的头子,但是她最初还是走过了一段革命的路……

第二章
影剧明星蓝苹

改名蓝苹主演《娜拉》

江青终于第三次前往上海。

樊伯滋向徐明清打听到江青在北平的地址,给江青写了信,促成了江青第三次来上海。

头一回来上海,她在北新泾镇晨更工学团当一名清苦的教员,用的是李云鹤本名。第二回来上海,她在小沙渡路女工夜校仍当一名普通的教员,用的是张淑贞化名。这一回来上海,她跟前两回全然不同。她以艺名蓝苹进入话剧界、电影界,成了一颗明星!

在那次被捕之后,她"退却了",因为"受不了客观环境上的打击",她放弃了"对戏剧艺术的追求"。署名蓝苹在1937年发表的《我们的生活》中,隐晦地谈及:"我在某一个时期曾经差一点成了一个退却者呢!"

这"客观环境上的打击",这"某一个时期",就是指她身陷囹圄的年月。

这一"客观环境上的打击",使她不愿再从事艰辛、风险而又默默无闻的地下工作。她的心中又一次燃起当演员、当名演员的强烈欲望。她当时心中的偶像便是黄敬的姐姐俞珊;俞珊是在上海主演话剧,一举成名,跃为红星。她要走俞珊之路。

她,得到了一次良好的机遇:上海业余剧人协会正在筹排易卜生的名剧《娜拉》,邀她南下,参加这次演出!

上海业余剧人协会是一群热心戏剧的左翼文化人在中共地下组织领导下成立起来的。那年月,没有钱办不成事,他们请张善琨投资,这才张罗起来。张善琨此人,最初靠着帮助上海投机家黄楚九搞香烟宣传起家,后来拜上海流氓头子黄金荣为师,加入了青帮。他成了上海大世界和共舞台的经营者,手头渐阔。于是,他又成了上海业余剧人协会的后台老板。

上海业余剧人协会中，有两位是江青的老熟人。一位是魏鹤龄，当年山东实验剧院的同学；另一位则是万籁天，他是山东实验剧院话剧组的教师，王泊生在国立艺专时的同学。魏鹤龄在《娜拉》中演南陵医生这一角色，而万籁天则是《娜拉》的三位导演中的一个。有了万籁天和魏鹤龄的鼎力相荐，于是，上海业余剧人协会也就向江青发来了邀请信。

江青后来在她的《从〈娜拉〉到〈大雷雨〉》[1]一文中，写及她"初出茅庐"时的心态：

> 1935年的春天。
>
> 我永不忘记啊！那是一个和我的心一样阴沉的日子。我离开了对我有着无限温情的故都，抛弃了那在生命史上最可宝贵的，而又是永不会再得到的东西，到上海来——演《娜拉》。
>
> 演出《娜拉》是我正式踏进戏剧之门的一个开始……

江青所说的"抛弃了那在生命史上最可宝贵的，而又是永不会再得到的东西"，是指她和黄敬的孩子。当时，江青怀孕了。据徐明清回忆[2]，江青抵沪时，为了能够上舞台，做了人工流产手术。徐明清陪她去做手术，头一次见到她流那么多的血，当场昏了过去……

《娜拉》，挪威19世纪著名剧作家易卜生的代表作。《娜拉》又名《玩偶之家》、《傀儡家庭》。这是一出以妇女解放为主题的戏。

江青新来乍到，而《娜拉》剧组的阵营颇强，使她不由得感到紧张：演娜拉的丈夫郝尔茂先生的是赵丹，饰柯乐克的是金山，魏鹤龄扮演南陵医生，吴湄饰林敦夫人……

政治上失意，江青巴望着在舞台上出人头地，而《娜拉》是她出山第一仗，事关成败之举。

当时，她曾说："在排《娜拉》的时候我曾经提心吊胆地用过功……""记得，那时我曾经为读剧本失过眠，每当夜里隔壁那个罗宋裁缝的鼻鼾声代替了那闹人的机器声的时候，我总会从枕头底下摸出易卜生集来，用一种细微的声音，耐心地读每一句对话……"

她也细读着郑君里译的波里士拉夫斯基的《演技六讲》，暗暗地琢磨着。

此时，她取了艺名蓝苹。

据说，因为她平常喜欢穿蓝色衣服，而她来自北平，故取名"蓝平"。可是，在跟上海业余剧人协会签约时，有人建议她改为"蓝苹"——"蓝色的苹果"，别出心裁！她也觉得"蓝苹"新奇，也就从此以"蓝苹"作为艺名。

于是，人们也就称她"蓝小姐"。熟悉的人则喊她"阿蓝"或者"阿苹"。

江青曾这么自述：

> 1935年春夏之交，教联又去信要我到上海。因为剧联点名要人演《娜拉》。我不

---

[1] 蓝苹：《从〈娜拉〉到〈大雷雨〉》，《新学识》第1卷第5期，1937年4月5日。
[2] 1989年9月12日、1989年9月17日、1993年4月3日、1995年10月9日，叶永烈在北京多次采访徐明清。

喜欢剧联，但可以找党。剧联的人瞧不起我。我夜里不睡觉下功夫读剧本。我住的亭子间下面是裁缝，他夜里干活，我就读剧本。我一举成名之后，他们都对我巴结起来。

美国记者维特克在《江青同志》一书中，根据江青的自述，这么写及：

> 她突然收到教育者联盟的一份通知让她返回上海，并允诺她可以在《玩偶之家》中扮演娜拉。这个消息使她兴奋不已，因为娜拉是她久已仰慕的角色。当抵达上海，她在联盟中的联络人介绍她加入了一个由现代话剧演员组成的著名团体。在以后的几周中他们制作了几部易卜生和雨果的戏剧，她扮演一位女英雄。她还出演了根据狄更斯小说《双城记》改编的剧本。她承认，她对小说中译本的熟悉程度超过改编的剧本。尽管小说中表达的观点是"反动的"，但她认为此书仍不失为一部有价值的历史史料。
>
> 至于她扮演的娜拉这一角色，报界和新闻界一致给予了热烈的赞扬，但她却怀疑她在上海文化界中一些有身份的朋友是否影响了这些评论家们的言论。只有张庚两年前在上海曾担任过她的导演，后成为党组织上海分部的一名重要成员——对她的演出风格持批评态度，认为她的演出"太自然主义了"。作为一名严厉而传统的人，他永远也不会接受江青对娜拉性格的理解，因为江青认为娜拉是一位女性的反叛者。这一理解已超出了易卜生原著中对人物的刻画，江青认为她把这一人物提到了一个新的高度。观众对她的演出报以雷鸣般的掌声。

这里提到的张庚，据江青自云，张庚曾爱上她。根据江青的回忆，维特克在《江青同志》中这么写及：

> 尽管导演张庚曾批评过她的演技，江青说，但他却迷上了江青，而他对江青的追求毁掉了江青的政治生活。他在上海党组织中任领导职务。在无人可与之抗衡的情况下，他开始将上海作为自己的私有地盘。江青承认，关于张庚的回忆是痛苦的，因为她曾备受他那种根深蒂固的大男子主义的折磨。当江青作为一名女演员正红之际，他曾说：江青是"他的人"，"她是我的人，别碰她"。但她处处使他碰壁，无论他如何恳求，江青也不会同意与他一同回家。一次他斗胆向江青求婚，却遭到直截了当的拒绝。出于报复，他四处散布说，江青是托派分子。

崔万秋晚年忆蓝苹

《娜拉》还未上演，就已经引起报界的注意，内中，有上海《大晚报》文艺副刊"火炬"主编崔万秋，他也是山东人，江青的同乡。

台湾报纸几年前对晚年隐居美国的崔万秋作了这样的访问记，介绍其人。

崔万秋为中国有名的日本通,尤其对日本历史及文学,造诣甚深。崔先生生于山东,二十年代留学日本十年,1933年毕业于广岛文理科大学。

崔先生学成归国,在上海参加曾虚白先生主持之《大晚报》,担任该报副刊主任,编辑文艺副刊"火炬"及影剧副刊"剪影",活跃于文化界。

在主编《大晚报》文艺版期间,崔先生自撰长篇小说《新路》及《群莺乱飞》,在该报连载。

崔先生出身于日本国立大学,本拟从事学院派之学者生活,故先后在复旦、沪江(上海)、中央(重庆)、中国文化(台北)各大学讲学,并著有《通鉴研究》、《日本废除不平等条约小史》(均由商务印书馆出版)等学术书籍。

崔先生在文学上师事日本白桦派领导者武者小路实笃,曾翻译其作品《母与子》、《忠厚老实人》、《孤独之魂》、《武者小路实笃戏曲集》,并翻译日本最伟大的作家夏目漱石的代表作《草枕》和《三四郎》、井上靖的《死与爱与波》、藤森成吉的《谁逼她如此?》(戏曲)、女作家林芙美子的《放浪记》。

崔夫人张君惠女士亦长于写作,曾留学日本,在东京艺术大学习声乐,并以余暇习插花,属草月流,曾获该流"家元"(祖师)敕使河原苍风授予"模范奖"。

当崔万秋在《大晚报》主持副刊时,江青(当时名李云鹤,后来改名蓝苹)前额留着刘海,梳着两条小辫子,穿着阴丹士林布旗袍,飘然从青岛到上海"打天下"。由戏剧家洪深之介绍,蓝苹获识崔万秋。崔先生向以奖勉青年艺人为职志,和蓝苹又有山东同乡之谊,当蓝苹主演易卜生的《娜拉》时,曾在报端予以推介,蓝苹乃在话剧界崭露头角……①

崔万秋从1948年起转入外交界,担任国民党政府驻日大使馆(1952年前称"驻日代表团")政务参事。1964年回台湾,任"国民党政府外交部亚东太平洋司副司长"。1967年起任"国民党政府驻巴西大使馆公使"。1971年退休,隐居于美国。

他熟悉江青的前半生。晚年,他写出了《江青前传》一书。在该书中,崔万秋写了他最初认识蓝苹的经过②:

且说在一品香吃过午饭,洪深热心地邀我去参观《娜拉》的排练,前辈盛意难却,便跟他一道前去。

排练的详细地址记不清了,只记得排戏的大厅为长方形,颇似中小学的教室。我们进去时,刚排完第一幕,大家正休息。有的吸烟,有的喝茶,有的闲聊,其中有一个穿阴丹士林旗袍,梳着刘海发型的年轻姑娘,远离大家沿着靠窗那一边,一个人走来走去,口中念念有词地背诵台词。

---

① 怀远:《〈江青前传〉作者崔万秋其人其事》,1986年5月30日《国际日报》。
② 崔万秋:《江青前传》,香港天地图书有限公司1988年版,第99—100页。

在场的人士中，如应云卫（好像是业余剧人协会的理事长）、金山、赵丹、魏鹤龄等都是熟人，只有章泯是初次会面。戏剧界的朋友希望新闻界的人替他们宣传。所以我前往参观，他们甚表欢迎。应云卫很爽快，开门见山说："希望老兄多捧捧。"

我笑答："当然，当然。"

洪深是编、导、演一把抓的千手观音，他的翩然光临，大家正求之不得。

本来大家正在休息，我们两人一进去，室内突然热闹起来。正在大家聊得起劲，那位穿阴丹士林旗袍、走来走去背台词的姑娘走过来，向洪深打招呼，态度很恭敬。洪深向她说："蓝苹，我来为你们介绍，这位就是我常对你说过的崔先生，我的老朋友，你的同乡前辈。"

蓝苹态度很自然，大方说："我拜读过崔先生很多著作，久仰得很。"

洪深又向我说："她就是蓝苹，我的学生、你的同乡，捧捧她。"

我笑答："当然，当然。"

应云卫喜欢凑热闹、开玩笑，插嘴说道："不能只捧同乡，要把大家一道捧。"

我仍笑答："当然，当然。"

我怕因应云卫的打岔，冷落了这位年轻女同乡，便问她："山东哪一县？"

"诸城。"

本来她说的是普通国语，"诸城"两字露出了乡音。

"诸城是文风很发达的县份，我有很多师友出身诸城。"

"哦？"她很感兴趣。"等这出戏演完，我去拜访崔先生，一方面领教，一方面谈谈故乡的事。"

"领教不敢当，来聊天，随时欢迎。"

当天的谈话，到此为止，接着她便去排戏；我和洪深各自有事，看排戏看完了第三幕，便告辞而去。临别我对她说："预祝你演出成功。"

我回忆初次看见蓝苹的印象，虽非妖艳动人的美人，但身材苗条，面目清秀，明眸丹唇，聪明伶俐，"好容貌"也。可惜江青的门牙，有一只是黄色，不便用"皓齿"恭维她。

这一颗黄牙齿，她却充分利用了。她飞黄腾达后，曾对电影局人员说："我童年时代对封建主义非常恨。封建主义打母亲，为了保护母亲，把我推倒在地下，我的牙齿跌坏了，一个牙齿发黄，就是那个牙，我从童年就抵制封建主义。"她对露克珊·维特克也谈过她父亲打她母亲的事。

但上海出版的《电声》周刊报道：蓝苹在苏州拍戏失慎，折落门牙两枚。莫论两说孰是，门牙发黄，则是事实，所以不便恭维她"皓齿"。

和赵丹领衔主演初露头角

上海金城大戏院门口，高悬话剧《娜拉》巨幅海报，写着"赵丹、蓝苹领衔主演"。那时的赵丹已是上海的名演员，"蓝苹"这陌生的名字头一回亮相，就跟赵丹并列，引起了人们的注意。

金城大戏院（现名黄浦剧场）坐落在上海北京路上。北京路与南京路平行，都是东西向的主干道。北京路最初叫领事馆路（Consulate Road），因东端设有英国领事馆而得名。上海人俗称北京路为后大马路。1865年正式定名北京路。

金城大戏院是在1934年1月1日落成，是当时上海第一流的影剧院。中国第一部在国际上获奖影片《渔光曲》，1934年在上海金城大戏院首映。在1934年1月，田汉的《回春曲》《水银灯下》也是在金城大戏院由舞台协会首演。

1935年6月27日，当夜幕笼罩着上海，金城大戏院变得热闹非凡。《娜拉》在这里首演。"亮晃晃的演员！白热化的演技！大规模的演出！"在当年的上海，话剧已沉寂多时。《娜拉》的公演，成了新闻热点。金城大戏院里座无虚席。公演持续了一周，上座率一直保持满座。鲁迅也去观看了《娜拉》。

上海各报纷纷报道《娜拉》的公演。蓝苹的大名，被用铅字印在许多报纸上，飞入千家万户。

颇有影响的《时事新报》刊出了《新上海娜拉》特辑，刊头是蓝苹的大幅剧照。

上海《晨报》在1935年7月2日所载苏灵的《观〈娜拉〉演出》一文，这样评论了赵丹和蓝苹的演技：

赵丹，他是一个年青的艺人，他的长处并不是天赋的，他没有标准的健美体格，而且他也并没有怎样好的嗓音；但他努力，诚恳，对于剧中人的人格，思想，情感，肯下功夫去体验。而在艺术上，他肯刻苦地锻炼。在《娜拉》中他饰娜拉的丈夫郝尔茂先生。他能刻画出郝尔茂这样的一种人物来，一个家庭的主人翁，一个社会上有着相当地位的功利主义的绅士。在易卜生当时代的欧洲一直到现代的中国，郝尔茂正不知有多多少少。在《娜拉》这剧中，郝尔茂要算是难演的角色，但赵丹很轻易的胜任了。

其次，我要说出我的新发现。饰娜拉的蓝苹，我惊异她的表演与说白的天才！她的说白我没有发现有第二个有她那么流利（流利并不一定指说得快）的。自头到尾她是精彩的！只有稍微的地方显缺点，即有时的步行太雀跃了；有时的说白因太快因而失却情感了。

在首演的翌日，《民报》刊出海士的《看过〈娜拉〉以后》一文，也写及蓝苹：

人物配得适当而演技也恰到好处的，应当记起蓝苹，金山，魏鹤龄，吴湄，赵丹五人，每个人物的性格，是被他们创造了，而对白也那样完美。尤其是第二幕，为了蓝苹的卖气力，那动作和表情，就像一个乐曲的"旋律"一样，非常感动人，到带着眼泪，跳西班牙舞时，这旋律是到顶点了，觉得全人类的自私与无知，都压榨在她身上，可怜极了。

21岁的蓝苹，头一炮打响，她成功了！演娜拉，蓝苹从此在上海文艺界立足。

她能够演好娜拉,除了她自己的演技之外,还有重要的一点,她跟娜拉心心相通!

她一遍又一遍读《娜拉》。她发觉,娜拉那"叛逆的女性"跟她的性格是那样的相似!她以为,娜拉是她,她就是娜拉——她成了娜拉的"本色演员"!

她在《从〈娜拉〉到〈大雷雨〉》一文中,得意起来了:"记得在演《娜拉》的时候,我在台上真是自在极了,好像娜拉与我自己之间没了距离,把娜拉的话当作我的,把我的情感作为娜拉的,什么都没有担心,只是像流水似地演出来了。"

后来,她在1939年9月13日《中国艺坛画报》所载的《我与娜拉》一文中,也这么写道:

> 当我初读《娜拉》的时候,我还是一个不知道天多高地多厚的孩子。但是无形中娜拉却成了我心目中的英雄,我热烈的崇拜着她,我愿意全世界被玩弄着的妇女都变成娜拉。
>
> 没有多久,我也离开了家庭。虽然和娜拉出走的情形不一样,但是我却要照着娜拉所说"做一个真正的人!"……
>
> 也许会有人说:"还是回到家里吧",不,我们决不能畏缩的退了回去,无声无息的被毁灭了。我们应该更加努力!但是必须认清努力的目标:这不是一个个人问题,而是一个严重的社会问题!我们要本着娜拉出走时的精神,挺起胸膛去争取社会上确切不移的地位。

初出茅庐,初登舞台,蓝苹是用功的、是刻苦的。《娜拉》成功了。甚至有的报纸把1935年称为"《娜拉》年"——这当然是从中国戏剧史的角度作出的评价。

蓝苹加入了上海的青年妇女俱乐部,在那里结识了年轻的演员郁风。郁风曾经这样真实地描写了当时的蓝苹[①]:

> 这些人中只有我年龄最小,只有19岁,可能也是最单纯的一个。蓝苹比我大两岁,在青年妇女俱乐部几个人比较起来,她似乎更愿和我接近。每次散了会,她常和我同路走在霞飞路上,一面走,一面有说不完的话。当时,她也到善钟路我家来找我,再一同走到吕班路去。我的印象是:蓝苹参加我们的青年妇女俱乐部,把我当作政治上比她幼稚的小伙伴,有一次,神秘兮兮地告诉我如何对付特务的跟踪之类。
>
> 有一阵她住的地方离我家很近,常是约好同去俱乐部开会先到我家,善钟路上一座花园小洋楼,我父亲的公馆。我几次提出要到她的住处去,都被推辞。只有一次大约是为了去取东西带我去了。记不起那路名,很旧的弄堂房子里,一间简陋的亭子间,还有一位记不起名字的女演员和她同住,我才知道她的生活很穷苦。我印象中她非常敏感,求知欲很强,一双富于幻想的大眼睛常常专注地直瞪着你说话,在生活中

[①] 郁风:《蓝苹与江青》,收入《巴黎都暗淡了》一书,湖北人民出版社2004年版。

像入了戏。我当时认为她是个很有希望的好演员。

不过，舞台毕竟受着多方局限，一场戏的观众不过几百人、上千人，难以出大名。

蓝苹期待着在上海出大名。她看中了电影——如果当上电影演员，银幕拥有比话剧多得多的观众，她便可以名扬四海了。

进入上海电通影业公司

■《中华》画报封面上的蓝苹

上海电影界，看上去那些俊男靓女在那里进进出出，其实风不平、浪不静。国共两党在暗中激烈地争斗着。

1933年3月，中共成立了"电影小组"，共五人，即夏衍、钱杏邨（亦即阿英）、王尘无、石凌鹤、司徒慧敏。另外，阳翰笙是文委书记，田汉是剧联党团书记，虽然没有加入电影小组，但他们分别打进艺华、联华电影公司担任编剧，也活跃于电影界。

那时，蒋介石正指挥几十万大军，在江西"围剿"朱毛红军，岂容中共文化人渗入上海电影界？1933年11月13日，上海《大美晚报》登出如下新闻：

昨晨九时许，艺华公司在沪西康脑脱路（今康定路——引者注）金司徒店附近新建的摄影场内，忽来行动突兀青年三人，向该公司门房伪称访客，一人正持笔签名之际，另一人大呼一声，预伏于外之暴徒七八人——一律身穿蓝布短衫裤——蜂拥夺门冲入，分投各办事室，肆行捣毁写字台，玻璃窗，以及椅凳各器具。然后又至室外，打毁自备汽车两辆，晒片机一具，并散发白纸印刷之小传单，上书"民众起来一致剿灭共产党"，"打倒出卖民众的共产党"，"扑灭杀人放火的共产党"等等字样。同时又散发一种油印宣言，最后署名为《中国电影界铲共同志会》……该会且宣称昨晨之行动目的仅在予该公司一警告，如该公司及其他公司不改变方针，今后当准备更激烈手段应付。联华、明星、天一等公司，本会亦已有严密之调查矣云等。

据各报载该宣言之内容称，艺华公司系共产党宣传机关，普罗文化同盟为造成电影界之赤化，以该公司为大本营，如出品《民族生存》等片，其内容为描写阶级斗争……

紧接着，1933年11月16日《大美晚报》又刊出《影界铲共会警告电影院拒演田汉等之影片》，对上海各电影院发出警告：

> 祈对于田汉（陈瑜）、沈端先（即蔡叔声、丁谦之）、卜万苍、胡萍、金焰等所导演、所编制、所主演之各项鼓吹阶级斗争、贫富对立的反动电影，一律不予放映，否则必以暴力手段对付，如对艺华公司一样，决不宽假。

这里提及的沈端先，亦即夏衍①。

不久，上海国民党市党部又宣布，奉国民党中央宣传部的命令，开列了28个"反动文人"名单，内中有鲁迅、郭沫若、陈望道、茅盾、田汉、沈端先、丁玲、柔石、胡也频、周起应（即周扬）、巴金、冯雪峰等，查禁149种著作。

面对如此严重的文化"围剿"，田汉、阳翰笙、夏衍等不得不退出艺华等电影公司。

接着，国民党警察抓捕了田汉、阳翰笙。

这时，中共电影小组的夏衍另打主意，看中了电影小组成员司徒慧敏的特殊社会关系——他的堂兄司徒逸民开设了"电通电影器材制造公司"，这家公司成立于1933年，本来只是做电影器材生意，中共电影小组策动该公司在1934年春改组为电通影业公司，拍摄电影。

于是，左翼影界人士纷纷转往电通影业公司，在上海建立新的左翼电影阵地。程秀华主编的《中国电影发展史》这么评价电通影业公司的建立："'电通'的成立，标志了这一时期左翼电影运动反'围剿'的重大胜利。"

1934年12月，电通推出了它的第一部影片《桃李劫》，由袁牧之编剧，应云卫导演，吴蔚云摄影。影片上映后，获得观众好评，使电通站稳了脚跟。影片中由田汉作词、聂耳作曲的《毕业歌》，一时成了流行歌曲。

1935年初，电通影业公司迁入上海虹口荆州路405号原岭南中学内，在那里盖起摄影棚，拍摄了第二部影片《风云儿女》。电影的故事原是田汉写的。由于田汉被捕，由夏衍改编成摄制台本，许幸之导演，吴印咸摄影。影片的主题歌《义勇军进行曲》，田汉作词，聂耳作曲，传唱全国，以至后来成为中华人民共和国国歌。

就在《风云儿女》即将完成之际，蓝苹进入电通影业公司。据说，介绍她进电通的，便是最初在上海码头迎接她的那位青年导演史东山。

当年的《电影新闻》图画周刊，记述了蓝苹初到电通影业公司的情景，写得倒还真实：

> 有一天，施超正与几个同事，在网球场上玩球，忽然门房领了一个姑娘进来，看她秀发垂肩，身段苗条，穿着一件蓝布旗袍。当她问讯的时候，说得好一口北平话。她是来访编剧先生唐纳，因为唐纳不在，她就改访了王莹与袁牧之。可是偏偏不巧，他们两位也出去了。于是她便坐在网球场旁闲眺。不一刻，也手痒起来，居然也提了丢

---

① 夏衍，原名沈端先，笔名丁一之、丁谦之、蔡叔声、黄子布、王老吉。

在一旁的网拍,参战起来,只挥拍几记,就知道她是内行。

晚上,在膳厅里,经理马德骥,替她介绍,方知这位是新近参加演员阵容的蓝苹小姐,并且还替她补了一句说:"蓝苹小姐是话剧界有名之士。"

仅仅演过一部《娜拉》,蓝苹就成了"话剧界有名之士";以此为跳板,她跳进了电影圈子里。

蓝苹进入电通,正值电通在筹拍第三部影片《自由神》,该片由夏衍编剧,由司徒慧敏导演(这是司徒慧敏导演的第一部影片),杨霁明摄影,演员有王莹、施超、周伯勋、吴湄。蓝苹来到之后,也就加入了《自由神》的拍摄,饰演影片中的女兵余月英一角。

从《蓝苹访问记》看蓝苹

自从主演话剧《娜拉》一举成名,关于蓝苹的种种报道多了起来。她进入电通,成为影星,更是记者追逐的对象。

在长长短短、大大小小的各种报道之中,笔者以为1935年8月28日至9月1日连载于《民报》的《蓝苹访问记》(《民报》记者李成采写),还算比较真切地写出当年21岁的蓝苹初入电影界时的形象。

现照录原文如下:

蓝苹访问记

8月4日,吃好了中饭,搭十七路无轨电车到荆州路下来,向西约摸跑了数十步,那用白漆写在黑篱笆上斗大的"电通影业公司"这几个字已映在我底眼睑里了;虽然酷炎的太阳光芒直射着我,满身如雨般淌着汗珠,但因为好容易被我找到了处所,所以这却使我有"乐极忘悲"之感,只兴奋地向前迈进。

跨进了大门,门房便站了起来问我找谁,我一边用手巾拭着汗珠,一边告诉他要找蓝苹小姐,但他也只应一声"唉",却不再问我底姓名就一溜烟地向宿舍那里跑进去了。过了一会,门房转出来,站在摄影(棚)底门口,用手在招呼着我,于是我就大阔步地跟着他走进了会客室。

这时,刚巧有一个青年埋头在弹钢琴,蓝苹小姐很起劲地站在旁边练习嗓子。她,穿着一件白色的条子纺绸旗袍,脚上也只穿一双白帆布鞋,连短统反口的袜子都没有穿而裸着。她底脸上既没有擦一点粉,又没施胭脂,当然口红更是谈不到了。还有她底头发也不像"娜拉"那样卷烫着,却只在前额上留着几根短发(俗呼"前刘海"),其余都是朝后梳着,真使人感到不如摩登女郎那样的妖艳与讨厌,而是好像乡下姑娘似的纯洁质朴。

蓝小姐一听到我底皮鞋声,她把头回了过来一看,就好像"小鸟儿"一般活泼泼地向着我迎面跳过来,一边伸出手来和我握了一下,一边满脸浮现着笑容开口说道:

"今天天气特别来得热。唉,这里还有一点儿风,李先生,请坐吧!"

"是的,今天特别来得热。蓝小姐很忙吧?"我就把上衣卸下来挂在椅背上。

"没有什么,空闲得很,因为司徒慧敏先生这几天生病,所以没有拍戏……"她把头低着,沉思了一下,道:"唉,我底嗓子太不行了,像演《娜拉》似的,虽然我自己拼着命吊起来嗓子,但台下较远的观众老是听不清楚,所以我近来每天在练习嗓子。"接着她便谦虚地笑嘻嘻说道:"李先生,请指教!"

这使我感到为难了,我既不是批评家,又对于戏剧毫无研究,是门外汉,当然我只有用"很好"二字来回答她了。

"那可不敢当。前些时候报纸上批评我底台词念得太快了一点,就是我自己也有这样的感觉。虽然我时常想矫正过来,事实上却很不容易。这就是我底缺点。但是,假使第三次再演《娜拉》的时候,我相信一定是可以办得到了。"

这时,大家都静默无言地对坐着,凉风不时还可以从窗口送进来。于是我就把自己底话匣打开来:

"蓝小姐府上哪儿?"

"山东济南。"

"府上还有谁?堂上大人都健在吧?"

"只有一个白发年迈的老母,父亲是在我五岁的时候就死了,还有一个十七岁的小弟弟。此外,还有一个可怜的姐姐和她底两个孩子。"

"蓝小姐今年芳龄……"

"一百岁。"她自己不觉破口大笑起来,接着又反问我:"你猜?"

"……"我摇了摇头答她。

"告诉你吧,老了,已经有二十二岁了,哦……"长叹了一口气:"真的,女人过了二十五岁,一切都完了,不是快要老了吗?"

"哪里?年轻得很,你是有极大的前途的!蓝小姐,进'电通'已有多少时候了?"我一边勉励她,一边又问她。

"在公演《娜拉》以前,虽然已经进电通了,但那时还是临时演员,完全是试验性质的。正式签订合同是在公演《娜拉》以后。"她说话底声音很低,在她底心中若有所思似的。

"每月报酬多少?可否告诉我?"

"那有什么不可以?很少,只六十只大洋一个月,我只得住在公司里,就是想节省几个钱。因为家里边的生活费还需要我负担呢。每月我总得要寄回去四十元,余下的二十元作为我自己底零用。"说到这里,她把托在额下的两手伸张开来,愁眉不展地硬装着笑容:"家里他们除了我以外,谁也没有收入。我的姐姐因为没有受过高深的教育,所以也和我一样没有什么特长的技能。我想自己以后有机会,总得再多学习一点东西,多读点书。"

"蓝小姐对于各报上关于《娜拉》演出底批评有什么意见没有?"

"他们对于我都太客气了，实际上我有什么，完全是瞎闹的，不过我总觉得'娜拉'底个性太和我相近了，所以我很喜欢演这个脚色。就是对于'娜拉'底台词，我从没死读过。告诉你，我还只念过两遍，不知怎地，连我自己也都觉得莫名其妙，竟会很自然地从我底口中背出来。不消说，现在我还都没有忘记会背得出来。至于尤娜女士在自由谈上批评我在骂柯乐克的时候，以及觉悟后对于滔佛底反抗态度还欠凶，这是我不同意的。实际上，我自己觉得已经太凶了。还有她批评我在娜拉出走时候的瞬间的高潮表现得不够，这一点我是接受的。虽然我已是用九牛二虎之力拼命提高嗓子和精神，但这大概是因为我演得时间太久而疲倦了的缘故吧，始终只允许我达到这个地步。"她越说越起劲，但她底态度可脱不了像那"小鸟儿"一般天真烂漫。接着她真的好像娜拉已觉悟后似的由懦弱而转为强力的富于理智的反抗精神，把眉头皱了一下，咬紧着牙齿兴奋地说道："不过我自始至终相信在高唱'妇女回到家庭去'的声浪中演出《娜拉》，正如吴湄女士所说的，的确是有很重大的意义的了；但可惜易卜生没有把出走后的娜拉应该怎样去找出路的法子告诉我们……是的，不应该做'小鸟儿'；做男子底奴隶和玩具，不应该把自己底生命为男子而牺牲，我们妇女应该自立，不应该做寄生虫！"

"蓝小姐近来作何消遣？到上海后看过什么影戏？"

"很少出去，因为钱的关系。到上海后，我只看过瑠玛希拉底《闺怨》，虽然她底演技是很高美的，但在我总感不到兴趣。还有茂利斯布佛莱底《风流寡妇》，真的我很喜欢那女主角麦唐纳底态度和表情的活泼。"想了一下："对啦，我记起了，还有我在北方看过凯丝琳·赫本底《小妇人》，虽然她长得这样丑陋，但我也很喜欢她那副天真烂漫、活龙活现的态度和表情。华雷斯皮莱底《金银岛》，我也看过，但这里他底演技却不见得怎样的高明，不过听说他在《自由万岁》里是演得很成功，因为经济关系买不起票；直到现在还没有看过。哈哈！"突然大笑了起来，"真好笑，这些片子还都是轮映到三等戏院，只花两毛钱才去看的。"

"对于国产片的意见呢？"

"从前在济南的时候，看得很多，什么《火烧红莲寺》《空谷兰》之类的片子，我也以为很不差，相当有趣味，当然我那时是不懂什么内容和形式的。现在我只看过《女人》、《渔光曲》、《新女性》、《桃李劫》、《姐妹花》、《重归》等等。但其中的女演员，在我最喜欢的就是阮玲玉，的确她是很会演戏，而且能够扮的角色很广。她可以说是中国最有希望的一个女演员。还有王人美底那像野猫般的姿态和表情，我也很欢喜。的确，她完全是出于自然的。像陆丽霞那样，就觉得做作和扭捏了。至于胡萍和胡蝶她们底经验当然是够丰富，修养工夫也很充足的了，但和我都是无缘的；我不喜欢看她们所演的戏，并且她们底演技看起来也老是停止在这步似的，一年一年都是这样，总看不出有什么进步。哈哈，得啦得啦，不要说了吧，真的，我自己发了疯不是！试问我自己懂得什么？居然批评起人家来了，那不是笑话吗？对不起，李先生，请不要见怪，我是瞎扯的，胡说八道的。"她低着头在沉思着，好像在懊悔说错了话似的觉得有点难为情，两颊上绯红着。

"这有什么关系，各有各的意见，谁都可以自由发表。蓝小姐……"不想她等不到我说完，就抢上来说道："真的，我自己什么都不懂得。告诉你吧，那真好玩，就是我拍《自由神》的戏，连自由也都莫名其妙。当初我以为是也像舞台戏一样按照顺序系统地拍下去的，不想是无头无尾地在东拍几个镜头，西拍几个镜头，所以我相信自己这次演出一定是一塌糊涂，失败是必然的，成功可不要说了。不过我也并不因此而灰心，我正在想：假使以后有机会，任何性格的角色，我都得要尝试一下。"

"蓝小姐会跳舞吗？"我问。

她就笑眯眯地把头摇，说道："不会。不过我到过跳舞场一次，那是朋友硬把我拖进'大光明'戏院隔壁的那所跳舞场去，但什么名字我可记不起来。因为我最讨厌看见那丧心病狂的舞女舞客，所以我只坐了一会儿就独自一个踱了出来。"

"蓝小姐已经结婚过没有？"

看上去她好像很怕羞似的，低着头笑嘻嘻地说道：

"我根本是反对结婚的，我主张只要彼此底爱情达到了沸点成熟了的时候，不必经过结婚的仪式，尽可实行同居。不过我现在虽然已有了爱人，但我以为并不是什么了不起的，我始终是没有把恋爱看做比事业还重要。总之，……"

还没等她说完话，我就抢上去问她：

"蓝小姐可否把爱人底名字告诉我？"

"这何必要管他呢？……我总觉得我们尤其女人更应该从重重的压迫之下觉醒过来，至少，也得要像娜拉这样有反抗出走的精神，想法子能使自己多学习一点东西，把自己底力量充实起来之后再说。不要说恋爱问题，就是其他一切，都不难解决的。"

"蓝小姐进过什么学校？"

"我因为从小便和母亲寄养在姐姐家里，虽然得到姐夫底帮助曾受过高小教育，但从姐夫去世以后，我也就再没有升学的机会了，所以我也只得在家里自修了。我最喜欢看的，就是小说。真的什么书都看过，从《西游记》《红楼梦》起，到《呐喊》《羔羊》《虹》，还有从外面翻译过来的小说，现在叫我背还都背得出来。但在我最坏的地方，就是死也不肯看科学的理论书，以前我曾进过王泊生先生他们主持的山东实验剧院，大约有一年多。"

谈到这里，我就向她告辞出来，因为时间已经不早了，大概已经有五点半钟了。

■ 蓝苹访问记（连载）

这篇《蓝苹访问记》，除了真实地写出21岁的蓝苹的生活、处境，还写出了她的泼辣，她的勃勃野心。至于她公然向记者所宣称的："我根本是反对结婚的，我主张只要彼此底爱情达到沸点成熟了的时候，不必经过结婚的仪式，尽可实行同居。"这是她的恋爱信条。她说这番话是在1935年8月4日。此后，她在上海朝三暮四，闹得沸沸扬扬，便是她的恋爱信条的实践结果。她"根本反对结婚"，为的就是不受婚约的束缚，朝秦暮楚。她所追求的事业是当大明星，她把恋爱、同居当成通向大明星的梯子……

唐纳其人

初入电通，蓝苹并不得意。在《自由神》一片中，她所演的是第七号人物。男女主角是周伯勋和王莹。她，只是配角的配角，在影片中没有多少镜头。

演《娜拉》时，她是第一号主角。如今落得个配角的配角，她心中窝囊。虽然她不过21岁，却早已懂得"演员不捧不红"的出名诀窍。

江青开始了她新的恋爱。这一回，江青把她的爱，奉献给在上海电影界颇有影响的影评家唐纳，赢得了他的"捧"。

> 蓝苹到上海是孤零零的一个人，住在华龙路的小公寓里，那公寓的二房东是个罗宋女人，下面是一家罗宋大菜馆。她的吃饭问题，天天在这罗宋餐馆里。她的原籍是山东，到上海的目的是投身银幕。当然罗，一个漂亮的女人，何况她又有各项具备的条件，国语也说得好，早年在山东国立戏剧学校读过书，舞台经验也颇熟悉。当她踏进了电影界以后，第一个男朋友是唐纳。那时唐纳正为《晨报》的每日电影撰文，于是便大捧蓝苹，蓝苹就在这基础上奠定了她艺术的生命……①

这是当年《海星周报》上《女明星时代的蓝苹》一文中，关于蓝苹同唐纳结合的报道。作者已把话说得很明白：蓝苹爱唐纳，为的是借唐纳之笔作为"天梯"，以便能够爬上大明星的宝座。

唐纳，在粉碎"四人帮"之后的中国，几乎已成为无人不知的名字了。

其实，唐纳并不姓唐。他原名马骥良，后来改名马季良、马继良、马耀华。用过笔名罗平。后来客居巴黎，名唤马绍章。

唐纳跟郑君里夫人黄晨②同乡，苏州人氏，他跟黄晨、江青同岁，生于1914年5月7日，属虎，甲寅年。

唐纳之"唐"，据云是由于他的奶妈姓唐。父亲马佩甫是铁路职员，给唐纳取了奶名"仁倌"。叫"×倌"是苏州的习俗。

---

① 雷雨：《女明星时代的蓝苹》，《海星周报》第23期，1946年8月6日。
② 1986年6月16日，叶永烈在上海采访黄晨。

唐纳的母亲姓倪，苏州平江路朱马高桥人氏。

唐纳四岁时，父亲去世。不久，他过继给大伯父马含荪。

唐纳在苏州私立树德中学上学时，用的学名是马继宗。

他在江苏省立苏州中学上高中。当时，胡绳（即项志逊）、袁水拍（即袁光楣）也在这所中学求学，比他低一届。这时的唐纳，已开始喜爱文艺，思想也转为左倾。他是学校戏团的主要演员，演过左翼话剧《工场夜景》、《活路》、《SOS》等。①

1932年3月，中共吴县县委和共青团组织，遭到国民党警察局的大搜捕。唐纳也受到警察注意，不得不从苏州逃往上海，落脚表叔陆尹甫处。经陆尹甫介绍，进入上海大陆银行当练习生。

1932年夏，唐纳考入上海圣约翰大学。他依然爱好戏剧，成为学生剧团中的活跃人物。

唐纳入圣约翰大学读书，英语流畅，中文文笔也不错。上海《晨报》的"每日电影"主笔姚苏凤是唐纳同乡，约他写影评。从大学二年级起，他就为《晨报》写些稿子，从此与电影界结下友谊。影评署笔名"罗平"或"唐纳"。由于影评不断地出现在上海《晨报》的"每日电影"专栏里，这个18岁的小伙子开始引起人们的注意。此外，他也给《申报》的《电影专刊》、《新闻报》的"艺海"、《中华日报》的"银座"、《大晚报》的"剪影"撰文。

唐纳的影评，文笔流畅，而且好处说好，坏处说坏，颇有见地，在读者中很快就赢得信誉。尤其可贵的是，他思想倾向进步，执笔常赞誉左翼电影，抨击那些精神鸦片。

给人留下颇深印象的是，他参加了反击"软性影片"的论争。

那是1933年12月1日出版的《现代电影》第6期，发表了《硬性影片与软性影片》一文，鼓吹只有"软性影片"才是"观众的需要"，说"电影是给眼睛吃的冰淇淋，是给心灵坐的沙发椅"，宣称"我们的座右铭是，'电影是软片，所以应当是软性的！'"

左翼电影工作者在夏衍等人领导之下，决定迎头痛击"软性电影论"。反击的第一枪，便是唐纳打响的：1934年6月10日，唐纳在《晨报》上发表《太夫人》一文，尖锐地批评了"软性电影"。6月12日，唐纳又发一文，即《"民族精神"的批判：谈软性电影论者及其他》。翌日，夏衍便以笔名"罗浮"发表《软性的硬论》，与之呼应……

这下子，姚苏凤便受到来自国民党政府的压力，不得不在6月28日登出反驳唐纳、夏衍的长文《软性电影与说教电影》。从此，唐纳不再为《晨报》的"每日电影"写影评了。

1934年秋，唐纳进入上海艺华电影公司，任编剧。这时，艺华正在拍摄阳翰笙编剧的影片《逃亡》。导演岳枫为了使影片增色，决定配上主题歌和插曲，可是无人作词。正巧唐纳来了，岳枫便请唐纳写词。唐纳居然一口答应下来。

唐纳写了主题歌《自卫歌》和插曲《塞外村女》。聂耳与他合作，配上了乐曲，使这两首歌广为流传。现摘录《塞外村女》片段：

---

① 程宗骏：《关于唐纳与蓝苹》，《人物》1989年第3期。

暮鸦飞过天色灰，
老爹上城卖粉归，
鹅毛雪片片朝身落，
破棉袄渍透穷人泪。
扑面寒风阵阵吹，
几行飞雁几行泪，
指望着今年收成好，
够缴还租免祸灾。

唐纳长得一表人才，有如奶油小生，居然被电通影业公司的导演袁牧之所看中，要他当演员！

那时候，袁牧之正在自编自导中国第一部音乐喜剧片《都市风光》，找不到合意的男主角。在袁牧之心目中，男主人公李梦华是一个贫穷潦倒而又富于痴情的知识分子；他一见到眉目清秀的唐纳，就觉得仿佛是扮演李梦华的本色演员。虽说唐纳从未上过银幕，而这一回要领衔主演，他又居然一口应承下来。

于是，1935年，唐纳从艺华调入电通，当起演员，同时主编《电影画报》。

多才多艺的唐纳，演戏也演得不错。在影片中，他神魂颠倒地追求由张新珠饰的女主角张小云。特别是在演出失恋时饮毒酒自杀，简直演得活龙活现！

1937年6月10日的《影与戏》，这么形容唐纳："提起唐纳，大凡是略微关心一些影坛的人，谁都晓得他是一位很活跃的影评人。他，可以说一个身子，半个站在电影圈里，半个站在电影圈外。"

1936年6月30日的《时报》，曾以《青年作家酷嗜电影》为题，简略地介绍过唐纳身世："唐纳现年二十二岁。原籍苏州。曾肄业于上海圣约翰大学。自幼即嗜电影，且爱好文艺，笔名'罗平'。为文简洁流畅，颇得一般人之好评。当在圣约翰大学二年级时，即大负声望。影界友好多怂恿其实行入电影界工作，唐亦不能自持，乃于前年秋季入艺华公司担任编剧事务。去岁经袁牧之介绍入电通公司，主演该公司声片《都市风光》。初上银幕，即大露头角（时其爱人蓝苹亦在该片中充当重要角色）。唐除在该公司担任演员外，并主编《电影画报》，工作

■《都市风光》的演员们（自上而下第二人为蓝苹）

颇称努力。惟任职不久,电通公司即告歇业。本年6月1日改入明星公司,仍担任编剧职务。"

唐纳颇帅,一表人才,又多才多艺,时而影评,时而编剧,时而演员,何况在圣约翰大学学的是英语,能著能译,是一位"评、编、演、著、译"的全才。

不过,唐纳当时最有影响的是影评。他是《晨报》影评专栏的主要评论家,与《申报》的石凌鹤旗鼓相当,人称"影评二雄"。

除了以《晨报》为据点之外,唐纳还涉足《申报》、《时事新报》、《新闻报》、《时报》等影评专栏。人们用这样的话形容唐纳的评论对于影片、对于演员的影响:"一字之褒,荣于华衮。一字之贬,严如斧钺。"

唐纳的为人单纯、热忱,但性格有点如同吴语一般软绵绵的。他思想倾向进步,活动于左翼电影界人士圈子之中。

从20世纪30年代起,人们向来以为唐纳即马骥良,马骥良即唐纳。

其实不然!唐纳是两人合用的笔名。另一人是谁?

当我得悉唐纳挚友夏其言在沪工作,便于1986年8月4日前往拜访。

炎夏酷暑,柏油马路都有点酥软了,我叩响一幢小楼的房门。我以为,倘若夏老不去黄山、青岛避暑的话,定然在家午睡。

出乎我的意料,夏师母告知,夏老上班去了!他和唐纳同岁,也属虎,当时已是七十有二了,照样天天去报社上班,工作日程表排得满满的。

几次打电话跟夏老约时间,他不是接待外宾,便忙于业务。这次总算他有了空余,与他得以长谈。

除了听觉差一点之外,夏老身体甚健,记忆清晰。他谈及了世人莫知的奥秘:唐纳乃马骥良与佘其越合用的笔名!

佘其越,我从未听说过的陌生姓名,究竟何许人也?

夏其言如此深知唐纳身世,说来纯属偶然:夏其言高中毕业之后,正值刘鸿生开办的中国企业银行招收练习生。夏其言考上了。跟他一起考上的,有个青年名叫马骥善,意气相投,遂结为好友。

马骥善之兄,即马骥良。马骥良常到银行宿舍看望弟弟,跟夏其言结识了。夏其言也随着马骥善喊马骥良为"大哥",虽然他跟马骥良同龄。

那时候,马骥良参加了C.Y.,亦即共青团。夏其言呢?正追求进步,悄悄地在读马列著作。正因为这样,他跟马骥良相见恨晚,非常投机。

一天,马骥良神秘地对夏其言说:"我有一个朋友,很有学问,可以教你懂得许多革命道理。不过……"

说到这里,戛然而止,马骥良用双眼看着夏其言。

夏其言立即明白他的意思,说道:"我不怕风险。"

马骥良这才轻声地说:"他没地方落脚,你敢不敢收容他?"

夏其言一口答应下来。

过了几天,上海长乐路怡安坊,多了一位青年"房客"。

正巧，这位青年也属虎，跟马骥良、夏其言同庚。

怡安坊离"十三层楼"不过咫尺之遥。十三层楼，即如今的锦江饭店。夏其言的父亲，在那里掌厨。他家住石库门房子，独门进出。

那青年房客跟夏其言住一间小屋。此人足不出户，终日闭门幽居，邻居从不知马家有房客。所谓"房客"，只不过夏其言对父母的遮掩之词罢了。

房客叫小琳，常用的笔名为史枚，真名佘其越。此人跟马骥良同乡、同学，总角之交（即少年朋友。总角，少时所梳之小髻也）。

佘其越乃中共地下党员。在上海杨树浦活动时，被国民党警察逮捕，押往苏州反省院。

那时，苏州反省院有所谓"假释放"制度：如果有两家铺保，"犯人"可以"假释放"两个月，届时自回反省院，仍旧关押。"假释放"的本意，是让"犯人"体验一下"自由"是何等舒坦，以促使"犯人"早日"反省"。

然而，佘其越却趁"假释放"之际出逃了！

佘其越请马骥良帮忙。神不知，鬼不晓，他隐居在夏其言家里。国民党警察局急得跳脚，也不会查到夏家，因为在此之前，佘其越跟夏家毫无瓜葛。

佘其越擅长写作。在隐居中，写了不少文章，署名唐纳，由马骥良送出去发表。马骥良自己写的文章，也署名唐纳。于是，唐纳成了佘其越和马骥良合用的笔名。

马骥良本来以"罗平"为笔名，常用"唐纳"之后，渐渐地，人们以"唐纳"相称，以致后来变成"唐纳=马骥良"。

佘其越跟夏其言朝夕相处，教他科学社会主义理论，引导他走上革命之路。在佘其越的影响下，夏其言于1937年加入中国共产党。

佘其越隐居夏家，唯一的常客是马骥良，以下该称之为"唐纳"了，以适合广大读者的习惯。

至于佘其越，以下该改称为"史枚"，因为他的真名已被伪警察局记录在案，他改名史枚。

当唐纳跟蓝苹相爱之后，蓝苹也成为夏家的常客。

唐纳、蓝苹、史枚、夏其言是同龄人，然而，不约而同以史枚为长。因为他是C.P.（共产党），而且学者风度，老成持重，唐纳、夏其言尊敬他理所当然，蓝苹在他面前也颇恭敬。就连她跟唐纳吵了架，也常常要到怡安坊来，在史枚面前告状——此是后话。

沸沸扬扬的六和塔婚礼

追溯起来，在蓝苹主演话剧《娜拉》时，唐纳便和她相识。那时，唐纳在业余剧人协会负责宣传工作。不过，他们只是相识而已。

关于他们如何由相识发展到相爱，后来客居法国巴黎的唐纳，曾和美国的中国问题专家、《毛泽东传》作者R.特里尔说及。

特里尔如此记述：

  他说，他迷上蓝苹，是从金城大戏院看她主演《娜拉》时开始。他发现了她坚强的、激动的、性感的魅力。和她会面，只是时间问题。
  一个闷热的晚上，唐纳步行到电通影业公司去，他兼任公司出版的杂志编辑。霞飞路（今淮海中路——引者注）上挤满了散步者、卖吃食者、互相搂抱的情侣、叫花子等各色各样的人。在那里，唐纳看见蓝苹在霓虹灯下，穿着蓝色绸旗袍，梳着刘海头发，拖着改组派的脚步走过来。这是她儿童时期缠足的遗产，是无可救药的。
  蓝苹认出他是唐纳，唐纳也知道她是何人。两人都踌躇了一下。唐纳咧嘴微笑，好像一只活泼的猫，蓝苹伸出了她的手。唐纳说，他非常钦佩她演的娜拉；蓝苹说，她久仰他的文名。

■ 蓝苹剧照

  她对这位在上海颇有名气的左翼文化人，突然讲出一句："我是革命党人。"对于这位奇异的、武断的、言不择时的女子，唐纳觉得她了不起，对她更加迷恋。
  "这事使我非常兴奋。"唐纳回忆当时的情形。"这位从山东来的，富于诱惑力的新进女演员，在霞飞路上，对我宣称她是革命党人。"
  也许因为唐纳写的影评左翼色彩很浓，蓝苹误以为他是同志，故初次见面，在霞飞大路上竟唐突地说出自己是革命党人。其实，唐纳和共产党毫无关系，虽然承认他自己左倾。
  第二天，蓝苹到电通影业公司访问唐纳。这时期她是自由的。自从和俞启威分手后，她未和男人同居。她仍然漂流在上海的人海中，她积极地接近唐纳，她的新鲜、活泼的态度，使唐纳陷入情网。

唐纳回忆当年的印象说："纵然在上海，像她那样大胆，也是例外。不要想象她是胆小怕生的中国女孩。她不是你通常所见的羞答答的中国女孩。主动地和男人谈话，她毫不在乎。她的行径，一如男性。啊，她是勇敢的女性。"
  蓝苹、唐纳相继进入电通，特别是同在《都市风光》剧组，朝夕相处，由相识而相爱了。
当年的《电影新闻》，这样报道了唐纳跟蓝苹结合的情形：

  有一天，有人亲眼看见蓝苹挽了唐纳的手臂，肩并肩的出去，剩下来的睁大了眼珠对他们看。
  当天晚上，他俩没有回来。第二晚，也没有回来……

直到第三天下午的六时许,才见唐纳与蓝苹,仍旧手挽手,肩并肩,满面春风的回来。

他们一回到公司,就往经理室而去。到晚饭的时分,才和经理马先生回到膳厅。饭吃到一半,马先生立了起来,对大众报告了一个好消息,说是:"同事唐纳先生,与蓝苹女士因意见相投,互相了解,而将实行同居。"说完后,轰雷似的一声,都围住了二人,一半祝贺,一半要他们报告同居前的过程。这一晚的晚饭,就在这样纷乱喧嚣中过去。

这是1935年秋在拍摄《都市风光》的时候。

《都市风光》的编导为袁牧之,摄影师为吴印咸,音乐为吕骥、贺绿汀、黄自。影片中穿插的一段动画,由著名的万氏兄弟设计,即万籁鸣、万古赡、万超尘、万涤寰。

这部影片属音乐喜剧片,通过几个公民的眼睛,从西洋镜里展现了五光十色的城市生活。唐纳主演,饰无聊的知识分子李梦华,蓝苹演配角。

就在蓝苹和唐纳同居不久,1935年12月7日的《娱乐周报》上,已有人指责蓝苹的行为了:"据该公司有人云,蓝苹已经不是一位未嫁的小姐了。在北平,她早已有了丈夫了。如果此事属实,不是要闹出一场醋海潮了吗?好在他们不过是同居而不是结婚,否则蓝苹不是要犯了重婚罪?"①

怪不得,蓝苹早就公开声明"反对结婚"!

然而,就在蓝苹和唐纳同居了半年多之后,忽然上海许多报纸刊登消息:蓝苹和唐纳要结婚了!

1936年4月26日上午8点半,杭州钱塘江畔,八辆黄包车逶迤而来,奔向六和塔。

为首的一辆黄包车上,坐着一位风度潇洒、西装革履的青年;最末压阵的车上,坐着一位精神矍铄、长髯飘拂、礼帽长袍的长者;中间六辆黄包车,三男三女,喜气洋洋。

那青年即郑君里,长者为上海法学院院长沈钧儒,三对男女乃赵丹、叶露茜、唐纳、蓝苹、顾而已、杜小鹃。

三对男女朝六和塔进发,为的是在那里举行婚礼。郑君里负司仪之责,手中拿着照相机,兼任摄影师。沈钧儒为上海著名大律师,证婚人也。

■ 六和塔婚礼照。后排居中者为沈钧儒,前排居中一对为蓝苹、唐纳。

---

① 三友:《蓝苹与唐纳同居,在北京的丈夫怎么表示》,《娱乐周报》1936年第1卷第23期。

到达六和塔前,最忙碌的是郑君里。他让证婚人居中,三对情侣列于两侧,接连拍了许多照片。

三对情侣为什么远道从上海至此举行婚礼?

这是"秀才"唐纳的主意:六和塔又名六合塔,高高矗立于月轮山上。唐纳取其"六和"、"六合"之意,建议六人来此举行集体婚礼,当即一致通过。

文人雅士如此奇特的"旅行结婚",顿时传为新闻,纷纷刊登消息及塔前婚礼照片。

沈钧儒诗兴勃发,于塔前口占一首:

> 情侣浪游在沪杭,六和塔下影成双。
> 瑰丽清幽游人醉,沉酣风波会自伤。
> 拾级蜿蜒登高塔,居高一览钱塘江!

老先生吟罢,诗兴未尽,又作一首:

> 人生何处是仙乡,嘉偶良朋一举觞。
> 到此应无凡鸟想,湖山有福住鸳鸯。
> 塔影湖声共证盟,英雄儿女此时情。
> 愿书片语为君祝,山样同坚海样深。

几天之后——5月5日,晚8点,上海八仙桥青年会九楼餐室,又一度成了新闻中心。三对新人在此招待亲友。

这座大楼迄今仍在上海八仙桥。笔者曾到九楼实地观看。如今所用的电梯,仍是当年的电梯。这电梯格外地小,每次只能乘坐三四人而已。楼里倒很宽敞,直至今日仍在经营餐饮业。

那天,新郎一律西装,新娘一律旗袍。"蓝苹的身上是一件新的白地方格的灯笼袖旗袍。小叶蓝地红花的旗袍。小杜是白地红花的旗袍。"

据上海老影人钱千里先生告诉笔者[①],他当时也应邀出席蓝苹婚礼。他回忆说:"上海电影界很多人都去了。招待很简单,每位来宾一份点心,还得自己去拿。因为人多,招待小姐实在忙不过来。蓝苹当时给我的印象不错。她很用功,很努力。一个山东姑娘能够在上海的电影界站稳脚跟,是不容易的。"

影星汇聚,连电影皇后胡蝶也到会祝贺,吸引了众多的记者。在掌声中,人们要新娘蓝苹当众发表感想。蓝苹只说了三个字:"很快活!"

晚会在《六和婚礼贺曲》声中结束。

这贺曲由孙师毅作词、吕骥谱曲:

[①] 1995年10月4日,叶永烈采访钱千里于上海。

偎情郎，
伴新娘，
六和塔下影成双；
决胜在情场，
莫忘胡房到长江。
喝喜酒，
闹洞房，
五月潮高势正扬，
共起赴沙场，
同拯中华复沈阳。

次日，上海各报又纷纷刊登消息，有的甚至用半版篇幅详加报道。

向来关心报纸的唐纳，读着大报、小报，秀气的脸上漾着微笑。

他的笑，只有他知，蓝苹知：他真诚地爱着蓝苹。在蓝苹之前，虽说他也曾追求过别的姑娘，但那只是追求、恋爱而已，并无其他。正因为他真心实意地爱着蓝苹，所以他不愿只是同居。一而再，再而三，他向蓝苹提出要求结婚。然而，遭到了蓝苹的坚决反对。她，不愿意结婚……

当他得知好友赵丹、顾而已都有了心上人，提出了"六和塔婚礼"的建议。赵丹、叶露茜、顾而已、杜小鹃、唐纳，已经五票通过。迫于孤立，蓝苹只得点头——唐纳还编造了一条理由，一旦正式结婚，他可以向苏州老家索一笔钱。

然而，蓝苹只是答应举行婚礼，却绝不签署婚书。

唐纳无奈，依了蓝苹。

这样，在三对新婚夫妇之中，唯独唐纳、蓝苹是没有婚书的！

唐纳是笔杆子，跟各报社广有联系。他煞费苦心，广请记者。"六和塔婚礼"在那么多报纸上登了报道，唐纳出了大力。

唐纳得意地翻阅着大报小报，用剪刀一篇篇剪下婚礼报道，精心地贴成一本。

他想，这些婚礼报道，不就是印在报纸上的"婚书"！？成千上万的读者都知道蓝苹跟唐纳结婚了，这比婚书的威力还大——难道你蓝苹能够撕掉这些印在报上的"婚书"！？

唐纳笑了！

可是，唐纳笑得太早了！

婚变使唐纳在济南自杀

六和塔婚礼结束后，蓝苹和唐纳相处尚可。蓝苹曾随唐纳回他苏州老家住了半个月。那时，蓝苹跟唐纳的生母、嗣母相处，也还算可以。

可是，回到上海环龙路住所之后，蓝苹就不时和唐纳发生口角了。

口角迅速升级,以至酿成轰动上海的"唐蓝婚变"新闻……

那是六和塔婚礼整整两个月后——1936年6月26日。

晚8时,蒸汽机车冒着黑烟、喷着水汽,疲惫地拖着长长的平沪快车(那时北京称北平),驶进济南站。

从车上下来一个疲惫的男人,他的头发从正中朝两边分梳,个子修长,一身西装。他的手中除了一只手提包之外,别无他物。

下车之后,他雇了一辆黄包车。

"先生,上哪家旅馆?"

"不上旅馆,到按察司街27号。"

彤云密布,下起淅淅沥沥的冷雨,衣衫单薄的他在黄包车上打了个寒噤。

黄包车刚刚在按察司街27号前停下,他就急急跳下了车,砰砰连连敲门。

门开了。一位三十多岁的妇女出现在门口。

"请问,蓝苹小姐在吗?"

"先生贵姓?"

"我是阿仁!"

"喔,妹夫,快请进!"

来者阿仁,便是唐纳。阿仁是他的小名。

这儿是蓝苹的家。唐纳在这里第一次见到了岳母、姐姐,他什么礼品也没有带——他是在极度仓促、惶恐之中跳上平沪快车,赵丹和郑君里送他上车。

"云鹤不在家!"蓝苹的母亲、姐姐,这样答复专程赶来的唐纳。

"她上哪儿去了?"

"她不在济南!"

"不在济南?她在哪儿?"

"她没说,俺不知道!"

"不知道?她走了多少天了?"

"十几天了!"

当唐纳不得不告辞的时候,雨更大了。黄包车早走了——车夫以为已经送他到家。

冰凉的雨点,打在他消瘦、白皙的脸上,他反而觉得舒坦一些,清醒一些。

雨水和夺眶而出的泪水,混在一起。

他浑身湿漉漉的,走进商埠三马路济南宾馆。

茶房起紧让他住进楼下5号房。

很快地,茶房发现这位先生有点异样:茶房把一盆热水端来,放在他面前,他竟然双眼发直,愣在那里一动也不动。

雨,通宵下着。5号房的灯,通宵亮着,从敞开的窗口望进去,茶房发现,那位上海来客在灯下写信,一边写,一边不时抹去脸颊上的热泪。

翌日,那上海房客一早就出去了。

大清早，唐纳敲开了蓝苹家的门。

蓝苹真的不在家！

尽管蓝苹的母亲、姐姐已经再三说明蓝苹不在济南，痴心的他还是不信。中午、下午，他又去敲按察司街27号的门，依然不见蓝苹的影子。

他怏怏地独自踯躅于济南街头。

忽然，他记起那部他跟蓝苹一起演出的影片《都市风光》。在影片中，他饰李梦华，追求小押店主的女儿张小云，失恋后喝下一杯又一杯药酒自杀……

他不由得步入药店，买了一磅消毒用的酒精。他又买了好几盒红头火柴。

晚上，他脸色惨白回到济南宾馆，就连茶房跟他打招呼的时候，他也毫无反应。

茶房见他神色不对，特别留意起来。

晚8时许，茶房见他歪倒在地，桌上撒着没有药头的火柴棍——他喝下了那一磅消毒酒精和吃下许多红色火柴头，已不省人事。

茶房喊来了黄包车，把唐纳送往小纬二路万达医院急救。

吴启宪大夫赶紧给唐纳注射解磷剂。

一次不行，二次；二次不行，三次。吴大夫通宵守在唐纳床边，三次注射解磷剂……

茶房在唐纳的房间里，找到一封遗书。那是他昨夜含泪写成的。

人们读着唐纳这封"26日夜远处传来鹧鸪啼声和着雨声时"于济南宾馆写给蓝苹的信，才知道他因遭蓝苹的遗弃而自杀。

摘录唐纳遗书如下——

阿苹，我最亲爱的：

想不到你竟走得这样突然，这样匆匆！

带着万分之一的侥幸，"也许还没走"的希望，我跨上了车，整整二十八个小时，过去一切甜蜜盘踞了我的脑海——在电通，我们初恋的时候，我写过"你再不睡就对不起我"的留条；在倍开尔路（今惠民路——引者注），我们有过通宵的长谈，在街头漫步，一直到深夜二时，我才陪你绕过一条黑黑的弄堂送到你门口；在麦克利路（今临潼路——引者注），因为要看画报的校样，隆冬的夜未央，我从温暖的被窝中爬起，你给我披衣穿袜的一种说不出的怜惜；在南洋路（今南阳路——引者注），外面下着大雪，没有木柴，我和你用一大叠报纸生起火，当你病得最厉害的那夜，屋里一点水也没有，你的"给我水呀，我要喝水呀"的可怜的哀求；在福民医院里，你一定要我休息一下，睡在你满身痛创的身旁；在临到苏州去的前几天，你伤心的流着泪，说只有你的妈妈不欺骗你。我当时痛苦得哭泣了。你就立刻向我道歉："我说错了，纳，我下次不了！"在苏州，我生着气，想回申的时候，你就流着眼泪，婉转的叫住了我；我从南京回来，你是那样紧搂着我。阿苹，呵，想不到这些竟成了我的心底最锐利的尖！

临走的时候，你说要买山东绸给我做衬衫，你还指指霞飞路（今淮海中路——

引者注）橱窗里陈列的拉领衫，要我买几件去游泳时穿，你还说过苏州时要买枇杷回来，你还说要送我一个表。在你领到薪水以后，你告诉我顶多一个月就回来。快到一星期，你来信还说十号左右回来。后来又说因为天太热，等下了雨来。阿苹，一个月来，我几乎无日不望着你会有意不告诉我日子，要使我惊喜你突然的归来。阿苹，深夜梦回的时候，我揣想你这时也许在辗转反侧。清晨街上小女孩的叫唤，我以为是你回来了，在窗下叫我。你上次从苏州突然赶来时不也是出乎我意外地这样在窗下叫我吗？记得你那次来，我是怎样的惊喜，怎样的快慰。你说，我好像永远绕在你身旁哭，阿苹，你这个时候想像我是在怎样地痛苦！一个月来我希望你的回来，比希望中头奖要超过不知多少倍。在公司里，茶房叫我听电话，我希望这是你打给我的。有时我望着天，看着远远的北方，有云堆在那里，我希望这时济南正在下雨，你在整理行装，预备回来了。有时我从公司里出来，我想这时你正在屋里等我，我偏跑东跑西地到朋友处闲谈，想使你也多些等人的痛苦。我回家的时候，望着屋里的灯光，我猜想你一定正在和之静他们畅叙。到后，我推门的时候还存着这样的希望，然而照例是给我一个失望。自然，我想这些小失望将来总有偿付的一天，我打算在你回来的时候，拧你的小嘴，重打你的手心，呵你痒，要你讨饶。但是阿苹，现在呢？这一个月来的希望是被击得这样的粉碎！……从你回家（指回济南——引者注）后，一方面想减少寂寞的痛苦，一方面想在回来时夸耀，我是尽了我的负重，我写好了三个剧本，筹备了一个公演，还有很多。朋友们说这时我正可玩玩，没有人管，可是我没有。这一点是对得起你也对得起我自己的。

我想丢了家，丢了名誉地位和所爱好的电影事业，追随你去……但是已经迟了，你姐姐告诉我已经走了十多天了。

我本想努力找到你，但是苍海茫茫，我上哪儿去找？

沦落异乡客邸，雨，老是在铅皮上滴着，现在只是我孤零零的一个人，一个人。现在谁是真正爱我的人？谁能再真正爱我像你一样？

我死，对社会没有什么利益，可也没什么害处，我再能作些什么有益的事情呢？我死了，我相信只有使你更发奋，更奋力，因为可以常常使你遐想，常常使你追怀的人，现在，现在已经死了！

没有什么别的遗憾，只是没有见到你最后的一面和那两个圆圆的笑窝！

王泊生使蓝苹大失所望

唐纳自杀于济南，消息传出，轰动了京、沪、鲁的报刊。

众多的读者异常震惊：这位六和塔婚礼的筹划者，为什么在婚礼后的第60天就要自寻短见？

其实，就在《六和婚礼贺曲》回响耳际的那些日子——也就是人们通常称为蜜月的时候，在上海环龙路（今南昌路）他们婚后的住所，已是"小吵天天有，大吵三六九"了。

■ 唐纳济南自杀后的媒体报道　　　　　　　　　　　■ 婚变新闻满天飞时所刊唐纳照片

唐纳和蓝苹在争吵的时候，常常到长乐路怡安坊，各自在史枚面前，夫说夫有理，妻说妻有理。史枚在他俩心目中却如同长兄，史枚毕竟是地下党员。

蓝苹跟唐纳吵架，其中的主要原因，据1936年7月11日《娱乐周报》，蓝苹说得颇为冠冕堂皇："自己在上海，度着跑跑舞场、吃吃咖啡的颓废生活，感到环境移人，意志消沉。所以，离沪北去，参加救国运动的工作……"

蓝苹的"台词"，比唱还好听。

电通影业公司在拍完《都市风光》之后，支持不下去了。唐纳于6月1日转入明星影片公司，在编剧股当秘书。蓝苹则与明星影片公司签署了合同，准备在《王老五》一片中饰王老五之妻。

就在从电通转往明星的时候，蓝苹忽然说母亲生病，要去济南探视。

5月底，唐纳在上海车站送蓝苹上车。火车徐徐启动之际，唐纳挥动双手，滚下热泪。他的耳边，响着蓝苹的声音："不要难过，6月10日我就回来！"

不料，蓝苹一去不复归。任凭唐纳等得心焦性急，一封一封长信催她，一连寄去十几封信，她却不理不睬……

蓝苹究竟在济南干什么？

1936年6月17日《辛报》所载张牛的"济南特约通讯"《蓝苹和王泊生》，披露了蓝苹在济南的若干情况：

　　一个朋友告诉我，省立剧院院长王泊生，以前实验剧院的同人名义，临时凑合举行三个独幕剧的联合公演了。

　　实验剧院解散后，所有人员你东我西，很少有大家齐聚在一块儿的机会。不想这会也巧，因蓝苹（李云鹤）的回家探母，王泊生忽然兴起，经过三几天的"热炒热卖"，就凑合着演出了。

这次联合公演的消息,是很诧异的。在事实上说,也许是很勉强的。因为曾经骂话剧不是艺术的王泊生,也会在《婴儿杀害》里扮演了一个卖破烂货的,这不是很使人惊异的吗?

公演日期,是本月7日。卖座的纪录,打破了历次公演的盛况。这也许是蓝苹的魔力吧,王泊生一定要破涕为笑了,当场就挂出了牌说"十号晚再演一场"。和我同去的朋友说:"王泊生卖了蓝苹了。"我笑了笑,没有说什么。

公演的节目是菊池宽的《父归》,朱春舫的《一副喜神》,还有山本有三的《婴儿杀害》,由李一非、吴瑞燕、王泊生分别导演。蓝苹在《父归》里饰女儿,演得比别人好。在《婴儿杀害》里饰女工,也很卖力气。

值得附笔的,是在公演前,近蓝苹的人问起她:"听说你和唐纳结婚了,生活上觉得怎样?"她很爽快的回答:"那不过是开玩笑而已。"问的人当时一愣,想:怎么女明星也拿同居马里马虎的呢?玩笑是随时随地随便可以开的,大概蓝苹女士的话,就是这个意思吧。

原来,在蓝苹看来,六和塔婚礼,"那不过是开玩笑而已"!
然而,唐纳在上海,却翘首以待,一片深情在等待她的归来。
《大光明周报》的一篇文章,透露了蓝苹在济南演出的内幕:蓝苹"与唐纳的事发生之后,回济南去住了一个相当时期。因为生活有问题,曾向王泊生借尸还阳的'山东省立剧院'接洽以演剧补助。可是王泊生是个著名的吝啬鬼,不念师生之谊,也不对她刮目相看。三天戏的代价,只送给她廿元。在上海已经变了红的蓝苹哪里还会将这区区之数看在眼里呢!她一怒而加以拒收……"

蓝苹本以为,这次演出,她可以拿到一笔可观的钱。结果,大失所望。此后,蓝苹在济南销踪匿迹。

就在报上接连登出王卓所摄蓝苹在济南历下亭含笑伸腰、在大明湖畔依树凝思之类照片之际,蓝苹女士早已不知所往……

蓝苹想以"得脑膜炎死了"赖账

6月23日,唐纳正在上海环龙路家中,突然响起急促的敲门声。以为是蓝苹南归,唐纳喜出望外,赶紧开门。

门口站着的是二哥郑君里。前额沁着豆大的汗珠,手中拿着一封信。

刚一进屋,郑君里就对唐纳说:"三弟,蓝苹托我转给你一封信,你赶紧看一下……"

蓝苹托郑君里转这封信,她大抵已经充分估计到这封信的威力——唐纳读了信,照他的脾气,一定会跳脚,会发疯,会跳楼……郑君里在旁,会劝住他的。

蓝苹声称"说不定这是我最后一封信",正因为这样,读着这封信,唐纳的脸色由红转灰,由灰转白。

蓝苹的信,是这样写的——

纳!当你看到这封信,为了我走起来顺利起见,筹划好久的这件事,迟迟到今天才告诉你,我想你是明了我的苦衷的。

自从我跑进影圈,言行不一致的矛盾是日益加深了。我苦恼,我绝望,我想毁自己,可是我遇到了你,你使我暂时消灭了我所有的苦恼,但是更深的矛盾却也在这里生了根。我不愿林黛玉式的忧愤死,我知道怎样使得我言行一致,我更知道怎样使我自己死得有价值些,因此我决绝的离开你,还有那个大的诱惑——风头、地位,和比较舒适的生活。

在我计划回家的那几天里,我竭力企图和你过几天快活日子,可是你那几天的脾气却特别的坏。有时你非让我下不来,而且使我非常伤心。虽然在搬家时候,我忍不住和你闹过几次,可是过后我马上懊悔了,懊悔得想痛哭。我曾经在雨地里走了很久很久,那种悲哀是说不出来的。我想我和你分别,我想起你所说的——我是固执的爱着你;我想起南洋路——这些使得我心跳,像是跳在咽喉里似的一样闷塞;浑身剧烈的抖着,一步都走不动了。后来叫车到阿丹家去的,这个是我永远不能忘掉的。

其实呢,你那些天的坏脾气给了我很大的便利,现在想起来真是应该感谢那个坏脾气。不然,我也许永远永远沉埋在那环境里了……

我呢,爱事业是超过爱人,这个我是坦白的告诉过你了,所以牧之的话是对的。"要是你们两个没有一个屈服,将来一定是个悲剧。"

××××缺少教员,请了很多朋友去,我也是其中的一个。人家差不多已经走光了,只有我,还有点犹豫的我,迟迟在现在才走。纳,不要悲伤吧。在将来的新生活里,我们这种矛盾会自然而然消失的。

说不定这是我最后一封信……

关于我这次的走,你也许会说我太自私,但是我的话是早讲在头里了。在你初恋我的时候,我曾经警告过你,爱我是要痛苦的。你却说你愿忍受这个痛苦。接着我还说过,如果在必要的时候离开了你,可别恨我呀。你说,不会的。纳!想来不至于忘了吧。就连结婚,我也曾说过于你,是不利的,却是为了解决我们的经济,逼我们走上这条路。

为了应付你的社会关系起见,我不能不想一个法子补救。想了又想:是有一个法子,就是说我死了。这样,又可以应付你周围,说是于我以后的生活,也不无补益。纳!反正我是离开这个环境了,就算死了吧。希望你不要骂我做事走绝路。我认为一个人必须走一条路,同时也应该绝了所有的路,免得犹豫和退却!

和你这信,同时发许多消息,说我得脑膜炎死了。关于我的没有死,只有你和君里知道。希望你要他保守秘密。我相信他是可以做到的……

上海银行债,我相信我宣布死了,是不会累在你身上的。我想赖了!

读罢蓝苹的信,唐纳的冷汗浸湿了上衣,冰凉地贴在脊梁骨上。

唐纳这才明白,怪不得蓝苹早就口口声声说过:"爱我是痛苦的!"

她真是想得出,做得出,想用"得脑膜炎死了",赖掉她在上海的欠债!

郑君里的目光,一直注视着唐纳的一举一动。

久久地,唐纳用双手捧着脑袋,心痛如绞。须知,就在刚才,他还写了一首思念蓝苹的诗呢!

唐纳抓起桌上的诗笺,一把扯得粉碎。

他霍地站了起来,对郑君里道:"二哥,事不宜迟,我要火速赶往济南,抢在她出走之前!"

"行,我马上给你去买火车票,你收拾一下。"郑君里也站了起来,说道:"我顺便把这消息告诉四弟。"

郑君里说的"四弟",也就是赵丹。

6月25日,郑君里和赵丹一起送唐纳上火车。他俩千叮万嘱唐纳:"到济南看一下,马上就回来。明星公司有好多事等着你呢!"

蓝苹的心病所在

"蓝苹死于脑膜炎"的消息尚未见报,而"影星唐纳自杀"的消息却各报竞载了。就连南京的《中央日报》也刊登了《轰动济南之唐纳自杀事件》。

唐纳总算"不幸中之大幸":由于茶房发现得早,大夫抢救及时,在28日晨8时终于清醒,脱离危险。

第一个赶到万达医院看望唐纳的,是文友马吉峰。马吉峰的笔名为马蜂,曾与张春桥一起在济南的《国民日报》编副刊"燕语",也曾与张春桥一起创办华蒂社。唐纳在文坛交游甚广,跟马吉峰有点文字之交。

上午11时,经吴启宪大夫检查,以为唐纳已无危险,可以出院。马吉峰当即喊来黄包车,拉着唐纳前往纬三路东鲁中学宿舍马家歇息。

唐纳异常怠倦。午饭后,倒头便睡。正在酣梦之中,忽听见蓝苹之声。

唐纳一惊,霍然坐起,睁眼一看,站在床前的并非蓝苹,却是蓝苹之姐。

原来,趁唐纳午睡,马吉峰跑到蓝苹家,把唐纳自杀的消息告诉蓝苹的母亲和姐姐。她们大吃一惊。蓝苹的姐姐赶紧拎着一篓苹果,跟随马吉峰风风火火来到东鲁中学。

"唐先生,妹子实在对不起你!"蓝苹的姐姐再三向唐纳道歉。

"只要你能把你的妹妹叫回来,我就什么也不计较了!"唐纳说道。

直到这时,蓝苹的姐姐才说:"唐先生,如果你能原谅我的妹妹,我愿照实相告……"

唐纳非常诚恳地说:"如果我不原谅她,我就不会到济南来了——我此行的目的,就是接她回上海,我们重新团圆……"

蓝苹的姐姐看着在一旁陪坐的马吉峰,犹犹豫豫,欲言又止。马吉峰看出不便,就借口给唐纳冲牛奶,走开了。

直到这时,蓝苹的姐姐才在唐纳耳边,说出实情:蓝苹到天津找小俞去了!

如五雷轰顶,唐纳顿时呆若木鸡,半响讲不出一句话来!

哦,怪不得,蓝苹早就把话"讲在头里了":"如果在必要的时候离开了你,可别恨我呀!"

哦,怪不得,蓝苹只愿跟他同居,不愿正式结婚!

唐纳在跟蓝苹初恋时,蓝苹从未讲起过自己的婚姻历史。直到同居之后,唐纳才从当年蓝苹在山东实验剧院的同事那里听说起小俞……

幸亏蓝苹的姐姐一再说,她马上打电报到天津,要蓝苹火速回济南,唐纳这才宽了点心。

他连连催道:"你快去打电报!"

蓝苹的姐姐起身告辞。

她走后,唐纳的心中充满愤恨之情。他这才发觉,自己一片痴情,受人欺骗,受人愚弄!

他奋笔疾书,给二哥郑君里写了一封长信,向他痛诉蓝苹之狡诈、虚伪,济南之行的可悲、可叹……信中说出了蓝苹出走的真正原因,说出了她究竟躲到何方。

正是这封信,后来成为江青的一块心病。"十·八"抄家,以郑君里家为真正目标,就是要查抄这封信。张春桥受江青之托,几次三番要郑君里交出来的,也正是这封信。因为江青曾听唐纳说起,给郑君里写过如此这般的一封信,早就记在心中,恨在心中……

江青除了追缴此信之外,据香港《大公报》1980年12月13日的《江青百般寻觅,"小俞"何许人也》一文,也提及江青追缴郑君里手头其他与"小俞"有关的信件:"(1980年)12月10日晚七时半,北京电视台播映了江青昨天(9日)出庭受审的详细实况。市民争相观睹……法庭宣读郑君里给江青的书信,信中提到了'小俞'与她有书信往还的事实。人们立即敏感到'小俞',就是江青千方百计要查抄书信中的主要人物。这个人是谁已有一些说法,但最后仍有待将来写江青外传的人解答了。"

给郑君里寄出了长信之后,唐纳出了一口闷气,心境总算平静下来。本来,他猛一听说,蓝苹去找小俞,他气得要马上离开济南;可是,当蓝苹的姐姐说能召回蓝苹,他又心软了,在济南等待着……他的性格的软弱,正是导致了他的爱情的悲剧。

他在悲伤、痛苦、激愤却又夹杂想念、企待之中,坐立不安地在马吉峰家度过了一天。

蓝苹终于与唐纳重回上海

话分两头,各表一枝。行文至此,不能不提一下"小俞"——黄敬的行踪。

1935年秋,原本是旁听生的俞启威,正式考入北京大学数学系。他积极参加学生运动,跟北平学界蒋南翔、姚依林等认识了。但是,这时他仍未接上党组织关系。

1935年12月9日,北平爆发震惊中外的"一二·九"爱国学生运动,俞启威和姚依林等成为学生领袖。这时,俞启威为了便于在外活动,改名黄敬。

据当时在中共中央北方局担任领导工作的陈伯达告诉笔者[①]，黄敬在"一二·九"那天，还未恢复组织关系，翌日被确认为中共党员，参加党组织活动。

1936年4月，黄敬担任中共北平市委宣传部长兼学委书记。李葆华任中共北平市委书记。

1936年5月，作为北平学联的代表，黄敬来沪，住在八仙桥青年会大厦。5月底，黄敬出席了在上海圆明园路基督教青年会总部（借用那里作会场）召开的全国学联成立大会。

黄敬来上海时，临时改名"黄文山"。他和胡乔木、吴砚农、刘江陵、张惠民五人组成了筹建全国学联和全国救国联合会的小组，由他任组长。

沙千里在他所著《漫话救国会》[②]一书中，这样回忆道：

……全国各界救国联合会在上海成立，简称"全救"。

全国各界救国联合会代表大会于一九三六年五月三十一日，即"五卅"纪念日的第二天，在上海开幕。大会共开了两天。

会议是在上海博物院路（今虎丘路——引者注）中华基督教青年会全国协会的一间会议室举行的。会场可容纳几十人。这个地方是由吴耀宗安排的。会议是在秘密状态下举行的。

……

出席会议的代表：北平的代表有黄文山（黄敬）、刘江凌（陵）、陆璀、李家宗（董毓华）……

真是无巧不成书。

蓝苹等三对新婚夫妇5月5日在上海招待亲友时，是在上海八仙桥青年会九楼餐室，而那时黄敬正住八仙桥青年会大楼内！

蓝苹等三对新婚夫妇的证婚人是沈钧儒，而黄敬来沪却又正是和沈钧儒商议筹备成立全国救国会！

黄敬对蓝苹和唐纳的婚恋清清楚楚，而唐纳根本不知道蓝苹的前夫就在上海，就在咫尺之内！

黄敬悄然和蓝苹见面，劝她离开上海回北平。她毕竟跟黄敬有着很深的感情，决定以回济南探望母亲为借口，离开上海，离开唐纳。唐纳呢，全然被蒙在鼓里！

蓝苹的姐姐对唐纳说，蓝苹去天津了。其实，她在北平！

翌日——唐纳处于高度兴奋之中。

一大早，马吉峰就拿着一张报纸进来，高声呼喊："唐纳，唐纳，看报，看报——你成了济南的新闻人物啦！"

[①] 1988年12月19、20日，叶永烈在北京采访陈伯达。
[②] 沙千里：《漫话救国会》，文史资料出版社1983年版，第13页。

唐纳一瞧,嘿,"唐蓝事件特刊"!唐纳接过报纸之际,马吉峰神秘地笑了。

那特刊全文刊登了蓝苹写给唐纳的最后一封信,唐纳26日写给蓝苹的遗书,还有唐纳在自杀之际致郑君里、袁牧之、赵丹、徐怀少的一封长信……

唐纳抬起头来,马吉峰仍在神秘地笑着。

唐纳恍然大悟,正是他面前的这位文友把这些信件捅到报社去,印出了这份特刊!唐纳哭笑不得,只好由他去了。

唐纳细细地看着特刊,读着他"26日夜远处传来鹧鸪啼声和着雨声时"写下的遗书,犹如做了一场噩梦。

正在恍惚之际,马吉峰说有客人来了。

唐纳丢下报纸,站了起来,以为蓝苹来了。出乎意料,却是郑君里从上海专程赶来!

原来,唐纳自杀以后,茶房除了在他房中找到致蓝苹的信之外,还找到致郑君里等的信。人命关天,济南宾馆当即按信封上的地址,给郑君里发了电报。

郑君里接到电报,奔往赵丹家,大家都为唐纳自杀惋惜不已。他俩一商量,决定由郑君里赶往济南,料理唐纳后事,而赵丹则赶往大律师沈钧儒先生处,要求他为唐纳之死申冤。

郑君里含泪踏上北去的火车。刚到济南,他直奔济南宾馆,方知唐纳已经脱险,当即破涕为笑。

他终于找到马吉峰家,兄弟团聚,悲喜交集。

"昨天我还寄信给你呢!"唐纳对二哥郑君里说道。

"信里讲些什么?"

唐纳附在郑君里耳边,说出了蓝苹姐姐告知的消息。

郑君里也愣住了。这位六和塔婚礼的主持人,怎么也想不到,新娘蓝苹如此"明修栈道,暗度陈仓"!

"蓝苹来了,我要当面跟她算账!"唐纳愤愤地说。

"三弟,你千万冷静。"郑君里年长三岁,为人处世到底比唐纳老练、沉着,他叮咛道:"你千万不可当面戳穿蓝苹的隐秘,她是一个什么事情都说得出、干得出的女人。如果你不愿再跟她和好,我们现在就回上海去;如果你还要跟她共同生活,那你就别声张,当作不知道有那么一回事……"

唐纳无言以对,久久地缄默着。半晌,长长地叹了一口气。

过天津,经德州,蓝苹接到姐姐的电报,终于从北平赶来济南。

当天下午,蓝苹在姐姐陪同下,唐纳在郑君里陪同下,在东鲁中学宿舍见面。

向来健谈的唐纳,此刻嘴巴像贴了封条。

向来伶牙俐齿的蓝苹,一脸尴尬,找不出一句合适的话来。

双方僵持着。

"阿蓝,回上海去吧!"郑君里打破了难堪的沉默,说道,"阿蓝,你不是对三弟说过,等下了雨就回上海。济南已经下过雨了,你该回上海了!"

"你们先回去吧。我收拾收拾再走。"蓝苹说道。

"不,我们一起回上海。"郑君里一手拉着唐纳,一手拉着蓝苹,要往外走。

蓝苹抽回了手,说:"今天就走?"

郑君里斩钉截铁一般说道:"今天就走!现在就走!"

蓝苹拗不过郑君里。当晚,他们就踏上了驶往上海的火车。

"唐蓝事件"满城风雨

1936年7月1日,《辛报》:《唐纳·蓝苹合离记》;

7月2日《大公报》:《唐纳蓝苹,昨已携手回沪》;

7月2日《立报》:《表演一幕悲喜剧后唐纳蓝苹昨晨抵沪》;

7月4日《大公报》:《唐蓝珍闻?》;

7月4日《娱乐周报》:《六和塔结婚还不到三个月唐纳在济南自杀》、《唐纳蓝苹和解回沪》;

蓝苹"导演"的这部"悲喜剧",成为上海一大社会新闻。

唐纳和蓝苹返回上海之后,借住在南京路上的一家饭店。《大公报》记者记述了当时的情景:

> 记者于昨晚七时半,接到了唐纳的电话以后,便驱车急赴某某饭店。一进门,就看见那个一向很好动而又顽皮的蓝苹,她还是那副顽皮的神气,不过精神很萎顿。房间里虽然开了风扇,她虽然只穿了件很单薄的黑绸旗袍,但她还是满口嚷着热。
>
> 记者一走进门,便紧紧地和唐纳握了握手说:"应当恭喜你们,看见你们两个一块回上海来。"
>
> 唐纳听了这句话,只是很深沉而又轻微地笑了笑,但那是一个愉快而又满意的笑啊!
>
> 唐纳用了半嘶哑的嗓子和记者谈话。记者问他什么时候碰见蓝苹的,什么时候离开济南的?他说一路上没有好好地睡觉,所以嗓子变得哑了。他是二十九号会见蓝苹的,当夜便乘平沪车直回上海。
>
> 唐纳又说,这一次上海许多朋友都很关心他们,他都很感激。尤其是朋友中有人特地赶到济南,这真是使他感谢不尽的……

也就在这个当口,面对记者,蓝苹女士慷慨陈词:"离沪北上,参加救国运动的工作,后来知道唐纳自杀的消息,便即赶回济南,和他同回上海来了……"

蓝苹所说的"参加救国运动",其实也就是回北平参加中共地下活动。当时,黄敬根据中共中央北方局刘少奇的指示,正在北平组织学生进行抗日救国示威游行。

郑君里呢?当他在大东茶室里惬意地品茗之际,记者追来了。

郑君里只笑眯眯地说了这么一句:"唐纳自杀,只要来问我好了,我什么事情都知道。"

> **最后消息**
>
> **唐纳蓝蘋和解回沪**
>
> 当本报将付印时，又得最后消息，唐纳在济南已与蓝蘋会见，两人已「和好如初」，并已于一日上午相偕抵沪。唐并在报上启广告一则：「唐纳蓝蘋启事：纳与蘋因细事误会，兹已冰释，兼于昨晨返沪，有劳各亲友殷殷垂念，良心深感不安，除面谢外，特先敬达歉忱。」
>
> 唐蓝两人，现将暂寓旅舍中，过几天再另觅房子同居。

■ 媒体对唐纳、蓝苹婚变的追踪报道

可是，说罢，他除了笑之外，什么话也没说。

他是一个嘴巴颇紧的人。回沪之后，他才收到唐纳从济南寄出的那封信。

一点也不假，他是个"什么事情都知道"的人，然而，他不过说说笑笑罢了，从未对人透露蓝苹去天津的底细。

恰恰因为郑君里对"唐蓝事件"的"什么事情都知道"，后来"旗手"非置他于死地不可。

蓝苹和唐纳闹得满城风雨，记者们蜂拥到他们借寓的饭店。

不得已，她跟唐纳悄然离开上海，在苏州唐纳老家小住几日，然后搬到上海法租界毕勋路（今汾阳路）又开始同居生活。

当时的报纸，对于"自杀案两主角"，作了如下评论，倒是勾画着两人不同的性格：

唐纳——他虽然具有着很前进很积极的思想，但是在性格上，却显得非常的软弱。对人总是笑嘻嘻的。没有看见他发过一次脾气。

蓝苹，他的这个恋爱对手的个性，却正同他相反。

一个豪放而带着孩子气的姑娘。在她的生命中，是没有畏惧，没有屈服的。刚强、豪爽，简直有燕赵慷慨悲歌之士的风度。

她还有着一个非常热诚的性格。只要性情相投的人，不必有多少次的会面，她就可以熟悉得像多年老友一般的无所不谈。

关于她童年时顽皮的事迹，她说得最为起劲。每当冬日之夜，几个人围坐在火炉旁，她竟会毫不疲倦滔滔不绝地谈上一两个钟头。

大概在她的生活过程中，所受的刺激太多了。神经衰弱的病症竟降临到这么一个天真、热诚的姑娘的身上。一些的刺激，都足以引动起她神经的反应……

唐纳是个表里如一的人，人们对他的印象如此，而他实际上也确如此。

蓝苹却有着她的隐秘。这个看似"天真、热诚"的女人，却有着颇为复杂的背景。"唐蓝事件"，甚至引起陶行知的关注。为此，陶行知写了一首诗《送给唐纳先生》：

听说您寻死，
我为您担心！
您要知道，
蓝苹是蓝苹，
不是属于您。
您既陶醉在电影，
又如何把她占领？
为什么来到世界上，
也要问一个分明。
人生为一大事来，
爱情是否山绝顶？
如果您爱她，她还爱您，
谁也高兴听喜讯。
如果您爱她，她不再爱您，
那是已经飞去的夜莺。
夜莺不比燕子，
她不会再找您的门庭。
如果拖泥带水，
不如死了您的心。
如果她不爱您，而您还爱她，
那么您得体贴她的心灵。
把一颗爱她的心，
移到她所爱的幸运。
现在时代不同了！
我想说给您听，
为个人而活，
活得不高兴；
为个人而死，
死得不干净。
只有那民族解放的大革命，
才值得我们去拼命。
若是为意气拼命，
为名利拼命，

为恋爱拼命，

问我们究竟有几条命？①

陶行知的诗，写得恳切、真诚，今日读来，仍发人深省。

当然，即便在"唐蓝事件"的报道满天飞的时候，谁也未曾提及"小俞"来沪之事——他化名"黄文山"出现在上海，谁也不知道他就是蓝苹的前夫，就连沈钧儒也不知道！事隔半个多世纪，笔者在查阅有关全国学联和救国会的史著时，反复核对黄敬在沪的时间、地点并访问了有关当事人，这才终于弄清蓝苹出走上海的真正内幕。

和王莹争演《赛金花》主角

一场风波终于过去，唐纳和蓝苹总算有了暂时的安静。唐纳埋头于写作，他从评论转向创作。

这时，上海明星电影公司改组，分建一厂、二厂。二厂的人马，大都是从电通转来的。二厂的编剧委员会由欧阳予倩主持，唐纳、卢敦协助。

此刻，他充分发挥他的创作力，才花了一个多星期，他就写成了剧本《东北女宿舍之一夜》。紧接着，他又致力于写作剧本《陈圆圆》。

设在天津的《大公报》要开辟上海版，聘请唐纳为影剧记者兼影剧版主笔。

于是，唐纳写了许多影评。他继续参加反对"软性电影"的论争。当艺华拍了"软性电影"《化身姑娘》时，唐纳参加起草《向艺华公司当局进一言》的公开信，发表在上海《民报》的"影谭"副刊上，显示了他的勇气和正直。

朋友有难，他也挺身而出。他的好友夏其言向笔者长谈唐纳其人时，说及一个有趣的故事：夏其言当时正与一位姑娘相爱，而姑娘因家庭穷困曾被迫与一位大资本家之子订婚。当唐纳得知夏其言的困境，竟化装成一个律师，夹着一个公文皮包，来到那资本家家里，陈说利害。他的三寸不烂之舌，居然使那资本家的儿子不得不放弃了订婚婚约……如今，夏其言年逾古稀，他指着他的夫人笑道："她便是当年的那位姑娘！我们都很感谢唐纳热情相助……"

一向不甘寂寞的蓝苹，比唐纳更加忙碌。她脚踏电影戏剧两条船，一心一意朝着大明星进军。她明白，尽管经过六和塔婚礼和唐纳济南自杀两出闹剧，大大提高了她的知名度，然而在影剧界，她毕竟不过是三四流的演员，明星的地位不是争风吃醋、打打闹闹所能确立的，却在于演出的实绩。

说实在的，论话剧，她只在《娜拉》中挑过大梁。此外，不过在果戈理的《钦差大臣》中演过小木匠的妻子罢了。就电影而论，她不过在《自由神》和《都市风光》中演过不起眼的角色，还从未演过主角。

---

① 陶行知：《行知诗歌集》，大孚出版公司1947年版，第225页。

尽管她目空一切，就连电影皇后胡蝶也不在她的眼里。然而，胡蝶早在1926年就任电影主演，已经拍了几十部电影。她凭《自由神》、《都市风光》这两部影片的次要的配角，能跟胡蝶匹敌？

她终于挤进联华影片公司的《狼山喋血记》摄制组。这部影片由沈浮、费穆编剧，费穆导演，主角刘三由刘琼饰演，而蓝苹饰演刘三的妻子。

后来江青曾经这样说起《狼山喋血记》：

《狼山喋血记》通过讽喻表现间接批判。

表面上《狼山喋血记》只是一个恐怖故事：一群狼袭击村庄，吃掉大批居民、余下的人陷入恐慌。熟悉这十年来伊索式语言的观众，毫无疑问会辨出狼象征日本人。村民对侵略者的反应不同。女英雄小贞德（小玉）和她的父亲倾向复仇。迷信的茶庄主人赵耳则认为狼受到山神的控制，因此是不可摧垮的；唯一逃脱的办法是用钟把它们罩起来。老张无所畏惧，孤身一人出去冒险打狼。刘三，像他妻子（江青饰），害怕狼群。

当小贞德、她父亲和勇敢的老张出外打狼时，一群提着一只死狼避邪的捕兽人加入进来。

父亲赤手空拳，被狼当场吃掉。当晚狼群又袭击村庄，杀死了刘三的儿子；自身的不幸激起他们最后的反抗。当狼群在光天化日之下涌上街道，小贞德、老张和刘三组织全村抵抗。刘三的妻子，一度被狼吓倒，现在勇敢地加入了打杀狼的行列。高举火把，村民们边行进边唱着《杀狼歌》：

我们不顾生死走出家门。

打击豺狼，保卫村庄。

■ 蓝苹主演的《狼山喋血记》广告

我们的兄弟血流成河，
我们的姐妹尸冷如霜！
尽管豺狼凶恶，
我们决不退缩。
我们决心消灭豺狼，
因为我们不能没有家乡。

蓝苹好不容易争到了第二主角的地位。不过，在影片开拍之后，蓝苹才知道，这个"第二主角"徒有虚名。就连导演费穆为她而写的《蓝苹在〈狼山喋血记〉中》一文，也不得不这么说："这里我只介绍蓝苹女士。其理由是蓝苹女士所演的角色，是最容易被观众忽略的一个……""在《狼山喋血记》中，差不多是每隔几百尺片子，才将她放进一个场面，这种场面多数是一个镜头的场面，很少连续到三个镜头以上……"

虽然，导演的文章本来想夸奖蓝苹的演技，可是说来说去，却成了叫观众不要"忽略"那"每隔几百尺片子"才出现"一个镜头"的女演员。

其实，每一个电影导演的目光都是很尖的。导演们深知，演员的成败将影响影片的成败，导演总是挑选最优秀的演员担任主角。对于女主角的选择，更是导演们斟酌再三的。蓝苹可以拉人写影评，把她吹得天花乱坠，可是却难以征服一个导演——因为导演首先考虑的是影片的成败。

看来，蓝苹虽然算打进电影圈了，可是凭她的演技，离大明星的宝座还远着呢。

她又想在话剧舞台上杀出一条路，她毕竟本是话剧演员，何况已在《娜拉》中饰演主角。

就在这个时候，《赛金花》话剧剧本发表，蓝苹大吵大闹要演主角，又在影剧界掀起一场风波——她是一个永不安分的女人！

这场风波发端于1936年4月《文学》杂志第6卷第4期，里面推出了新创作的国防戏剧剧本《赛金花》。作者的名字，是上海影剧界人士所陌生的：夏衍！

虽说在今日中国文坛不知夏衍其人其名者恐怕无几，然而，在《赛金花》剧本发表之际，人们确实不知夏衍何许人也！

在1936年6月出版的《文学界》第1期上，刊载了《〈赛金花〉座谈会》，就连影剧界台柱人物洪深、于伶、凌鹤，也不知夏衍为谁！

据说，夏衍乃"北方的新作家"！

其实，夏衍——沈端先，早在1932年，便已打入上海电影界。只是由于地下工作的关系，他不断地化名：他第一次到明星影片公司出席编剧会，化名"黄子布"；他写的第一部电影剧本《狂流》，署名"丁一之"；他改编茅盾小说《春蚕》为同名电影，署名"蔡叔声"……他发表《赛金花》剧本，第一次用笔名"夏衍"，当然难怪读者不知其人了。

夏衍在1985年出版的《懒寻旧梦录》中，回忆了写作《赛金花》的经过："其实，我写这剧本完全是一个偶然的触动。当时我独居在一家白俄人开的小公寓里,除看报外别无他事。我在天津《大公报》上看到了赛金花晚年的一些不幸遭际,特别是在一篇杂记中看到她入狱时对革命志士沈草的一段讲话,的确使我产生了当时庙堂上的大人物的心灵远远不及一个妓女这样一种感想。这也就是我在最后一幕中抑制不住地对她所表示的同情。这个剧本算是我的第一个多幕剧……"

《赛金花》剧本发表后,尽管剧作者系"无名之辈",但看得出作者的功力。那传奇的色彩、变化跌宕的剧情,马上引起影剧界的注意。

蓝苹一看,争着要演《赛金花》主角。虽然八字还没有一撇,当时导演人选都尚未确定,她就请一位"么哥"在《时事新报》上抢发消息,以求先入为主:

> 有许多团体要排演它(指《赛金花》——引者注),那自然是好现象,但怯于场面的伟大,角色的众多,所以有好多团体便因为经济及人才的不够,而成为心有余而力不足。在这许多心余力怯的团体中,比较具体地有实现希望的,便只有蚂蚁剧团。
>
> 蚂蚁剧团以前曾演过好几次戏,成绩虽不能算怎样的好,但认真的态度却是够使我们佩服的,所缺少的,便是没有好的导演人才,能够统率这些戏剧爱好者。
>
> 现在,他们决心来排演《赛金花》了,排练的费用预备二千元,以便在布景、道具上都不致太寒酸,因而失去真实性。至于赛金花这个角色,则预备请蓝苹来担任。蓝苹在《娜拉》、《钦差大臣》、《婴儿杀害》中都有非常的成就,现在来扮演赛金花,想来成绩当然也不致错的。
>
> 至于导演等人才,则也想向外界聘请云。

不过,光是抢发消息,想占山为王,也未必那么容易。

渐渐地,局势明朗化:上海业余剧人协会经过筹备,已准备上演《赛金花》了。

就演员阵营而言,业余剧人协会是够强大的了,拥有王莹、金山、郑君里、赵丹、施超、胡萍等,蓝苹也是其中的一员。

令人不解的是,业余剧人协会居然在报上发出广告"招聘赛金花的扮演者"。

业余剧人协会的女演员不算少,为什么还要招聘女主角呢?蓝苹不是早就声言要演赛金花了吗?

毛病就出在演员阵营太强:蓝苹要演赛金花,王莹也要演赛金花!

王莹和蓝苹曾一起演过电影《自由神》,此刻为了争夺《赛金花》主角翻了脸!

业余剧人协会无奈,只得向社会招聘女主角——这样王莹、蓝苹的矛盾也解决了。

然而,王莹、蓝苹剑拔弩张,谁来当女主角,谁就会受到王莹、蓝苹两边夹击,谁也受不了!

就在争得不可开交的时候,导演章泯、于伶得悉《赛金花》的作者夏衍原来是沈端先,于是便把矛盾"上交"到剧作者那里。

■ 蓝苹将演《赛金花》的报道　　　　■ 蓝苹（右）与王莹（1935年）

夏衍在《懒寻旧梦录》中，有一段精彩的回忆："出于无奈，我出了一个糊稀泥的主意，认为可以分A、B两组，赵丹和蓝苹，金山和王莹，让他们在舞台上各显神通，这个设想章泯同意了，而于伶则面有难色。""因为于伶知道蓝苹不论做戏还是做人，都有一丝一毫也不肯屈居人下的'性格'，而要她担任B角，她肯定是要大吵大闹的。后来事态发展果不出于伶所料……"

真的，蓝苹不屑于充当B角！她依旧坚持，赛金花应当由她来演。

就在王莹、蓝苹争执不下的时候，突然发生了"政变"：金山、王莹从业余剧人协会中拉出一支人马，宣布独立，成立了四十年代剧社。这个新剧社已暗中与金城大戏院签订合同，于1936年11月19日在上海金城大戏院首演《赛金花》。

尽管在11月15日，蓝苹、赵丹、郑君里、唐纳等业余剧人协会成员，在大东茶室举行记者招待会，向报界陈明《赛金花》的主角纷争经过……然而，四天之后，四十年代剧社还是照样上演了《赛金花》，女主角为王莹，男主角李鸿章由金山饰演。

《赛金花》上演后，连续二十场，场场爆满，观众达三万人次以上，轰动了上海。

蓝苹在争演《赛金花》女主角的纠纷中败北。不过，各报竞载"赛金花纠纷"公案，蓝苹又成了闹剧中的主角。

从此蓝苹恨透了王莹。后来，她成为"旗手"，便在"文革"中置王莹于死地。这是后话。

蓝苹、狄克和崔万秋

蓝苹，总是脚踩两只船：在生活上，既跟唐纳同居，又跟小俞来往；在创作上，既争斗于银幕，又纠纷于舞台；在政治上，既混迹于左翼，又来往于……

1936年10月19日，鲁迅在上海去世。作为左翼电影演员，蓝苹曾参加鲁迅葬礼，并发

表了《再睁一下眼睛吧,鲁迅!》[1]:

> 一个挨着一个,静默地向前移动着。
>
> 当我挨到了棺材前的时候,突然一种遏制不住的悲酸,使得我的泪水涌满了眼眶,同时从深心里喊出:
>
> "鲁迅,你再睁一下眼睛吧!只睁一会儿,不,只睁那么一下!"我张大了眼睛期待着。但是他没有理睬我,仍旧那么安静的睡在那儿,像是在轻轻的告诉我:"孩子,别吵了,让我安静一下,我太疲倦了!"于是我带着两汪泪水,一颗悲痛的心,悄悄地离开他,攒进了那个广大的行列。
>
> 这种难以言喻的哀痛,在不久以前曾经苦恼过我一次:在看复仇艳遇的新闻片里,我看到另外一位斗争到死的伟人——高尔基。我看到高尔基生长的地方,又看到他老年来那种刻苦的精神,最后那个占领全银幕的,紧闭着眼睛的头,使我像今天一样的噙着眼泪恳求着:"高尔基!再睁一下眼睛吧,那怕只睁一下!"但是……
>
> 我像一个小孩似的,在戏院里哭了。
>
> 由于千万个人组成的那个行列——那个铁链一般的行列,迈着沉重的,统一的大步走着。无数颗跳跃的心,熔成一个庞大而坚强的意志——我们要继续鲁迅先生的事业,我们要为整个民族的存亡流最后一滴血!
>
> 太阳像是不能忍受这个哀痛似的,把脸扭转在西山的背后。当人们低沉的哀歌着"请安息"的当儿,那个傻而执拗的念头又在捉弄我:
>
> "复活了吧,鲁迅!我们,全中国的大众需要你呀!"
>
> 没有一点儿应声,只听见那刚劲而悲愤的疾风在奏着前夜之光。
>
> 黑暗吞没了大地,吞没了我们的导师。每个人像是失去了灵魂似的,拖着滞重的脚步,跨上了归途。
>
> 但在每个心头都燃烧着一个愤怒!

应当说,22岁的蓝苹,能够写出这样的文章,表明她确实是左翼电影阵营中的一员。

当然,在"文革"中,说30年代的蓝苹是"跟鲁迅站在一起,并肩战斗",这又未免言过其实了。

后来江青在与美国记者维特克的谈话中,这么吹嘘道:

> 鲁迅在《申报》"自由谈"里称赞我,我没有见过他。他是看了我的戏。我演了《娜拉》、《钦差大臣》、《大雷雨》。其实我不想当明星,一举成名,电影老板都来找我订合同。但"四条汉子",就是周扬、田汉、夏衍、阳翰笙搞分裂,想搞死我。你知道,中国有个女明星叫阮玲玉被迫自杀了。他们想逼我当阮玲玉第二。

---

[1] 蓝苹:《再睁一下眼睛吧,鲁迅!》,《绸缪》第3卷第3期,1936年11月15日。

"四条汉子"提出国防文学,是典型的汉奸文学。鲁迅提出民族革命战争的大众文学。这就是两个口号之争。于是他们围剿鲁迅,我也是当事人,被围剿……三十年代在上海,我是第一流的演员,但这并不是我的主要工作。我做革命工作,地下党,领导工人运动。最主要的是领导文艺运动。那时鲁迅是革命文艺旗手,对我很赏识的,不仅对我的戏,对我的文章,对我这个人。鲁迅说我是个真正的革命女性……

哎,真惨啦,在那个时代,鲁迅贫困交加,生了肺病,国民党迫害他,"四条汉子"围攻他。

1936年鲁迅病逝了,我们组织上万人的大游行,也就是送葬行列。我扛着大旗,走在最前面。一排人手挽手,昂着头,你想想,那有多么神气。我一点都不害怕国民党特务……

她明里是左翼演员,然而,暗里又与右翼文人眉来眼去。

1982年,香港的《百姓》半月刊,连载了数万言的长文《上海岁月话江青》。此文作者,乃崔万秋。

上海的老报人都熟知此人——他是当年上海《大晚报》副刊"火炬"的主编。然而,这只是他为人们所知的公开身份。

1949年,中国人民解放军占领了南京,从国民党军事委员会调查统计局(简称"军统")的档案中查获,崔万秋为军统上海特区直属联络员。

历史的安排,竟是那样的奇妙:在"文革"中,江青和张春桥同为中央文革小组副组长,同任中共第九届、第十届中央政治局委员。而在20世纪30年代,同在上海,同时跟崔万秋取得了密切的联系。

当蓝苹在1935年春天来上海演《娜拉》的时候,比她小三岁的张春桥,在这年5月,从济南来到了上海。

1936年1月1日,蓝苹在崔万秋主持的《大晚报》的"火炬"副刊发表了《随笔之类》一文,谈论演员与天才的关系:

随笔之类

在我童年的时候,每当听人家说到"天才"二字,不知怎的,就会莫名其妙的竦然起敬!不过,在那个小小的,简单的头脑里,却又时常起伏着以下的疑问:天才?天才是甚么呀?难道是天给的才?那么,天又是谁给的才呢?

最近和朋友们重又谈到了"天才"问题,争辩所得的结论是:——认为"天才"是不存在的,只是在人的本质上分着高低而已,光靠先天的赋与是不能成为一个真正的艺术家,不能成为一个真正的演员的!

很明显的例子:何如让一个生活在洋楼,出坐汽车,对于下级生活一点儿也不熟悉的小姐去扮演一个女工,试问能够成功吗?但是我并不是说小姐不能扮演女工,这只是说决定她的成功或失败的,是她的生活经验和她对于社会的理解,而不是所谓的天才!

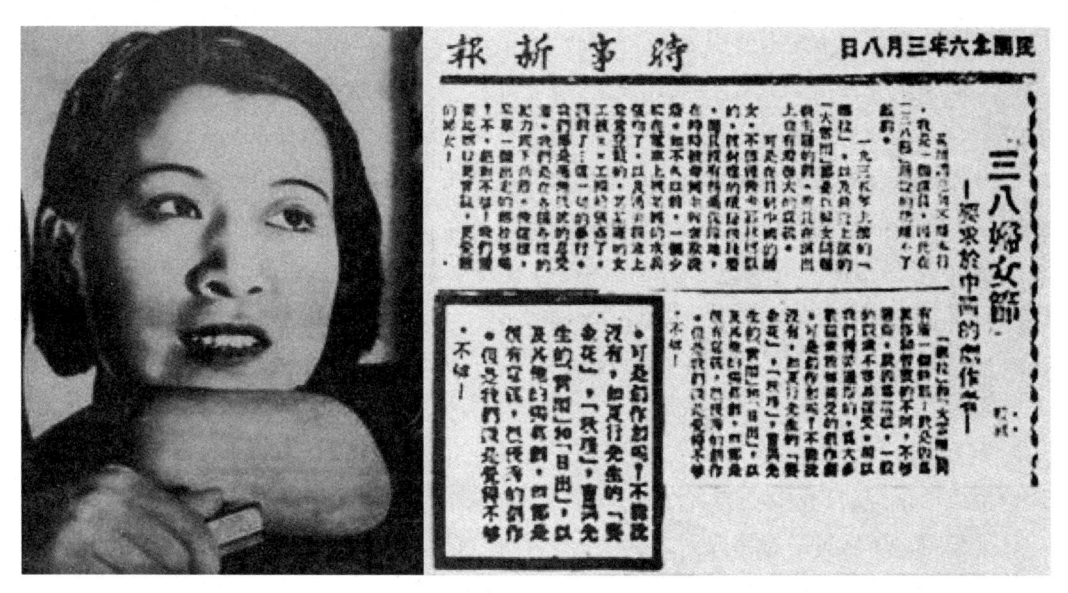

■ 蓝苹及她写的纪念三八妇女节的文章

因此，一个人如果专靠着美貌，或是一点儿聪明去做一个演员，那是危险的！

一个成功的艺术家，一个成功的演员，他不但要有丰富的生活经验，以及对于社会深刻的认识，而且他还需要许多工具——各种艺术理论、文学、科学等书籍，这些东西可以帮助他更加深刻的去解剖并认识他周围的现象！

同时，一个演员，更应该尽量的使自己成为一个多方面的演员，决不要把自己封锁在一个狭窄的圈圈里！因为一个演员要是只能扮演那种比较适合自己的角色，那就谈不到演技，那只是一种自我的表现而已！

就在蓝苹文章发表后的两个多月，3月15日，张春桥便化名"狄克"，在"火炬"副刊发表那篇攻击鲁迅的文章《我们要执行自我批判》。

蓝苹也成了崔万秋的联络对象。由他主持笔政的《大晚报》"火炬"副刊，发过蓝苹的文章、照片，也发过吹嘘蓝苹的影评、剧评，称她是"典型的北国女性"，山东戏剧运动的"功臣"。

在粉碎"四人帮"之后，中国大陆批判江青、张春桥，提到了《大晚报》"火炬"副刊，也提到了崔万秋。

崔万秋的反应如何呢？

"崔万秋对上述两项攻击，当时一笑置之，未予理睬。"

不过，他后来毕竟还是"理睬"了。他先是为香港《百姓》半月刊写了《上海岁月话江青》，然后又为香港天地图书公司写了《江青前传》一书。

《江青前传》的内容提要中，便写及崔万秋和当年的蓝苹有过"推心置腹"的交谈：

与这个时期的江青有过交往，并且是关系密切的人，环顾海外，可说寥寥无几，而唐纳与崔万秋可说是最为人所知的。

唐纳是江青的前夫,而本书的作者崔万秋,则与她有一段颇为"相知"之交。

崔万秋,三十年代在上海《大晚报》任职,其时江青沉浮于艺海之间,演戏的往往希冀拉拢到文化人的捧场,他俩就这样认识而交往了。

江青在上海这一段生活,其烟视媚行、颠倒众生、艳名四播的浪行,以及要"露峥嵘"、强出头的个性,当时近在咫尺的本书作者,无不看得清清楚楚,听个明明白白,再加上与她有过数次称得上"推心置腹"的交谈,种种印象,虽然相隔了半个世纪,但作者仍能以惊人的记忆力,挥洒自如的笔触,细细向读者道来……

崔万秋在《江青前传》中回忆,他在《娜拉》排练场结识蓝苹之后,便以为"蓝苹,是一个个性很强,自我中心的女性"。

他记得,蓝苹演完《娜拉》之后,曾经打过电话给他,"谢谢《大晚报》为她捧场,并表示想来看我,叙叙乡情"。

于是,崔万秋约蓝苹到霞飞路白俄经营的DDS咖啡馆聚会。

那天,他们"从琅琊台的名胜,谈到诸城的人物",从"开通山东的风气"的王乐平,谈到王尽美、邓恩铭(均为中共一大代表)。

崔万秋说,他和王尽美、邓恩铭都曾是山东励新学会的会员,而且,"邓恩铭还是我一中的同学"。崔万秋注意到,"蓝苹听得非常热心",虽然,他当时"知道她是左倾分子",但是,"不知道她在青岛已经加入共产党"。

接着,崔万秋又陪蓝苹去上海锦江饭店会晤阿英。他们一边吃,一边喝。蓝苹"既不拘束,也不粗野,不像是初出茅庐"。

他们谈论起京戏。蓝苹说:"程砚秋是革新派,梅兰芳是守旧派。"

他们谈论起女明星。在胡蝶和阮玲玉两人之中,蓝苹毫不含糊地说喜欢阮玲玉,"有人批评胡蝶为石膏像,木美人。"

他们谈论起美国电影。蓝苹说"她很喜欢看葛莱泰·嘉宝演的电影"。

……

崔万秋所回忆的和蓝苹的谈话,大体上是两个话题,即故乡山东和戏剧电影。至于更深层次的谈话内容,《江青前传》中并没有写及。他自称和蓝苹"虽然是同一年(1933年)到上海,而且是山东同乡,但一直到1935年初夏才由洪深介绍见面。相识之后,同在十里洋场的文化界兜圈子,但除了文化界集会时偶尔见面外,私人往来很少"。这与该书封底所印"内容提要"上的介绍,似乎大相径庭。

耐人寻味的是,蓝苹和狄克,同时往来于崔万秋家中,是历史的巧合耶,还是历史的必然?

月亮,总是把光明的一面朝着地球,而把阴暗的背面隐藏着。许多历史之谜,就隐藏在那阴暗的背面。

蓝苹终于离弃唐纳

蓝苹始终是个不安定、不安分的女人。

突然,从影剧圈里又传出新闻:蓝苹跟唐纳携手返沪后,同居了几个月,又吵吵闹闹,终于又分居了!

蓝苹赶走了唐纳,她仍住在法租界环龙路,而唐纳被迫在兆丰公园附近另租了一间房子。

蓝苹后来在她发表的《一封公开信》中,这么说及[①]:"我陷在一种很厉害的郁闷躁狂中。我时常捶自己的头,打自己,无故的发疯一样的闹脾气,可是一见人,尤其是朋友,我就只是傻傻的瞪着眼望着,我不能说出心里的郁闷,我漠视了一切友谊。"

关于分居,她这么说:"在分居的时候,我曾经和朋友,最亲近的朋友——连唐纳的也在内——商量过,他们都以为要是一刀两断,怕他吃不住,又自杀,只好采取缓慢的手段。就是给他一个希望,要他努力工作,写作,读书,以后还有相爱的机会。另方面呢? 在这种并不重的打击下和友谊的鼓励下,他一定会努力的。只要努力,生活一定充实,那么这类的打击是不会使人自杀的……"

虽说已经分居,但是,蓝苹和唐纳仍不断地吵架。

他们不断地到怡安坊去找史枚,要史枚"仲裁"。

夏其言记得:当蓝苹跟唐纳在史枚面前吵闹时,甚至动手打架——在夏其言家中大打出手!

夏其言记得:有一次,天还没亮,他跟史枚还在睡觉,突然,蓝苹披头散发,前来敲门。蓝苹刚进来,唐纳也来了,又是一场大吵大闹。

夏其言还记得:有一次,在他的家里,当着史枚和他的面,蓝苹抓住唐纳的头发,把唐纳的头往墙上撞……

蓝苹也并不讳言她跟唐纳之间的打闹。她在那《一封公开信》中写道[②]:

他又来了,进门就骂我,我请他出去,他不出去,于是我叫阿妈上来,但是他竟把房门锁了,急得我那个善良的阿妈在外边哭,可是我呢? 我却平静的很,我知道他很痛苦,让他骂骂出出气也是好的。可是天哪! 他骂的是什么呢? 我生平没受过的侮辱,他骂我玩弄男性,意志薄弱,利用男人抬高自己的地位,欺骗他……

我默默地让他骂,他骂够了走了。可是在我心里起誓了,让一让二不让三,他再来我就给他个厉害。我的让一让二,并不是怕他,而是可怜他,另方面是看重自己!

在一个夜里,他又来了,就这样我打了他,他也打了我,我们关着房门,阿妈和朋

[①] 蓝苹:《一封公开信》,《联华画报》第9卷第4期,1937年6月5日。
[②] 蓝苹:《一封公开信》,《联华画报》第9卷第4期,1937年6月5日。

友都敲不开。我疯了,我从没有那样大声的嚷过,这一次他拿走了他写给我的所有的信,他又说登报脱离关系,但是他并没有登。

我的家里除了一把小水果刀和一把剪刀以外,别无武器,不要怕,来吧,我绝不躲藏!讲到所谓的"新闻政策",我绝对不是像阮玲玉一样,为着"人言可畏"而自杀,或是退缩,我一动都不动的在等着,在等着他们用斗大的铅字来骂我!

唐纳万一再来找麻烦,以及他的朋友们要对我施以"不利的打击",不外是我们那次仪式在作怪。因为在这个社会,这个仪式——虽然没有婚书——被普通人视为一种良好的两性的约束,自然是很平常的事。就是那些自命不凡的人利用来攻击别人,也是一件极平常的事。

起先我之不愿声张,完全是因为不愿为了这无聊的事来轰传一时,同时我不忍让唐纳受到更多的苦恼,因为我一直可怜着他的。可是现在他既这样,难道我是一个可怜的小虫子,可以随便让人踩吗?不!蓝苹是个人,永远不退缩……

文如其人,人如其文。蓝苹的公开信,活脱脱地勾勒出她的鲜明形象。

值得提到的是,在"文革"中的1968年,中央文革小组碰头会的成员们(除江青之外),联名给毛泽东和林彪写了一封信,说是附上最近发现的江青(蓝苹)于1937年在上海发表的《一封公开信》,并说"从这封公开信看,江青早在30年代就已不愧是一位无产阶级革命家"。[①]

秦桂贞是历史见证人

听说蓝苹的《一封公开信》中一再提到的那位"阿妈"尚在,"阿妈"是深知蓝苹内情的。

我去寻访这位历史的见证人。

我托好几位朋友代为寻觅。费尽周折,1986年7月26日,我终于找到了那位"阿妈"——当年许慕贞家的保姆、蓝苹的好友秦桂贞。

那一回,她谈了一些,有的情况她没有谈。我把她谈的情况写入《江青传》初版本。

1995年10月,笔者再度采访了她。由于她已经请别人给她读了笔者的《江青传》初版本,以为那本书为她出了心中的冤气,所以有了信任感,毫无保留地谈了她所知道的一切。

秦桂贞一头银灰色短发,常州口音,说话有条有理。

竟有那样的巧合:秦桂贞生于1914年,也属虎!这样,蓝苹、唐纳、黄晨、史枚、夏其言、秦桂贞六人同年。

在1995年第二次采访秦桂贞的时候,我和妻用车接她到上海环龙路,去寻找蓝苹、唐纳当年的住处。

---

① 向继东:《江青秘书阎长贵眼里的江青》,2009年8月13日《南方周末》。

我们一起来到了当年的"上海别墅"。她拄着拐杖,旧地重游,不胜感慨。她告诉我,历经四十多年没有去那里了。她熟门熟路,带着我们来到弄堂底的一座三层楼房。那房子仍保持原貌。

她来到底楼的灶间,说她当年当佣人,每天在这里烧菜,而蓝苹住在二楼的亭子间,进进出出都要经过这底楼的灶间。有的报道误称秦桂贞是蓝苹的女佣,其实,蓝苹当时的收入菲薄,怎么雇得起佣人?

秦桂贞说,她是许家的女佣。许家住在三楼。许家是二房东,把二楼的亭子间租给了蓝苹。

秦桂贞如今上楼,每走一级楼梯,都要歇一口气。她说,当年她每天飞快地上上下下,不知要跑多少趟。光是每顿饭,就都得由她从底楼送到三楼许家。她总是把楼梯擦得干干净净。

秦桂贞带着我们上了二楼,来到蓝苹所住的亭子间。这是一个不多见的直角三角形的房间。三角形的顶端是一个小小的卫生间,装了一个坐式抽水马桶。房间大约十来个平方米而已。有一扇窗。秦桂贞回忆说,当时,窗下放一张书桌,桌上有台灯。三角形的直角处,放一张双人床。床下放着皮箱。另外,还有两把椅子。这便是蓝苹住处的全部陈设。由于人们不喜欢住这三角形的房子,所以租金最廉。也正因为这样,底楼的那间三角房子,作了灶间,而三楼的三角形房间,成了佣人秦桂贞的住房——她与蓝苹的房间只隔着一层楼板。

秦桂贞忽地想起,在二楼楼梯口,有一间几家合用的大卫生间,便带着我们去看。那卫生间里有个搪瓷大浴盆,秦桂贞认出是当年的"原装货"。她说,蓝苹就在这里洗澡,她也用这个浴盆。只是经过半个多世纪,那浴盆底部的大片白瓷已经脱落。

浴盆依在,人事全非。如今住在那里的人,仍在用这浴盆洗澡。他们听说原是江青用过的,都显得非常惊讶。

秦桂贞回忆说:"那时候,我喊蓝苹为'蓝小姐'。我跟她同岁,很讲得来,一有空就到她的房间里闲坐……蓝小姐因为觉得那个亭子间的房租便宜,就租了下来。来的那天,只带着一只黑皮箱和一个铺盖卷。屋里放一张铁丝床,一张写字桌,那都是许家借给她的。"

没几天,蓝苹就跟秦桂贞熟了,"阿桂、阿桂"地喊了。有时,随着许家孩子的口气,喊秦桂贞为"阿妈"。

秦桂贞挺善良,看到蓝苹忙于拍电影、演戏,就替她拖地板、充开水、洗衣服,从不收她一分钱。

秦桂贞发觉,蓝小姐怎么不吃水果?

"没钱呀!"蓝苹把双手一摊。

秦桂贞把西红柿洗干净了塞给她。有时候,蓝苹不在家,就放在她的窗台上。

秦桂贞还发觉,到了月底,蓝苹常常一回家就躺在床上,有气无力,吃点糕饼。

"吃过晚饭了吗?"秦桂贞问。

"没饭票了!"蓝苹答道。

那时候,蓝苹在罗宋饭馆(即俄罗斯人开的饭馆)搭伙,三角钱一客。到了月底,钱用光了,只好喝西北风。秦桂贞到东家的厨房里,烧好蛋炒饭,偷偷端进蓝苹的亭子间。这

■ 秦桂贞带领作者来到江青当年居住的"上海别墅"（叶永烈 摄）　　■ 当年江青在上海别墅所住的亭子间（叶永烈 摄）

时，蓝苹一边大口地吃着蛋炒饭，一边连声说："阿桂真好！阿桂真好！"

在秦桂贞的印象中，唐纳斯斯文文，讲话软绵绵，有点娘娘腔。他常常坐在窗口那张桌子上写东西。秦桂贞大字不识，看不懂他写什么。

蓝小姐讲起话来呱哒呱哒，笑起来咯咯咯咯，声音很响，有点男子汉的味道。只是她的脾气变化无常，喜怒无常。

"一个苏州人，一个山东人，他们俩在一起真热闹！"秦桂贞一边回忆，一边笑着。

半夜，秦桂贞常常被楼板下"阿桂、阿桂"的呼喊声所惊醒。那是蓝苹在喊她。秦桂贞一听，就知道他俩在吵在打，赶紧下楼。她总是每次充当和事佬、调解员的角色。

在蓝苹跟唐纳分居、唐纳搬走之后，那亭子间里的闹剧仍不时演出。因为唐纳仍常来，他俩仍吵仍闹。

最使秦桂贞吃惊的是，蓝小姐常常"动武"——她"武斗"。

"一个电影演员会这么凶，比我这个不识字的佣人还不如！"凭她的直感，秦桂贞这么感慨道。

蓝苹究竟为什么跟唐纳离异呢？

蓝苹成了破坏章泯家庭的第三者

1937年5月27日，蓝苹、唐纳再度成为上海滩上的新闻人物：距唐纳上次在济南自杀——1936年6月27日之后整整11个月,忽然从上海吴淞传出消息,唐纳跳海自杀!

幸亏被人及时捞起,送往吴淞医院抢救。口吐白沫的唐纳,总算又一次免于一死……消息传出,又轰动了上海报界!

报上报道唐纳二度自杀,只是提及蓝苹遗弃了他。其中详情,外人莫知。

直到6月14日,记者们获知在尤竞家发生的一幕悲剧,这才了解唐纳跳海自杀的真正原因。

尤竞,亦即于伶,章泯之友。那天,于伶家仿佛成了"临时法庭"——那是章泯借他家办理离婚手续。

章泯,原名谢兴,又名谢韵心,四川峨眉人。1929年毕业于北平大学艺术学院戏剧系,是上海话剧界声望很高的导演。同时,他还是一名多产的剧作家,创作过许多剧本。另外,他也是一名艺术理论翻译家,曾与郑君里合译过《演员自我修养》等书。

1931年,他在上海参加左翼戏剧家联盟。1932年,他加入中国共产党。1935年,商务印书馆出版了他的理论著作《论悲剧》、《论喜剧》,在戏剧界颇有影响。

赵丹称章泯为"严师诤友"。章泯死于"文革"中的1975年2月4日。1980年2月春节时,赵丹写下《怀念严师诤友章泯》[①]一文,内中回忆道:

> 章泯原名谢韵心,是我参加左翼剧联组织的单线联系人,但凡我思想上有什么疙瘩,或是什么大事的决定,都听他的。此后虽然剧联组织宣布解散了,然而我们一直还保持这种关系。他是我的严师诤友。
>
> 他为人正直、严肃,不苟言笑,待人诚恳,绝少低级趣味。他是党内的一位理论家,在同志间有威信。他也写过一些剧本,但在介绍世界名著与戏剧理论方面的建树更大。我也正是从他那里才第一次听到史丹尼斯拉夫斯基、丹钦柯、瓦格坦柯夫、梅耶荷特、泰伊洛夫、雷因哈特……这些艺术大师的名字,也才得知在话剧领域内原来也有这许多不同的派别,并且各个的主张自成体系,他们之间又往往相抵相悖。……
>
> 1934年早春的一天(应为1935年——引者注),金山陪同章泯来找我,邀我参加易卜生的《娜拉》的演出。一开头他们就说:"我们不能总停留在喊几句口号,流出几滴眼泪的表演水平阶段了,我们要提高左翼戏剧的演技水平……我们应该建立自己的剧场艺术。"这样,我们就在《娜拉》的排演实践中,学习和运用起史丹尼方法了。老实说,在这之前,我完全是"瞎猫碰死耗子",只凭一点直感在演戏,能有这样一次有目的的学习机会,真是珍重如宝……
>
> 章泯同志有一个突出的优点:他从来不把自己的主观意志强加于人。他非常尊重别人的创造和劳动,他与演员一同工作,完全取平等探讨的态度,总是从理解演员的创造意图、向往和可能出发,善于将演员的创造意图纳入到他自身的导演工作中

---

① 赵丹:《怀念严师诤友章泯》,《大地》1980年第3期。

去,成为他再创作的起点……

　　他最蔑视一个人的自满和沾沾自喜的低级情操。他不止一次地教育过我:"一个真正的艺术家,每一次的创造,都只是一次艺术上的探索,一个重新的起步而已,从这一意义上讲,没有什么成功或是失败可比。"

从赵丹的文章之中,足以看出章泯在戏剧界的崇高声望。

章泯,本来有着幸福的家庭:妻子萧琨女士是著名的诗人萧三的胞妹,和他是结发夫妻。结婚多年,感情不错,他们已有几个子女。

然而,由于一个比章泯小七岁的第三者插足,使章泯神魂颠倒,家庭崩溃。萧琨忍无可忍,只得与章泯离婚。

离婚仪式在于伶家举行。章泯和萧琨双方亲友到场作证。

章泯脸色铁青,当着众亲友,在离婚书上签字,然后把孩子们领到自己一边——孩子归他抚养。

萧琨大哭。颤抖的手,执着颤抖的笔,在离婚书上签字。泪水浸湿了纸头。写了好几分钟,她才写好自己的名字。

孩子们挣脱了章泯的手,扑到萧琨怀中。顿时,哭声响成一片。

章泯上前拿起离婚书,一扭头,走了。

那个造成夫妻离婚、母子离异的第三者,不是别人,正是蓝苹!

蓝苹早就认识章泯。早在1934年1月,上海成立无名剧人协会(又名"无名剧社"),当时叫李云鹤的她就参加了。左翼剧联指派了尤竞(于伶)、章泯来指导这一剧社。这个剧社组织两次公演,李云鹤都参加了。

顾而已、赵丹记得,一天晚上,他们去观看无名剧社演出的《锁着的箱子》。

俗话说:外行看热闹,内行看门道。顾而已、赵丹看来,那个剧社演技平平,但是其中一个二十来岁的女演员,不论对白、动作都还可以,似乎受过专门的训练。一打听,才知道那个女演员叫李云鹤。

1935年春,上海业余剧人协会筹排《娜拉》时,章泯作为三位导演中的一位,跟蓝苹朝夕相处。这时,赵丹也和那位改名为蓝苹的女演员第一次同台演出。

不过,那时的蓝苹,只是把话剧看作一块跳板,要从舞台跳上银幕。所以她跟唐纳同居,希望借助唐纳在影评界的影响发迹。何况唐纳的结拜兄弟袁牧之、郑君里、赵丹都是电影界的顶梁柱,都会助她一臂之力。

电影是块放大镜,演员的才、貌,在银幕上,纤毫毕露。蓝苹貌不惊人,演技平平,在电影界成不了大明星。

她又打话剧的主意。她找章泯,为她主演《赛金花》出力。

王莹夺走了《赛金花》。蓝苹再入电影界。1937年上半年,她终于争得电影《王老五》一片的女主角。该片编剧、导演为蔡楚生。蓝苹在影片中扮演王老五之妻。

后来江青这样说起电影《王老五》:

王老五，是一个35岁的穷苦单身汉，他尽管政治觉悟不高，却有着劳动人民的"良心"。他爱上了漂亮的女缝纫工（蓝苹饰），她却没有回报他的爱。但因为她父亲死时，他对她表示同情，出于感激，她嫁给了他，和他一起住在一间典型的上海棚屋里，并生了四个孩子。随着时间流逝，他们处境的悲惨使他变得十分颓废，开始酗酒。1932年1月日本进攻上海加剧了他的颓废，他喝得更凶了，这个家庭不幸也加深了。工头想笼络王老五为他服务，他暗地建议他在工棚中间放一把火。头脑简单的王老五通常是很容易受骗的，但这一次他凭直觉拒绝了，不畏工头，在人们面前斥责他是个叛徒。恼羞成怒的工头为了报复，把王的茅舍变成了火海，他的妻子和孩子勉强逃生。然后，他（指工头——引者注）煽动人们反对王，反而把他（指王老五——引者注）挑出来作为"该死的叛徒"。他的妻子因此站在人民面前，脸上流着泪，乞求人们不要再迫害他。阴险的工头放的火引起敌机的警觉：村庄被轰炸，日本人从四面包围了他们。最后一幕，王的妻子俯在她丈夫的尸体上。人们的血泪在她周围旋绕，她无畏地抬起头，痛骂外国敌人和中国叛徒。

这一回，不像《狼山喋血记》，女主角是名副其实的，镜头很多，绝不是"隔几百尺片子，才将她放进一个场面"。

蓝苹期望着《王老五》上映，会使她在影坛名声大振——这是她平生主演的第一部电影。不料，半路上杀出了程咬金，使蓝苹大失所望：《王老五》完成以后，送国民党电影审查机关。"审查老爷"从中作梗，看到影片中有一段工头当汉奸的戏，大为不满，说什么"中国是没有汉奸的"！胳膊拧不过大腿，编导只得删剪了两本影片（亦即剪去20分钟影片），使全片大伤元气，变得残缺不全。这部影片一直拖到1938年4月才在上海上映，那时日军已占领上海。电影院观众寥寥无几。

蓝苹在电影界努力的同时，也寄希望于舞台。话剧毕竟"立竿见影"，排演几天之后，便可跟观众见面。

她终于打章泯的主意了。她深知，一旦有了章泯这把梯子，她就可以爬上舞台明星宝座——因为章泯是上海举足轻重的话剧导演。

她再也不顾什么章泯比她大七岁啦，章泯是有妇之夫啦……

她白天拍《王老五》，夜里跟章泯鬼混。

章泯正在筹备排演俄国19世纪著名戏剧家奥斯特洛夫斯基的代表作《大雷雨》，蓝苹博得了章泯的欢心便出任女主角——扮演卡嘉玲娜。

世上没有不透风的墙。1937年5月中旬，唐纳写了一个剧本，托钱千里交给蓝苹。钱千里是电影导演，跟赵丹、顾而已、朱今明是江苏南通崇敬中学同班同学，也是唐纳好友。

钱千里曾告诉笔者[①]："蓝苹所住的那一带，住着许多电影界的朋友，诸如陈鲤庭等

---

① 1995年10月4日，叶永烈采访钱千里于上海。

■ 江青20世纪30年代主演的影片《王老五》剧照　　■ 蓝苹饰演《大雷雨》中的卡嘉玲娜（1937年）

等。那天我正好要去那里，唐纳就托我带剧本。"

本来，送一个剧本，犹如邮递员送一封信，普普通通。然而，钱千里在无意之中，却在蓝苹家里见到章泯。

当时的《影与戏》，作了如下报道："钱千里从来没有去过。那天去得太早，大约蓝苹还没有起来。钱千里敲门敲了很久，以为她昨夜拍戏拍得太晚，现在还没有回来。本来打算走了，哪晓得蓝苹又轻轻地开了门，伸出一个头来。钱千里就把一个剧本交了给她。因为从来没有去过，就顺手推了门进去，哪晓得章泯正睡在床上，钱千里弄得有点难为情，两人互相点了点头，钱千里就轻轻地走了……"

5月22日，唐纳知道这件丑闻后悲愤欲绝。

5月27日，怒气填膺的唐纳在吴淞跳入波涛之中……

蓝苹一不做，二不休，干脆跟章泯公开同居。

章泯夫人萧琨实在无法容忍，终于与章泯离婚。

直到后来蓝苹去了延安，章泯到了重庆，章泯又和妻子萧琨复婚。

蓝小姐受到社会舆论谴责

蓝苹，害得唐纳跳海，害得萧琨夫离子散。这时的她，不过23岁而已。这时的她，已有过三个丈夫，已入过党、坐过牢、写过自首书，已上演过"六和塔婚礼"、"唐纳济南自杀"、"争夺《赛金花》主角"和"蓝苹、章泯同居"这么四出轰动上海的闹剧……在生活的舞台上，她已经演得够淋漓尽致的了！

生活，生活，它是一面镜子，照出了各式各样的灵魂。

然而，就在蓝苹的第四出闹剧进入高潮之际，她居然在《光明》杂志发表了《我们的生活》一文。文末注明的写作年月为"1937年5月14日"，正是唐纳跳海前的十多天。

"演员的生活像谜一样——在一般人的心目中。"文章一开头，蓝苹就故弄玄虚。

在文章中，蓝苹除了大谈演员"身体的训练"、"丰富的知识"、"操纵自如的精神活动"之类。忽然写下了这样的"醒世名言"：

> 因为戏剧艺术本身的艰难，再加上现社会许多不利于我们的客观条件，一个演员的生活是很容易有着以下的危机的。
>
> 生活的糜烂——这糜烂的生活是演员的艺术之最大的敌人，它毁灭着演员本身及他的艺术。一个演员在目前这样社会中，是很容易走上糜烂的道路的，这一半是由于那恶劣的环境促成的，不过演员个人的自暴自弃也是重要原因。环境固然可以影响个人，同时个人也可以改变环境。为什么要屈服在恶劣的环境中呢？我希望我和同伴们从那陈腐的恶劣的环境中跳出来，踏上新的阶段。将自己溶化在纯正、健全的、反帝反封建的新的演剧活动中。

她的话，说得是那么漂亮，那么动听。

她并非后来成为江青、成为"旗手"，这才说大话、假话、谎话。她年轻时，就已经大言不惭了！难怪连她自己也说，"处于言行不一的深深的痛苦之中"——这倒是一句老实话。

她的朝三暮四，还不光是"生活的糜烂"。她是一个工于心计的女人。她每"爱"一个男人，都是为了实现她的一着棋。

夏其言清楚地记得[①]，一天，当蓝苹跟史枚、唐纳、他一起闲聊，蓝苹随口说了一句"名言"——"男想女，隔座山；女想男，隔层板。"

这，大抵就是蓝苹为人处世的"诀窍"。正是这句"名言"，她征服一个又一个男人，朝着"高居人上"的目标走了一步又一步棋。

不过，她的棋走到丢唐纳、取章泯这一步，她的真面目已经清楚地暴露出来。即便在当时那样的上海，她也受到了社会舆论的谴责。

就在1937年6月14日章泯与萧琨夫妻被蓝苹拆散之后，翌日，《时代报》发表了一篇评论，题为《蓝苹想出风头，用的是美人计》。

虽然半个世纪过去，迄今重读此文，仍觉得作者分析颇为精辟，入木三分，把蓝苹的灵魂暴露无遗。大抵由于担心报复的缘故，作者没有署名。但是，作者如此敢言，抨击蓝苹的丑行，颇为难得。

现全文照录，以飨读者。看得出，这位作者对于蓝苹，是相当熟悉、了解的。

> 大都市是一个神秘的东西，住在大都市里的青年男女，那干出来的事，无论如何也会带一点神秘性的。在不久的以前，报纸上曾刊载过女演员被强奸的新闻，但事后据悉，那是事先计划这样作的，因为要使那部影片被人注意，才想出这种打官司当宣

---

① 1986年7月8日，叶永烈采访夏其言于上海。

传的妙法来，这里面还带了一点生意眼。

出风头，成了都市的生活条件，因之每个人都在想法子出风头。据说蓝苹和唐纳这次交恶，其中也有着特别作用的。

蓝苹，本来是一个貌既不惊人，而又没有相当地位的女人。但是她对于自己的前途，是颇为关心的，她觉得在大都市里，假使不引起人的注意，是没有出路的。可是，自己又的确没有惊人的地方，虽然在《娜拉》一剧中演出，是颇博到好评，究竟不能像别的女人一样。那时候，她更想在电影界中露露头角，苦的却是没有人替她捧。这个问题一直苦闷在心里。

侥幸，那个时候，唐纳正在感到女人的需要，蓝苹又是一个扮演过"娜拉"的，对于男人，她是颇有把握的，而且她也知道唐纳在过去电影界里是曾以写影评出过风头的。

她知道仅使利用唐纳，也许可以使自己在电影界红一下的。所以在那个时候，两个人很快地毫无条件的就结合上了。她的原意，是想唐纳可以捧她成为红星。

那晓得希望并不变成事实，蓝苹当时是颇为苦恼的。后来她觉得这样下去，不是会"赔了夫人又折兵"的吗？所以，在那个时候，她曾回到济南去，表示和唐纳分开。但据说这里面是有原因的。蓝苹知道唐纳那时正热恋着她，一定会演出什么惨剧来的。那稿子报纸上一登，自己不是可以大出风头吗？所以，唐纳到了济南，开始她拒而不见。果然，唐纳闹了自杀的把戏，报纸盛传，她以为密计已酬，便决心跟唐纳回到上海。

谁知报纸上虽然登过，蓝苹的电影地位，并没被人注意，因之使她感到格外灰心，更明白唐纳已经是无用的了。她便转移念头，想在话剧界露头，不能不先被人注意，于是蓝苹的计划又来了。

她看准章泯在话剧界上，是颇占势的。她下个决心，想以爱情来感化章泯，希望章泯替她吹嘘。果然章泯可中了她的计，不但抛弃了共过患难的糟糠之妻，更不顾了许多孩子，死恋着蓝苹。蓝苹的企图是想章泯的妻子一定会吃醋，和她演了一番什么反戏，报纸一登，她不是便可以乘机出了风头吗？又谁知这个计划，又失败，竟引起唐纳的自杀，而反遭到许多人恶感的批评，这在蓝苹是意想不到的！

蓝苹的爱唐纳，爱章泯，都带有副作用的。可惜唐纳一点不明白，居然以命来争，想不到硬性的影评人的出路是如此，真使人感到特别的失望。

蓝苹和唐纳的交恶是如此，蓝苹和章泯的结合也是如此，这应当谁都想不到的吧！

这篇评论，除了作者不知蓝苹的北平之行，未能准确分析蓝苹离沪北上之外，可以说是蓝苹在上海滩混了两年多的一份小结。作者压根儿没想到蓝苹日后会成为"旗手"，却可贵地看透了她的本性。

至于《青春电影·半月刊》7月号对蓝苹的抨击，虽然只短短几句，火药味却够浓的：

蓝苹的脾气很骄，架子很大。有人说，"谁讨了这位女人，前世里总是作了孽。"由这句话里我们大概可以明白她一点轮廓了吧！

最近她和唐纳闹翻，在《大公报》上发表了一篇牢骚文章，原因是她另有所欢，爱上了章泯。不过害得章泯和他的夫人萧琨实行离婚，这一点在道德上讲起来，蓝小姐手段未免太辣。尤其他的夫人萧琨和章泯已有孩子了。

萧琨离婚之后，只身离沪，前往延安，投奔胞兄萧三去了。

萧三是毛泽东的密友，《毛泽东同志的青少年时代》一书就是他写的。此书在1949年初版，1979年再版。再版时，萧三在序言中写及他和毛泽东的关系：

> 曾荣幸地和毛泽东同志在小学和师范学校同学过，参加了"新民学会"的成立会，共同参加"五四"运动，在北京、上海也曾在一道活动，直到他亲自到码头送我们上轮船赴法国勤工俭学。离别十多年后的三十年代末期，复在延安相处六年余，过从颇密。
>
> 以后在阜平，在平山西柏坡……我备受阳光雨露的哺育。①

蓝苹终于告别大上海

舆论越来越不利于蓝苹。她的不道德的行为，受到越来越多的谴责。

蓝苹我行我素，依然跟章泯公开同居，而且在报上放出空气："悲剧闭幕，喜剧展开。蓝苹章泯，蜜月旅行。"

然而，在影剧界，稍有正义感的人，都对蓝苹的行径嗤之以鼻。

就连演话剧时，蓝苹刚一步上舞台，台下"嗡"的一声，人们议论纷纷，对她说三道四，剧场秩序顿时乱哄哄的。

电影厂的导演们对这位又刁又辣却又没多大本事的演员，也直摇头。

蓝苹的朋友们，一个一个离她而去。

她形单影只，感到空前的孤立。瞻望前景，不寒而栗。她自己毁了自己。

她明白，她已不可能在银幕上或者舞台上成为一颗"红星"。赛金花之争，作为第三者插足章泯家庭……这一系列事件使蓝苹感到在上海很难再待下去。"三十六计，走为上策。"

就在这时，1937年7月7日，卢沟桥的炮声，震撼中华大地。抗日的烽火，熊熊燃烧，处于绝望之中的蓝苹，决计离开上海，她筹划了下一步棋该怎么走……

一天，吃过早饭之后，秦桂贞②照例来到蓝小姐的亭子间，替她扫地、拖地板。秦桂贞发觉有点异常，蓝小姐在那里收拾东西。

"蓝小姐，你要搬家？"秦桂贞问道。

---

① 萧三：《毛泽东同志的青少年时代》，人民出版社1979年版，第1页。
② 1986年7月26日、1995年9月30日、1995年10月3日及4日，叶永烈多次采访秦桂贞。

"远走高飞!"蓝苹眉飞色舞地说。话刚出口,她立即压低了声音,对秦桂贞说:"阿桂,我要到很远很远的地方去。你要替我保密,对谁都不说,如果有人问起来,你就说蓝小姐回山东老家了。"

蓝苹还对她说,要为妇女的翻身而斗争。这句话,深深地打动了秦桂贞的心。

"还回来吗?"秦桂贞问。

蓝苹摇了摇头。她一边从抽斗里捧出一堆照片,扔进小皮箱,一边对秦桂贞说:"阿桂,你不要扫了,反正我今天就要走了。"

"什么时候走?"

"等天黑了,不声不响地走。"

秦桂贞放下扫把、拖布,拿出刚发的工钱——她每月的工钱只有两元!

她上街,想给蓝小姐买件纪念品。她花了两元钱买了一本照相册。她想,蓝小姐那么多的照片,需要用照相册贴起来。

当她把照相册送给蓝苹,蓝苹高兴得紧紧搂住秦桂贞,连声说:"阿桂,你真好!你真好!将来我有出头之日,一定好好报答你!"

蓝小姐拿出了自己的照片送给秦桂贞,作为纪念。

当天晚上,蓝苹吃了秦桂贞端来的蛋炒饭,穿着一件蓝布旗袍,悄然拎起那只黑色的皮箱,消失在夜幕之中。

蓝苹在上海神秘地消失了。

在蓝苹离开上海的时候,前去送行的有章泯以及中共地下党员、戏剧理论家葛一虹。

后来,秦桂贞才知道,蓝苹几度婚变,在上海影剧界受人谴责。她无法在上海立足,想溜了。

蓝苹究竟何往,人们茫然无知。

直至1938年元旦,《戏》杂志的《男女明星近况如何》一文,才用几行字报道了蓝苹的行踪:

蓝苹,平常高谈阔论,思想偏激,今以红军改编为八路军,与政府军相同的站在民族战争的最前线,蓝苹为之大大兴奋。听说在二个月之前,蓝苹即已离沪赴陕北,希望一见毛泽东,并报名在"红军大学"念书……

哦,"希望一见毛泽东"!

第三章
成为"第一夫人"

千里迢迢到西安找徐明清

从上海来到延安,从蓝苹变为江青,是她一生的转折点。

当时的延安,尽管生活艰苦,但是像磁石一般吸引着无数左翼青年。仅在1938年5月到8月,经八路军驻西安办事处赴延安的知识青年就有2288人之多。江青就是这众多左翼青年中的一个,而且她去延安的时间比较早——1937年8月(此前八路军驻西安办事处名为"红军驻西安联络处")。

关于她是怎样由上海进入延安的,向来众说纷纭。

传说最多的,是她经重庆进入延安。

后来细查这一说法的根源,乃是依据程季华主编的《中国电影发展史》。

这是一本严谨的史著。在该书第二卷的第60页,写及中国电影制片厂摄制《中华儿女》一片:"同年9月(指1939年——引者注),'中电'又完成了《中华儿女》,由洪伟烈摄影。这是沈西苓抗战时期编导的唯一的一部作品,也是他最后的一部影片。……1938年夏,他加入'中电',担任编导委员,即着手拍摄《中华儿女》,前后花了近一年时间,于1939年秋完成公映。"

该书1963年2月第一版上,清清楚楚地印着剧照,说明词写着饰演《中华儿女》中刘二嫂一角的是蓝苹!

这就是说,蓝苹离开上海之后,曾到重庆参加过《中华儿女》一片的摄制。

于是,说她从上海经重庆赴延安,也就言之有据了。

不料,那却是《中国电影发展史》一书小小的疏忽。在1980年8月的第二版上,那剧照说明词中的刘二嫂一角由"蓝苹饰"改成了"康健饰"。

康健,亦即章向璞,原上海明星电影公司的女演员。

随着这一笔误的更正,关于江青由重庆进入延安的传说也就失去了依据。

也有人说她经武汉去延安,那是根据当时上海其他文化人进入延安的路线而作出的判断,难以证明江青也是走这一路线。

笔者采访了关键性的当事人徐明清[1]之后,也就廓清了这一历史迷雾。

江青前两次来上海,都跟徐明清有着密切的联系。第三回来上海时,开初找过徐明清,后来失去了联系,其中的原因是徐明清被捕了!

徐明清记得,1935年4月20日,由于一个名叫莫仲乔的人的出卖,便衣警察来到浦东,在女工夜校里抓住了她。

徐明清落入了敌人的魔爪。她急中生智,说要小便,进入学生何淑君家里,悄悄告诉这个学生:"我被捕了,叛徒是莫仲乔,你赶紧转告王洞若!"这样,党组织很快就知道了这一重要信息。

徐明清在上海关押了三个月之后,被解往杭州。经党组织和陶行知先生多方营救,于1936年6月保释出狱。在狱中关押了一年多。

出狱后,徐明清回到上海,找到了党组织的领导人丁华、王洞若。王洞若是她过去在南京晓庄师范时的同学,也曾在晨更工学团共事。王洞若是徐明清在1933年介绍入党的,这时成了党组织领导人。她在汇报了自己的情况之后,问起了李鹤。她这才知道,在她入狱那段时间里,李鹤不仅在上海演话剧,而且演电影,蓝苹成了上海滩的名演员。

王洞若告诉徐明清,蓝苹在生活上浪漫,大家对她都有看法,不过,她仍和王洞若保持一定的联系——虽然这时她的党组织关系并未恢复,也没有参加共青团的活动。她曾对王洞若说:"我生活在那样的环境里,只好'灰色'。"

徐明清回到上海,已经很难在上海开展工作,加上敌人已经抓过她,知道她的情况。

1936年7月,中共东北军工作委员会(简称"东工委")向上海临时工委要求给西安增派干部,以加强东北军中地下党的工作。王洞若考虑到西北方面需要干部,便把徐明清派往西安工作。

买好火车票之后,徐明清听人说蓝苹"瘦得像个吊死鬼",便决定去看看她。

那时,唐纳刚和蓝苹一起从济南回沪不久,"唐蓝事件"闹得满城风雨。

徐明清打听到蓝苹住在法租界毕勋路(今汾阳路),找到了那里。那是一座楼房的底楼,一间半房子。不巧,蓝苹不在家,倒是唐纳在那里。徐明清记得,唐纳梳着油光可鉴的小分头,看上去像奶油小生,讲一口软绵绵的苏州话。屋里只一张床,一张桌子,两把椅子,收拾得干干净净。

徐明清跟唐纳是第一次见面,彼此不熟悉,话不多。她告诉唐纳:"我是蓝苹的朋友,叫徐一冰,明天要离开上海了。如果她有空,明天在火车站见一面。"

徐明清说着,拿出火车票,把明天离沪的时间、车次告诉唐纳,并给蓝苹留了一张

---

[1] 1989年9月12日、1989年9月17日、1993年4月3日、1995年10月9日,叶永烈在北京多次采访徐明清。

字条。

那天,徐明清回到浦东过夜。

第二天,十多个学生送徐明清到上海火车站。到了那里,不见蓝苹。徐明清想,蓝苹成了名演员,大约一定很忙。

火车快开了,徐明清看见一个脸色蜡黄的女人跑过来。细细一看,竟是蓝苹。她真的"瘦得像个吊死鬼",跟一年多前离开临海时大不一样。

"一冰,你上哪儿去?"蓝苹问她。

"我去西北。这一去,我们不知道什么时候再见面!"徐明清答道。

看着蓝苹又瘦又黄,徐明清叮嘱她要多多注意身体。

蓝苹长长地叹了一口气,说了一句话:"有苦难言!"徐明清一直清清楚楚记得这句话。

火车开了。她们只说了这么几句,就分手了。徐明清回眸望去,蓝苹久久地在向她挥动着手臂。

此后,她与蓝苹没有联系。她没有给蓝苹去过信,蓝苹也不知道她究竟在西北何处。

徐明清到了西安之后,不再用"徐一冰"原名,改名"徐明"。她先在东北军中任中共妇女支部书记,不久调往中共陕西省委军委工作,后来担任中共西安市妇女工作委员会书记。当然,她的这些党内职务,都是秘密的,中共处于地下状态。她的公开职业是陕西省立西安北大街幼稚园主任——这倒是她本来的专业,因为她在南京晓庄师范学的是幼儿教育。她是在西安见到原来临海女子师范的同学李佛古,知道李佛古的丈夫蒋如清任西安教育厅秘书长,借助于这层关系,来到西安北大街幼稚园工作。

过了一年——1937年7月下旬,一辆黄包车忽然停在西安北大街幼稚园门前。从车上下来一位穿着旗袍的小姐,带着一只小皮箱,说是找徐老师。

徐明清闻声出来,吃了一惊,喊道:"李鹤,你怎么来了?"

来者正是蓝苹!

博古同意蓝苹进入延安

一别又一年,徐明清发觉蓝苹的气色好了一些。蓝苹说此行专为找她而来,就在徐明清那里住下了——徐明清住在幼稚园里。

徐明清问蓝苹,怎么会知道她的地址?蓝苹说是王洞若告诉的。蓝苹在晨更工学团工作时认识王洞若,并知道王洞若是中共党员。徐明清是王洞若派往西安工作的,到西安后仍与王洞若保持联系,所以王洞若知道徐明清在西安的地址。蓝苹得到徐明清在西安的地址,悄然离开上海,在济南住了几天之后,就起程来到了西安。

蓝苹提起王洞若,使徐明清记起一年前离开上海时,王洞若曾跟她谈起蓝苹:"李鹤在上海,生活很不安定,让她离开这个环境,也许会好些。"在蓝苹来西安之前,王洞若从上海写信告诉了徐明清,说蓝苹要去延安。

当徐明清问起唐纳,蓝苹叹了一口气说:"一言难尽!"

蓝苹不愿多说，徐明清也就不便再问。当时，徐明清并不知道蓝苹跟唐纳闹翻了……

蓝苹见了徐明清，说出了真正的来意："一冰，我想请你帮个忙。"

尽管那时一冰已改名徐明，蓝苹还是叫惯了老名字。

"帮什么忙呢？"徐明清问。

"我想到延安去学习，请你帮我找个关系进去。"蓝苹说道。

徐明清问她带了介绍信没有，蓝苹摇摇头。徐明清所问的介绍信，亦即中共上海党组织的介绍信。

蓝苹这时打开了小皮箱，从中取出一本影集说："这就是我的'介绍信'。"

徐明清翻看着那本影集，上面贴着蓝苹演话剧、电影的许多剧照。徐明清从未看过蓝苹演的话剧、电影，很有兴味地看着，看罢，倒是觉得这本影集可算"介绍信"——表明蓝苹确实是来自上海的演员，而且所演的戏、电影在当时还算是进步的。

徐明清当时是中共西安市委委员兼妇女工作委员会书记，并负责与红军驻西安联络处联系的相关工作。她与当时在红军驻西安联络处工作的邓颖超、叶剑英、危拱之、蔡树藩等都很熟悉。

在安排蓝苹住下之后，徐明清立即把蓝苹的情况和要求，向危拱之作了汇报。危拱之是叶剑英夫人，是一位经历过长征的女干部，当时在红军驻西安联络处，跟徐明清有着经常的工作联系。危拱之表示，可以把她带到办事处谈一谈。因为当时党中央进驻延安只有半年多，生活艰苦，知识分子不多，十分欢迎知识分子投奔那里。

于是，徐明清陪着蓝苹，坐上黄包车，前往西安七贤庄联络处。

她俩来到办事处，周恩来夫人邓颖超正坐在那里办公。徐明清跟邓颖超熟悉，就把蓝苹介绍给她。蓝苹恭恭敬敬地把照相册递了上去。

邓颖超翻看了影集，看了看蓝苹，说了一句："嗬，电影明星呀！"

这是周恩来夫人邓颖超跟蓝苹第一次见面。

■ 作者采访西安八路军办事处，江青就是从这里前往延安的。

邓颖超事忙，没有多谈，说这样的事由博古主管。她要蓝苹把那本影集留下来。

此后，蓝苹到联络处又去了几次，徐明清没有陪她去。据蓝苹说，她在那里见到了博古（即秦邦宪）。博古跟她作了一次谈话。这次谈话，实际上是对蓝苹进行口头审查。蓝苹谈及了黄敬，谈及了由黄敬介绍在青岛加入中共。

不久，蓝苹就搬到联络处去住。

一天，蓝苹坐着黄包车到北大街幼稚园，面带喜色。她告诉徐明清："一冰，博古同志通知我，明天就进延安！"

就这样，蓝苹从此走进中国革命的中心地带——延安。时间是在1937年8月上旬。

徐明清的回忆，把蓝苹如何从上海进入延安，说得一清二楚，蓝苹是通过王洞若—徐明清—博古，从上海—济南—西安，进入延安的。

至于蓝苹为什么要从上海投奔延安，除了她在上海失意，除了当时投奔延安是左翼文化人的时代大潮，还有一个鲜为人知的原因，那便是黄敬去了延安！

黄敬先去了延安

虽然蓝苹在上海跟唐纳、跟章泯同居，但是她对黄敬毕竟还是有很深的感情。正因为这样，1936年春夏之交，她曾抛弃唐纳，又去北平跟黄敬生活在一起。只是唐纳在济南自杀未遂，蓝苹姐姐发来电报，蓝苹才赶往济南，不得不和唐纳携手同回上海。

中共北平市委书记原是李大钊之子李葆华。1937年2月，李葆华调离北平。据当时跟黄敬一起共事的陈伯达向笔者叙述[①]："柯敬史同志宣布黄敬、林铁和我组织'北平三人委员会'，主持北平工作。"

柯敬史，亦即柯庆施。"三人委员会"，相当于市委书记。也就是说，中共北平市委由黄敬、林铁、陈伯达三人负责。

不久，黄敬接到了前往延安的通知。那是中共中央决定在延安召开全国代表会议。据陈伯达回忆，中共中央北方局刘少奇、彭真前往延安出席会议，而中共北平市委去的代表是黄敬、李昌、杨学诚、林一山等。会议定在1937年5月2日至14日。

黄敬从北平去延安，是和斯诺夫人尼姆·威尔斯（即海伦·斯诺）同行。

黄敬很早就结识美国记者斯诺，所以斯诺曾说："北大有个好青年俞大卫。"俞大卫，亦即黄敬。斯诺在1936年6月进入延安采访，住了四个月，写出了著名的《西行漫记》。斯诺的延安之行是通过宋庆龄安排的，黄敬也出了大力。

斯诺夫人也希望访问延安，以写作《续西行漫记》。她的延安之行，是由黄敬直接安排的。

斯诺夫人在几篇文章都谈及"大卫·俞"——黄敬："大卫·俞告诉我，共产党5月份要在延安召开一个会议，这将是中共领导人的一次空前盛会。如果我能及时到达，赶上这个

[①] 1988年12月19日下午，叶永烈在北京采访陈伯达。

机会,就能见到所有的领导人。这些领导人平时总是被敌人的封锁线所隔离,相距数百或数千英里。大卫作为华北代表要上那儿……"①

斯诺夫人还说:"我的延安之行是由俞启威安排的。他在'一二·九'运动后常来我家,……他对我谈了5月延安举行共产党代表大会。大卫是北京共产党的书记(但当时我并不知道这一点),是这次大会的代表。他说他同我应坐同一次车前往,但要假装彼此并不相识。我们就这样做了。"②

据斯诺夫人的《延安采访录》和《续西行漫记》两书所载,她是1937年4月21日从北平坐火车前往西安。她在郑州给斯诺发信说,"W在火车上病了,他晕车。D平安无事,我把铅笔等物送给了他,他似乎很喜欢。"

此处的"D",即"大卫·俞",亦即黄敬。"W"即王福时,东北大学校长王卓然的儿子,担任斯诺夫人的翻译。笔者在美国旧金山采访了王福时先生③。

4月23日,斯诺夫人"深夜跳窗逃出了西京招待所",躲开国民党特务的监视,和黄敬离开西安。4月30日,抵达延安,斯诺夫人说"我看见了第一颗红星"。

5月2日,中国共产党全国代表会议在延安隆重举行。会上,毛泽东作了《中国共产党在抗日时期的任务》的报告和《为争取千百万群众进入抗日民族统一战线而斗争》的结论。会议批准了遵义会议以来党的政治路线,为迎接全国抗日战争的到来作了准备。

在延安,黄敬结识了毛泽东。毛泽东十分看重黄敬。2001年11月,笔者在旧金山伯克利采访年已九旬的王福时先生时,他回忆说,他当时陪同斯诺夫人多次采访毛泽东,"两黄"在座,即黄敬与黄华。

斯诺夫人在《延安采访录》中,专门写了一节《同大卫·俞的谈话》,记述了黄敬对中国革命的种种见解。她写道:"我记得他5月20日就离开了。"这表明,黄敬是5月20日离开延安的。

和黄敬一起去延安开会的北平代表,还有中共清华大学支部杨学诚,师大党支部林一山,民先队(即中华民族解放先锋队)总部李昌。

黄敬回到北平不久,发生卢沟桥事变,抗日战争全面爆发。

黄敬的延安之行,给了蓝苹以影响。

由于日军占领北平,中共北平市委的处境很困难。中共中央北方局发来通知,要黄敬去太原。

笔者在访问陈伯达时④,据他回忆,黄敬此次与他同行。

当时,陈伯达离开北平,到天津工作。然后,他带着妻子诸有仁、长子陈晓达坐船到了青岛。不久,黄敬也来到青岛。他们结伴,从青岛来到西安。

---

① 海伦·斯诺:《延安采访录》,贵州人民出版社1989年版,第4页。
② 尼姆·威尔斯:《谈〈西行漫记〉及其他》,《读书》1979年第5期。
③ 2001年11月20日,叶永烈采访王福时于美国旧金山伯克利。
④ 1988年12月19日下午,叶永烈在北京采访陈伯达。

陈伯达由西安进入延安。黄敬则于1937年9月由西安到达太原。那时，周恩来、刘少奇、彭真在太原，和国民党第二战区司令长官阎锡山谈判。黄敬向他们汇报工作后，奉命于1937年11月来到晋察冀军区所在地五台工作，先后在那里担任中共晋察冀区党委书记、冀中区党委书记、冀鲁豫区党委书记、中共中央北方局平原分局书记。这样，黄敬没有进入延安，而是在晋察冀军区工作了多年。不过，有时他要去延安开会、办事……

江青的党籍问题受到了审查

据蓝苹对维特克说，她是从西安搭乘一辆运米的卡车北行，朝延安进发。正遇大雨，半途道路不通，等了好几天，仍无法通车。只得改为骑马。有人给她找来一匹马，但她从未骑过马，不知怎么骑它。她小心翼翼地爬上了马背。那匹马只是低头吃草，一动不动。她下马去折了一枝柳条，又上马，并用柳条鞭策着马。于是马疯跑起来。她感到自己似乎随时都会被摔下来，要摔成碎片。终于马跑累了，速度慢了下来……她十分艰难地前进，总算到达延安南面80公里、位于洛河之滨的洛川。

洛川是从西安到延安必经之地。笔者曾经在1992年3月、2006年9月、2011年3月三度访问洛川。洛川县是陕西境内少有的地势平坦的地区，俗称洛川塬，是陕西重要的农业区。洛川苹果闻名全国。

很巧，此时中共中央政治局正在洛川召开重要会议，史称"洛川会议"。

据江青自云："我到洛川时中央委员会政治局正在开会。我感到非常害怕和不安，深恐会在他们面前晕过去。但是组织上还是决定我去同中央委员会的领导同志们见面。他们大家都出来问候我。我鼓励自己不能在他们面前垮下去，此外，我必须笔直地站立着。于是就这样我同他们大家都握了手。他们当时正在开的会议很重要。"

江青对维特克的谈话，不时夹杂着"吹牛"的成分。诸如"中央委员会的领导同志们"、"他们大家都出来问候我"之类，便属"吹牛"。

不过，由此倒可以确定蓝苹到达洛川的时间——因为洛川会议是在1937年8月22日至25日召开。在洛川，蓝苹搭上一辆卡车，终于来到延安。由此，也可以确定她到达延安的时间，即1937年8月底。

另外，从毛泽东的秘书叶子龙的回忆录中，也可以得到印证。当时，叶子龙在洛川见到了蓝苹（此事在后文中将会详细叙及）。

第一次见到延安的宝塔山，见到延河，见到旧城墙，见到南门上刻着的"安澜"两字，蓝苹显得新鲜、激动。

喝着小米粥，生活在头上包着毛巾、身上穿着蓝布衣服的陕北农民中间，这跟灯红酒绿的大上海有着天壤之别。没有自来水，只能在混浊的延河中洗衣。苍蝇飞舞的茅坑代替了抽水马桶。漫天风沙代替了上海滩舞厅里的香风。

她被安排在延安的第三招待所（又称"西北旅社"）暂住。登记旅客名字时，她不再写"蓝苹",而是用"江青"①。

对于取"江青"这名字,她是花了一番心血的。据云,含义有二:

其一,"青出于蓝而胜于蓝"。"蓝",蓝苹也。也就是说,虽然江青"出于"蓝苹,却立志要干出一番"胜于"蓝苹的事业来。

其二,"江青"出典于唐朝诗人钱起的《省试湘灵鼓瑟》一诗:"曲终人不见,江上数峰青。"

维特克在《江青同志》一书中,则是这样解释江青所说"江青"这名字的含义:

> 从字面上讲,是"江河青翠"之意。她解释说,第一个字"江"与她的姓"李"没有关系。但是,"江"反映了她爱悠长和宽广的长江,她在上海看到过长江的入海口。"青"表示她爱青山碧海,而且在中国画中都被表现作青色,这是自然的色彩。中国人认为,青蕴含于蓝色之中。青即是一种特别的蓝,如江青所引用的古诗所言"青出于蓝而胜于蓝"。如此,江青说人们应该能读明白她的名的含义。
>
> 她名字的含义是多重的,很是有意思。江青的"青"字可以让人联想到她的旧名蓝苹的"蓝"。而江青的"江",意味着河水;很能使人联想起"阴"。在传统的中国思想中,阴便是女人。在神话与历史中,女人要为河流泛滥和洪水灾害而受到惩罚。直到现在中国老百姓中仍有这么一种说法,即"女人是祸水"。
>
> 她名字中这种明显的"阴"性正好与毛的名字的明显的"阳"性相匹配。在革命的宣传画中,毛被象征为太阳,是宇宙的基本能量,"阳"便是男性之意。在这些图画中,太阳的象征意义总是积极的,是统领一切的,无论是文字的注释还是人们口头所咏唱的,都是"毛主席是我们心中的红太阳"。

维特克的解释显得啰唆,倒是江青跟维特克谈话时的原始记录说得清楚②:

> 后来我要革命,要到延安去,我自己取了这个名字。江水也是蓝的,清清的江水。哎,青出于蓝而胜于蓝呀,所以叫江青。哈哈哈哈。我最喜欢蓝色,以前我最喜欢穿蓝色的衣服,从月白到藏青,我都爱穿,蓝布旗袍,既朴素又大方……有意思吧,是不是?

和江青差不多时候来到延安的,还有上海的女演员李丽莲。她参加过四十年代剧社演出《赛金花》,也在由夏衍编剧、明星影片公司摄制的《压岁钱》一片中,饰演过张曼一角。

江青来到了延安之后,就受到了审查。这倒不是审查她作为电影演员的历史,因为她随身带着的那本剧照相册以及李丽莲都足以证明她确是上海的影剧演员,而且所演

---

① 有人说"江青"是毛泽东为她取的,这不符合史实。因为她1937年进入延安之初所写的自传,便署名"江青"(原稿现存在中央档案馆),当时毛泽东还不认识她。

② 据张颖:《外交风云亲历记》,湖北人民出版社2005年版,第201页。

的戏、电影一般都是属于左翼的。

问题在于她的党籍。她深知，进入延安，党籍是至关重要的。她是1933年2月在青岛由黄敬介绍加入中国共产党的。可是，这年7月，当黄敬被捕、她仓促逃往上海之后，就跟中共组织失去了联系——尽管她来上海时，所接触的田汉、徐明清都是中共党员。黄敬在1935年"一二·九"运动时，在北平恢复了中共党员身份，所以后来担任了中共北平市委领导职务，而江青在上海却没有恢复党籍。正因为这样，她从上海来到西安，找到徐明清时，并没有带中共上海地下组织的介绍信。也正因为这样，她进入延安，要求恢复党籍，中共组织不能不对她进行审查。

当时，负责审查江青党籍问题的，是中共中央宣传部的郭潜。他在抗日战争之后，被国民党军队俘虏，到了台湾，改名郭华伦，担任台湾"国际关系研究中心"副主任，笔名陈然。

郭潜1974年10月22日在台北接受日本作家伊原吉之助的采访，记录有："江青于'七七'事变刚发生之后，单身来到延安。9至10月发生党籍问题。""江青的党籍恢复申请，因'无证据'被批驳。江青于是在招待所空过了9、10两月。在此期间，好像巴结了同乡康生。她以前的情人黄敬于10月来到延安，找到了证人，乃平安地恢复党籍，立即进了'党校'，受训六个月。陈然的太太，曾在'党校'教过江青。"

郭潜作为当事人，把审查江青的党籍问题说得十分清楚。

起初，江青十分焦急。新来乍到，人地生疏，一时又找不到证人。可是，党籍问题不解决又不行。在上海，话剧界、电影界，党籍问题不那么重要，而进了延安，这是至关重要的"政治生命"。

就在江青成天价等待之际，徐明清的到来，使她欢欣鼓舞。

1937年9月中旬——在江青到延安后一个多月，徐明清接到中共中央组织部的通知，调她到中共中央党校学习。这样，她离开了西安，也到了延安。她住在中共中央组织部招待所。

那时，王观澜在延安，担任中共中央组织部组织科科长、中共中央组织委员会委员。那时的中共中央组织部是部、科二级制。陈云、李富春为正、副部长。

王观澜准备与徐明清结婚。他与她是同乡，上中学时认识。王观澜家在临海城里。徐明清家在农村，上中学时进县城。进城后她在女子师范上学，他在浙江省立第六师范上学，虽然都在临海县城，但是男女分校，本来不见得会相识，很巧，徐明清的同桌女同学包玉珍，是王观澜家邻居，徐明清常去包玉珍家玩，认识了王观澜——他原名金水，字克洪。后来，王观澜和徐明清都走上了革命道路，志同道合，又有同乡之情，也就越来越接近。1937年底，王观澜和徐明清在延安结婚。结婚仪式很简单，当时在延安的"合作社"吃顿饭，毛泽东、洛甫（张闻天）、李富春、蔡畅都来吃饭，就算是婚礼。

结婚前，徐明清用的名字是"徐明"。她在中央党校学习，恰巧班上有个男同学也叫徐明，是北方人。谁喊了一声"徐明"，两个徐明一齐答应。哪儿寄来一封给徐明的信，两个徐明都嚷嚷着要看信。为了区别于那个男"徐明"，王观澜给妻子的名字加了一个字——"清"。王观澜说："明清，明明白白，清清楚楚，又明又清，多好！"从此，她的名字就叫徐明清。

徐明清对笔者说[①]："现在，有的书上说我和江青一起改名，混入延安。那是胡扯！我是组织上调我去延安的。我到中央组织部报到时，介绍信上写的名字也是徐明。我的改名，中央党校的同志们都知道的——因为两个徐明在党校曾传为笑谈。……"

徐明清在中央党校学习期满后，分配到中共中央组织部，担任妇女科副科长，科长为长征女干部张竞秋。后来又担任中央妇委委员和陕甘宁边区妇联主任。

进延安之后，江青到中央组织部招待所找过徐明清。她们之间，仍叫惯了"一冰"、"李鹤"。

据徐明清告诉笔者，江青初到延安，领导上为了考验她，曾派她到农村做调查工作。那时，陕北农村中流传着顺口溜："陕北好地方，小米熬稀汤，臭虫称大王……"这顺口溜形象地勾画出当时陕北农村生活的艰苦。来自大上海的江青，在陕北农村的表现还算可以。

为了审查江青的历史，组织上曾找徐明清了解。徐明清当时为江青写了一份证明材料，这份材料迄今仍保存在中央有关部门。徐明清就自己在上海、临海、西安跟江青的接触，如实写了江青的情况。诚如1987年3月26日中共中央宣传部一份文件中涉及徐明清同志历史问题时所指出："党的十一届三中全会以后，经中央组织部审核，徐明清同志在延安写的证明材料，并未证明江青1933年在上海有党的关系，是实事求是的。"

这就是说，徐明清只能证明江青在上海、临海、西安的经历，只能证明她曾参加中共领导下的一些进步活动，只能证明她加入过共青团，但无法证明她是中共党员——因为如果确实她是中共党员的话，那何必在晨更工学团发展加入团呢？只有先入团、后入党的，哪有入了党再入团的？

徐明清无法为江青恢复党籍提供证明，这使江青十分沮丧。

据郭潜回忆，"黄敬于10月来到延安，找到了证人"。黄敬作为江青入党的介绍人来证明江青确实曾经在1933年2月加入中共，是最权威的证人，况且那时的黄敬已是中共高级干部。

不过，黄敬是在1937年9月到达山西太原，向周恩来、刘少奇、彭真汇报工作，11月进入山西五台县（太原东北部）。在他去太原和五台之间，是否曾去过一趟延安，不得而知。如果去过延安的话，则正好是10月。

据徐明清回忆，江青进入延安之后，曾在关于自己入党经过的材料上，写明介绍人是黄敬。组织部门于是通过地下交通，去函向黄敬了解，黄敬写了证明材料，证明江青是由他介绍入党。

比较郭潜和徐明清的回忆，似乎徐明清的回忆更可信些。不过，他们的回忆都一致表明，是由黄敬证实江青的中共党员身份的。

徐明清还说，由于组织上向黄敬调查江青入党问题，他得知江青进入延安，曾给江青写过一封信。

[①] 1989年9月12日、1989年9月17日、1993年4月3日、1995年10月9日，叶永烈在北京多次采访徐明清。

不过，这时的黄敬，已和范瑾相爱。范瑾，浙江绍兴人，出身书香门第，著名历史学家范文澜的妹妹，1938年加入中共，是一位能干的女记者。

据黄敬胞妹俞瑾告诉笔者①，黄敬与范瑾1939年在延安结婚，翌年生长子俞强声。后来，又生次子俞敏声，三子俞正声，长女（排行第四）俞慧声，小女（排行第五）俞慈声，共三子二女。

至于郭潜所说的江青"在此期间，好像巴结了同乡康生"，事情是有的，但不在9、10两月，因为那时康生不在延安。

经过两个来月的审查，江青的党籍问题由于黄敬的证明终于得以解决。这样，她在1937年11月进入了中共中央党校学习。

成为中央党校第十二班学员

江青离开了延安的第三招待所，搬到了东郊桥儿沟。那里一座法国神甫建造的天主教堂，成了中共中央党校的所在地。中央党校的学员，一律都是中共党员。进入党校学习，意味着江青的中共党员身份得到了正式的认可。

中共中央党校最初叫"马克思共产主义学校"。1933年3月13日，为纪念马克思逝世（3月14日）50周年，在红都瑞金成立。

首任校长是任弼时，副校长杨尚昆。不久，由张闻天任校长，董必武为副校长。到达陕北时，中共中央党校最初以延安北面、瓦窑堡附近的安定镇第二小学为校址，董必武为校长。

1937年1月，中共中央迁入延安。2月，中共中央党校迁入延安桥儿沟天主教堂。5月，罗迈（李维汉）接替董必武，出任中共中央党校校长。

这年11月，江青进入中共中央党校学习，学员已多达四五百人。

据当时的校长李维汉回忆：

> ……学员不再按原工作性质编班，也不再分高级班和初级班，而是按他们的来源和文化程度高低编班，共编了十五班：一、二、三班主要是红四方面军干部；四班是陕北干部；五、六班主要是老干部、高级干部（也有少数新干部）；七班是少数民族班，先学汉语，再学马列主义理论，学习期限最长；八班是抗大四大队转来的党员；九、十、十一班主要是白区学运干部和一些失掉党的组织关系的干部；十二、十三班是从国民党监狱中释放出来的干部；十四班是工农、文化水平较低的干部；十五班我已记不清了。

> 课程比瑞金和初到陕北时期完整了，设有哲学、政治经济学、马列主义（主要讲联共党史）、党的建设、中国革命问题和游击战争，并设有各个相应的研究室。党中央

---

① 1988年11月3日下午，叶永烈采访俞瑾于北京。

也在这里设了一个"党与群众工作研究室",主任柯庆施,工作人员有王任重、王鹤寿、姜旭、李华生等。……①

江青被编在第十二班,亦即"从国民党监狱中释放出来的干部"。

中共中央党校设有俱乐部,开展文娱活动。江青到了党校,很快成了活跃分子。俱乐部的主任是李剑白。当时,男"歌星"要算王任重,他唱《大刀进行曲》博得一阵阵喝彩;女"歌星"则是跟江青同班的许明,她唱《松花江上》,催人泪下,由此得了个绰号叫"松花江上"。

生活是艰难的。主粮是小米,很少能吃到米饭、白面。来了外国记者,招待吃饭,也只添几个煮鸡蛋罢了。学员们用的都是铅笔,难得一两个人能用上自来水笔。

江青毕竟是来自大上海的明星,能够不畏艰苦,投奔山沟沟里的延安,确实不容易。正因为这样,著名的加拿大医生白求恩,也为之感动。1938年8月2日,白求恩在加拿大报纸撰文介绍延安时,提到"来自上海的著名电影演员"江青:"几个月以前,这个女子还是无数人的宠物,过着奢侈的生活……现在,她与其他学生同吃小米和胡萝卜,与其他八个女子同住一个窑洞,同睡一张硬炕……没有口红,没有脂粉,没有香水……她像其他所有学生一样,一个月只有一元钱的生活费,用来买肥皂和牙膏。"文章最后问道,"她快乐吗?"白求恩认为她一定非常快乐,因为"她像一只松鼠一样活泼淘气"。

不过,据郭潜1976年8月16日在台北回忆:"江青的知识水准和政治水准都很低。内人曾在党校教过江青。关于江青,她曾经说过:'江青在党的会议上简直不敢发言。理解浅陋,不能发言。偶尔发言,一开口就说:'我不大明白,请诸位指教。'惹人嗤笑。当时的女党员,都看不起她。当时的女党员很多是长征参加者,学历高深者,党历或活动时期长久者,她们都看不起江青。'"

"他乡遇故知"——康生

就在江青进入中共中央党校学习不久,1937年11月29日,延安上空忽地响起了飞机的轰鸣声。那时的延安,除了蒋介石飞机前来轰炸之外,难得听见飞机的引擎声。

那是一架苏式运输机,徐徐降落在山脚下简陋的机场上。中共中央的负责人毛泽东、张闻天、周恩来、朱德在那里迎候。

这架飞机是从莫斯科飞来的,途中曾在迪化(乌鲁木齐)、兰州降落、加油。飞机是由苏联驾驶员驾驶的。

从飞机上下来三位要员,即王明、康生和陈云。

王明离开中国已经六年了。他是在1931年10月18日和妻子孟庆树一起从上海坐船赴苏,11月7日到达莫斯科,在那里担任中国共产党驻共产国际代表团团长。

---

① 李维汉:《回忆与研究》(上),中共党史资料出版社1986年版,第388页。

■ 康生是江青的同乡

康生比王明稍晚离开中国，到莫斯科出任中共驻共产国际代表团副团长。

陈云则是在1935年1月遵义会议之后，奉中共中央之命，前往莫斯科向共产国际汇报工作，后到新疆工作。此时，和王明、康生同机回国。

康生的突然出现，使陷于孤寂之中的江青，在中共高层找到了靠山。

江青和康生，在"文革"中一个是中央文革小组的第一副组长，一个是顾问。由此，人们追溯江、康之间的关系史，追到延安时期是恰如其分的。也有人追溯到山东诸城，似乎早年便有勾结，那就显得牵强、过分了。具体原因第一章已详加分析，此处不再赘言。

康生在17岁那年（1919年）在诸城和胶县陈家庄大户陈玉帧之女陈宣结婚，生一子一女。后来到上海，结识有夫之妇曹轶欧。康和曹，一个抛弃了妻子，一个抛弃了丈夫，结合在一起。

当江青从山东来到上海时，康生早已在莫斯科。

然而，事情却是那么的凑巧：当江青从上海进入延安三个月之际，康生从莫斯科飞来延安。江青正在中共中央党校学习，而康生恰恰被中共中央派往中央党校，接替李维汉，出任校长。

李维汉这么回忆："我离开中央党校后，即由康生接任校长。一天夜里，他把我找去，说：'你应该办移交！'我说：我不知道是你来作校长，因期限已到先走了。要交现在就可以交，印章和文件在校长秘书罗青长手里，教务处是王学文管的，管财务的有五人小组，每月开支由小组审查签字，有问题再找我。康生没有纠缠，说：'不必另办移交了，你可以回去了！'我就回来了。这就是我在中央党校最后的工作。以后听说，康生一进学校就宣布罗迈（即李维汉——引者注）是'半托洛茨基分子'，不能当党校校长。"

一个是中央党校的校长，一个是党校的学员，这时同乡之谊起作用了，江青大有"他乡遇故知"的感触。江青正在中共高层寻找靠山，康生也就成了她的靠山。

亮相于延安舞台

对于江青来说，1937年11月通过党籍审查，进入中共中央党校第十二班学习，顿时感到无比轻松。这表明，她在1933年2月加入中国共产党，得到了组织上的承认，重新接上了组织关系。

对于江青来说，进入延安之后的第一次重要"亮相"，便是登台演出四幕大型话剧《血祭上海》。

那是在1938年1月28日,为纪念淞沪抗战六周年,延安文艺界从抗大、陕北公学等单位集中六七十位文艺人才,排练演出话剧《血祭上海》。

话剧《血祭上海》由任白戈编剧,朱光和左明担任导演。

话剧《血祭上海》在延安可谓"重磅出击",演出阵营非常强大,几乎囊括了当时从上海、北平以及全国各地来到延安的文艺精英,主要演员有沙可夫、朱光、李伯钊、赵品三、徐以新、任白戈、左明、孙维世等。江青也是其中之一——她不再以在上海时的艺名"蓝苹"加入演出,而是使用江青这一新的名字。

《血祭上海》讲的是这样一个故事:上海一个家财万贯的资本家与情妇不和,这个女人爱上了司机。那司机是一个爱国者。他把一车运给日本人的弹药开进了黄浦江,自己也牺牲了。江青扮演剧中的情妇——姨太太,16岁的孙维世扮演剧中资本家的女儿——大小姐。

在《血祭上海》上演之后,江青也就被戏称为"二姨太",而孙维世被称之为"大小姐"。

话剧《血祭上海》从1938年1月28日起,在延安公演20天①,观众上万人,用"轰动延安"来形容并不为过。随着这"轰动",江青也在延安"轰动"起来。

中共中央的领导人,差不多都来观看了话剧《血祭上海》。毛泽东也看了《血祭上海》。毛泽东称赞戏演得好,给予《血祭上海》以充分的肯定。

1938年2月21日,边区文协(陕甘宁边区文化界救亡协会的简称)召开了一个座谈会,讨论《血祭上海》一剧。到会的有二十余人,其中有周扬、艾思奇、沙可夫、吕骥等。有人对《血祭上海》提出批评。

周扬在座谈会上发言说②:"批评不能单凭印象,印象不常常靠得住。应该客观的从下面各方面来看才对:一、观众是否欢迎;二、是在怎样的环境下产生的;三、一般的倾向是否现实的。根据这三个条件应该给予这剧以较高的评价。一、这剧获得广大观众的极大欢迎;二、这剧是在极困难的技术条件下于短促的时间写成与演出的;三、一般的倾向是现实的,不管是否能好好地把握住现实,但正因为这戏已引起很多人的注意和赞贬,批评就应当严格一点,找出成功与失败的要素。这剧的缺点:一、'一·二八'各界民众反日斗争,这个中心主题没有把握牢,没有正确地发展起来,恋爱的穿插占了主要的地位,使主题模糊和多少走入岔路了。带上半团圆主义和传奇性。人物没有活跃的个性,离典型也很远。脸谱主义是相当存在的。"

《血祭上海》座谈会结束之后,中共中央宣传部设宴招待全体演出人员,江青也参加了宴会。那时候延安没有像样的饭店,宴会是在延安的机关合作社举行。

宴会之后,《血祭上海》剧组就要解散。在这充满惜别的宴会上,有人说,话剧《血祭上海》凝聚、汇集了延安的文艺人才,这个班子散掉很可惜,建议以这个班子为基础,在延安建立一所艺术学院。话音刚落,全场响起热烈的掌声。于是,当场组成了艺术学院

---

① 也有许多文章说连演10天,是不确的。笔者据文化艺术出版社1987年出版的艾克恩编《延安文艺运动纪实》第44页所载,应为20天。

② 1938年4月1日出版的丁玲和舒群主编的《战地》半月刊。

筹委会,开始酝酿筹办工作。

这一建议,得到了毛泽东的支持。经过讨论,这所艺术学院以鲁迅的名字命名,叫作鲁迅艺术学院。

就在宴会之后一周,由沙可夫主持起草的《鲁迅艺术学院创立缘起》正式公布,发起人为毛泽东、周恩来、林伯渠、徐特立、成仿吾、艾思奇、周扬等七人。

《鲁迅艺术学院创立缘起》指出[①]:

> 在抗战时期中,我们不仅要为了抗日动员与利用一切现有的力量,而且应该去寻求和准备新的力量,这就是说:我们应注意抗战急需的干部培养问题。
>
> 艺术——戏剧、音乐、美术、文学是宣传鼓动与组织群众最有力的武器;艺术工作者——这是对于目前抗战不可缺少的力量。
>
> 因此我们决定创立这所艺术学院,并且以已故的中国最大的文豪鲁迅先生为名,这不仅是为了纪念我们这位伟大的导师、并且表示我们要向着他所开辟的道路大踏步前进。

经中共中央书记处讨论通过的鲁艺教学方针是:"以马列主义的理论与立场,在中国新的文艺运动的历史基础上,建设中华民族新时代的文艺理论与实际,训练适合今天抗战需要的大批艺术干部,团结与培养新时代的艺术人才,使鲁艺成为实现中共文艺政策的堡垒与核心。"

江青在中共中央党校学习之后,曾于1938年2月被分配到陕甘宁边区政府教育厅工作。据当时曾与江青共事的钟华女士在1992年6月来信告知笔者:

> 陕甘宁边区政府教育厅原厅长徐特立调中央工作,新调来的厅长是陈正人。陈厅长到职不久,又来了一位女干部,即是由蓝苹改名的江青。她来后不久,就到延安县去视察教育工作。当时听说她是个老党员,她下乡时陈厅长还照顾她给个毛驴骑。回来后她向陈厅长汇报工作时,受到表扬。我当时也认为她这么个从大上海来的明星到延安后很快就下乡,是值得佩服的。因为当时延安乡下卫生条件很差,我下去时都发怵。这说明她刚到延安时还是可以的。没多久她被调走,调走的原因是延安准备成立平剧团,江青会演平剧(京剧)。

其实,江青被调走,是调到新成立的鲁迅艺术学院。江青作为话剧《血祭上海》主要演员之一,极想调往鲁迅艺术学院工作。

江青曾经这样谈及自己是如何进入鲁艺的:光有过去在表演艺术方面的经历是不够的。政治资格才是最重要的。当她在鲁艺的官员们面前陈述她的情况的时候,当时的组织部

---

① 艾克恩编:《延安文艺运动纪实》,文化艺术出版社1987年出版,第61—62页。

负责人、中央委员之一陈云会见了她。知道了他亲自负责录取工作时,她竭力地使他对自己渴望学习马列主义的热诚产生深刻的印象;她不容他有戏剧是她的唯一兴趣这样的想法。她告诉陈云,她是带着行装来的,她是如此渴望进入鲁艺。她的表白必定使他确信了她愿意服从组织的决定,因为他直接录取了她。陈云实际上从不曾是她的戏迷。在他录取她进入鲁艺后不久,他去观看她的表演,然而他又对她所演的戏不感兴趣,使她很是失面子。

1938年3月14日,鲁迅艺术学院首届学员开始上课,4月10日鲁迅艺术学院在延安中央大礼堂举行成立典礼,任命沙可夫为副院长,主持工作,院长人选暂时空缺。毛泽东出席了鲁迅艺术学院成立典礼,并发表讲话。

有些关于江青的传记称江青进延安后便入鲁迅艺术学院,那是不确的。鲁迅艺术学院是在1938年4月10日宣告成立,最初在延安城内二道街临时借用房子。后来迁至延安北门外两侧半山坡。1939年8月3日,迁往延安东郊十余里的桥儿沟天主教堂——那里原是中共中央党校校址。

指导员兼"网员"的双重身份

鲁迅艺术学院最初设戏剧、音乐、美术三个系,后增设文学系。各系除设置专业课外,以政治理论和文艺理论为共同必修课。各专业的学制最初规定为六个月。

鲁迅艺术学院人才济济,有周扬、何其芳、沙汀、冼星海、华君武、王实味、周立波、严文井、陈荒煤、朱寨、孙犁、王朝闻、穆青、康濯、姚雪垠、冯牧、贺绿汀、刘炽……

江青被分配到鲁迅艺术学院戏剧系,担任什么工作呢? 当时的江青,可以说"高不攀,低不就"。让她当学员吧,她在上海就已经是明星,在中共中央党校当党员说得过去,在鲁迅艺术学院戏剧系当学员显然把她看低了;然而,让江青担任教师却又显然不够格,她的学识肤浅,无法在戏剧系开课。

量才而用,鲁迅艺术学院戏剧系主任张庚给江青安排的工作是"指导员"。据现存的《鲁艺通告》载:"戏剧系主任张庚,助理员黄乃一,编剧王震之,指导员江青。"

在《鲁字第十二号通告》上,记载着该校各种会议参加者名单。在教务会议及训育会议的参加者名单中,有"指导员江青"。

其实指导员只是江青的公开身份。她的秘密身份是"网员"。所谓网员,也就是秘密情报员。

决定让江青担任网员,而且与江青保持单线联系的,是杜理卿。

杜理卿何许人也?

此人非同寻常,他长期从事政治保卫和情报工作,是资历颇深的中共党员。1923年,20岁的他参加中国共产主义青年团,1925年入党。1930年参加中国工农红军,1934年10月参加长征,在国家保卫局工作。到达陕北之后,任红一军团保卫局长。1936年12月12日西安事变之后,他改名杜智文,随周恩来到西安,出任张学良将军所部警卫团的秘书长兼军警督察处三科上校科长。1937年5月,杜理卿被调回延安,担任陕甘宁边区政府保卫处副处长。1938

初,任中共中央保卫委员会委员。同年,中央成立了中央保卫部,任部长。

1939年3月中共中央派他到华北工作,化名许建国。此后一直用许建国这一化名,以至他在解放后被任命为天津市公安局长、市委书记,上海市公安局长、副市长、市委书记,公安部副部长,均称许建国。只有毛泽东见到他,仍喊杜理卿。

本书在介绍了他的身世之后,按照1939年3月之后人们对他的习惯称呼,统一称之为许建国——虽说他在1938年与网员江青保持单线联系时名为杜理卿。

许建国选中江青担任网员,是出于这么几点:一是江青在1933年2月入党,在当时也算是有一定党龄的人;二是江青在上海做过地下工作,有地下工作的经验;三是江青在上海演过戏剧、电影,有着正儿八经的演员经历,不容易引起别人的怀疑和防范;四是江青有很强的社交能力,能够跟各种各样的人打交道。

许建国给江青规定的任务是"了解学院中混入的日伪和国民党特务分子"。

许建国还规定,江青每周要向他当面汇报一次。

江青二话没说,接受了许建国交给的任务,表示一定会不折不扣地完成。在江青看来,能够担任网员,表明了党组织对她的信任。只有非常信得过的党员,才可能担任网员。

许建国还提醒江青,在鲁迅艺术学院应当以灰色的面目出现,要低调,这样才能跟那些"学院中混入的日伪和国民党特务分子"接近,获取有价值的情报。

就这样,江青在鲁迅艺术学院,明里是指导员,而暗地里是网员。

从"二姨太"到"大红鞋"

在鲁迅艺术学院,指导员其实是个闲职。江青这个指导员,严格地说只是女生指导员,工作很清闲。

至于网员这一任务,是属于"地下工作",默默无闻的工作。

江青的个性向来是张扬的。她不愿意清闲,更不愿意默默无闻。在鲁迅艺术学院戏剧系,江青所热心的是当演员,是演戏。

当时鲁迅艺术学院戏剧系还没有正式开学的时候,一些年轻人就准备排演节目,在延安演出。有人提议演街头剧《放下你的鞭子》,提议由江青演主角。可是江青不愿意演,说街头戏谁都可以演。

江青提出演一场京戏,以体现鲁迅艺术学院戏剧系的实力,因为演京剧要有一定的功底,会演话剧的人不一定会演京剧,所以当时延安的街头戏、扭秧歌、话剧之类有,而几乎没有演过京剧。江青说,可以演一出《苏三起解》。江青过去在山东学过平剧,亦即京剧。她演过京剧《苏三起解》。

在一个周末,《苏三起解》在延安上演。人们这么形容当时的江青:

> 一把京胡响起过门,"苏三"江青登台,轻盈、飘逸,一个亮相,大伙儿忍不住齐

声喝彩"好!"

"苏三离了洪洞县,将身来在大街前……"江青高声唱了起来,嗓音甜润,一招一式婀娜中透着潇洒,一阵阵掌声响起来。

江青在上海曾经演过话剧,这是鲁迅艺术学院戏剧系的同事们都知道的,但是江青演京剧演得这么好,出乎他们的意料。

《血祭上海》的人马,聚集鲁迅艺术学院戏剧系。戏剧系以王震之为团长组建了实验剧团,既演话剧和歌剧,也演京剧和曲艺。江青成了实验剧团中的活跃分子。

实验剧团开始排演新戏《流寇队长》。

话剧《流寇队长》的编剧为王震之,全剧3幕,描写抗日战争初期某游击队队长袁占魁打着抗日的旗号,但不改旧军官的流寇意识,纵容部下到处抢掠,坑害人民群众,走上歧途,终被惩处的故事。剧本通过一支游击队的命运,揭示了流寇意识对部队的危害性,形象地说明了抗日游击队成长初期改造旧军队的必要性。

江青主动要求饰演《流寇队长》中的"大红鞋"一角。"大红鞋"是暗娼、破鞋、日本间谍姚二嫂的绰号。"大红鞋"借自己的姿色,勾引那个流寇队长。江青把风骚的"大红鞋"演得惟妙惟肖,以至人们对她的称号从"二姨太"改为"大红鞋"。

那时候,江青忙得很。她在参加排演话剧《流寇队长》的同时,又排演新编京剧《松花江上》[①]。在话剧《血祭上海》、《流寇队长》中,江青只是演配角,而在新编京剧《松花江上》中,江青是女主角。

在实验剧团中,既能演话剧又能演京剧的演员不多,而江青却兼跨这两个不同的剧种。鲁迅艺术学院戏剧系由于懂京剧的人不多,所以并没有设立京剧专业。美术系的学员阿甲倒是学过京剧,也加入了实验剧团。

新编京剧《松花江上》是由王震之根据传统京剧《打渔杀家》唱腔,填写现代生活内容的旧戏新唱。

《松花江上》反映东北松花江上一对渔民父女奋起抗日反汉奸的故事。剧中相当于《打渔杀家》中萧恩的赵瑞由阿甲扮演,相当于桂英的赵女由江青扮演,相当于李俊和倪荣的张恩和孔武分别由李纶和张东川扮演,相当于丁员外的汉奸团总由崔嵬扮演(后由张冶接替),相当于教师爷和丁郎的大小狗腿子分别由金仲明和成荫扮演。其中的崔嵬是江青在山东实验剧院时的同学,也是在那里学过京剧。

《松花江上》彩排那天,江青的老乡康生来看戏,大加赞扬。康生说,正式演出的时候,他要请毛泽东来看戏,江青听了非常高兴。

1938年7月7日,延安举行纪念抗战周年大会。那天上午,延安各界群众冒雨追悼抗日阵亡将士及死难同胞,毛泽东作报告。

那天下午在延安南关街陕甘宁边区政府礼堂(老城府衙门旧址)举行文艺演出,其

[①] 新编京剧《松花江上》常常被说成是新编京剧《松花江》。经查证,应是《松花江上》。

中有三幕歌剧《农村曲》、三幕话剧《流寇队长》，而压轴戏就是新编京剧《松花江上》。

果真康生请了毛泽东一起来看戏，坐在前排。毛泽东观看了《流寇队长》，给予此剧很高的评价，称赞此剧为抗日斗争塑造了一个很好的反面教员，可以教育群众。

那天江青显得格外突出，因为她刚刚演完《流寇队长》中的"大红鞋"，又上台演《松花江上》的赵女。

在《松花江上》演出时，康生不断为江青鼓掌叫好。

演出结束之后，毛泽东和康生到后台接见演员，经康生介绍，毛泽东特别接见了江青。

毛泽东还在延安机关合作社宴请了参加演出的鲁艺师生。

在当年的延安，没有电视，也几乎看不到电影，所以观看戏剧成了延安难得的文化享受。毛泽东从小就喜欢看戏，不论是在韶山冲跟随母亲，还是在湘乡唐家坨跟随外婆，毛泽东在山村的祠堂、寺庙里看过各种各样乡间小戏，养成了毛泽东对戏剧的浓厚兴趣。

毛泽东最喜欢的戏剧是京剧。在井冈山，有人把京剧《空城计》中诸葛亮的唱腔填上新词，演出新编京剧《毛泽东空山计》，表现毛泽东在反"围剿"中用"空城计"与国民党军队周旋的情景。毛泽东看了，非常喜欢，甚至学会了新编京剧《毛泽东空山计》中的唱词。在空闲时，毛泽东会哼了起来：

> 我正在黄洋界上观山景，
> 忽听得山下人马乱纷纷。
> 举目抬头来观定，
> 原来是湘赣发来的兵。
> 我是内无有埋伏外无有兵，
> 你不要胡思乱想心不定，
> 来、来、来……
> 请上井冈山来谈谈革命。

毛泽东爱看戏，江青爱演戏。正因为这样，在"文革"初期，江青在钓鱼台宾馆看电影时，得意地对秘书说："主席就是通过艺术认识我的。"

就在江青热衷于演戏的时候，却受到了尖锐、严厉的批评！

这批评来自许建国。许建国要求江青作为网员，必须灰色，必须低调，可是江青却成了鲁迅艺术院的活跃分子。最使许建国不满的是，由于江青忙于演戏，几乎没有提供任何有价值的情报。按照规定，江青必须每周向许建国汇报一次，可是到了汇报的时候，江青却说不出什么。

许建国对江青说，你老是爱出风头，怎么能够完成组织上交给你的任务呢？

江青多次向许建国检讨，却依然故我。她从此对许建国产生抵触以至反感的情绪。

江青初识毛泽东

江青曾经对张颖说过这样一句"名言":"即使一个人自己不能成为一个英雄,也要嫁给一个英雄。"

江青也曾对郁风说过类似的话:"英雄创造历史,我如果不能成为英雄,也要成为英雄的终身伴侣。"

江青还有一句"名言":"不要忘记,美丽不如权力重要。"

关于江青如何结识毛泽东,曾有着各式各样的传说。

传说之一,是江青来到延安的第二天,便随着徐明清和王观澜去见毛泽东。

这一传说显然与事实不符,因为徐明清不是跟江青一起进入延安,而是在江青进入延安后一个来月才到那里,不可能在江青来到延安的第二天带她去见毛泽东。

另外,笔者在采访徐明清时,她说她没有带江青去见毛泽东。虽说王观澜跟毛泽东颇熟,去见毛泽东时不可能随便带一个陌生人同去。

传说之二,是上海《文汇报》前总编徐铸成的《萧桂英进宫》[1]一文:

> 我有一位朋友,是中共的老党员,抗战初期就在陕北打游击。他说,他在延安住过的那段时间,曾有幸看过那位过气影星的京戏,演的是《打渔杀家》里的萧桂英。演萧恩的是解放后主持戏改工作的阿甲(十年动乱中大受批斗,可能这也是"罪状"之一)。据说这两个人旗鼓相当,演得都很出色,桂英的相,尤为秀丽。
>
> 据说,也就在这个时候,也就是这出戏,她跳进龙门,受了特达之知。据说"明皇"那天也去参加晚会,看了这出戏大为激赏,很鼓了几记巴掌,这就使台上的桂英大为感动,大受鼓舞。她灵机一动,第二天即去找那位"李莲英",说是自己对文艺问题,有些心得,想当面求教于"导师";"李莲英"也看到这是他讨好固宠的好机会,三方心里相投,一拍即合。从此,就"一朝进入深宫(其实是窑洞)里……"

不言而喻,徐铸成所说的"过气影星",就是江青。"李莲英",则指康生。

跟江青同台演出的阿甲,本名符律衡,江苏武进县埠头镇人氏。他自幼酷爱京剧,亦喜绘画、书法,教过书,做过工,当过编辑。1938年初,从山西临汾进入延安。先在鲁迅艺术学院美术系学习,不久,担任鲁迅艺术学院平剧研究团团长,和江青同台演《打渔杀家》。据云,演出时康生为江青敲边鼓。

《打渔杀家》是一出有名的"水浒戏",是京剧传统剧目之一。《打渔杀家》说的是梁山好汉阮小七在梁山水泊失败之后,化名萧恩,隐迹江湖,重操旧业,与女儿桂英打鱼为生。他本想平安度日,却因恶霸丁员外勾结贪官吕子秋一再勒索渔税、欺压渔民,实在

---

[1] 徐铸成:《萧桂英进宫》,1980年10月15日《大公报》。

忍无可忍，奋起反抗，痛打教师爷，杀死丁员外，远走他乡。这样的反抗官府的戏，当然在延安很受欢迎。江青早年在山东实验剧院就演过《打渔杀家》，所以驾轻就熟，在延安稍加排练，就能上台。

此外，也有类似的传说，说毛泽东在"陈绍禹从莫斯科回到延安的欢迎晚会"上，看了江青主演的话剧《被糟踏了的人》。

陈绍禹即王明，是1937年11月29日飞回延安的，欢迎晚会当然也就在此后数日。然而，话剧《被糟踏了的人》是由崔嵬编导的，他在1938年春才进入延安，不大可能在欢迎王明的晚会上演出《被糟踏了的人》。

崔嵬也是山东诸城人，江青的同乡，而且又同在山东实验剧院学习，同在上海业余剧人协会演出。他进入延安后，参加了筹建鲁迅艺术学院的工作。1938年4月，鲁迅艺术学院成立于延安，成为中共培养文艺干部的学校。首任院长为毛泽东，后来由吴玉章、周扬担任院长。崔嵬编导的话剧《被糟踏了的人》，由江青演女主角。崔嵬在1938年7月加入中共。

还有一种类似的传说，说毛泽东在看江青主演的话剧《锁在柜子里》时，注意起江青。

又据当年在延安、曾任民革上海市委顾问的翟林椿先生回忆①，1938年8月13日纪念"八一三"抗日一周年，在延安钟楼东边，原抚衙门旧址，举行大会。上午是毛泽东作报告，下午文艺演出。翟林椿先生记得，话剧主演者是丁里。本书作者查考延安资料，查出"七七"一周年大会，鲁艺演出三幕歌剧《农村曲》，主演为丁里；然后演三幕话剧《流寇队长》。

翟林椿回忆："压轴戏是江青主演的京剧《打渔杀家》。纵然我当年很少看过京剧而入迷姑苏评弹，但江青扮演的桂英一角，不论唱白、身段、台风、神韵，都得到观众的一致好评。毛泽东和其他首长观看了这场精彩纷呈的演出。演出结束，江青率先和众多演员拥到台口，向热烈鼓掌的首长和广大观众致谢。尔后，她便款款步入后台，一间点有汽灯的残破空屋（临时化妆室）去卸装。"

翟林椿记得他目击的一幕："毛泽东等首长步入临时化妆间，慰问演员。这时，我奉命提着铁皮水壶，为首长倒开水，所以也进入那临时化妆间，见到江青上前跟毛泽东握手，然后很亲切地谈着……"

翟林椿所目击的，是不是江青第一次跟毛泽东见面，不得而知。

不论是看京剧《打渔杀家》，还是看话剧《被糟踏的人》或是《锁在柜子里》，有两点是可以肯定的：第一，那时江青在延安相当活跃，主演过京剧、话剧；第二，毛泽东向来对戏剧很有兴趣，他看过江青演出的戏剧。

曾在"文革"中当过江青护士的周淑英回忆说②，江青曾对她说，她在延安演戏时，主席曾到后台看她，见她衣服穿得单薄，就把自己身上的大衣脱下来披在她身上。

不过，遗憾的是，江青没有对周淑英说及，当时毛泽东来看她演出的什么戏。

至于传说之三，那是江青听毛泽东的报告，故作认真，引起毛泽东的注意。

---

① 1992年5月21日，叶永烈采访翟林椿。
② 向继东：《江青秘书阎长贵眼里的江青》，2009年8月13日《南方周末》。

香港星辰出版社在1987年出版了珠珊著《江青秘传》。笔者在北京访问了珠珊[①]，即王稼祥夫人朱仲丽。据朱仲丽告诉笔者，"珠"即"王"、"朱"也，由王稼祥和她的姓组成；"珊"也是"王"字旁，"册"乃两人之书也。《江青秘传》中这么写及毛、江初识：

中央党校设在延安城东的桥儿沟。这地方原是外国人传教的场所，有一栋大教堂，许多平房；最近又添建了新屋和新窑。学员们全是中共党员，来自国民党地区、各个根据地和各方面军。江青混入党校，是她取得政治资本的重要一步。

今天吃午饭之前，各班组通知大家，下午两点钟在礼堂听报告，按时入座，不得迟到。一点多钟的时候，礼堂里已开始有学员进来。

江青最早来到，找了一个前排位子。她想，一定要坐在显眼露面的地方，不管谁做报告；做报告者必是党中央领导人。

礼堂里坐满了学员。

两点钟了，忽然响起热烈的掌声，全体起立。

台上出现了毛泽东，几百双眼睛放出喜悦的光芒。

江青也站起来鼓掌，对准台上招招手，拍拍手；再拍拍手，又招招手。她清楚地知道，这几下可以使毛泽东发现自己在前排。听报告时，她一时似乎在认真地听报告，一时又像是在思考报告的内容；有时急速记笔记，有时又似乎支颐，偏着头看台上的人。姿态变化无穷。两个钟头的报告结束了。同学们有的兴奋得没有心思去玩，马上整理笔记；有的互相交换学习心得。晚上，全校分组讨论。江青坐在那儿，不多发言；她的心早飞了，私心杂念，不能告人的隐情，一齐涌上心头。今天是和毛泽东第三次相见了，马上要来一个行动，否则心愿依然渺茫。学习小组会快结束时，她巧妙地作了十分钟发言，把会上同学们的发言加以归纳整理，作为自己的意见，加上漂亮的形容词重复一遍，言词动听，似乎有条有理。

晚上，等大家都睡觉了，她独自一人坐在灯下，提笔写道：
敬爱的领袖毛主席：

我今天专心地聆听了你的有着伟大历史意义的报告，你指明了光明的方向，使我鼓舞。

我是一个木工的女儿，从小受生活的折磨，在三顿吃不饱的苦难中又遭父亲酗酊大醉殴打成性的逆运；母亲受压，家破人亡，流落他乡；我被迫学京戏，登台谋生；后到上海加入左翼文联，于1933年入党，先后当电影和舞台明星。这是党给我的培养，是你的光辉思想哺育了我，才有今日。

我向往延安，追求真理，现在是党校十二班的学员。我因理论水平极低，革命斗争经验极少，有许多政治思想上的问题缺乏先进者的指教。

我请求，敬爱的毛主席，请你在百忙中接见我一次，这是我这个苦孩子一生的唯

[①] 1991年7月8日，叶永烈在北京采访朱仲丽。

一的希望！我思想上有许多问题，如能得到你的当面教诲，我当获益不浅！其中一部分是今天听你的报告之后，有关目前形势的分析。在某一点上，我还不甚明白。

敬爱的毛主席，我想你会欢迎我，你是一位善于联系群众的伟大人物，我这个纯真的女孩子只不过向你提出区区小小的要求。如果准见，我将于后日（星期日）下午三时来到你的居处。

啊！我写至此，全身热血奔腾！我将亲耳听到你的教导，的确：我已经见过你三次了，这幸福的第四次即将到来……

中央党校十二班学员　江青
1937年冬

第二天，她亲自把信送进城，到毛泽东居处的门口，又转身赶回党校。

她不准备再追求别人了。她已经选定了奋斗的目标。

星期日下午，她不等接到回音，就按时到了毛泽东居处……

据李维汉回忆，中共中央党校确实请过毛泽东来讲哲学。李维汉的校长任期是1937年5月至1938年4月，而江青是在1937年11月入校，正是在李维汉校长任期之内。

笔者注意到曾任毛泽东保卫参谋的蒋泽民在1998年出版的回忆录[①]，他以亲历者、目击者的身份，非常具体又细致地记述了江青初识毛泽东的经过：

1939年2月，当我来到毛泽东身边工作时，贺子珍已经走了一年多，还没有回来。然而，就在这时候江青出现了。

1939年3月，党中央决定成立党校，由吴玉章老人任校长。毛泽东曾与吴老商量过，校址设在桥儿沟，这里有些房子和窑洞，又有一座天主教堂，可作大教室和会场。准备工作就绪后，学校要举行开学典礼，吴老邀请毛泽东参加。毛泽东欣然答应了。

开学那天，吴老身体欠佳没能去，周扬和另一位副校长来杨家岭接毛泽东。我和李德山陪同前往。

下午一时左右，我们来到了会场。会场设在天主教堂，比较简陋，没有桌椅，只有作为主席台的前面放一个长条木桌，桌子后面有七八个小木方凳。六七十名学员席地而坐，大家已端端正正地坐好。

周扬和副校长陪着毛泽东进来时，学员们起立，热烈鼓掌。毛泽东向学员们摆手示意，让大家坐下，然后坐到桌子后面中间的方凳上。周扬坐在毛泽东左边，副校长坐在毛泽东右边；我坐在周扬旁边，李德山坐在副校长旁边。

大会开始了。按会议程序，毛泽东作报告。精彩的报告不时地被学员们热烈的掌声所打断。

[①] 蒋泽民回忆、吕荣斌撰文：《在伟人身边的岁月——毛泽东保卫参谋、周恩来随从副官的回忆录》，红旗出版社1998年版。

毛泽东讲话时，我发现最前排有一位装束特殊的年轻漂亮的女同志。她头上戴着毛泽东到陕北时戴的那种八角帽，帽子戴得往后，帽子下是乌黑浓密的头发；身上穿着上海阴丹士林布做的衣服，腰身很细；脚上穿的是用布条打的草鞋，上面有朵大红缨；娇美的脸上涂了一层薄粉和胭脂，手里拿着一个小红笔记本。她一会儿抬起头，用水汪汪的大眼睛望着毛泽东，像在领会报告的内容；一会儿又低下头，在笔记本上记着。看样子，她听得聚精会神。

会场里六七十名学员，女学员还不到三分之一，她在这些朴实的学员中很显眼，她是谁呢？

在学员们经久不息的掌声中，毛泽东长达两个多小时的报告结束了。

为了庆祝开学，散会后，学校准备会餐。教堂里摆上几张桌子，刚才的会场变成了餐厅。学员们十来个人围一桌，站着兴致勃勃地喝着延安生产的散装白酒。

毛泽东被学校领导热情地挽留住，与学员们一起会餐。这是一张大圆桌，周扬和副校长分别陪坐在毛泽东身边，我、李德山和司机老梁也坐在这张桌子上。

周扬和副校长为毛泽东斟了满满一杯酒，刚要端起敬给毛泽东时，那位装束特殊的女青年已端着一杯酒轻盈地来到桌前，声音又娇又脆地说："主席，您好，您刚才的讲话真好，我很受教育，我这个新学员敬您一杯酒。"说完，她把酒送到毛泽东面前。

毛泽东接过酒，有礼貌地道一声谢。她见毛泽东没说什么，便微笑着转身离去。

她回到饭桌后，同桌的人让她代表大家给毛泽东敬酒。这样，她第二次来到毛泽东面前，说："主席，这杯酒是我们全桌人敬您的，您一定得喝呀！"

"谢谢大家！"毛泽东稳重地接过酒，表情依旧。

待她走后，毛泽东问周扬："这个女同志叫什么名字，她从哪里来的？"

周扬回答："她叫蓝苹，是上海的电影演员。"

"哦。"毛泽东轻轻地点了点头，没有说什么。他一面与周扬饮酒，一面打听这些学员的情况，都来自何方。然后，他们又畅谈党校的建设和发展的远景，谈兴很浓。

学员们见蓝苹很活跃，因此，这个桌选她当代表，那个桌也让她给毛泽东敬酒，她又一次来到毛泽东身边。

毛泽东微笑着问她："蓝苹，你来延安吃小米习惯吗？"

"主席，小米饭可好吃啦！我完全习惯了。"

毛泽东听后，鼓励她好好锻炼。

会餐结束了，周扬和副校长陪着毛泽东来到了办公室，畅谈半个多小时后，又将毛泽东送出屋。正在我们准备回去时，忽见蓝苹从侧面的屋子奔出来，急步走到毛泽东面前，认真地说："主席，您讲的话很重要，我是个新党员，学习中会碰到许多新问题，理解不了，要请主席给解答。"

"那好办，可以找同学、教员研究，也可以去找校部和校长。"

"那还解决不了呢？"蓝苹偏着头，做出天真的样子。

"如果还有问题解决不了，可以反映给我，大家一起讨论，总可以解决的嘛。"随后，毛泽东上了车。

说者无意，听者留心。蓝苹果真到杨家岭向毛泽东"请教"来了。

4月初的一个星期天，上午十一时左右，收发室的同志送来一个条子，上面写着"中央党校学员蓝苹要见毛主席"。我一看就知道是那个上海演员，把条子递给毛泽东，毛泽东看后说："让她先等一会儿吧。"

过了一会儿，蓝苹来了，还是穿着开学典礼时的那套衣服，外面披一件咖啡色的风衣。

……

大约半个多小时后，毛泽东通知公务员，让我把蓝苹领去。进屋后，我发现屋子虽然收拾得比较利索，但是桌子上已经空空如也，文件全部收到了后面，而且用报纸盖上。这和党内其他干部来是不一样的。

蓝苹在毛泽东屋内大约呆了两个多小时，笑容满面地走了出来，很有礼貌地对我说："谢谢您，蒋参谋，再见！"说完，她又向收发室走去，向那里的同志打了声招呼，然后姗姗离去。

下一个周日，蓝苹又来了，在毛泽东那儿呆了一段时间离去。她以后就经常不断地来，大部分时间在周日。

蓝苹比较聪明，也很有社会经验。这时期，她对我们工作人员和警卫战士，乃至公务员的态度都是和蔼的，先笑后说话，给我们留下一个不错的印象。这样，她与我们很快熟悉了，从中了解了毛泽东工作和生活规律。她有时来并不说找主席，而是到警卫排或收发室那儿看看，然后去毛泽东那里。

在蓝苹精心安排下，由桥儿沟党校到杨家岭毛泽东窑洞的这条道路打通了。她来的次数越来越多，呆的时间越来越长，有时在这里吃完晚饭才走。

蓝苹与毛泽东谈恋爱了。

……

这时的蓝苹很会体贴人。她每次到毛泽东这里来，一面与毛泽东说着话，一面手脚勤快地收拾屋子，一会儿就把屋子收拾得利利索索。她反应快，又善解人意。当毛泽东要吸烟时，她立即把烟拿来，放在毛泽东手里，而且亲自点燃。当毛泽东要看书时，她马上把书取来，翻到毛泽东要看的那部分。她发现茶水凉了，轻轻地换上热的，把茶杯放到伸手可取的位置，而且杯正对着手的方向，拿起来非常方便。吃饭前，她主动拿来毛巾，含情脉脉地帮助毛泽东擦擦脸和手。

恋爱初期蓝苹学会了骑马。

桥儿沟离杨家岭不算近，要走一个多小时才到，而且中间要经过空旷的飞机场。

晚上，蓝苹离开杨家岭时，为了安全，毛泽东让警卫战士送她。她不会骑马，也不敢骑马，警卫战士就从马厩里选出一匹最老实的马，让她骑上，战士在前边牵着马缰绳走，把她送到桥儿沟后，战士再把马骑回来。

这样，时间不长，蓝苹不仅敢骑马了，而且学会了骑马，只是晚上由杨家岭回桥儿沟时骑，平时不骑。为了安全，我们嘱咐护送她的战士，转告蓝苹，绝不能跑马，要慢走，速度与步行差不多。

光阴似箭，从春到秋半年时间过去了。1939年秋季，传出蓝苹要和毛泽东结婚的消息，中央政治局有些领导不同意，说蓝苹在上海的一段历史不清楚，应当查清，没有问题再结婚。

这时，蓝苹与毛泽东吵了一架。

蒋泽民的回忆如此详尽、生动，但是违反了一个最基本的前提——毛泽东与江青在1938年11月就已经结婚。这个结婚时间，见诸权威性的著作——中共中央文献研究室所编的《毛泽东年谱》中册第97页。

如果说是蒋泽民对于时间的记忆有误，把1938年误记为1939年，然而，他到毛泽东身边工作的日期是不可能记错的——他是在1939年2月才来到毛泽东身边，他的目击、他的亲历，当然是发生在1939年2月之后。因此，他的这一段回忆不存在对于时间记忆上的错误。

至于他的回忆在时间上为什么会出现这么大的差错和矛盾，不得而知。

类似的传说还有很多，比如说是毛泽东去鲁艺讲话，江青"特别坐在前面，使毛最容易看到的地方，打扮得漂漂亮亮"。虽说江青后来从中央党校调往鲁艺，但从时间上看，似乎以朱仲丽的说法比较准确，即在中央党校听毛泽东报告。

江青初见毛泽东的时候，曾把自己的一张照片送给了毛泽东。这张照片在毛泽东的笔记本里，夹了很长一段时间……

1997年10月，笔者在湖南召开的传记文学研究会上，结识从北京来的王凡先生。他赠笔者新出的《知情者说》第二册，内中根据他对毛泽东机要秘书叶子龙的采访，对笔者的《江青传》作了补充。

王凡先生在书中写道：

（1937年）8月20日，毛泽东前往洛川冯家村，参加政治局扩大会议，就是有名的洛川会议，叶子龙亦随同他前往。会议期间的一个黄昏，叶子龙独自散步，遇见八路军留守兵团司令员萧劲光和两位女性。

萧劲光把两位女性向叶子龙做了介绍：一位是他的夫人朱仲芷，一位是刚刚从上海来根据地的电影演员江青。那是江青初入陕北根据地，也是叶子龙第一次见江青。

关于江青到延安第一次见毛泽东的情形，世间有种种传闻，在叶永烈所著《江青传》中，把几种有代表性的记载都罗列了出来……

不知何故，叶永烈没有引朱仲丽另外一部书《女皇梦》中的叙述。朱仲丽在这部书中提到她的表姐，一位中共高级干部的夫人，江青同她一起从洛川进入延安，并在到达延安的第二天，带江青看望了毛泽东。她们和毛泽东在院子里谈了一会儿，便告辞出来。

朱仲丽是否有一位身为中共高级干部夫人的表姐不得而知，但她确有一位曾是八路军留守兵团司令萧劲光夫人的姐姐。叶子龙和江青的第一次见面，恰恰在洛川，而且江青恰恰是和朱仲丽的姐姐朱仲芷在一起。

据叶子龙回忆，洛川会议结束，返回延安的第二天，萧劲光夫人朱仲芷就带江青来见毛泽东。毛泽东是在他住的窑洞外面见的江青，所以叶子龙看到了他们交谈的情景。

朱仲丽《女皇梦》一书人物的真实姓名，大都通过谐音或义近的方式改换了，有些人物间的真实关系也被模糊或改动。在书中，朱仲丽对她表姐如何与江青从洛川到延安，江青如何央求她表姐带她见毛泽东的过程描述得相当详尽，且多处与叶子龙关于朱仲芷的回忆相吻合。因此笔者推测朱仲丽笔下的表姐，实为其亲姐姐，那么，叶子龙的回忆是比较可靠的。江青第一次见毛泽东的情况，也随之清晰了。

王凡先生记述的叶子龙的回忆和朱仲丽的这一描述，为江青与毛泽东的第一次见面，又提供了一种新的说法。

2000年，中央文献出版社出版了《叶子龙回忆录》，更加清楚地叙述了江青与毛泽东第一次见面的情形[①]：

> 1937年8月下旬，中央洛川会议结束当天的傍晚，我正在院子外边散步。这时，八路军留守兵团司令员萧劲光、朱仲芷夫妇和一个青年女子在一起交谈。萧也是湖南人，比我年长十几岁，早在土地革命战争时期我们就熟悉，别看他30多岁，但他已是个久经沙场的红军将领了。萧劲光看见我，紧走了几步，拉着我的手指着那位青年女子说："子龙，我给你介绍一下，她叫李云鹤，艺名叫蓝苹，是从上海来的进步青年，可是个电影明星哩。今天到的，准备去延安参加革命工作。"
>
> 我与她们握了握手并做了自我介绍。李云鹤微笑着对我说："萧司令只说对了一半，我是从山东来的，而且早就是党员了。"
>
> 朱仲芷接过话头："叶科长，我们请你吃西瓜好不好？"
>
> 萧劲光马上说："对，吃西瓜去！"
>
> 第二天，中央和军委领导同志分别乘车回延安，我与毛泽东坐一辆卡车，毛泽东坐在驾驶室，我和一些中央机关工作人员坐在车厢里。李云鹤（不久后改名江青）也和我们坐一辆车，她穿一件浅蓝色旗袍，很显眼，坐在车厢的前边。
>
> 第二天，朱仲芷和江青一起来到毛泽东的住处，毛泽东走到屋外，与她们交谈了一会儿，并没有进屋。

[①] 叶子龙口述、温卫东整理：《叶子龙回忆录》，中央文献出版社2000年版，第64—65页。

这是毛泽东与江青第一次见面。

以上种种传说，都是他人之说。江青本人是怎么说的呢？

江青的说法有点离谱，说是毛泽东主动给她送了马列主义学院举办的讲座的入场券！维特克是这样记述江青的回忆的：

> 谈到江青的延安时代，很自然地，外国记者想知道她是怎么遇见毛的，又是怎么进入毛的私生活的。对此她没有回答，但是在那张众人熟知的面孔上，显然闪现着浪漫思绪的光彩。
>
> 还在上海时她就听到过关于红军神奇领袖毛泽东和他的著名搭档朱德的许多传言。零星的新闻报道及穿梭于红区与白区的旅人所描述的毛的形象，既是一个农民起义领袖，也是一个用现代军事意识武装起来的人民的保护神。对毛的外貌她只略知一二，对毛的个性，她则是一无所知。同许多其他新来者一样，江青也深深地为领导同志中间个性与地位的差别所吸引，并且她也逐渐地意识到了毛的高踞奥林匹斯山之巅的清冷的光辉，一些人私下里把毛比作了宙斯神。但在她到延安的最初几个月里，她的生活主要是受那些掌管着延安的政治、军事和文化机构的领导人左右的。
>
> 然而在她到延安后不久，毛泽东还是知道了她叫蓝苹，是位女演员。对此她又是如何说的呢？毛找到她，给了她一张他将在马列主义学院举办的讲座的入场券。她吓了一跳，谢绝了，然后又很快地克服了自己的羞怯，接受了这张票，并且前去聆听他的讲座。
>
> 他们约会往来的方式对领导层来说是不显眼的，你很难把他们的交往同群众场面区分开来。她不想让事情公开，传统的观念与革命的条规都不允许她公开她与毛恋爱与婚姻的细节。

值得提到的是，《张国焘回忆录》中写及一个细节，他在延安时，曾在毛泽东处看过蓝苹的电影《王老五》、《琅崖碟血记》①（具体名字记不清了），是毛泽东从什么地方搞的拷贝。

张国焘是在1938年3月离开延安的，那么看电影必然是在此之前。可见，1938年3月之前，毛泽东就已经看过江青的电影，知道她是上海的电影明星。

毛泽东与贺子珍的婚姻

走笔至此，该写一写毛泽东和贺子珍的婚姻。

贺子珍比毛泽东小17岁——1910年中秋时节，出生在江西井冈山之侧的永新县城。

---

① 应为《狼山喋血记》，1936年11月由上海联华公司摄制。

丹桂飘香，圆月当空，她的奶名叫"桂圆"。父亲贺焕文曾花钱捐了个举人，当过江西省安福县县长。

贺焕文的前妻欧阳氏，生一子，叫贺敏萱。

欧阳氏去世之后，贺焕文娶广东梅县姑娘温土秀为续弦。温氏生三子三女，三子为贺敏学、贺敏仁、贺敏振，三女为贺桂圆、贺银圆、贺先圆。

贺敏学于1926年加入中共，成为永新县农民自卫军副总指挥，后来成为红军团长，中国人民解放军副军长。新中国成立后任福建省副省长、全国政协常委。

受哥哥贺敏学影响，贺桂圆、贺银圆也分别在1926、1927年加入中共。

贺桂圆自取了"自珍"之名，意即"善自珍重"之意。后来填表时，别人误写为"子珍"，也就用"贺子珍"为名。贺银圆改名"贺怡"。

贺子珍在1927年3月担任中共永新县委妇委书记。不久，调往江西吉安县，担任国民党永新县党部驻吉安办事处联络员，又任中共吉安特委委员兼特委妇委组织部长。

这年8月，她随哥哥贺敏学和王佐、袁文才一起上了井冈山。两个月后，毛泽东率秋收起义部队，上了井冈山。

毛泽东在会见井冈山王佐、袁文才部队的首脑们时，惊讶地发现，内中居然有一位瓜子脸、大眼睛、挎着盒子枪的17岁姑娘——贺子珍！

在共同的战斗中，毛泽东跟这位俊俏的江西姑娘产生了爱情。据当时在毛泽东身边工作的谭政（后来成为中国人民解放军大将）回忆："毛泽东同志与贺子珍结婚就是在夏幽，是1928年4、5月，热起来了，穿件单衣，结婚很简单，没有仪式，没有证婚人，从夏幽退出以后，两人就是夫妻关系了。"①

夏幽，也就是永新县夏幽区。讲得更具体一点，是夏幽区的塘边村。

此后，贺子珍一直在毛泽东身边工作，担任他的秘书。

后来，贺子珍的妹妹贺怡，嫁给了毛泽东的小弟弟毛泽覃——贺怡最初在1929年5月和中共赣西特委秘书长刘士奇结婚，翌年8月解除婚姻关系。1931年7月20日和毛泽覃结婚，当时毛泽覃任中共苏区中央局秘书长。

贺子珍和毛泽东婚后，十年生了六个孩子，因此实际上没有多少时间参加工作。

■ 毛泽东与贺子珍在延安

---

① 《井冈山革命根据地》下册，中共党史出版社1987年版，第451页。

第一个孩子是女儿，1929年出生在福建龙岩。当时战争正忙，出生不久，只得寄养在龙岩一户老百姓家中，给了十五枚银元作抚养费。后来，贺子珍托毛泽东之弟毛泽民去龙岩寻访，据告，孩子已不在人世。贺子珍得知，泪流满面。

第二个是儿子，1932年11月出生于福建长汀，毛泽东给他取名毛岸红，小名毛毛。1934年10月红军开始长征时，贺子珍把毛毛交给毛泽覃、贺怡夫妇，因为他俩当时被留在江西。毛泽覃把毛毛寄养在瑞金一个警卫员家中。后来，毛泽覃在1935年4月阵亡，毛毛亦不知下落。

第三个孩子也是儿子。1933年早产，由傅连璋接生。这孩子没有成活。

第四个是个女儿。1935年在长征途中生于贵州，生下后就送给当地老乡，以四枚银元为抚养费。后来渺无音讯，不知是否成活。

第五个也是女儿。1936年冬出生于陕北保安，是唯一成活的孩子。孩子小名"娇娇"。那是因为她出生时又瘦又小，邓颖超抱着她说："真是个小娇娇。"从此，也就称她为娇娇。1948年，当她上学时，毛泽东给她取名"李敏"。

在生了五个孩子之后，贺子珍希望不要再生孩子，希望参加工作、学习。娇娇才四个月，就被托养在老乡家去。贺子珍来到了延安抗日军政大学（简称"抗大"）学习，期待着提高自己的文化水平、理论修养。她在抗大过着集体生活。

这时的贺子珍，显得精神振奋，心境愉悦。

但一场意外的打击朝她袭来：她在长征中生孩子，失血太多，而营养又严重不良，从此她得了严重的贫血症。有一回，她晕倒在抗大的厕所里，不得不被送回家中。

回家休养后，发生了令她不快的事：美国女记者艾格妮丝·史沫特莱自1937年初进入延安采访，多次访问了毛泽东。史沫特莱带来一位女翻译，名叫吴莉莉。采访时，毛泽东谈笑风生，引起贺子珍的误会，对那位女翻译十分不满。

风姿绰约的才女吴莉莉

吴莉莉，本名吴宣晨，又名吴广惠，又叫吴光伟。她的英文名字为Lily Wu，被译为"吴莉莉"或"吴丽丽"。通常，大家都喊她吴莉莉。

吴莉莉生于1911年，比贺子珍小2岁，比江青大3岁。

吴莉莉受过良好的教育。她在2岁时随父母迁居北平。父亲在北平担任盐务局局长。她有两个姐姐、一个妹妹和一个弟弟。吴莉莉在北京的教会小学、中学上学，然后到上海一所商学院学习英语，再从上海考入国立北平师范大学外文系。这样，她能讲流利英语。

吴莉莉漂亮而活跃，喜欢戏剧。她在排演歌剧《茶花女》时，结识在国立北京大学攻读农业经济的张砚田，陷入热恋，并于1934年3月1日结婚。婚后不久，1934年8月，张砚田考取日本帝国大学，前往日本留学。吴莉莉毕业后，在北平中华戏剧专科学校任教，然后也去日本。

1935年10月，吴莉莉考取国立南京戏剧学校。1936年初，南京戏剧学校排演俄罗斯文豪果戈理的名作《钦差大臣》，吴莉莉扮演市长夫人，非常成功。但她的思想左倾，不愿在首都南京演戏"给那些腐朽的官僚提供娱乐消遣"，毅然离开南京，回到北平。

受东北流亡学生的影响，当时许多热血青年投笔从戎。1936年夏，吴莉莉与从日本回国的丈夫张砚田从北平前往西安。张砚田在杨虎城将军手下当参议，吴莉莉在西北民族救亡联合会妇女部从事妇女运动。

她的友人朱汉生曾经这样描绘当时的吴莉莉风貌："她有一头波浪飘逸的卷发，常常穿着一身将校呢的军装：上身是紧身夹克，下身是马裤，足蹬长统马靴，右手食指上晃荡着一个钥匙链，那是她开的吉普车钥匙。那时在众多身穿旗袍、浓妆艳抹的国民党官太太中，她显得'鹤立鸡群'。当时小汽车还很少见，但张砚田是胡宗南手下中央军校第七分校的政治部主任，自然有办法给她弄来车子。"

1936年12月12日爆发著名的西安事变。张砚田倾向于国民党，而吴莉莉倾向于中共，两人由于政治见解不同而协议分手。吴莉莉曾经这样写及她当时的生活："我和一位懂政治的朋友住在一起，她介绍我认识了一位共产党员。我渴望从事革命工作，并想知道我最适合做什么工作。我获悉有可能到延安学习，就在1937年2月19日来到了这里。我期望经过全面训练之后能成为一名中共党员。"

中共中央是在1937年1月13日随红军总部从保安进驻延安的。

■ 吴莉莉（右一）与毛泽东（左一）、朱德（右二）在一起

■ 吴莉莉（左一）与史沫特莱（右一）等在一起

就在吴莉莉来到延安不久，1937年3月底，美国合众社驻天津记者厄尔·利夫（Earl Leaf）到延安采访。考虑到吴莉莉精通英语，受命出任厄尔·利夫采访毛泽东、朱德时的翻译。这样，吴莉莉第一次见到了毛泽东。毛泽东富有幽默感而且思想深邃，给吴莉莉留下深刻的印象。

美国人艾格妮丝·史沫特莱以《法兰克福日报》记者身份，到延安作为期七个多月的采访。吴莉莉又成了史沫特莱的翻译兼秘书。当时，史沫特莱多次采访毛泽东与朱德，使吴莉莉再度有机会接近中共领袖。

史沫特莱曾在她关于朱德的长篇传记《伟大的道路》一书的《序曲》中，这样写及吴莉莉："第一天他（朱德）和我一起工作的时候，于黄昏时分，我和我的中文教师兼秘书和翻译、原来是女演员的吴莉莉（即吴光伟），在我住的黄土窑洞前面的平台上等他。莉莉的工作是在每逢我的中文水平不能够理解得清楚时，或是朱将军和我用一部分德文也不能传达意思时——这种情况时时出现——便由她从中翻译。"

吴莉莉与史沫特莱形影不离。史沫特莱穿羊皮大衣，戴貂皮帽子，着高筒马靴，在延安一片青灰色军装制服的女干部之中显得非常突出。

吴莉莉也很突出。她一如既往地留着披肩烫发，还涂着浓艳的口红。

这么两个浪漫打扮的女性出现在延安街头，"回头率"极高。

吴莉莉当时还是延安活跃的、光彩照人的演员。她虽然在延安前后只半年时间，却多次踏上延安的舞台：她曾经在中央剧团、平凡剧团和战号剧团联合演出的话剧《阿Q正传》中扮演赵夫人，在《杀婴》中扮演母亲。她最为轰动延安的是，在中国人民抗日军政大学第二期第十二队、十三队学员演出的苏联作家高尔基的话剧《母亲》中出任女主角。

1937年5月,埃德加·斯诺的夫人海伦·斯诺(即尼姆·威尔斯)以记者身份来到延安采访。

海伦·斯诺由翻译王福时先生陪同,在1937年4月21日一起从北平乘火车前往郑州,从那里转往西安。笔者在旧金山采访王福时先生时[①],他回忆说,黄敬也乘这趟车,在不同的车厢里,而且装成与他们不相识。他们从西安来到延安。

海伦·斯诺在延安惊讶于吴莉莉高贵优雅、多才多艺。海伦·斯诺写道:

> 我第一次见到莉莉是在剧院里,当时她正在演出高尔基的《母亲》,并扮演主角。她当时是延安的明星女演员,不仅有当演员的天赋,而且能够在舞台上独领风骚。她很有教养,温文尔雅,容易接近,女人味十足,卓有魅力,26岁芳龄,已经结婚却并不依赖自己的丈夫,至少当时丈夫不在她的身边。吴莉莉看上去身材健美,脸色红润,皮肤白皙而细腻。她非常美丽。她留着三十年代所盛行的齐肩短发,而且卷曲美观。延安的其他妇女则把头发剪得短短的,像个男子。在延安,只有我和莉莉烫发、涂口红,尽管我俩都很谨慎,不敢涂得太重,这也不合延安的习俗。她是抗大学员,空闲时间都在学习……

"吴莉莉风波"

史沫特莱初到延安,被安排住在中华苏维埃中央政府外交部招待所,那是东邻延安城墙的一家地主的院落。后来,史沫特莱迁往凤凰山东麓一排五孔的窑洞里。史沫特莱和吴莉莉住中间两孔相通窑洞的后窑,前窑住着为她们专门配备的警卫员。与她们比邻而居的是共产国际常驻中国顾问奥托·布劳恩(李德),以及当初随斯诺一起来陕北的美国医生乔治·海德姆(马海德)。

值得提到的是,当时毛泽东与贺子珍也住在凤凰山的窑洞里,离史沫特莱和吴莉莉的窑洞很近。由于史沫特莱采访毛泽东,而吴莉莉居中翻译,因此吴莉莉跟毛泽东有了许多接触,毛泽东也经常到史沫特莱、吴莉莉的窑洞里去。

史沫特莱在她的《中国的战歌》一书中,曾经这么写及:"毛泽东常到我和我的翻译同住在一起的窑洞里来,于是我们三人一起吃便饭,纵谈几个小时。因为他从来没有出过国,所以他提出了成堆的问题。我们谈到印度,谈到文艺。有时他朗诵中国古代诗人的名句,有时他低吟自己写的律诗。他有一首怀念他第一个夫人的悼亡诗,因为她被国民党杀害了。……他一口湖南腔,试着跟我的女秘书学北京官话,跟我学英语,学唱英文歌子。"

珍妮斯·麦金龙、斯蒂芬·麦金龙所著的《史沫特莱——一个美国激进分子的生平和时代》一书中,则根据史沫特莱的记录这么写及:"毛泽东常常会在太阳刚一落山和开始

---

① 2001年11月20日,叶永烈采访王福时于美国旧金山。

工作之前，带一名警卫，来到史沫特莱的窑洞。他们一边喝茶或喝米酒，一边谈天说地。他对外国的情况表现出极大的兴趣。他和艾格妮丝同岁。他详细询问她的生活经历，包括她的爱情生活。毛读过一些译成中文的西方诗歌，他问艾格妮丝，她是否体验过拜伦、济慈和雪莱那一类诗人所赞美的那种罗曼蒂克爱情。……他说，他不知道在西方小说中读到的那种类型的爱是否真有可能存在，他很想知道它究竟是什么样的。在他遇到过的人中间，她（史沫特莱——引者注）似乎是体验过这种爱的第一人。他似乎觉得曾经错过了点什么。莉莉好像唤醒了他对于美好高雅感情的青春幻想。"

正是吴莉莉"唤醒了"毛泽东的"青春幻想"，所以毛泽东对吴莉莉充满特殊的好感。《史沫特莱——一个美国激进分子的生平和时代》一书继续写道："每当她与毛讨论罗曼蒂克的爱情时，对话似乎是说给原是充当中间人的吴小姐听的。讨论过程中毛做诗，吴丽丽当然比史更欣赏毛的诗。她以毛诗中所用的韵律赋诗作答，这使毛很高兴。他们详细讨论未来新社会中的男女关系，这些思想，都进入了以旧诗词的形式写就的诗篇。"

毛泽东写给吴莉莉的诗，没有流传下来，因为吴莉莉在离开延安时含泪烧毁了毛泽东的诗稿。

吴莉莉也能写诗。她以毛泽东写给她的诗的韵脚所和的诗，也没有流传下来，同样因为吴莉莉在离开延安时含泪烧毁了她写给毛泽东的诗稿。

《史沫特莱——一个美国激进分子的生平和时代》一书中披露："他的诗词在过去几周内有了明显的进步。"这表明，毛泽东写给吴莉莉的诗，不止一首。

值得注意的是两个细节：其一，在毛泽东一生中，只为杨开慧、丁玲、吴莉莉、江青四位女性写过诗词；其二，毛泽东的诗词创作从1937年写给吴莉莉的诗词之后，再也没有诗兴，中断了六年之久，直到1943年为悼念国民党军抗战殉难烈士戴安澜做了一首诗。

海伦·斯诺在她的《延安采访录》一书中，有一节《同毛泽东共进晚餐》，内中写及"莉莉"，即吴莉莉：

今天是（1937年）5月31日。我在门外的小炉子上烤了两块白薯，要了两筒菠萝罐头。翻译莉莉小姐炒了辣椒和鸡蛋。史沫特莱还在餐厅要了白菜汤。除了小烧饼外，还有大锅饼。

傍晚，景色非常美丽，就像马克斯菲尔德·帕里什的油画，是那样的清晰，那样蔚蓝。毛泽东看着艾格妮丝·史沫特莱给她的花浇水，并闻了闻两盆玫瑰花。他问我，美国人最喜欢我种的是什么花。我说是玫瑰。

两只小狗不见了。史沫特莱的卫兵和另一个卫兵打起架来，那个卫兵打过他的狗。他经常打架（指的是她的小鬼）。她的特务员患过肺炎，身体很虚弱。她想给他一些牛奶和可可粉，可是他不要。她那位新来的特务员看起来像J. E. 布朗。我问他是不是爱尔兰人，他说："不，是陕北人。"他干活很利索，脸上有一对酒窝，总是挂着微笑。

连队住的山坡下有一个广场，操练拼刺的喊杀声响彻整个山谷。"那是回声，"艾格妮丝说，"你站在山顶上可以听见毛泽东演讲。"他们唱《狄克西兰》，一直唱了半个小时。我想给他们教教《斯特恩之歌》,莉莉会这首歌。我们经常在一起唱许多古老的歌曲。

毛泽东躺在炕上,枕着史沫特莱的铺盖卷(吉姆·贝特兰曾经使用过。我把吉姆给我的那件红衬衣送给了王汝梅)。饭菜弄好后,我们喝了白干。莉莉喝得太多了。毛泽东说,他也喝得太多了。整个晚上,他同莉莉拉着手,她依在他的膝上,显得并不陌生。史沫特莱一直在咳嗽,可她不想去治疗。她屋里经常备有优质红茶,是利普顿牌的。
……

艾格妮斯经常用扑克牌玩单人纸牌游戏、算命,非常有趣。除了丁玲外,我们在延安找不出一个"危险的"妇女可以同莉莉相匹敌,丁玲可算一个,不过她现在也太胖了(原注:莉莉是个女演员,留着长长的卷发,非常漂亮。她最近刚到延安,当英语翻译。我写了她的生平)。艾格妮斯和我假装争夺徐海东,把毛泽东逗乐了。①

在海伦·斯诺笔下,"整个晚上,他同莉莉拉着手,她依在他的膝上",表明毛泽东与吴莉莉的关系非同一般。

终于,贺子珍忍无可忍,爆发了"吴莉莉风波"。

史沫特莱曾经把"吴莉莉风波"告诉埃德加·斯诺。斯诺在史沫特莱去世后,在日文版《毛泽东的离婚》一书中讲述了这一风波。斯诺先是写及贺子珍与史沫特莱之间产生的矛盾:

延安的妇女们开始注意到男人中有一种挑战的意味。她们怀疑史沫特莱是主要祸根。比如,她们认为一个外国女人用那么多时间同她们的丈夫在她窑洞里谈话实在是怪事。……

正是毛的妻子贺子珍最不喜欢史沫特莱。反过来,史沫特莱坦率地表示,她认为贺子珍过的是苍白的、修道院式的生活,她不具备一个革命领袖妻子的必要条件。史沫特莱对贺子珍的冷淡就表明了她的看法。结果,两人之间虽没有发生什么争吵,但相互敌视是很深的。

史沫特莱有个习惯,常讽刺年轻的共产党官员们怕老婆。她半开玩笑地对他们说,如果他们自己不能从妇女的压迫下解放出来,也就不可能解放全中国……史沫特莱把西方舞引入延安,使一些人忍无可忍,她激起了妻子们的公开反对。
……

在一封信里,史沫特莱有趣地写道:"毛说因为妇女不会跳舞,她们全都反对跳舞。"还写道:"我还没有用跳舞腐蚀毛,不过很快就可能成功。他想学跳舞唱歌以备有机会出国,因而他必须学会最新的狐步舞。"②

---

① 海伦·斯诺:《延安采访录》,贵州人民出版社1989年版,第134—136页。
② 据云汀、张素兰:《毛家兄弟与贺家姐妹》,江苏文艺出版社1996年版,第206—207页。

史沫特莱在延安首倡舞会。史沫特莱在《中国的战歌》一书中写及："在延安召开的一次高级军事干部会议期间，我试着教他们一些人如何跳舞，他们勤奋好学，每事必问，不怕丢面子。朱德同我破除迷信，揭开了交际舞的场面。周恩来接着也跳了起来，不过他跳舞像一个人在演算一道数学习题似的。彭德怀喜欢作壁上观，但不肯下来跳一次舞。贺龙在青砖铺的地上随音乐旋律一起欢跳，他是身上唯一有节奏感的舞师。"

毛泽东对于跳舞，有着自己独特的理解。毛泽东说，"跳舞就是照着音乐走路。"

毛泽东后来回忆说："在延安我们也经常举办舞会，我也算是舞场中的常客了。那时候，不仅我喜欢跳舞，恩来、弼时也都喜欢跳呀，连朱老总也去下几盘操（形容朱德的舞步像出操的步伐一样）。但是我那位贵夫人贺子珍就对跳舞不喜欢，她尤其对我跳舞这件事很讨厌……"[①]

斯诺在日文版《毛泽东的离婚》一书中写及了吴莉莉其人：

吴莉莉是晚间举行"交际舞"的明星。她也是延安"现代剧"剧团的主要演员。她的特长是扮演西方戏剧中的主角，与延安那些呆板的妇女相比，吴好像神话故事中一位鲜艳夺目的公主。对长期生活在农民中间的延安男人来说，吴不只是有一张漂亮的脸蛋，她可同中国历史上最有姿色的女人杨贵妃相媲美。

史沫特莱与大多数领袖谈话都是吴做翻译。史沫特莱和她是女搭档，亲密朋友。通常当高级领导人不带妻子去拜访吴时，史沫特莱就充当吴的女伴。

红军正在享受几个月战争间歇的和平。春意融融，嫩禾染绿了红色的土地，海棠花竞相开放。终于摆脱了连年战争的毛泽东，阅读大量书籍，撰写政治和哲学方面的论文。鲜为人知的是毛泽东还写了大量的诗以指导吴莉莉。太阳一落山，毛在开始工作前，常常带着一个警卫员到史沫特莱的窑洞去，他们边喝米酒或茶边聊天。他对外国表现了极大的兴趣。毛和史同年，他详细询问了她的经历，包括她的爱情生活。毛读过一些译成中文的西方人的诗，他问史沫特莱是否体验过像拜伦、济慈和雪莱这类诗人赞美的浪漫的爱情。

史沫特莱谈到了她和查托的婚姻，他们作为情人和同志如何共同为印度的自由而斗争。她说查托是她一生中仅有的真正爱情。接着，毛想确切地知道，"爱情"对她意味着什么，她和查托在日常生活中怎样表达爱情。如果他们的婚姻是精神和肉体的结合，为什么两人争吵以致最终分手？

史沫特莱后来对我（指斯诺）说："他（毛泽东）孩子般的好奇使我惊讶。"还有，"他说他怀疑从西方小说中读到的那种爱情是否真的存在，它到底是什么样。在他认识的人当中，我似乎是第一个体验过这种爱情的人。他似乎觉得在某些事上若有所失。"吴莉莉好像在他内心深处唤醒了一种微妙的、细致的感情及青春的热望。她（吴莉莉）总是在毛和史谈话中充当中间人，而我们可以假定毛向史提出的

[①] 据尹纬斌、左招祥：《贺子珍和她的兄妹》，中国广播电视出版社1998年版，第178页。

某些问题是直接对着吴莉莉的。吴莉莉是那么生气勃勃、敏感、优雅,每当史与毛讨论罗曼谛克的爱情时,她感到对话是说给莉莉听的。讨论过程中毛做诗,莉莉当然比史更欣赏毛的诗。莉莉以毛诗中所用的韵律赋诗作答,这使毛很高兴。他们详细讨论解放后新社会中男女平等条件下的男女关系,这些思想进入了以旧诗词的形式写的诗篇。[①]

斯诺在日文版《毛泽东的离婚》一书中,详细写及吴莉莉的出现使贺子珍陷入不快之中,贺子珍不时地发脾气,甚至发展到打了吴莉莉,发生了"吴莉莉风波":

有一个夜晚,史已经睡下,窑洞外面有布鞋走路的声音,她听到毛泽东轻柔的南方口音,他是去隔壁莉莉的窑洞,洞里的灯还亮着。史沫特莱听到敲门声,门打开又关上。她刚想重新入睡,忽听一阵急促的脚步冲上山来。接着,吴的窑洞门被推开。一个女人尖利的声音划破了寂静:"混蛋!你想欺骗我,溜到这个资产阶级舞女家里来。"

史跳下床,披上外衣,跑到隔壁窑洞。毛的妻子正用一个长长的手电筒打毛。他坐在桌旁的板凳上,仍旧戴着他的棉帽子,穿着军大衣。他没有制止他的妻子。他的警卫员立在门旁,显得很尴尬。毛的妻子狂怒地大喊大叫,不停地打他。一直打到她自己上气不接下气才停手。毛最后站起来。他看上去很疲倦,声音沉着严厉:"别说了,自珍。我和吴同志之间没有什么见不得人的事。我们不过是聊天。你作为一个党员,正在毁掉自己,你干的事情你应该觉得可耻。趁别的党员还不知道,赶快回去吧。"

毛的妻子突然转向吴莉莉。吴背靠着墙,像一只吓坏的小猫。贺骂道:"舞厅的婊子!你大概和什么男人都勾搭,还想欺骗主席?"接着她走近吴莉莉,挥起手中的电筒,另一只手抓她的脸,揪她的头发。血从莉莉的头上流了下来,吴跑向史沫特莱,躲在她背后。

毛的妻子又转向史:"帝国主义分子!"她喊道,"都是你闹出来的,回你自己的家里去。"接着她用手电筒打这个"洋鬼子",史沫特莱可不是好欺侮的,一把将贺推倒在地。毛的妻子躺在地上尖声喊道:"你算什么丈夫?还算是男人吗?你是共产党员吗?我就在你眼皮底下挨这个帝国主义分子的打,你一声也不吭。"

毛责备妻子道:"她没有惹你,是你打她的。她有自卫的权力,是你羞辱了我们。你的行为简直像美国电影里的阔太太。"毛气愤已极,但尽力克制着,他命令警卫员扶起他的妻子送她回家。贺不甘罢休,不肯起来,毛不得不叫来另外两三个警卫员,最终使歇斯底里的贺离开了。他们下山时,毛默默无语地跟在后面。许多人从自己的窑洞里惊奇地望着他们走下山去……[②]

---

① 据云汀、张素兰:《毛家兄弟与贺家姐妹》,江苏文艺出版社1996年版,第207—209页。
② 据云汀、张素兰:《毛家兄弟与贺家姐妹》,江苏文艺出版社1996年版,第209—210页。

王行娟在她所著《李敏·贺子珍与毛泽东》一书中，这么写及这场风波：

> 在史沫特莱和女翻译（即吴莉莉——引者注）来到延安之后，他们夫妻之间有过不愉快的争吵。毛泽东是个以文会友的人，对于谈话投机的人，不分男女老少，一律热情相待。他觉得同史沫特莱和女翻译的谈话很愉快，很有益，接触就多了些。
>
> 这本是极正常、极普通的事情，但是在一些"男女授受不亲"封建思想浓厚的人看来，似乎是不正常的事情了。还有一些多事的人把无中生有的不实之词，传到贺子珍的耳朵里，甚至有人给她提出了忠告。本来对这两个新派人物有些看不习惯的贺子珍，顿时心乱如麻，无法平静下去。
>
> 有一天，贺子珍外出以后回家，经过一个窑洞，发现毛泽东的警卫员在门口站岗，她料到毛泽东就在里面，就推开门往里走。毛泽东果然在里面，同他在一起的，还有那位女作家和女翻译。这可能就是那位女作家的住所，他们三人谈兴正浓，神采飞扬。
>
> 贺子珍一见到这般情形，曾听到过的传言顿时涌上心头，脸色阴沉下来。
>
> 屋里本来热闹的气氛霎时消失，安静得没有一点声音。这是极尴尬的局面。那位活泼的女翻译想打破沉寂，就笑着拉贺子珍坐下。贺子珍想摆脱对方的拉扯，但摆脱不开，不由得使了点劲，嘴上还说："你少来这套！"她最后那一下子，力度大了点，不仅把女翻译的手甩开了，而且使她站立不稳，几乎摔倒。于是这位女士叫嚷了起来，连哭带闹的。
>
> 不知她叫嚷时用的是什么语种，也不记得她都说了些什么，其结果是那位女洋人出来打抱不平，并且向贺子珍动了手。
>
> 贺子珍的挨打是很冤枉的。站在门外的警卫员听到屋里一片嚷嚷声，不知道出了什么事，连忙推门进来。他看到那位女作家气势汹汹地要打贺子珍，就想过去拦阻。这位小战士没有拉架的经验，他本意想保护贺子珍。这样，他应该去拉那两只要打人的手，他却用双手把贺子珍的双臂夹住，让贺子珍动弹不得，使她失去了保护自己的能力，无法抗拒对方的攻势。于是，人高马大的史沫特莱一拳打到贺子珍的右眼上，她的右眼顿时充血，黑了一圈。
>
> 正当她要挥出第二只拳头时，毛泽东说话了。他先对贺子珍说："子珍，你干什么，你疯了？"然后又对那位洋人说："你不能再打。你有什么话，你对我说。"说完，他把贺子珍带走了。
>
> 贺子珍被打的眼睛肿得像个大核桃，无法出门。每当人们问她你的眼睛怎么样啦，她都不愿说出真情，只是说自己不小心撞的。
>
> 贺子珍自己叙述的经过就是这样。从她的叙说中可以看到，挨打的是她，而延安当时流传的是她打了人，而且传言中说成是她打了毛泽东。贺子珍曾经委屈地说我怎么可能打主席呢，论力气我也不是他的对手呀。[1]

---

[1] 王行娟：《李敏·贺子珍与毛泽东》，中国文联出版公司1993年版，第33—34页。

关于"吴莉莉风波",与史沫特莱、吴莉莉相邻而居的李德是当时的目击者之一,在他所写的《中国纪事(1932—1939)》①中也曾详细写及。李德本名奥托·布劳恩,德国人,当年共产国际派往中共的军事顾问,毛泽东的政敌。1935年1月遵义会议所批判的,主要就是李德,毛泽东取李德而代之,掌握了红军指挥权。鉴于李德对毛泽东颇为反感,他的回忆录也明显地带有偏见。不过,他毕竟是那段历史的目击者,他的回忆可供参考:

> 1937年夏天或秋天,艾格妮斯·史沫特莱和埃德加·斯诺的夫人来到延安(我在一本书中看到,说是斯诺本人,其实不是)。艾格妮斯·史沫特莱为自己写朱德搜集材料,这本书名为"伟大的道路",1958年出了德文版。因为她几乎不会讲中文,于是就派吴莉莉给她当翻译,这位女翻译英文讲得很好。毛泽东常常看望这两个美国人——有几次我也在场——这样也就认识了吴莉莉。由于艾格妮斯·史沫特莱从中介绍,毛泽东和吴莉莉常常在马海德的住处见面,关于这些事我一点也不知道,因为他们见面的时间总是安排在我不在场、可能马海德也不在场的时候。毛的夫人贺子珍是一位游击队员,受过伤,参加过长征。她知道了上述情况,对毛进行威吓。1937年至1938年间的冬天,我亲眼见到在毛的房间里(不是在他的窑洞)发生了一场激烈的争吵。……

维特克在《江青同志》一书中,也写及吴莉莉(吴丽丽)引出的风波:

> 在1968年再版的《红星照耀中国》中,埃德加·斯诺曾提到过吴丽丽这个人。她是位女演员,曾令毛迷醉过,并且无疑是后来的江青的前奏。三十年代后期吴丽丽作为艾格妮斯·史沫特莱的译员来到延安。后者是一位记者,并且是中共领导人的朋友。吴丽丽是位招人眼的女子,风姿绰约,并很有天分,也很有自己的见解。在当时都留运动短发、不抹脂粉的延安,她一如既往地留着披肩烫发,涂浓艳的口红(她从上海带来的)。1937年5月毛拜访史沫特莱,恰逢还有吴丽丽、斯诺夫人(即尼姆·威尔斯)也都在座用晚餐。同许多在延安的年轻的政治狂热分子一样,吴丽丽崇拜毛。当他们都酒酣兴浓时,她大胆地要毛握住了她的手。
>
> 贺子珍听说了这件绯闻——而传言是否要比斯诺夫人看到的要多,人们就不得而知了——她正式指控吴丽丽使她丈夫移情别恋。毛否认了这一指控。据斯诺的说法,其结果便是吴被流放出延安。
>
> 难道被放逐的吴丽丽真的是江青的先锋官不成?尽管江青没有专门指明她与毛交往的时间,但毛的对手张国焘的妻子杨子烈却从侧面告诉了我们这一点。1938年早春杨从上海到了西安八路军办事处。在那里她被安排和贺子珍住在一个房间。一脸病容的贺向她介绍说她是毛泽东的妻子。杨子烈问她为什么不在延安和她的丈

---

① 李德:《中国纪事(1932—1939)》,现代史料编刊社1980年版。

夫及同志在一起。贺说她想去莫斯科看病，不想回延安。"泽东对我不好"，她解释说，"我们总是吵架。他摔板凳我就摔椅子！我知道我们完了。"

"吴莉莉风波"引出严重的后果。珍妮斯·麦金龙、斯蒂芬·麦金龙所著的《史沫特莱——一个美国激进分子的生平和时代》一书，这么写及：

> 翌日早晨，全城都在议论这件事。毛不得不重视它，他召开了中央会议，讲明了事情的经过，并听凭中央作最后裁决。会议决定将此事当作"秘密事情"处理，发布了禁止议论此事的命令。但谁也制止不了毛夫人，她召集了许多延安夫人，以求得她们的支持，还要把史沫特莱和吴丽丽驱逐出延安。事情在闹大，愈益不可收拾。最后，毛找到史沫特莱，对她说："我们曾发誓对那令人不愉快的事只字不提。但是，我的妻子没有遵守诺言，现在城里到处流言蜚语，令人不能容忍。我认为现在应该采取公开行动，驳斥流言蜚语。这次我要和子珍彻底决裂。我说出离婚的理由，人们就会明白事实真相。因此你不必再保密了，愿意的话，你可以说话，为你自己辩护。"
>
> 毛请求中央同意离婚以彻底解决问题。此时正值卢沟桥事变发生，延安进入战备状态。中央迅速地作出了决定，正式批准毛离婚。贺子珍受到了批评，很快离开了延安，在西安稍作停留之后，便飞往莫斯科。吴丽丽也被逐出延安，她烧掉了毛的诗稿，加入了丁玲率领的"西北战地服务团"，开赴山西抗日前线。而史沫特莱，成了更加不受欢迎的人，她决定离开延安。

史沫特莱所说的"中央迅速地作出了决定，正式批准毛离婚"似乎是不确切的。贺子珍离开延安时，并没有与毛泽东离婚。

不过，维特克在《江青同志》一书中，引用斯诺的著作，有类似的说法：

> 她（指贺子珍——引者注）正式指控吴莉莉使她丈夫移情别恋。毛否认了这一指控。据斯诺的说法，离婚因而是由中央委员会的一个特别法庭裁定的，其结果便是吴和贺都被流放出延安，而后者我们知道，去了俄国。

维特克称吴莉莉是"江青的先锋官"，意即为江青成为毛泽东夫人铺平了道路。

史沫特莱在即将离开延安时，因为从马背上摔了下来，在延安多呆了一段时间，到9月初"毛泽东断然命令她离开延安"，便与斯诺夫人一起，告别了延安。

"吴莉莉风波"的后果是导致三个女人离开延安：

1937年8月底，吴莉莉离开延安，去了西安；

1937年8月底，贺子珍离开延安，后来辗转去了莫斯科；

1937年9月初，史沫特莱离开延安，去了北平。

不早不晚，恰恰在这个时候，1937年8月底，一个比贺子珍、吴莉莉更加年轻的女性进入延安,进入感情蒙受打击而处于郁闷、孤独的毛泽东的世界。她就是改名江青的上海影剧演员蓝苹。

那三个女人离开延安,并非江青引起,与江青无关。然而那三个女人离开延安,却给江青创造了难得的"真空"。

海伦·斯诺曾经这样评论毛泽东:"毛泽东是一个特别喜欢女人的男人,但不是普通的女人。他喜欢一个富有女人味的女人能为他营造出一种家庭气氛,他欣赏美丽、漂亮和才智以及对他本人和他的思想的忠贞。他不畏惧有独立头脑的人,不拒绝口红和卷发。"

正因为这样,当"美丽、漂亮和才智"以及对毛泽东和他的思想忠贞的吴莉莉之后,另一个"美丽、漂亮和才智"以及对毛泽东和他的思想忠贞的江青出现在毛泽东面前,理所当然受到毛泽东的青睐。

难怪有人曾经这样评论贺子珍、吴莉莉和江青:"贺子珍的争强好胜葬送了自己的婚姻,她是悲哀的;吴莉莉曾经与毛泽东是那么接近,但她的命运不济,她是可怜的;江青是幸运的,吴莉莉为她创造了机会,江青也把握了机会,终于与毛泽东白头偕老。"

顺便提一下,几年之后,当曾志(当时任中央妇委秘书长,陶铸夫人)从广东来到延安问毛泽东为什么要离开贺子珍,毛泽东说:"不是我要离开她,而是她要离开我。她脾气不好,疑心大,常为一些小事吵架。有次一位外国女记者采访我,美国女人开放无拘无束,我也爱开玩笑,我们又说又笑,这就激怒了贺子珍,她不仅骂了人家,两人还动手打了起来。我批评她不懂事,不顾影响,她不服,为此我们两人吵得很厉害,一气之下贺子珍说要去西安,然后到苏联治病,她身上有十一处弹片。我希望她能回来,写了封信,派警卫员送去西安并接她回来。但贺子珍不回,却捎回一方白手绢,上面写了诀别信,不久就去了苏联。这封诀别信,至今还保存在我的铁箱子里。"[1]

不言而喻,毛泽东在跟曾志谈话时,略去了"吴莉莉风波"。

据说,吴莉莉是"被礼送"离开延安的。毛泽东在与吴莉莉离别时说:"你是好女人,但不适合搞政治……"

又据称,"吴莉莉风波"使吴莉莉引起中共情报部门的注意,怀疑她是"美国中央情报局派来的战略情报人员"(其实是子虚乌有),强制她离开延安,不让她再与毛泽东见面。

就在吴莉莉被中共情报部门怀疑为"美国中央情报局派来的战略情报人员"时,她一到西安,却被国民党当局视为货真价实的"共谍",把她逮捕。

这时,曾经与吴莉莉协议离婚的张砚田正在西安担任胡宗南第七分校的政治部主任,把她从狱中救了出来,复婚。

吴莉莉与张砚田育有一子一女。儿子叫张小芒,女儿叫张小菲。

然而,吴莉莉始终不能忘情于毛泽东。据香港媒体报道[2]:

---

[1] 曾志:《一个革命的幸存者:曾志回忆实录》下册,广东人民出版社1999年版,第329页。
[2] 朱汉生:《吴莉莉后来的故事》,香港《开放》月刊2007年第1期。

往往在吃饭时,她会站起身来,举杯高呼:"为那位北方的伟人祝福!"眼中放出异样的光彩。

有一次她与闺中密友雷锦章(其夫是原西北大学校长张光祖,也是吴莉莉在北师大的同学)闲谈,吴莉莉始终认为中国民主自由的希望在毛泽东的身上,一谈起"北方的那位伟人"竟然泣不成声,连手中的烟卷熄灭了,烟灰跌落在白缎子旗袍上都不知道。后来竟然失声痛哭起来。

又据称,吴莉莉与张砚田感情不好。虽然在人们面前,夫妻二人卿卿我我,亲密和谐。但是一关上家门,就形同路人,谁也不再理谁。就连张砚田在外面与两个歌女鬼混,吴莉莉也不闻不问,置若罔闻。

1949年,张砚田一家在成都。中国人民解放军在刘伯承、邓小平、贺龙率领下,东西夹击,合围成都。张砚田带着两个孩子乘飞机前往台湾,而吴莉莉坚持要留在成都,拒绝同行,躲到好友雷锦章家。

据朱汉生称,张砚田到台湾一个月后,有一天,一队国民党士兵突然闯入张光祖和雷锦章的家,从卧室的大衣柜里把吴莉莉揪出来,她虽然竭力挣扎,哭哭啼啼,最终还是被强行拖上汽车带走,送到了台湾。

张砚田在台湾任台湾农学院院长、台湾糖业公司董事长,还曾担任"经济部政务次长",著有《人口与饥饿》、《中国土地政策导论》、《现代中国土地政策》等书。1986年病逝于台湾。

吴莉莉则在毛泽东去世的前一年——1975年病逝于台湾,终年64岁。儿子张小芒死于帕金森病;女儿张小菲则移民美国,成为经营中药材的富商。

张砚田在与吴莉莉结婚之前,曾经在13岁时与一位年长他4岁的女子结婚,育有一子,名叫张依群。张依群在中国大陆长大。据张依群在《我的父亲张砚田》一文中说,在"以阶级斗争为纲"的年代,因为他有这样一位父亲,坎坷了半生。特别是"文革"十年浩劫中,他受在台湾的父亲株连,备受煎熬。"文革"之后他当了十年河北省人大代表,担任了河北省乐亭县政协第二、三、四届副主席。他还担任电力部的攻关课题组主持人,获得过电力科学研究院的技术进步一等奖。

据朱汉生称[①],吴莉莉离开成都时,有一个手提箱没有被拿走,存放在张光祖和雷锦章夫妇家。其中装着毛泽东写给她的四十多封信件、诗词和一本有毛泽东亲笔题词的线装书《聊斋志异》。毛泽东在《聊斋志异》上写着"润之赠吴莉莉"。成都解放之后,中共有关部门派人到张光祖和雷锦章夫妇家,把毛泽东那些书信收走了,并严词警告他们:"此事不许告诉任何人!"

朱汉生说,雷锦章喜爱毛泽东写给吴莉莉的那些情诗,曾悄悄抄录了一份,把它们和那本有毛泽东亲笔题词的线装书《聊斋志异》深藏了起来。他们的孩子张宗爱小时候曾

---

① 朱汉生:《吴莉莉后来的故事》,香港《开放》月刊2007年第1期。

经读过,印象颇深,便向母亲索取,但雷锦章怕他惹事,只是答应,将来他长大了,可以把这些东西遗留给他。可惜在"文革"中毛泽东亲笔题词的线装书《聊斋志异》以及书信抄件不知去向。

在笔者看来,由于吴莉莉有相当好的文学修养,毛泽东赠线装书《聊斋志异》给吴莉莉是可信的。毛泽东曾经写诗给吴莉莉,也可以从史沫特莱的著作中得到佐证,但是毛泽东写给吴莉莉的信有四十多封之多,恐怕系讹传。

史沫特莱称,毛泽东与吴莉莉的交往,仅限于精神层面。这一评价是公允的。

对于毛泽东的精神世界而言,吴莉莉只是一颗匆匆而过的流星。然而毛泽东却深深烙在吴莉莉的心中,成为影响她一生的一颗恒星。

贺子珍后悔终生

对于"吴莉莉风波",后来贺子珍在向王行娟回忆往事时,并不否认:

> "有些事情,我看不惯,火气就特别大。"大姐(指贺子珍——引者注)谈到这里时很激动,说道:"我认为他变了,和井冈山、瑞金那个毛泽东不一样,于是就经常跟他吵。起初他不理我,后来就干脆搬到另外一个窑洞去住了。"
>
> 她提起这段"公案",使我想起了人家告诉我的一个故事,于是问道:"大姐,说有一回你看见主席和一个外国女记者谈话,上去就给那个女记者一个耳光,是这样的吗?"
>
> 她笑了笑,未置可否,又继续按自己的思路说下去:"他要是陪我吵,跟我吵,我会好受些,而采取这种态度我就伤心透了。这是以前不曾有过的,我认为他对我淡漠了,疏远了……"

此后,便是日日夜夜、无止无休的思念,以及一个比一个更令人失望的梦幻了。

贺子珍的体质越来越差,特别是她的头部、背部曾经受伤,弹片隐隐作痛。她要求前往西安,从那里转往上海治病,以取出弹片。毛泽东起初没有同意,贺子珍再三坚持。

就在这时,发生了另一桩使贺子珍不快之事,她不断地呕吐,又一次怀孕了。

"我生孩子生怕了!"贺子珍为此坚决要求前往西安,一则治病,二则做人工流产手术,再也不生孩子。

毛泽东不得不同意了。

于是,贺子珍把娇娇托付给奶妈,单身前往西安。

海外有不少书籍、文章,把贺子珍的出走,说成是江青作为第三者插足毛泽东家庭,甚至绘声绘色描述贺子珍如何在延安窑洞里跟江青吵架。其实,尽管江青在上海干过第三者拆散别人家庭的事,而贺子珍去西安,却跟江青毫不相干。

贺子珍去西安时,曾在那里的八路军办事处跟张国焘夫人杨子烈相遇。因此,查明杨子烈何时去西安八路军办事处,便可以推定贺子珍去西安的时间。

据张国焘在回忆录《我的回忆》中说,当时他和妻子杨子烈分别已经"约六年半"。杨子烈求助于南京八路军办事处,才来到西安,然后进入延安。杨子烈到达延安是"1937年9、10月间"。因此,贺子珍离延安去西安,也就是"1937年9、10月间"。另外,贺子珍后来没有做人工流产手术,那个孩子还是生了下来,是个男孩子,出生的时间是1938年5月。由此推算,贺子珍离开延安的时间是1937年10月。

那时,江青进入延安不过一个多月,正住在第三招待所接受党籍审查;何况,江青进延安之初,所追求的是徐以新(后来曾任延安鲁迅艺术学院训导主任),并非毛泽东。

正因为这样,贺子珍的离去,确实并不是江青所造成的。江青这一辈子从未曾跟贺子珍见过面,所以她跟贺子珍"在延安窑洞里吵架"纯属子虚乌有的传说。

不过,贺子珍的走,恰恰给江青提供了乘虚而入的绝好机会!

历史竟会这样的凑巧:不早不晚,就在贺子珍离开延安的时候,江青进入延安!

贺子珍到了西安,在那里住了一阵子。11月底,王明、康生、陈云从莫斯科坐飞机经迪化、兰州来到延安,这消息促使贺子珍产生了去苏联治病的念头。

于是,她由西安坐汽车来到了兰州。中共驻兰州办事处主任谢觉哉是毛泽东的老朋友,曾劝说贺子珍回延安,可是贺子珍还是坚持要走。

事后,谢觉哉曾说:"要是知道后来的事情搞成这个样子,我那时候说什么也不会让她走。"

贺子珍由兰州坐汽车来到新疆迪化,在那里等待着搭乘飞往苏联的飞机。

毛泽东曾托人带口信给贺子珍,希望她回延安。后来,又给她发去电报,劝她回延安。贺子珍是一位个性倔强的女性,仍坚持自己的意见。

张闻天夫人刘英,当年曾与贺子珍一起去苏联。刘英这么回忆:

> 我同蔡树藩、钟赤兵和徐梦秋是1937年11月离开延安的,到西安时增加了一个贺子珍。她那时正怀着身孕,是同毛主席闹了别扭跑到西安去的,已经在八路军办事处住了一阵。
>
> 抗日战争爆发以后,打通了西安—兰州—迪化(今乌鲁木齐)的交通线,有条件把我们这些病号、伤号送到苏联去治疗。我们这一行中,蔡树藩打仗时被炮弹片削掉了右胳膊;徐梦秋冻坏双腿截肢;钟赤兵在长征中右腿负伤锯了。他们都要到苏联去配假胳膊、假腿。我在长征中犯下了肠胃病,这时又染上了肺结核,延安没有药治,送到苏联去。
>
> 我们一行到兰州时,遇上王明回国,斯大林派专机送他们,也到了兰州。王明架子大,要陈云同志来八路军驻兰州办事处打电报同延安联系飞机着陆等事,顺便看望我们,送我们一百美元改善生活。我们交给了办事处主任谢老(觉哉)。
>
> 在兰州,我们乘上运军火的飞机到迪化。这时,邓发已从苏联回国,担任迪化八路军办事处主任。从他那里知道,苏联1937年起肃反搞得很厉害,同被捕的苏联人稍有牵连的中国人不少被抓。同行的徐梦秋,听邓发讲了苏联情况很害怕,盛世才

又留他，于是他就没有继续走，在迪化当了新疆的教育厅长。后来此人跟着盛世才叛变了。

从迪化坐汽车到阿拉木图后，我们就搭上了西伯利亚大铁道的火车，直达莫斯科。在柳克斯公寓，王稼祥同志（这时他代替王明任驻国际代表）来，交代我们千万注意，不要同过去认识的苏联人和中国人随便接触、联系，不然要惹麻烦的。后来，为治疗方便，稼祥又把我们安排到郊外东方大学分校住。看病由苏联同志陪着，进城到克里姆林宫医院（即皇宫医院）。

我一直同贺子珍在一道。经过一年多治疗休养，我的肺病、肠胃病有很大好转，人也长胖了。她的情况却反不如前。她到苏联后生下了一个男孩，养到六个月不幸夭折了，葬在后面花园里。她伤心之极，天天到坟上去哭。毛主席又不给她写信。收到过一封信，只有三言两语，望你好好学习之类，所以她精神上非常苦恼。但她又很傲，不肯主动写信给毛主席……①

贺子珍在进入东方大学学习后不久，生下了她的第六个孩子。她以为既然来了，既然进了东方大学，那是很好的学习机会，不急于回延安。

遗憾的是，就在这个时候，江青夺走了她的所爱。

她的命运多舛：新生的儿子，才十个月，就因感冒转为肺炎而早逝！

就在她沉浸在丧子之痛时，从延安又传来令她心碎的消息——她听说毛泽东重新结婚了，但是她一直将信将疑，以为这是不可能的事。

直到1949年回国之后，她才确信自己走后被江青钻了空子，铸成大错。她大哭了一场。

贺子珍后悔莫及。这是她终生的后悔。可是，后悔已无济于事。

江青乘虚而入

据徐明清回忆，江青跟毛泽东恋爱的消息，在延安传得很快。

朱仲丽曾这么写及江青给毛泽东写情书的情形：

> 早春的延安，春寒料峭。
>
> 江青穿着海蓝色长毛绒大衣，头上戴了一顶薄薄的灰色军帽，帽顶推向后脑勺，使不太高的前额全部显露出来。她眉毛如柳叶，不浓不淡，那双眼睛流露出扑朔迷离的光芒。
>
> 她从宝塔山下往山上的边区医院走来，一眼看见正下山的、手中拿着听筒的朱仲丽，便停步："喂，朱大夫！"

---

① 刘英：《我和张闻天命运与共的历程》，中共中央党校出版社1997年版，第111—112页。

朱仲丽猛一抬头，也停止脚步，正好和江青打个不远的照面，对这位似曾相识的女同志打了一个招呼。

江青笑道："朱大夫，我认识你，而且即将成为你的病人了。"

朱仲丽惊问："你是谁？不舒服吗？"

江青表情丰富地动着脖颈："我是来住外科病房的。"她指着鼻子，"我要把这讨人厌的鼻息肉割掉呀！"

朱仲丽点点头，匆忙地回答："啊！原来是这样。那好，我现在急于去城内看门诊，再见。"她活泼地往山下快步走，一双红绒线织成的草鞋带着沙土滑了下去。

延安边区医院，外科病房一排排的窑洞，整整齐齐地在半山腰中，伴着雄伟的宝塔山。

这天傍晚，朱仲丽穿着白大褂，颈上的两只短辫，不时地跟着脖子摇动。她照例左手握着听筒，愉快地迎着偏西的太阳到邻近的山坡上去查病房。走至山坳处，抬头看见美国内科医生马海德。

"喂！又碰见你了，到内科查房吗？"朱仲丽主动打招呼问道。

马海德不高不矮，身穿八路军军服。头发黑卷，手中提着听筒和血压表，"哈罗！朱大夫，你下了门诊又去查外科病房，看，快吃晚饭了！"

他俩表情丰富地边笑边走。走到一岔路口，朱仲丽说："好，我们分路了，再见。"

马海德："再见，祝你好。"

朱仲丽口中哼着歌儿，活泼地滑下山坡。

朱仲丽跨进外科病房，立即向四位病人问好。

走至江青病床前："江青同志，你开刀后，只能用嘴呼吸，鼻已塞满了纱布，一定会难过的，不要紧，两三天就能取出来了。"

江青点头："如果可以的话，我愿意早点出院。"

朱仲丽手握听筒站在江青病床前："可以的。其实，你该早做手术，外面的条件比陕北好。你好好休息吧，不要写信了。"

江青忙把腿上的信纸叠好，放在一本书里，回答道："你该相信，我完全是因为太忙，水银灯下，舞台生涯，你可以想象，哪有治病的时间呢？"

"那我倒相信。"朱仲丽说完猛一抬头，发现病房门口站着个人，那人穿着灰色军服，向朱仲丽微笑。"啊，是你！警卫员同志，你是来看病的吗？"

警卫员："不是，"他手指着江青，"我等回信。"

朱仲丽恍然："啊，知道了。"说完回头看了一眼。

江青半躺在病床上，以两腿为桌，继续低头写信。

朱仲丽走出病房窑洞回头问警卫员："小王，你是……"

小王答道："我是送信来的。"

朱仲丽回看江青一眼，江青正情意绵绵地忙着写信。朱仲丽感到奇怪地问："是毛主席叫你送来的？"

小王聪明地只点点头,偷看江青一眼,抿着嘴笑。

朱仲丽走出了窑洞门,回头又轻声对小王说:"请代我向主席问好。"小王会意地笑了。①

由于江青与毛泽东热恋,不久,组织上再度找徐明清了解江青的历史情况。这一回,着重了解的不是江青的党籍问题,而是江青在上海的各方面的情况。徐明清明白,这是为了江青和毛泽东的婚事,组织上第二次对江青进行审查。徐明清所谈的,跟她原先为江青所写的证明材料差不多,但是她提到了江青在上海时生活上的那些浪漫事。

组织上除了向徐明清了解之外,也向来自白区的其他人作了调查。

毛泽东会看中江青,许多人感到不可理解。笔者看来,当年毛泽东的警卫员李银桥的一席话,倒比较客观:

> 那时的延安,生活环境异常艰苦,斗争形势也很严峻,到了延安受不了又离开延安的不乏其人。江青在这个时候来到延安,坚持下来了,还是应该肯定的。当然,投奔革命的不等于坚强的革命者,毛泽东曾多次指着江青鼻子训斥,你就是资产阶级个人主义,你是改不了的剥削阶级作风。这两句话给我的印象很深,也耐人寻味。我想江青如果没有积极投奔革命,毛泽东不会说这两句话;江青如果是成熟的优秀革命者,毛泽东也不会说这两句话。
>
> 敬仰爱慕毛泽东的女青年不少,以毛泽东的情况,不可能选一个各方面都糟糕,如某些文章说的那样一无是处的女人作妻子。
>
> 那时江青长得还是比较出众,头发乌黑浓密,系一根发带,发带前蓬松着一抹刘海,发带后面,曾经留过辫子,曾经让头发像瀑布一样披挂到肩际,眉毛弯弯的,眼睛大而有神,鼻子挺秀,嘴巴稍稍有些大,但是抿紧了嘴唇的时候还是别有一番动人之处。
>
> 她会唱戏,现在不少文章说她是三流演员。但在延安,在陕北,我们那时把她当明星看待。她唱戏唱得好。她表演的《打渔杀家》,中央首长很喜欢,毛泽东也喜欢。
>
> 她字写得好,也能写文章,特别是楷书写得好。
>
> 江青喜欢骑马,驯烈马,越凶越爱骑②。
>
> 江青不爱打枪,爱打扑克,织毛线,她织毛衣织得很好,能织出各种花样,会剪裁衣服,自己动手做,做得很漂亮。
>
> 那时,她比较能接近群众,给工作人员剪头发,讲点文化科学知识,教教针线活等。行军路上能搞点小鼓励,有时还给大家出谜语。有个谜语如今我还记得清:"日行

---

① 朱仲丽:《我知道的毛主席》,中国青年出版社1998年版。
② 江青喜欢骑马,这一爱好一直延续到"文革"中,她住在钓鱼台仍在空闲时骑马健身。

千里不出房,有文有武有君王,亲生儿子不同姓,恩爱夫妻不同床。"谜底是"唱戏"。

江青喜欢打扮,也会打扮。转战陕北期间,她不再长发披肩,梳成两条辫子,在脑后盘成一个髻。在女同志中,她总是显得比较出众,女青年喜欢叫她帮助梳妆,她也乐于帮助别的女孩子,毕竟是一种荣誉。她在冬天穿军装时候多一些。有时也穿深蓝色棉衣,剪裁合体,总要显出身段才行。夏天喜欢穿翻领列宁装,带卡腰。她满意自己的皮肤白皙,腰肢苗条,她乐意暴露自己的优点。

江青在表现她的种种优点之处的同时,也不断地暴露出她品质和性格上的缺点和弱点。她的骄傲,她的爱出风头,她的顽强表现自我,总想高居人之上的欲望,她从来不会替别人想一想的极端个人主义……

李银桥跟江青有过长期的接触,他对她的观察,评价,是比较中肯的。

笔者在访问徐明清时,她也如此说:"人是会变的。江青也有一个演变的过程。最初,她在俞启威的影响下,加入中国共产党,走过一段革命的道路。她到上海以后,在晨更工学团里工作,表现也还是可以的。但是,她后来进入上海戏剧界、电影界,明显地表现出争名夺利、爱出风头,生活作风乱七八糟,等等。……后来,随着地位的变化,她越走越远,以至篡党夺权,成了'四人帮'的头子,成了反革命集团的头子,成了历史的罪人。"

1938年4月,当鲁迅艺术学院在延安成立之后,江青调到那里,担任指导员。

1938年8月,江青得到重要调令,即调她到军委办公室当秘书。实际上也就是到毛泽东身边工作——对于江青来说,这是至关重要的一步。这时,江青进入延安正好一年。

关于毛、江"约法三章"

毛泽东毕竟是中共最高领袖,而江青又是那么一个在上海曾闹得满城风雨的影星,何况那时毛泽东和贺子珍并未办理离婚手续。因此,江青和毛泽东恋爱的消息传出,反对者大有人在。内中,最为激烈的反对者是张闻天。他认为,贺子珍是一位优秀的中共党员,有着光荣的斗争历史,又经过长征的艰苦考验,多次负伤,应该受到尊重。

另外,张闻天收到了王世英等的一封长信,反映了江青当年在上海的复杂历史情况。

王世英(1905—1968),山西省洪洞县人,毕业于黄埔军校第四期,与林彪同期。1925年加入中国共产党。曾在上海、南京、天津、北平从事地下工作,是中共资深的情报工作负责人。解放后担任中共山西省委书记、山西省省长。

当江青在上海被捕时,正值王世英在上海,曾组织过营救江青的工作。此后,江青在上海所闹的"唐蓝风波",王世英也一清二楚。

王世英在1938年奉命调往延安,得知毛泽东要与江青结婚,大吃一惊。他写了一封长信,给中共中央负总责的张闻天。他在信中详细反映了江青在上海的种种情况,认为毛泽东作为党的领袖,与这样的女人结婚不合适。

王世英写完信之后,觉得一个人署名,分量还不够。他在延安找到当年一起在上海从事地下工作的陈雷（后来曾任黑龙江省省长）、南汉宸、王超北、谢祥荫、余宗彦[①]等，共同署名，而且一一摁了指印，表示郑重其事[②]。

王世英后来在"文革"中遭迫害致死。南汉宸后来任中国人民银行行长，也在"文革"中遭迫害致死。王超北在1962年被康生下令逮捕，关押了近20年……

在江青和毛泽东结婚之后，消息传出，向中共中央去电、去信反对这一婚姻的还有：新四军副军长项英、中共江苏省委、严朴……

来自新四军军部的电报，明确地写着"此人不宜与主席结婚"。

伟斯、兆琼的《"神剑"与沉镖——扬帆传略》一文披露：

> 1939年，扬帆来到皖南新四军军部。副军长项英有次看了一张报纸上登载蓝苹（江青）在延安时的一些新闻报道，他指着报纸问扬帆："蓝苹在上海的情况怎样？"
>
> 扬帆如实谈出了他的看法，还声明："蓝苹被捕是实，是否自首不清楚。"项英则要扬帆把讲的情况和意见写一份书面材料，并拟了一份电报打给康生，电文末尾他加上："此人不宜与主席结婚。"[③]

■ 蓝苹成为江青之后，上海报纸刊登《蓝苹的往事》

扬帆，20世纪50年代曾以"潘杨案件"震惊全国，"潘"即潘汉年，"杨"即扬帆。

扬帆原名石蕴华，江苏常熟人氏，1912年生。他出自名门，自幼喜爱诗画，1932年以初中文化水平考入北京大学中文系。1935年夏在南京国立戏剧学校任训导处秘书，介入戏剧界。

1937年3月，他改名殷扬来到上海，8月加入中共。

扬帆在上海影剧界活动，跟唐纳等均熟悉，所以知道蓝苹。他也认识蓝苹。

1989年出版的《扬帆自述》一书中，他这么谈及往事：

[①] 余宗彦：《王世英，他没有看错江青》，《炎黄春秋》2006年第5期。
[②] 王凡：《知情者说》之二，中国青年出版社1997年版，第4页。
[③] 伟斯、兆琼：《"神剑"与沉镖——扬帆传略》，《大江南北》1989年第4期。

那是在1939年，第三战区国民党办的一个报上登载了蓝苹（即江青）在延安的一些所谓新闻，我当时担任军部的秘书，和项英同志经常接触，项英同志问我是否知道蓝苹其人，我如实地说明我在上海时认识她，而且和她原来的丈夫也认识。唐纳曾是《大公报》副刊编辑，也是电影演员，经常写电影评论和介绍话剧等文艺活动；唐纳还参加了我任主席的"上海影评人协会"的组织，我们每周都要碰一次头或在一起聚餐。江青是一名影剧演员，原是党员，被敌人逮捕过，但是否自首我不清楚。我也讲了关于她个人生活作风等情况和一些看法。项英同志要我把讲的情况和意见写一份材料，并拟了一份电报给延安的康生。电文上他最后加上"此人不宜与主席结婚"的一句话。这件事，我再也没有对别人讲过。①

当时项英打电报给康生，是因为康生兼任中共中央社会和情报部部长。
为了这份电报，扬帆后来吃尽苦头，这将在后面述及。
当时的中共江苏省委，也发来电报。
1937年扬帆在上海影剧界从事地下工作时，是受沙文汉领导的。沙文汉在解放后任中共浙江省委书记，也曾受"潘杨案件"的株连。沙文汉夫人陈修良，曾任中共南京地下市委书记。她在1990年发表《刘晓在上海》忆及刘晓的情况：

1979年，他到上海治病，我几乎每星期都去看望他一两次。在这期间他还能记起旧事，断断续续地同我谈了他的遭遇和历史上的一些问题，从他的谈话中我了解了不少过去不太清楚的问题。

他说："我们弄到这种地步（指刘晓在"文革"中被整——引者注），是同江苏省委时期反对毛主席和江青结婚的事有关。"1939年周总理（这是人们对周恩来的习惯称谓，尽管他在1949年才成为总理——引者注）曾打来一个电报给省委，问江青的历史情况。我们省委负责人联名回电，一致反对，认为江青历史上不清白，生活腐化，毛主席不宜同她结为夫妇。这个电报落在康生手中，江青当然会知道，于是种下了深仇的根。

刘晓是湖南辰溪人。1927年在上海参加过三次武装起义，和周恩来颇熟。此后他在上海从事地下工作多年。1932年被派往福建，曾任中共福建代理书记。他参加了长征。1937年5、6月间，奉中共中央之命，前来上海，重建遭到严重破坏的中共上海党组织，建立中共上海临时委员会。"临委"之下，设立群众工作委员会。"群委"由五人组成，其中之一便是陈修良，另一位则是王洞若——江青正是通过王洞若这一关系，得知徐明清在西安的地址，从上海来到西安的。1937年11月，鉴于上海已被日军占领，根据中共中央指示，成立了中共江苏省委（当时上海市属江苏省），刘晓任中共江苏省委书记，张爱萍、沙文汉、王尧山为领导成员，周恩来为了了解江青的政治

---

① 《扬帆自述》，群众出版社1989年版，第58页。

历史情况，理所当然发电报给中共江苏省委书记刘晓，刘晓等中共江苏省委负责人也就联名回电，反映了江青的问题，同样认为"毛主席不宜同她结为夫妇"。刘晓还注意到了江青在上海时跟崔万秋的来往。①

第三个向中共中央反映江青历史问题的是严朴。

笔者采访了严朴之女严昭②（严慰冰之妹）。严朴是江苏无锡人，出身望族。生于1898年。他反叛家庭，于1925年加入中共。1928年曾赴莫斯科出席中共六大。回国后，在上海从事地下工作。1933年进入江西中央苏区，参加了长征。

1935年秋和潘汉年一起去莫斯科向共产国际汇报。1938年3月回到延安。

严朴在上海工作多年，曾通过各种途径得知江青的情况，向中共中央作了反映。

此外，原在上海影剧界工作的中共党员周扬、袁牧之也先后进入延安……

当年共产国际派往中国的军事顾问李德也在延安。虽然李德对毛泽东始终存在偏见，但是他在《中国纪事》一书中写及江青与毛泽东结婚时的情况，还是有一定参考价值③：

> 这期间，江青进入了毛的视线。她到达延安的初期，同李丽莲（李德在中国的第二位妻子。最初的妻子叫萧月华，在瑞金跟他结婚，并一起长征到了延安——引者注）一起在延安剧院登台演出，两人有时演古老的京剧，有时演写实主义的新剧。为了看她演出、听她唱歌，毛令人奇怪地常常去剧院。一种关系慢慢开始了，其活动场所在离延安特别远的鲁迅艺术学院……江青在1938年秋搬到毛那里，开始名义上是他的秘书，后来成了他的夫人。
>
> 对于这个婚姻以及对江青本人，我都听到了许多轻蔑的议论。博古谈到她"复杂"的过去，像人们现在所说的那样，说她过着一种"甜蜜的生活"，博古还谈到她同国民党高级官员的不清不白的关系，以及同党的不清楚的关系。事实上，她到延安之后，并没有像其他从国民党地区来的所有党员那样，被送到党校去学习，一般人都认为她是非党员。后来换了一种说法，说在1932年或1933年由康生（应为黄敬——引者注）介绍她入党，说她过去那些年在政治上是消极的（后来又说是搞秘密工作的），因此先受到了审查。我在延安时，她在政治上不太显露，同时放弃了舞台生活。同朴质的延安人的习惯相反，她在公开场合总喜欢表现一种使人不可接近的傲气，骑着高马，由四个警卫陪同，大家并不喜欢她。……

但是，也有人以为，毛泽东要跟谁结婚，纯属毛泽东个人私事，他人不必多加干涉。爱情不等于"干部鉴定"，无法勉强。支持者中最为激烈的是康生。

---

① 陈修良：《刘晓在上海》，《大江南北》1990年第1期。
② 1988年10月30—31日，叶永烈采访严昭于北京。
③ 李德：《中国纪事（1932—1939）》，现代史料编刊社1980年版。

据传，中共中央政治局讨论了毛泽东的婚事，同意了毛泽东的意愿，但对江青作出了限制性的规定："江青只能以一个家庭主妇和事务助手的身份，负责照料毛泽东同志的生活与健康，将不在党内机关担任职务，或干涉政治。"

这一规定，后来又被传为"约法三章"。这"约法三章"流传甚广，却因没有原始文件为据，那"三章"的内容也就有着许多不同的版本。

版本之一是大陆很多书刊流传的：一、不准参政；二、不准出头露面；三、要好好照顾毛泽东同志的生活。

版本之二是台湾李凤敏著《中共首要事略汇编》中的《江青事略》以及玄默《江青论》所载："（一）江青不得利用她和毛泽东的关系作为政治资本；（二）她只能成为毛泽东的事务助手，不得干预政策及政治路线的决定；（三）她不得担任党内机关的重要职务。"

版本之三是老龙著《江青外传》[①]："（一）只此一次，不准再娶；（二）毛与贺子珍的婚约一天没有解除，只能称'江青同志'，不能称'毛泽东夫人'；（三）除照顾毛的私人生活外，不得过问党的内外一切人事和事务。"

不过，毛泽东的卫士长李银桥，否认曾有过"约法三章"。他如此说："还流传什么'约法三章'？江青打倒了十几年，真有这个约法三章，约法人早就出来证明了。没人证明么。"[②]

李银桥的意见，可以作为"一家之见"。

值得提到的是，那位美国记者维特克在《江青同志》一书中，没有说"约法三章"，但提及了："今后二十年或一生之间，江青只能专心家事，不准干预公事。"

曾经在王世英反对毛泽东、江青结婚的联名信上签字的余宗彦也说[③]："听说，中央有决定，江青仅仅是照顾毛主席的生活，不得参与政治活动。听到这个消息后，我想，这大概与世英同志发起的联名上书有些关系，总算达到了部分目的。"

另一值得注意的是，崔万秋在其所著《江青前传》中，提及国民党军队攻下延安时，曾查获王若飞的日记本，内中记述了"约法三章"的内容：

第一，毛、贺的夫妇关系尚存在，而没有正式解除时，江青同志不能以毛泽东夫人自居；

第二，江青同志负责照料毛泽东同志的生活起居与健康，今后谁也无权向党中央提出类似的要求；

第三，江青同志只管毛泽东的私人生活与事务，二十年内禁止在党内担任任何职务，并不得干预过问党内人事及参加政治生活。

当时，王若飞担任中共华中、华北工作委员会秘书长兼八路军副参谋长。从1941年冬

---

① 老龙：《江青外传》，台北金兰文化出版社1974年版。
② 权延赤：《卫士长谈毛泽东》，北京出版社1989年版，第80页。
③ 余宗彦：《王世英，他没有看错江青》，《炎黄春秋》2006年第5期。

起王若飞担任中共中央秘书长。

崔万秋在1971年退休，隐居美国。1990年7月病逝于旧金山。崔万秋晚年，在美国潜心写作《江青前传》一书，于1988年由香港天地图书有限公司出版。我细读了《江青前传》，发觉除了写及他自己在上海与蓝苹的直接交往之外，广征博引，极其详尽引用海外尤其是台湾方面对于江青的研究资料，对江青的早年身世进行详尽考证。可以说，如果他不是长期关注江青，在美国很难收集如此众多的关于江青的报道、专著、研究论文以及国民党的内部文件。

台湾方面公布的王若飞所记"约法三章"，文字较严谨，内容也比较准确。只是尚未见到公布原件手迹。

崔万秋就"约法三章"加的按语原文如下：

> 作者按：以上三项决定存于中央政治局，国军攻克延安时，曾见于王若飞日记内，亦记有上述三项条件。莫斯科亦提及此项决议，但其所指时间有误。

据笔者查证，王若飞确实有记日记的习惯。倘若把现存于大陆的王若飞日记加以比对，缺少1938年日记的话，也将间接证明那一时期的王若飞日记确实落到国民党军队手中，现存于台湾。

据崔万秋称，他所引用的"约法三章"，源于陈绥民著《毛泽东与江青》（台湾新业出版社1976年版）。

陈绥民曾名陈大勋，是崔万秋的好友，这可能是由于他们都从事特殊而又秘密的工作。陈绥民曾任国民党中央党部社会工作会总干事。社会工作会是国民党三大情治单位之一，陈绥民长期从事情报工作。

陈绥民是胡宗南的亲信。台湾出版的《胡宗南先生纪念集》，刊载了署名陈大勋的回忆文章《片断的追忆，永恒的怀念》，详尽记述他在胡宗南手下工作的经历。此外，中共党员熊向晖奉周恩来之命埋伏在胡宗南身边，担任胡宗南机要秘书。在熊向晖的回忆录中，也多次提到陈大勋，亦即陈绥民。

值得注意的是，1945年8月13日日本宣布投降前夕，陈绥民奉命指挥伞兵部队空降北平，使国民党部队得以抢占北平；更值得注意的是，1947年3月胡宗南占领延安之后，任命的延安市长便是陈绥民。正因为这样，陈绥民在延安读到王若飞遗失的日记，也就理所当然。作为长期从事情报工作的他，注意到王若飞日记中记载的"约法三章"，同样理所当然。

陈绥民不仅是国民党情治系统高官，而且与崔万秋一样，勤于动笔。陈绥民曾经就延安之役写过《延安的克复与失落》，内中写及中共地下人员如何获取胡宗南机密情报。此外，陈绥民还在台湾出版了《迷惘：台独往何处去？》（台北天人出版公司1984年版）以及写了一些研究分析大陆对台军事动态的重要文章。他的《毛泽东与江青》一书，可以说是他长期对毛泽东、对江青进行情报收集的成果，堪与崔万秋的《江青前传》相提并论。陈绥民晚年在台湾淡江大学担任教授。

陈绥民的《毛泽东与江青》，内中详细记述了从王若飞日记中所得的中共中央政治局关于毛泽东与江青结婚的"约法三章"。这时距离1947年3月陈绥民随胡宗南进入延安，已经29年。这表明陈绥民不仅精心保存了当年缴获的王若飞日记原件，而且当时还从王若飞日记中抄录了"约法三章"。

王若飞日记所记的这一版本的"约法三章"，可能是中共中央政治局当时的原始文字记录，所以文字相当严谨。其余种种版本，是凭借记忆回忆或口头传说，所以彼此有出入。

根据王若飞所记"约法三章"，第一条规定了毛、贺、江三人的关系，第二条规定了江青的任务，第三条规定了对江青所作的限制。这三条，条理清楚，用词稳妥，是种种版本中最为可信的。

笔者多次前往台湾，曾经到中国国民党中央党部的党史研究室请教，希冀能够查阅王若飞日记原件。据云可能归入大溪档案。所谓"大溪档案"，收入1921年初至1949年间蒋介石的重要档案，由"总统府"机要室掌管，从大陆迁往台湾之后因存放于台湾桃园县大溪镇的大溪宾馆而得名。1979年国民党党史委员会迁往阳明山的中兴宾馆，国民党中央的党史资料以及大溪档案也都集中在中兴宾馆的地下室里，从此对外改称"阳明书屋"。笔者也曾来到阳明书屋，到了那里的地下室，空空如也。据告，大溪档案已经再度转移。由于大溪档案的管理人员不多，因此查阅相关档案仍是相当困难。但是王若飞日记作为重要档案，势必得到妥善保存。有朝一日从台湾保存的王若飞日记上查到王若飞亲笔所记"约法三章"，这一悬案也就水落石出。

当然，是否存在"约法三章"，其最终的结论还有待北京的中央档案馆、中央文献研究室等部门证实。

也有人以为，当时中共中央政治局不可能对江青作出"约法三章"，而是中共中央组织部负责人找江青谈话，如果她与毛泽东结婚，对她规定了几条必须遵守的原则，后来被传为"约法三章"。

否定"约法三章"之说的最有力的证据，是1986年8月30日杨尚昆在北京三座门他办公处的会议室，跟张闻天传记组成员谈话时说："过去有个传闻，说江青同毛结婚时中央有一个决定，不让她参加政治活动。实际根本没有这件事。第一中央不可能通过这么一个东西，果真如此的话，毛主席不要吵翻了吗？还有一个旁证，两年前我曾问过陈云，我说那时你在延安既是组织部长，又是政治局委员，你知不知道这件事？他说根本没有那回事。"[①]

但是，杨尚昆说及关于陈云这样一件事："陈云曾经以组织部长的名义找江青谈过一次话，就说毛主席人家有老婆，并未离婚，你要注意啦。江青便告诉了毛主席，毛就打电话给陈云，说你这个组织部长竟然管到我家里的事情来了！这时毛泽东已经同江青结婚了。"

---

① 据李明三：《江青不是孤立的一个人》，《凤凰周刊》2011年第6期。杨尚昆的这一段话，引自李明三对阎长贵的访问。

2001年第4期《党史博览》杂志发表阎长贵先生的文章《历史事实必须澄清——毛泽东和江青结婚中央有无"约法三章"》,对于"约法三章"表示否定。

我在2001年第12期《党史博览》杂志上发表了《也谈"约法三章"》,提出不同看法:毛泽东与江青结婚时,中央有无"约法三章"?我对此不持肯定态度,也不持否定态度。

我持不肯定的态度,是因为至今已经公开的中共中央档案中,没有关于"约法三章"的记载。前文中虽然提到台湾方面公布的王若飞日记曾记载"约法三章",但是,台湾方面没有公布王若飞日记的手迹,因此不足以作为肯定的证据。

我持不否定的态度,则是由于"约法三章"颇为符合当时的实际情况。毛泽东要与江青结合时,贺子珍仍是毛泽东夫人,而且江青又是一个颇为复杂的女人——江青不仅男女关系复杂,此前有过四次婚姻(裴明伦、黄敬、唐纳、章泯),上海大报小报对她的桃色新闻炒得沸沸扬扬,而且她曾经被捕,不明不白地出狱。"约法三章"正是针对毛贺、毛江关系以及约束江青而提出的,合情合理。

阎长贵先生作出了"毛泽东和江青结婚,中央有'约法三章'的说法,不符合历史事实"这样的结论,我以为过于绝对了。

阎长贵先生以毛泽东的卫士长等人的回忆录没有谈及"约法三章"为依据,否定"约法三章"。其实李银桥是在1948年才来到毛泽东身边,而"约法三章"是在十年之前作出的,更何况李只是卫士而已,怎么可能知道中央的秘密决定?我也曾经三次访问过张耀祠,他说自己在解放后才来到毛泽东身边工作,不知道"约法三章"。张耀祠所说的"不知道"是符合实际的。但是不能以张耀祠"不知道"就作为否定"约法三章"的依据。

其实,不论对于毛泽东还是江青,"约法三章"毕竟是不愉快的。因此,他们不可能对身边工作人员谈起"约法三章"。所以,不能以毛泽东或者江青身边工作人员没有听说"约法三章",就否定"约法三章"。

我要提及一项重要的佐证,那就是陈云秘书刘家栋的回忆。刘家栋是在1938年5月担任陈云秘书,而毛泽东与江青正是在此后数月结合的。

陈云当时对于毛泽东与江青的结合持反对态度。当时,陈云担任中共中央组织部部长,曾经找江青谈话,并对江青在上海的表现作过了解,审查过江青的党籍问题。我在《陈云之路》(中共中央党校出版社2000年版)中,专门写了一节《批评了"大明星"蓝苹》,内中引述了刘家栋的回忆:

> 陈云同志身为组织部部长,对当时的很多人的情况,有着比较多的了解。由于工作性质决定,还容易听到来自不同方面的各种各样的反映。他就是根据自己对江青的了解,根据党内军内广大干部的意愿,在中央书记处会议上,提出了不同意毛泽东与江青结婚的意见。
>
> 但是,在中央书记处讨论时,多数同志表示同意毛泽东同志和江青结婚,只是附有一个条件,就是结婚后,江青不得干预毛泽东同志的政治工作。在这种情况下,陈云就坚决服从中央书记处会议决议。这反映出,陈云同志既坚持了原则,提出了自己的意

见，又严格遵守党的纪律，服从组织决议。①

刘家栋的回忆说明，毛泽东与江青的结合是经过"中央书记处讨论"，而且作出了"决议"，附加条件是"结婚后，江青不得干预毛泽东同志的政治工作"。这附加条件虽然只一条，但是与流传的"约法三章"精神是一致的。

在这里，我还要顺便提及：2001年1月，我在美国旧金山加州大学伯克利分校的中国研究所查阅资料时，发现在1969年出版的台湾《中共年报》第五部分第24页关于江青的生平介绍中，有这么一段写及毛泽东与江青的结合：

> 江以中共中央军委案卷管理员身份，与毛同居。当时毛妻贺子珍尚养疴苏联，遂遭张闻天、陈绍禹等人之反对，认为贺女为一"优秀的党员"，不但具有"光荣的斗争历史"，且在"长征"途中，负伤多次，应该受到尊重。但一部分毛之亲信，则主张毛既为一党领袖，不宜过分予以束缚，并认为毛、江之结合，纯系基于毛之"生活上与工作上之实际需要"。后经时任"鲁艺"副院长之柯庆施及主持特务工作之康生从中奔走疏通，取得中共中央谅解，承认毛与贺的分离以及毛与江的结合，确系出于"组织上之安排"。同时提出一项决定指出："江青同志只能以一个家庭主妇和事务助手的身份，负责料理毛泽东同志的生活与健康。将不在党内机关担任职务或干预政务"。这一事实，亦可说明"文革"以前二十多年来，江青始终未能出任中共党政要职的原因所在。

台湾方面的资料所说的"一项决定"，也类似于"约法三章"。这一资料表明，在江青政治生涯的顶峰时期——在中共九届一中全会上当选中共中央政治局委员时，就已经有类似于"约法三章"的说法，并非在江青倒台之后才流传"约法三章"。

阎长贵先生在2008年第8期《同舟共进》杂志上发表《毛泽东江青结婚，中央有无"约法三章"》一文，再度表达对于"约法三章"的否定。

他的观点又一次遭到否定。在2008年第12期《同舟共进》杂志上，发表了中共中央党校教授金春明的《一点补充和思考》、文史学者郭汾阳的《也谈"约法三章"及其他》，都表示不同意阎长贵先生的意见。

金春明教授在《一点补充和思考》中谈及了关于"约法三章"研究的最初情况：

> 我可能是在公开报告和文章中较早谈及此问题的人。1984年7月，在海军举办的一个报告会上，我作了"'文化大革命'为什么必须彻底否定"的报告，曾言：江青和毛泽东结婚后，"中央规定她的任务是照顾毛泽东的生活，不许她参加政治活动"，这个报告的录音整理稿经海军政治部印发后，在全国很多地方翻印，流传较广。大概

---

① 刘家栋：《陈云在延安》，中央文献出版社1995年版，第160页。

由此引起了中央领导同志的注意。1985年7月8日，中央军委办公厅秘书处突然打电话给中央党校办公厅，传达了杨尚昆同志的指示："党校关于彻底否定'文化大革命'的报告很好。听说现在要出版，有一个问题，就是报告中提到毛泽东和江青结婚时，说当时中央有个决定，可以结婚，但江青不能参政。我找了几个老同志问了一下，都说没有这回事。我自己也不记得有这个事。请出版之前，将这个问题核实一下。"当时的中央党校副校长陈维仁同志把杨尚昆同志的指示转给我。我很想趁这个机会把问题搞清楚，可是档案馆进不去，我不久又生病做了手术并休息了半年多，把机会错过了。此后，根据领导指示精神，在我的文章和报告、讲课中，都不再讲这个问题，但作为历史研究，它一直是我心中的一个悬案。

金春明教授在文章中谈及：

> 一位从上海来的省部级班学员（大概是市委常委，曾任上海市总工会主席），谈到一个情况：1938年下半年，中共中央曾发给上海市委一份电报，了解江青在上海时的情况，并征求对江青同毛主席结婚的意见。当时负责上海地下党工作的刘晓、刘长胜等同志复电中央，如实反映了江青在上海的情况，并认为江青不宜和毛主席结婚。不久，中央电告上海市委，江青已同毛泽东结婚，"如有同志问及此事，可告以江青主要照顾毛主席生活，不参加政治活动"。我认为这个情况很重要且是可信的。

总之，关于毛泽东与江青结合时，中央有无"约法三章"，现在还不宜作定论，因为不论是予以肯定或者完全否定都还缺乏有力的证据，姑且暂作"悬案"挂起来。

最可靠的证据将在中共中央的档案（诸如中央会议记录）之中，而目前这些档案并未全部公开。

值得提到的是，毛泽东在延安为抗大学员作关于"革命与恋爱问题"的专题报告，提出了革命队伍里恋爱问题必须遵循三项原则，即"政治一致，双方自愿，不妨碍工作"。

从毛泽东的角度来看，他与江青的婚姻，符合"政治一致，双方自愿，不妨碍工作"这三原则。

江青终于和毛泽东结婚

24岁的江青，终于和45岁的毛泽东结婚了。

结婚的时间，一般笼统地说是"1938年秋"。朱仲丽说是1938年11月。

倒是徐明清的回忆更具体，她记得是1938年11月里的一天——那一天日本飞机第一次轰炸了延安。

笔者查阅了黑龙江人民出版社1984年版《中国现代史大事记》，该书记载："1938年11月20日，日机轰炸延安，死伤三十余人。次日又轰炸。"

笔者在延安查阅当年陕甘宁边区政府机关报《新中华报》，在1938年12月20日该报上查到《反对敌机滥施炸轰延安边区各团体致全国同胞函》，内称："最近敌在回军华北、围攻晋冀察边区，受到我全体军民重大打击之后，竟于羞怒之余，始以大飞机狂炸西安、榆林等不设防城市，继于11月20、21两日袭击延安，计前后敌机共来三十余架，投弹一百五十九枚，死伤共一百五十余人，毁民房三百零九间，牲口九十余匹，损失无算。……"

另据1990年8月20日《延安精神》报所载《陈云遇险》一文记载："1938年11月20日，正好是星期天，天大亮了，但太阳还未从清凉山露脸。突然从东北方向响起了一阵沉重的嗡嗡声，只见十几只黑乌鸦（指日军飞机——引者注）出现在延安上空，紧接着听到的是震耳欲聋的爆炸声……"

那天，陈云躲进一孔窑洞，那窑洞被炸坍了。七八个人在外边扒土，这才把陈云救了出来。

笔者访问了毛泽东在凤凰山下的旧居——那是一排三孔窑洞。据介绍，这三孔窑洞在那次轰炸时被炸坍，后来重新修复的。那天被炸的，还有光华书局、组织部、训练班，以西北旅社前后为最严重。

在日军飞机轰炸的当天，中共中央机关决定迁往西北郊的杨家岭。毛泽东和江青亦于当夜迁往杨家岭，成仿吾让出了自己的窑洞给毛泽东、江青居住。

这么一来，江青和毛泽东结婚的日子，可以考证出来，即1938年11月20日，也就是徐明清说的"日本飞机第一次轰炸延安那一天"。

徐明清回忆说，那天，她和丈夫王观澜接到毛泽东的通知，请他俩去吃晚饭。她在路上见到许多被炸死者的尸体[①]。

毛泽东不在合作社请客，而在他自己当时所住的凤凰山的窑洞里，请一位厨师掌勺。那天，一起被邀请的，还有洛甫（张闻天）、李富春、蔡畅、罗瑞卿等。客人们坐满一桌。

客人们都知道这是毛泽东跟江青结婚而请客，但毛泽东却又没有明说。反正主人和宾客都明白，心照不宣。江青坐在毛泽东身边，殷勤地为客人们敬酒夹菜。

那时，徐明清是陈云的部下——她在中共中央组织部当妇女科副科长，部长便是陈云。

不过，徐明清说明道："在那天以前，以后，毛泽东分批请客。因为一个厨师来不及烧几桌菜，所以只好分批地请。这样，很难说那一天就是他们结婚的日子，反正就在那天左右。"

这里要说明一句的是，徐明清记得毛泽东请客那天，张闻天在座。但是，张闻天夫人刘英则说，由于张闻天反对毛泽东和江青结婚，所以毛泽东没有请张闻天吃喜酒。

刘英是在江青与毛泽东结婚之后从苏联回到延安，她回忆道：

> 我对贺子珍是很爱怜的。她十八岁在永新城偶遇毛，两人一见倾心，她就离开父母跟着毛主席上了井冈山。她文化素养确实低些，连着生孩子，也没有养成读书的

[①] 本书作者于1993年4月2日对徐明清所作补充采访。

习惯,脾气也不大好,常常干扰毛主席,有时争吵起来贺子珍还忍不住动手。所以在他们的婚姻上,我觉得两人确实不大般配。现在看到江青成了毛主席窑洞里的人,毛主席言谈中也表现出满意的神色,我随口对毛主席说:"你身边确实需要有人照顾。你同贺子珍也实在合不来。"听我这样一说,毛主席兴奋极了,把大腿一拍,连说:"刘英同志,你才是真正理解我的人啊!这事不少老同志反对哩,你要给我做解释,做宣传!"

回到家里,我同闻天讲了去看毛主席的情况。闻天连忙说:"你可不要管,江青的事你不要管!许多老同志有意见,不是反对毛主席同贺子珍离婚,而是不赞成他同江青结婚。"闻天告诉我,毛、江要结婚时,议论纷纷,反映很多。原在北方局做秘密工作的王世英同志,当时正在中央党校学习,写了一封信给中央,说江青在上海桃色新闻很多,毛主席同她结婚很不合适。信上签名的人一大串。根据地也有打电报、写信来的。意见都集中到闻天这里,中央的几位领导同志也向闻天反映,希望闻天劝说。

闻天觉得这种个人私事,别人不便干预。他也了解毛个性很强,认准了的事很难回头。但是大家的意见确实很有道理,党的领导人的婚姻也不能等闲视之。考虑再三,闻天综合大家的意见,以个人名义给毛主席写了一封信。信写得比较婉转,大意是:你同贺子珍合不来,离婚,大家没有意见,再结婚也是应该的,但是否同江青结合,望你考虑。因江青是演员,影响较大。这样做,对党对你,都不大好。信是让警卫员送去的。毛读罢大怒,当场把信扯了,说:"我明天就结婚,谁管得着!"第二天在供销社摆酒两桌,闻天自然不在宾客之列。①

关于毛泽东和江青结婚请喜酒还有另外的回忆。
那是八路军一二〇师师长贺龙从前线回到延安,前去看望毛泽东。
贺龙走进毛泽东的窑洞,正遇江青从里面走了出来。贺龙并不认识江青,也就没有跟她打招呼。不过,贺龙已经风闻毛泽东新婚。
贺龙见到毛泽东,故意问道:"走出去的是个什么人呀?"
毛泽东也知道他是明知故问,便说:"你这个问题问得真'毒'呀!"
贺龙大笑道:"主席家里走出一个我不认得的人,我为什么不能问?"
毛泽东也大笑起来:"好,好,我请客!我请客!"
叶子龙则是这么回忆毛泽东与江青的结婚:

此后有一天,江青找到我,把两张戏票塞到我手里,说是请主席看戏,要我也去。那时,延安的文化活动很多,经常由部队和地方的文艺团体演节目。无论官兵一律购票入场,每张票五分钱。我把票交给毛泽东,他真的去看了,是江青主演的平剧《打渔杀家》。
后来,毛泽东在他的住处多次接待过江青,他们于1938年夏天以后就生活在一

---

① 刘英:《我和张闻天命运与共的历程》,中共中央党校出版社1997年版,第115—116页。

起了,没有举行什么结婚仪式。当时处于战争环境,结婚一般也不举行婚礼,当事双方写个申请,由领导签字批准就行了。毛泽东与江青生活在一起是中央几位主要领导研究同意的,由江青照顾毛泽东的日常生活。

11月19日,贺龙与毛泽东谈完工作,临出门时半开玩笑地说:"主席结婚大喜,为什么不请客?"

毛泽东马上对我说:"想喝酒了,好啊,子龙,办两桌饭,请他们来吃一吃。"

延安时期,物质生活条件很差,吃饭以小米、各种豆类等粗粮为主,很少吃得到荤腥。这一点部队的干部战士和老百姓都是一样的。记得1943年,有一次毛泽东邀请当地的20多位60岁以上的老年人吃饭,为他们祝寿。在枣园的一片树林里摆了几张桌子,几样家常菜,喝着本地产的味道很冲的白酒,大家还一起跳了秧歌舞,气氛欢快而热烈。临了,有几位老太婆要带些吃剩的东西回去给孩子吃,毛泽东没有同意,说:这是专门慰问你们的,只许吃不许带走哟。可见当时的生活条件是很艰苦的。

我带上两元钱,开着车到城里采购,当时一元钱能买200个鸡蛋,我买了一些肉、蛋、水果和新鲜蔬菜。

出席的有朱德、周恩来、贺龙、王若飞同志。王若飞是很能喝酒的,但这次不知怎的,还没喝多少,他就醉了,嘴里喋喋不休地说:"右倾机会主义!右倾机会主义!"毛泽东见状,让我把他扶回了住地。

第二天又办了一桌饭菜,参加的人有张闻天、李富春、蔡畅、罗瑞卿、滕代远、王观澜、徐明清等。

正吃饭时,遇到日本飞机的轰炸。在滕代远的极力劝说下,毛泽东当天从凤凰山搬到了杨家岭。

那天,我正在发高烧,没有随毛泽东搬过去。第二天,毛泽东就派人传下话来,说他吃不上饭了,让我赶快搬去,我马上让管理员买了不少菜送去。第二天也搬到杨家岭的山沟沟里。

■ 毛泽东、江青在延安杨家岭窑洞

毛泽东在杨家岭的窑洞处在半山腰,一半石头,一半土的。窑洞后墙有防空洞与我住的窑洞相连。

日本飞机从11月20日至21日,连续两天轰炸延安。毛泽东在凤凰山住的窑洞被炸塌。在清凉山的新华书店附近牺牲了几个同志。他们的遗体埋葬在宝塔山下,毛泽东亲自参加了葬礼。[①]

结婚以后,江青名义上仍是中共中央军委档案秘书,实际上就在毛泽东身边,照料他的生活。

新婚不久,毛泽东从凤凰山迁往杨家岭的三间新窑洞。那窑洞在山脚,地上铺着砖,墙上刷了白灰,窗格子上糊了薄薄的白纸,屋里显得亮堂。有些家具是新做的,但没有用油漆漆过,因为那时油漆短缺。

三间窑洞一间是起居室,一间是毛泽东书房兼卧室,一间是江青卧室。

屋外,是一块碾平过的平地,摆着石桌、石凳。还有一小块菜地,毛泽东闲时爱种菜。

没有电灯,没有自来水,只有蜡烛、煤油灯,水则是从井里打上来,盛在搪瓷脸盆里。

江青完全成了一位家庭主妇。这时的她,收敛了,检点了,跟在上海时那般罗曼蒂克,判若两人。

李敏在《我的父亲毛泽东》一书中写道:

> 爸爸娶江青时,45岁,那时江青24岁。婚后不久,江青从鲁艺调到了爸爸的身边,任军委档案秘书。听爸爸说,他们从凤凰山搬到了杨家岭,住在三孔新窑里。窑洞在山脚下,砌上了石头,刷上了白灰。窗门是木制的,糊上纸,可透进光线。门外有一小块碾过的地,摆着简单的桌子、石凳。三间房分别为起居室、爸爸书房兼卧室、江青卧室。地上铺砖,桌椅是木料的。房子里没有自来水也没有电灯。
>
> 开始爸爸和江青过着平平常常的生活。江青的主要工作是照料爸爸的饮食起居。……[②]

在江青与毛泽东结婚几个月之后,斯诺在延安与江青有过短暂的见面。斯诺从一个美国人的眼光来看,江青是一个苗条而又富于吸引力的少妇,"她扑克打得很好,并且是一个出色的厨娘"。

在延安的高干夫人们之中,江青与她们相比,深知自己革命资历的浅薄:周恩来夫人邓颖超是资深革命家,朱德夫人康克清上过井冈山、经过长征,任弼时夫人陈琮英在上海做过多年地下工作,博古夫人刘群先去过苏联、经过长征,张闻天夫人刘英在长征中是中央队的秘书长……在这样的夫人群中,只有像具有贺子珍那样的革命资历才能匹配。正因

[①] 叶子龙口述、温卫东整理:《叶子龙回忆录》,中央文献出版社2000年版,第65—66页。
[②] 李敏:《我的父亲毛泽东》,辽宁人民出版社2000年版,第290—291页。

为如此，江青初入毛泽东的窑洞，不能不小心翼翼，见到谁都微微一笑，点一点头，极少言语。当时人们这么形容江青："口还没开就先笑。"意即说话前先是满脸堆笑。这时的她，尚是"新媳妇"、"小媳妇"。

和毛泽东结婚后，江青也参加一些社会活动。例如：

1939年2月10日，中华全国戏剧界抗敌协会陕甘宁边区分会成立，江青为该会理事之一。

1940年1月4日至12日，陕甘宁边区文化协会举行第一次代表大会，江青当选为该会执行委员之一。

1946年7月底，延安电影制片厂成立，江青当选为该厂董事之一。

新婚之初的日子是平静的。她跟毛泽东相处不错。她给毛泽东织了新毛衣，给他做了充满辣味的菜。闲暇时，那架老式的留声机就在窑洞里唱了起来。这架留声机是美国记者史沫特莱进入延安时，带来送给毛泽东的。江青动作熟练地给留声机换上一张张78转的唱片。知道毛泽东喜欢京剧，她就在延安搜集了一批京剧唱片。毛泽东听得入神，有时用脚拍打着地砖，打着节拍，有时嘴里也哼哼几句。

毛泽东的窑洞，常常高朋满座。来了毛泽东的战友，她很少露面，要么递个烟，要么倒杯茶，马上就走开。来了外国记者，她不能不露面，不过，她也只是握个手，点个头，递上盆花生米，就走开了。她显得很腼腆，如同个大姑娘。正因为这样，一位外国记者记述对江青印象："她直率而客气，很像一位通情达理的贤妻良母。"

这表明，这位曾经成功地扮演走出家庭的反叛女性娜拉的演员，此刻又成功地扮演着跟娜拉不同的贤妻良母型的东方女性。

江青这种"直率而客气"的形象，同样深深地留在范明的印象中。

范明，本名郝克勇，中共在国民党三十八军的地下工委委员、统战部部长。在1942年7月，毛泽东曾电令郝克勇前往延安一谈。郝克勇在1942年12月，来到了延安枣园毛泽东住地。

后来，郝克勇曾写下回忆文章《枣园初见毛主席》，内中主要写毛泽东，但是也写及江青。他的回忆颇为真切、生动。

现把郝克勇（范明）的回忆文章有关江青的部分摘录如下，读者可以从中看出当时江青在毛泽东身边的生活情景：

> 1942年12月的一天，下午两点多钟，欧阳钦同志奉命陪我到枣园去见毛主席，我好像是冲开笼子的小鸟一样自由地飞翔，快马加鞭，来到了枣园毛主席住地。只见一个由土墙围着的小门前，既无卫兵把守，又无其他人员来往，在一棵大枣树掩映下，显得格外优雅肃穆。
>
> 我随着杨清同志（即欧阳钦）静悄悄地走到门内一座茅草房（传达室），坐下和胡乔木等同志寒暄。言犹未了，从窑洞里走出了两位女同志——毛主席夫人江青和叶子龙夫人蒋英，和蔼可亲地招呼我们说："主席还没起床，先到里面坐。"
>
> 我们走进石窑里面，只见一个方方正正的炕桌摆在窑的中央，四边各放着同样大小的四个小方凳。江青和蒋英让我们坐下，倒了茶，解释说：主席的习惯是晚上办

公,白天睡觉,到下午四时起床,要我们等一下。

说着,江青取来一副扑克牌,让我和她当对家,杨清和蒋英当对家,打起所谓统一战线扑克来。江青洗牌很快,分牌也很快,出牌也很习,可是我也能得心应手地配合得好,一下子把对方赢了五百分。

蒋英不服,说我和江青有暗号。江青对蒋英说,没有暗号,他是作统战工作的能手,最能了解对方意图。你要打听你父亲的下落,他一定会知道。

蒋英如获至宝地说:"叶子龙也给我说过,你肯定知道我父亲的下落,他叫蒋听松,听说在第一战区司令官卫立煌处当什么参议,但一直联系不上,你是否知道?"

我当时由于作秘密工作的警惕习惯,有些为难。这时,在一旁的杨清同志会意地说:知道的话,说说无妨。

我于是告诉她,蒋听松确在卫处当参议,和赵寿山有关系,也和党有间接的统战关系。蒋英热泪盈眶,拉着我的手说:这就好了,我被打成特务羔子的帽子可以摘掉了,请你写个证明吧!我望了望杨清,杨点头说:"可以!回头由组织部出面找你再写。"蒋英千欢万喜地向杨和我致谢。

正当大家谈论热闹之际,毛主席身披延安呢子上衣,和蔼可亲地从窑洞后间走到我们的面前。两位女同志即时退了出去。①

在谈话中,毛泽东建议郝克勇在进入延安后应该改名,并为他取名"范明",这个名字竟然一直沿用至今。

在与毛泽东作了长时间的谈话之后,郝克勇又写及江青:

接着主席又问了关于统战工作的其他一些事情。不知不觉之中,几个小时过去了。这时,主席点燃一支香烟,站起来反复踱步后,略有所思地走到窗口,向外望了望:"啊!黎明前的黑暗,天快亮了,肚皮也饿了,该吃饭了,喂饱肚皮再说。"江青应声端上了菜饭:一盘辣椒炒肉片,一盘辣椒糊烧豆腐,一盘辣椒炒土豆,一盘辣椒红烧延安河里的小鱼,中间放了一盘菠菜豆腐汤。主席把手一挥说:"请吃饭吧!朱夫子说'黎明即起,洒扫庭除',咱们今天反其道而行之,黎明即起,喂饱肚皮,请放开肚皮吃饭,回去好好睡觉,明天再谈。"大家也都笑着拿起了碗,随着主席盛了大米小米混合饭,埋头吃了起来。

郝克勇所记述的江青,在客人来的时候热情招待,而客人与毛泽东谈工作时则赶紧避开——那时候的江青,给人们留下不错的印象。

另外,毛泽东的保卫参谋蒋泽民回忆江青和毛泽东新婚的情形,也对江青最初的印象不错:

---

① 范明:《枣园初见毛主席》,《党的文献》1995年第3期。

毛泽东和江青结婚后，那短暂的一段时间，生活还是平静的。

每周六晚上，江青由党校回来，周一早上再回去。开始是步行来，步行归，以后改为警卫员用马接送。

江青回来后，对毛泽东比较关心，照顾得也还周到。毛泽东工作累了，放下手中的笔在藤椅上休息时，江青立即给毛泽东点支烟，放在他手里，然后打开留声机，放一段乐曲。在那动听的像小河流水一样清清流放的音乐中，毛泽东很快消除了疲劳，又继续挥毫疾书。有时候，江青也给毛泽东唱段京戏，她的唱腔不错，毛泽东微笑着听着，欣赏着。

单调而又冷清的窑洞有了欢声笑语，有了温馨，毛泽东心情愉悦。

江青初到杨家岭时，晚饭后经常陪毛泽东散步，我们警卫战士远远跟随，保卫他们的安全。火红的晚霞中，苍茫的暮色下，毛泽东和江青并肩而行，主席身材魁梧，江青窈窕。望着他们缓缓而行的背影，我从心里祝福他们。

这时，江青对我们或公务员的态度还可以，仍是先笑后说话，比较礼貌。每逢周六她从党校回来时，周少林师傅总是高兴地撑起大勺，给他们改善一下伙食，饭菜做得有滋有味。其实也没什么精米细菜，无非是炒个猪肝，给毛泽东做碗红烧猪肉，再给江青炒个素菜。江青也不挑剔。工作人员尚比较满意，有时背后议论：别看江青是上海来的演员，还是比较随和的，看起来好伺候。①

生了女儿李讷

在和毛泽东结合之前，江青曾有过四次婚姻，她却未曾生育过一个孩子。

她曾怀孕。那是在她第三次来上海前，跟黄敬同居，使她怀孕。她在上海做了人工流产手术。那时的她，不想要孩子。因为她四处为生活而奔波，孩子是个累赘。

据徐明清回忆，江青在上海时体质甚差，甚至一度停经。后来，随徐明清去临海老家，徐明清之父是老中医，经他用中药调养，江青才恢复正常的经期。

跟毛泽东结婚之后，江青却盼望着早生孩子。虽说当时在延安，女干部们都不大愿意生孩子。因为生了孩子，就得自己在家抚养，意味着不能参加工作。江青却跟一般的女干部不同，她的工作本身就在家中——照料毛泽东的起居和健康。毛泽东工作异常忙碌，她就显得格外清闲。有个孩子，她就可以多一份"工作"。

新婚不久，1939年初，她曾到南泥湾参加劳动两三个月。她跟八位女同事同住一个窑洞，同睡一个硬炕。人们照顾她，没有让她去开荒、种地。她发挥她的一技之长——织毛线衣。她用陕北土制的毛线，织了十来件厚厚的毛线衣，算是她的劳动成果。

她也常常拿出剪刀，给女同事理发。她毕竟来自上海，剪的发型特别好看，很受女同事们的欢迎。

---

① 据蒋泽民回忆、吕荣斌撰文：《在伟人身边的岁月——毛泽东保卫参谋、周恩来随从副官的回忆录》，红旗出版社1998年版。

1939年冬,她怀孕了。那是她和毛泽东结婚整整一年之后。

1940年8月,她分娩了,生下一个女儿。这时,她26岁,毛泽东47岁。女儿的降生,使毛泽东异常高兴,虽说对于毛泽东来说,已是他的第十个孩子——杨开慧生了三子,即毛岸英、毛岸青、毛岸龙。毛岸英出生于1922年10月,毛岸青出生于1924年夏,毛岸龙出生于1927年2月。内中毛岸龙早夭,1931年5月末,因噤口痢死于上海广慈医院。另外,贺子珍先后生了六个孩子,存活的只有一个女孩娇娇。

这样,毛泽东当时有着二子、二女,即毛岸英、毛岸青、娇娇和江青生下的女儿。

毛岸英和毛岸青在1936年6月离开上海,翌年初到达苏联莫斯科,从此在那里生活。

娇娇本来跟毛泽东、江青生活在一起,由于贺子珍在苏联死了儿子,万分悲痛,非常思念女儿娇娇,经毛泽东同意,4岁的娇娇在1940年江青生下女儿后被送往苏联,跟贺子珍生活在一起,使贺子珍得到了安慰。

这样,留在毛泽东身边的,只有江青所生的女儿。毛泽东为女儿取名"李讷"。

李,当然取自江青的本姓。这时的毛泽东,经过1935年1月的遵义会议,此后又经过对张国焘、王明的斗争的胜利,已完全确立了他在中共的领袖地位。考虑到女儿姓毛将来太惹人注意,所以他决定采用她的母姓。

至于"讷",据云取义于《论语》中《里仁》篇中的一句:"君子欲讷于言而敏于行。"讷,语言迟钝之意。

毛娇娇在苏联生活了多年,在1948年回到了毛泽东身边。

后来,毛娇娇要到北京师范大学附属中学上学,毛泽东为之改名,叫"李敏"。这"敏"字,同样取义于《论语·里仁》中的"君子欲讷于言而敏于行"。又据《论语·公冶长》"敏而好学,不耻下问"。

李敏之"李",据云另有一番含义:那是1947年3月,蒋介石命胡宗南调集20万大军进攻延安。3月19日,毛泽东放弃了延安,采取"诱敌深入"之策略。毛泽东离开延安,转战陕北,为了不使敌军发觉目标,他改用化名"李德胜",取义于谐音"离得胜",即离开延安会得胜。李敏作为"李德胜"之女,当然姓李。

■ 毛泽东、江青与李讷在延安
（吴印咸 摄）

不过，也有人说，在给两个女儿取名之际，江青用了一番心计，"讷"、"敏"取自唐纳之纳和章泯之泯的谐音。究竟是否如此，不得而知。

李讷长得活泼可爱，使毛泽东的窑洞里充满了笑声，使江青的夫人地位日渐巩固。

据徐明清回忆，江青在生了李讷之后，曾再度怀孕。不过，江青不愿再生孩子了，以为生孩子伤身体。这样，1943年她在延安做了流产手术。当引产出来的竟是一个男孩时，江青后悔不已，对医生护士哭喊："你们还我的儿子！你们还我的儿子！"

手术后，江青发高烧，病情相当危险。经检查，才知医生把纱布忘在她的腹中。

徐明清去看望她，才知道她高烧的原因。

此后，江青再不生孩子，做了绝育手术。

江青自己动手给李讷做棉衣，织毛线衣。不论是裙子、连衣裙，还是棉衣、棉裤，江青都做得不错。江青给李讷织的毛衣，能够织出灯笼袖，还能变换各种花样，是一个尽心的母亲。

整风运动中康生保江青过关

延安杨家岭修建大礼堂，人来人往，太闹太杂了。

1942年夏初，毛泽东和江青迁往延安枣园。毛泽东住在靠山的一排窑洞里，江青则在枣林中一幢平房里居住。她和毛泽东分开住，据说是因为毛泽东工作忙，生活没规律，常常通宵达旦工作，而她则严格地按规律作息，不愿让毛泽东扰乱她的生活规律。

延安的整风运动开始了。那是从1942年2月1日，毛泽东在中共中央党校开学典礼上作了《整顿党的作风》重要讲话开始的。

毛泽东处于风华正茂的年月。紧接着，同年2月8日，又在延安干部会上作了题为《反对党八股》的演讲。

5月2日起，延安召开文艺座谈会。很少露面的江青，出现在文艺座谈会上。毛泽东讲话时，她坐在前排显眼的座位，在她的往昔的同行们面前显示了她今日的地位。

整风运动从整顿"三风"，即整顿学风、党风、文风开始，逐步深入，转向审查干部、消除内奸。

在审查干部时，干部们要回顾自己的历史，清理自己的思想。

江青作为一名干部，自然，也要过这一关。对于她来说，这是第三次接受组织的审查了——第一次是刚进延安时审查党籍问题，第二次是为和毛泽东结婚审查她的历史。

前两次审查，都很顺利地通过了。

这一回，她却遇上了麻烦，虽说她已是毛泽东的妻子，但还是审到她的头上。

江青的日子，变得不大好过。而面对着组织上的审查，她唯一的王牌那就是求助于毛泽东。

毛泽东卫士长李银桥，目击了这一幕：

不久,三查、三整运动开始了①。那天,我服侍她吃饭,盘子里有一条贺老总送来的鱼。她吃一筷子,给我夹一筷子,我不吃,她不依。我只好吃了。那时天天吃黑豆,吃口鱼真是极大的享受。我有些感动,可心里也嘀咕:今天是怎么了?"见他妈的鬼了!"江青忽然愤愤地骂了一声。我一怔,她安慰说:"不是说你呢。我是说有些人呢,对我的党籍发生了怀疑。我明明是1933年入党,硬说我是1935年!"

我什么话也没说。长期为首长当特务员和卫士,我知道首长都有这个习惯,心里有不痛快的事总要找人一吐为快。和同样的首长不便发牢骚,有时是可以朝我们这些贴身卫士发发的,我做出认真和同情的表情听她说。

江青自己仍在那里嘀咕,发泄郁积心底的愤懑。说三查运动查来查去竟查到她的头上,查起她的历史来了。有人就是想搞她。她说:"那时,是个姓王的介绍我入党的②,名字我忘记了。现在这个人不知到什么地方去了。"见我始终不吱声,即忽然望着我说:

"对了,他们还说我对你好,给你衣服。我给过你吗?"

"没有!"这下子我憋不住了,叫喊起来:"谁说的?"

"你看,这不是造谣吗?"江青没讲是谁说的,她只是为了证明其他事也都是造谣。她咬着牙说:"有些人吃饱了不干事,整天琢磨着整人。运动一来就上劲。整么,这次你整别人,下次别人也可以整你!"

那天饭后,江青询问了毛泽东近来的生活情况。她是生活秘书,管我们卫士组这一摊,按理说我应当随时向她汇报主席的生活起居。这一次江青问得很细,可以看出,她是想摸清主席近来的情绪怎么样?有没有什么不愉快?我隐隐感觉到,江青担心她的历史问题传到主席耳朵里去。

第二天早晨,我送工作一夜的毛泽东回卧室休息。进门时,发现江青夜里睡在毛泽东的房间里,拥被而坐,还没起床。

我便退出屋,侍立在走廊里。

屋里隐隐约约传出他们两口子的谈话声。开始声音不大,是江青向毛泽东诉说什么,毛泽东的声音显出不高兴,不耐烦。毛泽东有几句声音很大:"按组织原则办,谁也不能特殊!""你在上海既然那么革命,还要我讲什么话?""心里没鬼还怕审查吗?"

后来,嘀咕变成了争吵。江青嚷道:"国民党反动派造谣还少吗?他们多次登报说你和朱德被击毙了,也有照片,不止一张照片,能相信吗?"又听到说:"这些人跟国民党反动派唱一个调子,他们想干什么?"我听到毛泽东声音很大的话:"你这个人

---

① 此处似应是延安整风、审干运动,不是三查、三整运动。三查三整即查阶级、查思想、查作风,整顿组织、整顿思想、整顿作风,是从1947年冬开始的,而江青受到第三次审查是在她生了李讷后不久。

② 此处指李大章,当时化名"老王",任中共地下党青岛市委书记。李大章是当时批准江青入党的上级领导。《王洪文、张春桥、江青、姚文元反党集团罪证(材料之二)》中明确指出:"1933年2月,江青在青岛由俞启威(黄敬)介绍加入共产党。"

混……"江青还在哭嚷："我不过一个小小的行政秘书，犯不着他们兴师动众，他们搞我其实为了整你，矛头是指向你的……"

毛泽东吼起来，打雷一般："滚！你给我滚！"

我慌忙走远几步，距门稍稍拉开点距离。刚站稳，江青已经披衣冲出窑洞，哭哭啼啼，从我身边一阵风似的走过去，直奔周恩来的窑洞。她跟毛泽东闹别扭总是找周恩来哭诉。那天她在周恩来那里一直呆到中午十二点。出来时，恢复了平静。周恩来是解决矛盾的能手。

午后，我去服侍毛泽东起床，毛泽东心事重重。皱着眉头抽烟，良久，叹了一口气："唉，江青是我老婆，要是我身边工作人员，早把她赶走了。"

这种时候我只需听，无需讲话，毛泽东和所有的普通人一样，心里烦闷时，希望有个人听他诉说，说一说心情可以好受一些。

"没办法，跟她凑合着过吧。"毛泽东吸一阵儿烟，想一阵儿心事，冒一两句。

"我跟你说，我现在有些事很难办，当初结婚没搞好，草率了。唉，草率了。"①

李银桥的这一段回忆，非常形象地勾画出当时的情景。

江青无法求助于毛泽东，就求助于她的那位同乡——康生。

康生这人，向来心狠手辣。他领导的"抢救失足者运动"，不知制造了多少冤案，制造了多少人间悲剧。可是，他对江青却截然不同，因为他知道，有这么一位女同乡在毛泽东身边，对于他大有好处。

康生又一次保江青过关。用朱仲丽的话来说，康生成了江青的"护身符"！

后来，康生甚至把谁告发她、告发些什么事情，都告诉了江青。当江青"露峥嵘"的时候，那些曾经向中共中央反映过江青历史问题的人，也就一一受到了狠狠的报复。

■ 康生（右）与毛泽东在延安

---

① 权延赤：《走下神坛的毛泽东》，中外文化出版公司1989年版，第136—137页。

当江青成为毛泽东夫人之后，又倒过来帮了康生的忙。共产国际联络员彼得·伏拉迪米罗夫在他的《延安日记》的1943年2月的日记中写道：

> 江青不仅只是毛主席的个人秘书，而且还负责毛主席所有的秘密联系。她最亲密也是最信任的朋友是康生。康生尊重她的婚姻，因为这可以给他一个接近毛主席的通道。

江青变娇变骄了

■ 江青在延安的时候

生了女儿李讷，又过了政治审查大关，江青的地位日渐巩固，日益得意起来。小心翼翼的"新媳妇"的日子过去了。

江青渐渐显示她的本性。一桩小事，露出了她的强横。

据参谋蒋泽民回忆，一天，江青听说，在另一位首长家中，有个小保姆的名字，居然也叫江青！

江青极为不悦：一个小保姆，怎么可以跟她同名同姓呢？

依照江青的猜测，一定是那个小保姆听说她叫江青，也就模仿她的名字，叫起江青来。

她托蒋泽民去找那个小保姆，要小保姆改名。

然而，蒋泽民前去细细一问，得知小保姆原本有个小名，嫌不好听，到了那位首长家，首长给她改名江青。

蒋泽民再一打听，得知小保姆改名江青，比江青还早。也就是说，小保姆并不是模仿她才叫江青的。

在中国，同名同姓本是常有的事。可是，江青绝不能容忍那个小保姆也叫江青，仿佛"江青"这名字已经成了她的"专利"。

毕竟江青是"第一夫人"，那个小保姆拗不过她，只得改名。

江青对于自己身边的小保姆，也开始摆架子，动不动就呵斥了。

她对伙食挑挑剔剔了，关照炊事员该这么做，该那么烧。

她越来越娇，也越来越骄。

她不再那么"腼腆"，她像得意的公主一样，出现在延安的舞会上。她不论地面如何高低不平，总是能够保持优雅、熟练的舞姿。这时，她成了全场注意的中心，人们在悄悄议论着："哎，你瞧，到底是上海来的电影明星！"她显得益发得意了。

除了喜欢跳舞、骑马之外，江青独自在家时，抽起烟来。她在上海时，已经会抽烟，不过偶尔抽抽。这时,遇上烦闷之际,她便抽烟,只是不大在人前抽烟,因为当时陕北年轻女人很少抽烟的。

不过,美国《纽约时报》的通讯员梯尔门·杜丁先生,还是敏锐地注意到江青吸烟。1944年,他这样写及对于江青的印象:"在她身上还是发现了中国传统女性的美质——'一个来到现实生活中的中国画美人'。她的穿着和普通的中国妇女别无二致。只是在裁剪和用料上更为得体一点;她的头发剪成苏联式短发,这是一种在西北革命领袖人物夫人们之间颇为时髦的发式,而这使她本人更为漂亮(30年后绝大多数中国妇女的头发剪成的都是这种样式)。那些日子里她就吸洋烟了,并且是美国舞曲音乐迷。一个与她跳过舞的美国人发现她的英语'不是不能讲的'。"

杜丁在报道中说,江青与毛泽东主席结婚之后,患上了肺结核病,病情延续到1944年还没有好。虚弱的病体并没有阻止她在鲁艺继续授课。江青在鲁艺学院讲授的课程是戏剧艺术,此外她还导演了一部宣传人民抗日的保留剧目。

在延安,常有外国人访问毛泽东,江青以主妇身份招待客人,她给外国人留下不错的印象。

苏联记者、共产国际联络员彼得·伏拉迪米罗夫,在1942年至1945年住在延安。

伏拉迪米罗夫除了对外发出许多关于延安的报道之外,还每天记日记。他的日记在30年后才公开出版,书名为《延安日记》。

他在日记中这样描绘1942年的江青:"她是一个瘦小的、有着柔软身段与机灵黑眼睛的女人,她站在丈夫身旁的时候,同丈夫那伟岸的身躯相比显得是那样弱小……""极端的自觉性是她杰出的品质,她的理智胜过她的禀性,她毫不仁慈地驾驭着自己,她的事业就是她自己的一切。她在年轻的时候就急于要获得她最终得到的东西……"

哈里森·福门,是一个美国新闻记者。他与毛泽东及江青相识于1944年。

福门写下这样的报道:

> 毛泽东在他居住的小院门口接迎了我。院内是一字排开的六个普通窑洞,这里住着毛泽东一家及其贴身护卫。毛泽东那年轻美丽的妻子同他在一起,她就是以前大上海闻名遐迩的女电影演员蓝苹。这是一个极为聪慧的女人,并且在1933年就加入了中国共产党。1937年,她毅然放弃了她的电影事业,转赴延安。在延安鲁艺学院从事戏剧艺术教育。毛泽东对戏剧的兴趣使他们走到一起,并于1939年春不事铺张地结为伉俪。
>
> 夫妻二人的穿着都很平常。妻子的一身像睡衣裤一样宽大的劳动布服装绑在她那样纤细的腰身上,使她的身段愈显苗条;丈夫穿着一件粗糙的、带补丁的土布上衣,短得不能遮住小腿的裤子。我被带到了"客厅",这是一间用砖块铺地、白灰刷墙、摆有几件结实但很粗糙家具的窑洞。时间已到了晚上,洞内仅有的几点光线来自一支被固定在一只倒置茶杯上的蜡烛,几支点燃的烟头上。谈话期间总有几个儿童跑进跑出。这些儿童站下来盯了我几秒钟,然后剥了一块糖放在嘴里又跑出去玩了。毛

泽东好像根本不在乎他们的存在。

大卫·巴利特上校是美国观察小组成员。他在1944—1945年派驻延安。他清楚地记得毛泽东在一次军事展览会上，向他介绍夫人江青："巴利特上校，这是江青。"

巴利特惊讶地发现：本来想象中的痨病患者看上去却十分健康，而且神情欢愉。

巴利特这样描述江青："她的举止体态优雅端庄，俨然一个传统女明星形象；像其他所有中国女演员一样，她的普通话说得也十分可以。我记得她在其他中共领袖们的夫人中间是最为出众、最为漂亮别致的。"

罗伯特·佩恩在1945年访问毛泽东的时候，对江青的印象是这样的："毛泽东的夫人进来了，穿着黑色女裤和一件毛衣。'你好！'她招呼道，带着一种典型的北京腔儿。这使你一下猛地意识到她那张脸美丽而有丰富的表情。同时，伴着她那款款移来的脚步，一股高原地区野花的清香也飘进了屋内。"

■ 毛泽东和江青在延安

江青并非贤妻良母型的东方女性，她的个性倔强。在"新媳妇"的日子过去之后，她渐渐显露本色，她要保持自己的独立性，不断跟毛泽东发生口角。

本来，夫妻之间，意见不一，争几句、吵几句，也不足为奇。可是，江青往往不顾场合，在工作人员面前，跟毛泽东争吵。毛泽东毕竟是领袖，江青这样哗啦哗啦地当众吵架，使毛泽东甚为不快。当她的声音越来越高时，毛泽东会大喊一声："闭嘴！"一听这话，江青才收敛了一些。

最使毛泽东不悦的是，她骂他"土气"、"土包子"。这句话可能反映了她灵魂深处对延安的鄙视，她还是向往上海那十里洋场的明星生活。

江青与周恩来的"惊马事件"

她喜欢骑马。本来，她不会骑马。正因为这样，她在从西安到洛川途中，连日降雨，汽车不能通行，她不得不骑马时，显得神情异常紧张。如今，她把骑马当成一种很好的消遣，喜欢在延安招摇过市。

新西兰人路易·艾黎曾回忆，在延安城外，"一个女孩骑着白马过来了，有点快，使人感到有点紧张。我不知道她是谁，回去一形容，人们齐声说，嗨！那就是主席的新夫人。"

她很得意。她所企望的，就是引起人们的注意，引起人们的羡慕："呀，那是主席的新夫人!"她觉得过瘾,犹如当年在上海舞台上成为众目聚焦的目标一样。

苏联摄影师罗曼·卡门,曾三次获得斯大林奖。1939年5月,奉斯大林之命,到达延安,拍摄一部关于中国革命和抗战的电影。

卡门第一次遇见江青,是在1939年5月25日,是在他去与毛泽东举行讨论会的路上。"他那艺术家的眼睛一下就被她俘虏了。"卡门遇见了江青,为她拍摄了骑马的英武照片。"江青着装华丽,头发梳成辫子,这使她看上去更像个斯拉夫人。"这张照片如今被印在许多关于江青的书中。

卡门写下这样的回忆:

在我们去看毛主席的路上,我们骑马穿过延安城。新近开放的"女子政治大学"是为数千名从全国各地来到延安的妇女而建立的。学校位于一座小山上,恰好在鲁艺与抗日军政大学的后面。我们两次蹚过溪流。

在我们第二次过河之后,我们被一位女骑手风驰电掣般地追了上来。快要追上我们时她一下停住了,勒紧缰绳,用一种带有野味的姿势快活地欢迎我们,她就是毛泽东夫人。像成千上万年轻的中国人一样,几年前她来到了延安这个特殊的地区,并在政治大学学习。在此之前她是上海的一位著名女演员。现在,她已是一名年轻的共产党员。她为伟大光荣的中国共产党所从事的工作是做毛主席的个人秘书。她为他安排活动日程、记录演讲内容、抄写文稿并照顾其他各种各样的杂务。现在她是刚刚从毛主席派她去的一个遥远的地方回来,意气风发地坐在她那矫健小巧、神气十足、不停腾跃嘶咬的马上,两条辫子用缎带绑住盘在脑后。她穿一件缴获的日军军官大衣,光脚穿着一双木底草鞋。

"我去告诉毛主席你们来了。"她说着猛地掉转马头,向后挥了挥右手,身体微微前倾,旋即消失在一阵灰尘之后。

由于江青喜欢骑马,引出关于周恩来惊马的种种传说。

周恩来的右臂,只能弯曲60度。在众多的照片上,周恩来总是曲着右臂。他的右臂骨折,是坠马所致。坠马之际,江青在侧。

关于周恩来坠马,传说颇多,照列于下:

其一,"在延安,有一次江青要跟着周恩来出去。一条狗突然从路边窜出,吠叫着扑过来。江青惊慌失措,拨马便逃。那田埂小路又窄又弯,她的马撞到周恩来的马上,周恩来一头摔下来,右臂就摔断了。在延安医治无效,党中央决定让周恩来去莫斯

■ 喜欢骑马的江青

科治疗。"①

其二，"有一天下午，周恩来要去党校上课，江青建议毛泽东让她一块去。她想骑马，也想能让听众看到她同周恩来一起来，她认识毛泽东之前，在那里是谁也不注意的普通一兵。两人骑马回来时，周恩来和江青沿河岸走，周在前，江在后紧跟。比周恩来小十五岁的江青（应为小十六岁——引者注）不像周讲了那么长的课很累，图痛快，非要快跑不可。江青的马多挨了鞭子，突然，前蹄踩住了周恩来坐骑的后蹄。周的马直竖起来，把中国未来的总理摔在硬实的地上，右臂折断，落了终身的缺陷。"②

其三，"有一种说法是，周来找毛，毛有别的事要做，不愿那天晚上去中央党校讲马克思主义。毛让周代他去，并让他的夫人江青陪同。在去党校的路上，江青用力抽打她的马，跑在了前面。当他们来到一片玉米地时，田边的小路非常窄，只能通过一匹马。突然，江青勒住了马。这样，紧随其后的周，要么撞上她，要么践踏庄稼，要么也突然勒马。于是周就紧紧勒住了马缰，马的前蹄腾空而起，周摔下马来，为保护头部，他伸出右手，于是右臂在地上折断了。肘部凸出的骨头清晰可见，鲜血喷涌而出。江青却装做什么也不知道似的回到了延安。周说毛一直不知道这件事与她有关。"③

其四，据中共中央文献研究室编的《周恩来传》第二十四章《到苏联疗伤》载，"周恩来坠马，是到中央党校去做报告。因为延河水涨，他们就骑马。途中，周恩来骑的马受惊，把周恩来摔了下来。他的右臂撞在石崖上，造成粉碎性骨折。警卫人员立刻赶上去，周恩来已经自己站起来，用左手扶着骨折的右臂，痛得咬紧着牙关。警卫人员扶着周恩来步行到党校会客室。中央卫生处立刻派几个大夫赶来，给他先作了简单的包扎。"

中共中央文献研究室编写的《周恩来传》这一段记述，是根据当时在场的警卫人员蒋泽民1985年3月20日致胡耀邦的信以及当时在场的另一警卫人员王来音1979年6月口述材料而写成的。这一段记述，没有提及江青。

其五，1992年4月5日，笔者在延安革命纪念馆访问了该馆研究人员米世同。他在此馆工作多年，据他回忆，1965年成仿吾回延安时，他曾问及关于周恩来惊马事。成仿吾的回忆，谈及一些重要史实，似乎比中共中央文献研究室的《周恩来传》更准确些：

> 周恩来惊马，是在1939年7月10日晚。他去中共中央党校，为的是给"华北联大"师生送行。
>
> "华北联大"即华北联合大学，1939年7月7日在延安宣告成立。该校由陕北公学、鲁迅艺术学校、工人学校、安吴青训班等部分师生组成，共约一千五百人，由成仿吾任校长兼党团书记。中共中央决定，该校到晋察冀根据地办学。因此，该校一宣告成立，师生们便准备离开延安，前往晋察冀根据地。

---

① 何廉：《今天一定要到达——周恩来乘飞机秦岭遇阻纪实》，《啄木鸟》1990年第2期。
② 罗斯·特里尔：《江青正传》，世界知识出版社1988年版，第128—129页。
③ 迪克·威尔逊：《周恩来传》，解放军出版社1989年版，第143页。

7月7日是"七七事变"纪念日，"华北联大"在1939年7月7日宣告成立，那天毛泽东前去作报告，号召："深入敌后，动员群众，坚持抗战到底。"

7月10日，周恩来前往"华北联大"作题为《中国抗战形势》的报告。"华北联大"在延安无校址，借用中共中央党校，那时，中共中央党校设在延安城西北处小沟坪。毛泽东、江青、周恩来都住在杨家岭。杨家岭离小沟坪不远，中间隔着延河。

那时，延河水涨，周恩来骑马，江青骑骡，带着警卫员，过了延河。过河之后，遇一小沟。周恩来在前，江青在后。周恩来的马已过小沟，江青的骡过沟后，习惯地往前蹦跶一下，正好撞上周恩来的马屁股。马受惊，一下子把周恩来摔下。摔下处是石岩，使周恩来右臂骨折。

警卫员火速前往中央党校，一边派人救护周恩来，一边打电话向毛泽东报告。毛泽东对江青大为恼怒，在电话中责怪江青不慎使周恩来受伤。当夜，江青吓得不敢回杨家岭。直至翌日毛泽东气消，她才敢回去……

成仿吾是重要的当事人。他的回忆，可供参考。他于1984年5月17日在北京逝世。

江青借牙病飞往重庆

在充满"土气"的陕北生活了将近八个年头，江青终于有机会重返那灯红酒绿的所在。1945年8月28日下午1时半，重庆九龙坡机场热闹非凡。事先采取了严密的保安措施，前来机场接客的人是经过周密研究的。内有国民党代表张群、邵力子、王世杰、周至柔、傅学文、陈诚等，也有民主人士，有郭沫若、章伯钧、张澜、谭平山、左舜生，还有那位沈钧儒……几十位摄影记者在那里摆弄着照相机镜头。

下午3时半许，一架银色专机从天而降。舱门打开之后，一位穿着蓝灰色中山服、个子魁梧的人物，手持白色巴拿马帽，挥动着，向人们致意。

"毛泽东！毛泽东！"他的出现，使机场沸腾了。

陪同毛泽东一起由延安飞往重庆的，有美国驻华大使赫尔利，有国民党谈判代表张治中先生，还有中共代表周恩来、王若飞。

毛泽东此行，为的是和蒋介石举行国共和谈，史称"重庆谈判"。当晚，蒋介石便在歌乐山山洞林园举行宴会，为毛泽东、周恩来、王若飞洗尘。

宴会结束之后，毛泽东便下榻于林园。

林园有三楼三底的西式房子四幢。毛泽东住在二号楼。蒋介石也住在林园，跟毛泽东比邻而居。据云，为的是便于保证毛泽东的安全。

毛泽东去重庆进行重大政治活动，与江青无干。可是，她竟在毛泽东去重庆之后，也去重庆了！

江青去重庆的借口，乃是牙疼。她的龋齿发炎，这本是小毛病罢了。不过，"牙疼不是病，痛起来要命"，她哼哼唧唧不已，非要去重庆治牙病不可。毛泽东总算同意了，只是说好了条件,即在重庆不能公开露面。

于是,她搭上周恩来飞往重庆的飞机,带着女儿李讷,从延安飞到了重庆。

1968年3月15日,江青在与周恩来等一起接见四川省有关领导时,说起自己跟四川省的渊源:

> 你们是远方来客,你们那个地方,对我来说很遥远。解放前我跟总理去过一次,是治牙。四川七千万人口,是天府之国,就是不要变成了独立王国,如果变成独立王国,群众不允许就是了。各个地方都不能允许。七千万人口,是个大国,在欧洲就了不起了。

当时,重庆还没有成为直辖市,属于四川省。也就是说,1945年去重庆看牙病,是江青唯一一次去四川。

在她来到重庆时,毛泽东已从林园迁至红岩村第十八集团军驻重庆办事处,而江青则和李讷一起住在张治中家桂园。

她,"穿一件短袖上衣和裙子,挺像大专女学生的制服,短发没有烫,只留着前刘海。她不像刚从窑洞里出来的人,是一位标致的青年妇女。"虽说她不在公开场合露面,毕竟引起张公馆里知道内情的人的注意。她结识了张治中夫妇,逗着张治中的四小姐张素秋玩。

在重庆,她的身份当然瞒不过中共方面的工作人员。她逢人便要指指牙齿,说自己是为治牙病而来,似乎也生怕别人议论。

她当然明白毛泽东为什么不许她公开露面。

一个多月前——7月1日至7月5日,中国民主同盟和国民党的六位参政员,即褚辅成、黄炎培、章伯钧、左舜生、冷御秋、傅斯年,由重庆飞往延安参观、访问。内中的左舜生,曾向毛泽东提出见一见江青,被毛泽东婉拒。

左舜生此人,跟毛泽东同庚,湖南长沙人。早年曾加入少年中国学会,这是五四时期左翼团体,李大钊为会刊《少年中国》编辑部主任,左舜生为评议部主任。不久,内部分化,左舜生倒向右翼,提倡国家主义,反对共产主义。1925年,左舜生成为中国青年党首领之一。1930年与陈启天在上海创办《铲共》半月刊。他和崔万秋颇熟。1941年中国民主政团同盟成立时,他出任秘书长。他是作为中国民主政团参政员访问延安的。

从延安归来,左舜生写了《记民主同盟政团延安之游》一文,内中谈及希望见江青一面:"我本来向毛泽东提议,要见见他的蓝苹的,但毛说她生病,不能见客。7月5日那天,我们离开延安的时候,毛带着他们一个七八岁的女儿(即李讷,当时五岁——引者注)来送我们,两只美秀活泼的眼睛,看样子似乎和我在战前见过一次的蓝苹有点像,可是蓝苹本人依然没有来。'曲终人不见,江上数峰青',当我们的飞机起飞以后,我还是感到这是此行的一点遗憾。"

毛泽东托辞江青生病,不让左舜生见她,显然不愿让左舜生回重庆后张扬他和江青的婚姻。

从左舜生的文章中亦可看出,"江青"之名的含义,他在当时便已知悉。

毛泽东婉拒了左舜生会见江青的要求,理所当然,不让江青在重庆公开露面。

江青前往重庆,引起了美国记者的注意。1946年2月11日,美国《时代》周刊在《毛的一家》一文中,这样描述江青:

> 秀丽、苗条的毛泽东夫人,计划离开延安,到重庆去治疗牙齿。问她是否会与蒋介石夫人见面,毛夫人笑笑,说:"我希望能见面。"
>
> 八年前,她一直生活在国统区,是上海的电影明星,名叫蓝苹。她为政治放弃电影,决定前往延安。1939年,在延安,她成为毛主席的第四任妻子。

这期《时代》周刊还配发了一张毛泽东与江青的合影。两人站在延安山坡前,毛泽东左手夹烟,侧身注视江青,而江青则身着臃肿的棉衣,双手插在裤兜里,咧嘴微笑着。

■《时代》周刊刊发的毛泽东与江青在延安时期的照片

唐纳在重庆拒见江青

江青来到重庆之后,悄悄背着毛泽东,约见正在重庆的唐纳。

江青进入延安之后,仍与唐纳有过联系。

"据当时与唐纳比较接近的一位苏州同乡说,蓝苹曾有一个短时期逐月从延安托人捎送十元钱接济唐纳。每当唐纳收到此款,照例必先从中抽出一元,与贫困的知友们聚首'打牙祭',权且在国难中相濡以沫,苦中作乐。"①

这"一个短时期",是指1942年唐纳在重庆颇为潦倒的时候。

当江青离沪去延安时,唐纳成为《大公报》战地记者,沿沪杭线采访。这时,他改用笔名"罗平",发表了许多战地通讯。他在1937年底到达武汉。

那时候,上海影剧界群星汇聚武汉。唐纳仗着他在影剧界人头熟,又有组织才干,倡议组织附属《大公报》的大公剧团,得到热烈的响应。导演郑君里、应云卫,演员赵丹、白杨、舒绣文、张瑞芳、顾而已、金山,都参加了大公剧团。

唐纳自己编剧,写出抗日话剧《中国万岁》,由应云卫导演,于1938年夏在武汉维多

---

① 程宗骏:《关于唐纳与蓝苹》,《人物》1989年3期。

利亚纪念堂及大光明戏院上演，轰动全城。

就在这时，唐纳爱上了话剧女演员陈璐。

很巧，笔者在1998年2月21日，得以采访年已古稀的陈璐。

那是我应邀去武汉签名售书，上午10时，当我来到汉口图书城准备为读者签名售书时，一位中年男子已在早早等候。他戴一副近视眼镜，身体壮实，一表人才，知识分子模样。他说从昨日的《长江日报》上见到我来武汉的消息，特地赶来。他的一句话，引起了我的注意："我是唐纳的儿子红儿，你在《江青传》里写到我……"

我马上关切地问："你的母亲陈璐女士呢？"

他答道："她在汉口，已经78岁了。"

我在写《江青传》初版时，在上海曾请陈璐的友人回忆她以及红儿，但是未能采访她本人。所以一听说她就在汉口，离我所住的璇宫饭店不远，当然不会放过这一难得的采访机会。于是我问："她的身体好吗？能够接受采访吗？"

他说，母亲除了患气喘病之外，没有别的病，能够接受采访。于是，我当即与他约好，晚上去看望他的母亲。

入夜，我在他的陪同下，来到他母亲家。三房一厅，刚刚装修一新。陈璐女士虽然年逾古稀，但是眉清目秀，穿一件花格毛衣，仍可见到当年演员的风韵。她演过许多话剧，如《雷雨》、《日出》、《风雪夜归人》、《少奶奶的扇子》等等。她在话剧中总是演正面人物。在话剧《红楼梦》中，她甚至担任林黛玉的A角和薛宝钗的B角。她也担任过电影演员。在电影中，她却总是演反面人物，要么演女特务，要么演堕落的舞女。

她不仅口齿清楚，而且思维也清晰。面对我的录音机，她娓娓话当年，把我的思绪带到了半个多世纪之前。

由于日军进逼武汉，唐纳与大批文化人一起，从武汉退往重庆。重庆是当时中国的陪都——由于上海失守，首都南京告急，国民党政府从1937年11月起迁往重庆，称重庆为"陪都"。

在山城，老朋友赵丹为唐纳牵红线，使唐纳结识了18岁的女演员陈璐。

陈璐是武汉人。当唐纳在武汉组织演出《中国万岁》时，初出茅庐的陈璐在武汉演《放下你的鞭子》。尽管都在演艺圈内，那时，陈璐并不认识唐纳。

当唐纳前往重庆，陈璐也来到重庆，先是参加四川旅外剧团，后来在中国电影制片厂（简称"中制"）工作。中国电影制片厂的前身是汉口摄影场，也是从武汉迁来。许多左翼电影工作者加入了中制。赵丹也来到中制，认识了陈璐。

看到唐纳在山城孤身一人，赵丹有意把陈璐介绍给唐纳，便对陈璐说："我有个好朋友，想见一见你。"陈璐问他，这位好朋友是谁？赵丹便向她介绍了唐纳的身世、为人……

陈璐记得，1938年3月的一天，由赵丹做东，请她和唐纳在重庆冠生园吃饭。

当赵丹带着她来到冠生园时，唐纳早已等在那里了。陈璐一进去，唐纳的双眼便紧紧盯着她。陈璐不好意思起来，对唐纳说："你这么看着我，干吗？"唐纳一时语塞，就明知故问道："你就是陈璐小姐吗？"赵丹抢着说："这还用问？"这时，赵丹和唐纳都哈哈大笑起来。在笑声中,唐纳和陈璐算是认识了。

唐纳跟陈璐开始聊天。过了一会儿,唐纳的好友顾而已也应赵丹之邀来了。不言而喻,赵丹是请顾而已一起来敲边鼓的。顾而已当然不辱使命,在陈璐面前,替唐纳美言了一番。那天,四个人在冠生园笑语飞扬,演了一台热热闹闹的《喜相逢》。

唐纳年长陈璐6岁,跟陈璐一见倾心,坠入爱河。唐纳频频约她去骑马,去重庆南温泉游泳。唐纳亲热地喊她"璐璐",她则叫唐纳"罗平"。他们以闪电的速度结婚。为了纪念他们的相识之处,婚礼也是在冠生园举行。重庆文艺界的朋友们赶来,向这对新人表示祝贺。

蜜月是在日军隆隆的轰炸声中度过。唐纳和陈璐起初住在一家旅馆里。在空袭警报声中,这家旅馆被日军飞机炸为平地。无可奈何,他们只好借住到赵丹家里。那时,赵丹在山城的临时住处也很局促,只有一个房间。于是,权且在房间里拉上一道帘,这边住着赵丹和叶露茜,那边住着唐纳和陈璐。空袭警报声频频响起,他们不时要翻山,躲进防空洞。

1938年10月,唐纳与陈璐经越南河内,到达香港。在香港住了一个多月,乘船返回上海。

在上海,唐纳和陈璐住在海格路(今华山路)、江苏路口。唐纳改用笔名"蒋旗",发表多幕话剧《陈圆圆》,又写出多幕话剧《生路》。

虽说唐纳人在上海,他的话剧《中国万岁》却已由中国电影制片厂演员剧团排演,在重庆搬上舞台。一时间,山城关注,对此剧颇予好评。

虽和陈璐结合,唐纳仍怀念蓝苹。这时,唐纳所写的《千里吻伊人》歌词,据云是为蓝苹而写。这首歌当时由蔡绍序演唱,走红上海滩:

> 天苍苍,海悠悠
> 鸿雁在飞鱼在游。
> 人面不知何处去?
> 绿波依旧东流。
> ……

陈璐在上海当演员。唐纳为陈璐取了个艺名叫"红叶"。据云,"红叶"的含义是与"蓝苹"相对。

唐纳带陈璐去苏州老家。唐纳的母亲十分喜欢陈璐。陈璐记得,唐纳的母亲写得一手好毛笔字,颇有文化修养。

陈璐怀孕了。唐纳从海格路搬到瑞金一路。那里是法租界。婆婆来到上海,照料临产的媳妇。婆婆说,苏州老家院子里的大树上,正巧结了一个鸟窝,是个吉兆呢!婆婆盼望媳妇生个儿子,早早地开始做小男孩的衣服。

唐纳从来没有做过父亲,当然更加细心地照料着陈璐。他听说私人医院的服务比公立医院更加周到,就安排陈璐到上海美琪大戏院附近的一家私人医院检查。开设这家医院的丁明泉医生,曾留学德国,医术高明。

1940年5月1日清早，陈璐感到腹痛。婆婆和唐纳急送陈璐到那家私人医院。陈璐上了产床，婆婆坐在一侧陪伴着她。临产时，婆婆紧紧捏着她的双手。上午10时，陈璐在那里生下一个男孩，唐纳和婆婆高兴得手舞足蹈。

分娩后，卫生员用担架抬着陈璐到了病房，放下担架时动作稍微重了一点，向来细声细语的唐纳，这时大声吼道："你们怎么这样粗心！她刚生完孩子，浑身'散架'，一受碰撞，将来骨头合不拢，还得了！"陈璐听了，又好气又好笑，连忙说："没关系，没关系。"

唐纳为儿子取了奶名，叫"红儿"。按照苏州人的习惯，叫作"红倌"——唐纳本人的奶名，就叫"仁倌"。不言而喻，这"红儿"、"红倌"，都是从唐纳为陈璐所取的艺名"红叶"演绎而来的。

由于儿子出生于5月1日，正值国际劳动节，唐纳为儿子取名"马均实"，意即"均分劳动果实"。

儿子的出生，使唐纳沉浸在欢乐之中。他请了一个星期的假，以便专心照料陈璐母子。唐纳的母亲则按照苏州习俗，每天炖冰糖桂圆汤给陈璐吃，总共吃了一百天。

当时的上海，在日本的统治下，进步文化人只能在租界里活动。即便这样，也不能演出或者拍摄宣传抗日的作品，只能以《木兰从军》这样以古喻今的作品间接地进行抗日宣传。那时的租界成了"孤岛"，进步文化也就成了"孤岛文化"。

陈璐在唐纳的帮助下，进入"孤岛"电影界，在上海金星公司出品的《乱世风光》中，饰演舞女柳如眉。《乱世风光》由柯灵编剧，吴仞之导演，罗从周摄影。《乱世风光》直面租界"孤岛"生活的现实：一面是发国难财的奸商骄奢淫逸，一面是穷苦百姓水深火热。

影片结尾时，响起柯灵作词的主题歌：

让新的生长，
让旧的灭亡，
我们是青年一代，
我们是人类的栋梁……

这部影片公映不久，受日军的威胁，连租界当局也不得不下令禁映《乱世风光》。

除了拍电影之外，陈璐主要是担任话剧演员。在上海兰心大戏院后台，陈璐有一间专用的化妆室。

当时，陈璐并不知道唐纳的政治身份，只知道他常常行踪机密。有一回，唐纳对她说："如果我被捕，牵连了你，你就说'我早就跟唐纳离婚了'！"陈璐听了愕然。

后来，突如其来的事情，果然发生了。一天清早，她所住的三楼忽然响起了敲门声。那时，唐纳不在家，他离沪秘密前往重庆了。陈璐和红儿以及保姆留在上海。保姆开了门，门外站着的竟是法国巡捕。巡捕问："陈小姐在家吗？"陈璐应声而出。巡捕说，要她去巡捕房一趟。陈璐吃了一惊，连忙推说："孩子还没有过早呢！"所谓"过早"，是道地的武汉话，意即"吃早饭"。巡捕却坚持一定要她马上就走。

陈璐下了楼，见到巡捕房的汽车停在楼下。她被带到法租界卢家湾巡捕房。到了那里，巡捕倒显得很客气，一边给她喝咖啡、吃三明治，一边说希望她能好好合作。陈璐"过完早"，巡捕带她到另一个房间去。一个大块头巡捕开始对陈璐进行审问："你是唐纳太太吗？"陈璐知道事情不妙，就按唐纳的嘱咐说道："我跟唐纳已经离婚了，不再是唐纳太太了。"大块头接着问："你知道，唐纳在哪里？"陈璐答道："我跟唐纳已经离婚好几年，我不知道他在哪里。"大块头面对这位一问三不知的陈小姐，只好放她回去。

陈璐庆幸唐纳事先为她编好对付巡捕的"台词"，所以也就顺利过关。她来到兰心大戏院，全身心地投入《天罗地网》的排练。她万万没有想到，过了几天，巡捕又来找她。

这一回，她来到巡捕房，大块头板起了面孔。原来，巡捕经过暗中调查，得知她根本没有跟唐纳离婚。所以，当她又一次声称自己跟唐纳已经离婚，大块头也就不客气了。她被关押在巡捕房。她说，唐纳不在上海，到底在哪里，她不知道。她强调自己正在"上戏"。她如果被关押在巡捕房，不去剧院，戏没法上演，剧团的经济损失谁负责？

审了几回，从陈璐嘴里得不到关于唐纳的线索，巡捕房把陈璐关押了三天之后，只得又一次把她放了。

回到家中，陈璐很快就发现，家门口有人盯着，直到夜里熄灯之后，盯梢的人才离去。白沉（后来在1955年担任电影《南岛风云》导演）来看望她，劝她赶紧把唐纳放在家中的进步书籍转移。陈璐找唐纳的把兄弟张静林商量，悄悄把这些书籍转移到他家。

过了半个多月，大约没有发现唐纳回家，楼下那盯梢者这才消失了。

唐纳从重庆回来了。

陈璐把那场虚惊告诉唐纳。唐纳笑道，他事先替她拟好的"台词"，还是派上了用场呢！他并没有把巡捕房为什么这样"关注"他的原因说出来。直到好多年之后，她才知道唐纳当时参加共产党的地下活动，这才使巡捕房对他格外注意。

经历了漫长的八年抗战，终于迎来了胜利的日子。这时，重庆的"要员"们纷纷争着从重庆赶到上海"接收"（当时人们称之为"劫收"），而唐纳却奉命又一次从上海前往重庆。

临走，陈璐为唐纳整理行装，并送他上路。陈璐记得，分别时彼此间并无龃龉。意想不到，唐纳这一走，竟是她和唐纳八年夫妻生活的终结。

唐纳到了重庆之后，起初还给陈璐来信，渐渐的，信越来越少了。后来，陈璐才知道，唐纳在重庆已另有所爱。

唐纳来到了重庆，曾在应云卫的中华剧艺社做点工作，算是有碗饭吃。后来，剧社解散，唐纳陷于困苦之中。唐纳一度心境烦闷，又一次自杀而未遂。

江青不知通过什么途径知道唐纳的困境，她托人每月捎十元钱给唐纳。

1944年，唐纳在重庆成立中国业余剧社，和冯亦代分别任正、副社长。只是因上座率不佳，剧社又陷于困顿之中。

不过,当江青来到重庆医治牙病之时,唐纳却已从困苦中解脱,凭借他流利的英语找到新的得意之职。

据当时《电声周刊》的《唐纳楚材晋用》一文报道:

> 蓝苹的前夫唐纳,他原名马骥良,笔名罗平,现已易名耀华。他原先是圣约翰大学的高材生,精通中英文,又写得一手好文章,是一位意识正确的影评人。也曾加入过明星、艺华及电通等影片公司主演过几部片子。
>
> 他和前进影人蓝苹,曾在杭州六和塔下举行过集体结婚,然而,也许是为了他个性的懦弱,终于遭了蓝苹的遗弃,他一时曾恋恋不舍,闹了几次自杀的活剧。……
>
> 现在,唐纳已在重庆,他得了友人介绍,荣任苏联大使的秘书常追随于苏大使左右,有时同搭飞机,甚为得意。今日唐纳,倘使想起往昔一度自杀于济南的情境,心中也会觉得哑然失笑吧!

不过,另据报道,唐纳是受英国驻华大使馆之聘,在英国新闻处工作。

那时的唐纳,又另有所爱。唐纳在蓝苹、陈璐之后,爱上了女演员康健。

康健是上海业余剧人协会成员。在上海的时候,就认识唐纳。1938年,由沈西苓导演、洪伟烈摄影,在重庆拍摄了电影《中华儿女》。康健在影片中演刘二嫂一角,而演刘二哥的则是赵丹。

唐纳和康健,在重庆一度打得火热:"据当时在重庆中国工矿建设协进会工作的话剧导演张铭(现侨居美国洛杉矶)回忆:1945年上半年,唐纳穿着高档入时的全白西服,偕其女友康健(上海业余剧人协会成员)登门造访张铭,请张专为康健推荐并排演一出话剧,冀以作为她在重庆的'打炮戏',其所需经费等将全部由唐纳承担。接着唐纳又为追悼其苏州的嗣母而于重庆罗汉寺大做其阴寿,曾邀不少亲友,以及诸如郭沫若等文化界知名人士参加。其时康健以主妇身份出现,与唐纳同戴黑纱而主持遥祭仪式。抗战胜利后,不知何故两人又告分手。"①

据陈璐告诉笔者,唐纳母亲去世时,她携红儿前往苏州奔丧。婆婆平素待陈璐不错,她和红儿披麻戴孝,为婆婆送行。按照苏州习俗,每来一位吊唁的亲友,媳妇就得当场大哭一通,而且那哭声时高时低,时长时短,颇有节奏感。在苏州,陈璐为婆婆哭了一回又一回。

唐纳这次来到重庆,正值毛泽东和蒋介石在那里举行举国瞩目的重庆谈判。

江青借口治牙,也来到重庆,只是从来不在公开场合露面。江青曾打电话约见唐纳,却被唐纳一口回绝。唐纳深知,江青此举,多半是出于炫耀,倒不是出于私情。

江青来到重庆,曾打电话约见唐纳,是确有其事的。

唐纳的老朋友徐铸成曾写及:"记得他曾在闲谈中亲口对我说,这位过气的演员,抗战时曾秘密到重庆治牙,还旧情未断,打过电话约他见面,他断然加以拒绝。可见,在他这

---

① 程宗骏:《关于唐纳与蓝苹》,《人物》1989年第3期。

方面,已经一了百了。"①

崔万秋也和唐纳颇熟,也曾当面问过后来侨居巴黎的唐纳。崔万秋在《江青前传》中写道:

"我在和唐纳聊天时,顺便问他上述传闻确否,他承认有这件事。"

"从江青打电话给唐纳,我联想到她在上海时曾两度赴北平访问俞启威……"

虽然唐纳拒见江青,出人意料的是,唐纳却见到了毛泽东,毛泽东还对他说了一句话——这是唐纳一生中跟毛泽东唯一的一次短短的见面。关于与毛泽东见面的情景,1984年9月29日下午,唐纳在巴黎曾跟从台湾来访的老朋友陈纪滢说及。

后来,陈纪滢在《巴黎幸遇唐纳》一文中,记述了唐纳的谈话:

> 纪滢兄,您知道毛泽东到重庆的那一年,我仍在重庆。有一天,我接到张治中(当时是政治部部长)一张请帖,是在他家里开酒会,说明是欢迎毛泽东。当时我很觉奇怪,何以有我?可能因酒会后看戏,但看的是平剧又非话剧,无论如何,轮不到有我!但我抱着一种好奇心理也去了。当主人介绍我与毛泽东相见时,说:"这位就是当年的唐纳!"毛泽东一面显得惊讶,一面紧握着我的手,瞪着两只眼,说道:"和为贵!"因为我不明了他的用意,支吾而过。②

陈纪滢的这一段记述,可以说是极为精彩和珍贵。在其他关于江青的传记中,要么没有提及此事,要么说唐纳"面对毛的宽阔、安详的脸","突然绕到摆满食品的桌子对面,步出大厦",两人"没有握手"。

毛泽东的一句"和为贵",道出了他和唐纳猝遇时的机智和幽默,也反映出他也知道江青往昔的婚事。

据徐明清告诉笔者,毛泽东并不封建,并不十分计较江青往昔的几度婚恋。正因为这样,当黄敬因病来延安住院时,得到毛泽东的同意,江青曾几度去医院看望黄敬。

唐纳拒见江青,其原因由于他一了百了,而且江青地位已经显赫,见她会惹是生非;他却去见毛泽东,那不仅因为他持有请柬,名正言顺,而且出于好奇心理。

至于江青电话约见唐纳,主要是出于炫耀。她是希望让唐纳看一看她今日是何等神气的"贵夫人"。她的好胜,她的好炫耀,向来如此。

江青在重庆住了一个多星期。她在那里,诸多不便,悄然搭飞机飞回延安。

毛泽东在重庆住了43天,进行了举世关注的重庆谈判,于1945年10月11日,由张治中陪同,和王若飞一起飞回延安。

唐纳与康健因性格不合,终于分手,从重庆回到上海。这时陈璐已经与一位盐商结婚。

---

① 徐铸成:《蓝苹与唐纳》,《书林》1988年第6期。关于江青到重庆治牙一事应是在重庆谈判期间。
② 陈纪滢:《巴黎幸遇唐纳》,台湾《传纪文学》第45卷第6期。

唐纳很爱红儿,他把红儿接走。那时,唐纳住在上海北面的虹口,与电影界朋友毛羽住在一起。唐纳在报馆工作,经常上夜班,到天亮才回家,白天则睡觉,正好与红儿的生活时间相反。红儿独自在家过夜,很害怕。这样,他不愿在父亲那里住。小小年纪,他从虹口换了几趟电车、公共汽车,回到母亲陈璐身边。

唐纳也知道自己照顾不了红儿,但是他思念红儿。他常常一大早用"的士"把红儿从陈璐家中接出来,陪他吃早点,然后送他到霞飞路(今淮海路)、思南路口的明德小学。

后来,唐纳离开上海,去香港了。红儿在母亲陈璐身边生活。

1948年的一天,8岁的红儿在母亲家已经睡着,突然听见父亲急急的叫唤声。他醒了。父亲唐纳随即带着他外出。红儿记得,父亲带他到上海西区颇为僻远的凯旋路附近的二叔家。夜已深,父亲让红儿睡在二叔家的沙发上,然后和二叔外出。清早,当红儿醒来,父亲和二叔刚从外面回来。看得出,他们通宵未眠,在外面办事。父亲亲热地把红儿搂在怀里,同时向二叔交代一件件要办的事。

紧接着,父亲送红儿到母亲陈璐那里。他要走了,他亲了亲红儿的脸。这时,红儿见到热泪滚出父亲的眼眶。这是红儿平生第一次看见父亲哭了。

父亲匆匆地走了。红儿万万没有想到,从此他竟然再也没有见到自己的父亲。

江青写信慰问赵丹

1946年1月29日,一架从延安飞往重庆的飞机,由于气象恶劣,中途临时降落在西安。翌日,才飞抵重庆。

飞机上坐着周恩来。他是1月27日下午由重庆飞抵延安,向毛泽东汇报工作,然后又返回重庆。回重庆时,周恩来的专机上多了一位临时搭乘的乘客,那便是江青。

又是借口牙病,江青再度飞往重庆。

这一回很高兴,她得知郑君里在重庆,打电话约见他,郑君里倒是来了。

从郑君里的谈话中,她得知赵丹不久前离开重庆到上海去了。她未能见到赵丹,感到颇为遗憾。

赵丹,跟她同台演出过话剧《娜拉》,也同台演出话剧《大雷雨》。在《娜拉》中,赵丹演娜拉的丈夫郝尔茂,而在《大雷雨》中,赵丹演卡嘉玲娜的丈夫奇虹,卡嘉玲娜一角由蓝苹饰演。在举行六和塔婚礼时,唐纳和蓝苹、赵丹和叶露茜,是三对新人中的两对。

当蓝苹奔赴延安之后,赵丹和叶露茜参加了上海救亡演剧队第三队。队长为应云卫,队员有郑君里、徐韬、王为一、沙蒙、顾而已、朱今明等。演剧三队四处宣传抗日救亡,从上海沿沪宁线到苏州、镇江、南京演出,又溯长江而上,到武汉演出。1938年,赵丹来到重庆,参加中国电影制片厂《中华儿女》一片的拍摄。

1938年4月,杜重远出版了《盛世才与新疆》一书。赵丹读了这本书,以为盛世才真的"开明",真的"思才若渴",便和叶露茜商量去新疆,还打算从那里去苏联莫斯科。

这样,1939年6月,赵丹、叶露茜带着他们的第二个孩子,以及电影界人士王为一、徐韬、朱今明等,一起取道兰州,前往迪化。

出乎意料之外,1940年5月,赵丹和徐韬在迪化突然被捕。原来,盛世才并不那么"开明"!

叶露茜被迫从迪化返回重庆。等待三年,赵丹渺无音讯。道路传闻,赵丹死于迪化狱中,重庆各报纷纷刊载友人悼念赵丹的文章。

在极度痛苦之中,叶露茜得到桂苍凌的同情。他是江西庐山人,1932年在上海加入中共,翌年加入左翼戏剧联盟,然后去日本留学。1937年回国后,仍从事左翼戏剧活动。单身的他,和叶露茜结合,南下云南昆明。桂苍凌,后来以笔名杜宣闻名。

1945年4月,赵丹在被囚五年之际,终于获释。他来到重庆,知道妻子改嫁,追往云南……无奈,他已晚了一步。

赵丹返回重庆不久,便去上海,主演《遥远的爱》。

江青便修书一封,寄给上海赵丹,表示慰问之意。

江青此信,在20年后,惹出一番意想不到的风波。

1980年12月10日,香港《大公报》刊出唐琼的《江青给赵丹的一封信》一文,讲述了内中曲折传奇的故事:

> 江青写的信,简直是定时炸弹,时效可长达三十年之久。
>
> 江青为了找回她三十年代给上海文艺界人士的几封信,不惜以权威的特务手段,抄他人之家,并先后迫害郑君里、顾而已致于死命,一个死于狱中,一个自缢于奉贤干校,赵丹曾名列抄家对象第二号。
>
> 最近看到袁鹰的《写在送赵丹远行归来》那篇悼念文章,才第一次知道江青曾在1946年从重庆写给上海赵丹的一封信,并且即登在上海的报纸上。
>
> 袁鹰说,1946年春,他初次当记者(二十二岁的袁鹰当时任上海《世界晨报》记者——引者注),有一天,总编辑安排他访问赵丹,他俩在DDS咖啡馆畅谈了一下午。赵丹从三十年代初上银幕,讲到抗日的号角声中走向大后方,从新疆的五年铁窗生活讲到回重庆,又回上海。
>
> 他对我这个小记者虽是初次见面,却一点也不见外,娓娓道来,如叙家常。
>
> 就是在那个咖啡馆,赵丹顺手从上衣口袋里拿出一封信,那是江青不久前从重庆寄给他的信。
>
> 袁鹰忽然想起这件事后,描述道:"信中问候他的健康和工作,对他在新疆的遭遇表示同情,祝福他愉快、成功云云,信是写得够动人的……"他曾在访问的稿件中,引用这封信的全文。20年后,也就是1966年,这封信使赵丹吃了不少苦头。办案人员拿着那张剪报,恶狠狠地质问赵丹,为什么要把江青的信登在国民党统治的报纸上?这是什么政治阴谋?要老实交待。
>
> 他俩重逢(1977年)后,提起往事,赵丹指着袁鹰的鼻子说道:"幸亏我当时完全忘了,要是我想起来,坦白交待,你可要更加触霉头了。"

江青写给赵丹的信，究竟什么内容？《世界晨报》不易查找，笔者倒是在1946年2月17日的上海《时事新报》上查到了江青给赵丹的信的全文。

编者为此信加了标题《蓝苹致书慰问赵丹》，副题为《从坏处想到好的方面，人会愉快的》。

编者加了一段按语："毛泽东夫人江青女士，战前以蓝苹的艺名蜚声于上海艺坛，她在电影方面曾演过《自由神》、《都市风光》等片，舞台上的娜拉和《大雷雨》中的卡塞琳娜直到现在还留在观众的脑际。在《大雷雨》中，赵丹便是演她的丈夫奇虹而极博好评的。"

以下是江青给赵丹的信的原文：

阿丹：

世界上是有着许多不合乎人们主观愿望的现实，这次，我满以为会看见你，可是恰巧我来不久之前，你离开这雾的山城，君里告诉了我一点你的情形，还给我一张你的照片，从照片上看还是那么天真热情，几年的苦难没有磨掉，这点是可贵的，也是朋友们高兴的。早些年当我知道你们去了这样一个地方，我真觉得奇怪，不久又听到你们受难的消息，可以告慰你的，是所有的朋友都为你们着急担忧，据我知道，能够营救的方法，朋友们是都用了，可是，

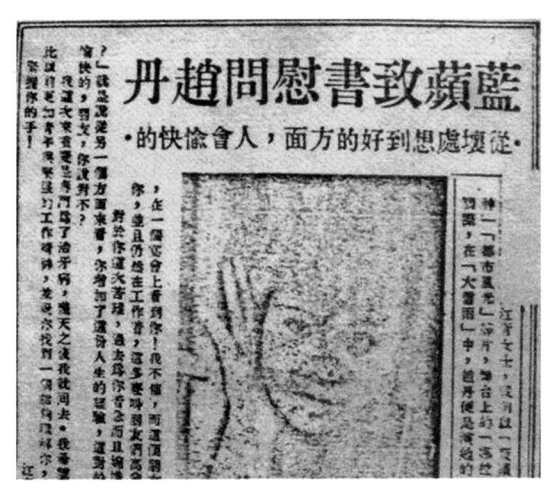

■ 1946年已经成为江青的蓝苹致函赵丹（刊于《时事新报》）

后来我们绝望了，我觉得黑暗将你们吞没了。去年无意间听一个朋友说，在一个宴会上看到你！我不信，而这个朋友又不认识你，无法证实，结果问了别人，才知道真真是你，并且仍然在工作着，这多么叫朋友们高兴啊！

对于你这次苦难，过去为你着急而且惋惜，现在则又替你欢喜，不是吗，"塞翁失马，焉知非福？"就是说从另一个方面来看，你增加了这份人生的经验，这对于你将来的事业添了一份财富，从坏处想好的方面，人会愉快的，朋友，你说对不？

我这次来重庆是专门为了治牙病，几天之后我就回去。我希望将来看见你的时候，你有比以前更加成功的创造，你有比以前更加年青与坚强的工作精神，并祝你找到一个能够理解你，能够共同奋斗的伴侣！

紧握你的手！

江青
1946年2月7日夜

其实，就江青写给赵丹的这封信本身，并没有什么不可公之于众的，发表这封信，并无"政治阴谋"可言。20年后追究赵丹"为什么要把江青的信登在国民党统治的报纸上"，其实大可不必。

江青从1946年2月中旬飞回延安之后，没有再去重庆。

在转战陕北的日子里

在重庆签订的"双十协定"被炮火撕毁。1946年6月26日，蒋介石军队大举进攻中原解放区，从此内战全面爆发。

1947年3月13日，延安上空出现成群的飞机，机翼上漆着青天白日标志。炸弹倾泻而下，浓烟冲天而起。延安结束了平静。

屈指算来，江青和毛泽东结婚已经近九年。这九年的生活虽说是艰苦的，但毕竟是安定的，是在延安的窑洞里平静地度过。说实在的，江青进入延安以来，还没有经受过战火的洗礼。

就在国民党的飞机涌向延安的那一天，胡宗南部队的16个旅，共约23万人，分两路朝延安发起了攻击。

炸弹在毛泽东窑洞附近爆炸，猛烈的气浪朝窑洞袭来，震碎了门窗，把家具也震得吱咯吱咯响。毛泽东毕竟久经战火的考验，对于隆隆飞机、轰轰爆炸声，置若罔闻，依然在窑洞里工作着。江青带着李讷躲进防空洞，大声地唱着歌，借歌声壮胆。

面对胡宗南部队的强大攻势，毛泽东避其锋芒，于3月19日放弃延安。从此，江青跨上马背，随着毛泽东开始过着动荡的战争生活。

这时，由中共七届一中全会选出的中共中央书记处的"五大书记"——毛泽东、朱德、刘少奇、周恩来、任弼时，分为两路。刘少奇、朱德率一部分中共中央委员进入晋察冀解放区，来到河北省平山县西柏坡村，受中共中央委托组成以刘少奇为首的中央工作委员会；毛泽东、周恩来、任弼时则留在陕北作战，组成中共中央前委。

为了保密，毛泽东化名"李德胜"，如前所述，意即"离得胜"。

周恩来化名"胡必成"，"胡"来自他那长长的黑胡子，战争岁月他实在无暇天天剃须，干脆让它长个够，而"必成"则是"必定成功"之意。任弼时化名"史林"，取"司令"的谐音。陆定一则化名"郑位"，取"政委"之谐音。

为了保密，江青从那时候起，不再称毛泽东为"主席"，而是叫"老板"。直到解放初，江青仍叫毛泽东为"老板"，后来才又改称"主席"。

在转战陕北的日子里，每逢行军休息，周恩来总是活跃人物，他会用外国人讲中国话的腔调讲"吃花生仁不吃花生皮"，逗得大家捧腹大笑。江青已是主席夫人，不再当众唱一段，倒是出谜语给大家猜。7岁的李讷在江青的熏陶下，此刻成了"名角"。李讷会唱京戏，来一段《打渔杀家》，一派江青风度，会博得一片掌声，连毛泽东也夸奖她："讷讷成了我们陕北小名旦啰！"江青呢，在一旁用嘴哼"隆格里格"，用这"口琴"代替京胡，为李讷伴奏。听见毛泽东夸李讷,她得意地笑了。

形势越来越严峻,带着孩子行军诸多不便。毛泽东和江青商量,让李讷随着中央机关一些家属、子女一起,东渡黄河,到山西去。组织上安排李文芳照料李讷。

当时担任中央警备团手枪连连长的高富有,这样回忆江青:

> 那个时候,江青的表现很不错,对毛主席的生活很关心,对主席的吃喝拉撒睡安排得很细致、很周到,真正尽到了一个做妻子的责任。毛主席、周总理、任弼时等中央领导转战陕北时,别的中央领导的妻子都过了黄河,到了比较安全的地方,只有江青留在陕北,跟着毛主席与数倍于我军的敌军周旋,为了毛主席的生活跑前跑后,很不容易。①

江青在转战陕北的那些日子里,在靖边县一个名叫小河村的村庄,曾认一位陕北姑娘为干女儿。

江青随毛泽东第一次来到小河村,只住了几天,由于国民党胡宗南部队逼近,就离开了。

不久,毛泽东和江青又来到小河村。这一回,住的时间长。当地老百姓并不知道毛泽东,只晓得他叫"李家",身后常常跟着警卫,是个"大官"。

江青倒是跟村里的妇女混熟了。

后山卜学忠家的姑娘叫卜兰兰,聪明伶俐,十六七岁,常来"李家"串门,江青很喜欢她,认她为干女儿。

如今,卜兰兰仍清楚记得往事。她曾经这么回忆跟干妈江青相处的日子:

> 毛主席进小河村时,我在崖畔摘桑叶,我们家喂了三四升蚕。
>
> 他们头一次来住过几天,第二次见他拄拐棍,我想一定来了大官,回去撂下桑叶,就去串门,走到毛主席住的窑院——那时我不知道他是毛主席,我先碰到江青,她一把拉住我,问我叫甚名?我说我叫兰兰。她说这个名字起得好。问我家有甚人?我就一个个背给她听,有大、有娘、有哥……她笑了笑,拽我进屋,抓了一把糖给我,还给我冲黑糖开水,甜得巴嘴皮。她抱我,抱得我发疼,很紧。
>
> 玩了一会,我要回去。她叫我明天再去,我回家给娘说,那院子来了个小婆姨,个子高高的、白白的,细得很。娘听后说有空去看看。
>
> 第二天摘罢桑叶我又去。江青问我认字不?我说不。她说不识字不行,以后你天天来,我教你认。后来,我天天去,她就教我,到她们离开小河时,我就认下六百多个字。
>
> 当时我还不知道这里住的是中央机关,也不知道这里还有毛主席,乡亲们都称他李家,他不多说话,可爱笑,笑起来咯咯有声,我们就常逗他笑,好听他笑。
>
> 毛主席也挺喜欢我,我去了他们就炒鸡蛋、煮海带叫我吃,我挺爱吃海带,我没吃过那东西。

---

① 杨银禄:《江青的亲情世界》,《同舟共进》2010年第6—7期。

■ 江青（左二）随毛泽东转战陕北（1947年）

■ 江青（毛泽东左侧）在转战陕北的日子里

我娘一阵就同江青认识了,她们是纳鞋底混得亲热的。说她有个女儿不在身边,怪想孩子的。后来听一个写《黄土地红土地》的作家同志说,江青和我娘接触太多,汪东兴还让人调查过我们家。他们见咱父亲是个老实庄稼人,娘虽很风流,出身没问题,毛主席安全没影响,就让他们来往了。

我去得多了,有一天江青对我说:兰兰,你当我的干女儿吧,我真想有个女儿在身边。我想她对我好,人挺随和,就说好。跑回家给我大、我娘说,他们也都同意。其实,他们根本没把这当回事。这样,我就把江青叫干妈,把毛主席叫姨父,时间一长,混熟了,说话也随便了。

我问:"姨父,你多大了?"

他伸出五个指头说:"五十了。"

我一听:"那么大?"

他瞪着眼又咯咯地笑了。

村里让我家给部队推磨,就是用小麦磨面,一头骡一天磨三四斗麦,一斗麦二十斤面,其余我们落下,麦子和骡子是部队上的,我们见部队用荞麦喂牲口,就拿我们磨面落下的麸皮换来荞麦,做成荞麦面饼、荞麦饸饹,送给部队吃,李家也爱吃。

江青很喜欢我,一天见不到我就跟丢了魂似的。找到我,就亲热地问我做甚?叮咛我好好帮娘干活,说我娘年老,当女儿的要勤快。她说她是很小时从家里跑出来参加革命的,十五岁当演员,二十岁跟李家结婚。

部队离开小河时,毛主席、江青都想让我跟他们走。尤其江青,说让我给她看小女儿,供我上学,等于她生养了两个女儿。她还说李讷七岁,当我妹妹。

可我大、我娘就我一个女子,要离开,他们说啥也不同意,拦住不让我走。我哭着要走,跑到他们窑里,江青望着我直叹气。这时候,毛主席看弄成这个样子,安慰我说:"兰兰,你不要哭,我们回到延安,就写信让你大把你送来,好吗?现在你大、你娘不让你走,我们硬把你带走,别人会说闲话哩。"

我哭着点头。江青把一条裤子、一双洋袜、一个银调羹和一些鞋面布送给我,她也哭了。①

从卜兰兰的回忆可以看出,当时在农村,江青还是能够跟普通百姓打成一片的。

这时,毛泽东的次子毛岸青从苏联回来了。

1947年10月8日,毛泽东在致长子毛岸英的信中,这么写道:

岸英:

告诉你,永寿回来了(即毛泽东次子毛岸青,当时从苏联回来——引者注),到了哈尔滨。要进中学学中文,我已同意。这个孩子很久不见,很想看见他。你现在怎

---

① 萧思科:《知情者说》之三,中国青年出版社1997年版。

样?工作,还是学习?一个人无论学什么或作什么,只要有热情,有恒心,不要那种无着落的与人民利益不相符合的个人主义的虚荣心,总是会有进步的。你给李讷写信没有?她和我们的距离已很近,时常有信有她画的画寄来,身体好。我和江青都好。我比上次写信时更好些。这里气候已颇凉,要穿棉衣了。再谈。

问你好!

毛泽东

1947年10月8日[①]

这里提及的李讷"和我们的距离已很近",便是指李讷托寄在山西。李讷画的画,使毛泽东在戎马倥偬中得到欣慰。

毛岸英是1946年从苏联回到延安的。他随中共中央宣传部撤离延安,来到陕北瓦窑堡一带。

在转战陕北的那些日子里,江青的职责仍是照料毛泽东的生活。

有一次,中央机关转移到陕北靖边县王家湾,这个小山村只十几户人家,贫农薛老汉腾出两间半窑洞,其中一间给毛泽东和江青住。毛泽东、周恩来、任弼时、陆定一要开会,只能在毛泽东的窑洞里开会。毛泽东要江青避开,因为这个会议是军事会议。江青不得不搬到别处去睡,被臭虫叮得浑身又红又痒。

对这类事,江青非常敏感。有一回,毛泽东起草好一份军事电文,她想看一下,毛泽东当即收了起来,使她颇为难堪。

不过,到了后来,有一些并非十分机密的文件,如果秘书没有空,毛泽东也叫江青抄写——特别是以毛泽东名义所写的信件。

为什么毛泽东喜欢让江青抄写以他的名义发出的信件呢?

江青当年在青岛大学图书馆工作时,每天要抄写图书卡片,练过字。跟毛泽东结婚以后,她刻意摹仿毛泽东的字体——"毛体"。江青相当聪明,一学就会,而且摹仿到足以乱真的地步!

毛泽东写文章、写信,写毕之后总要修改。文章圈圈改改没什么,反正最后是以印刷体印出来。信件则不同,倘若圈圈改改太多,未免有点不恭之嫌,毛泽东需要重抄一遍发出。在事务繁忙的时候,毛泽东无暇重抄,便叫江青代劳。

毛泽东在1949年4月2日写给傅作义的信,便是江青用"毛体"抄写的。这封信后来被当为毛泽东手稿收藏。在"文革"后,北京军事博物馆举办"毛泽东事迹展览"时,把这份江青的抄件作为毛泽东手稿公开展出。

在众多的参观者之中,唯有一位火眼金睛,断定这份毛泽东手稿出自江青笔下。

此人来自中央档案馆。

笔者曾在中央档案馆采访,那里有一个手稿组,专门负责保管中国共产党领袖人物

[①]《毛泽东书信选集》,人民出版社1983年版,第286页。

手稿。毛泽东的大批手稿,便保存在那里。

手稿组里有一位鉴别毛泽东笔迹的专家,名唤齐得平。他长期跟毛泽东手稿打交道,练就一身识别毛泽东手稿的真功夫。

那天,他仔细端详,发觉那份毛泽东手稿尽管笔迹酷似毛泽东,但是由于刻意摹仿,笔画显得僵硬。他由此断定,乃是江青的摹仿之作。

另一份毛泽东诗词手迹,也是被齐得平认出是江青摹仿的作品。

虽然江青摹仿毛泽东的手迹,逃不过专家的眼睛,但是毕竟瞒过了成千上万的参观者。这起码可以说,江青摹仿毛泽东手迹的功夫已经相当不错。

在不断的宿营、行军、再宿营的流动生活中,从1947年12月起,到1948年3月,毛泽东总算得到暂时的安定,一直住在陕北米脂县的杨家沟。

杨家沟也是一个小村庄,但是比王家湾要大,二百来户人家。看中这个小村,是因为小村不靠大道,来往的人不多,不易暴露目标。另一桩原因,是小村里有个扶风寨——地主庄院。这扶风寨在陕北那穷山沟里,是难得的豪华型窑洞。屋外,一排玻璃走廊,颇有气派。屋里,那窑洞四壁,竟漆着浅绿色油漆!那炕的四周,居然还雕龙刻凤……毛泽东和江青,就被安排住在扶风寨里,住了四个月。这个连地图上也找不到的小村,一时间成为中共中央的所在地。

1947年底,就在这个扶风寨,中共中央召开了重要会议。毛泽东在会上作了《目前形势和我们的任务》的报告。这个报告,毛泽东反反复复,改了好多回。最后交给江青誊清。毛泽东关照她在誊抄时,要做到"五不",即不要写错字,不要写草字,不要写怪字,不要写别字,不要写简字。这清楚表明,毛泽东非常看重这份报告,以求付印时不错一个字。这篇报告,后来被收入《毛泽东选集》第四卷。

确实,这篇报告极为重要。毛泽东指出,中国已到了历史的转折点:

> 人民解放军的主力已经打到国民党统治区域里去了。中国人民解放军已经在中国这一块土地上扭转了美国帝国主义及其走狗蒋介石匪帮的反革命车轮,使之走向覆灭的道路,推进了自己的革命车轮,使之走向胜利的道路。这是一个历史的转折点。这是蒋介石的二十年反革命统治由发展到消灭的转折点。这是一百多年以来帝国主义在中国的统治由发展到消灭的转折点。这是一个伟大的事变。这个事变所以带着伟大性,是因为这个事变发生在一个拥有四亿七千五百万人口的国家内,这个事变一经发生,它就将必然地走向全国的胜利。①

在这里,毛泽东把蒋介石称为"匪帮"了,毛泽东笑谓,蒋介石咒骂共产党为"共匪",骂了那么多年,一次又一次地"剿匪",如今轮到"原物奉还",称"蒋总统"为"匪"了!

毛泽东断定,中国共产党及其领导下的中国人民解放军,已处于"历史的转折点"。

---

① 《毛泽东选集》第4卷,人民出版社1991年版,第1244页。

确实，毛泽东已稳操胜券。此后，才一年多时间，中共便赢得了全国性的胜利。

城南庄的惊险一幕

1948年3月21日下午，毛泽东离开了米脂县杨家沟。江青随行。3月23日东渡黄河。

3月25日，毛泽东乘汽车来到了山西兴县城西15里的蔡家崖村，那里是中共中央晋绥分局和晋绥军区司令部的所在地。司令员贺龙热情欢迎毛泽东的到来。毛泽东住在蔡家崖一座大院里。这时，毛泽东的卧室里，放着一张单人沙发——在那样的小村子里，沙发是稀罕之物。据云，是从国民党军队里缴获的。

4月1日，毛泽东在蔡家崖对干部们讲话，这便是收入《毛泽东选集》第四卷的《在晋绥干部会议上的讲话》。

4月2日，毛泽东在蔡家崖接见《晋绥日报》编辑人员，即席作了讲话。据当年《晋绥日报》编辑纪希晨告诉笔者，他当时正好坐在毛泽东左边，作了详细的记录。如今收入《毛泽东选集》第四卷的《对晋绥日报编辑人员的谈话》，就是根据纪希晨的记录整理而成的。

4月10日，毛泽东率中共中央机关，从山西进入河北西部的阜平县，住在城南庄。江青和他住在一起。在那里，毛泽东主持召开了中共中央书记会议，开了十天左右。就在会议不久，发生了一桩重大的意外事件，差一点使毛泽东遭到谋害，江青也受了一场惊吓。

由于这一事件留给人们的印象太深的缘故，所以聂荣臻在他的回忆录中，毛泽东卫士阎长林在《毛泽东生活散记》①一文中，李银桥在《卫士长谈毛泽东》中，都谈及此事。当然，由于事隔多年，彼此的回忆有些出入。综合起来，大致如下：

夜里，毛泽东起草通知，通知"各民主党派、各人民团体、各社会贤达迅速召开新政治协商会议"。

清晨，毛泽东工作毕，卫士李银桥给他服了安眠药，照料他就寝。这时，江青正起床，她住在毛泽东隔壁房间。聂荣臻也起床了，散步回来，遇上江青。聂荣臻住在后面的一排房子里。毛泽东刚刚入睡，城南庄北边的山顶上响起了防空警报声。这里离北平不大远，跟延安不同。在陕甘宁边区，敌机一入境，马上用电话通知延安，那里老早就拉空袭警报。而这里只能在看见敌机时才拉警报，听见警报声时敌机已光临了。

卫士李银桥和警卫排长商量着"该不该叫醒老头"。他们背地里称毛泽东为"老头"。叫他吧，他刚睡下，说不定为了喊醒他而发脾气；不叫他吧，敌机突袭，情况紧急。

他俩犹豫不决，便向江青请示。正好，聂荣臻也派范秘书来。商量的结果是不叫醒毛泽东，而是做好一切防空准备，找了一副担架放在毛泽东门前。一旦情况紧急，马上把他从床上放在担架上，抬往防空洞。

空中出现三架敌机，兜了一个圈子，走了。

---

① 阎长林：《毛泽东生活散记》，《东方纪事》1987年第1、2期合刊。

其实，这三架是侦察机。到了8时多，警报又响了，来的是轰炸机。

卫士们也摸透敌机的脾气，知道这一回来者不善，也就叫醒了毛泽东。毛泽东倒很坦然，一边穿衣服，一边还要抽烟。

"快快快，走走走！"听见敌机轰鸣声越来越响，江青尖着嗓子喊叫。

毛泽东仍要吸烟。这时，阎长林、李银桥、石国瑞、孙振国四卫士不管三七二十一，架起毛泽东往外跑。

聂荣臻也赶来了，指挥大家去防空洞。

他们刚出门，脚下的大地便猛烈一震，三颗炸弹一齐落在毛泽东屋前。只是炸弹没有爆炸，尾部的陀螺在飞快地旋转着。

毛泽东回头，要看看那炸弹。卫士们簇拥着他朝防空洞迅跑。

这时，又是一批炸弹扔下来。这一回炸弹猛烈爆炸，把毛泽东住的院子炸得黑烟冲天。

如果毛泽东晚一步离开那里，那就有性命危险……

事后才查清，最初丢下的三颗炸弹，幸亏是哑弹——国民党兵工厂里的工人不满于国民党，往炸弹里装了沙子！

事后才查清，城南庄潜入了国民党特务，名叫孟宪德，当时担任军区后勤部所属的大丰烟厂副经理。在毛泽东来到城南庄之前，孟宪德已在那里。他最初想谋害聂荣臻，就收买了军区小伙房司务长刘从文，把毒药交给了刘从文。只是未得机会，刘从文没有把毒药撒在小伙房军区首长们的菜里。

这时，孟宪德得知毛泽东住进城南庄，就把毛泽东住房的方位密报保定国民党特务机关。情报迅速送往北平，敌机就前来轰炸毛泽东住房……

此案被破获后，由人民解放军华北军区政治部副主任张致祥主持公审大会，宣布当场枪毙孟宪德、刘从文。

江青明知是国民党特务作案，事隔20年，在"文革"中却诬指聂荣臻谋害毛泽东，欲置聂荣臻于死地。

不过，所有有关人员的回忆录中，都没有提及陈伯达。当时，陈伯达担任毛泽东秘书，也在毛泽东身边工作。

笔者在1988年采访陈伯达时[①]，也说及敌机飞近时，他急忙朝毛泽东住房跑，遇上江青。陈伯达问江青："主席呢？"

江青答道："在屋里，说服不了他！"

陈伯达跑进院子，大声高叫："飞机来啦！飞机来啦！"

陈伯达进屋，催毛泽东快走。这时，卫士们便架起毛泽东往外走。

尽管种种回忆录中都没有说到陈伯达也在场，但是陈伯达的回忆是可信的：

1971年9月13日夜，陈伯达被突然押送秦城监狱时，在监狱门口大呼"我在阜平是做

---

① 1988年12月19、20日，叶永烈在北京采访陈伯达。

过一件好事儿"。狱警不知他做过什么"好事儿",向上汇报,传进毛泽东的耳朵。毛泽东记起阜平城南庄的一幕,陈伯达当年为了救他确实做过"好事儿"。毛泽东关照秦城监狱在生活上宽待陈伯达,因此陈伯达在那里生活上得到特别优待,吃得比家里还好。

由于在阜平县城南庄发生那意外事件,毛泽东随即迁往阜平县花山村居住。5月26日,毛泽东迁往平山县西柏坡。江青也随毛泽东来到那里。

在西柏坡,毛泽东紧握着刘少奇、朱德的手——他们已经一年多没见面了!

到达西柏坡的第四天——5月29日,周末,西柏坡的打谷场上举行欢迎舞会。

入夜,在汽灯的照耀下,毛泽东跳得很开心,江青成了打谷场上最活跃的人物。几百个人围在打谷场四周看热闹。

这时,已是国共大决战的前夜。从7月开始,辽沈战役打响。紧接着,淮海战役、平津战役铺天盖地。毛泽东坐镇西柏坡指挥这举世闻名的三大战役。西柏坡这原本不见经传的小村子,从此载入史册——因为它是继延安之后的中共中央所在地。

1948年岁末之际,毛泽东在西柏坡为新华社写下了著名的新年献词《将革命进行到底》。一开头,毛泽东便写道:"中国人民将要在伟大的解放战争中获得最后胜利,这一点,现在甚至我们的敌人也不怀疑了。"

第四章
张春桥之初

华蒂社的中坚

张春桥此人,在小小年纪的时候,便有一番不凡的来历。

张春桥乃山东巨野人氏,生于1917年。家住巨野县城城隍庙前街张宅——那是张家祖辈留下的22间房子。

张春桥的曾祖父叫张在文,祖父叫张协中,父亲叫张开益,都跟县衙门有点瓜葛:张在文是巨野县衙状班"老总",后来任征收田赋的"八柜柜书";张协中袭任了"八柜柜书"。从清朝进入民国之后,他任国民党政府巨野县政府钱粮征收处主任。后来,又当过日伪维持会主任,于1948年病死。

张开益,字晋青,生于1899年,毕业于山东省立医专,曾任山东高唐县邮政局长、国民党第二十八师少校军医、河南省烟酒统机支局主任、山东省会公安局栖流所长。日伪时期任济南警察局卫生科庶务主任、山东保安三团军医主任。日本投降后,任国民党济南市政府戒烟院院长、济南市卫生处处长。解放后在济南市公安医院工作。自1953年起,因患高血压,病休,到上海住在张春桥家。

张家有土地八十五亩九分,全部出租,按六至七成出租。张家的房屋也出租。直至1955年,张开益还收房租。

在张春桥的笔下,他的父亲却成了这样的形象:

父:小职员。(张春桥1939年填写人员登记表)

我的父亲,在二十几岁时考上了邮务员,当了三等邮政局长。他是一个一生不得志的知识分子。(张春桥1944年写的反省自传)

> 父亲一代是医生，近二十年来一直在国民党——日伪——国民党机关作医生。（张春桥1952年填写党员登记表）

本来，出身于什么样的家庭，这是自己所无法选择的。在填表的时候，如实地写，也就可以了。张春桥却不，像变戏法似的，他不时变动着自己的家庭出身：

> 我刚到延安填表时，在出身栏中，我写了中农。应填城市小资产阶级。（张春桥1944年写的反省自传）
>
> 家庭经济情况，如同一般城市小资产阶级一样，靠薪金维持。（张春桥1952年填的党员登记表）
>
> 家庭出身：自由职业者。（张春桥1973年填写的中共十大代表名册）

■ 张春桥1944年填写的反省自传（部分）与1952年填写的党员登记表（部分）

张春桥的小名叫善宝，为张家长子。他有五个弟弟和一个妹妹。母亲叫宋蕙卿。弟弟们都叫"张×桥"，依次为张秋桥、张铁桥、张济桥、张月桥。妹妹叫张佩瑛，死于1974年3月30日，当时为上海某医学院机关党支部书记。宋蕙卿生于1896年。1977年，她得悉儿子张春桥身陷囹圄，在绝望之中，于4月1日自杀于上海。

关于张家当年的生活状况，我在关于张佩瑛的一大堆卷宗中，见到某人在1958年8月1日所写的关于张佩瑛家的材料。当时，张春桥尚未显赫。这份关于张佩瑛的材料，写得相当真实：

> 张佩瑛家里很有钱，她的父亲是国民党的搞卫生方面的，是一个处长。她家有自备的洋车。张佩瑛有时就用洋车上下班。因为我的家到办公地方去，要经过她的家，所以我也曾去她的家。她家有佣人。
>
> 张佩瑛长得很漂亮，家中有钱，所以她当时打扮得很特殊，像上海小姐，穿的是玻璃皮鞋、玻璃丝袜、玻璃大褂，所以有人叫她为玻璃小姐……

另一个人在1957年4月15日写的材料，这样谈及解放前的张佩瑛：

我们在一个科工作。当时对此人的看法是，非常爱出风头，大家公认的"玻璃小姐"。生活作风很成问题，成天爱打扮，似个交际花，素日常与有钱有势之流接近。究竟哪一个是她的知己朋友，也很难使人知道，因为见谁也能谈情说爱，一块下饭馆、看电影。据她自己在闲谈中讲，在空军俱乐部跳过舞，跳得腿酸。……在马路碰到时，很少是自己，身旁总有另一异性的人。也有很多的反映说是"张佩瑛好刷（耍）弄男人"……

当年的张春桥，也是个交际广泛、四处活动的人物。小小年纪，已经参与了种种政治活动。

1931年，14岁的张春桥随父亲来到济南。翌年，入济南正谊中学（今济南市第十七中学）。

1933年，年仅16岁的张春桥，就已经非同凡响，踏上了政治舞台。迄今，还可从1934年上海《文学》月刊7月号所登《济南》消息中，查到16岁时张春桥的"足迹"：

华蒂社：成立于1933年春天。最初社友有二三十个人，如李树慈、金灿然、马蜂、吴稚声、张春桥、孙任生等，都是发起的人。

华蒂社最发达的时候社友达六十余人，出版了两个周刊、一个月刊。

这里提到的马蜂，亦即马吉峰。1934年天津的《当代文学》第1卷第5期所载《济南通讯》，署名露石，内中写道：

从前有很久历史的"华蒂社"，曾一度兴盛过，曾出过三期的月刊，社员有五六十人。马吉峰、张春桥等，他们在从前都是华蒂社的中坚。

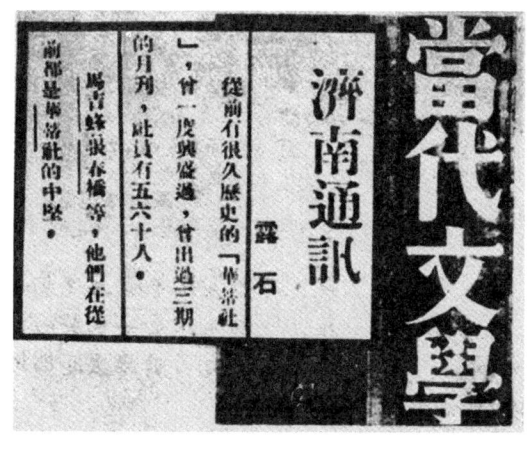

■ 1934年的《当代文学》济南通讯指出张春桥曾是华蒂社中坚

■《文学》杂志的报道证实张春桥是华蒂社发起人

关于这个华蒂社,其首领李树慈在1976年11月13日曾作过如下交待:

> 我是1933年在济南由黄僖棠介绍,参加"中华革命同志会"的,后改为复兴社。在山东省的国民党复兴社正副头目是秦启荣、黄僖棠。三三年春夏,黄僖棠授意我,以编文艺刊物为诱饵,收买拉拢一批青年学生,成立了"华蒂社"。这个组织是由我和张春桥、马吉峰等人发起的。刊物也以"华蒂"为名。"华蒂",暗含"中华法西斯蒂"之意,以使这个反动组织的政治性质更加明确。我是"华蒂社"的负责人,也是刊物的主编。开始,在国民党报纸《历下新闻》副刊上出版《华蒂》周刊,后由黄僖棠向复兴社要求,批准每月三十元的印刷津贴,编印出版单行本《华蒂》月刊,出版了三期,均由复兴社经营的午夜书店印刷、发行。《华蒂》周刊出版后,黄僖棠就叫我写一份"华蒂社"社员名单交给他,以便上报复兴社南京总部。名单中有张春桥、马吉峰等十余人……张春桥是"华蒂社"中坚分子,积极为"华蒂社"发展组织,介绍了陈庆章参加"华蒂社"。……

16岁的张春桥舞文弄墨,在《华蒂》月刊创刊号上发表了小说《银铃》(偶然的巧合:姚文元之父姚蓬子在1929年出版的第一本诗集,也叫《银铃》)。在第二集《华蒂》月刊上,发表了小说《秋》。

可以说,张春桥很早就显露了他的特点:在政治和文学的双重轨道上运行。

"文坛恶少"张春桥

张春桥这位"前进的作家",曾干过密探勾当,是颇为出人意料的。

尖腮、瘦削、不苟言笑、戴一副近视眼镜,原国民党山东省党部委员、济南正谊中学校长徐伯噗事隔几十年,仍记得当年的学生张春桥的形象。他作如下回忆:

> 1932年我当济南正谊中学校长时,张春桥是我校五五级学生。他同我关系很好。当时,张在学生运动中,表面积极,暗中告密,是个两面派人物,经常同复兴社分子、学校训育员黄僖棠、范贯三等接触。
>
> 1933年,正谊中学有一次举行周会时,有一部分学生散发传单,鼓动罢课,要求抗日。这时张春桥曾向我密告我校领导学生运动的程鸣汉、鹿效会、郑庆拙等学生的情况。我将这几名学生的活动的表现,向伪教育厅作了报告。后来我以"煽动罢课、污辱师长"为借口,将张春桥告密的几个学生开除了,并将程鸣汉等人活动情况告诉了法院法官胡性犟,要他们严加惩处。不久,反动当局以共党分子为名义,逮捕了程鸣汉,在审讯中严刑拷打,判处无期徒刑,死在狱中。

许多与张春桥共事过的人,对张春桥的评价只有一个字"阴!"16岁的张春桥,就已经够阴的了!

1934年夏,17岁的张春桥从正谊中学毕业之后,秃笔一支,混迹于济南文坛。他自命为"前进的作家",口气却不小,脑袋刚刚伸出蛋壳,就已目空一切。这时,他已对施蛰存、老舍、臧克家发动进攻了。

看看这位17岁"作家"的口气,是何等咄咄逼人:

他批判了施蛰存——"等到施蛰存底编辑下《现代》杂志出版后,捧出来了个戴望舒。从此,你也意象派,我也象征主义地在各处出现着:整个的诗坛是他们底领域,每个文艺杂志底诗里是他们的伙伴。……也许施蛰存会摆出面孔说叫'孩子家你懂啥'!可怜,中国底读者有几个懂的呢?"①

他骂起了老舍——"《民国日报》出副刊,老舍写发刊词,更十足表现其无聊,日前友人访于其家,谈话之间颇露出昏头昏脑来,因为他是没有个性的,有也只是糊涂,他见什么人说什么话,所以对于军人或政治人员演讲也颇得欢迎。"②

他斥责了臧克家,还捎带着批评了郭沫若——"以《烙印》那册诗集而成名的青春诗人臧克家在最近已经算是颇为沉默了……臧克家并没有能够完成时代课于他的任务,在《烙印》没有结集以前他也的确曾经写过许多不好的诗,所谓不好的诗,便是说他也曾吟酒弄月过的……假如说他现在正写作长篇的史诗,我们也不感到可喜,现阶段,'天灾人祸'下的我们,对于自身的感受不说,而借古代的事情来写作,这无疑是故意抛开现实而去寻求过去,用过去来表现现在。这是百分之百的不正确。郭沫若是一个时常这样作的。他的作品里装满了作者的热情,借古屈原、聂莹等来表现他的思想。表现是表现了,却并不能使人多么感动。对于克家我们也是这般想。我们只希望克家对于自己看重些。"③

小小张春桥,真乃一只文坛刺猬。两年之后,他斗胆攻击鲁迅,其实不足为怪。这个"狄克"之狂,初入文坛,就充分显示出来了,十足的"文坛恶少"!

1934年11月29日《中华日报》副刊编者在发表张春桥的《关于臧克家》一文时,同时发表了编者致张春桥的短函,规劝张春桥不要"开口骂人"。编者的信,写得颇为巧妙,甚至可以说是在那篇《张春桥标点珍本记》之前,第一次非正式地"炮打张春桥":

春桥先生:

你的两封信都收到,因为空函,不好意思寄给你,所以未复。大家都还年青,锅里不碰见,碗里也会碰见的,决不敢因为你隔得远,就欺你。个中情形,说来话长,也不便说,一句话,在不景气的都市里,很难因为招牌堂堂就独景气。我自己也写文章,也投稿,也被人欺,不过因为在编这点不成器的东西,不敢开口骂人耳。

编者拐弯抹角地奉劝这只刺猬,不要刺人。可是,张春桥怎么听得进去呢?

---

① 张春桥:《另一个问题》,1934年7月16日《中华日报》。
② 张春桥:《济南文艺界简报》,1934年7月26日《中华日报》。
③ 张春桥:《关于臧克家》,1934年11月29日《中华日报》。

在"文革"中,上海不是冒出个"狂妄大队"吗?倘若追根溯源的话,那"老祖宗"便是张春桥。

眼高手低的"前进的作家"

征东讨西,挑三剔四,张春桥对老舍、郭沫若等都不大入眼。那么,他自己在写些什么样的作品呢?

张春桥仿佛最偏爱诗。他的攻击的火力,常常集中于诗人,不光是郭沫若、臧克家、戴望舒,就连徐迟、杨骚、李金发,都在1934年挨过张春桥的棍子。

张春桥也写诗。且看张春桥的诗,是些什么样的货色?

1934年7月6日《新诗歌》第2卷第2期上,有一首张春桥的大作,题为《失业的人》,全诗如下:

"娘,娘,别哭啦,
你还能哭回爹爹吗?"
"那么以后怎么过:
一家几口喊着饿!"
"我的年纪虽然小,
还混不够吃的:
就凭我这条硬胳膊!"
"多少出去的男子汉,
怎么都是饿回来?"
"哭也哭不饱啊,还是
叫妹妹去拾麦,
弟弟叫他去做活,
我到外面补个名,
怎不撑上几个月?"
"说得都比办得好,
你爹死后你怎者:
到这家来不收留,
到那家来嫌人稠,
张家小五也回来啦,
你再出去谁肯收?
再说南北成天开战争,
老娘怎肯放你走?"
"娘,娘,不要紧,

我能找到些金银,
家里不是还有枪?
今天晚上就入伙:
杀的杀,砍的砍,
到处都是咱的饭!"

难道这才是诗?这才是张春桥所鼓吹的"大众的,社会的,有着力"的诗?

张春桥在1934年12月16日出版的《文学季刊》第1卷第4期上,还发表过一首《俺们的春天》。在这位"诗人"笔下的工人,竟是这样的形象:

先走的便是俺们,半睡的,
滑过了柏油路:像
几个尸首般没有力气。
大家刚扔下破席棚,
不住地打开记忆的窗,
上面记着孩子苍白的脸,
和又要鼓肚的妻。
也有昨夜的温存,
也有模糊的悲痛。
还有年青的伙计们:
"猫还叫春呢,咱们
是活灵灵的人!"
接着就是一阵评论:
哪个女工漂亮,
哪个才结了婚。

他以为,写上了"俺们"、"咱们",就算是"大众的";他以为,写上了"杀的杀,砍的砍",就算是"能鼓动斗争的热情";他以为,写上了"猫还叫春呢",就算是"工人的语言"……

这位"前进的作家",什么都要写——只要能够用铅字印出来就行。

他写了"关于相声的历史及其发展"的《相声》一文,发表在1934年8月2日《中华日报》,胡诌什么:"小市民层需要麻醉,大众得不到适宜的娱乐的现阶段,谁说相声不能够存在呢?"

他对"汉字拉丁化",也要说上几句,写了《关于拉丁中文》一文,发表于1934年9月15日《中华日报》。明明声称自己"既不知道言语学底高深理论(浅的也知道得极微),又没有多量的时间来研究",却要插一脚,写篇文章。

这时候的张春桥,也曾去学过戏剧。

那是戏剧教育家阎哲吾先生来到济南,担任山东民众教育馆推广部指导员,开办了戏剧训练班。

当时,张春桥进入这个训练班,开始学习戏剧。只是张春桥后来并没有从事戏剧艺术。

班上有一位同学叫陶金,后来成为中国著名的电影演员。陶金在1947年和白杨、舒绣文、上官云珠主演了《一江春水向东流》,又与白杨主演《八千里路云和月》,名震全国。

前些年,香港出版了陶令昌、金义著《陶金——舞台银幕五十秋》一书,内中引述阎哲吾先生的话:"我有两个学生,一个是陶金,一个是张春桥。"

这本书披露了张春桥曾师事阎哲吾学习戏剧,是陶金的同学,使读者颇感惊奇[①]。

1935年3月,当著名剧作家熊佛西来到济南,当地的话剧界在贡院墙根山东省立民教馆的图书馆里举行茶话会,表示欢迎。张春桥也去参加,拿出本子起劲地记,挥就一篇《济南话剧界欢迎熊佛西先生记》,于1935年3月24、31日,分两次发表于南京的《中央日报》戏剧副刊。

张春桥还在关于济南文艺界的报道中,不断提到他自己。

1934年7月26日的《中华日报》上,张春桥写的《济南文艺界简报》,这样谈及他自己:"现在有人像孙任生、萧寄语、张春桥、黎曼、马蜂等想再集中出一月刊,以打破最近沉寂状况,或有希望。"

该报8月7日,又载了张春桥的《济南底报纸副刊一览》,其中表扬了他自己:"《国民日报》副刊'燕语',编者狄景襄、马蜂、张春桥,内容——比较说还算好点的,有时也提出些问题来讨论,为济南文艺界可注意刊物之一,其历史亦较久。"

那时候,张春桥的文章均署真名,所以倒还容易查找。

17岁的张春桥,四处钻营,已有着相当大的活动能量。难怪他日后成了中国文坛上一匹害群之马,成为中国政治舞台上一个阴谋家——他早就是个祸根,诚如江青把上海电影界闹得一佛出世,二佛升天,不过21岁;姚文元在上海成为批胡风的"英雄",也只24岁。

《小晨报》出了张春桥的丑

1935年5月,上海的四马路上,出现张春桥瘦削的身影。18岁的他,担任上海杂志公司的校对员,月薪30元。

当时的青年作家周楞伽,与张春桥相识。周楞伽这样记述对张春桥的印象:

张春桥是王梦野介绍我认识的,他俩感情似乎很好,常常同出同进,张春桥那时只有十八九岁,不像后来削骨瓜脸,戴眼镜,相反倒有点痴肥臃肿,他的名声不好,代上海杂志公司标点"国学珍本丛书",自己看不懂,点了破句,反说原书有误,被辞退

[①] 蒋星煜:《陶金与张春桥的恩师阎哲吾》,《世纪》1998年第4期。

出来,文艺界传为笑谈,因此我有点轻视他。张春桥性格比较阴沉,不大说话,但一旦开口,言辞十分激烈。①

周楞伽原名周剑箫,1911年生于江苏宜兴,比张春桥年长六岁。他当时出版了长篇小说《炼狱》,并主编《文学青年》杂志。解放后在中华书局上海编辑所担任编辑,1972年退休。

上海的四马路(今福州路),是书店、出版社汇集之地,人称"文化街"。1924年,11岁的姚蓬子从浙江诸暨来到四马路,成为老板张静庐的光华书局里的一名编辑,从此走上上海文坛。11年后——1935年5月,18岁的张春桥从山东济南来到上海四马路325号"上海杂志股份无限公司",充当一名校对员。真巧,这家公司的老板竟然也是张静庐!

张静庐是一位颇有眼力和魄力的出版商。1924年,他第一回办出版社,创立光华书局,招来了姚蓬子。出版界也是个风大浪高的所在。他时沉时浮,在荆棘丛中前进,几度濒临破产的边缘。到了1935年,书的销路不畅,他办起了上海杂志公司,既发行上海各种杂志,也自己印些刊物和书。他租下了四马路上的"红屋"——325号原世界书局发行所旧址,挂起上海杂志公司招牌,招来了张春桥。不久,他从校对员成为助理编辑。

1935年的上海出版界,一片不景气。销路尚可的只有三种:第一是教科书。学生要上学,上学要买教科书。教科书总是有销路的。第二是把古书加以标点,翻印,叫作"标点书"。这类"标点书"销路也不错。第三便是杂志。

张静庐也印起"标点书"来了。从1935年9月起,他聘请阿英、施蛰存②主编的《中国文学珍本丛书》,以每周出版一种的速度,开始印行。

阿英在1936年1月10日出版的《书报展望》第1卷第3期上,写了《杂谈翻印古书》一文,不由得发出这样的感叹:1935年过去了。若果有人问:"这一年出版界主要的现象是什么?"那将谁也会回答,是"翻印古书"。把那些价值高昂,以及不经见的旧书重行排印,使穷困的学人能以少数的经济,获得许多在研究上必要的书,未始不是一件有利的事。但是此种事实,成为出版界的主要现象时,则无论如何解释,总是一种反常的行为……

18岁的张春桥,不知天高地厚,不问问自己肚子里有多少墨水,居然也去标点古书,想拿点"标点费"。

1935年11月18日,上海《小晨报》发表了署名"岂以"的文章《张春桥标点珍本记》,可以说是第一次在报纸上公开揭露了张春桥的不学无术。这是一篇迄今鲜为人知的文章,现全文转录于下,以飨读者,从中可以清楚看出当年张春桥在上海滩上胡混的卑劣形象:

是年也:旧书走运,"珍本"出头。

---

① 周楞伽:《鲁迅写作〈三月的租界〉前后》,《上海文史》1993年第1期。
② 1988年9月8日下午,叶永烈采访施蛰存于上海。

可恨"珍本"之类的东西,古文人忒煞作怪,不标不点,未免要使今人多费一番手脚。在这里,施蛰存,阿英,以至章衣萍等等人便做到了一笔好生意。

至于这篇文章的标题上的那位姓张的,也许诸君还不认识。事实上,他也的确不能算做什么"作家";不过,因为他曾经在《太白》之类的杂志上发表过散文,而又做过一任上海杂志公司的助理编辑,与所谓"作家"们略有交往,便也自命为作家,而且还自视为"前进的作家"了。——在文坛之边上,这种"自得其乐"的人是很多的,对于张春桥,自亦不足怪了。

但,笑话来了!不知怎么一来,这位自命"前进的作家"的张春桥也居然标点起旧书来,在上海杂志公司的珍本丛书项下也当了一名标点员:他所担任的工作,是一部《柳亭诗话》和五本《金瓶梅词话》。

于是,张先生用他在《太白》上写速写的方法"速标"起《柳亭诗话》来。可是,说也笑话,他对于中国的诗实在懂得太少了。他只知道诗有五言七言,而不知道还有四言以至长短句。而且,对于诗话的摘选诗句,有时不一定尽录全章而常常仅提一联或一句,他也不懂。于是,他当然有点感觉到困难。幸而,张先生毕竟是聪明的。他相信为诗总是诗,非五言一定七言,非以四句为一绝即一定以八句为一律。假如违犯这个规条,那就决不是我张春桥自己不懂而一定是《柳亭诗话》的古本印错了。根据这个定例,他就把《柳亭诗话》里的四言诗硬派作五言或七言来标点;而把诗话里所同时列举的不同的诗篇里的诗句也硬用了引号("")而硬派作一首诗。——在这样的方法之下,《柳亭诗话》总算标点成功了。

可是,问题是有的。当他有一次碰到了一首长短句的古风诗而发现用五言也读不通,用七言也点不够的时候,他就断定了《柳亭诗话》的原本是大错误了。于是,他就在原书上批了一个大大的"疑问符号"而附了一封信给张静庐老板说:"原书有误,请注意。"当下,给主编的施蛰存看见,才发现了张先生的大大的滑稽,再把以前他所标点的原书(拿)来看,又觉察满篇都给张先生点了"破句"而简直无一是处了。于是,施先生笑而张老板怒。三十大洋马上送去,对他说,"你标点得实在太不成语,这三十元聊以酬过目之劳;以后则不敢请教了。"在这情形之下,张春桥饭碗既告破碎,而五本《金瓶梅词话》的标点生意也就被夺。

自然,张先生会光火起来的。他决不怪自己的错误,而以一种"前进的"姿态向张静庐老板和施蛰存先生开起火来,他写了一封"义正辞严"的信给上海杂志公司,大意是说,"标点古书,实系市侩行为,欺骗读者,贻害大众,尤非浅鲜,且该项珍本乃由施某编辑,更令人不齿,早知如此,我亦不愿加入矣……"云云。

张老板一看此信,不禁哈哈大笑,却幽默地说道:"原来标点得不错,那么'欺骗读者'和'贻害大众'之罪或者还可以减少一些。如果像张春桥那样的乱标乱点,那才十足的'欺骗读者''贻害大众'了呢!"

可是,张静庐的损失毕竟也不少,重新叫人标点过,已经煞费力量了,(因为事先不察,已经付排部分)而等到《柳亭诗话》印出的时候,张老板又发现张春桥的乱标误点的遗迹还有不少未能全勘正，因此害他吃了《国闻周报》一刀；而且对于读者，毕竟也非常抱憾呢。（听说，现在这部《柳亭诗话》下集已由施蛰存重校付印，以免再蹈覆辙也。）

这篇《张春桥标点珍本记》，把"前进的作家"张春桥的浅薄、倨傲以及阿Q精神，刻画得淋漓尽致。如果要追溯"炮打张春桥"的历史的话，这恐怕要算是第一炮了！只是18岁的张春桥一无权二无势，不然，他必定会置炮手"岂以"于死地而后快。

张春桥标点的古书，如同张静庐所言："变成城楼上打鼓，不通，不通，又不通！"为此，《国闻周报》曾发表文章，批评上海杂志公司乱标古书。"岂以"这才在《小晨报》上发表文章，拆穿内幕：责任不在张静庐、施蛰存、阿英身上，乃是张春桥在"歪批三国"！

崔万秋其人

上海杂志公司是上海文坛的窗口，上海各杂志的汇聚之处。校对之余，张春桥投稿于上海各报纸杂志。

1935年6月6日，张春桥来上海还不到一个月，《大晚报》就登出署名"张春桥"的《行之端》一文。

1935年7月18日，《大晚报》的"火炬"副刊上又登出了署名张春桥的《土枪射手》一文，回忆他那"死得很苦"的二舅。

紧接着，1935年8月15日，《大晚报》副刊"火炬"，刊出张春桥的《我控诉》，文末署明的写作日期，为"7月21日午"……

此后，攻击鲁迅先生的狄克公案，也就发生在《大晚报》的"火炬"副刊上。

欲写清楚狄克公案的来龙去脉，不可不写一写这一公案的幕后导演——《大晚报》的"火炬"副刊主编崔万秋。指使狄克在《大晚报》的"火炬"副刊上向鲁迅射来冷箭的，

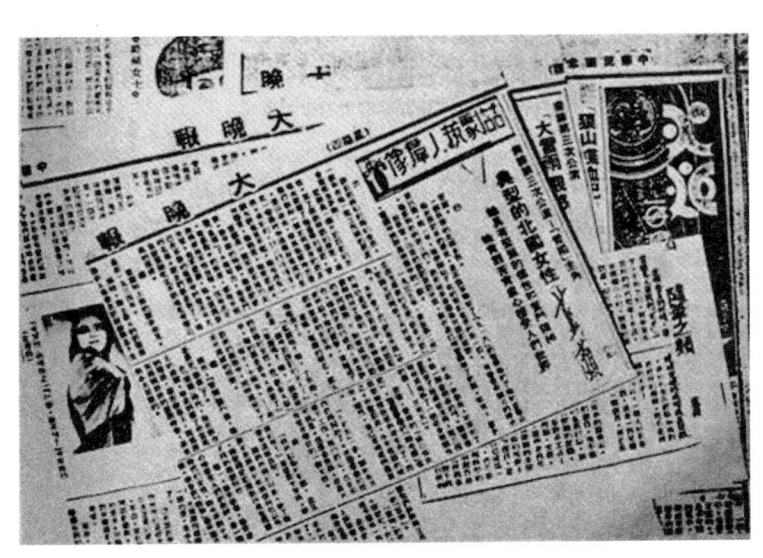

■ 崔万秋主编的上海《大晚报》副刊刊登许多吹嘘蓝苹的文章

便是崔万秋其人。

《大晚报》是1932年2月12日在上海创刊的,创办人为张竹平。起初,它仰仗国民党政学系的津贴来维持。到了1934年,改换门庭,拜倒在国民党政府的"财神爷"孔祥熙脚下。崔万秋坐镇副刊"火炬",主持笔政。

崔万秋此人,有着明暗双重奏。

明里,他是"火炬"副刊主编,人所皆知。

他也喜欢动动笔头,写写散文,发表小说,算是个作家——而且还算是个左倾作家。

他活跃于上海文坛,广交作家,出入于文学阵营之中。每当上海文艺界的进步作家们发表宣言、声明,在签名者的名单中,往往可以找到"崔万秋"三个字。

至于他暗中的身份,他的不可告人的地下活动,他与张春桥的秘密来往,直到历史翻过了一页又一页,才终于"显影"⋯⋯

崔万秋与姚蓬子同庚——生于1903年,比张春桥大14岁。他与张春桥有着同乡之谊。张春桥在来到上海之前,是否认识崔万秋,不得而知;但是,张春桥一到上海,便与崔万秋结为知己,却是确确实实的。

原军统特务沈醉在他所写的《我这三十年》一书第二十章《二进深宫》中,有一段关于崔万秋的极为重要的文字:

> 我当时去崔家,经常见到蓝苹,她有时还给我倒茶,因为崔是上海《大晚报》副刊"火炬"的编辑,常在该报写"北国美人"等类文章来给蓝苹捧场,一个四等演员有这样的人来捧场,当然是求之不得。我不但记得很清楚,而且在粉碎"四人帮"后,知道那个在崔家见过的穿鳖脚西装的狄克,就是张春桥,我的脑子里也有印象⋯⋯

当年的崔万秋,有着与沈醉相似的秘密身份,所以他们常来常往。沈醉在崔家见到了"四人帮"中的二分之———蓝苹与狄克,足见崔万秋此人来历不凡。

崔万秋是个充满神秘色彩的人物。关于此人的身世,很少见诸文献。我在1934年的《十日谈》杂志上查找《姚蓬子脱离共产党宣言》时,很偶然,"崔万秋"三字跳入我的眼帘!细细一看,竟是一篇署名"蕙若"所写的"作家印象",篇名便叫《崔万秋》,刊登在1934年第32期《十日谈》旬刊上。

从这篇"作家印象"中,今日的读者仍可获得对于崔万秋其人的大致印象。文章全文如下:

> 崔万秋是个山东老乡,家住大明湖畔,数年前在日本留学,和樱花味的日本姑娘,大谈其恋爱,佳话很多。
>
> 中等身材,看去还算英俊,讲的蓝青官话。头发疏疏的几根,有点秃顶了,脸孔上也有皱纹,可谓"少年老成"(他已三十岁了)。
>
> 以前和曾今可很要好,在《新时代》月刊上,也发表过几篇创作,他和曾今可互相标

榜。在去年，因为利害冲突，就反了脸，还在报上登过启事，大骂曾今可。（曾今可，1901—1971，江西泰和人，早年留学日本。回国后参加北伐。1931年在上海创办新时代书局，出版《新时代》月刊。抗日战争胜利后，以《申报》特派员身份前往台北，逗留台湾。任台湾文献委员会主任秘书二十年，并编辑《正气月刊》。1971年病逝于台湾——引者注）

他和曾虚白很要好（曾虚白，原名曾焘，乃曾朴之子。1894年生，江苏常熟人，毕业于上海圣约翰大学，与父亲曾朴同办真善美书店，主编《真善美》月刊。1932年，上海《大晚报》创刊后，任总经理兼总主笔。1938年任国民党中宣部国际宣传处处长。1949年赴台湾，翌年任中央通讯社社长——引者注）。现在他在《大晚报》上编"火炬""三六影刊"二副刊，常常拉些名家，替"火炬"撰稿，所以在黎烈文脱离"自由谈"（"自由谈"为《申报》副刊，黎烈文曾任"自由谈"主编——引者注）以后，"火炬"大有"取'自由谈'而代之"之概。

近来，他因为职业关系，常常写点电影方面的稿子，电影明星如阮玲玉、叶秋心等，他也时常去拜访。有些人造他谣言，说他是风流编辑。

他这个人，是很热情的，记得有一次，我为了一件事体去和他接洽，他的话说得很恳挚，没有文人骄傲的习气。关于这，他许有点是沽名钓誉的。

他的作品，大都是恋爱的故事，文笔朴直，格调方面，不无陈腐，内容是很空虚的。如《新路》那部创作，已经比较有点意义了。近来常和左翼诸公有所来往，鲁迅、茅盾诸氏的文章，也常在"火炬"发表；有人说他最近的思想有点左倾，但是他愿意做一个"尖头鳗"，不愿意冒大险，使得脑袋搬家。至于登左翼诸公的文字，无非是学时髦，迎合一部分读者的心理，一方面不被人骂作落伍，一方面又可以讨好左翼诸公罢了。

以上可以算是关于崔万秋的特写。虽然只写及崔万秋的公开的一面，但是毕竟为当年的崔万秋，留下了一幅剪影。

作为作家的崔万秋

崔万秋混迹于文坛，不光是作为编辑，而且他也算是个作家。

我在发黄的旧杂志中，寻觅着崔万秋的踪迹。除了他的一些言情小说之外，我查到他写的一些散文。特别是他早年所写的散文，往往也反映出他的"自我形象"。

1929年12月4日上海《新文艺》杂志在"编辑的话"中写道：

> 散文一栏里有穆罗茶先生的《林》和崔万秋先生的《钱》均是隽永蕴藉之作。崔先生还有《忆故居》和翻译日本"普洛"派巨子叶山嘉树的散文三篇，但因来不及编入本期，只好留待下期发表了。

崔万秋的《钱》，篇末注明"11月2日在广岛"，显然是1929年在日本留学时写的。文章开头,引了一句日本谚语:"一钱使人哭,一钱使人笑。"

下面便是他的散文《钱》,读者从中可以看出他的作品风格:

> 钱之可贵,要没有钱的人才痛切地感得出来。我便是痛切地感得钱之可贵的人们中之一个。特别感得钱之可贵的经验,印得满脑子里最深的,有下列几件事。
>
> 民国十六年秋天,一位受洋大人、官大人、党大人三重压迫的苦朋友写信来告急,说是初到东京,人地生疏,没有现钱竟不能吃饭,现在每天只吃七个铜板一块的面包,有时有一杯热水吃,有时竟不得不喝凉水。我看了以后心里难过到万分,想到朋友那里借几块钱寄了去,但是结果只赚几个轻视的冷笑。借钱不到,正在没好气,房主人却凑热闹地来催房金。刚忍着气把房主人敷衍着下了楼,有一位官费欠发的朋友来向我借钱搬房子。搬房子好像并不是什么大问题,但这位朋友是忍受不住那房主的轻蔑中国人,与之口角,为争一口气,不得不搬家的——那时我想:"钱是真可贵。"
>
> 今年暑假以前,足有三个月我手里几乎一文钱都没有。因为有一件事情要到东京去,但没有路费,虽急得心焦如焚,也竟无可奈何。7月22日午后我从商业专校领到了我一个月劳苦所得的"月给十五圆也",先到理发馆把长得和南洋土人似的头发剪去,把满脸的黑胡子剃了,对镜一看,我居然也像一个人。到"汤屋"里洗了个澡,浑身轻松舒快。又到牙齿医生那里把消毒消了三个月的龋齿补上一块橡皮,左边的牙齿也居然能嚼东西了。狠了狠又到冰店里花费了十钱吃了一杯冰淇淋,真是凉沁心脾,浑身清爽。到了夜晚八点,提着手提包便坐到东京行的火车上,从车窗望着将行圆满的月光了。托了这十五圆纸币的洪福,我竟那样舒服起来,使我不能不想到:"钱是真可贵。"……

从崔万秋的散文《钱》中,也可以大致觑见他当年留学日本时的生活情景。

在1930年第1期《新文艺》上,刊出崔万秋的散文《怀旧居》,同样记述了他在日本的生活。文末注明"11月19日于广岛",当是1929年的事。

《怀旧居》分为三段,现将"其一"摘录如下:

> 一楼一底的一座小房子,位于广岛市的南端之海岸近处,那便是我的旧居了。
>
> 房主人姓坂本,夫妇两人。还有一位小女孩,才两岁。他们住在楼下,我住在楼上。
>
> 这处小房子,在我住过的十几家中,印象最深,可追忆的往事最多,所以不忍离开它;但坂本君他迁,我一个人住不起便不得不洒泪而别了。
>
> 这房子大门正临小巷的通路,对门是町总代向西氏之居。左邻为一军人,其家之大小与我寓相等,右邻为一木屐商人,姓尾前,因是别邸,颇为宽大。
>
> 门前的小巷,西通海岸。东通往大街上去的电车道。每朝每夕,有往山中、进德两女学上学下学的女学生通过,市女的学生("市女"为校名简称——引者注),虽也有经过的,但比较少得多。
>
> 在这小巷内,我每天早起行深呼吸,吃过晚饭照例在这近处散步。冬天便站在巷

内晒太阳。有时在夕阳将坠的暮时,和儿们游戏,也有时站在门前和左近的女人们闲话。也有时抱着房主的小女孩子在巷内踺躔。

因为门前便是路,所以没有树木,不免有些寂寞。

可是房子后面和右边,因为全是别邸,树木花草,都很繁盛,从我那小楼上往下看去,很可以悦目。

小楼太狭了,只有四叠半席,一张高脚写字台,一只椅子,便装得很满,除了"床之间"内堆了几十部书,靠墙放一只书架外,其他两箱书,都不得不堆到壁橱内。

小楼向南,光线很好;南北两面开窗,空气也很流通。我在这小楼上住着很舒适,所以颇做了一些事。尤其是写作方面,这小楼更可纪念。武者小路的《孤独之魂》,系搬来不久译成的。夏目漱石的《草枕》也是在这里完成的。我那本幼稚的创作小说《热情摧毁的姑娘》中之《他的新年》、《邂逅》两篇,也是在这里写的。

这小楼还有一件特别值得纪念的事,便是有一位女性曾于6月1日来过一次。这位女性是我平庸生活中一点点缀,是我的昙花一现之恋爱的对象。6月1日那一天,是我二十几年来平庸生活中最值得纪念的一天。这小楼便也成了我所住过的寓庐中最值得纪念的一处。她那天来时为我带来的花儿;由她亲手插在我书架上那花瓶里;为纪念她,我一直到搬家那天为止,没有忍得动它一动,虽然花儿早已干枯了。

我于十七年11月14日搬进来,十八年11月1日搬出去。中间除了借友人彦超住了两个月外,我差不多都是住在这里。

在《怀旧居》的其二、其三中,崔万秋分别回忆了在广岛M.K家和大手町八丁目藤田家的生活。他曾和湖北的夏卓人同住。"我的留学生活之最苦的时期,便是这两年。我在这两年中,因穷苦回国两次,但因国内局面乱似鹅毛,失学青年如鲫,欲谋一饱而不可得,且备受向来以我为有望者之冷嘲与白眼,所以我仍不得不回到这凄凉的异国,继续我那人世所难堪的苦日子。我那时写的几本《穷留学之日》,现在我自己不忍重读呢。所以在藤田蛎田氏家住时的穷状,我不忍重述。"

崔万秋作为作家,他除了写过许多散文,也出版过长篇小说《重庆睡美人》,还著有《通鉴研究》、《日本废除不平等条约史》等学术著作,并翻译出版日本作家夏目漱石、武者小路实笃、井上靖、林芙美子的戏剧、小说。

崔万秋的真面目

主编着《大晚报》的"火炬"副刊,崔万秋是名副其实的编辑;发表着散文和小说,崔万秋是货真价实的作家。他的第三身份,在当时鲜为人知。

崔万秋的真实身份水落石出,是在南京解放之后,我公安人员从国民党保密局(原军统局)遗留的档案中,查出"情报人员登记卡"。在写着"崔万秋"大名的卡片上,清楚地标明:"上海站情报员"!

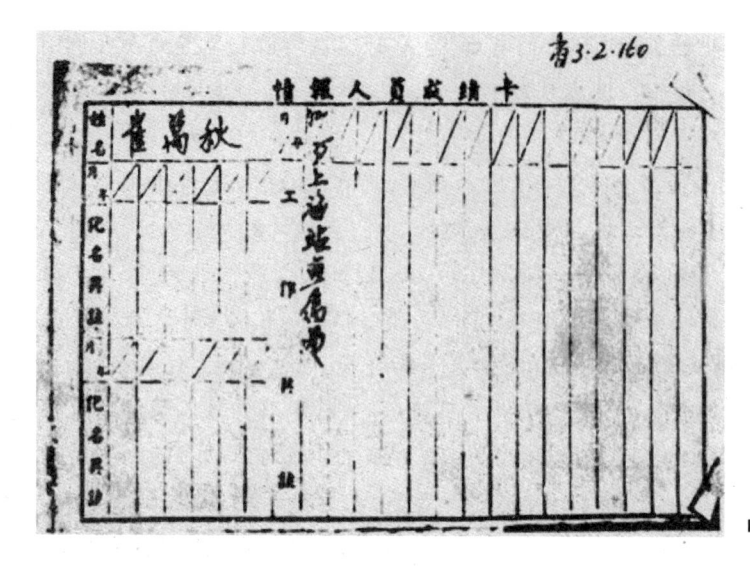

■ 崔万秋是军统上海站情报人员

这便是他的军统特务的铁证。

对此，曾任国民党军统局本部处长的沈醉，后来是全国政协文史资料研究委员会专员。沈醉对崔万秋的真面目，曾于1977年1月8日作如下说明：

> 我于1932年冬参加复兴社特务处（军统前身）后，便在特务处上海特区当交通联络员，崔万秋当时已参加了特务处，是特务处上海特区领导的直属通讯员，每月薪金八十元。上海特区有十多名直属通讯员，由区长直接领导，由交通联络员联系。我每月送薪金给他，并取回几次情报。他的情报相当多，还经常给他送去比他薪金多得多的"奖金"和"特别费"。我曾问过他，这么多钱用得完吗？他说还不够呢，常常得把自己的薪金贴一些进去，不然怎么会有这么多情报。我担任上海特区交通员两年左右的时间中，都由我约崔万秋与先后担任特务处书记长的唐纵、梁干乔和特务处情报科科长张炎元见面，1933年冬天，特务头子戴笠还叫我约在上海四马路杏花楼菜馆吃饭，事后，他对那次和戴笠见面，感到非常高兴。
>
> 崔万秋当时是上海《大晚报》副刊"火炬"的主编，"火炬"上连载了一篇描述抗日活动的长篇小说《三根红线》。我曾问他，为什么刊载这种小说？他笑着说，不刊载这些，怎么能表现我倾向"进步"呢？崔万秋告诉我，他对副刊文章的选择很认真，他约了不少的所谓志同道合的人给他写稿和办专栏，对一般不相识的人来稿，如无特别能引起读者兴趣的东西，是不采用的。

凭借着复兴社之桥，"华蒂社中坚"张春桥一到上海，便投入了崔万秋的怀抱。

崔万秋是从张若谷手中接任《大晚报》的"火炬"副刊的。张若谷的前车之鉴，使崔万秋倍加小心。

1933年6月17日，《大晚报》的"火炬"副刊曾发表署名柳丝的《新儒林外史》，为杨邨人大鸣不平，斥责鲁迅对杨邨人的批判是手执大刀"是非不明"的"乱砍乱杀"。"柳丝"何人？杨村人的化名！鲁迅写了《答杨村人先生公开信的公开信》，锋芒直刺杨村人，顺便也给张若谷带了一笔。因为杨村人在《文化列车》杂志1933年第3期上，发表了给鲁迅的公开信："今年我脱离共产党以后，在左右夹攻的当儿，《艺术新闻》与《出版消息》都登载着先生要'嘘'我的消息，说是书名定为：《九平五讲与上海三嘘》，将对我'用嘘的方式加以袭击'，而且将我与梁实秋、张若谷同列……"

鲁迅针锋相对地答曰："先生似乎是羞与梁实秋、张若谷两位先生为伍，我看是排起来倒也并不怎么样辱没了先生，只是张若谷先生比较的差一点，浅陋得很，连做一'嘘'的材料也不够，我大概要另换一位的。"

可怜，自诩为"小说作家"、"火炬"主笔的张若谷，竟然连挨鲁迅之"嘘"，还不够资格！

崔万秋自知比张若谷还不如。他对鲁迅笔锋的分量，是掂量得出的。他不敢重蹈张若谷的覆辙。

然而，鲁迅雄踞上海文坛，高举左联大旗，却又是崔万秋的眼中钉。

崔万秋想找个打手，哦，张春桥来了，正是求之不得……

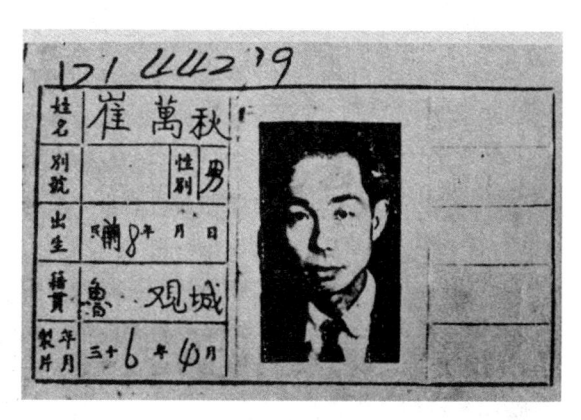

■《大晚报》副刊主编崔万秋曾是军统特务的证据

狄克成了崔万秋的打手

自然，崔万秋深知，对鲁迅正面强攻，说不定会掀翻《大晚报》上的"火炬"。

比较妥切的办法，是打拐弯球：批田军，批《八月的乡村》。田军是鲁迅扶植的，《八月的乡村》是鲁迅作序的。批田军、批《八月的乡村》，当然也就是批鲁迅——却不是直接展开笔战。

张春桥成了崔万秋的打手。他，当然不敢用真名，最初，张春桥化名"水晶"，在上海杂志公司所办的《书报展望》第1卷第4期（1936年2月10日出版）上发表。这是张春桥射出的第一支冷箭：

八月的乡村
水晶

这是本悄悄地出版的书，我现在公开地来谈它，不也大可不必么？我想，纯粹的读书人的立场客观地来说几句读后感，先生原谅吗？

《八月的乡村》告我们的有些人在过着荒淫与无耻的糜烂生活，另一方面却正在做着庄严的工作。

可是我认为美中不足的，一是司令陈柱底个性不大显明，二是萧队长那末的一个没落的知识分子刻画得不够力,三是李七嫂之受日军蹂躏后,竟能够马上执枪从众,尤其是一个聪明的朝鲜女安娜,懂得下命令、裹伤口、教唱歌,给大家讲种种有意识的言论,事实,却会因为萧同志(也许是他吧)而要求"回上海"。我不是说她们不会转变(到底是没落的知识分子),我说的只是毫无线索地突然转变得那末快而已。法捷耶夫在《我的创作经验》里说:

"例如昨天某人还是一个懒家伙,但今日已变成一个突击队员了。艺术家的任务,就在表明,这个人怎样由落后转而加入突击队。为什么要这样呢?"

本书的作者就犯了这末的一个毛病——"把主人公内在阅历表现得很薄弱","很少观察人们的改造过程是怎样进行的",我希望作者在"一定还在写,写,写——"的时候,能够谦虚地参考一下法捷耶夫底《我的创作经验》一文。

张春桥摆出一副"小说专家"的架势,颐指气使的派头,在那里指点田军,把《八月的乡村》说得一塌糊涂。

■ 张春桥化名狄克写信给鲁迅并在《大晚报》发表《我们要执行自我批判》一文

不过,《书报展望》只是上海杂志公司为了推销书报所印行的杂志,印数不大,在社会上的影响有限。所以,水晶的这支冷箭,尚未引起鲁迅的注意。

在崔万秋的策动下,张春桥再狠射一箭:1936年3月15日——星期日,《大晚报》的"火炬"副刊"星期文坛"上冒出了一篇寒光闪闪的文章,题目《我们要执行自我批判》。

作者是谁?署名"狄克"。

虽说中国的《百家姓》中,也有狄姓。然而,狄克却是取义于英文"Dictator"——独裁者的字头"Dic",足见他对法西斯蒂的崇拜。

文章一开头,便引述了一段"语录":"自我批判之于我们,犹如空气、水一样的需要——约瑟夫。"

"约瑟夫"何许人?斯大林也。这个"狄克"一上阵,便"拉大旗作虎皮,包着自己,却吓唬别人"。

好在文章不长,况且今日的读者很难见到半个世纪前的《大晚报》,故全文照录于下,也可以让读者诸君领略一下当年的狄克笔法:

我们需要批评家、理论家来帮助读者、作者。过去由于批评家底态度不好,作家们就喊着什么"圈子"啦,"尺度"啦的,和批评家们对立起来了,以致于作家和批评家当中隔离得很远：作者不管批评家底意见如何，批评家也不问作者底反响如何。这现象在去年还存在着，不过已经好了些。作家已经开始接受批评了。但是我们底批评家还是没有能够英勇地执行他底任务！

我不抹杀去年努力的结果。批判了苏汶底理论，建立了国防文学底路线。但是，对于自我批判作的不够，甚至就没有作，也是没法否认的事。

《雷雨》从发表到现在一年多了，《八月的乡村》、《生死场》发表也快三四个月了，我们见到一个较详细的批评吗？《雷雨》在国外演出多次了，《八月的乡村》、《生死场》也得到很多读者了，难道我们底批评家还没有得到阅读的机会？不会吧？或者是满意了那些作品吗？也未必吧！或者说：为了要鼓动作者，对于他严厉的批评，是不合适的。或者说：等些时自然有人写的，然而，这是多么错误的事！

是的，对于那些贡献给文坛较好的作品的作者，我们应当加以鼓励，应当加以慰勉，然而，一个进步的文学者，是绝对的不会反对正确地给他些意见的，甚至他正迫切需要。如果只是鼓励，只是慰勉，而忘记了执行批评，那就无异是把一个良好的作者送进坟墓里去，我不必举远例，头些时候青年诗人×××底诗集出版以后获得赞美，大家忘了批评他，如何呢？他没落下去了！再看《雷雨》底单行本序文，又显出一种非常不好的态度：他不高兴别人给他底意见。他已经在自做了！假如他底《雷雨》发表以后，就得到正确的批评，那是不会有这种现象的。

《八月的乡村》、《生死场》内容上没有问题了吗？

《八月的乡村》整个地说，他是一首史诗。可是里面有些还不真实，像人民革命军进攻了一个乡村以后的情况不够真实，有人这样对我说"田军不该早早地从东北回来"，就是由于他感觉到田军还需要长时间的学习，如果再丰富了自己以后，这部作品当更好。技巧上、内容上，都有许多问题在，为什么没有人指出呢？

将这部作品批判以后至少有下面的几点好处：

①田军可以将《八月的乡村》改写或再写另外一部，②其他的正在写或预备写的人可以得到一些教训，而不再犯同样的错误，③读者得到正确的指针，而得到良好的结果。

我相信现在有人在写，或预备写比《八月的乡村》更好的作品，因为读者需要！

批评家！为了读者为了作者请你们多写点文章吧！多教养作者吧！许许多多的人们在等待着你们底批判！不要以为那些作家是我们底就不批评！我们要建立国防文学，首先要建立更为强健的批评！我们要结成联合阵线，首先要建立强健的批评！更为了使作家健康，要时时刻刻的执行自我批评！

唉，狄克19岁时写的文章，以"语录"开头，以许许多多带惊叹号的口号结束，后来"文革"中的"大批判"文章，竟与他如出一辙！

周楞伽曾这么回忆张春桥写作《我们要执行自我批判》一文时的情形：

3月初的一天午后，昭俭和我正在看书，王梦野和张春桥走了进来，桌上正好放着田军的《八月的乡村》和萧红的《生死场》,于是我们便以东北作家为话题谈开了。我说除了李辉英的文字表达力较差外,其他几个作家都写得很好,尤以《八月的乡村》最为出色,所以很畅销。

张春桥一面孔妒忌地摇摇头说:"我看有些地方不真实。"我说何处不真实,他就翻开一页来给我看,是写人民革命军攻克一个村庄的情况,说:"这就写得不真实。"

我说:"你没有这种生活经验,怎么知道他写得不真实,世事往往出人意料,譬如我们都称东北义勇军,他这里却写作人民革命军。他从东北来,必有根据,你能说不真实?"

这时王梦野插进来说:"田军就是不该早早从东北回来,要不然可以写得更好一点。"

我这才明白为什么王梦野写了那么多的文艺批评,却没有一字推荐《八月的乡村》,原来他是不欲成人之美。

这场谈话就此结束,想不到张春桥就根据这场谈话写出了那篇《我们要执行自我批判》的文章,用狄克的笔名发表在《大晚报》副刊"火炬·星期文坛"上。①

泄露狄克底细的是张春桥自己

狄克之谜,本来唯有张春桥知,崔万秋知。崔万秋自然守口如瓶,不会泄露天机。万万料想不到,道出狄克底细的,竟是张春桥自己!

1936年3月15日,狄克在《大晚报》上向鲁迅放了一炮之后,鲁迅当即"拜读"了狄克的"大作"。鲁迅横眉冷对狄克,于4月16日写了《三月的租界》,予以痛斥。

鲁迅把文章交给了设在新钟书店里的《夜莺》月刊编辑部。《夜莺》编辑当即把鲁迅的这一讨狄檄文,排入5月出版的第1卷第3期上。

《夜莺》月刊是委托上海杂志公司发行的。按照上海杂志公司的规定,委托发行的杂志在印出样本(清样)之后,应该马上送一份给该公司,以便老板了解内容,预估销路。

老板看毕,让人把样本送还《夜莺》编辑部。

送样本者何人?张春桥也。

《夜莺》编辑翻了一下送回去的样本,忽然发现印着鲁迅的《三月的租界》那一页已被撕去。

"谁撕的?"编辑问。

"我!"张春桥狠三狠四地答道。

"你为什么要撕掉鲁迅的文章?"

"我要留下来仔细看看。"

"为什么要仔细看看?"

---

① 周楞伽:《鲁迅写作〈三月的租界〉前后》,《上海文史》1993年第1期。

"鲁迅在骂我!"从张春桥嘴里,终于蹦出了这句至关重要的话。

"这么说,你就是狄克?"编辑用惊讶的目光,注视着面前这个瘦骨伶仃、戴着圆形近视眼镜、山东口音的青年。

张春桥猛然间意识到自己在激动的时候说走了嘴,泄露了天机。一言既出,驷马难追。他只好解嘲道:"是,又怎么样呢?"

一扭头,他气呼呼地格登格登走了。

于是,《夜莺》编辑部知道了狄克之谜。

于是,鲁迅知道了狄克是谁。

于是,魏金枝、于黑丁也知道了狄克的秘密。

以上魏金枝先生的回忆,是关于狄克的秘密的一种说法。

周楞伽先生的回忆,则又从另一个角度提供了当时的情况。尽管周楞伽的回忆,在有的细节上与魏金枝先生的回忆不尽相同,但是周楞伽所说,周昭俭曾向鲁迅反映过张春桥的言行,使鲁迅对这一"文坛小卒"有所了解,这一点却是十分重要的。

有一天,我去四马路文化街,顺道进同安里看一下,见这新钟书局只租了一间前楼,完全是个皮包书店,可是却意外地在里面遇见了张春桥,原来他和庄启东很熟。听说新钟书局要出《二十六史》,来钻庄启东的门路,要求交一部分给他圈点断句,捞一笔生活费。庄因他苦苦央求,只好对新钟书局经理卢春生说了不少好话,把《晋书》一部分交他圈点,于是他便成了新钟的座上客。

4月的一天早上,我把过去发表在报刊上的小说编成两个集子,一本交北新书局,一本送到新钟书局,定名为《田园集》,路上遇到方之中,我问他去何处?他说去新钟。我十分诧异:"怎么你也和新钟打交道?"原来新钟代新国民奎记印刷所拉生意,承印书刊,从中赚取回佣。方之中是把《夜莺》的稿子托他们去承印,于是我俩结伴而行。

到了新钟,方之中从皮包里拿出《夜莺》第三期的稿子来,摊在台上。我见第一篇就是鲁迅的《三月的租界》,不觉好奇心动,仗着和方之中是朋友,不会见怪,便趁他和卢春生接洽业务的机会,先拿过来看。原来正是斥责张春桥的檄文,剥茧抽丝,层层痛斥,笔锋犀利之极。顿时我想到张春桥和王梦野的言行恐怕都由周昭俭向鲁迅作了反映。鲁迅对他们是有所了解的,否则鲁迅怎么会在病中对这么一个文坛小卒狄克奋然作文反击呢?

王梦野对《三月的租界》中所说的"这位'有人'先生和狄克先生大约就留在租界上"一语确实大伤感情,说:"这老头子疯了,到处放流弹!"同时气得咯血了。

当我在看的时候,庄启东也凑过来看,我就把《田园集》原稿交给他,开始洽谈起来。

此时,张春桥施施然从外面进来,我忍不住说:"鲁迅批评你了!"张春桥吓了一跳,忙问:"在哪里?"我说:"在《夜莺》第三期。"张春桥望望屋里的人,露出想要看又不敢启齿的神情。后来还是我和李雄商量把稿子拿了过来,我怕翻乱稿子,只抽出其中两篇鲁迅的文章。我读《写于深夜里》,张读《三月的租界》,无意中我偷看了一下张春桥,只见他坐立不安,不停地用手帕拭脸,天不热,不知哪来这么多的汗,脸上的神气十分尴尬狼狈,他见我看他,便涨红了脸又强作不在乎地自我解嘲道:"鲁迅先生误会了,我要去信解释一下。"

后来他果然给鲁迅去了信……[①]

周楞伽作为当事人,在这里把"张春桥——新钟书局——《夜莺》第三期——鲁迅的《三月的租界》"之间的复杂关系,说清楚了。

"狄克即张春桥",这消息像长了翅膀似的,在上海文艺界暗暗传开,传入了《辛报》编辑姚苏凤耳中。

姚苏凤是苏州人,曾是鸳鸯蝴蝶派文人,当时《晨报》的"每日电影"主编,后来日渐进步。

姚苏凤是一个笔头很快的人。此后,上海滩出现一本《鲁迅先生轶事》,透露了"狄克即张春桥"这一秘密。这白纸黑字,成为后人查证"狄克"为何许人的重要依据。

《鲁迅先生轶事》一书,只署"编纂千秋出版社编辑部",未标作者姓名。这家千秋出版社名不见经传,在上海图书馆浩如烟海的藏书之中,由千秋出版社印行的书仅此一点而已。版权页上印着社址位于上海卡德路(今石门二路)某弄堂内。

从书的内容来看,大都摘编自当时《辛报》上的一些文章,表明跟姚苏凤关系密切。这本书是唯一透露狄克之事的书,成为三十多年后上海掀起的"炮打张春桥"的重磅炮弹。

这本书出版于1937年2月,而这年9月张春桥离沪去济南。当年的张春桥是否看到过这本书,就不得而知了。

且说张春桥撕下《夜莺》样本上鲁迅的文章,固然是为了"先睹为快"——他万万想不到,鲁迅先生会这么快地对他还击,写得这般尖锐。更重要的是,他急急地朝《大晚报》编辑部赶去,把撕下的那页交给了崔万秋。

鲁迅再驳狄克

崔万秋从张春桥手中,拿过那从《夜莺》样本中撕下的《三月的租界》。他的脸上并没有露出惊讶的神色,倒显得有点得意。他预料到鲁迅会予以反击的。果真,鲁迅的文章,力透纸背,鞭辟入里:"至这里,我又应该补叙狄克先生的文章题目,是:《我们要执行自我批判》。题目很有劲。作者虽然不说这就是'自我批判',但却实行着抹杀《八月的乡村》的'自我批判'的任务的……"

不错,狄克的文章正是要"抹杀《八月的乡村》",进而抹杀鲁迅。

崔万秋看罢《三月的租界》,和张春桥细细计议,决定由狄克出面给鲁迅写信,再攻鲁迅。

鲁迅办事细致,看出狄克的信颇有来历,不作复,却把信留存起来。迄今,这封信的

[①] 周楞伽:《鲁迅写作〈三月的租界〉前后》,《上海文史》1993年第1期。

原件,仍收存于鲁迅博物馆。一看原件便可一清二楚,一手张春桥笔迹!只是信末的"狄克"两字写得过分端正,显得很不自然,看得出是化名——因为人们签署自己的真名时是非常流畅、自然的。

现将狄克的手稿,全文照录于下——

敬爱的先生:

头几天,偶然地到新钟书店去,看到《夜莺》第三期的稿件,里面有先生底那篇《三月的租界》,是关于我的。这使我心里不安好几天了;经过几天的思索,我才写这封信给先生。

关于我那篇文章,所以要写它,是由于当时读到《新文化》以及其他刊物上对于某些作品的忽略或批评的不够,先生知道的,是一片"好"。我希望我们底批评家多做一点工作,对于读者作者都有益的。

固然在这连投枪也很少见的现在,对于《八月的乡村》这样的作品,是应当给以最高的评价的。然而,敬爱的先生,我们是不是有了投枪就不去制造坦克车呢?就是不制造坦克车的话,在投枪掷出以后我们是不是要经过大家底研究和改进呢?如果说要的话,我底意见便在这里。我希望这投枪更加尖锐、雄壮,绝没有想把它折断。对于田军,像对于每个进步的作家一样,我是具着爱护心的。写那篇文章也似乎是由于太热爱了些——以致有些话说得过火。

但是,先生,对于"田军不该早回来"这句话我并不是盲从,是有理由的,现在却不必说了,因为他和萧红已经回来了,从那血腥的世界跑到这个血腥的世界里来了,而又献给了人们《八月的乡村》这部书,我还说什么呢?说出来,只能使我们当中有了误会和隔膜。——我认为现在还没有什么误会太大的地方。

我所要说的话,似乎就是这些。总括一句就是希望先生能够明了我底原意,虽然《三月的租界》这题目很伤大家底感情我也不想说什么了。只希望先生能够给我一个信,使我安安心。

同时,我还有意见告诉田军,也想在下次信里说。

信,请寄《大晚报》"火炬·星期文坛"编辑部转我吧!

祝福你底健康!

狄克

信末没有写年月日。不过,从1936年4月28日鲁迅日记中查到"午后得周昭俭信,得狄克信"。因此,狄克寄出此信当在4月26日或27日。

《夜莺》三期的出版日期为5月10日。狄克早在4月26日左右便看过了《夜莺》样本,还进到编辑室,出版《夜莺》的新钟书店看过了鲁迅《三月的租界》的手稿,足见此人绝非等闲之辈,神通颇为广大。

这里要顺便提一笔,自从笔者的《张春桥传》出版以来,由于书前附有狄克致鲁迅

■ 张春桥化名狄克写给鲁迅的信

■ 张春桥"1976年2月3日有感"手迹

那封信的影印件，有些细心的读者对这封信的真实性表示怀疑。

湖南省塑料工业公司技术科师德培、云南思茅县通商路萧龙云、四川省攀枝花市东区人大常委会办公室矫逸阁以及张汉成、张晶、蔡晋萍、夏合社等读者给笔者来信，提出了疑问：

"张春桥的信写于1936年，为什么会有二十几个简体字——头、几、书、里、关、这、过、当、读、对、点、庄、从、说、为、只、们、会、还、伤、时、诉、许、报、坛？"

这些读者怀疑书中所附的原件手迹不可靠，也许是抄件，抑或是伪造的。

在这里，我先要说一说那份原件的来历：张春桥当时化名"狄克"写给鲁迅的信，不仅被鲁迅保存了原信信纸，还保存了信封。信封上写着"北四川路内山书店转交周豫才先生启狄克缄"。这信封原件也在鲁迅博物馆保存着。

另外，也不妨把狄克1936年这封亲笔信与他写的"1976年2月3日有感"手迹比较，可以清楚地看出笔迹完全相同，可见狄克的笔迹即张春桥笔迹。

读者们提出的简体字问题，需要从历史的角度加以答复。《关于公布汉字简化方案的决议》固然是中华人民共和国国务院第23次会议通过，在1956年1月29日公布，但简化汉字并非直到那时才有的。

其实，简化汉字自古便有。为了书写的方便，古人已经开始简化汉字，尤其是草书。

例如："禮"字写作"礼"，"從"写作"从"，"東"字写作"东"，"聲"字写作"声"等等，古已有之。

1923年的《国语月刊》曾出版《汉字改革号》，钱玄同先生便呼吁进行"汉字革命"，主张"减省现行汉字的笔画"。陈望道先生也在1923年6月18日《民国日报》发表文章，主张那些"通行于平民社会的简体字"，"我们都可以在各种正式的文章上用起来，而且应该依此方法把原来没有简体字的添造出简体字来，使得写也便利些，学也便利些。"

1935年，陈望道先生在他主编的《太白》半月刊第11卷第11期上，发表《推行手头字缘起》一文，主张把"手头字"（书写体）变成印刷体，因为"手头上大家都这么写，可是书本上并不这么印。识一个字须得认两种以上的形体，何等不便"。《太白》杂志刊登了"手头字第一期字汇"。张春桥所用简体字，亦即当时书写时已经通行的"手头字"。巴金、胡风、郁达夫、老舍等二百位文化界著名人士共同发起"推行手头字"，《太白》率先用"手头字"排印。

由此可见，张春桥写给鲁迅的那封信的原件是真实的，不论从笔迹、从原件及信封加以查证，还是从当时流行的"手头字"加以考证，都是经得起推敲的。

至于解放后公布的汉字简化方案，所采用的大多数是已经流行的"手头字"，符合广大群众的书写习惯，所以很易推广，为大家所接受。

如今，即使在香港、台湾，人们书写时也常用简化的"手头字"，只有报刊上的印刷体才用繁体汉字。不过，不久前我接待台湾作家黄海先生，我发觉他送给我的名片上，那"台北市"也印为简体。

另外，1935年第2卷第1期《太白》上发表了著名作家、画家丰子恺先生的《我与手头字》，此文与张春桥给鲁迅写信的时间相近。从丰子恺先生的手稿中，亦可看出，他也用了许多简化字，如头、气、时、与、沪、么、压、应、声、虽、归、虫、丰、旧、医、边、丽、写等。

由此可见，狄克写给鲁迅的信，确实出自张春桥之手。

狄克把自己打扮得多么可爱：他对《八月的乡村》的批判，只不过"是由于太热爱了些——以致有些话说得过火"！

末了留言"信，请寄《大晚报》"火炬·星期文坛"编辑部转我吧"，倒是和盘托出这个狄克跟崔万秋的亲密关系。

尽管狄克非常"希望先生能够给我一个信"，鲁迅知道此人的来历和背景，不予复信，却又著文挞伐之：4月28日鲁迅"得狄克信"，30日便写《〈出关〉的"关"》一文，再一次批驳了"狄克"。

当时，鲁迅正在病中，"骤患气喘，我以为要死"，体重剧降至37公斤。半年之后，鲁迅沉疴不起而永辞人世。

"冷箭是上海'作家'的特产，我有一大把拔在这里"，其中的两支便是张春桥射来的。

5月4日，鲁迅在致王冶秋的信中，又一次提及了狄克："4月11日的信，早收到了。年年想休息一下，而公事，私事，闲气之类，有增无减，不遑安息，不遑看书，弄得信也没工夫写。病总算是好了，但总是没气力，或者气力不够应付杂事；记性也坏起来。英雄们却不绝的来打击。近日这里在开作家协会，喊国防文学，我鉴于前车，没有加入，而英雄们却认此为破坏国家大计，甚至在集会上宣布我的罪状。我其实也真的可以什么也不做了，不做倒无罪。然而中国究竟也不是他们的，我也要住住，所以近来已作二文反击，他们是空壳，大约不久就要销声匿迹的:这一流人,先前已经出了不少……"

鲁迅所说的"作二文反击",这"二文"便是《三月的租界》和《〈出关〉的"关"》。可见,鲁迅对于"不绝的来打击"的"狄克""这一流人",是何等的愤慨和轻蔑。

5月19日,鲁迅收到某人于18日寄自上海的一封信,再一次提及张春桥。信中说:"为了加强文艺家协会的影响和作用,还是很希望先生参加,而且负起领导的责任。为了使先生知道我们的愿望,我又提议由文学青年社负责联络青年文艺社和上海青年文艺界救国联合会,共同签名写一个信给先生。当然大家都是赞成的,于是当场推定王梦野和张春桥等负责办理这件事情。……"

5月25日,鲁迅在致一个名叫时玳的文学青年的信中,谈及了"文艺家协会"之事:"作家协会已改名文艺家协会,发起人有种种。……冷箭是上海'作家'的特产,我有一大把拔在这里,现在生病,俟愈后,重把它发表出来,给大家看看。即如最近,'作家协会'发起人之一在他所编的刊物上说我是'理想的奴才',而别一起人却在劝我入会:他们以为我不知道那一枝冷箭是谁射的。你可以和大家接触接触,就会明白的更多。……"

5月23日,鲁迅在另一封信中则说:"上海的所谓'文学家',真是不成样子,只会玩小花样,不知其他。我真想做一篇文章,至少五六万字,把历来所受的闷气,都说出来,这其实也是留给将来的一点遗产。"

红皮白心的张春桥

一张时间表:

1936年4月16日,鲁迅作《三月的租界》。

1936年4月30日,鲁迅作《〈出关〉的"关"》。

1936年10月19日上午5时25分,中国文坛主帅倒下。

哀音不绝。左翼作家们痛悼鲁迅的离逝,痛斥在鲁迅重病中"不绝的来打击"的"狄克"之流。

人们常常惊讶于魔术师的化身术,演员的变脸术,岂料19岁的张春桥便已谙熟化身术与变脸术,在鲁迅辞世之后,作了"精彩"表演。

此时此刻,张春桥居然也挤出了鳄鱼的眼泪,赶紧把自己化装成"鲁迅的学生"。这个文坛无赖,竟也写起悼念文章来了。

主意是崔万秋出的。发表的场所,自然又是《大晚报》上那"火炬"副刊。发表张春桥"痛挽"鲁迅的文章,既为狄克洗刷,也为"火炬"添点"革命"的色彩。

那是在鲁迅溘然而去后的第二十天——11月9日,《大晚报》上"火炬"耀目,赫然刊出了《鲁迅先生断片——我的悼念》,署名"春桥"。

这样冠冕堂皇的文章也很值得一读。因为从中可以看出,张春桥从唱白脸一下转为唱红脸时,功夫也很地道:

从万国公墓回来，虽然两只腿已经很累了，精神并不感到疲倦。躺在床上，望着堆在屋角的书籍，"鲁迅"那两个字，发着光，而且站立起来了。那是一位巨人，他手里握着一支笔，眼睛向前面注视着。他准备战斗。

我不能把死和这位巨人联在一起！

他没有死！

但是三天来的事实（此处"三天"指鲁迅死后三天出殡，即十九日去世，二十二日安葬——引者注）却告诉我们，他底肉已经不能再跳动了，血脉不能再流了，他安息在土地里了。

在殡仪馆里，替那些人缠黑纱或者领着他们往灵前致敬的时候，我一直被理性压着：不要感伤，不要流泪，他没有离开我们呵！

当夜色浓厚地压在四周，灵堂里沉寂了的时候，夜来香散着沉重的压得人不能呼吸的气息。

我们脚步放得轻轻的，一点声音也不得发出来，走向灵前，先生静静的躺在那里，好像还在呼吸，不，好像少微休息一下身体，那倔强的头发，粗野地，像一根根投枪一样长着，两撇胡须下面，嘴唇闭着，好像正思索一件事情要告诉我们。

他没有离开我们呵！

为什么送这些鲜花呢？为什么送这些挽联呢？

"失我良师"，"我们底朋友"，"鲁迅老师精神不死"，"鲁迅先生永远存在大众底心里"。

我望着那些字，心里的情绪，是说不出来的。

——为什么要说他"精神不死"呀，先生底肉体不是还安静地躺在那里吗？

从灵堂出来，水银灯照得我们底脸发着惨白的颜色，草地上整齐的草，和边上的树，都像挂了霜一样。

在灯光下漫步着，空气凉起来了，我们才回家。

21日下午三点钟，我们站在灵前，看着换了衣服，抬在棺里，我无论如何压制不住情感了，我底头埋在手里，听着四周哭泣的声音，手绢湿了。

这里，我发觉到并没有盖棺，和我们隔得不远，只是一层透明的玻璃，先生不过是换了一个地方休息。

哭了，狄克哭了！写得多么虔诚，多么感人。小小狄克，两面派手法已经颇为到家了。难怪，他后来在中国的政治舞台上，明里是人，暗中是鬼，对于这种化身之技，变脸之术，他早已颇为精通了。

稍过些日子，"春桥"又在1937年3月的《热风》杂志上，发表另一"纪念"鲁迅的文章，名曰《速写红萝卜》。其实，他本身便是白心红皮的红萝卜，居然替别人"速写"起来：

……本来，一位战士死了，他底论敌，那些苍蝇们，就嗡嗡地响起来了，围绕在战

▪ 张春桥在《大晚报》以及《热风》发表的文章

士底身边，或者胆怯地从他身上飞过去，说："他曾经有过错呀！"并不足怪。而且，耳耶在《鲁迅底错误》（发表在当时的《嚶鸣杂志》——引者注）里已经说过那是怎么一回事了，对于苍蝇们，我们是认识的，他们底本领就是如此。最讨厌的，却是那些披着战士的衣裳的苍蝇们，他比较聪明，他会比较多样的本领，他能够按照当时的环境，"摇身一变"、化个名儿，发着各式各样的嗡嗡声。……

这里所说的"摇身一变"、"化个名儿"，不就是这位"春桥"夫子自道吗？
最妙的是此文结尾一段，简直写得出神入化了：

> 我们作读者的，只能紧紧地盯他们的梢，看看他们到底作什么鬼把戏，不过，要记着，他们是最会变的，最最会化名的（林彪的习惯语"最最"，张春桥在20世纪30年代已"应用"了——引者注），那张萝卜皮儿有时披着有时剥下来的。我们记着这一点，什么都好办，把手里的苍蝇拍握好。把棍子拿结实，把从角落里爬出来的，鲁迅先生还没有打死的落水狗、苍蝇瞄准确。
> 记得神话里常常提到那些怪物都有一张"皮"，可以因为披与不披而变化无穷，我们就记着那张皮吧。

幸亏有人盯张春桥的梢，知道这个"最最会化名的"、用过"狄克"的化名，还曾化名何闻、子渔、李怀之、蒲西、安得、路宾、何泽、龙山、子执、吴松、齐索……

倘若那个狄克被滑走的话，那么，留下来的只是那些署名"春桥"的堂而皇之的"战斗文章"，张春桥俨然就是"革命战士"了。

难怪，在"炮打张春桥"浪潮中，揭穿了"张春桥=狄克"这一老底，张春桥怒发冲冠了……

走笔至此，顺便提一下，1987年12月19日香港《文汇报》曾在"旧闻新编"栏目内，发表《萧军怒打张春桥》一文。虽说内中情节是否准确尚有待查证，不过，写得幽默风趣，倒是值得一录：

鲁迅先生逝世后，正在日本的萧红立刻赶回到上海。当天就和萧军到鲁迅先生墓前拜祭。他们在墓前焚烧了先生生前倾注大量心血编辑的几本刊物和萧红在东京为先生买的画册，寄托哀思。

这次祭扫，不知怎么竟让狄克得知，从而引起一场文坛武斗。

这狄克乃张春桥化名，在当时的文艺界还算不得一个作家，曾放暗箭，攻击《八月的乡村》和鲁迅先生，遭鲁迅先生著文《三月的租界》痛而击之。狄克外表斯文，却是个无事生非之徒，他听得二萧拜墓焚书，便又在《大晚报》上攻击二萧是"鲁门家将"、"鲁迅的孝子贤孙"，"烧刊物是传播迷信"等等。狄克当时以左翼自居，却和敌人一鼻孔出气。这使萧军很气愤。

萧军找到由国民党出钱、雇狄克打着"左派"旗帜为他们说话的《大晚报》社址，冲进编辑室，对狄克和他的走卒马吉峰说："我没功夫和你们拌嘴，我就是要揍你们。你们能打过我，以后悉听尊便，不再找你们。如果打不过，你们再出这样文章，我是见面就揍你们三通！"

一场文坛武斗便开锣了。某月的晚上八点，双方都按约而来。萧军一对二。狄克用拳护住脸，学着西方拳击的样子，两脚上下摆动就打来一拳，萧军轻轻一挡，顺势一个扫膛腿，狄克跌了个仰面朝天。高个子马吉峰忙护着狄克，把他抱到一边大树下去喘气，回来朝萧军就一拳打来。这小子虽有点功夫，焉是萧军的对手，三拳两脚，这小子就趴下不动了。

这小子不服，又爬起来再战，不出一个回合又趴下了。连打了三次，马吉峰终于告饶啦！"萧先生，我服输，以后再也不敢了。""那么，文章呢？"萧军问。"再写那样文章剁手指，本来也是他（指狄克）叫我写的。"

这文坛武斗传为美谈，后人写有打油诗一首，以为赞：

萧军怒打张春桥，狄克三魂吓出壳。

狗头军师结"四帮"，老萧为此险遭刀。

第五章
张春桥的发迹

狄克钻进延安

自从1935年5月踏进上海滩，张春桥混迹上海文坛两年多，发表了四十多篇长长短短、五花八门的文章。1937年9月3日《立报》刊出署名张春桥的短文《武装民众》之后，他的名字便从上海报刊上消失了。

张春桥哪里去了？

难道他"最最会化名"，化了什么新名字？

直至1938年5月的《抗战文艺》周刊第1卷第5期登出署名张春桥的《汉奸吉思恭》，标明"延安通讯"。消息传到上海，人们才恍然大悟：

狄克钻到延安去了！

吉思恭，日本的间谍。1938年3月17日，在延安陕北公学操场上，举行了公审汉奸吉思恭大会。狄克也在场，于是写了这篇"延安通讯"。

狄克是怎样钻进延安的呢？

在张春桥1950年亲笔填写的《简历表》上，"何时何地何人介绍入党、候补及转党年月"一栏，这么写道：

> 1936年4月在上海经吴成志、林福生介绍入党。
> 1938年8月在延安经顾光斗、雄飞介绍重新入党。1939年2月转正。

张春桥既然在1936年4月入党，怎么到了1938年8月又要"重新入党"呢？

那位"吴成志"，真名宋振鼎，他对张春桥在上海的"入党"经过，说得最为清楚：

我1932年9月被捕,1935年7月从苏州反省院自首出来后去上海。1936年4、5月间,我(化名吴成志)与原社联林福生(从苏州反省院出来的)、王德明等成立中国共产党上海预备党员委员会,曾经我介绍张春桥参加预备党员。这个组织没有党的组织领导,是我们自己成立的。成立不久,上海党组织派吴仲超找我谈话,指出这个组织是非法的,叫立即解散。我们当即解散,并通知到所有参加的人,也通知了张春桥。此后,我再未介绍过张春桥入党。

北京故宫博物院院长吴仲超在1976年10月18日所写的证明也清楚表明:

1936年在上海,宋振鼎同一些叛变自首、住过反省院和不三不四的人成立了一个预备党员委员会,这是个非法组织。由我通知宋振鼎,宣布取消了这个组织。

解放前我不认识张春桥,文化大革命中,从外调的小将们口中才知道那个委员会内有张春桥。

吴仲超
1976年10月18日

原来,张春桥在1936年4月所参加的是假共产党!可是,张春桥却把它写入自己的入党简历之中,又不得不自相矛盾地写上"重新入党"的年月。

张春桥离开上海,跟江青相差无几,因为1937年8月13日,枪炮声震撼着上海城。

在日军统帅水野修身、上海派遣军总司令松井石根大将坐镇指挥下,日军第三、六、九、十一、一〇一、一〇五、一〇六、一一〇、一一四、一一六等师团和海军陆战队,共30多万人,突然袭击上海。"八一三"淞沪战争打响了。

张春桥曾写过一篇题为《中国为什么胜利?》的"报告文学",发表在1937年10月4日的《国闻周报》(战时特刊第16期)。其中,记述了他自己在"八一三"当天的踪迹:

十三号的早上,我得到日本军队在八字桥向我军进攻的消息。就跑到南市,又折回来,转到公共租界,往北区走去。我想看一看战争发生以后的人们。不但去看,还要深深地发掘,往他们心眼里钻,我还跑到杨树浦的工人区,跟他们谈,跟两位年青的工友跑到野外的一条可以通到北四川路施高塔路(今上海山阴路——引者注)叫作沙虹路的地方去,遥望天通庵火车站的烟火。重炮,机关枪的声音很清楚的随风飘过来。四周静静的,农夫们在晚霞里整理着南瓜黄瓜和别的菜蔬。

黄昏慢慢的后退了,夜占领了这地方。

天通庵的炮火更烈了,声音一阵阵地传过来。火苗燃燃着跟黑烟卷在一起,叫啸着往上升。

是下午四点钟开的火,我到了夜里十二点才离开一群工友跑回来,在虹桥,日本兵布满岗位。过来外白渡桥是密集的人群。

> 最使我忘不了的是，在三点钟的时候，我经过老靶子路。到闸北去的路完全断了。在靶子路北河南路口有西捕站着，不准走近通过铁门往宝山路去，而且，铁门是上锁了。

就张春桥以上自述可以看出，20岁的他，富有社会活动力，能跑，能钻，能记，能写，已非等闲之辈。虽说论学问，论标点古书，他不行，可是他的目光早已投注于政治。

上海站不住脚了。张春桥踏上了北去的列车，前往济南。

张春桥在济南的行踪，从他发表在1938年4月5日《战地》半月刊第1卷第1期上的《韩复榘》一文中，依稀可以查证出来：

"去年9月中我从淞沪战场退出来，到济南……"这表明他抵达济南是在1937年9月中。

"果然，在我退出济南一个礼拜的时候，济南失守了。"日军攻占济南是在1937年12月25日，因此，张春桥离开济南的日子当为1937年12月18日。

在济南，张春桥度过了行踪诡秘的三个月。

济南，经五路小纬四路富润里，张家。张春桥的父母张开益、宋蕙卿都住在那里。

富润里却不见张春桥的影子。偶尔，夜深人静，狄克才在那儿露面。

张春桥在哪儿安身？

济南，指挥巷18号。挂着"冀鲁边区游击司令"头衔的复兴社山东省头目秦启荣，在会客室召见了秘密交通员胡彰武（原名胡宪文）。

"这里有两份密件，你务必亲手交到柏俊生手中。"秦启荣的神色显得十分严肃，把两封封得死死的信，交给了胡彰武。他叮嘱道："两封信里的一封，叫柏俊生马上妥交赵君弼。"

果真，密信送往柏家之后，赵君弼得讯，来到了柏家。

柏俊生的大老婆赵氏取出密信，当面交给了赵君弼。

赵君弼拆开密信，看后当即烧毁。密令只一句话，深深印在他的脑子中："兹有张春桥去住你家，希一切关照，注意安全。"

赵福承，也就是赵福成、赵君弼，张春桥的同乡。此人与张春桥之父曾有过同事之谊。他生于1905年，比张春桥长12岁。后来，他用赵福成这名字。

赵福成颇有来历：1930年，他从北平警官高等学校毕业之后，便东渡扶桑，在日内务省警察讲习所留学。1936年又去南京中央警官学校受训。此后，他出任济南市警察局东关分局局长。他也是复兴社的山东头目。

1976年11月13日，赵福成写下这样的材料：

> 我叫赵福成，又名赵君弼，今年七十一岁，山东巨野县人，家庭地主。
>
> 1930年，在国民党北平警官高等学校毕业后去日本内务省警察讲习所留学，1931年回国，在济南山东警察教练所当教官，1936年去南京中央警官学校受训，同年底，回济南充任警察局东关分局长，总务科长，兼防空司令部总干事。日寇侵占济南

后,我曾担任济南市警察局长,章邱县长,曹州道尹,山东省政府宣传处长,汪伪孙良诚部参议等汉奸职务。

1936年,我在南京中央警官学校受训时,由该校调查统计室主任王泰兴介绍参加了国民党复兴社特务组织,化名赵用明。回济南后,我的复兴社关系转到济南,由复兴社山东省负责人秦启荣领导,和我一同进行特务活动的复兴社分子有柏俊生等人。

1937年七七事变后不久,秦启荣曾委任我为冀鲁边区游击司令部警卫大队长。

我参加复兴社后,回到济南进行特务活动的任务是:了解韩复榘政治动态;刺探日本人和共产党八路军的情报;以我家为据点,掩护复兴社在济工作人员和过往人员的活动并保障安全。后来我曾掩护过一些复兴社特务在济南的活动。还掩护过复兴社特务张春桥过往济南混入延安。

1939年9月中旬,我到复兴社特务柏俊生家,柏的大老婆赵氏转给我一封密信,内有两只密令。

第一只密令写:

着警卫大队长赵福承留在济南,相机打入日伪组织,以资掩护而便工作,另有连[联]络人员去取情报。

冀鲁边区游击司令秦启荣(章)
民国二十六年九月×日

第二只密令写:

兹有张春桥去住你家,希一切关照,注意安全。

此致赵福承

秦启荣(章)民国二十六年九月×日

我看到密令,就明白张春桥也是复兴社特务。过了一个星期,张春桥到了我家,在我家住了两个多月。张春桥在济南是有家的,他有家不住,要到我家里住,这是秦启荣安排的,因为山东是韩复榘的地盘,蒋韩有矛盾,韩不允许蒋特活动,住在我家可以掩护他的活动,保障他的安全。

张春桥住在我家期间,不愿谈他的经历和他在济南的活动情况,他总是单独出去活动,从未带别人来过我家,也没有人到我家来找过他,行踪诡秘。他曾向我打听过韩复榘的政治动向,我告诉他,日本松井大将曾来济勾结韩复榘。张春桥还分析日本人来后形势,他说:"日本人对在家礼(青帮)的,如能利用就利用,不能利用就铲除。"事后,我把张的这些话告诉了柏俊生。

1937年12月初,日寇占领济南前夕,张春桥突然对我说,他要去延安,我因为知道他是复兴社的人所以对他说:"你去吧,我得留下来干。"张说:"你留下干吧,我到延安看看如何,如果干好了,就干下去,如果干不好,就回来再找你。"我听了张春桥这些话以后,就明白了他去延安是负有任务的。

张春桥去延安临走时,他说路上缺一件大衣,我就把自己穿的棉大衣脱给他穿走了。

他还向我说:"我算是从山东走的。"他这样说的目的是为了迷人听闻,掩护其身份。他还托付我关照他父亲,后来我当警察局长时,就提拔他父亲张开益当了庶务主任。

赵福成
1976年11月13日①

1950年,赵福成在劳改队曾写下这样的亲笔供词(节录):

张春桥是同乡同事张君之少君,七七前在上海系左翼青年作家,来济图安全住我家,日寇占济南以前,张春桥去延安,临走,我曾送其大衣,那时我是复兴社,已受命留济待机打入敌伪工作,我知张,张不知我。

赵福成写
1950年6月16日

赵福成的这一供词,是在张春桥倒台之后,从山东省公安机关的案卷中查出的。

在供词中,"我知张,张不知我"这句话,颇为奥妙。1976年11月14日,赵福成对他1950年在劳改队亲笔供词写下说明:

关于我1950年在济南劳改队写的交代材料中所提到的"我知张,张不知我"这句话的含意,现在我说明一下:

解放后1950年,我在济南劳改队写思想情况汇报时,我曾写过我与张春桥认识,写的词句中有这样的话:"我知张,张不知我"。我这句话是指什么说的呢?就是说1937年9月,复兴社秦启荣密令我留下,准备打入日伪组织,同时还有个密件,通知我关照张春桥住我家,注意安全。一周之后,张春桥就果然去我家居住了。这年12月初张去延安了。复兴社山东负责人秦启荣秘密通知我关照张住我家,我当然就了解张也是复兴社分子。但张并不知我是复兴社。因为我没有告诉他,所以我写"我知张,张不知我"。

1950年我在济南劳改队,那时才交代了历史问题,

■ 赵福成在1950年关于张春桥的交待

① 《王洪文、张春桥、江青、姚文远反党集团罪证(材料之二)》,第20—21页。

尚不知如何判刑，不揭张又怕将来露了底，落个知情不举。揭了他又怕他不承认（我把复兴社给我的原信件当时烧了，手中无证据）反而弄成诬陷革命人员，罪上加罪，所以我只写"我知张，张不知我"，等待将来再说吧，这是那时的想法。

赵福成
1976年11月14日

就在赵福成接到秦启荣密令后一个星期，瘦骨嶙峋的狄克便翩然而至，住进了这位济南市警察局东关分局局长的家中。彼此心照不宣。狄克独进独出，面孔总是那么刻板，嘴巴总是闭得那么紧。

1976年12月20日，胡彰武作如下的交待：

> 1937年7月我经秦启荣介绍在济南参加国民党特务组织复兴社，充当机要交通员，经常为复兴社传送机要文件。1937年9、10月间，秦启荣在指挥巷十八号会客室，交给我两封密信，叫我给柏俊生送去。一封是给柏俊生的；另一封是叫柏俊生转给赵君弼（注：赵福成）的。秦启荣考虑到柏俊生文化低，怕他看不明白，还叫我嘱附他：把他的人都留在济南，参加日伪工作，把留下人的名单，填好年月日，听候命令。我将这两封信都交给了柏俊生。柏将给赵的那封信收下后说："我交给君弼吧！"然后，柏将秦启荣给他的那封信拆开看，这时，我就把秦嘱咐的那些话说了一遍，柏答："噢，知道了。"关于秦启荣给赵君弼的那封信，是什么内容，我不知道。

胡彰武①（原名胡宪文）
1976年12月20日

赵正平也口述了证明材料《秦启荣要我给赵君弼传信的情况》：

> 1937年秋天，日寇侵入济南前，我为秦启荣转过一封信给君弼。信上写的什么我不知道。是赵君弼来我家时，我把这封信交给他的。②

赵正平　口述（章）
柏　良　整理（章）
1976年11月26日

张春桥在日本侵占济南前离开了。后来，有人在山东单县见到了张春桥。

此人名叫汤静逸。1987年10月13日，95岁的汤静逸先生，在上海向笔者讲述了半个世纪前的往事：

---

① 胡彰武，1960年判刑，1962年保外就医。
② 胡彰武将秦启荣的密信交柏俊生后，由柏的老婆赵正平转交赵君弼即赵福成。柏良，赵正平之子。

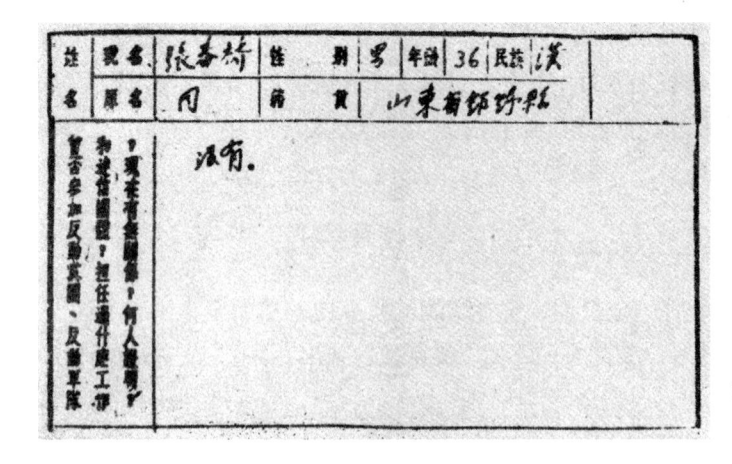

张春桥填写的干部登记表否认自己曾经参加反动党团

我当时是国民党政府江苏省徐州专员兼总指挥。1937年的12月，我带部队进入山东，来到单县。单县的县长叫朱世勤。见面时，有一瘦瘦的青年在侧，看上去像个大烟鬼似的。朱世勤向我介绍说，那青年是他的新来的秘书。并夸奖青年"小有才干"。我记得很清楚，朱世勤告诉我，青年名叫张春桥。张春桥对我连连点头哈腰……

解放后，当张春桥的名字出现在上海的报纸上，我起初以为是同名同姓的人。后来看到报上登的照片，认出来就是那个"小有才干"的张春桥。我感到奇怪，我、秦启荣、朱世勤都是复兴社的，这个张春桥怎么会钻进了共产党？

张春桥只在单县作短暂的勾留，过南京，抵武汉。他借助于郭沫若那"政治部第三厅"里一个熟人的介绍，打通了前往延安的路。

从张春桥一路上跟那么多错综复杂的人物接触，表明当时的张春桥的思想错综复杂，政治背景也错综复杂。不过，复兴社的山东头目赵福成那句"我知张，张不知我"，表明张春桥已经到了国民党特务组织复兴社的大门口，而他的脚尚未迈入。不然，那就是我知张，张亦知我了。

踏上延安那片红色的热土才几天，张春桥的胸前便挂起了一枚"中国红军创立十年纪念"的红星章。虽说是他向一位中国人民抗日军政大学学员借来的，一借就不还了。这枚红星章，仿佛成了狄克的护身符。

这个"红皮萝卜"，终于混入了红色的洪流。到达延安才两个月，他的"延安通讯"便写开来了：

会场是紧张活泼。……延水高声地唱着歌向东流。
"欢迎陕公（即陕北公学——引者注）唱歌"！
"欢迎党校唱歌"！
一阵阵的歌声，高昂的像延水的激流一样的歌声，轮流地从抗大、陕公、鲁迅艺术学院……的队列中发出来，清凉山嘉岭的山谷间响着回音。
"欢迎丁玲同志唱歌"！

丁玲同志刚回来,大家一定要她唱,她站在那里,唱了一个《老乡上战场》!

张春桥告了邓拓一状

中国的"文革"大幕,是在批判"三家村"的喧哗声中拉开的。

"三家村",吴晗、邓拓、廖沫沙三家也。

攻"三家村"者,乃姚文元。文章是姚文元写的,主意是张春桥的。

其实,张春桥跟邓拓,曾有过多年的共事。

凭借着"化身之技",张春桥在延安加入了中国共产党。他的兴趣仍在宣传方面。经过几年的苦苦"研究马列主义",张春桥居然被任命为《晋察冀日报》副总编。

《晋察冀日报》是中国新闻史上一家重要的报纸。它的前身是《抗敌报》,创刊于1938年8月16日,主编便是邓拓。1940年11月7日,改名为《晋察冀日报》,邓拓为社长兼总编辑。1948年6月15日,《晋察冀日报》与晋冀鲁豫《人民日报》,合并为中共中央华北局机关报——《人民日报》。此后,1948年秋,《人民日报》成为中共中央机关报,37岁的邓拓出任《人民日报》第一任总编辑。

《晋察冀日报》不断地迁移着。报社驻留最久的是河北石家庄附近的阜平县马兰村和平山县滚龙沟。邓拓的《燕山夜话》是以"马南邨"为笔名在《北京晚报》上连载的。这"马南邨"便取自"马兰村"的谐音。

狄克进入《晋察冀日报》,不时与邓拓产生"摩擦"。

平山县。陈家院。《晋察冀日报》社在开全体工作人员会议。

副总编张春桥,在那里作《怎样学习马列主义》的报告:

战争年代,大家忙于战争,学习马列主义最好的捷径,就是寻章摘句。

马列主义的精华,在于每篇文章的警句。寻章摘句,就是摘马列主义的警句,背马列主义的警句,用马列主义的警句。这是最节省时间、效率最高的学习方法。

我就是用这个方法学习马列主义的。我的文章中,经常引用马列主义的警句,就是这样"寻"来的……

抽着用废报纸卷着的土烟卷,张春桥不无得意地介绍着自己的"寻章摘句"法。

坐在张春桥一侧的社长兼总编邓拓,听着听着,双眉紧锁。邓拓没有作声,因为作报告的毕竟是副总编。

张春桥作完报告,又把"寻章摘句"法写成文章,要登在《晋察冀日报》上推广。

邓拓不能再忍耐了,他,压下了张春桥的大作。

狄克发怒了,他向邓拓射出了冷箭。

一封告状信,送到了中共晋察冀边区党委。那笔迹,跟当年狄克写给鲁迅的信,一模一样。

幸亏中共中央北方分局书记彭真了解邓拓，信任邓拓，使狄克告状失败。历史的现象，常常周而复始。"文革"开始之际，狄克伙同姚文元整邓拓，彭真又一次出面保邓拓，只是这时狄克已经得势，把邓拓连同彭真一起打了下去。

晋察冀之恋

1943年，当春风吹拂晋察冀边区的时候，26岁的张春桥陷入了热恋之中。

爱神的箭，悄悄向他射来，最初他竟不知不觉。

那是报社搬进河北省阜平县马兰村的时候，常常收到署名"李岩"的稿子，作者自云是北岳区党委宣传干事。

看得出，李岩的文笔老练，颇有点文学根底。

张春桥给"李岩兄"复信。鸿雁往返，"李岩兄"给他留下了印象。

一天，当张春桥出差到北岳区党委，便去看望"李岩兄"。

推开宣传部的门，只见里面坐着一个梳着齐耳短发的姑娘，戴着一副金丝眼镜，显得颇为秀气。她抬起头，一双乌亮的大眼睛，望着张春桥。

"请问，李岩同志在吗？"这是张春桥平生对她说的第一句话。

"您贵姓？"这是她对张春桥说的第一句话。

"免贵姓张。"张春桥用山东式的习惯自我介绍道。

"您是张春桥同志？"那姑娘居然马上猜出来者何人。

"嗯。"张春桥惊讶地点了一下头，反问道："您是……"

"我就是'李岩兄'！"姑娘的回答，使张春桥张开的嘴，久久地合不拢。他万万没有想到，"李岩兄"是这么个斯斯文文的巾帼秀才。

写过"猫还叫春呢，咱们是活灵灵的人"之类"名句"的张春桥，在东颠西奔之中，一直没有机会找一个中意的女人。如今，一个窈窕淑女，仿佛从天而降，出现在他面前，"君子"怎不"好逑"？

他坐了下来。虽说按他的习惯动作，把手伸进衣袋，想摸出烟抽，一想到面前坐着的是"李岩兄"，他赶紧把烟放回衣袋。

"我叫李淑芳。"姑娘大大方方地自我介绍道，"李岩是我的笔名。我喜欢用男性的笔名，为的是我的文章不会受到歧视。我还用过笔名李若文，是个近乎男性却又有点女性味道的名字。"

平日能说会道的张春桥，此刻在李淑芳面前显得木讷。倒是李淑芳谈笑风生。

李淑芳说起自己的身世：出生于富有家庭的她，从小是个循规蹈矩的女孩子。学习成绩向来不错，而且喜爱文学。17岁的时候，她参加了C.Y.（共青团），成了家庭的叛逆。虽然中间她曾失去了组织关系，但是她仍向往着延安。她在天津加入了中国共产党。1942年，她投奔晋察冀边区，先在中共中央北方分局党校学习，然后分配到北岳区党委宣传部担任宣传干事。

"自从投身革命,与家庭完全失去了联系。一个姑娘独自在外,常常感到孤单。"李淑芳叹了一口气,习惯地用右手食指扶了一下眼镜,说道,"为了解闷,消磨漫长的夜晚,我拿起了笔。你的那些写给'李岩兄'的信,使我在孤独之中得到了温暖……"

李淑芳抬起了头,看了张春桥一眼。向来面部缺乏表情的张春桥,此刻双颊泛红,微微发烧。

一见钟情。"狄克"与"李岩"之间的恋情,像闪电一般进展。

虽然李淑芳属龙,张春桥属蛇,她比他长一岁,他也不计较这些了。在张春桥看来,在晋察冀边区,能够找到这么一个有文化,能写作又是党员的对象,已是他的造化了。

热恋由地下转为公开。你来我往,他们的恋爱关系,已是人所皆知了。

1943年秋,张春桥和李淑芳准备向组织上打报告,申请结婚。

就在这时,战事吃紧,日军华北派遣军总司令冈村宁次自10月1日起,亲自率两万兵马,对晋冀鲁豫的太岳地区,进行规模空前的"大扫荡"。

这一回,冈村宁次采用了新的战术,名曰"铁棍式的三层战地新战法",即:厚积兵力,纵深配备,反复推进,杀尽人畜,毁灭一切资财。

短短三个月里,冈村宁次发动了五次"大扫荡"。

战争的秋风,吹散了张春桥的春梦。呼啦啦的战火,烧断了鹊桥。久久地,张春桥不知李淑芳的音讯。

"相思相见知何日,此时此夜难为情。"张春桥不时做着噩梦:难道淑芳倒在了日军的枪口之下?

张春桥喝下了苦酒

1944年,张春桥紧锁的眉头从未舒展过。战争到了最严峻的时刻。在1943年秋"大扫荡"的高潮中,《晋察冀日报》成了"游击报",在灵寿、平山、五台、阜平四县交界的深山里印报。

到了1944年,报社依然不断地"游"动着,从大沙河畔的阜平县城,迁往山沟沟里的雷堡村、山峪村、苏家台村。

李淑芳杳无音讯。虽然每当通讯员送信来的时候,张春桥总是伸长了脖子。可是,一次又一次,他一直没有见到写有"李岩兄"那熟悉字迹的信封。

望眼欲穿。五百多个日日夜夜,在不安中度过。1945年5月,一封"李岩兄"的亲笔信,终于到了张春桥手中。

向来用剪刀剪开信封才看信的张春桥,这一回急急地用手扯开信封;向来把"李岩兄"的信一封封编号保存的,这一回看后用火一烧了之。

这封信的内容,李淑芳还记得:她向她的"桥",诉说了自己的不幸和极度的痛苦,请求"桥"的同情和理解。如果"桥"能够向她这样的落水者伸出救援的手,她就重返他的身边。要不,她只能回到他的父母那里,嫁一个男人,打发一辈子的时光。

她永远难忘1943年12月8日这一天。

窗外,天还黑糊糊的,她正睡得香。突然,村外响起了枪声。

那时,她已从北岳区党委宣传部调到了河北平山县部苏区担任区宣传委员,住在园坊村。她翻身下床,披上棉大衣,急急奔出屋,就被门口的雪滑了一跤。

"日本鬼子进村啦!"她跟随着村里的老百姓往外逃。

敌人四面合围。一颗子弹发出尖锐的啸声,朝她袭来。

她倒在地上。

她的那副金丝眼镜,最清楚地表明,她不是本村的老百姓,而是外来的共产党干部。

她被日本兵押上了汽车,拉到平山县城。

在平山县城才逗留了一天,她就被押往石家庄,送进了日本宪兵司令部的大牢。

27岁的她,脸色惨白,她哪见过带血的刺刀,哪尝过皮鞭的滋味。最初,她曾咬着牙,熬着那地狱般的生活。她知道,一旦被敌人撬开了嘴,将会意味着什么。

皮肉之苦,毕竟难挨。特别是日本兵用枪撂倒了几个不愿屈服的共产党人之后,终于摧毁了她的精神防线:死了,什么都完了;自首,起码还可以留下一条活命。

她,自首了。

她得到了敌人的"宽大",调往石家庄第一四一七日本宪兵特别警备队。

走了第一步,她不得不走第二步——从自首到叛变。日本兵仍要她当宣传干事。

矮矮胖胖的日军中尉矢野宣布,建立一个宣传班,任命李淑芳为班长。

于是,李淑芳又拿起了笔。不过,这一回"李岩兄"不是为中共《晋察冀日报》写稿,却是替日军作宣传。出自她笔下的反共宣传材料有:《我们不再受骗》、《弃暗投明》、《玩火自焚》、《李老太太的悲哀》。她不光是写,而且还演出。

她在泥潭中越陷越深。她参加了日军组织的"反共同盟"。她居然在日军电台作广播宣传,鼓吹"中日提携"、"共存共荣"!

她的"出色"的"宣传",受到了她的上司——三好大佐、矢野中尉、中西少尉的表彰,给了她一连串叮叮当当响的"荣称":"巾帼英雄"、"新派绅士"、"女中豪杰"、"东方的摩登女士"……

李淑芳好梦不长。抗日战争节节胜利,八路军步步进逼石家庄,大佐、中尉、少尉们已在收拾行装,准备滑脚了。他们已经顾不上宣传班了。

李淑芳又陷入了新的痛苦之中,虽然她拣了一条活命,却断了脊梁骨。眼看着日军大势已去,她失去了依靠,今后的日子怎么过?

回晋察冀边区吧,叛变之徒,在那里无处容身。回到父母身边吧,那将有何颜面。她的唯一希望,寄托在张春桥身上。

于是,她提起沉重的笔,给亲爱的"桥"寄去一信……

清冷的月光,照着山村。张春桥失眠了。

他面临着抉择:甩掉李淑芳吧,他们已经有过那样公开的恋爱关系。何况,再想找一个像李淑芳这样能干而又有知识的女人,在山沟沟里实在很不易;要李淑芳吧,她又已经落到了那样的地步。

看来两者不能两全，张春桥眼珠子一转，想出了两全之计：只要李淑芳隐瞒那段历史，如同他隐瞒了"狄克"、"华蒂社"一样，不就用"红皮"遮住了"白心"？

李淑芳回来了，来到了阜平县苏家台村，来到了张春桥身边。一年半没有见面，张春桥还是老样子，李淑芳却丧魂落魄，目光无神，失去了当年的青春的光彩。

李淑芳低声向张春桥倾诉了一切，而张春桥只是轻描淡写地对邓拓说："李淑芳在反'扫荡'时受伤被俘，最近刚刚从牢里逃出来……"

于是，李淑芳改名"文静"，被张春桥安排在《晋察冀日报》社资料科当编辑。

1945年，张春桥亲笔填写的《干部履历表》上，这么写着，并为之加了注解：

> 爱人姓名：文静。
> 爱人是否党员：是（注二）。
> （注二）是1943年在北岳区党委认识的，但四三年反扫荡中文静受伤被俘，直到今年始回边区。她的组织问题，据称已经天津市委解决，但未经正式转来，现正解决中（日前是个别关系）。

■ 张春桥妻子文静所写的交待

在张春桥的庇护之下，文静摇身一变，居然又成了中共党员！

1945年8月25日，日军在张家口挂起了白旗，晋察冀八路军一举夺得这一冀北重镇。

一个多星期之后，《晋察冀日报》社迁入张家口。

刚刚吃上几口安定的饭，张春桥就与文静结婚。

毕竟文静的劣迹昭著，不是张春桥能够一手遮住的。后来，文静的叛徒问题被组织上知道了。

随着张春桥的飞黄腾达，文静成了他的一块心病——他后悔莫及，可是这苦酒是他自作聪明喝下去的。

与柯庆施共事于石家庄

1947年11月12日，石家庄炮声隆隆，一彪人马朝城里杀来。

国民党军队稍战即溃。石家庄落入了晋察冀杨得志、罗瑞卿野战兵团手中。

《石门日报》在石家庄出版了。张春桥奉调，出任《石门日报》社社长。

尽管文静对于石家庄有着痛苦、恐怖的回忆，生怕重新在这座倒霉的城市露面，会被过去的熟人认出"东方的摩登女士"的昔日形象。可是，她又不能不跟随丈夫一起赴任。她在石家庄深居简出，唯恐在街上遇见当年她的"中日提携"、"共存共荣"节目的观众。

张春桥在石家庄却很得意，因为他的顶头上司不再是格格不入的邓拓，而是情投意合的"柯大鼻子"。

柯大鼻子只因长了个大鼻子，得了这么个雅号。当面，人们则总是用亲切而尊敬的口吻称他为"庆施同志"。

早年，柯庆施的雅号叫"柯怪"。那时候，柯庆施还不是"首长"，人们当面直呼"柯怪"，他倒也答应，不以为怪。

丁玲写的《我所认识的瞿秋白》一文中，曾顺便写及"柯怪"。寥寥数笔，可谓传神。那是1923年，"柯怪"不过是个21岁的毛头小伙：

> 一天，有一个老熟人来看我们了。这就是柯庆施，那时大家叫他柯怪，是我们在平民女子学校时认识的。他那时常到我们宿舍来玩，一坐半天，谈不出什么理论，也谈不出什么有趣的事。我们大家不喜欢他。但他有一个好处，就是我们没有感到他来这里是想追求谁，想找一个女友谈恋爱，或是玩玩。因此，我们尽管嘲笑他是一个"烂板凳"（意思是他能坐烂板凳），却并不十分给他下不去，他也从来不怪罪我们……

柯庆施生于1902年，安徽歙县人氏，比张春桥年长15岁。

论革命，柯庆施的资格是很深的：1920年，18岁的他，便加入中国社会主义青年团；1922年，20岁的他，"团转党"，他成为中国共产党党员。

此后，柯庆施担任了一系列重要的职务：

1927年任中共安徽省委书记；

1930年任中国工农红军第八军政治部主任；

1931年任中共中央秘书长；

1933年任中共河北省委前委书记和组织部长；

1935年与高文华、李大章共同主持中共河北省委工作；

抗日战争爆发后，前往延安，担任中共中央统战部副部长、延安女子大学副校长；

解放战争期间，担任晋察冀边区行政委员会财委副主任。

就在张春桥来到石家庄不久，柯庆施被任命为石家庄市市长。在当时，石家庄是中国人民解放军从国民党军队手中夺取的第一个大城市。

《石门日报》易名为《石家庄日报》。作为市政府的喉舌——《石家庄日报》社长，张春桥跟柯庆施有了密切的接触。

46岁的柯庆施很快就发觉,31岁的张春桥是一个善于出点子的人。张春桥被柯庆施看中了,任命为石家庄市政府秘书长兼《石家庄日报》社社长。

在张春桥看来,柯庆施是一把梯子。柯庆施与中共上层领导有着很深的渊源。在《晋察冀日报》社郁郁不得志的张春桥,把政治腾飞的希望寄托于柯庆施。

在石家庄的这一段共事,后来成为张春桥"跃龙门"的契机。

1948年9月13日起,石家庄的天空上连续五天出现"下蛋"的"铁鸡"。国民党空军对石家庄发动了猛烈的进攻,狂轰滥炸石家庄,国民党军队期望正在猛攻济南的中国人民解放军回师北援。

可是,9月16日夜,济南城外还是响起了密集的枪炮声。中国人民解放军没有回师,而是对济南发动总攻。八天之后,济南城头升起了红旗。

济南解放才十几天,济南的《新民主报》忽然登出《石家庄日报》社社长张春桥的《寻人启事》:

> 父张开益,字晋青,事变前在市公安局卫生科作事,日寇占领时去青州开医院,日寇投降后回济南作医生……

其实,张春桥完全用不着刊登《寻人启事》去寻找他的父亲。他有那么多的亲友去济南,在巨野,写信问一声,也就"寻"到了。何况,济南已经解放,通过组织查问一下,这么个颇有身份的张开益,是很容易"寻"到的。

张春桥与其说是刊登《寻人启事》,倒不如说在报上向当年的华蒂社、复兴社的故朋旧友们发表声明:我张春桥如今已经是中共重要干部,已经是《石家庄日报》社社长了!

1948年10月,张春桥衣锦荣归,与文静一起来到济南。当他举杯与父母庆贺团圆时,脸上漾起了平日难以见到的笑容。

取恽逸群而代之

阔别大上海十二载,狄克终于回来了!

这一回,不再在福州路当张静庐手下的小伙计,却成了华东新闻出版局副局长!

走马上任之后,张春桥才意识到这个"副"字,太碍手碍脚了。

正局长何人?大名鼎鼎的范长江,是《中国的西北角》、《塞上行》等震动全国的系列通讯的作者,曾任《新华日报》社社长、中共南京代表团发言人,有着很高的声望。

刚进上海,范长江还兼中共上海市委机关报《解放日报》社社长。

在范长江之下、张春桥之上,还有个副局长恽逸群。

比起张春桥来,恽逸群的资历要深得多:早在1927年便已加入中国共产党——那时,张春桥还不过是个10岁的娃娃。1935年,恽逸群铁笔一支,为上海《立报》写评论。在那几年之中,他"每天写的四五百字的评论,成为北至长城,南至两广、云南,西至甘肃、四川广大革命人民的主要参考材料,从那里揣摩时局动向和斗争的方针、方法。塔斯社奉命要逐日一字不漏地电告莫斯科……"后来,他进入解放区,出任中共中央华东局机关报《大众日报》社社长兼总编辑。

有着这么两个在中国新闻出版界广有影响的人物在前,张春桥当个"老三",做个"配角",心中不是个滋味。

总算范长江走了,调往北京,任人民日报社社长,而恽逸群成了正局长,兼《解放日报》社社长、总编辑,又兼华东新闻专科学校校长。

在张春桥看来,恽逸群成了压在他头上的一块石头。

最使张春桥感到不快的是,恽逸群跟邓拓一样的嫉恶如仇,不留情面。诚如恽逸群在其自述中所言:"我对于自己认为不妥的事,不论对方的地位多高,权力多大,我都要说明我的看法和意见,这对表里一致的人本是平常的事,但对于心中有鬼者,就必然既怕且恨,就要置我于一死地而后快!"

张春桥是个"心中有鬼者",他想撬掉恽逸群这块大石头,苦于没有机会。张春桥对《解放日报》社长兼总编辑这把金交椅,垂涎三尺。他宁可不要副局长的空名,巴不得拿到这把可以左右上海舆论的金交椅。

一个极其偶然的机会,恽逸群绊了一跤,张春桥趁隙而入,夺得了那把金交椅。

事情发生在1951年9月3日凌晨。

9月2日,是一个不平常的日子:1945年9月2日,日本天皇和政府以及大本营三方代表,到东京湾美国"密苏里"号军舰上,举行了日本无条件投降书签字仪式,日本宣布正式投降。于是,9月3日被定为"抗日战争胜利纪念日"。

1951年9月3日,是抗日战争胜利6周年纪念日。

这天出版的《解放日报》,在头版头条刊登新华社9月2日电讯,醒目的标题为:《抗日战争胜利日六周年毛主席电贺斯大林大元帅》。

然而,当人们翻开同日的上海其他报纸,发觉比《解放日报》多了一条电讯:《抗日战争胜利日六周年斯大林大元帅电贺毛主席》。

奇怪,《解放日报》为什么不登《斯大林大元帅电贺毛主席》呢?《解放日报》是党报,是否意味着中共对于斯大林大元帅有看法?

政治神经异常敏感的上海新闻界,顿时议论纷纷。

消息飞快地传入恽逸群耳中。他风风火火赶往上海《解放日报》社,调查其中的缘由:

说实在的,那时候的上海新闻界,通讯设备非常落后。新华社的电讯,要靠新华社华东分社接收、油印,然后派通讯员分送到各家报社。毛泽东致斯大林的贺电先发,所以到了9月2日夜间,电文稿已分送到上海各报社。可是,斯大林的复电,是9月2日上午九时二十二分从莫斯科发出的。这时,相当于北京时间十四时二十二分,亦即下午二时二十二分。经过俄译中,再经过译成电码,发到各地,又花费不少时间。当新华社华东分社把斯大林复电稿送到上海各报社,已是9月3日凌晨三时。《解放日报》

社总务科的一位同志收了电讯，以为是一般公文，没有在意，于是，9月3日的《解放日报》上，便漏登了斯大林的复电。

本来，这很明显是一桩因一时疏忽造成的新闻事故。为了挽回影响，恽逸群采取补救措施，在9月4日《解放日报》头版头条补发新华社9月2日电讯：《斯大林大元帅电毛主席祝贺抗日战争胜利日》。

这"九三事件"，到此应该可以画上休止符。

可是，过于正直敢言的恽逸群，得罪过一些人。此时此刻，他们抓住"九三事件"狠狠地乘机攻击恽逸群。其中的"积极分子"之一，便是张春桥。

面对种种责难，磊磊落落的恽逸群承担了"九三事件"的全部责任。

9月5日，《解放日报》在头版左下角，刊登了恽逸群的公开检查：

关于本报漏登《斯大林大元帅电毛主席祝贺抗日战争胜利日》电文的检讨

9月3日，新华社于晨十二时四十分截稿（应为零时四十分——引者注），三时又补发斯大林大元帅电毛主席祝贺抗日战争胜利日的稿件，这时，编辑部同志都已回宿舍，而总务科值夜班的同志又将稿件压下未通知编辑部同志，致将这一重要稿件遗漏了，造成严重政治错误。这是因为我们工作制度不健全及对工作人员教育不够所造成的；今后保证不重复同样的错误，除在此预先向读者致歉外，我们正遵照华东局的指示，继续进行深刻的检讨，并听候党委的审查。

社长　恽逸群

恽逸群的公开检讨，本来意味着"九三事件"的结束。不料，事态进一步扩大。几天之后，竟导致了他的下台！

张春桥取而代之，走马上任，成为《解放日报》社长兼总编，坐上了他梦寐以求的金交椅。

这是一个通天的位置。作为《解放日报》社长兼总编，张春桥三天两头与上海党、政、军首脑人物聚晤，以至与中央领导建立经常的联系。

这是一个消息灵通的所在。上海各界的一举一动，他都马上知道。他了解上海的脉搏，上海的三教九流，为他日后成为上海的统治者打下了基础。

这是一个拥有无上权力的职位。他可以利用报纸，捧一些人，压一些人。特别是报社的《内部情况》，直送中央和上海的领导人物。他的《内部情况》，三天两头要点一两个部、局以上领导干部的名。他不断地扩张着自己的势力。

狄克今非昔比，成了上海的大员、要员。

那个被撬下台的恽逸群，从此蒙受了一连串的打击。

几个月之后，他受到"三反"运动的猛烈冲击，开除党籍，降为地图出版社副总编辑。

1955年，受潘汉年冤案牵连，他被捕入狱达11年之久。

1966年冬，他才终于出狱，被派往江苏阜宁县中学担任图书馆管理员。每月工资仅37

元。他还没有来得及喘一口气,"文革"风暴又把他卷入无休止的批斗之中。直到1978年9月,73岁的他,才算被调往南京,在国家第二档案馆工作。他仅仅过了两个多月的人的生活,便于12月10日油尽灯灭,溘然去世。

在这位老革命、优秀中共党员、优秀新闻工作者、优秀学者离世几年之后,他的冤案才得到昭雪。

1973年7月8日,身处逆境的恽逸群在致胡愈之的信中,写下掷地有声的话语:"弟之遭遇,非楮墨所能宣。但既未抑郁萎顿而毕命,亦未神经错乱而发狂。平生以'不为物移,不为己忧'自律,经此二十年检验,圭未蹈虚愿。"

就在恽逸群一步步跌进地狱之际,张春桥直上青云。

张春桥坐镇《解放日报》

张春桥坐进了上海《解放日报》社四楼的总编办公室,桌上的烟灰缸里很快就积满了烟蒂。

每天上午,张春桥9点左右来到报社,在那里吃中饭、晚饭,到了晚上八九点钟,他拎起公文包下楼。经过三楼时,他总要到309房间夜班编辑室坐一会儿,然后回到香山路9号家中。

据当年《解放日报》副总编王维对笔者谈及张春桥印象①,用了八个字:"一本正经,不苟言笑。"

张春桥在报社里,从来不参与吹牛、聊天。他的嘴巴甚紧,从不谈起过去,从不谈及自己的经历。他在《解放日报》工作几年,与他共事的人,居然不知道他30年代曾在上海干过!

张春桥的面孔,总是那样板着,喜怒哀乐不形于色,叫人高深莫测。报社里,编辑们常常开玩笑,可是谁也不敢跟张春桥说一句笑话。每当见到他,总是恭恭敬敬叫一声:"春桥同志!"他呢,微微一点头,算是打招呼了。

那时候,编辑部在三楼、四楼,而一楼、二楼是印刷厂。编辑们白天编稿,印刷厂夜里印报,倒是错开时间,相安无事。后来,《人民日报》在上海发行航空版,由《解放日报》印刷厂代印。这下子,白天轰隆隆印报,吵得编辑们心烦意乱。

好心的报社经理,去找上海市副市长宋日昌,反映编辑们的意见,希望市政府帮助解决一下问题。宋日昌很爽快,说道:"我看,可以让东湖招待所腾出一幢楼,给《解放日报》社办公,那里安静。你回去,请张春桥出面,向市政府反映情况,代表报社要求……"

编辑部会议,经理喜滋滋地把好消息告诉大家。当经理转达了宋日昌的意见之后,大家的目光不约而同地投向张春桥。

沉默片刻,张春桥的牙缝里,才挤出这么一句话:"我不去!"

大家深感惊讶。张春桥慢慢地抽着烟,用极为严肃的口气说道:"吵一点,有什么关

---

① 1986年7月8日,叶永烈采访王维于上海。

系?当国民党的飞机在天上飞的时候,毛主席照样在延安窑洞里看书呢。我看,你们不要太娇气……"

张春桥这么一说,谁也不再吱声。自然,东湖招待所的房子也就告吹了。

张春桥十分"艰苦朴素"。他住在香山路9号《解放日报》宿舍,一幢小洋楼二楼,六十多平方米。他家的家具很简朴。书橱里,放着一整排马列著作,给人的印象仿佛他是一位道地的马列主义者。来了客人,他总是以粽子糖招待,以为那包着花花绿绿纸头的高级糖果不够"朴素"。冬天,他穿的棉袄已打了好几处补钉了……

他的楼下,住着王维。当他搬走之后,王维迁入张春桥的房子,而王维的房子里则迁入姚文元。曾经先后与张春桥、姚文元为邻的王维,对两人作了有趣的比较①:

> 张春桥下班之后,径直上楼,进屋关门。他从不串门,不到我屋里坐一坐。虽然我们当时是正、副总编,有事只在报社办公室里谈,回家之后互不来往。他是一个"严肃"的人。我们的家属,也只是见面点点头而已。
>
> 姚文元的"功夫",看来不如张春桥。姚文元搬来以后,很随便。他的岳母——金英的母亲,跟他们一起住,操持家务。星期天,姚家烧了什么好吃的,就端上楼,分一碗给我,我也常常"投桃报李"。空闲时,聊聊天。姚蓬子偶然也来,但不与我讲话。姚文元从不向我介绍那是他父亲——虽然他明知我会猜出是姚蓬子。
>
> 不过,姚文元后来"高升"之后,也变得够呛。记得,有一回,金英的母亲跟我闲聊,说及当年姚文元如何追求金英的一些趣事,并说一开始金英嫌姚文元"书呆子"气太重,还有点不大愿意跟他谈恋爱——我听了之后,当作笑话,跟别人说起。"文革"中,变成了我的"罪行",罪名是"恶毒攻击中央首长姚文元"!1967年秋,《解放日报》的造反派曾向张春桥请示,王维能不能"解放"。第一回,张春桥不表态——这就意味着不同意。张向来如此。无奈造反派不知张的脾气,又去请示。这一回,张春桥终于说话了,他说"王维借姚文元丈母娘之口,恶毒攻击姚文元,这样的人怎么可以用呢?"张春桥这么一说,造反派才明白过来……

王维跟笔者谈及的张、姚印象,可以说既如实,又生动。唯有他先后与张、姚做邻居,才会有这样的比较。

虽说张春桥很注意"限制资产阶级法权",可是他自己住的房子又好又大,每月房租要靠公家予以补贴。

张春桥再三声言,他厌恶"争名于朝,争利于市"。不过,他给《解放日报》写的文章,总是登在最显要的地位,总是按最高标准付给稿酬。

1954年1月,张春桥作为中国新闻工作者访问《真理报》代表团成员,在苏联访问了两个月,益发得意了。

---

① 1986年7月8日,叶永烈采访王维于上海。

成为柯庆施的智囊

1954年秋,上海香山路9号,张春桥和文静正在家里收拾行李。

狄克在《解放日报》总编兼社长的金椅子上坐了三年,忽然要离开上海了。

为什么呢?中共中央宣传部已经下达调令:调张春桥进北京,担任《人民日报》副总编辑。

《解放日报》同仁为了庆贺张春桥高升,为他设宴饯行。

往日,向来不苟言笑的张春桥,那天显得有点反常,总是眯着三角眼,话也格外多。

王维记得[①],酒过三巡,几乎不谈心里话的张春桥,出语惊人。他喷着酒气,颇为得意地说道:"《解放日报》社长兼总编不是张好坐的椅子。我的前任是犯了错误给赶下去的。我总算幸运,没有犯错误,今日可以与大家尽欢而散!来,为我们的尽欢而散干杯!"

张春桥以一个胜利者的姿态,高高地举起了酒杯。

欢送宴会举行过了,细软也已收拾好了,正在张春桥欲走未走之际,又一桩意外的事发生了。

事情是因陈毅的工作调动引起的。

1949年5月27日,上海城新生。第三野战军司令兼政委陈毅被任命为上海市市长、上海军事管制委员会主任,中共中央上海局书记。

1954年9月,第一届全国人民代表大会第一次会议在北京举行。大会根据毛泽东主席的提名,决定周恩来为国务院总理。本来,自1949年10月1日起,周恩来为中央人民政府政务院总理兼外交部长。为了减轻周恩来的工作担子,周恩来出任国务院总理时,不再兼任外交部长。于是,陈毅作为最恰当的人选,被任命为国务院副总理兼外交部长。

陈老总的工作重心北移。虽然他还兼着上海市市长之职,直至1958年10月才辞去这一职务,但是他毕竟没有那么多的精力,主持上海党政常务工作。

显然,需要另外遴选一人,来沪主持全面工作。

调谁呢?调柯庆施!

1949年4月23日,中国人民解放军一举攻克石头城。28日,南京军事管制委员会宣告成立,刘伯承为主任,宋任穷为副主任。

5月11日,南京市人民政府正式成立。市长为刘伯承,副市长为柯庆施、张霖之。

1949年冬,当刘伯承调任中共中央西南局第二书记,柯庆施便成为南京市市长。后来,他又成为中共江苏省委书记,成了江苏的第一号人物。

1954年秋,已经内定柯庆施为中共中央上海局书记。柯庆施在正式走马上任之前,便先来上海摸摸情况。

恰巧,就在柯庆施来到上海之际,听说了调张春桥入京的消息。

[①] 1986年7月8日,叶永烈采访王维于上海。

柯庆施与张春桥曾在石家庄共事，相处不错。

柯庆施紧急召见张春桥。

"听说你要调北京？"柯庆施问道。

"是的，调令已经下达，调我去当《人民日报》副总编。"张春桥答道。

"你愿意去北京？你乐意去当《人民日报》副总编？"柯庆施提出了一连串问题。

这下子，把张春桥弄糊涂了。他一时猜不透柯庆施的用意。说实在的，自从接到调令，他的心情是矛盾的：去北京，在《人民日报》工作，跟党中央那么的近，升迁的机会当然比上海多；不过，一想到那个"副"字，他就泄气，仿佛回到当年华东新闻出版局副局长的那些难堪的日子。再说，好不容易在《解放日报》苦心经营了三年，在上海扎下了又长又深的根，如今骤入人地生疏的首都，一切要从零开始。

面对柯庆施的提问，张春桥说了一句模棱两可的话："不论去北京还是留上海，我都无所谓——我服从组织分配！"

"好，好，那好办，你就留下来！"柯庆施眉开眼笑道。

"中宣部那边怎么办？是中宣部要调我去北京的。"张春桥提醒柯庆施道。

"中宣部那边，你不用管，我会去打招呼。"柯庆施说道，"当年，你我在石家庄共事，有过愉快的合作。希望今后在上海，继续那样愉快的合作……"

果真，柯庆施给中宣部挂电话，留住了张春桥。

在柯庆施看来，上海是一个很深很大的海，暗涌时起，险浪骤生，要想在这样的海上驾舟，非有一个知海性、熟海路的智囊不可。张春桥是他求之不得的智囊：此人30年代就已在上海，何况在担任《解放日报》社长兼总编时又熟悉了上海方方面面的人物；当然，最重要的是，在石家庄，他就发现，张春桥是一个善于出点子的"军师"。

于是，喝过欢送酒的张春桥，依然坐在《解放日报》社四楼的总编办公室里。已经运到火车站的行李，又全部运回到香山路9号。

第六章
姚蓬子的儿子姚文元

姚文元在批胡风大会上一鸣惊人

上海是个人才济济的大都市。一个文学青年想在文坛上"冒"出来,并不容易。

文学青年姚文元虽然在文学的道路上行进多年,但是在上海的文坛上显露头角,却是在批判胡风的运动中。

大约由于胡风曾在上海工作多年,对上海文艺界有着深刻的影响,大约由于当时上海文艺界的领导人物彭柏山、王元化等(后来他们都被打成所谓"胡风分子")抵制对胡风的批判,于是上海的批胡风运动如同温吞水一般。说冷吧,报上稀稀拉拉也登一点批胡风的文章;说热吧,那些文章如同隔靴搔痒。

1955年初在上海文艺会堂召开的批判胡风大会,便是一壶温吞水。会议在不冷不热、不痛不痒中进行。

忽然,大会主席宣布:"下面由中共卢湾区委宣传部姚文元同志发言……"

一个24岁的青年拿着一叠厚厚的发言稿子上台了。姚文元真是不鸣则已,一鸣惊人:他的批判调子唱得最高,鼎沸了!

这也难怪,他因为写《论胡风文艺思想》,熟知胡风观点,如今"反戈一击",便也显得更加深刻!

姚文元不时挥舞着拳头,声嘶力竭地念着发言稿:"胡风是披着马克思主义外衣来掩盖和贩卖他的资产阶级唯心论的文艺思想的,他口口声声都似乎是站在维护马克思主义和党的原则的立场上,一部分文化水平不高或崇拜教条的人,可能被他给党中央报告中堆积满篇的马克思主义词句所吓倒。他的理论的危害性首先就在这里。披着羊皮的狼比满口鲜血的狼是更容易害人的。因此,必须剥去他的'外衣',把他彻头彻尾的反党反人民的资产阶级唯心论的本质,拉到光天化日之下来,摧毁他这道'防线',再来深入地分析他'理论'的每一部分。……"

在作了这番"剥去'外衣'"的开场白之后,姚文元"揭穿"了胡风"歪曲马克思主义"的三套手段:一曰"断章取义",二曰"张冠李戴"、"指鹿为马",三曰"硬搬教条"。

于是,姚文元给胡风"上纲"了:"在拥护党的口号下来反党,在引证马克思主义的词句下来反对马克思主义,在为人民服务的伪装下来反人民,这种现象并不是从胡风才开始的,伯恩斯坦,考茨基,普列哈诺夫,……都曾经这样做过,胡风先生不过是因袭他们的那套笨拙的策略而已。……"

台下,老作家魏金枝听了姚文元这番"宏论",拍了拍姚蓬子的肩膀,微微一笑:"令郎大有出息!"

姚蓬子听不出这话饱含冷嘲,得意地咧开了嘴巴。

身为《解放日报》社社长兼总编辑的张春桥,很注意听着姚文元的每一句话。他向来是一个擅长幕后活动的人物,总是自己出主意,让打手写文章。眼下,他正为发现了一个"左"字号的打手而暗暗得意。

虽然事先在屋子里关着门,把发言稿念了几遍,然而,姚文元上台之后,念得还是结结巴巴。他不时瞪大了眼睛,口沫不断地溅到稿纸上……好不容易,他总算结束了发言——这次批判会上最长的发言。

这是姚文元在上海文坛第一次亮相——一副标准的"左"派嘴脸。

由于某人的提议,姚文元的发言稿被转到《文艺月报》编辑部,"登一下吧"!

《文艺月报》是当时上海颇有影响的文艺刊物,主编为巴金,副主编为唐弢、王若望。

说实在的,在此之前,唐弢和王若望对姚文元其人,都眼生得很——虽然他们都认识姚蓬子,却并不知道姚文元乃姚蓬子的公子。

姚文元呢?他对《文艺月报》倒是颇为熟悉的,已经不止一次向这家有声望的文艺杂志投稿了。

唐弢主管理论文章,他已一次次给姚文元退稿。他觉得姚文元的文章有个通病:充满空洞的政治口号,缺乏理论深度和独到的艺术见解。

终于有那么一天,上海巨鹿路675号那幢小楼里,来了个年轻人,说是要找王若望。

那是中国作家协会上海分会的所在地,也是《文艺月报》编辑部办公的地方。

年轻人收拢八字脚,尽可能使自己的双脚笔直地在楼道上走过。

"我叫姚文元,在中共卢湾区委宣传部工作。"年轻人一边说着,一边递上了工作证,然后毕恭毕敬坐在对面。

王若望[①]这才第一次知道姚文元是个什么样的人。不过,他不知道来者何意。

"王老师,是这么回事……"年轻人打开了拎包,拿出一大叠稿子和信件,放在王若望面前。刚放毕,他的手就缩了回去,规规矩矩放在两个膝盖上。他早就从父亲那里听说,

---

[①] 1986年8月30日,叶永烈在上海采访作家王若望。

王若望也是20世纪30年代的左翼作家联盟成员,非等闲之辈。王若望原名王寿华,只因崇拜法国作家罗曼·罗兰笔下的约翰·克利斯朵夫,取"约翰"法语谐音"若望"为笔名。王若望用目光扫了一下那些信件,上面都盖着《文艺月报》编辑部公章,一封封都是退稿信。

"您看,能不能选一篇登一下,扶植一下青年作者?"姚文元遇上紧张的气氛,讲话不由自主地有点结巴起来。他退了一步,又说了一句:"或者把几篇稿子合并一下,并成一篇,登一登?"

看着姚文元一副可怜巴巴的样子,王若望说道:"你把稿子留下,我们研究一下再答复你。"

姚文元连声说"谢谢",倒退着走出编辑部的门。

姚文元走后,王若望把这一大叠退稿,又转给唐弢。

这一回,唐弢仔仔细细地又"拜读"了一遍,唉,满篇枯燥的政治术语,哪是文艺理论文章!

"还是退稿!"唐弢实在挑不出一篇来,也无法"并"出一篇,只得装进一个牛皮纸大信封,退还给"青年作者"姚文元。

由于有着这么一番经历,姚文元对《文艺月报》敬而远之。

这一回,由于上海作协某领导的提议,要求刊登姚文元的发言稿,况且那时《文艺月报》又正缺批胡风的文章,于是便决定在1955年3月号上刊登,题为《胡风歪曲马克思主义的三套手段》。

这一回不再是"豆腐干"了。姚文元要以"青年文艺理论作者"的身份,在堂堂的《文艺月报》上露脸,他喜不自禁了。

姚文元结识张春桥

事隔三十多年,王若望依然清清楚楚地记得,他对笔者说[①]:就在姚文元的文章发排不久,突然,姚文元给他打来了电话。

"王老师,我的文章的清样,能不能多打一份给我?"姚文元问。

"对不起,我们《文艺月报》从来没有这样的先例。"王若望很干脆地回绝了。

"是这样的……"姚文元解释道,"春桥同志要看一下清样。"

一听说张春桥要看,王若望只得答应下来:"那就破例吧——我们多打一份清样,直接送张春桥。"

"谢谢!"电话挂断了。

张春桥怎么忽然关心起姚文元来了?王若望望着桌上的电话机,久久思索,不得其解。

张与姚,在"四人帮"中占了一半。张、姚在"文革"中,几乎"齐步"前进:当张春

---

① 1986年8月30日,叶永烈在上海采访作家王若望。

桥出任中央文革小组副组长，姚文元充任组员；在"一月革命"中，当张春桥夺得中共上海市委第一书记、上海市革命委员会主任的宝座，姚文元则为中共上海市委第二书记、上海市革命委员会第一副主任；在中共九大，张、姚双双作为"文革派"进入中央政治局委员行列；在中共十大，张春桥成为中央政治局常委，姚文元为中央政治局委员……

张春桥与姚文元的勾结，其实并非始于"文化大革命"。

在20世纪50年代初，一个偶然的机缘，使张春桥跟姚文元从陌生到熟悉。

他们的"友谊"渊源于上海的香山路。

在上海的四千多条马路之中，香山路可以算是最短的几条中的一条。它全长不过二百米长。

林荫夹道，闹中取静。

香山路属卢湾区。当年姚文元所住卢湾区团委的宿舍，在香山路2号。上海的《解放日报》社虽然坐落在外滩附近的汉口路，而报社领导却住在香山路9号。当年的张春桥，住在9号内一幢小洋房的二楼，底楼住着副总编王维。姚文元的住处与张春桥的住处，相距不过几十米而已。

做着作家梦的姚文元，听说《解放日报》社长兼总编就住在咫尺之内，便去拜望。

原先，在《解放日报》社的通讯员会议上，姚文元见到过张春桥，听过张春桥的讲话。不过，张春桥并没有注意这个卢湾区的通讯员。

正因为这样，当姚文元叩开张春桥的家门，张春桥的态度是冷淡的，敷衍着跟他谈话。

姚文元就像那次在王若望面前一样，自我介绍一番，然后说，"我就住在斜对面的卢湾区团委宿舍里，跟你是邻居。"

张春桥的脸上，依然没有什么表情。他只是"嗯、喔"着，慢悠悠地抽着香烟。

姚文元似乎也发觉张春桥的冷淡，于是，他终于说起自己见过鲁迅呀，说起了父亲姚蓬子。

一听说面前的年轻人是姚蓬子的儿子，张春桥站了起来，从柜里拿出几颗淡黄色的粽子糖。

姚文元提及了父亲是"鲁迅的战友"，本意是借此引起这位张总编对自己的重视，想说明自己并非一般通讯员，而是出自"书香门第"、"作家之家"的"新苗"。

张春桥确实因为姚文元提起了姚蓬子，这才看中了他。早在20世纪30年代就混迹于上海文坛的张春桥，当然知道姚蓬子其人其事。张春桥很喜欢那些有着"小辫子"可以捏在他手心的青年，以便言听计从。

若干年后，当姚文元成为张春桥手下颇有名气的"棍子"时，在一次小范围的会议上，张春桥忽然讲起了"白蚂蚁政策"。他的脸色显得非常严肃，说道："白蚂蚁会从内部蛀空大厦，这是谁都知道的。国民党居然从白蚂蚁身上得到启示。解放前，国民党反动派对付共产党人的政策，本来是抓一个，杀一个，抓两个，杀一双。后来，改变了政策，诱逼一些被捕的共产党人叛变，再放回去。这些叛徒就成了白蚂蚁，从内部蛀空共产党。国民党反动派实行'白蚂蚁政策'，是从姚蓬子开始的……"

讲到这里，张春桥用眼睛瞟了一下姚文元，只见姚文元的脸由红转青，由青转白……

后来，姚文元即便因写了《评新编历史剧〈海瑞罢官〉》而"名震全国"，即便成为中共中央政治局委员，但始终对张春桥俯首帖耳，成为张春桥的"亲密战友"。此是后话，暂且打住。

那天，张春桥言语不多，留在姚文元脑际印象最深的一句话是："文艺从属于政治。文艺理论家首先应当是一个政治家。要随时随刻注意政治风云的变化。我这儿消息灵通。有空，过来坐坐……"

文坛上冒出长角带刺的脑袋

破天荒，一辆小轿车停在中共卢湾区委门口，说是接姚文元去《解放日报》社开批判胡风座谈会。

姚文元第一次享受这样的礼遇，大摇大摆地走出了宣传部办公室。

1955年3月15日，姚文元的大名赫然印在中共上海市委的机关报《解放日报》上。这一回，不再是"豆腐干"，而是整整一大版。那文章的标题，显得颇有气派，十足的"革命"味儿：《马克思主义还是反马克思主义？——评胡风给党中央报告中关于文艺问题的几个主要论点》。

这是姚文元从发表处女作以来，惨淡经营了六年之久，第一次发表的"有分量"的文章。

当天晚上9点多，姚文元就来到张春桥家里，说了一番出自心底的感激的话。确确实实，没有张总编的支持，当时的无名小卒怎能在堂堂的《解放日报》上打响这一炮？

"吃，吃，吃粽子糖。"张春桥又一次端出了搪瓷碗。

"粽子糖真好吃。"姚文元又用两个手指撮了一颗粽子糖，塞进了嘴巴。

"跟胡风的斗争，还会升级。"张春桥吞云吐雾，透过袅袅青烟，把重要的动向告诉了姚文元，"这是一场严重的阶级斗争，中央会有新的部署。在上海，敢碰胡风的人不多，尤其是硬碰、真碰的人不多。你还可以给《解放日报》写几篇！"

铭心刻骨，姚文元感激张春桥的栽培。

张春桥果真对来自中央的消息非常灵通。经过他的亲自安排，姚文元以反胡风的"英雄"的姿态，在5月份的《解放日报》上出现了。

5月7日，刊出姚文元的《胡风否认历史发展的客观规律性——批判胡风唯心主义历史观之一》；

5月9日，《胡风污蔑劳动人民的反动观点——批判胡风唯心主义历史观之二》；

5月11日，《胡风反对有组织有领导的阶级斗争——批判胡风唯心主义历史观之三》。

如此隔日一篇，姚文元名声大振。

最令人震惊的是，不早不晚，5月13日，《人民日报》以几整版的篇幅，刊出关于胡风等人的第一批材料及舒芜的《关于胡风反党集团的一些材料》，同时发表了毛泽东以编者名义所写的那著名的《编者按语》。批判胡风，不再是学术性的批判，而是提高到"反党集团"（自6月10日起改称"反革命集团"）的高度。

多亏张春桥提供了重要信息，姚文元能在《人民日报》的《编者按语》发表的前夕，抢先抛出三篇批判文章，戴上了"先知先觉"的光环。

紧接着，5月17日，姚文元又在《解放日报》上登出《给胡风的两面派手腕以十倍还击！》。那是"看了5月13日《人民日报》上舒芜所揭发的胡风反党活动的材料"，姚文元"感到愤怒"，于当天深夜赶写此文。姚文元写道："我们从这些材料中更可以看到一个极端黑暗极端无耻的灵魂，一个被狂热的唯心主义和最下贱的政客手段所养育着的丑恶的灵魂……"

姚文元对胡风泼尽污水，最后，发出如此"誓言"："我表示：我要尽一切力量继续投入斗争，我也希望进一步动员我们的思想战线上的一切力量对胡风及其小集团的卑鄙的罪恶行为，两面派恶劣手腕，给以十倍的还击。"

一星期后，《人民日报》登出《关于胡风反党集团的第二批材料》，同时刊出毛泽东写的《驳"舆论一律"》。

又过了一星期，6月1日，姚文元的大名第一次出现在《人民日报》上。他的文章题为：《胡风反革命两面派是党的死敌》。这篇文章是经张春桥审定、推荐，而出现在党中央机关报上。当《人民日报》发表之后，张春桥当即嘱令《解放日报》于6月3日转载。

在这篇文章里，姚文元的调子唱得更高了：

> 看了《人民日报》公布的第二批材料后，愤恨的烈火把我的血液烧得滚烫。胡风反革命集团的罪恶目的，他们企图颠覆人民民主政权和使反革命政权复辟的阴谋，现在是赤裸裸完全暴露出来了。……
>
> 我要求把胡风反党集团全部阴谋活动彻底追查清楚。
>
> 我要求对党的死敌——反革命集团首恶分子胡风依法予以惩办！

1955年上半年，对于姚文元来说是极不平常的。他发表了13篇批判胡风的文章，其中半数登在《解放日报》上。他作为"棍子"，第一次打出了"棍威"。于是乎，他给自己插上了一根美丽的羽毛，曰："青年文艺理论家"！他在文坛上冒出长角带刺的脑袋。

就这样，姚文元靠着批胡风起家，靠着张春桥往上爬。他所写的《论胡风文艺思想》，竟奇迹般变为他批胡风的资本。

从此，他把见风使舵当成看家本领，把"反戈一击"当作"成功秘诀"。他成为文坛上的投机商。

姚蓬子被捕使姚文元跌入低谷

反胡风运动，在1955年6月，达到了高潮：6月10日，《人民日报》公布了关于胡风的第三批材料；20日，人民出版社出版了《关于胡风反革命集团的材料》一书，毛泽东写了序言和按语。

照理,作为反胡风"英雄"的姚文元,此时此际应当鼓噪而进,再发表一批讨胡"檄文"。

出人意料,姚文元突然偃旗息鼓,从报刊上消失了:从1955年6月至1956年6月,姚文元整整沉默了一年,连"豆腐干"文章也未曾发过一篇。

意气正盛的姚文元,怎么会一下子收声敛息?

哦,这里用得着一句中国谚语:"大水冲了龙王庙!"反胡风斗争,反到了"英雄"头上来了!

对于姚文元来说,那是难忘的一天。他正在机关写批胡风的稿子,忽然有人告诉他,说是他的母亲来了。

脏衣服不是在星期天已经带回家洗掉了嘛,母亲来干什么?

姚文元匆匆奔出大楼,只见母亲周修文神色紧张站在大门外。

她悄悄附在姚文元耳边说:"爸爸给抓去了!"

姚文元一听,脸色陡变。略微镇定了一下,他说:"你赶紧走。我下班以后回家。这消息对谁也别讲!"

"你放心。"母亲说,"我怕别人知道,才来机关找你。我怕打电话会被总机听见……"

周修文说罢,急急走了。

下班之后,姚文元悄悄回家了。直到夜深,姚文元才若无其事地回到机关宿舍。

这一次,姚文元蒙受了沉重的打击。

解放之后,姚蓬子仗着有23万元(即旧人民币23亿元)的资本,仍然开他的作家书屋,当他的老板。

不过,他没有宣铁吾那样的靠山,不能再做纸张投机生意了,收入远远不及纸贩子的年月。

令人头痛的是,作家书屋里的职工成立了工会,工会成了他的对头。

工会一次又一次跟姚蓬子谈判,要求增加工资,提高福利。

姚蓬子总是打"太极拳"。实在没招儿了,这才像挤牙膏似的,增加一点工资、福利。

1955年,在全国工商业的社会主义改造高潮中,作家书屋并入了全民所有制的上海教育出版社,作家书屋的职工,成了上海教育出版社的职工。姚蓬子的妻子周修文,成了上海教育出版社的资料员——不过她实在干不惯,做了一年就洗手不干了。

姚蓬子在作家书屋关闭之后,干脆,宁可做一个自由自在的"无业游民"。

他倒有点自知之明。他深知,自己有着叛徒历史和奸商劣迹,又是地主、资本家"双料货",在共产党手下别指望在政治上东山再起。

他庆幸自己在解放前夕,狠狠地在经济上捞了一把。如今,不仅有了自己的房子,而且有一笔可观的存款。即使夫妻双双不去工作,光拿利息、定息,就足以维持生活。

他乐得在家逍遥自在,大可不必到上海教育出版社去当一名编辑。

他也庆幸在解放前夕,让儿子姚文元挤进了共产党。从此,儿子有了比大学文凭更重要的党票,有了比利息、定息更重要的政治资本。

在家里实在闲得无聊,他就去上海华东师范大学中文系兼点课,讲讲中国文学史,讲讲《水浒》研究,拿点讲课费。

不过,这仅仅是兼课教师而已。他并非该校正式职工,可以不参加该校的政治运动,依然十分自由。

他的算盘打得蛮不错:有了钱,生活无忧无虑;有了自己的房子,像蜗牛有了硬壳,政治风浪来了,可以躲进"避风港";成了兼课教师,对外人可以自称"上海华东师范大学教师",不会像"无业游民"那么叫人瞧不起。

万万想不到,冰凉的手铐会突然戴在他的手上!

姚蓬子的被捕,原因诸多。其中之一在于胡风事件:当反胡风运动的调门越唱越高,胡风被定为"反党集团"、"反革命集团"的"首领",姚文元成了反胡风的"英雄",姚蓬子却大倒其霉。由于作家书屋出版过胡风著作,他曾跟胡风有过许多交往,在清查"胡风分子"的时候,便查到了他的头上。他被列入"胡风分子"嫌疑名单之中。

原因之二在于潘汉年。潘汉年是姚蓬子当年的入党介绍人。解放后,潘汉年担任上海市副市长。潘汉年对姚蓬子的叛党经过,一清二楚。姚蓬子每当看见报上登着"上海市副市长潘汉年"字样,便触目惊心,惶惶不安。他曾私下里对人说:"只要潘汉年在上海,我永远没有出头之日!"

1955年4月底,出差去京的潘汉年突然在北京饭店303室被捕,罪名是极为可怕的:"内奸"!后来,潘汉年被判处无期徒刑,在"文革"中死于监牢。直至中共十二大,中共中央为潘汉年平反昭雪,宣布"潘汉年事件"乃是一桩冤案。

潘汉年的被捕,也牵涉到姚蓬子。因为当年姚蓬子担任中共特科联络员时,顶头上司便是潘汉年。潘汉年既然是"内奸",那么姚蓬子也有"内奸"之嫌——唉,不论潘汉年在台上还是在台下,都使姚蓬子的日子过得不安宁!

于是,姚蓬子作为"胡风分子"和"潘汉年分子"的双重嫌疑,由公安部六局拘捕审查,押往北京。

经过审查,姚蓬子既定不上"胡风分子",也够不上"潘汉年分子"。不过,七审八查,却查出了他的叛变问题。《中央日报》上那《姚蓬子脱离共产党宣言》,白纸黑字,姚蓬子无法抵赖,不得不写下《我在南京狱中叛党经过》长篇交待,交给了公安部。

姚文元是党员,家里发生了如此重大的政治性问题,他理应向党组织汇报。他却不声不响,想瞒天过海,不想因为反胡风的"英雄"有着这么一个父亲,而让锦绣前程付诸东流!

其实,姚文元是在1953年12月知道父亲姚蓬子的叛徒问题。事情的起因,倒不是当时要审查姚蓬子,而是当时上海普选人民代表,姚蓬子作为统战对象,被列为候选人。当时,姚文元也一直向组织上宣称,父亲是"党外民主人士、进步作家"。然而,卢湾区的统战部听说姚蓬子在解放前曾经是中共党员,便向姚文元了解相关情况。姚文元知道一点父亲在解放前的情况,但是并不详细、确切。他知道父亲在解放前跟冯雪峰过从甚密,而冯雪峰在解放后担任人民文学出版社社长兼总编、《文艺报》主编、中国作协副主席、党组书记,于是便给冯雪峰写了一封信,请他介绍父亲姚蓬子的历史情况。

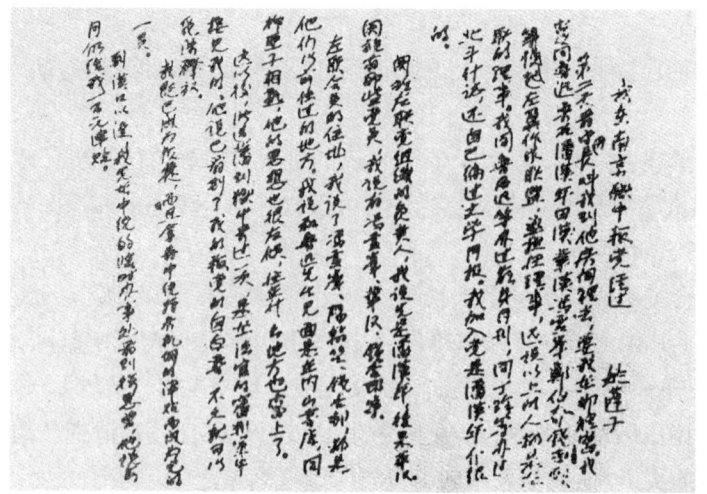

■ 姚蓬子关于叛党问题的交待

姚文元写给冯雪峰的信，迄今仍未见披露，但是冯雪峰在1953年12月15日写给姚文元的信，却已经见诸报端。冯雪峰的信至为重要，全文如下[1]：

姚文元同志：

你的信收到。谢谢你关心我的身体。

你是一个党员，我在你入党时，就知道的。你既是一个党员，我当然可以答应你的要求，把你父亲的事告诉你。他大概是在1930年左右加入党，加入过"左联"，也做过一些党的工作。大概在1934年被捕，大约因怕死，在南京自首了，后曾编过一个国民党的小报纸，但自首时尚未破坏过党的组织，这是后来调查过的。抗战时在重庆，他又和进步文化界接近，那时进步文化界也希望他在抗日的统一战线上尽些力。此时他和国民党的关系也逐步脱离。抗战胜利后回上海，在政治上仍是无所谓，但对进步出版界（如生活、新知、读书出版社等）也帮过一些忙，所以说他现在还是统战的对象。

你父亲的确在政治上是软弱的，又是糊涂的。他可耻地自首，人家都说是因为怕死，这大概是真的。他胆子小，所以不敢革命，怕牺牲，而同时也不敢做大坏事（这总还算好）。他选择了开书店的职业，可是不知为什么他弄形成了商人的习气，他那种爱钱的性格，常常使别人吃惊。而且，据我所知，他常因此受辱而不觉得什么什么似的。在这方面，他也是一个糊涂的人。我们因为过去是朋友，后来他也还帮忙我，掩护我，所以常常严厉地劝戒他，刺激他。他有几次在我面前流泪痛哭，好像他也很心痛，但我觉得效果很小，仍然爱钱和糊涂。在解放后，我曾尽过稍微的力，使他和各方的关系不致太坏，这也不是为私谊，为他个人，是为了他也仍可做些有益于人民的事。

前一月，上海方面要我证明他曾经掩护我的事，我已经证明了。

以上是大概的、扼要的情形，想你可以明白的。你不要难过，你应该学会冷静地

---

[1] 据陈东林：《冯雪峰与姚文元父子》，《党史博览》2003年第2期。

去看问题,深刻地去了解过去社会的复杂性。你知道他的弱点,应该好好地帮助他,他虽然年龄大了,也应该帮助他改变他自己的种种错误的想法和看法。我认为你简单地疏远他,离开他是不对的,应该去接近他,把关系搞好,以便说服他。过去的事(自首),你不可再去提,以免刺痛他。问题是现在,他应该很快走"公私合营"的路。看样子,他现在出书,销路很好,他正在"走红",正在"私热"中,似乎一下子还扭不过来。所以我觉得你可以从这方面去帮助他、去说服他。

但我的意见,只供你参考。你自己细心地研究后行事。也可以和组织上讨论。我的信给组织上也可以的。但没有必要时也不必给组织上看。匆匆忙忙,写得不能满你意,也说不定。

祝你工作好,学习好,身体好!

冯雪峰
十二月十五日

冯雪峰作为长辈、作为中共高级干部,给姚文元清楚地说明了姚蓬子的历史情况,其中尤其是"大约因怕死,在南京自首了",使姚文元极为震惊。因为有这样一个父亲,势必影响自己的前途。

姚文元深知隐瞒毕竟无济于事,便把冯雪峰的信交给了上海卢湾区委组织部部长,以求表明自己对党组织忠诚,同时也表示要跟父亲"划清界限"。

从那以后,姚文元很少回家,很少跟父亲见面,以表明"划清界限"。

好在当时只是涉及姚蓬子能否当选人民代表的问题,并未对姚文元本人的工作造成多大影响。然而,这一回姚蓬子被捕,问题的性质显得严重了。

没多久,机关里开展肃反和清查"胡风分子",姚文元心中如同十五个吊桶七上八下。姚文元跌入了泥泞中。

起初,区委宣传部里查出了一个反革命分子,而此人跟姚文元来往密切,涉及了姚文元。

接着,有人检举说,姚文元"宣扬过胡风文艺思想"。

紧接着,姚文元被列为清查对象——清查他跟胡风的关系。一个反胡风的"英雄",落到这种地步,可谓惨矣!

最使姚文元伤心的是,对象吹了。

那时候,姚文元热恋着中共上海卢湾区委组织部副部长金英,而金英正举棋不定。眉清目秀的她,看到姚文元接连发表那么多反胡风的文章,有点动心,可是她又觉得组织部里另一位男青年风度潇洒,一表人才,远在姚文元之上。

金英是上海民本中学地下党员,1948年1月入党,她在党内职务比姚文元高。在肃反运动中,金英成为区委机关的三人小组成员之一。她,一副冰冷的面孔,代表组织找姚文元谈话,要姚文元交待跟父亲姚蓬子的关系,交待怎样宣扬胡风的文艺思想……

望着金英铁板般的脸,姚文元心似刀绞。

完了，完了。父亲被捕了。不能发表文章了。受到审查了。恋爱告吹了。接二连三的打击，使姚文元处于精神崩溃的边缘。

他得了中耳炎，从右边的耳朵里不住地流出脓水。他只用手帕擦一擦，没有心思去医院看病。

常常在宿舍里默默地看天花板，吃不下饭，看不进书，写不成文章，睡不着觉，他的心灵受着难言的折磨。本来，有一段时间，他生怕金英嫌他脏，曾勤洗勤换过衣服、枕巾、被单，如今"复辟"了，一如往常那般懒、脏、杂、乱。

终于，一天晚上，在上海南昌路102弄10号——当年中共卢湾区委宣传部所在地的小天井里，召开了一个帮助姚文元端正思想的会议。

姚文元一边听着发言，一边不住地用手绢擦着从右耳流出的脓水。

按照那时会议的程序，末了当然要被帮助的人表态。只见姚文元低垂着头，长叹了一声："我有病，但是我不想去看病。我今天24岁，能够活到30岁，也就差不多了……"

会议不欢而散。

回到宿舍，叹气已毕的姚文元却又对人说："我在死以前，要干一番轰轰烈烈的事业！"

1955年12月11日，中共卢湾区委肃反审干领导小组正式找姚文元谈话。姚文元依然"犹抱琵琶半遮面"，他为自己辩解道："我向来以为父亲是'三进步'——进步作家，开进步书店，卖进步书籍。父亲的问题，我是在后来才知道的。我受父亲的蒙蔽。我，我，我今后保证跟父亲划清界限……"

12月20日，中共卢湾区委审干办公室写出了关于姚文元的审查报告，现摘录这个报告原文于下。虽然这个审查报告是用当时的政治语言写的，现在用历史的目光审视并不见得准确、正确，但却十分清楚地反映了反胡风"英雄"姚文元当年的尴尬和狼狈：

> 姚（文元）的父亲与胡风、彭柏山、潘汉年关系均很好，并有往来，姚文元也见过面；但这些情况姚一直未交代过，而且一直强调自己与家庭关系恶劣，但不正面提出，又不向组织汇报，这次反胡风斗争开始，姚从未把这种具体情况进行揭发。
>
> 解放后姚文元在他自己家里见过胡风并从他父亲口里听到胡风对党不满，骂我们党的文艺领导同志，而在解放前姚也见过胡风。同时在家里也见过胡风分子梅林（原名张芝田——引者注），也从他父亲口里听到梅林发牢骚，对解放后的现状不满，但这些问题姚从未揭发过，也未向组织汇报过。
>
> 解放前，姚经常阅读与研究过胡风的书，如希望、泥土、蚂蚁等出版的书籍和杂志。解放后姚文元同样买了很多胡风的书籍。如胡风的《论现实主义的路》、《逆流的日子》等，但从未批判过，反胡风斗争开展后姚文元还把胡风等的书籍放到外面公开的书架上。
>
> 姚文元同样认为胡风是进步的，路翎写文章很有"才华"。对1947年、1948年，胡风诬蔑香港党的文艺领导同志是"逃兵"来反攻党对他的批评，姚文元也认为是对的。
>
> 1955年12月20日

姚文元其实也深知姚蓬子与胡风、彭柏山等人的关系。他曾采取过"以攻为守"的策略。他1955年6月1日在《人民日报》发表的那篇《胡风反革命两面派是党的死敌》一文，曾激烈地攻击过彭柏山：

> 如果不是党中央坚决展开这一斗争，这些潜伏在党内的胡风集团分子要给我们党和革命事业造成多么大的危害！彭柏山，他已经爬到前华东军政委员会文化部副部长、爬到上海市委宣传部长的位置上去了，胡风要通过他来开辟岗位，企图通过他和刘雪苇来"顶住"华东和上海，一直到对抗"上面"——党中央！彭柏山还企图让胡风"帮弄华东，留在上海"，使胡风能直接攫取华东地区文化事业的行政领导权，这阴谋多么毒呀！

无奈，这般的"以攻为守"还是无用，他的"两面派"手法无济于事，中共上海卢湾区委还是要他交待与彭柏山的关系。

一次一次地"挖根"，检查家庭影响；一次一次地交待，接受批判。"左"派姚文元变得灰溜溜的。

当姚蓬子获释以后，当肃反、反胡风的浪头过去之后，姚文元如释重负。他，想方设法要调离中共上海卢湾区委。他在这里挨过批判，抬不起头，何况要当大作家，这儿也不是合适的地方。

对于姚文元来说，父亲姚蓬子的影响实在是太大了。

姚蓬子本是阔少爷

> 或者像我一样
> 泪向心窝倒注去，
> 伤情的话涌到喉头
> 又重复咽下，那末，露丝，
> 你心碎了，也让我不知道
> 灯光是如此惨白，
> 情调又如此凄迷
> 强欢假笑是不成了，
> 让我俩沉默地相守吧
> 露丝，在撒手前……

本来，这样抒发"个人生活消极地崩坏着"的小诗，连同他的作者——20世纪20年代混迹文坛的姚蓬子，早已被历史的浪潮所吞没。

只是因为其子姚文元成为"四人帮"中的一个，姚蓬子随之成为众所关注的人物。

1949年9月由上海春明书店出版、胡济涛主编的《新名词辞典》中，在"人物之部"中列有"姚蓬子"条目，全文如下：

> 姚蓬子，浙江诸暨人，出版家。为中国左翼作家联盟成员之一。曾主编《文艺生活》，并与周起应（即周扬——引者注）创刊《文学月报》，抗战时在重庆创办作家书屋，为全国文协委员之一，与老舍合编《抗战文艺》。现作家书屋已迁移上海。著作有《剪影集》、《浮世画》等。

这条目中未曾写及的是，姚蓬子于1927年底加入中共，1933年12月被捕，不久叛变，于1934年5月14日在《中央日报》发表《姚蓬子脱离共产党宣言》。

细探姚蓬子的人生色彩，最初是灰色的，后来曾是红色的，忽地变成黑色，渐渐又褪为灰色。其中那一段黑色的历史，不仅是他的一块心病，也成了姚文元头上的一块癞疤。在姚文元平步青云成为中央首长之后，曾以"严防扩散"之名为姚蓬子遮掩。正因为这样，云谲波诡，姚蓬子成了一个神秘的人物。

其实，就连姚蓬子本人，也曾在其诗集《银铃》的"自序"中写过："人是没有方法逃避历史的支配；正如草木不能逃避季节的支配一样。"如今，撩开那神秘的面纱，为姚蓬子曝光。

姚蓬子，其实是笔名。他写文章，常署"蓬子"，来自他的另一个名字"蓬生"。他的本名叫姚方仁、姚杉尊，字裸人。他又名姚梦生，"梦笔生花"之意；有时也写为姚梦圣，"梦见圣人"也。他取笔名"蓬子"——"蓬瀛之子"，总是跟幻梦、圣人、仙境之类扯在一起。他还用过很多笔名，诸如丁爱、小莹、梦业、慕容梓。

姚蓬子乃浙江省诸暨县姚公埠人氏。

姚公埠是个小镇，离诸暨县城四十来里路。笔者在1989年11月16日，曾前往姚公埠作实地采访。

据说，当年从杭州坐火车到诸暨湄池下车，再转公共汽车到姚公埠。倘若坐小火轮，更方便些：从杭州沿钱塘江航行，转入支流浣江，可以直抵姚公埠。上午开船，下午便到了。

诸暨是浙江的望县，当年越国的古都，绝代佳人西施的故乡，人称"浙东一颗璀璨夺目的明珠"。早在秦始皇二十五年（公元前222年）置县。民国以来，诸暨列为浙江的"一等县"。这里原本水路四通八达。有了公路之后，交通更加便利。特别是浙赣铁路建成后，贯穿诸暨全境。诸暨盛产大米、黄金、茶叶。1989年冬，当笔者访问诸暨时，这里正在热闹庆祝由县改为市。

诸暨文化发达，名人辈出，内中军人多，文人多，科学家多，商人少。就以20世纪而言，国民党少将以上有一百多人是诸暨人，如蒋鼎文、宣铁吾等。共产党著名活动家俞秀松、谢侠父、宣中华、张秋仁、汪寿华、冯文彬、钱之光、钱希均（毛泽民之妻）等，也是诸暨人。诸暨也出了不少文化人，如北京大学校长何燮侯、诗人何植三、翻译家孙大雨等。诸暨农业也发达，这里流传一句话："诸暨湖田熟，天下一餐粥。"意思是说，诸暨湖田的粮食熟了，可供天下人吃一餐粥。

姚公埠在诸暨县城东北，本是个姓柴的人居住的小村。相传宋朝时姚家从河南开封南迁至浙江富阳。不久，有姚姓两兄弟亨德、亨利迁往诸暨，亨利被柴家招女婿，改姓柴，而姚亨德也在这小村住下成家。此后，柴亨利家族衰落，姚亨德家族兴旺。人云："这是以柴烧窑（姚），窑（姚）越烧越旺，柴越烧越少。"于是，小村遂成为姚姓天下。

小村濒临浣江，相传是西施浣纱之江，又称浣纱江。当时，江上无桥，姚氏祖先置一渡船，供人公渡，那小村便被叫作"姚公渡"。后来，渡口设船埠，遂改名"姚公埠"。姚公埠日渐发展，由小村变成小镇，分为上村、中村、下村。

姚公埠是一个建在堤上的小镇，它的一边是浣江，另一边是农田。农田的地势低，不得不沿江筑堤。人们的房屋无法建在那低湿的地里，只好建在堤上。于是，姚公埠成了一个沿江而建的狭长的小镇，像一条带鱼似的。

姚公埠的居民，差不多家家姓姚。据说，是由一个姚姓老祖宗繁衍下来的。笔者在诸暨档案馆见到《暨阳浣西姚氏宗谱》，内中记载着姚文元的家谱。那里的姚家宗祠，则是清朝光绪年间重立的，写着对联："红霞晚映，鸢飞鱼跃。"

在姚公埠下村，有一座房子，人称"九间头"——那房子南、东、西各三间，共有九个房间。在"九间头"对面，有一座像北方四合院的房子。走进大门，是一个四方的院子。院子的三面，是平房，正面是两层楼房，上下各为三间（后来扩建为上下各五间）。这便是姚家老屋。

老屋的主人胖墩墩的，那喉咙又响又亮，站在院子里喊一声，连"九间头"的糊窗纸都要抖几抖。此人姓姚名西曜，讳志纯，乃姚蓬子之父[①]。姚文元的祖父，有田120

■ 1989年11月，叶永烈在姚文元家乡浙江诸暨姚公埠采访姚家老邻居。

[①] 1988年3月3日，叶永烈在北京采访姚蓬子胞妹姚舞雁。

浙江诸暨姚公埠姚家老屋（叶永烈 摄）

亩，在姚公埠下村算是数得上的地主了。这些田地，是从姚西曜的曾祖父姚杏生、祖父姚麟秀、父亲姚宝槐手中传下来的。姚宝槐是清朝秀才，两度赴绍兴考举人，未中，疯癫而死。

笔者注意到姚克先生一篇遗作，题为《"四人帮"中的二位舍亲》，内中涉及姚文元的祖父。姚克先生是电影《清宫秘史》的编剧。在"文革"中，《清宫秘史》曾受到江青、姚文元、戚本禹的猛烈"批判"，成为"炮打"刘少奇的一颗重磅炮弹。

姚克晚年，客居美国。1976年底，他在美国加州会晤那位为江青立传的维特克女士，谈起江青，也谈到姚文元。后来，他把那天的谈话写成《"四人帮"中的二位舍亲》一文。此文在姚克去世后，于1996年发表于第12期《上海滩》杂志。

姚克写道：

> 有一天我看到一篇批判姚文元的文字，说他的祖父姚汉章，多年前曾任中华书局的编辑。我这才发现，我当年认识左翼作家姚蓬子原来是姚汉章的儿子。
> ……
> 姚汉章是清朝末年的举人，在我同辈分的弟兄中，他是独一无二的，他中举之后科举就废了。他因为是个举人，特别受亲属的重视，所以隔了六七十年我还记得他，别的从堂弟兄的名字我就想不起来了。我和姚蓬子认识的时候，从来没有互相展问邦族；我绝对没有想到他会是我从堂哥哥的儿子，他也绝对想不到我会是他父亲的从堂弟弟，因为我是先父晚年的儿子，年纪和姚汉章相差至少二十岁上下，而且我说话带一点苏州口音，更不像是他们的本家，如果我和姚蓬子交往得长久一点，彼此也许会发现出亲属关系来。可是经过鲁迅先生的劝告，后来我就和姚蓬子疏远了。若不是最近报纸上透露姚文元的家世，我也许永远不会知道他们父子是我的本家亲属。

民国初年间,姚汉章就在上海中华书局做编辑,当年中华版的教科书,有不少都出于他的手笔,60岁以上年纪的人也许曾经读过。

很遗憾,姚克先生没有注明他所见到的那篇"批判姚文元的文字",究竟发表于什么报刊,作者是谁,文章的篇名叫什么。

笔者在浙江诸暨档案馆查阅了《暨阳浣西姚氏宗谱》,并复印了姚文元的父亲、祖父那一页,没有见到姚文元的祖父叫姚汉章的记载,只查到他的祖父"名西曜,讳志纯"。姚西曜是否另有名字叫汉章?尚待进一步查证。

就连姚克本人在《"四人帮"中的二位舍亲》一文中,对此也有所怀疑:因为姚汉章之父讳文俊,姚文元倘若是姚汉章之孙,不可能是"文"字辈——岂有曾祖父与曾孙同辈之理?

姚克写道:"姚汉章是个旧社会的人,当然不会替孙儿取一个与自己父亲犯忌讳的名字,姚蓬子虽然曾一度做过左翼作家,也不至于糊涂得连这一点规矩都不懂。"

光绪三十年,吹吹打打,一顶从20里外盛兆坞抬来的花轿,让姚西曜有了妻室。新娘姓张,按老规矩,也就唤做"姚张氏"。

姚张氏过门不久,为姚家添了一个胖小子,那是清朝光绪三十二年的事。①"翻译"成公历,也就是1906年。

姚西曜希望儿子成个秀才,取名姚梦生,又叫蓬生,亦即姚蓬子。

子肖其父,姚蓬子的声音也格外响亮。不论在讲坛上,在家中,当他慷慨激昂起来,声音常常会使窗玻璃为之不断震动。

姚张氏是个和颜悦色的人。虽说姚西曜发起脾气来翻江倒海,但姚张氏一声不吭,使鼓槌如同敲打在丝绵被上一般。姚张氏把姚家料理得整整齐齐,没有一把歪放的椅子,没有一个倒了的油瓶。

姚家的日子渐渐兴旺起来,加盖了三间楼房,后来又扩建为上下各五间。

姚西曜当上了"圩长"。那里把堤称为"圩"。圩分段承包。圩长,也就是某一段江堤之"长"。用现在的眼光来看,圩长大约相当于居民小组长。

在生下姚蓬子8年后,姚张氏又生一女,取名姚舞雁②。梁实秋先生于1974年写的《槐园梦忆》中,有一句提到姚舞雁。那是述及他的妻子程季淑在1948年冬从北平抵南京时:"第二天她得到编译馆的王向辰先生的照料,在姚舞雁女士的床上又睡了一晚。"

梁实秋乃编译馆馆长,姚舞雁多年来在梁先生手下干事。

另外,在老舍的1951年3月28日的日记中,也提及姚舞雁:"约王庚尧、姚舞雁、屈凌汉、隋育楠、易德元、席征庸,吃东来顺。"

红学专家冯其庸在1994年《重校〈八家评批红楼梦〉》出版时,称姚舞雁为"版式

---

① 1988年3月3日,叶永烈在北京采访姚蓬子胞妹姚舞雁。
② 1986年7月11日,叶永烈在上海采访老作家任钧教授。

专家":"决心彻底全面重校重排,所有文字都用原书一一核校,我还请版式专家姚舞雁先生重新划定版式,并由她作复校,最后由我定校。经此番努力后,从版式到文字、分段、标点以及眉评、回后评等等,皆认真定,面目为之一新。"

姚西曜在乡下当了一辈子土财主,希望儿子有点出息。在姚公埠念过私塾之后,姚西曜就把儿子送到诸暨县立中学上学,不久转往绍兴越材中学(现名建功中学)上学,后来姚蓬子讲话有点"绍兴官话"的味道,便是绍兴越材中学给他留下的印记。

中学毕业之后,他进入上海中国公学,然后前往北京大学。

1924年夏日,姚张氏常常发烧,气喘,不断地吐浓痰。不知怎么回事,她的脸上还长出许多红点。

就在这个时候,18岁的姚蓬子从北京大学急急奔回老家,探望重病的母亲。姚张氏的病越来越重,水米不进。

姚西曜赶紧从几十里外请来医生。医生只略微看了一下,便连连摇头,写下处方,连饭都不吃,就拎起出诊皮包走了。

医生不吃病家的酒菜,这意味着病人已病入膏肓。

医生临走留下一句话:"如果病人脸上的红点褪去,那就不行了。"

姚西曜还来不及去抓药,妻子脸上红点褪去,一命呜呼。

伫立在母亲坟头,姚蓬子久久无言。他把无限哀思,凝在一首题为《自从我死去了母亲》的小诗里。

逝者长眠,很快从人们的记忆中流逝。白色的纸花、黑色的布幔刚刚扫去,姚家小院挂起了红花、红布,燃起了喜庆的鞭炮。

一顶花轿抬进了小院。姚西曜在姚张氏死去的当年便娶了继室,叫冯雅琴。比起姚张氏来,冯雅琴显得更为精明能干,尤其是擅长理财。两年之后,冯雅琴生一女,取名姚飞雁。又过三年,冯氏再生一女,取名姚鸣雁。

1937年,姚西曜明显地消瘦下去,胃口越来越差。他不断地吐出紫黑色的血块,终于一病不起,死于姚家老屋。

冯雅琴成了一家之主。靠着佃户耕种姚家土地,她在姚公埠过着无忧无愁的日子。直到临近解放之际,她知道世道要大变,便卖了土地、家产,逃到上海,住在姚蓬子家中。

她与姚蓬子之间的感情,不好,也不坏。

生母姚张氏的病逝,曾使姚蓬子陷入深深的哀痛之中。他的大学同学周颂棣住在离姚公埠80里路左右的地方,托人带来口信,邀他去做客,散散心。

姚蓬子来到周家,结识了周颂棣的姐姐周修文。他有心,她有意。本来是为了驱散丧母之痛,却迎来了爱情之蜜。

沉醉在诗的梦幻中的姚蓬子将情思化为情诗:

> 你小小的唇正像一颗酸果儿,
> 虽然颜色是红晶石似地鲜艳,

味儿却酸酒一般苦。
因为我正想试尝苦的滋味呢,
故而我们的唇儿触着时,
我的眉间透露了笑意。

爱情虽然滋润了他枯萎的心田。但是,对自己未来充满种种幻想的姚蓬子,不满足乡间的平淡生活,他常常梦想着哪一天成为一个大人物,大圣人。于是,他告别了浣江的水,告别了母亲的新冢,告别了恋人的红唇,来到了繁华的大上海。

象征派诗人姚蓬子

把青春的火花凝固,那就是诗。
青春焕发的姚蓬子,沉醉于诗的幻梦。
1924年盛暑,他料理了母亲的丧事之后,借助于一位同乡的介绍,来到了上海,在光华书局当编辑。从此,他踏进了上海文坛开始了文学生涯。
脱去长衫,穿上西装,姚蓬子昂首阔步于上海四马路(今福州路)。那时的大马路、二马路、三马路(今南京路、九江路、汉口路)是商业街,而四马路则是文化街。
倘徉在四马路,姚蓬子如鱼得水,以为中国虽大,唯此街于他最直。在四马路上,光华书局、梁溪图书馆、新文化书社、群众图书公司、有正书局、大东书局、泰东图书局、国华书局、来青阁,比肩而立。自四马路转角往南,棋盘街上中华书局、商务印书馆、文明书局、民智书局、武学书局、公民书局、中华图书馆、扫叶山房、文瑞楼、著易堂、广益书局鳞次栉比。不远处,有着会文堂书局、新民图书馆、亚东图书馆、千顷堂、蟫隐庐。
这里是书的王国,文化的殿堂,作家的摇篮,书商的市场。
1924年6月,四马路上一家名叫"光华药店"的铺子,被新创办的书店买下,挂出了"光华书局"的招牌。
光华书局给四马路增添了气息,它是那里第一家专出新文艺书籍的书店。老板乃上海出版巨子张静庐,浙江镇海县人氏,跟姚蓬子算是大同乡。他先在上海创办了颇有影响的《商报》。后来,他想在《商报》办个出版部,印行书籍。张静庐与郭沫若相熟。当他来到上海环龙路(今南昌路)郭寓,郭沫若痛快地答应给他两部书稿——《三个叛逆的女性》和《文艺论集》。张静庐开始印郭沫若的这两部书,便打出了"光华书局"的牌子。正巧,四马路上有一家光华药店支撑不下去,要出租店面,张静庐就租了下来。于是,"光华药店"变成了"光华书局"。有趣的是,开业之后,仍不时有人进来问:"卖药吗?"
郭沫若的两本书为光华书局打响了第一炮。此后,郭沫若等编的《创造社丛书》、《创造季刊》,也都由光华书局印行。光华书局与创造社结下了深缘。
头一回去见张老板,姚蓬子西装笔挺,领带打得端端正正。
才几天,他就扔掉了领带,又过了几天,解开了衬衫领扣,再过几天,连西装扣子也不扣了。他是一个随便惯了的人,受不了束缚。不修边幅、散散漫漫的他,又常爱激动。一旦激动起来,他就不住地在屋里踱来踱去,即便夜深人静,他也会突然跳下床来,写下抒发自己激情的诗句。

他是感伤的青年。他是苦闷的青年。他是变态的青年。他彷徨徘徊,忧心忡忡。他又不甘于沉沦和寂寞,不屑于堕落和潦倒。

迷惘的他,卷入了法国的象征派诗潮。那是19世纪末发端于法国的新浪潮。象征派的诗人们以为,写诗应当"主观",应当"唯心"。在他们的目光中,世界是双重的叠合,现实世界痛苦而虚幻,另一个世界则真而美。他们用诗暗示另一个世界的存在,亦即"象征"。悲观的情调,颓废的色彩,成为他们的诗的主旋律。在第一次世界大战期间,象征派诗潮风靡欧洲。接着,冲击着中国。与姚蓬子一拍即合。

诗是内心的独白。姚蓬子的诗,映照出他的一颗苍白、凄冷的心。

在"无边落木萧萧下"的深秋,姚蓬子仿佛觉得整个世界在坠落,在枯萎。现在可以查到的他的最早的一首诗,便是《秋歌》:

> 黄叶,无声地飘堕着,
> 像梦一般的,
> 或叹息似的,
> 负着露和泪坠落在地上了。
> 远寺的钟,
> 滞重得有如病驴的蹄声;
> 听新蹄声淹没了旧的,
> 我欲低泣。
> 秋的情调凄迷我的心:
> 破塔,野寺,
> 都市的遗址,
> 都沉入旧情的回忆!
> 奄奄的叹息,
> 逸出我的咽喉了;
> 可是奔不到三五步,
> 又消失在空中。

哦,诗人面对凛冽、悒郁的秋风,不住地叹息着,低泣着。

诗人低头吟叹,见到墙角的一张破琴,又是一番悲凉的惆怅的感触,袭上了心头。

姚蓬子来回踱着方步,哼成了一首《破琴》:

> 零落的琴,

> 比掩在黄草中的歌唇还要寂寞,
> 比古庙的钟,更寂寞。
> 残弦迸裂在秋风中了,
> 它褪色的襟角与裙边,
> 都睡满了尘丝,青苔。
> 再不会,梦见了诗人,
> 曲调未成,就拍翅向他飞奔;
> 晨露上,也再不见琴声驻停。
> 孤独地,看春花换成黄叶,
> 看月缺又圆;
> 秋月下,偷顾影子,活像架枯骸。

大抵诗与杜康如影随形,姚蓬子也总离不了酒瓶。他写《酒后》,如同为自己画了一幅自画像:

> 靠在老旧的绒布枕上,
> 一个缺嘴的酒瓶
> 和几卷未成稿默坐枕旁。
> 乘灯火打睡在纱罩里,
> 几只饿鼠,得我允许似的,
> 放浪地舐食着残肴。
> 飞向青年诗人那里去了吧,
> 梦之神,我几回凝视,
> 瞧不见她翅子的一羽。
> 沉郁的乡思,凄凉的笑,
> 一向是侍候我颜色的奴才们;
> 此刻是,风样的,影踪都没有了。

处于青春期的年轻诗人姚蓬子,不时向"处女的纯洁的心"献上自己的情诗。大抵因为向往法国象征派诗人的缘故,他喜爱法国作家果尔蒙的小说。他一边写点短诗,一边埋头于翻译果尔蒙的长篇小说《处女的心》。

姚蓬子写过一首总共只有六行的《小诗》。诗虽短,情颇浓:

> 我将装饰花环在你发上,
> 珠练儿在你白嫩的颈项上,
> 轻纱的衣服在你身上,

> 金钏儿在你手腕和足胫上；
> 更将我灰白的颤抖的唇儿，
> 装饰在你猩红的唇上。

月下，花前，窗口，床边，姚蓬子一次次为Rose——玫瑰花儿一般的"露丝"，写下了热恋的诗句。

> 呶，蓬子的《今晚》：
> 灯光是如此惨白，
> 情调又如此凄迷。
> 弱似飘泊的幽魂哟，
> 又似墓头花的悲寂。
> 露丝，今晚的我俩。
> 让我俩沉默地相守，
> 在忍痛的撒手前。
> 有如喝醉了浓酒，
> 露丝，忘去一切吧，
> 莫让忧思爬上你芳颜。
> 或者像我一样，
> 泪向心窝倒注去，
> 伤情的话涌到喉头，
> 又重复咽下；那末，露丝，
> 你心碎了，也让我不知道！
> 灯光是如此惨白，
> 情调又如此凄迷。
> 强欢假笑是不成了，
> 让我俩沉默地相守吧，
> 露丝，在撒手前。

姚蓬子写下的《踱躞》，则把满腔情思献于菲菲。他把一片痴情化为诗行。值得说明一句的是，诗中的第五行"……"是原文如此，并非引录者的删节。

> 透过了半开的窗，
> 灯光洒在草地，
> 冬霜般凄白。
> 我知道菲菲，

......
在楼头怩怩地窥望；
怕横空飞过的夜鸟，
知道了伊底偷窥；
处女的娇羞的情，
灰白的夜幕下，
放花在伊底心窍了；
又像被捆在魔绳里啊，
伊圣洁的视线，
夜的幻美诱它不住，
石榴子似的星也不，
总离不开草地的瘦影；
处女的纯洁的心，
（爱的责任命令她了，）
担心露水的苍白
将染白了我微红的面颊，
风将吹我生病；
但一夜不见，
焦急又煮碎了伊底心；
夜的游虫都已家睡，
夜莺也放下了笛时，
伊还焦思着：真病了。
每晚每晚，
我满装了虚幻的欢情，
被爱的骄矜漾在我心，
不管风寒露重，
含笑踥蹀在伊后门。
直到西风吹我病了，
才知一脉芳情，
从不曾飞进伊底心；
我夜夜的相思，
夜夜都死在伊门外。

　　诗抒情。罗曼蒂克的诗人姚蓬子，用他的诗向世人披露自己的心扉：他的苍白，他的凄凉，他的烦闷，他的情思。
　　这些写于六十多年前的晦涩、灰色的诗，在这六十多年间几乎被历史所遗忘。只是为了勾出当年姚蓬子的形象，我才从发黄发脆的故纸堆里找出了这些诗。

遥夜沉沉，他期待着黎明；昏昏欲睡，他谛听着无声处的雷声。他的心境是芜杂的，他的心态是多元的。

潘汉年深刻地影响了姚蓬子

不管怎么说，那些小诗毕竟是姚蓬子的创作，是他在文学创作道路上留下的第一个脚印。

当然，这些小诗在杂志上发表，姚蓬子所拿到的稿费，如同沾在胡子上的饭粒。

姚蓬子徜徉在四马路上。1925年夏日，忽见四马路麦家圈口豫丰泰酒馆的楼下，热闹起来，挂出了新牌子：北新书局发行所。

姚蓬子踱了进去。人称他是"巡阅使"，什么书店都爱进去翻翻书，打听出版界的最新消息。

一回生，二回熟，姚蓬子结识了那里的老板李志云。

北新书局原是1924年秋在北平创办的。当时，开设在李志云家中——北平翠花胡同。

上海毕竟领中国出版界之先。1925年夏，北新书局便南迁上海，总店设在上海宝山里，而在四马路开设了发行所。

姚蓬子从李老板那里得到重要的出版信息：北新书局正准备推出一套"欧美名家小说丛刊"。

姚蓬子感到机会来了，马上告诉李志云："我正在细读法国名家果尔蒙的小说，打算着手翻译。"

"书名叫什么？"

"《处女的心》。"

"好，好，好一个《处女的心》！这样的小说，销路会不错。"李老板当场拍板，同意出版《处女的心》译本。

就这样，姚蓬子从诗人"改行"，成为翻译家了。

1925年冬，19岁的姚蓬子出现在诸暨姚公埠老家。一顶花轿把恋人周修文抬了进来。

新婚不久，新郎就匆匆赶回上海了。新娘回到娘家去住。过了些日子，姚蓬子把她接到上海，从此姚蓬子算是在上海安家了。

1927年初，北新书局发行处的书架上，出现了一本新书，印着："《处女的心》，果尔蒙著，蓬子译"。

这是姚蓬子平生的第一本书。

李老板果真有眼力。《处女的心》上架之后，很快就销光了。到了1927年8月，北新书局又再版《处女的心》。

也就在四马路上，姚蓬子结识了一个小伙子。这个小伙子使他从象征派的颓唐的泥潭里挣脱出来，振奋起来，走上了坚实的布尔什维克之路。

论年纪，小伙子比姚蓬子还小三岁。他是江苏宜兴人，长得风流倜傥，上舞台演小生不用化装。此人本来也在光华书局，在张静庐手下当小伙计。他又是郭沫若的密友，是创造社的一员。当郭沫若发起成立"创造社出版部"时，他又成为郭沫若手下的小伙计。1926年，郭沫若和郁达夫一起，应广州中山大学之聘，南下执教。创造社的两员大将走了，那在上海的创造社出版部，便由此人和周全平、叶灵凤三名小将支撑着，人们称这三人为"创造社小伙计"。虽说他们的出版部设在上海闸北宝山路的三德里，可是他们编的《幻洲》半月刊，委托光华书局印行。《幻洲》半月刊用四十开印袖珍本，内容分上下两部。上部为文艺版，由叶灵凤主编；下部叫"十字街头"，登载评论、杂文，由那小伙子主编——他居然因此自称"下部编辑"。

■ 姚蓬子译《处女的心》

常来常往，下部编辑便与姚蓬子熟悉起来。

这位下部编辑幽默、开朗、爱说爱笑，像一块炽炭一般，总是热乎乎的。姚蓬子常跟他谈诗、谈小说，渐渐地谈社会，谈文学的前途，谈内心的向往。虽说姚蓬子年长于他，可是，当论及人生时，下部编辑那种不凡的谈吐，深邃的思想，使姚蓬子对他不由得敬慕起来。

此人便是潘汉年。1925年，他才19岁，便已是C.P.——中国共产党党员、就是这位下部编辑悄然把陈望道译的《共产党宣言》借给了姚蓬子。姚蓬子意识到，"下部编辑"不是一个寻常的人。

1927年2月，下部编辑突然从上海消失了。据他说，父亲潘莘华病重，他不得不回宜兴照料去了。

下部编辑半年后，方才露面，脸晒得黑黑的，显得老成得多。半年之间，他仿佛长了好几岁。

其实，那是他接到郭沫若的一封信，投奔江西南昌去了。那时节，郭沫若已经不在广州中山大学做教授了，投笔从戎，出任国民革命军总政治部南昌政治部主任。郭沫若在南昌，要办一张报纸，需要得力的编辑。他记起了潘汉年，把"小伙计"请来了，出任政治部宣传科长兼《革命军日报》总编辑。

在1927年8月的南昌起义失败之后，21岁的潘汉年成为领队，带着一批共产党员回到上海，向当时在上海的党中央报到。

表面上，潘汉年还在编他的《幻洲》半月刊，还在做他的下部编辑。几个月的戎马生涯，使他迅速地变得成熟起来。当时的中共江苏省委书记李富春，为了加强共产党在上海文化界的工作，决定成立文化工作委员会，任命潘汉年为"文委"第一书记。

潘汉年着手在上海文化界发展中共党员。他考虑到姚蓬子虽然正陷于颓唐，却是因为对国家的前途失望而忧心。他委婉地向姚蓬子透露了自己的意思,姚蓬子当即表示了要做一个布尔什维克的愿望。

于是,由潘汉年作为入党介绍人①,姚蓬子在1927年底,秘密地加入了中国共产党。

"小伙计",深刻地影响了姚蓬子。

对诗集《银铃》的自我否定

自从成为C.P.,近朱者赤,姚蓬子在潘汉年的影响下,从灰色的阴影中迈上了光明之路。

1929年12月号的上海《新文艺》杂志上,刊登了水沫书店的"水沫丛书"新书广告——蓬子诗集《银铃》出版。广告是这么介绍《银铃》的:"蓬子先生是研究着象征派的法国文学的人,所以他(的)诗也完全有着象征派的法国诗风。《银铃》一集是他以前的诗底精选集。据作者自己说,以后的诗格又要改变了,那么这集将成为他的诗艺上可贵的遗产,爱读作者之诗的人不可不购一册。"

他的《银铃》,自1929年3月初交上海水沫书店刊印,才十几天——3月15日,就出现在上海各书摊上了。初版印了1000册,薄薄的65页,定价3角。

《银铃》共收入蓬子早期诗作38首,即《秋歌》、《破琴》、《野柳》、《今晚》、《新丧》、《莫要娇笑》、《酒后》、《蹀躞》、《悼——》、《寄S.M.》、《黄昏》、《痴》、《从此永别》、《小诗》、《古城》、《红灯憔悴后》、《重来》、《岁暮》、《荒村》、《春情》、《银铃》、《田间》、《在你面上》、《怪松》、《他》、《莫心痛》、《秋》、《小诗》、《医生》、"To Mary"(即《致玛丽》——本书作者注)、《自从我死去了母亲》、《雪夜》、《歌舫》、《是葡萄憔悴在蔓藤上的夜了》、《苹果林下》、《坂道上》、《我枯涩的眼光》、《我愿我的心是一条可爱的小径》。

他选取了其中的一首《银铃》,作为诗集的名字。这首《银铃》如下:

　　新雨之后荒园是泥泞地,
　　啄木鸟儿丁丁地伐木园树上,
　　更啄落了潮润的新鲜的红蕊。
　　我穿上了古老的,宽大的木屐,
　　独自漫步在,漫步在雨后的荒园。
　　我心儿忽地疼痛,流注着血般。
　　"什么东西刺伤了你?"我禁不住自问。
　　"衰老的记忆又重回心头了!"
　　老旧的故事幕开在记忆里:

---

① 也有人称,姚蓬子的入党介绍人是宣中华,但是宣中华于1927年4月17日牺牲于上海龙华,而姚蓬子的入党时间为1927年年底。

一群漂亮的,红面庞的女孩,
　　和我同坐接骨木的长凳上面,
　　（争夺地讲述着故事,背诵着诗篇）
　　啄木鸟儿抛下树皮在她们帽檐。
　　她们的笑声好似一串银铃儿摇荡!
　　她们的笑声好似一串银铃儿摇荡!
　　如今郁金香依旧似旧的娇美,
　　啄木鸟儿依旧丁丁地伐木园树内。
　　但流亮的,清丽的笑声沉默了!
　　再听不见一串银铃儿的摇荡!

哦,《银铃》,原是留在他的记忆之中、久久难忘的她们的银铃儿般的笑声!

姚蓬子在1929年3月为《银铃》所写的《自序》,倒是他自己当时思想的真实剖析。这篇《自序》,写及了自己往日的烦闷,后来的沉默,今日的奋进,可以说是他加入共产党以后思想日渐进步的印证。

这篇《自序》是姚蓬子早年思想的自我剖析,颇为难得,故全文照录于下:

　　人是没有方法逃避历史的支配的,正如草木不能逃避季节的支配一样。梭罗古勃革命后不再写什么文章了,苏德曼寂寞地度着他凄凉的暮年。从这两位去年刚逝世的老文豪的晚年的殁落,我们可以证明历史是不会对任何人徇私情的。

　　中国近十年间的历史,是从坟墓中爬出来的历史。自然,有许多木乃伊或活死人,因为在坟墓中睡惯了,坟中的黑暗正适宜于他们的视觉,坟中的腐烂正适宜于他们的嗅觉,坟中的死寂正适宜于他们不会翻身的身体,他们再也不相信人间是有太阳与花,火与血,面包与情欲,狂风与暴雨了。

　　大概是我没有睡熟吧? 我听见外面有风有雷之交响,我从墓缝中看见了外面有火与血的飞迸。在坟里我觉得气闷。于是我开始在坟墓中爬着。

　　这些诗,是我烦闷在坟墓中的证据。

　　我开始作诗,是远在五六年前。那时,火与血之光已在中国的南部闪灼,历史已走上了新转变的前夜。那时我流寓在北京古城中。白天,我在图书馆里找寻着古代的叛逆者之迹;如尼采、叔本华、波德莱尔、彼·阿尔志跋绥夫等等,都是我当年神交的好友。晚上,不是躺在床上,一盏昏沉的煤油灯下,追逐着莎宁与巴莎诺夫等人的影子,在横文的书籍中,即是跑上堕落者之集合所,以感伤的享乐来满足我变态的本能。这些诗,都是我变态的情绪的表现呵,我自信是如此。因为我那时无意识地毁坏着建筑在宗法制度上的"所谓合理"的生活,来恐吓那些好意地拖住我留在坟墓中的人们!

　　我有勇气把青春撕成了碎粉,掷给你们看吧! 日下,时代已不允许你叹气;除了推着时代的轮子往前跑,尽着自己的力量去催促历史早点完成它的使命外,还有说什么空话的闲暇,所以,我是沉默着已三年了。

搜集在此地的诗本来是无须印成册子出版的。因为有时想到自己短促的二十三年间的心境的变迁,正合着历史的演进,当我个人生活消极地崩坏着的时候,正是五卅前后,旧的殁落从都会蔓延到乡间,整个宗法社会陷在消极的崩坏状态中的时候。为了纪念我自己,所以冒昧地将这些诗付印了。

愿亲爱的读者们放下这本无聊的小册子,拿起你们的战斗的武器来。

能够意识到旧中国是座坟墓,意识到自己以往的小诗是"我变态的情绪的表现",表明了姚蓬子的思想在潘汉年的影响下,发生了跃变。正因为这样,他才自认诗集《银铃》是"无聊的小册子",并劝说读者"拿起你们的战斗的武器"。也正因为这样,当他平生的第一本诗集出版之际,他没有沉醉于自我欣赏之中,而在自序里来了个自我否定。

确实,自《银铃》诗集出版之后,蓬子的"诗格"变了。他从忧伤转为激进,从彷徨转为前进,他再也不写那样灰溜溜、酸溜溜、娇滴滴、冷冰冰的诗。他从月儿花儿露丝菲菲转向进军的鼓点,从爱呀蜜呀吻呀唇儿呀转向时代的烽火,他不再欣赏银铃般的清脆,而是热衷于那鼙鼓的洪亮,他的诗从颓废中振奋起来。

姚蓬子出任左联执委

1930年3月2日下午,在上海窦乐安路北四川路的中华艺术大学二楼(今上海多伦路145号),三三两两来了许多陌生面孔。走进大门时,来者总是用警惕的目光回头看一眼。

鲁迅来了,画室(冯雪峰)来了,田汉来了,夏衍来了,潘汉年来了,姚蓬子也来了。六七十个人,挤满了不大的会场。

下午2时,会议正式开始。这一时刻,被庄严地载入中国现代文学史——中国左翼作家联盟就在这里诞生。

会议的主角有二。那个穿长衫、留八字胡,操一口"绍兴官话"的长者,自然是最孚众望的鲁迅。另一位主角一身西装,往常几乎不在公众场合露面,这次会议的幕后组织者、领导者,便是这个年仅24岁的"小伙计"——潘汉年。他是代表中共中央出席会议。

一老一少两主角,都在会上发表主旨性讲话。鲁迅讲话的记录稿经冯雪峰整理,后来发表在1930年4月《萌芽》月刊第1卷第4期上,也就是那篇名作《对于左翼作家联盟的意见》。鲁迅的目光,总是看得很远很远。他一边燃着纸烟,一边侃侃而谈。姚蓬子坐在离鲁迅不远的地方,他百分之百地听见、听懂鲁迅的"绍兴官话"。鲁迅的话,曾经振动过姚蓬子的耳膜,可惜未曾震动他的灵魂。像穿云透雾一般,鲁迅的话敏锐而又深刻:

我以为在现在,"左翼"作家是很容易成为"右翼"作家的。为什么呢?第一,倘若不和实际的社会斗争接触,单关在玻璃窗内做文章,研究问题,那是无论怎样的激烈,"左",都是容易办到的;然而一碰到实际,便即刻要撞碎了。关在房子里,最容易高谈彻底的主义,然而也最容易"右倾"。西洋的叫做"Salon的社会主义者",便是指这而言。"Salon"是客厅的意思(今常音译为"沙龙"——引者注),坐在客厅里谈谈社会主义,高雅得很,漂亮得很,然而并不想到实行的。这种社会主义者,毫无足靠。并且说工农大众应该做奴隶,应该被虐杀,被剥削的这样的作家或艺术家,是差不多没有了,除非墨索里尼,但墨索里尼并没有写过文艺作品。(当然,这样的作家,也还不能说完全没有,例如中国的新月派诸文学家,以及所说的墨索里尼所宠爱的邓南遮便是。)

第二,倘不明白革命的实际情形,也容易变成"右翼"。革命是痛苦,其中也必然混有污秽和血,决不是诗人所想象的那般有趣,那般完美;革命尤其是现实的事,需要各种卑贱的,麻烦的工作,决不如诗人所想象的那般浪漫;革命当然有破坏,然而更需要建设,破坏是痛快的,但建设却是麻烦的事。所以对于革命抱着浪漫谛克的幻想的人,一和革命接近,一到革命进行,便容易失望。听说俄国的诗人叶遂宁,当初也非常欢迎十月革命。当时他叫道:"万岁,天上和地上的革命!"又说:"我是一个布尔塞维克了!"然而一到革命后,实际上的情形,完全不是他所想象的那么一回事,终于失望,颓废。叶遂宁后来是自杀了的,听说这失望是他的自杀的原因之一。又如毕力涅克和爱伦堡,也都是例子。在我们辛亥革命时也有同样的例子,那时有许多文人,例如属于"南社"的人们,开初大抵是很革命的,但他们抱着一种幻想,以为只要将满洲人赶出去,便一切都恢复了"汉官威仪",人们都穿大袖的衣服,峨冠博带,大步地在街上走。谁知赶走满清皇帝以后,民国成立,情形却全不同。所以他们便失望,以后有些人甚至成为新的运动的反动者。但是,我们如果不明白革命的实际情形,也容易和他们一样的。……

鲁迅一口气列举了那高呼"法西斯万岁"的意大利作家邓南遮(1863—1938),那曾向往革命又隐入苦闷而自杀的俄国诗人叶遂宁(1895—1925),那苏联革命初期所谓"同路人"作家毕力涅克(1894—?),那个与十月革命相抗的俄罗斯作家爱伦堡(1891—1967)以及中国清末的"南社",再三敲响了警钟:"'左翼'作家是很容易成为'右翼'作家的"!

中国诗人姚蓬子身上,有没有俄国诗人叶遂宁的影子?鲁迅的近乎先知先觉的话,姚蓬子并未在意。鲁迅的话竟成了姚蓬子命运的预言。

姚蓬子亲耳听见了鲁迅的这番醒世之言。他,正坐在左边,坐在一大群左翼作家之中。他压根儿没想到,他后来一下子成了右翼作家,是那么样的容易!

到了下午4点,演说结束,开始选举。当场选出第一届左联执行委员:鲁迅、沈端先(夏衍)、冯乃超、钱杏邨、田汉、郑伯奇、洪灵菲、周全平、蒋光慈、胡也频、柔石、姚蓬子、华汉等。

左联设秘书处、组织部、宣传部、工农工作部、总务部。姚蓬子出任执委兼总务部长——在众多的文人之中,姚蓬子具有"经济头脑",善于结交各色人等,所以"总务部长"之职非他莫属。后来他成为作家书屋老板,也充分显示了他的"经济头脑"的才华。

自从成为左联的执委之一,姚蓬子与鲁迅、冯雪峰、潘汉年有了经常的接触。

他已"告别"了法国的象征派,不再写那种忧思忡忡的小诗了。

他把手头已经开译的法国果尔蒙(出书时,姚蓬子又译为"果尔梦")的另一部长篇小说《妇人之梦》翻译出来,交给上海光华书局出版。1930年2月付排,1930年3月就出版了。

姚蓬子为光华书局主编"欧罗巴文艺丛书"。《妇人之梦》列入了丛书。他又从英译本转译了苏联高尔基的长篇小说《我的童年》,也列入"欧罗巴文艺丛书"。这本书长达438页,从1930年11月由光华书局印出初版之后,成了畅销书,印数远远超过了果尔蒙的小说。除了自己动手翻译外,姚蓬子还组织了"欧罗巴文艺丛书"十多部译稿。

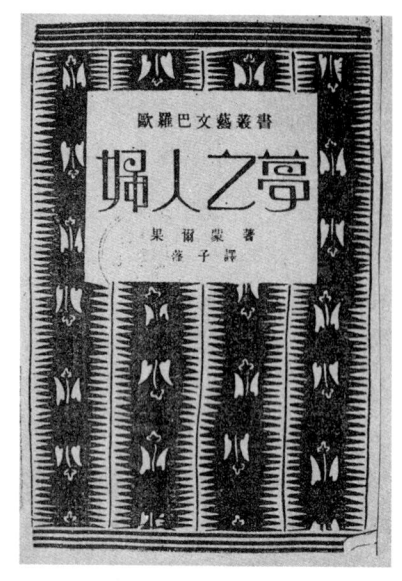

■ 姚蓬子译《妇人之梦》

姚蓬子对苏联小说发生了很大兴趣。他选译了八篇苏联小说,编成《俄国短篇小说集》一书。这本书最初作为"欧罗巴文艺丛书"之一,由光华书局于1931年印行。后来,被收入王云五主编的"万有文库",于1937年3月由上海商务印书馆再版。此后,又重印多次。

《俄国短篇小说集》的首篇《人性的风》,作者便是鲁迅提及的苏联"同路人"作家毕力涅克(Boris Pilniak,姚蓬子译为"皮涅克")。鲁迅把此人作为从"左翼"作家转为"右翼"作家的典型之一。此外,《俄国短篇小说集》还收入莱昂诺夫(Leonid Leonov)的《伊凡底不幸》,A. 托尔斯泰(Alexey N.Tolstoy)的《白夜》,左祝梨(Efim Zozulia)的《阿K和人性故事》,洛曼诺夫(Panteleimon Romanov)的《恋爱的权利》,理定(Vladimir Lidin)的《青春》,略悉珂(N.N.Liashko)的《铁链的歌》,亚莱克西夫(Glieb Alekseev)的《异样的眼》。

在《译后杂记》中,姚蓬子谈及了他偏重于选译俄国的"同路人"作家的作品:

在译成这本《俄国短篇小说集》之后,我觉得有在本书后面附几句话的必要。

第一,要将1921年以后的新俄短篇小说,有计划地,有系统地,作一完整的迻译,在我底能力与时间固然也办不到;但要在像这样一本薄书里要求获得一个完璧,也是实际上所不容许的事。现在译在这里的,除略悉珂之外,都是同路人底作品。所以多译同路人底作品,是因为,几部出现在新俄文坛上的巨著,在中国都有了译本,而同路人底重要作品,译到中国来的却很少。所以在开始选择的时候就有了这样的观念,纵然是不充分的,不完备的,也要将这部译集作为介绍同路人作品底一个小小的尝试。

第二，这数篇小说完全是从英译转译来的。虽然想尽我能去保存各篇小说底风格，但以我底文笔的不美丽，不畅达，而且又是转译来的，要丧失原文底不少精彩这缺点，是没有方法可以弥补过来了。

1931年6月，蓬子，在上海

此外，姚蓬子还与杜衡合译了瑞典作家斯德林保的长篇小说《结婚集》，也列入"欧罗巴文艺丛书"，由上海光华书局印行。后来，在1932年10月，改由上海大光书局印行。

与丁玲创办《北斗》

1931年盛暑，格外地热。一个短发、穿连衫裙、27岁的少妇，常常来姚蓬子家。她的性格本是活泼、开朗的，由于意外沉重的打击，使她变得沉默寡言，脸上几乎没有笑容，仿佛一下子老了许多。

她用浓重的湖南口音跟姚蓬子轻声地商量着。每一次，总是她点了头，姚蓬子去办。看得出，她决断迅速，说一不二，是一个很有魄力的女人。

这位湖南少妇，便是蒋冰之，是一个颇有魄力的女人。她出生在湖南的显宦门第，有着不寻常的经历：她的中学同学杨开慧，便是毛泽东的夫人；她的丈夫胡也频，是颇负盛名的青年作家；她从23岁时以笔名丁玲发表作品，小说《莎菲女士的日记》等轰动了文坛。1930年5月，她和胡也频从济南来上海，潘汉年和姚蓬子便去看望他们。经潘汉年和姚蓬子介绍，丁玲和胡也频双双参加左联。11月初，在左联会议上，胡也频当选为代表，准备前往苏区出席全国苏维埃代表大会。1931年1月17日，当胡也频到上海东方旅社接头之际，被国民党特务逮捕。2月7日，上海龙华响起一阵枪声，胡也频倒在血泊之中。丁玲陷入痛苦的深渊。她终于以惊人的毅力抑制心灵的巨创。她把孩子送回湖南老家后，在上海兆丰公园秘密会见了中共领导人张闻天。她说："我需要的不是别的，是工作！"于是，中共上海地下组织安排她出任《北斗》文艺月刊主编。丁玲在上海文坛上已有很高的知名度，她当然是主编的合适人选。毕竟孤掌难鸣，何况那时的丁玲，尚未入党。于是，冯雪峰和潘汉年给她调来两名助手，一个便是姚蓬子，负责跑印刷厂，也担任一部分编辑事务；另一个是左联作家沈起予，懂日文，负责编辑译稿。这"三驾马车"，便成为创办左联刊物《北斗》的"开国元勋"。

丁玲在她的《关于左联的片断回忆》中，这样述及《北斗》的创刊以及她与姚蓬子的合作：

> 冯雪峰对我说，中央宣传部研究了，说有个工作要我来做比较合适。他说，现在有的人很红，太暴露，不好出来公开工作；说我不太红，更可以团结一些党外的人。中央要我主编《北斗》杂志，这是左联的机关刊物。在这之前，左联也曾出过《萌芽》、

《拓荒者》《世界文化》《文化斗争》《巴尔底山》("巴尔底山"即英文"突击队"音译——引者注)等,但都被国民党查禁了。冯雪峰说,《北斗》杂志在表面上要办得灰色一点。我提出来一个人办有困难。于是就决定由姚蓬子和沈起予(沈起予,四川巴县人,生于1903年,卒于1970年,现代作家、翻译家。1920年起到日本求学,1927年回国。1929年再度去日本。1930年初回国,参加左联——引者注)协助我,由我出面负责。我负责联系作家,看稿子;姚蓬子负责跑印刷所,也担任部分编辑事务工作;沈起予懂日文,他就管翻译。

就这样,姚蓬子与丁玲共事,一起致力于创办左联的重要刊物《北斗》。

1931年,就在"九一八"事变后的第三日——9月20日,一份崭新的大型文学杂志出现在上海书报摊。那淡黄色的封面上,印着一幅黑色的天体图,标明着北极星和北斗,上方印着两个黑色刊名大字"北斗"。

25岁的姚蓬子非常活跃,不光是热心于跑印刷厂、编稿子,而且居然也写起小说来。《北斗》创刊号就刊载了姚蓬子的短篇小说《一幅剪影》:

和一个美丽的女人挽着手,拖着自己底怪长大的影子,穿过了一条小小的潮湿的狭巷,弯到霞飞路上了。夜色是那样好,从马路两边的绿油油的长青树上飘下来的风,拂去了行路人面上的热气,汗,疲倦,以及一切热天里担当不住的天气的压逼,拿凉快掷进你心窝里,使你感到舒服。举首看看天上的星星,正像挨在身边的那女人底微笑的眼睛,颗颗都像漾在水里面,没有一点泥垢,没有一颗不干净,不晶莹。云像深蓝色的天鹅绒,软软的,软软的,铺遍了这无边涯的天。是这样甜美的初夏夜!是这样醉人的夜色!白日的辛苦和疲劳,此刻已飞出了他底肢体,越过了马路上的整齐的列树底软语的枝梢,越过了瘦长的电线木,越过了高高矮矮的砖瓦的屋脊,像一缕柔软的青烟,像一轮淡淡地荡开去的水晕,消失在夜底苍茫里,消失在繁多的灯光与人影里了……仅有一种说不出的非忧郁也非甜蜜的东西塞满他底心;一只嫩软的白净的手儿握住他粗黑的手里;一阵醉人的脂粉的浓香刺进他的鼻管里……

大抵原先写诗的缘故,他的小说散发着诗的气息。在这篇小说中,他写了一个"在无可奈何之中想拿英雄的梦想来填补自己的空虚底女性"。

在《北斗》第1卷第2期(1931年10月20日出版)上,发表了姚蓬子的短篇小说《一侍女》:

是一个秋天的晚上,跟着风,卷动着挑在店铺子底檐角上长幡似的市招,影子投射在马路上,被那些闲行在街上的人们践踏着。红红绿绿的电灯晃耀在沿街两边的店屋内,那些陈列在玻璃柜内的商品更显出了它们底立体形。毛绒衫,项圈,秋大衣等等,从已经被遗忘的箱子里重新披到人们身上,在黄昏的街头斗着风。在街上消度着夜晚的人们,仿佛全是安闲的,幸福的,无所事事的。

他们有的进了影戏院,有的进了咖啡馆,有的在绸缎铺里剪裁秋衣……挤在这些人们中间,有一个曾经当过咖啡店的侍女而现在已在贫病交逼中失业了三个月的年青的姑娘,紫英。过去她曾经有过光荣的日子,是给过了一些男人梦想的。在她底苹果似的圆润的肥颊上,曾经有人以偷取了一个吻算作伟大的胜利的事情也曾有过,但自从花园咖啡(馆)倒闭后,她底光荣已经离开她,腮颊上的苹果也仿佛萎烂了。

姚蓬子,躲在亭子间里写上海。他写了一篇又一篇短篇小说。他写弱女子,写"空虚底女性",写旧上海的畸形,写十里洋场的暗角。他的作品,仿佛用小小的酒盅,盛着淡淡的哀愁。

在1931年12月20日出版的《北斗》第1卷第4期上,姚蓬子的短篇小说《白旗交响曲(一段暴风雨时代里的插话)》,篇末注明"12月初,于上海"。这篇小说与以往不同,写了上海"宝山路上的血",写了"一簇簇预备出发南京请愿的学生们",写了"宁为玉碎,不为瓦全","在这国难临头的时节,我们无论如何要督促政府做到这一步":

教育局长,公安局长和党部委员等,带了雄赳赳的武装兵士,乘了汽车上车站来劝阻学生进京请愿,叫了学生代表去听训话。他的意思,以为学生进京请愿,不仅会耗费时间,精神,于事实没有丝毫的帮助,同时学业上的损失亦甚巨,甚大,社会的秩序和安宁也会受到影响。……

不耐烦地等待着列车,一面又想到了白天教育局长他们那一番训话,于是在郑华心里又掀起了一些气愤的,又好笑的感想。是的,连你们也说,这是国难临头的时候了,那末还教我们回去努力读书,这用意到底在那里呢?如其说,外交你们自有办法,但事实摆在我们眼前,不仅东北的劳苦民众早已水深火热的被践踏在铁蹄下面了,同时日本的刽子手还在到处继续屠杀,日本的军队还在继续向关内开动,预备在华北暴动,日本的兵舰也不断的开到长江上来示威,而你们,除了教民众坐以待毙的镇静之外,又还有半点准备反抗的表示吗? ……啊啊,民众是不会再上镇静论的冤枉当的,为要解除他们自己的桎梏,为要避免奴隶的悲惨的运命,他们已经自己起来直接行动了! 他们要打倒帝国主义及其走狗……

这篇《白旗交响曲》就艺术性来说,显得粗糙,却迅速地反映了当时的现实:1931年9月18日,日军突然进攻沈阳,炮轰北大营,呼啦啦一下子吞掉了中国的东三省。蒋介石实行不抵抗主义,引起全国人民的公愤。11月26日,上海、北平、天津、武汉、广州等地上万学生涌向南京,要求国民党政府对日宣战……

目击着抗日烈火在上海熊熊燃烧,姚蓬子感到激动不已。他,拿起了笔,在几天之内写出这篇《白旗交响曲》。他不再那样缠绵悱恻,他变得慷慨激昂。

《白旗交响曲》写得慷慨激昂。但生活中的姚蓬子又是怎样的呢?面对带血的刺刀而发生的一段小插曲,使左联同仁对姚蓬子留下一个疑问。

丁玲在《关于左联的片断回忆》一文(见《丁玲文集》第五卷),记载了姚蓬子这段小插曲。

> "九一八"以后,上海成立了反日大同盟,举行过游行示威,左联的很多人都参加了。这次游行,由楼适夷和杨骚打旗子(还有张天翼打旗子——引者注)。开群众大会时本来内定由沈起予讲演。但特务包围了会场,沈不敢上台,没有法,冯雪峰跑上台去讲演。他本来是不应该暴露的,事后同志们对他这种赤膊上阵的行为进行了批评。大会开得很有声势。会后,游行队伍包围了张群的房子。我们派人进去谈判。反动军警在墙上架起机枪,并向游行队伍开枪。等逃散的群众再度集合起来,左联清点人数时,发现只少了一个姚蓬子。

姚蓬子哪里去了呢?他为什么不见了呢?

后来,姚蓬子以含混的措词,回避了人们的追问。

小插曲很快被人们遗忘,但是这小小的插曲却是一个征兆。

1932年,在《北斗》第2卷第1期举行《创作不振之原因及其出路》征文时,发表意见的有鲁迅、郁达夫、叶圣陶、张天翼、茅盾、丁玲、戴望舒、胡愈之等等,其中也有姚蓬子。

姚蓬子的意见如下:

> 中国近来文艺创作果然不振么?不是的。我认为它开始从知识分子的书案移转到大众的眼下了。
>
> 近来广大的反帝剧本的产生,街头剧团的开始活动,大众文艺的逐渐增多,工厂壁报的普遍建立,这些,不都是新兴文学的萌芽么?自然,我们至今还没有真正成熟的大众文艺的产生,这是无庸讳言的事实。
>
> 因此,一个文学必须克服自己封建的,小资产阶级的,同路人的习性,到工厂、到农村、到街头,去生活大众的生活,这是为要产生真正属于大众,为大众所理解,所爱好的文学的正确的路径。
>
> 同时,我们必须从大众中间,尤其是劳动者中间,培养工农出身的新作家。扩大工农通信员运动已成为文学界当前第一个急迫的任务。

《北斗》在青年读者中,产生了相当大的影响,"公认为1931年我国文坛最好的刊物",引起了国民党政府的注意。这个新生的婴儿还不满周岁,就在1932年春天勉强出版了第2卷第3、4期合刊之后,被迫停刊了。

鲁迅写诗《赠蓬子》

1932年2月20日付排，居然在3月18日就出书了。姚蓬子的中篇小说《浮世画》，交给上海良友图书印刷公司，列入赵家璧主编的《一角丛书》，作为第二十九种，飞快地印行了。

小小的六十四开本，定价一角，第一版就印了四千册。这是姚蓬子小说的第一个单行本。

浮生若梦，为欢几何。姚蓬子的《浮世画》，画的依旧是上海滩的世俗之情，桃花之运：

谁曾想到呢？一个穷教授会和大学校里的一个皇后要好起来。一个是被绅士公子们捧成了金丝雀，红鲤鱼，画眉鸟的摩登女郎，而另一个却是只在私立宏德大学担任了几点钟西洋文学史和西洋哲学史的穷教授。所以在他们最初认识了之后，西音和她通信的消息传到了朋友们耳中的时候，差不多没有一个熟人不背了面讲他笑话，见了面又寻他开心的。

"老西，听说你新近交了桃花运，真的吗？"一个熟人笑着问。

"老西，看你不出有这一手大本领，连王小姐都会和你讲起爱情来？"另一个熟人狡猾地拍拍他底肩膊。

"朋友，不要寻开心，好吗？不过随便通通信的一回事，你们不要无中生有的造出风浪吧。"窘笑着回答了朋友们。

对的，这是句真话，对于这女人，至少西音是不曾发生过野心或幻想的。一、他不是小白脸，没有一个擦满了雪花粉的小旦似的面孔；二、他不会吹牛，没有当着女人面前将她捧上云雾里去的勇气；三、他没有钱。拿教书的钱是只够维持个人生活也还不是顶宽裕的，有什么剩余可供一个摩登女郎底挥霍呢？自己底够不上追求女人的资格是明明白白的，所以要挤进那些体面的绅士们和豪贵的公子们中间去当一名蕙如底候选人，那是他认识蕙如之后所不曾梦到，不敢梦到，同时也不必梦到的。

正如他自己告白给朋友们，他们底关系只不过随便通通信的一回事。在一个朋友的筵席上认识了如，觉得很媚人，后来就借了一个原因写信给她了。信发出之后心中不无后悔的，不是怕她没有回信，而是怕她当作一个笑话传开去。但出乎意外的不到二天回信居然寄来了，虽是短短的几句平淡的客套话，但仿佛也很尊重自己的，希望自己时常有信寄给她。

西音是被一种单调的寂寞的生活追随着，到如今已有五年了。挟着皮包，从家内搭车到学校，念一些连自己也觉得无意义的讲义。于是又回到家中，在几架旧书中间坐下来，看几本哲学书，或者躺在床上驰骋一些不必要的幻想。到如今，已有五年了。

现在，有一个女人能够接受他底信，同时也有回信给他，这不是一个消磨时间的好办法吗……

姚蓬子的小说《浮世画》，就这样开始展开故事。

拿到自己出版的第一本小说，1932年3月31日下午，姚蓬子抱着自己四个月的儿子，前去看望鲁迅。

他的独生子，便是姚文元，1931年12月11日（农历十一月初三）生于上海。他用祖父姚宝槐当年秀才匾上"文元"两字给儿子取名，即"文中魁元"之意。

他去看望鲁迅，一是请鲁迅为他的新作《浮世画》写点评论，二是请鲁迅为他题几个字，三是让自己的儿子见识见识中国当代的大作家——虽然儿子才四个月。

姚蓬子的三个目的，达到了两个：

最容易达到的，当然是让儿子见到鲁迅。后来，当儿子在中国文坛上崭露头角时，他就不无自豪地说："我一岁的时候就见过鲁迅！"

最难达到的，当然是请鲁迅为《浮世画》写评论。鲁迅收下了姚蓬子送的新作，说道："我先看看。"自然，此后鲁迅没有为《浮世画》写过任何评论，表明他以为不值一评。

既不算容易，也不算太难的，是请鲁迅题字。

鲁迅沉思了一会儿，说道："给你题一首诗吧！"

姚蓬子喜出望外，瞪大了眼睛，看着鲁迅提起了毛笔。

顷刻之间，鲁迅走笔如飞，写下了一首风趣的小诗：

赠蓬子

蓦地飞仙降碧空，
云车双辆挈灵童。
可怜蓬子非天子，
逃来逃去吸北风。

当晚，鲁迅在日记中记述道："又为蓬子书一幅云：'蓦地飞仙降碧空……'"

关于这首《赠蓬子》的释义，颇多争议。诗是最为简练的艺术。惟其简练，往往多义。《赠蓬子》的解释，大抵可以分为两种——

其一，按照《赠蓬子》一诗直释，"飞仙"指蓬子（因为蓬子乃"蓬瀛之子"），"灵童"指姚文元。意思是说，蓬子仿佛从天而降，坐着两辆驾云的车子，带着儿子来临，可怜你蓬子并非天子，只不过是逃来逃去喝西北风罢了。

其二，周振甫著《鲁迅诗歌注》，1980年浙江人民出版社出版，在注释中认为：

诗中所说的是"一·二八"上海战争时，穆木天的妻子携带儿子乘人力车到姚蓬子家找寻丈夫的事情。天子：穆天子，《穆天子传》讲周穆王西游见西王母的故事。这里指穆木天，言穆木天的妻子找不到丈夫，只好逃去逃来喝西北风了。……

因为穆木天的妻子到姚蓬子家去找丈夫，所以说："可怜蓬子非天子"，即可怜姚蓬子不是穆天子。用"天子"来代"穆木天"，因为"穆木天"跟"穆天子"中有两个字相同。又据《唐六典》，称宫廷内阁中的秘书阁叫"木天"，即指天子的秘书阁，所以用"穆天子"来代"穆木天"，否则这句话就不好理解了。又这首诗写的是"一·二八"事变时的事，当时住在战区的人都在逃难，穆木天的妻子也在逃难，所以说"逃来逃去"。穆木天的妻子在逃难时找不到丈夫，生活没有着落，姚蓬子不能照顾她，所以只好喝西北风了。这首诗不是写3月31日的事，是追溯"一·二八"事变时的事。到3月31日，战事早已平息，鲁迅也从"一·二八"时逃难出来于3月19日搬回家去，已经没有"逃来逃去"的事，对姚蓬子来说，也没有"吸北风"的事。再说《穆天子传》记穆天子去见仙人西王母，所以联系到"飞仙"，"灵童"就是仙童，正从"飞仙"来的。倘若就姚蓬子讲，那就不能称"飞仙"，也无所谓"灵童"了。又"一·二八"正在冬天吹北风的时候，故说"吸北风"也符合时令，到3月31日，已是吹东风的春天，和"吸北风"也不合了。

这里提到的穆木天（1900—1971），也是左联成员，诗人、翻译家。

周振甫的依据是："这首诗的本意，是许广平在抗战时期对人讲的，她是当时的见证人，所以她的解释是有权威性的，正确的。"

《鲁迅全集》的注释，采用周振甫的查证，称此诗系调侃穆木天妻寻夫事，"飞仙"指穆妻，"灵童"指穆子，与姚文元无涉，详解参见周振甫先生的《鲁迅诗歌注》。

其实，持第一种释义的，也未尝不可。因为当时姚蓬子还是左联执委、共产党员，而姚文元不过乳臭未干的稚童，鲁迅戏称之为"灵童"，也不是什么了不起的事。至于三十几年之后姚文元成为中央首长，借此自吹，那与鲁迅何干？

1988年2月29日，笔者在北京拜访楼适夷先生时，他谈及对于这首诗的解释——

1932年4月间，在上海无处安身的楼适夷，来到极司非而路（今万航渡路），借住在姚蓬子家。步入姚家，见到墙上挂着鲁迅题诗，还没有来得及裱呢。

楼适夷看罢诗，问及鲁迅的诗的意思，姚蓬子仰天大笑起来，说起了故事："'一·二八'的时候，穆木天的妻子找不到丈夫（听说，穆当时另有所爱，谈恋爱去了）。穆的妻子带着孩子，坐着两辆黄包车，来到极司非而路我的家里。我帮她找穆木天，找来找去找不着……3月里，我去看望鲁迅，跟鲁迅说起了穆木天的故事。鲁迅一边听，一边笑。后来，我请鲁迅题诗，他就把穆木天的故事写进了诗里，笑我'可怜蓬子非天子'！"

楼适夷当面听姚蓬子所讲的故事，跟许广平在抗战时期对这首诗所作的解释是一致的。

出任《文学月报》主编

《北斗》消失了。

不久，一份厚厚的新的文学杂志，出现在上海的书摊上。

杂志封面上赫然印着：文学月报。

每一期《文学月报》上，都印着"编后记"，署名蓬子——他是左联的这份新刊物的主编。《文学月报》由光华书局发行。

姚主编显示了他的社会活动能力，一连串名作家的作品，出现在《文学月报》上：茅盾、巴金、田汉、丁玲、叶圣陶、张天翼、冰心、艾芜、楼适夷……其中特别是鲁迅的《辱骂和恐吓决不是战斗》，田汉的《暴风雨中的七个女性》等，在读者中产生了广泛的影响。

姚蓬子在《文学月报》第2期"编后记"中，继续发表着激进的文学主张："大众文化水准的提高，已成为中国文化运动上当前最急迫的任务。除了奴隶的领主们想用各种方法领导大众走入永远的无知，永远的愚昧，永远的黑暗中，可以永远供他们的驱使，永远受他们的支配外，谁都感到大众不仅需要以自己的力量去改造生活，社会地位，同时也要提高和创造自己的文化。因此，作为文化运动的一翼的文学，也必然的应该负起它自己的使命。……"

姚蓬子除了拉稿，编刊，跑印刷厂之外，也写小说，写诗。他集主编、作家、诗人于一身。

他发表在《文学月报》创刊号上的短篇小说《雨后》，依然保持着他对旧上海的市民生活的细腻的描写：

> 下午四点钟，春雨蒙蒙的落着。街上只看见电车，洋车，摩托车，行人很少。大家都闷在家里吧。雨天在家没有事，照例听到了竹梆声便会有女人出来唤住他。但今天不知为什么缘故可有点儿不同，任他一弄又一弄躁急地敲过去，没有听到哎的开门声。是太太们麻将牌正摸得起劲忘记了肚子呢，或是上午已经买好肉，预备自家做点心呢，这是谁也无从知道的。甚至平日最爱作成他生意，送馄饨碗出来的时候还时常给他赞美的那几家公馆，仿佛也没有听到他的竹梆声……

蓬子写诗，比写小说拿手。不过，此时，他的"诗格"果真变了，再不是"象征派的法国诗风"了。他像怒吼的狮子，现出了心中的不平，吼出了民族的愤懑。在《文学月报》创刊号上，蓬子还登出他的《诗四首》。现摘录其中之———《被踩躏的中国的大众》。从诗句那昂扬的基调，可以想见当年的诗人蓬子，确曾有过革命的热情：

> 大众，被踩躏的中国的大众，
> 被十六省泛滥的洪水，
> 夺去了可怜的粮食，牛马，庐舍，
> 被抛到饥寒的危崖的
> 穷苦的中国的大众，
> 听，日帝国主义的坦克车，飞机，炮弹，
> 从吉林，从辽宁，从山海关外，
> 雷雨般，野火般的卷到了黄浦江畔。
> 听，在紫色的烟，红的火花

弥罩着的闸北,弥罩着的茫茫的夜空下,
被围困在炮火的毒焰里的穷苦者底生命,
被践踏在兽的铁蹄下的少女底青春,
在死的界线上呻吟!
而那些命令我们不抵抗
命令我们镇静的,
此刻却拥抱着娇娃,低低的唤着"亲亲";
在明媚的灯光下顾盼自己的勋章,
得意的微笑飘上了金黄的酒浆。
谁问日帝国主义的兽蹄踏到了江南!
谁管法西斯蒂的旌旗飘扬在吴淞江畔!
还有那荡着红裙的跳舞厅里,
听,那舞曲的幽扬,美丽,
伴着笼罩在晚空的血痕似的火光,
伴着可怕的惊心刺耳的炮声,
如一唱一和的双簧戏似的,
正在祝福这日帝国主义的伟大的胜利!……

虽说诗味淡如白开水,用口号式词句堆砌而成,但是诗表明他确实是左翼诗人中的一员。

《文学月报》也支撑不了多久。从1932年7月出版第1期,到12月15日出版第5、6期,便被迫停刊了。姚蓬子只担任了前三期的主编。后来,周起应(周扬)由田汉介绍,从剧联来参加左联。冯雪峰调周起应接替姚蓬子,出任《文学月报》主编。

姚蓬子在上海滩上"消失"了……

转入秘密战线——中共特科

在姚蓬子之前,先"消失"的是潘汉年。

潘汉年原本是文委书记,常常在左联的会议上露面,或主持会议,或传达中共中央的指示精神。

1931年夏,潘汉年"消失"了——虽然他仍然在上海。他神不知,鬼不晓地出没。上午西装笔挺,下午便长袍马褂,晚上也许衣衫褴褛,时而教授派头,时而富商风度,时而小小百姓。

楼适夷在《从三德里谈起》一文中,如此这般地描述过神秘的潘汉年:"他已是一个完全的地下工作者,再没地方去找他聊天了。但有时会偶然碰到,笑笑,点点头,三言两语。如果是在马路上,则大家不理,也不知他在干什么。总之,是很机密的。例如有一次我对某人的行动有点怀疑，对雪峰反映了。雪峰说：'这事你甭管，小潘有任务交给他的。'我就不管了。"

潘可西在《深切怀念三叔汉年同志》一文中，则这样描写神出鬼没的潘汉年：

> 有一次，他本是穿西装出门的，回来却穿了一身厨师服。原来他在马路上行走时，突然发现有几个形迹可疑的人在盯梢。他立即沉着地走进一家饭店，似乎在寻找座位。
>
> 一会儿，有两个盯梢的人也进了店堂。在这十分紧张的一刹那，他走进厨房，换了厨师服，戴上口罩，随手提起一只送饭篮，巧妙地走出了店门。
>
> 又在一个冬天的中午，他发现家对面马路上有几个鬼头鬼脑的人在徘徊。他立即改换装束，穿起一身破烂衣服，肩披破麻袋，并把脸弄脏，伪装成一个饥寒交迫、浑身抖索的乞丐模样，迷惑了敌人，离开了住所。

潘汉年究竟在干什么工作呢？

夏衍在他的长篇回忆录《懒寻旧梦录》，点明了潘汉年的身份："这时，潘汉年已负责特科工作。"

特科，中共中央的秘密、要害部门，它的前身是中共中央军委特务工作处。1927年11月，周恩来调到上海党中央，负责中共中央军委工作，便筹建了中央特科。

周恩来为中央特科规定的工作任务是："保卫中央机关的安全；搜集敌方情报；管理秘密交通；铲除叛徒、特务。"

中共中央特科下属四个科：

一科——负责设立中央机关、布置中央会场和营求安抚工作。

二科——情报机构。任务是搜集情报、掌握敌情和反间谍工作。最早的科长为陈赓。

三科——以原先的红队为基础建立的。负责镇压叛徒、内奸，打击国民党特务。

四科——无线电通讯联络系统。李强曾任科长。

自从中共中央特科建立以来，便成为国民党的特务机关最为注意的目标。

20世纪30年代初，中共特科是顾顺章负责的。他是上海南洋兄弟烟草公司的工人，在中共六大上被选为政治局委员。他在周恩来的领导下，负责特科日常工作。

1931年3月，刚从苏联回国的中共中央政治局委员张国焘要和回国不久的陈昌浩一起，前往鄂豫皖苏区，顾顺章亲自执行护送任务。他从上海来到武汉，被国民党中统特务盯住。在敌人雪亮的刺刀前，顾顺章一下子瘫倒了，成了叛徒，供出了中共中央一系列重要机密。

1931年4月26日，中统特务头子徐恩曾的机要秘书钱壮飞匆匆从南京赶到上海。钱壮飞是中共地下党员。他急告党中央：4月24日，中共中央政治局委员顾顺章在武汉被捕，叛变，供出了当时在上海的中共中央负责人瞿秋白、周恩来等的住处。武汉中统特务六次发密电给徐恩曾。所幸，全都落在钱壮飞手中。事关重大，钱壮飞心急火燎报告党中央。

4月27日，当顾顺章飞抵南京，受到蒋介石接见之际，中共中央在上海的机关及瞿秋白、周恩来均已安全转移。

发生的意外紧急情况使周恩来不得不重组中央特科。他选中了精明能干,25岁的潘汉年,挑此重担。

于是,潘汉年从上海滩"消失"了。

1932年秋,潘汉年调姚蓬子到中央特科工作。于是姚蓬子从编辑,而诗人,而主编,而为一名秘密工作者了。

姚蓬子在中共特科负责什么工作呢?他的具体任务是"河北交通"[①]。

没有诗情,没有画意,这一次"改行",有的只是严峻,艰苦,风寒,惊险。

姚蓬子在天津被捕

革命,如同一面筛子,筛去了弱者,留下的是强者。

写写激扬文字,做做地下工作,这都不算难。面对皮鞭和屠刀,面对生与死的选择,那才是对于硬骨头与软骨头的最严峻的检验。

1931年爆发了"九一八",1932年发生了"一·二八",把国民党政府弄得手忙脚乱。左翼作家们趁着民众的抗战烽火,呼啦啦,火上加油,推动着全国的抗日热浪。

到了1933年,国民党政府腾出手来了,形势陡然吃紧,大批的左翼文化人落入囹圄:

3月28日,廖承志、罗登贤在上海公共租界被国民党特务逮捕。

5月13日,史沫特莱的秘书、丁玲的第二个丈夫冯达在上海被捕。冯达叛变,供出了丁玲的住址。

5月14日,丁玲和潘汉年的表兄潘梓年在上海被捕。

6月18日,中国民权保障同盟副会长杨杏佛在上海被军统特务暗杀,宋庆龄、鲁迅、蔡元培接到了暗杀警告。

7月14日,《中国论坛》英文版第3卷第8期,王造时巧妙地以"记者接到未署名之投稿一件,内容为蓝衣社谋杀中国共产党领袖、左翼作家以及各反蒋军人政客之秘密通告抄件"为托词,公布了以蓝衣社总机关代号"华"署名的"钩命单",共53人,每一暗杀对象名字下面加括号,内注执行暗杀任务者的代号。其中有:陈绍禹(后林)、秦邦宪(后林)、胡汉民(海陈)、李济深(海陈)、陈济棠(球王)、李宗仁(补章)、白崇禧(补章)、蒋光鼐(补章)、蔡廷锴(补章)、冯玉祥(线索)、吉鸿昌(线索)、杨铨(后林)、鲁迅(后林)、茅盾(后林)、胡愈之(后林)、田汉(后林)、王造时(后林)等。这份"钩命单"一公布,舆论大哗。

据不完全统计,在1933年上半年,仅上海一地,被捕的中共党员便达600人左右!其中,最令人震惊的是中共上海中央局书记李竹声在6月下旬被捕之后,成为"软骨虫",居

---

① 有人称姚蓬子担任"中共华北特委书记",但是并无确证,而姚蓬子任"河北交通",则见诸中共中央关于《王洪文、张春桥、江青、姚文元反党集团罪证(材料之二)》。

然供出许多中共地下党员的地址。同案被捕的秦曼云，也成了叛徒。于是，国民党特务在上海来了个大搜捕。

在这月黑风高之际，姚蓬子在上海滩上不见踪影。人们只是在书店里见到他的名字——他的短篇小说集《剪影集》于1933年5月作为良友文学丛书之一，由上海良友图书印刷出版公司印行。这本集子中，收入他的七个短篇：《兄弟》、《意外》、《黄昏的烟霭里》、《一个人的死》、《雨后》、《幸福的秋夜》和《一幅剪影》。对于姚蓬子来说，这本书是他毕生最重要的著作。因为他虽然出过诗集《银铃》，毕竟是薄薄的一小本，况且是他早期的作品；虽然出过几本翻译小说，毕竟是替外国作家进行"中文写作"。这本251页的短篇小说集《剪影集》，是姚蓬子在文学创作上的最高成就——此后，他就一蹶不振，落花流水了……

1933年12月，天寒地冻。在朔风凛冽的天津，国民党特工总部的三个特务突然出现在戴着罗宋帽、穿着棉袍的27岁的男子面前。

就这样，中共特科"河北交通"姚蓬子的名字，出现在被捕名单上。

一个叛徒出卖了他。

天津警察局长的嘴角漾起了笑——因为这一回落网的乃中共机要人员，非同小可。

与姚蓬子同案被捕的，还有左翼作家潘漠华和洪灵菲。

潘漠华本名潘训，比姚蓬子小两岁，浙江宣平县坦溪村人氏，也喜欢写诗。1927年，在杭州加入中国共产党。当姚蓬子出席左联成立大会那天，潘漠华也来到会场，并以中国自由运动大同盟代表的身份致祝词。后来，他在北平组织成立了左联北平分盟，又建立了天津支盟。被捕时，他是中共天津市委宣传部部长。

洪灵菲比姚蓬子小一岁，广东潮州人，1926年加入中国共产党。他与姚蓬子在上海相识。1930年，当中国左翼作家联盟成立之际，他成为七个常务委员中的一个。1933年，他担任中共中央驻北方代表的秘书，在北平被捕。

首都南京电告："速解宁。"

姚蓬子耷拉着脑袋，戴着手铐，作为要犯，被押上南去的火车。

下了火车，一辆轿车已在那里"恭候"。

车轮飞转，直奔中央宪兵司令部监狱看守所。

惊魂未定，一个温文尔雅的先生，穿了一身笔挺的西装，前来看望他。

姚蓬子原以为迎接他的是老虎凳和辣椒水，不料，这位先生却满脸春风，悠悠然抽着"三炮台"，慢慢儿地跟他聊着。

"姚先生，久闻大名！"那位先生把一本《剪影集》掷到姚蓬子面前，说道，"姚先生是诗人，翻译家，作家。我前几天刚刚拜读了姚先生的大作《剪影集》。你才华横溢，令人敬佩，敬佩。"

姚蓬子静静地听着，忐忑不安地紧紧盯着面前这位笑嘻嘻、文绉绉的人。

"姚先生，你一定把我当成政敌，其实大可不必，我们之间完全可以建立正常的友谊！"他继续微笑道。

当此人自我介绍说姓徐名恩曾，姚蓬子若五雷轰顶。姚蓬子在中共中央特科工作，知道徐恩曾是何等厉害的人物：倘不是钱壮飞通风报信，恐怕连瞿秋白、周恩来都落在此人手中！

那时候，在国民党特务系统，徐恩曾跟戴笠平分秋色。

在南京不起眼的小巷——鸡鹅巷53号，戴笠建立了自己的特务系统。1932年9月，公开的名称曰"军事委员会调查统计局第二处"，戴笠为处长。它的前身为复兴社（又称力行社、蓝衣社）的特务处。1938年，戴笠任军事委员会调查统计局副局长，建立了臭名昭著的军统特务系统。

徐恩曾原任军事委员会调查局第一处处长，亦即国民党的党务调查处处长。1938年，徐恩曾任国民党中央执行委员会调查统计局局长，建立了另一臭名昭著的特务系统——中统。

徐恩曾的脸上没有一块横肉，却是个温文尔雅的君子。说起话来，慢条斯理，文绉绉的，笑嘻嘻的。他的话，像裹着橡皮的铁条，软中透硬，笑里藏刀。

在看守所里，徐恩曾没有高喊"来人哪"，没有使劲地拍惊堂木，却与姚蓬子面对面坐着，一边悠悠地抽着"三炮台"，一边慢慢地聊着。

徐恩曾开始了他的"演说"："像姚先生这样的文人，干吗去给共产党卖命？"

姚蓬子静静地听着，眼睛睁得大大的。看得出，徐恩曾的每一句话，都打动了他的心。

徐恩曾是最善于察言观色的。他看出了姚蓬子内心的空虚，便长驱直入了："姚先生，你为共产党卖命，共产党的首领们又是怎么样呢？我这里，有顾顺章和李竹声幡然醒悟之后，写下来的深刻体会，你不妨看看。他们都受到了当局的优待……"

留下一沓文稿，笑笑，徐恩曾捻灭手中的烟头。走了。

那一沓文稿，如同炸药包，剧烈地震撼着姚蓬子的心。

虽说顾顺章是上海工人，姚蓬子曾见过他，却没有太多的交往。李竹声却是姚蓬子所熟悉的"顶头上司"。读着不久前还是中共上海中央局书记的李竹声的"反省体会"，姚蓬子不住地在自问：连李竹声都举起了白旗，我又何必自讨苦吃呢？

姚蓬子知道，国民党特务手中的枪，不是吃素的。1931年2月7日深夜，上海龙华警备司令部的一阵枪声响过之后，姚蓬子所熟悉的五位左联作家白莽（即殷夫）、柔石、李伟森、胡也频、冯铿，都倒在血泊里。他们都是中共党员，年纪也与姚蓬子相仿。特别是白莽，曾是姚蓬子的诗友。记得，他把《银铃》送给白莽，白莽跟他畅谈过对诗的见解。

别无选择。在姚蓬子面前，只有两条路：李竹声之路与白莽之路。

"姚先生，孔夫子说'三十而立'。先生年近'而立'，前途不可估量。何况，先生家中还有两岁的儿子。先生即便不为自己着想，也应该替儿子想一想……"徐恩曾的话，不时在姚蓬子耳际响着。

要么跪着生，要么站着死。没有挨过一棍子，没有上过一回刑，姚蓬子的双膝弯曲了，跪倒在徐恩曾面前，扯起了白旗。

他，供认了自己的身份——中共党员，供出了自己的入党介绍人——潘汉年；

他,供出了左联党组织名单,供出冯雪峰、华汉、钱杏邨是中共党员;

他,供出了与鲁迅会面的地点,供出冯雪峰、阳翰笙、钱杏邨、柳亚子的地址;

他,居然用他的笔,写出了"排击共产主义的论文"!

大喜过望,徐恩曾发出一阵狞笑。他当即决定,给予姚蓬子这样的"反省模范"以"自由"!

又见到了蓝天,又见到了阳光,又呼吸到新鲜的空气。姚蓬子从子弹上膛的枪口讨得一条活命。步出囚笼,获得了"自由"。

只是他付出了沉重的代价——出卖了党的机密,也出卖了自己的灵魂。

姚蓬子倒戈的消息,不胫而走。鲁迅闻知,不胜唏嘘,万分感慨。

鲁迅在三封书信中,谈到了姚蓬子。

1934年8月31日,鲁迅在《致姚克》中,嘲笑了卖身求荣的姚蓬子:"先生所认识的贵同宗,听说做了小官了,在南京助编一种杂志,特此报喜。"

后来,姚克回忆道:

> 至于姚蓬子,我到1933年方才认识。他那时也算是个左倾作家;由于当时的环境特殊,左派的人都不愿意把自己的真名实姓和身世背景,轻易告诉别人,别人也不便多问。我对蓬子当然也不例外。和他谈话时,只听出他似乎有杭州嘉兴的口音,其他就不知道了。鲁迅先生不喜欢他的作风,觉得他不可靠,所以曾经劝我少跟他来往。鲁迅给我的信中所说的"贵同宗"就是指姚蓬子而言。由此可见,鲁迅对姚蓬子是深恶而痛绝之。[①]

1934年11月12日,鲁迅在《致萧军萧红》中写道:"蓬子转向;丁玲还活着,政府在养她。"

1934年11月17日,鲁迅在《致萧军萧红》中,深刻地剖析了"蓬子转向"的根源:

> 蓬子的变化,我看是只因为他不愿意坐牢……凡有知识分子,性质不好的多,尤其是所谓"文学家",左翼兴盛的时候,以为这是时髦,立刻左倾,待到压迫来了,他受不住,又即刻变化,甚而至于出卖朋友……

从"蓬子转向",再重读鲁迅在1930年3月2日左联成立大会上发出的警告,是何等的睿智、远见:"我以为在现在,'左翼'作家是很容易成为'右翼'作家的……"

在左联五烈士牺牲两年后的忌日——1933年2月7日,鲁迅提起凝重的笔,写下名篇《为了忘却的记念》。他,"沉重地感到我失掉了很好的朋友,中国失掉了很好的青年"。他,

---

① 姚克:《"四人帮"中的二位舍亲》,《上海滩》1996年12期。

"忍看朋辈成新鬼,怒向刀丛觅小诗"。

然而,他对左联的败类——姚蓬子,只是投以睥睨的冷眼。

发表《姚蓬子脱离共产党宣言》

楼适夷清楚地记得[①]:

1934年春,南京,中央宪兵司令部的监狱里,忽然响起监狱长嘹亮的声音:"全体肃静,全体肃静……"

两边是铁囚笼,关押着一个个"共党分子",监狱长站在囚笼间的"弄堂"里,发表训话:

"姚蓬子的名字,你们都是知道的。他是中国著名的作家,中国左翼作家联盟的执行委员。前些天,他关押在这里,你们也是看到的。现在,你们看不到他了——他自由了! 他为什么能够自由呢? 因为他幡然醒悟了,与共党决裂了。他的悔过自新,受到了中央的表彰。他不光是自由了,而且还将委以重任。他是你们的楷模!

"与他同时被捕的,还有一个左翼作家洪灵菲。洪灵菲走的是另一条道路——抗拒之路。结果怎么样呢? 洪灵菲已经被当局所枪决!

"你们要好好想一想。你们要做姚蓬子呢,还是做洪灵菲? 好生掂一掂,赶紧作出选择……"

"无耻!"楼适夷骂了一声姚蓬子。

楼适夷也是在1933年被捕的,比姚蓬子早几个月。

当姚蓬子被押入南京中央宪兵司令部监狱的时候,从楼适夷的牢房前走过。姚蓬子朝楼适夷微微点头,楼适夷也认出姚蓬子来了。

没几天,姚蓬子托人带口信给楼适夷:"好吗?"

过了些日子,有人悄然告诉楼适夷:"姚蓬子这人靠不住,当心!"

楼适夷不再理会姚蓬子。

果真,从监狱长的"演讲"之中,楼适夷得知:姚蓬子成了软骨虫!

监狱长在结束"演讲"之后,特地找楼适夷谈了一次:"你和姚蓬子是老相识。姚蓬子的道路,就是你的道路。考虑考虑吧,早一点悔过自新,我们会像优待姚蓬子那样优待你!"

楼适夷不予理睬。他在狱中度过了四年。直到1937年七七事变发生,他才被党组织营救出狱。

与姚蓬子同时被捕的潘漠华,在狱中受到残酷迫害,以绝食相抗,于1934年12月牺牲于狱中。

1934年的姚蓬子,仿佛身首异处一般,成了一个自相矛盾的人物。

---

① 1988年2月29日,叶永烈在北京采访人民文学出版社总编辑楼适夷。

在上海，他的《剪影集》在再版重印。他在被捕前所译的苏联梭罗古勃等著的短篇小说集《饥饿的光芒》，也由上海春光书店再版印行。在他的这些作品中，他依然是左翼作家的形象。

然而，在南京，由于徐恩曾的"力荐"，他的"反省范文"——《姚蓬子脱离共产党宣言》，赫然登载于1934年5月14日的《中央日报》上，并被5月30日出版的第30期《十日谈》杂志所转载。

姚蓬子的《宣言》，写于1934年4月18日。《中央日报》在5月14日发表时，还加了副题《回到三民主义旗帜下，为复兴民族文化努力》。

这篇《姚蓬子脱离共产党宣言》，乃姚蓬子叛徒嘴脸的最清晰的曝光。在《宣言》之前，有《中央日报》编者所加的一段说明：

> 姚蓬子顷发《宣言》，脱离共党，兹照录宣言原文，及姚在共党经历如次。
> 姚蓬子本名梦生，于1930年春，发起自由大同盟，旋即被选为执委，同时并发起中国左翼作家联盟，参加共产党，在左联被选为执委兼任总务部长，并兼工农通信委员会委员，同时并参加党团，同时兼青年文艺研究会总会常委兼组织部长。九一八事变后，任文化界反帝抗日联盟执委兼总务部长，后任组用（系"组织"之误——引者注）部长并兼党团书记。1932年春，与上同并负责编辑《文学月报》。1933年，任中央至（系"驻"之误——引者注）河北的交通。四年来历任《萌芽》、《巴尔底山》（"巴尔底山"为"突击队"的音译——引者注）、《文学生活》、《北斗》、《文学月报》等杂志编委。

这段关于姚蓬子"共党经历"介绍，大致如此，当然也有几处不准确，如《巴尔底山》早在1930年便已停刊等等。

《姚蓬子脱离共产党宣言》原文如下——

亲爱的青年朋友们：

在这黑暗和黎明、衰者和少壮交替的前夜，整个民族落在挣扎的苦难里，感到苦闷，感到彷徨，感到个人生活和民族前途的无出路，将是这大时代的热血的少年们的一大部分所不可免避的遭遇。我自己便是这样的一个。

十年前我是一个极感伤的颓废主义者，以当时社会的灰色气氛作为滋养料，在一种忧郁的情绪下消度我的日子。可是由于时代的激变，由于个人思想的成长和演进，沉默和叹息，不再能安慰我的苦恼，于是开始在愤激的热情下，转换我的人生观。我要在一种理想当中，取得我生命的开展和寄托，于是我成为一个共产主义者，一个新的宗教的苦行僧，一个左翼文化的传播者和组织者。

从1930年到今日，我曾作为自由大同盟的发起人，并参加执委；左翼作家联盟的发起人，并参加执委及党团，文化界反帝抗日联盟发起人，并负责党团书记；以及《萌芽》《巴尔底山》《文学生活》《北斗》《文学月报》等左翼杂志的编委。到今天止，我将我个人整个的精力，完全贡献于左翼文化的祭坛之前。

同时我曾企图以脱胎换骨的努力，在（现）实生活中检查自己、监督自己、批判自己。我渴望不仅成为个人（"个人"系"一个"之误——引者注）马克思主义的文学者，我要在日常生活上和意识上新生自己，成为一个典型的布尔什维克。

可是事实上没有走通这一条新的路。在长期（脱）离社会生活中，在工作的困难和停顿中，时常引起一种新的厌倦的情绪。虽然我竭力严厉的裁制（即"制裁"——引者注）着自己，认为是发源于小资产阶级的政治动摇，而加以诅咒仇视，可是我无法绝灭这一厌倦的细菌的滋长。

现在是我结束过去的生活，开始未来新生的时候。从改换政治立场的长久的反省中，我发现并理性的确定这一厌倦的来

■ 姚蓬子《脱离共产党宣言》全文

源，不是我过去政治的不坚定，而是由于共产主义之路，在中国已经成为一条悲惨的绝路。因此作为共产党的组织细胞的共产党员，只要他是一个良心的共产党员，必然会涌起一种虽说是说不出的茫然的、可是无限痛苦的苦闷。

现在我站在共产党的迷阵之外，清醒的深思着，结果我深刻的理解了共产主义之所以在中国到处碰壁的原因，因为中国革命主要任务，对外是脱离帝国主义的铁链，以保障中华民族的自由独立，对内是肃清封建残余和军阀遗孽，以统一中国，以达到真正的和平。同时发展都市的民族工业，解除农（民）的封建剥削，给予广大劳苦群众以安居乐业的生活。以这些任务的达到与否，作为决定中华民族命运的先决条件，则无产阶级的独裁统治显然不为中国当前之需要。尤其是民族危机日益加深的今日，共产党所领导所发动的暴乱行为，直接的毁坏农村，毁坏仅有的民族工业，将中华民族抵抗帝国主义的力量减少到零度，结果客观上事实上完全成了帝国主义的别动队。所以无怪乎一个原则上本该建筑于广大群众的基石上的党，结果却停留在一种秘密结社的狭隘的状态中。而它的政治行为，非但不能给予群众以深刻的良好的影响，引起他们热烈的拥护、欢迎和参加，相反的，反而使人起了一种谈虎的色变的恐怖观念。

这样在政治上已经失败了的中国共产主义运动，反映于文化上的失败，是怎样

的碰壁呢?

　　自从1928年开始,跟着1930年的疯狂的立三路线飙起了一个极盛时代以后,即趋向于脱离群众的衰落状态中的左翼文化运动中间,虽然经过共产主义的作家们多次集体的努力,到今天事实依旧证明无法以无产阶级作品本身来争取和组织广大的知识青年。所谓现阶段的列宁主义作品的产生,在左翼作家本身,也自知只是一个好听的名词而已。这失败的原因,主要是因为目前的苦闷和要求,是民族的,而非阶级的,是一个民族的死亡和复兴的问题,而不是一个阶级的利害问题。所以作为教化的武器的文学,应该是为了民族的生死战斗而不是单纯的为了某一阶级的前途。而且从没落的旧贵族或小市民出身的今日的左翼作家们,我们自己问问,当初参加左翼文化运动的本意,是为了遏制不住火一样强烈的阶级的仇恨心,还是为了目睹和身受这民族的危机呢?以一个从苦难的民族的挣扎里产出来的作家,而企图创造理想的无产阶级作品,结果,自然没有一个不遭到可悲惨的失败。其中有几部的(为)青年所欢迎、所爱好的作品如《子夜》等等,则都是含有针砭民族的今天的某一些病状的意义,超过它为阶级服务的意义的。然而这些作品,又正是共产主义的文学理论的尺,所认为右倾的含有毒素的。

　　正和共产主义的政治运动一样,左翼文化运动之陷于失败而趋没落,是存在着一个历史的客观的原因的,针对着中国今天的现状。在民族利益和阶级利益的对比之下,我在郑重的考虑之后,得到了如上的结论。因此在忏悔过去的错误之余,我完全放弃过去的政治立场,脱离中国共产党,自后决定站在三民主义的旗帜之下,为复兴民族文化,尽我个人的力量并将此种微意,敬献于青年的朋友们之前。

姚蓬子押
4月18日

　　在那样的年月《脱离共产党声明》之类在《中央日报》上并非鲜见。那种声明往往模式化,诸如"因年幼无知,误入歧途"云云。姚蓬子则不然,洋洋洒洒写了两千余字,从笔调、从习惯用语来看,完全出自他的亲笔。他的《宣言》,不仅仅"声明"一下自己从此脱离共产党,从此"站在三民主义的旗帜之下",而是现身说法,以自己的亲身经历,告诫广大人民,尤其是"亲爱的青年朋友们"。他谈得振振有词,他的《宣言》要比《中央日报》的社论更能蛊惑人心。因为他曾是响当当的"左翼作家"、"共党要员",如今在"郑重的考虑之后",说出这番宣言,要广大青年"引以为戒"。

　　一纸宣言,成为姚蓬子的卖身契,成为他的人生道路上红与黑的分界碑、分水岭。在此之前,虽然他有着一股小资产阶级的狂热,但他确实属于左翼作家阵营中的一员,也确实做过一些有益的革命工作。然而,在投降、叛变之后,他成了可耻的叛徒文人。

　　姚蓬子反戈的消息,不胫而走,中国文坛为之惊心,左翼作家们为之切齿。

　　如鲁迅所言:"因为终极的目的的不同,在行进时,也时时有人退伍。有人落荒,有人颓唐,有人叛变,然而只要无碍于进行,则愈到后来,这队伍也就愈成为纯粹、精锐的队伍了。"

姚蓬子的叛变,只不过是炼钢炉中排出了渣滓,钢越发精熟了。

一辆轿车在4月20日驶入南京反省院——就在姚蓬子写出《宣言》的第三天,从车上下来的,是国民党大员张道藩。此人乃国民党中央宣传部部长兼文化委员会主任。张道藩亲自前来探望姚蓬子,使姚蓬子受宠若惊。

"我们已经是同志了!"张道藩笑眯眯地拉着姚蓬子的手,"你的《宣言》写得很好,很有说服力。"这位国民党的中宣部长,是很注意"宣传效果"的。他预计姚蓬子的《宣言》一旦发表,会起着国民党的宣传家们难以达到的作用。

"哪里,哪里,写得很肤浅,请张部长多多教正。"直到这时,姚蓬子还十分注意"谦虚"。

"你很快就会获得自由的!"张道藩说出了这句姚蓬子至为关心的话。

果真,张道藩走后才两天,徐恩曾便把"悔过自新"的姚蓬子,接往军事委员会调查统计局第一处的招待所。姚蓬子由国民党上海市党部干事、他的内兄周复农保释出来。

又见蓝天白云,又闻枝头鸟鸣,姚蓬子那苍白的脸却还是那样的呆板,心头涌起一种难以名状的失落感。又过了几天,徐恩曾那辆乌亮的道奇牌轿车出现在招待所门口。"蓬子兄,你完全自由了!"徐恩曾拍着姚蓬子的肩膀说:"当局已批准你在南京自由居住。走,我带你看房子去……"轿车驶入南京明瓦廊,停在一座老式的宽敞的印子屋前。

徐恩曾领着姚蓬子进屋,步入中厅,指着右边的房子说:"你把家眷接来,就住在这儿吧!"真是喜出望外,姚蓬子呆板的脸上掠过微笑。

不久,妻子周修文便带着三岁的姚文元来到南京,与姚蓬子团圆了,一起住在明瓦廊。连着中厅,对面的房子锁着,无人居住。姚蓬子觉得非常清静,紧张、沮丧的心境算是舒畅了些。

徐恩曾委任姚蓬子为中统的训练股干事,每月给他津贴100元。手中有了钱,小家可以过小康日子,姚蓬子心又安逸了些。

于是,如同变魔术一般:原是中共中央特科联络员的姚蓬子,转眼之间,竟变成了国民党的中统特务!

在训练股当了一阵子干事,毕竟觉得在南京抛头露面,不大方便。

于是,徐恩曾给他安排了一个恰当的差使:到安徽芜湖,当那里的《大江日报》副刊主编。

芜湖离南京并不太远,但那里几乎没有姚蓬子当年的左翼朋友,不会使他感到难堪。何况《大江日报》发行量有限,当个副刊主编,并不很醒目。

姚蓬子在那里干了一段时间,情绪慢慢安定下来。从未写过长篇小说的他,居然写起《十年间》,在副刊上连载。

姚蓬子的积极表现,使徐恩曾深为满意。于是,徐恩曾下令广登《大江日报》的广告。

下面是从1935年4月出版的《社会新闻》杂志第11卷第3期上查到的广告,用醒目的大字标出"姚蓬子"三字：

《大江日报》，芜湖大花园烟西墩。本报行销长江流域及安徽全省与芜湖市。

《大江日报》副刊，姚蓬子主编，日出二版。内容取材精警，趣味浓厚，执笔者均系现代有名作者，并由蓬子创作长篇小说：《十年间》。

怪哉，一家报纸的广告，不提社长，不提总编，却要突出副刊的主编，突出姚蓬子的大名。

其实，这广告的潜台词，无非是在说：你们看，自从姚蓬子脱离共产党之后，干得挺不错呀！

姚蓬子呢？反正已经成了过河卒子，那就只有拼命向前了。

丁玲笔下的姚蓬子

就在姚蓬子的《宣言》见报的前一日——5月13日，对门的房子搬来了新的邻居。

徐恩曾早已告诉过他新邻居是谁，并把监视新邻居的任务交给了他。可是，他的新邻居并不知道他住在对门。

那天，姚蓬子下班，刚走进明瓦廊的院子里，突然从对面的屋子里跑出一个女人，大声惊呼："蓬子！蓬子！你住在这里？"

"嗯，嗯。"他低着头，脸上一阵红一阵白。

"蓬子，这些日子你到哪里去了？你怎么会住在这儿？我们成为门对门的邻居，太好了！"女人不停地说着。

姚蓬子赶紧往自己屋里走。那女人还想跟进来与他聊聊，他连忙把门掩上。

那女人双眉紧蹙，不知道姚蓬子为何如此冷淡？须知，当年她与姚蓬子曾是《北斗》杂志"三驾马车"中的"两驾"！

她，丁玲，已经整整一年失去了组织联系，骤然见到姚蓬子，她怎不欢呼雀跃？

记得，1928年12月5日，上海松江县城，当施蛰存先生①与陈慧华女士举行婚礼之际，丁玲和沈从文从上海赶去，参加婚礼的还有戴望舒、冯雪峰、刘呐鸥、林徽因等作家、诗人。在那里戴望舒介绍她结识一位年轻诗人，他便是姚蓬子。

那是她第一次见到他。

记得，从松江回来后，他与她便常来常往。他们住得那么近，两条马路紧挨着。姚蓬子住在马浪路（今马当路），丁玲住在萨坡赛路（今淡水路），饭后散步，几分钟就到了。那时候，在丁玲的心目中，姚蓬子是一位可敬的左翼作家。他向她谈起鲁迅、冯雪峰、冯乃超、柔石，谈起他们正在筹备成立的左联。后来由于胡也频到济南省立高中教书，她也去济南了。

---

① 1988年9月8日下午，叶永烈采访施蛰存于上海。

记得，1930年5月，当胡也频遭到国民党山东省政府的通缉，不得不与丁玲先后逃往上海，住在上海环龙路。在这危难之际，首先前来探望并给予可贵帮助的，便是潘汉年与姚蓬子。

记得，同办《北斗》的那些日子里，她与姚蓬子的合作是愉快的。姚蓬子善于与三教九流打交道，有着经商的本领，很快就弄来了纸张，谈定了印刷。

在丁玲的印象之中，姚蓬子是不错的，能干的。

丁玲迁入明瓦廊的翌日，正是她被捕的周年纪念日。1934年4月，丁玲的母亲和四岁儿子祖麟被从湖南接到南京，5月13日，她、冯达、母亲、儿子一起，获准入明瓦廊居住。

1985年6月中旬，笔者在北京西苑宾馆见到丁玲。"为边陲优秀儿女挂奖章活动"正在那里举行。一头银发的丁玲站在话筒前，发表了十来分钟的即席讲话。趁她休息之际，我去找她，想跟她约个时间，请她谈一谈姚蓬子。

"我正忙，眼下没有时间。"她对我说道，"我已经写完一部回忆录，其中有许多地方谈到姚蓬子。你看了回忆录之后，有什么地方觉得不明白或者不详细，我们再约时间谈。"

我为她拍了照片。

不料，我还没有读到她的回忆录，她却于1986年3月4日病逝。

在她离世后一年，她的遗著《魍魉世界——南京囚居回忆》发表了。我细读全文，果真，内中许多地方提到姚蓬子，也谈到徐恩曾。特别是其中《与姚蓬子为邻》一节，详细写及姚蓬子。可惜，有些觉得不明白的地方，已经无法请教丁玲了。

在这里，我只能摘录丁玲的回忆录来代替对她的采访。

丁玲称徐恩曾为"笑面虎"。她在《徐恩曾的出现》一节里，是这样描述"笑面虎"的形象的——

快到6月了。一天，我正蹲在院子里用死苍蝇引蚂蚁出洞，看守煞有介事地对我说："徐科长来看你了。"我一下没有听清，也没意识到徐科长是何许人，只是仍然盯着院子里的砖地，继续玩着我的老玩艺儿。这时从小墙门的门外转进来一个穿长衫的人，干干净净，大约是个官吧。他看见我没有站起来，也没理他，便自个儿走进厅子，坐在八仙桌旁的太师椅上。看守走到我面前再次说："徐科长看你来了。"他把徐科长三个字说得很重，但我还是不明白他的重要性，一个国民党的小科长什么了不起。但不管他是一个多么大的官，既然出面来找我，我还是应该理理他。我便站起来走到八仙桌边，在他对面一张太师椅上坐下了。他还是像过去那些官员一样问我道："生活怎么样？"我也还是那么答："现在是吃官司，说不了上什么！"到底是科长，他倒很会说，他道："不要这样想嘛。我们这边也有你的朋友。彭学沛你还记得吗？他就很关心你。"我说："胡也频曾在他办的报纸编过短时期的副刊，他们说不上是朋友。"他又另外起头解释："有些人听说你到南京来了，以为我们钓到了一条大鱼，实际不然。就说你吧，你不过写几篇文章，暴露一点社会上的黑暗，这算什么呢？充其量我们把你的刊物封了就是。"我知道这指的是《北斗》杂志。他又放慢声调道：

"你又不是共产党员。"哼！真奇怪，他明明知道我是共产党员。……这是耍的什么花招？这更加引起我的警惕。我自然装着无所动心的样子，不说话。他接着说："你又不知道别的党员的住处，也不会帮助我们抓人，你对我们毫无用处。你也明白，我们并不是特别去抓你的，我们只是想去破坏共产党的机关，偶然碰着你的。只是，既然来了，却很难放。我们不怕有人说我们野蛮、残暴、绑票等等，什么蔡元培，宋庆龄，什么民权保障同盟，什么作家们，我们也都不在乎。……"他一口气说了这样多，停住了，眼睛看着我，在观察我。我懂得了，这是比过去来过的所有人都要厉害得多的一个人，可能是我一生中还从未遇到过的对手，是一只笑面虎，是真正的敌人。……

丁玲又以翔实而生动的笔调，描述了她与姚蓬子的认识、交往，描绘了姚蓬子的叛徒形象——

回想还是在1928年，天气还冷的时候，沈从文和我一同从上海去松江，参加施蛰存先生的结婚典礼。他是我在上海大学的同学。在施先生那里，我们认识了姚蓬子。回上海后，姚就常来我家作客。他那时住在法租界马浪路，我们住在萨坡赛路（今上海淡水路——引者注），相距很近，又都是爱好文学的青年，所以很容易就混熟了。1930年春，上海筹备成立左联，蓬子常常把左联的消息带来，他自己是否参加了筹备工作我不清楚。他常常谈鲁迅、讲左联的一些筹备人，冯乃超罗，冯雪峰罗，柔石罗等等。他们似乎很接近。这些消息很能安慰我那时独居上海的寂寞心情。后来我去了济南，不久又和胡也频从济南回到上海。我们决定参加左联，便是潘汉年和他一起来我们家里和我们谈话的。1931年夏天，我接受组织委托，主编左联机关刊物《北斗》，姚蓬子和沈起予被分配协助我，姚蓬子分工排版面、跑出版所，负责印刷及校对。因此他和我就经常有联系。1932年夏季，他主编《文学月报》。只两期，便被文委负责人冯雪峰把他免职，他就离开左联，到潘汉年负责的互济会做地下工作去了。从此，我许久都未再见他的面。

我一搬进明瓦廊（丁玲于1933年5月14日晚在上海公共租界北四川路昆山花园路家中被捕，押往南京。这年冬天，被软禁于莫干山。1933年底，被押回南京，软禁于"曹先生家"。1934年4月，丁玲的母亲和丁玲的四岁儿子祖麟被从湖南接到南京同住，于是，在5月13日迁往明瓦廊——引者注），忽然看见他和他的妻子、儿子（即姚文元——引者注）已经先住在这里了，我不免大吃一惊，脑子里都来不及转一下，就觉得欣喜非常。这是在上海认识的老熟人，是朋友，是同志啊！我一下跳到他们面前，大声叫唤，我有许多话要对他们讲，有许多事要告诉他们。他们是我最亲的人，是我梦寐以求的人。可是他们，却显得十分冷淡。姚蓬子低头走进里屋，他的妻子敷衍着我。我一点不理解，我想问他们，我有一连串的事要问他们。他们是什么时候搬到这里来的？他们怎么落到这般田地？他们有什么打算？他们好像很沉闷，看样子，他们不会告诉我什么。我只好颓丧地回到我自己的那间房子里。

第二天，冯达（丁玲的丈夫胡也频在1931年2月7日被国民党反动派秘密枪杀于上海龙华。不久，丁玲与冯达结婚。冯达原为史沫特莱的秘书，中共党员。1933年5月14日晚，丁玲和他同时被捕，事后丁玲才知，是冯达告密，国民党特务才知道她的地址——引者注）拿来一张当天的报纸，我一翻，一条触目的启事赫然射入眼帘：《姚蓬子脱离共产党宣言》。我赶忙读下去，当时引起我的愤怒、惊异、慨叹和鄙视，真难以形容。开始，我几乎不相信这是他写的。后来我不得不相信这是他写的。这一纸宣言引起我联想到他过去的许多言论和表现。那宣言中的文字完全符合他一贯的思想感情。现在想来，说实在的，他从来不是一个共产党员。他在党内呆的时间不短（他什么时候入党的，是在参加左联之前还是在左联成立之后，我记不清楚了），我以为他不过跑进共产党来混了一阵，就像他兴致高时去跑一次赌场那样混过一段时间而已。他平日是一个懒散的人，常常感到空虚。有时高兴，他哇啦哇啦发一通议论，再呢，就是沉默不语。现在看到他的启事，我很为他难受。如果你对共产党失望了，真的失望了，你对自己的共产主义信仰发生动摇了，也千不该万不该，不该趁这个时候向人民发"宣言"。何况在"宣言"中说了明显的谎话，说什么把希望放在国民党、放在三民主义上面。我根本不相信他对国民党、对他们的假三民主义会有什么好感。他无非是怕死，怕坐牢，乞求国民党网开一面，饶他一命而已。蓬子！我们过去虽然曾是朋友，一同战斗过，但现在，我们是分道扬镳各走各的路了。

大约有一个月之久，我们虽然住在一幢堂屋里，我们的房门对着房门，但我几乎没有见到过他。清晨，不知他什么时候起床，起床后就出门了。夜晚总在我睡后很久才回来。他妻子也不知道他究竟到什么地方混日子去了，她对他只是完全顺从，是一件附属品。

大约在一个月之后，姚蓬子才逐渐留在家里，而且找我说话了。他对我诉说，他的确是对共产党灰心了，他告诉我他是在天津被国民党逮捕的。他把写有接头地点的纸条吃下肚了，没有供出一个同志。还说过去他很早就同潘汉年（潘汉年领导他的工作）约好，万一他被捕，他就假自首。他一直是这样准备着的。后来，解到南京监狱，他看见有一些比他老的共产党的领导人，都先后自首；特别是他看到李竹声，中央迁往江西苏区后，那个留守上海在临时中央主持善后工作的人，在被捕后，竟能把几十万元党的经费交给国民党自首，为自己留下一条活命，他就产生一种思想，如果需要牺牲，首先应该是李竹声。这些人都贪生怕死，那他为什么要死呢？……他还说了一些其他人的情形。他给我说这些的时候，我的感情已逐渐平复，不管他话中有多少真真假假，我全不相信，我根本听不进去，我看透了他，我们是两路人，我同他不再是朋友，更不是同志、战友，是陌生人，我感到他是一个无可救药的人。尽管我不免为此难过，但我却已把对他的同情、怜惜，一个同志的热情，一点不剩地全收回了。我冷静地思考，现在国民党安排他和我们住在一起，一定是别有用心的，是有所图谋的。国民党当然企图利用他来软化我，对我劝降，至少可以监视我，把我的言行，一举一动都告诉国民党。国民党以为他仍会是我的好朋友，认为他对此刻的我将产生很大影响。在这种影响下，妄想我逐渐可以发生变化，变得与姚蓬子一样投靠他们，变为安分守己、老老实实、驯驯服服地在南京生活下去。但是我也萌生一种想法,既然他已经不是我的战友,他是在为敌人做事,我为什么不可以利用他,借助他来欺骗国民党呢?这种想法和做法,我当时并不是一下懂得的,多少也受了冯达的一点影响。我十分痛苦,但却逐渐习惯有这样的看法、想法,并逐渐尝试着以此来对待姚蓬子。我本来是一个涉世不深,不太懂人情世故的简单的人,

但现在处在如此艰难复杂的社会里,为了应付环境,要斗争生存,要战胜敌人,迫使我不得不也变得复杂起来,变得稍稍聪明一点。对姚蓬子是这样,对原是我丈夫的冯达,何尝不也是这样呢。

自然,我一直没有因为我,而要蓬子或冯达再干什么对党和革命有损的坏事。直到1936年我秘密离开南京时,我仍然希望他们不要被国民党牵着鼻子走得太远,我希望他们珍视自己的余生,努力争取将来能有回头是岸,立功赎罪的机会与可能。

丁玲的以上回忆,弥足珍贵,她写出了一个真实的姚蓬子,写出了姚蓬子从投机革命到沦为叛徒的思想过程。八旬高龄的丁玲在离开人间之前,为世人留下了储存在她的脑海中的重要史料。

在回忆录中,丁玲还曾提及:

1934年5月间的一天,国民党宣传部长张道藩曾"光临明瓦廊","说是特来看望我和姚蓬子的"。

1934年9月底,丁玲生了女儿祖慧。10月半,丁玲出院,迁往南京"中山大街向东拐进去的一条小街上的一幢小楼,上下各三间,我们一家住在楼上,姚蓬子一家住楼下"。

1935年春,她和姚蓬子两家人迁往南京中山门外的小村庄——苜蓿园。"这幢五间房的茅屋,茅屋周围有些空地,竹子围篱。屋子小,质量不高,房租也不贵,有点像隐士的居处,恰合我意"。

1935年秋,丁玲在苜蓿园患伤寒病。为了住院治疗,"只得向姚蓬子暂借二百元"。冬,丁玲病愈,她的母亲拿出仅有的一点积蓄,"一共也才有二百来元,我一起拿来还了姚蓬子。姚蓬子知道我的性格,把钱收下了。他问我是否愿意化名写点不相干的小文章,他拿去在《芜湖日报》(似应为《大江日报》——引者注)发表,可以多给我稿费,度过这艰难的日子。我推脱说,日子可以过得去,拒绝了。我心里想:《芜湖日报》不是国民党报纸吗?我现在落在国民党的陷阱里,在敌人控制下,我怎能在国民党的报纸上写文章呢?即使我的文章不反动,甚至是有革命倾向的,我的感情也决不允许我在国民党的报纸或刊物上发表"。

1936年5月,丁玲去北平找党的关系。"我故意向姚蓬子透露我去北平探望王会悟(即李达夫人——引者注)的打算,说大约两个星期可以回来。我还假意托他们好好照料病中的冯达,但是我没有告诉他启程的日期。姚蓬子是否把这事报告了国民党和怎样报告的,我都不知道"。

从北平归来,"回到南京,我总算把姚蓬子的询问对付过去了。他知道我在北平没有很多朋友,只认识一个王会悟。至于王一知(丁玲的同学,共产党员——引者注)的情况,

以及她与我的关系,他是一点也不知道的;他更不会想到我能找到曹靖华"。

就在丁玲回到南京"一个多星期以后,张天翼忽然来看姚蓬子和我了。他同姚蓬子很熟,谈得很热闹。他找着一个机会,悄悄塞给我一张纸条。我跑回后房,急忙展开一看,上面只有简单的一句话:'知你急于回来,现派张天翼来接你,可与他商量。'没有具名,但我一下就认出这是冯雪峰的笔迹,我真是喜出望外。我一点也不敢暴露我此时的喜悦之情,极力装作若无其事的样子。但我找了一个间隙同张天翼约好再见面的地点。幸好姚蓬子粗心,一点也没有看出破绽"。

丁玲在翌日秘密地与张天翼相见于一家小咖啡馆。在几天后,前往上海,会见了胡风和冯雪峰,接上了中断了三年的组织关系。然后,又回到南京。"这次回来自然引起了姚蓬子与冯达的注意与询问。姚蓬子很关心的样子,几次问我,见到鲁迅没有?见到茅盾没有?我始终说这次我去上海,还去了苏州,玩了一趟,看电影,坐双层公共汽车,什么人也没有去找,根本不想见人,玩得兴致勃然"。

姚蓬子当然把丁玲的动向报告了徐恩曾。"不久姚蓬子又告诉我,徐恩曾找我和他同去谈话"。

丁玲终于挣脱了徐恩曾的陷阱,挣脱了姚蓬子的监视,出走上海,前往延安。

经过严格的审查,1940年10月4日在延安,由中央组织部正、副部长陈云、李富春签署《中央组织部审查丁玲同志被捕被禁经过的结论》指出:"……因对丁玲同志自首传说并无证据,这种传说即不能成立,因此应该认为丁玲同志仍然是一个对党对革命忠实的共产党员。"

后来,经历多次政治运动和审查,仍"维持1940年中央组织部的结论"。

中国大陆解放后,徐恩曾逃到了台湾。当他年事渐高,曾写下回忆录《暗斗》,用英文出版。在《暗斗》中,徐恩曾写道:"后来确知丁玲走了(去了延安),为了我的宽大我受了批评,我没有对于一个'政敌'作了足够的限制,我对待她比对待我自己的同志更好,我完全接受了这些批评……"

与徐恩曾攀上干亲

姚蓬子再不是徐恩曾的政敌,成了徐恩曾的同志。

在芜湖的《大江日报》干了一年多,姚蓬子的表现够"出色"的。

于是,姚蓬子居然戴上一顶顶乌纱帽:国民党中央文化运动委员会委员、国民党中央图书杂志审查委员会委员……

来回奔波于芜湖与南京之间,毕竟劳累。

1936年,姚蓬子调回南京,住在石鼓路,担任南京《扶轮日报》副主编。它不像《中央日报》那样的国民党党报,倒有点民间色彩。在美国,1905年2月曾由律师哈理斯(Paul P.Harris,1868—1947)发起成立扶轮社。他从社会各行业中吸收社员,然后在各社员的办公处轮流进行集会,所以称扶轮社。在1912年,发展为扶轮社国际联合会,在几十个国家

■ 至今台湾仍有扶轮社

设立分社。南京的《扶轮日报》，其实是国民党政府的铁道部主办的，取名"扶轮"一则象征"扶"火车之铁"轮"，二则象征如同扶轮社那样具有"民主"精神和"民间"色彩。笔者在近几年多次访问台湾，在台北见到那里仍有扶轮社的招牌。

《扶轮日报》最初只印几千份，只在铁路系统发行，是一家小报而已。可是，当蒋介石在江西"围剿"红军之际，《扶轮日报》把记者派往"围剿前线"，不断地发出最新消息，配发社论，引起国民党中央宣传部的重视。于是，《扶轮日报》的发行量大增，影响越出了铁路系统，成了一家"民办"的《中央日报》！

姚蓬子出任《扶轮日报》副主编，主持该报副刊。

1987年10月13日，我前往上海浦东拜访汤静逸先生时，当年徐恩曾的"密友"、国民党中将汤静逸，已经白发似雪，年已九旬。他回忆当年的姚蓬子的形象：

> 在"中统"里，我算是一个喜欢动笔头的，常常给《扶轮日报》写点诗，正巧姚蓬子是诗人，我们很快就熟悉了。
>
> 姚蓬子是个不修边幅的人，一副邋遢相。衣服有时候很脏，头发、胡子很长，他都无所谓。
>
> 我发觉，他已经死心塌地地跟着国民党，为国民党做事。已经一点也没有"左翼作家"的味道了。他见到我，总是点头哈腰的——因为他知道我在国民党里的身份。
>
> 我到姚蓬子的家去过。他当时生活很不错。我也见到过他的儿子——那时是个小孩子。
>
> 解放后，我因为在上海市监狱关押多年，所以当"文革"开始的时候，对外面的情况不了解。记得，起初有人来外调，要我写关于姚蓬子的材料，我也就写了①。

---

① 经查阅档案材料，汤静逸曾于1967年11月6日写了《关于姚蓬子叛充反动派文化特务的情况》，1968年1月12日写了《有关姚蓬子和中统的关系问题》。

过了不久，记得两个穿军装的人，到上海市监狱提审我。他们要我讲姚蓬子的情况，我就把已经写进材料的那些事讲了一遍。不料，他们听罢，拍台子，大声骂我"狗胆包天"！他们警告我，今后绝对不许再写、再讲关于姚蓬子的事，不然就会使我罪上加罪——那些事，已属于"防扩散材料"！

那两个军人走后，我明白了。当年那个小孩子，如今成了"中央首长"。显然，那两个军人是姚文元派来的。他们要封住我的口……

其实，在南京的这段不光彩的历史，早在1955年当姚蓬子被公安部逮捕审查时，他便亲笔写下《我在南京狱中叛党经过》。白纸黑字，迄今仍保存在公安部的档案之中。

……第二天看守所长叫我到他房间里去，要我在那里写。我写同鲁迅、柔石、潘汉年、田汉、华汉、冯雪峰、郑伯奇、钱杏邨等发起左翼作家联盟，并担任理事；还说以上的人都是左联的理事。我同鲁迅等办过《萌芽》月刊，同丁玲等办过《北斗》杂志，还自己编过《文学月报》。我加入党是潘汉年介绍的。

关于左联党组织的负责人，我说先是潘汉年，后是华汉。关于有哪些党员，我说有冯雪峰、华汉、钱杏邨等。

左联会员的住址，我说了冯雪峰、阳翰笙、钱杏邨，都是他们以前住过的地方。我说和鲁迅先生见面是在内山书店，同柳亚子相熟，他的思想也很左倾，住在什么地方也写上了。

这以后，张道藩到狱中来过一次，是在法官的审判室中接见我的。他说已看到了我的叛党的自白书，不久就可以觅保释放。

我既已成叛徒，而且拿着中统特务机关的津贴而成为它的一员。

到汉口以后，我先在中统临时办事处看到徐恩曾，他说每月仍给一百元津贴……

活口难封，事实俱在。每一个人的历史，是由每一个人自己的人生脚印所组成的。在1956年，姚蓬子就已被公安部定为叛徒。

姚蓬子在被捕之后，先是出卖党的机密，继而公然发表脱党宣言，进一步加入中统特务组织，甚至与徐恩曾攀上干亲——这每一步路，都是他自己用双脚走过来的。

姚蓬子与徐恩曾结为干亲，其中的桥梁，便是姚文元。

姚蓬子与徐恩曾结为干亲的目击者之一，是袁孟超。

袁孟超，原称之为"中统特务"。这是依据《王洪文、张春桥、江青、姚文元反党集团罪证（材料之二）》中关于袁孟超的小注："中统特务，已宽大。"

笔者在1997年底收到袁孟超亲属的来信，寄来中共中央组织部1987年5月3日《案件复查通报》第9号。《通报》指出：

袁孟超同志现为吉林财贸学院教授、省政协委员，四川资阳人，1925年加入中国共产党，参加过北伐，后赴莫斯科中山大学学习，回国后曾任中共江苏省委书记等职。1934年6月在上海被捕。同年11月释放后，被南京特工总部（中统局前身）管制，在此期间曾任俄文翻译、编译股长。从事过文化活动。同时，为革命做过一些有益的工作。1947年参加我党秘密外围组织"中国民主革命同盟"，进行反蒋活动，营救过被捕的地下党员。

对他的这段历史，1955年上海市公安局定为"叛变，充当文化特务"。1981年上海市公安局撤销了这个结论。1986年吉林省委又进行复查，认为袁孟超同志不属中统特务，并批准从1949年9月作为重新入党，参加革命工作时间从1947年算起。

袁孟超在1991年去世。

据袁孟超生前所写的材料，姚蓬子与徐恩曾结为干亲的经过是这样的：

那是在1936年5月，南京市中心新街口中央商场附近的一家水果店楼上，忽地笑语飞扬，热闹起来。

徐恩曾挽着他姘妇费侠的粉臂，笑吟吟走来，跟在门口恭候的周伯良握手之后，上楼来了。已在楼上等候徐恩曾光临的，有中统特务卜道明。此外还有袁孟超和妻子傅伯群、姚蓬子和儿子姚文元。

东道主周伯良，乃国民党特工总部总务科长，水果店是他开的。眼下，他在楼上又开设了西餐馆，特请顶头上司徐恩曾及几位弟兄赏光。

几杯黄汤下肚，弟兄们的话就多起来了。"作家"姚蓬子，自然成了话题的中心。

"蓬子，你的大胖儿子，一脸福气！"费侠摸着五岁的姚文元的脑袋，把他搂在怀里。

"蓬子的儿子长大以后，一定会像蓬子一样，成为一个文学家！"徐恩曾也夸奖道。

"你们这么喜欢蓬子的儿子，就把他给费侠吧！"卜道明笑道。

"不，不，蓬子才一个独养儿子，怎么可以夺人所爱。"徐恩曾连忙说道，"还是做干儿子吧。蓬子，你看怎么样？"

"那可太好了！"姚蓬子巴不得呢！

于是，姚蓬子当即成了"导演"。

"文元，叫寄爹！"姚蓬子"教唆"儿子道。

"寄爹！"姚文元不愧为好"演员"，马上对着徐恩曾喊了一声。

徐恩曾这"笑面虎"，此刻放声大笑起来："好儿子！好儿子！"

"文元，叫寄娘！"姚蓬子又"教唆"道。

"寄娘！"姚文元朝着费侠甜甜地喊了一声。

"真乖！真乖！"费侠亲了亲姚文元的圆脸蛋。

"干杯！我们为徐主任和费侠有了干儿子干杯！"卜道明站了起来，高高举起了酒杯。

"干杯!"姚蓬子也举起了酒杯。

几只酒杯相碰,发出叮当的声音。

徐恩曾一饮而尽,他为自己能够进一步与姚蓬子结成"亲密关系"而欣慰。

姚蓬子也一饮而尽,他为自己能够巴结徐恩曾,有了坚牢的"后台"而高兴。

1937年12月,当日军攻陷国民党政府的"首都"南京,展开烧杀淫掠"大竞赛"的时候,徐恩曾西装笔挺,挽着费侠,徐徐步入汉口天主堂。他和费侠的婚礼,正式在这里举行。他们先同居,后结婚。

在贺喜的人群中,自然是少不了"干亲"姚蓬子的。他紧紧跟随着主子来到汉口,参与了刘百闵、叶溯中为首的文化特务活动,组织了"中国文化服务社"。他还在反共杂志《中国与苏俄》上,发表了"抨击"共产主义的文章。

在婚礼正式举行之中,费侠便由徐恩曾的姘妇"转正"为第三任妻子,当然也就成为姚文元的名正言顺的"寄娘"。

徐恩曾婚姻经历,汤静逸记得很清楚。据汤先生告诉笔者:

徐恩曾是浙江吴兴人,字可均,生于1898年。此人颇为风流,一表人才,有"美男子"之称。

徐恩曾原本是学工的,曾去美国留学。赴美之前,由父母做主,娶一吴兴姑娘张氏为妻。这个原配妻子,后来一直被徐留在湖州,从不带她外出,嫌她是乡下女人。张氏生一女。

徐恩曾留美归来,又娶中统局宣传处处长王劫夫之妹王素卿为妻。王氏是东北人,生了子女四五人。

自从徐恩曾见了费侠之后,马上为之倾倒。

费侠何许人也?此人是湖北人,原本是共产党员,曾赴苏联留学,能够滔滔不绝地讲一套布尔什维克理论。她长得很漂亮,白白胖胖,有一种健康的女性的美,有点苏联姑娘的气派。费侠曾在中共特科工作,并奉命打入国民党中统。

1931年顾顺章叛变之后,费侠被捕。跟姚蓬子一样,费侠成了叛徒。

徐恩曾看中了费侠,任命她为中央统计局秘书,把她留在自己身边工作。

徐恩曾常常带费侠外出兜风,关系浪漫,很快传入王氏耳中。王氏大发雷霆。徐恩曾利用手中的权力,把王氏送往成都。

在南京,徐恩曾与费侠只是同居。1938年春在汉口,徐、费正式举行婚礼。从此,徐恩曾一直与费侠生活在一起。解放前夕,徐恩曾与费侠一起逃往台湾。

九旬老人汤静逸的回忆[①],可以说是对姚文元的干爹、干娘的面目的最确切的描绘。

---

① 1987年10月13日,叶永烈采访国民党中将汤静逸于上海。

费侠成为徐恩曾的夫人之后，加官晋级，当上了中统局总干事、"立法委员"。

姚蓬子跟随主子来到汉口，每月照领中统津贴100元。

姚蓬子住在汉口交通路。那是类似于上海四马路那样的文化街，书店集中在那里。姚蓬子又混迹于出版界了。

在武汉，人们常常看见费侠带着干儿子姚文元去看戏、看电影。姚文元成了联系姚蓬子与徐恩曾、费侠之间的一根"热线"。

大约由于有着相同的经历，加上攀了干亲，费侠与姚蓬子的关系变得十分亲近：费侠写了文章，送来请姚蓬子润色；姚蓬子写了文章，有时署上"费侠"两字加以发表！

■ 姚文元母亲周修文的交待

两个叛徒，结成了"神圣同盟"。

就在这个时候，楼适夷①被党组织营救出狱之后，也来到武汉，在《新华日报》社工作。

天下真小。楼适夷跟姚蓬子在武汉不期而遇了。先是有点尴尬，马上嬉皮笑脸，姚蓬子朝楼适夷打招呼。

楼适夷心中别扭，脸上也别扭，一转身，走了。

党组织知道，劝楼适夷还是要做好姚蓬子的工作——这是统战工作的需要。抗战期间，大敌当前，要尽可能多团结一些人。

1938年2月17日，郭沫若、茅盾、老舍、阳翰笙、楼适夷、郁达夫、冯乃超等共聚武汉，发起成立了中华全国文艺界抗敌协会（简称"文协"）。文协决定出版机关刊物《抗战文艺》，由老舍负责，楼适夷担任编辑，吸收姚蓬子搞出版工作。

姚蓬子在国民党这边有靠山，在共产党那边有熟人，左右逢源，两边都有关系户。他很会经营，袋里常常塞着大把钞票。在这兵荒马乱的时候，他意识到金钱的重要，于是想方设法弄钱，以使小家庭生活安逸。他居然混得不错，在中苏文化协会也挂上个头衔——他是个善于钻营的人。

假钞票帮助了作家书屋

1938年10月25、26、27日这三天，汉口、武昌、汉阳相继落入日军手中。

蒋介石逃往陪都重庆苟安，姚蓬子紧跟紧追徐恩曾，带着妻子以及7岁的儿子姚文元也逃往这座山城。

---

① 1988年2月29日，叶永烈在北京采访人民文学出版社总编辑楼适夷。

明里，姚蓬子挂着《新蜀报》副刊主编的头衔。

暗里，姚蓬子依然干着中统特务的勾当，与徐恩曾保持着单线联系。

关于姚蓬子在重庆依然是中统特务，有着两份铁证。

徐恩曾的秘书袁逸之，曾写下这样的回忆："1939年，我在重庆国府路282号，国民党中央调查统计局副局长徐恩曾家任他的私人秘书，约在5、6月的一天晚上，特务头子徐恩曾，交了300元法币给我，对我说：'姚蓬子明天来家，你把钱给他。'第二天上午10时左右，看门副官王积善上楼来对我说：'姚蓬子来见你，要不要见他？'我说：'叫他上来。'王引姚上楼来见我。我把徐交的钱给了他，他卑躬屈膝的样子对我说：'袁秘书，谢谢你。'在抗战这段时期，姚蓬子从汉口撤退到重庆，表面上仍打着左翼文化人的招牌在社会上闯，而暗里却单线直接和特务头子徐恩曾联系，供特务机关使用。"

另一位历史的见证人，则是国民党中统局本部秘书、重庆区区长张文，他也还记得："1939年至1940年期间，在设于重庆川东师范的中统局本部，我曾几次碰到姚蓬子。当时我任中统局第一组第二科长，曾受姚蓬子之托，代他向徐恩曾要到一笔津贴。"

从叛徒到中统特务，姚蓬子的"轨迹"是清清楚楚的。

不过，姚蓬子毕竟是聪明人。这时候，共产党的势力蒸蒸日上，中国的未来必是赤旗的天下，已是十分明显的了。姚蓬子不能不为自己的未来着想。瞻念前途，不寒而栗，他想为自己留条退路了。

1939年5月，日本飞机对重庆进行大轰炸，姚蓬子和8岁的儿子姚文元被压埋在炸垮的防空洞中，差一点昏过去。当空袭结束，姚氏父子从防空洞里钻出来，满街是断垣残壁和死尸。当他们回到家中，发现所租房屋破损，财物被贼人趁乱洗劫一空。姚蓬子无奈，只好在重庆远郊北碚乡一个叫金银岗的村子里，租了商人兼地主王老板的一间房暂且容身。

姚蓬子陷入困境。

对于姚蓬子来说，当诗人吧，写诗那点稿酬，如胡子上的饭粒；当作家吧，写什么呢？写左翼作品，徐恩曾不会放过他。写反共作品，会遭左翼作家白眼。办刊物吧，难！在南京，丁玲与徐恩曾那一段对话，丁玲转告过他，他是清清楚楚的。

稳而又妥的，还是开书店。进，可以自己印书出书；退，还可以销售别人印的书。不论进退，都可以赚钱。

他嗫嚅着，向徐恩曾吐露了自己的打算：开设一家书店，"独立谋生"去。

出乎意外，徐恩曾痛快地答应下来，而且还借给他一笔款子。

姚蓬子千恩万谢，接过这些新钞票，再三声言：一旦书店站稳脚跟，有所盈利，日后定然连本加息奉还！

于是乎，重庆白象街头冒出"作家书屋"的崭新招牌，经理便是"左翼作家"姚蓬子。

这个书屋，兼出版社和书店于一身；姚经理，则兼编辑和老板于一身。

作家书屋既出书，又卖书。

姚蓬子靠着徐恩曾的资助，终于在山城重庆有了立足之地。他打心底里感激徐恩曾——姚文元的干爹。

殊不知徐恩曾乃是一只老狐狸，姚蓬子竟被他蒙在鼓里。

原来，徐恩曾那时手中的新钞票正愁甩不出去呢！他乐得资助姚蓬子，以图日后偿还。

徐恩曾神通广大，他手下的中统特务获悉重要情报：中央银行的钞票，曾委托上海中华书局代印。在日军攻占上海之际，这批印钞票的铜版匆匆运往香港中华书局。香港落入日军之手以后，铜版被日本特务运回上海，在那里大量印刷。

徐恩曾跟日本特务机关挂上了钩，悄然把日军印制的假钞票，运往重庆，抢购物资。徐恩曾从中发了大笔横财。自然，从中瓜分一些给日本特务。

徐恩曾手中有的是钱，他借给姚蓬子的大沓新钞票，乃假钞票也（据作者采访当年作家书屋的职工）！

直到1943年秋，中统的对头——军统头头戴笠，从浙江缉私处长赵世瑞那里，获知两艘路过杭州的商船装有大量假钞，而船长持中统的证明文件不许任何人上船搜查。

戴笠命军统特务截船，把钞票空运至重庆。经中央银行鉴定，证明皆为伪币。

戴笠立即密报蒋介石，告了徐恩曾一状。

蒋介石在盛怒之下，撤了徐恩曾的中统局局长职务。

徐恩曾倒台了。然而，借助于假钞票开张的作家书屋却没有倒闭。

姚蓬子毕竟在文艺界人头颇熟，拉稿颇有手腕，从名家手中弄到不少书稿。他算不上一个有实绩的作家，倒是一个会赚钱的出版商——他把目光盯在名作家身上，知道名家的书有号召力，易销，也就易赚钱。

1942年6月24日，重庆的《新民报》上，刊载了老舍的《姚蓬子先生的砚台》一文，可以说是当年作家书屋老板姚蓬子的生动写照。文章短、幽默，全文照录于下，以飨读者：

> 作家书屋是个神秘的地方，不信你交到那里一份文稿，而三五日后再亲自去索问，你就必定不说我扯谎了。
>
> 进到书屋，十之八九你找不到书屋的主人——姚蓬子先生。他不定在哪里藏着呢。他的被褥是稿子，他的枕头是稿子，他的桌上、椅上、窗台上……全是稿子。简单的说吧，他被稿子埋起来了。当你要稿子的时候，你可以看见一个奇迹。假如说草稿是十张纸写的吧，书屋主人会由枕头底下翻出两张，由裤袋里掏出三张，书架里找出两张，窗子上揭下一张，还欠两张。你别忙，他会由老鼠洞里拉出那两张，一点也不少。
>
> 单说蓬子先生的那块砚台，也足够惊人了！那是块无法形容的石砚。不圆不方，有许多角儿，有任何角度。有一点沿儿，豁口甚多，底子最奇，四围翘起，中间的一点凸出，如元宝之背，它会像陀螺似的在桌子上乱转，还会一头高一头低地倾斜，如波中之船。我老以为孙悟空就是由这块石头跳出去的！
>
> 到磨墨的时候，它会由桌子这一端滚到那一端，而且响如快跑的马车。我每晚十时必就寝，而对门儿书屋的主人要办事办到天亮。从十时到天亮，他至少有十次，一次比一次响——到夜最静的时候，大概连南岸都感到一点震动。从我到白象街起，我没做过一个好梦，刚一入梦，砚台来了一阵雷雨，梦为之断。在夏天，砚一响，我就起

来拿臭虫。冬天可就不好办，只好咳嗽几声，使之闻之。

现在，我已交给作家书屋一本书，等到出版，我必定破费几十元，送给书屋主人一块平底的，不出声的砚台！

哦，老舍在20世纪40年代所写的姚蓬子的故事，跟施蛰存在80年代讲述的姚蓬子的故事，如出一辙。在生活中，姚蓬子的随随便便、嘻嘻哈哈、邋邋遢遢、马马虎虎是出名的。

自从办起作家书屋，姚蓬子便混迹于左翼文人的阵营。遇见老熟人，问起他这几年的遭遇，他便长叹一声："唉，唉，当时在南京，我发表那《宣言》，也是迫不得已、言不由衷呀！落到那种地步，不来个'假自首'，脑袋就要搬家！那些年，我是'身在曹营心在汉'。可不，如今我获得'自由'，就'过来'了。"

他，见一个，说一个，发表着他的新的"宣言"。

虽说他再也无法重新混入共产党，但是他的"宣言"还起了不小的作用，他居然又常常出现于左翼文人的聚会。他不断地出版左翼作家们的著作，给作家书屋涂上了一层革命的油彩。

最使姚蓬子得意的是，冯雪峰住到作家书屋里来了！

冯雪峰是中共在文艺界的重要领导人。1941年，被国民党逮捕。当时，他化名冯福春，国民党警察局并不知道此人即冯雪峰。他被关入江西的上饶集中营。他在集中营里病重。消息传到上海，然后传到延安。毛泽东和陈云得知之后，马上发电报给在重庆的周恩来和董必武。

几经曲折，终于由宦乡设法，把冯雪峰从上饶集中营里保释出来。

冯雪峰从江西取道桂林，来到重庆，见到了周恩来。考虑到冯雪峰尚属保释，国民党当局随时可以重新逮捕他，党组织便叮嘱冯雪峰以灰色的面目，在重庆养病。于是，看中了作家书屋这个地方。

冯雪峰住进了作家书屋。

姚蓬子兴奋不已。在他看来，冯雪峰的到来，无疑是给作家书屋刷上了红色。他的尾巴翘起来了。当然，他心中也明白：冯雪峰从不跟他提起党内的机密，也从不问及他在南京狱中的那段往事。

1944年5月3日，重庆文化界五十多人集会，发表《重庆文化界为言论出版自由呈中国国民党五届十二中全会请愿书》。这份请愿书，坚决要求"取消图书杂志及戏剧演出审查制度"，"保障言论出版自由"。

在请愿书上写下大名的，绝大多数是很有影响的左翼作家：郭沫若、老舍、茅盾、胡风、夏衍、曹禺、姚雪垠、臧克家、宋之的、阳翰笙、于伶、聂绀弩、胡绳、浦熙修、冯雪峰、叶以群、张友渔、石西民、曹靖华、郑君里、张骏祥、洪深、彭子冈、沈浮、吴祖光、侯外庐、焦菊隐……

在签名名单上，紧挨着茅盾的名字旁边，签着"姚蓬子"三字！

哦，姚蓬子也向国民党"请愿"了！

姚蓬子把政治也看成了生意经，他是绝不做亏本生意的。此刻，他神气活现地出没于左翼作家的阵营之中。他不断地往自己的脸上搽红粉，仿佛他压根儿就没有登过什么"脱党宣言"一般。

那时候,姚蓬子在重庆城里办作家书屋,姚文元与母亲则住在重庆北碚乡金银岗。姚文元从8岁到12岁,一直住在那里。他每天要走六七里路到北碚镇中心小学上学,读完初小、高小。由于家境不宽裕,姚文元的母亲当时给人家做饭、洗衣,赚点家用钱。

1943年秋天,姚文元小学毕业,进入重庆南开初中上学,终于离开了北碚乡。笔者的文友刘兴诗①也在这所学校上学。他送给笔者一帧姚文元的照片,那是姚文元在那里上学时交给学校的证件照。

据刘兴诗说,姚文元在1944年曾因成绩不好而留级,尤其是数学很差。不过,他的作文不错,在全校排名第二。

刘兴诗回忆说,第一名是杨汝绸(后来在1957年被打成"右派分子"),第二名是姚文元,第三名是刘兴诗,第四名是唐贤可,第五名是马雪生。

当时的语文教师郑学韬曾说:"姚文元的作文,大部分都不错,但并不是篇篇都好。他也学习写小说,但是在他笔下,每一个主人公到最后总是死去。"

每逢星期六,学校里进行卫生检查,姚文元往往不及格。他的耳朵老是流脓,衣服也总是不整洁。教导主任公开宣布姚文元是"全班最脏的一个"。由于留级而且遭到老师经常的批评,姚文元养成了孤僻的性格。

刘兴诗在1995年10月21日打电话给笔者,说是在1944年出版的重庆南开初中40周年校庆专刊上,见到姚文元的文章——这也许是姚文元平生最早发表的文章。此外,在专刊上还有白先德的文章。白先德是台湾著名作家白先勇的哥哥。

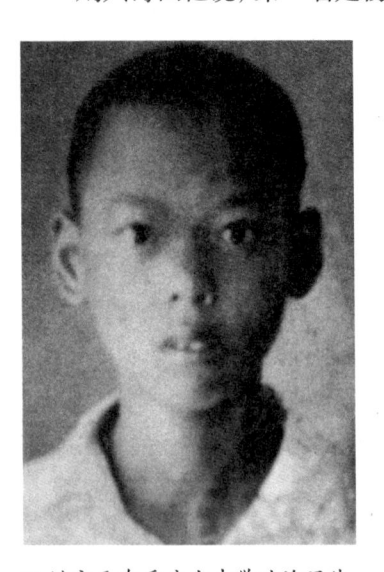

■ 姚文元在重庆上中学时的照片

精明的投机商

艰苦卓绝的八年抗战终于在一片爆竹声中成为过去。

"一江春水向东流。"重庆的大员、要员,像从麻袋里倒出来似的,倾泻在上海。

曾任中统局第四科科长、秘书以及内调局主任秘书的孟真,在重庆的时候与姚蓬子常有来往。据孟真回忆,在姚蓬子离开重庆之前去看望他,"时已近午,他还高卧不起,原来昨宵雀战(打麻将)黎明方归。我问他:'走不走?'他两手一摊:'像我这样的生活,还能走到哪里去?'"②

虽说当时重庆到上海的飞机票极度紧张,头脑灵活的姚蓬子后来还是弄到飞机票,

---

① 1992年10月10日采访。
② 孟真:《中统与我》,载《中统内幕》,江苏古籍出版社1987年版。

前往上海。姚文元则和母亲周修文、妹妹姚文华乘坐木船,一路千辛万苦,在三个月之后到了上海。

姚蓬子的作家书屋终于东迁了。1945年底,在上海福煦路中段(今延安中路)和同孚路(今石门一路)路口,换下了"南洋煤球厂"的牌子,高悬起"作家书屋"四个大字。

上海南洋煤球厂,本是姚蓬子妻子周修文亲戚的产业。姚蓬子看中南洋煤球厂地处闹市,便借了下来,楼下作为作家书屋门市部,楼上作为编辑部兼职工宿舍。

熟人好办事。姚蓬子一到上海,便去拜访上海市警察局局长宣铁吾。宣铁吾也是浙江诸暨人,跟姚蓬子是同乡。当然,更要紧的是,宣铁吾知道姚蓬子乃徐恩曾手底下的人,彼此彼此。当姚蓬子请求"多多关照"的时候,宣铁吾满口答应。

宣铁吾给上海市社会局局长吴开先挂了电话。当姚蓬子迈进吴开先的办公室的时候,见到吴局长眯着笑眼,像吃了定心丸似的。

果真,承蒙吴局长恩典,姚蓬子得到了在上海安身立足的最要紧而又异常紧俏的东西——纸。

那时候的纸,有公家供应的平价纸,有黑市的议价纸。议价纸比平价纸贵好多。姚蓬子从吴开先那里居然弄到了大批平价纸。

姚蓬子手中有纸,心中不慌。作家书屋在上海开张了。

姚蓬子这人,大大咧咧,懒懒散散,常给人随和的印象,不拘小节。其实,他是个表面糊涂,骨子精明的人。虽说"士不言利",而他却精于赚钱获利之道。

他在弄到大量平价纸之后,不急于排印新书,却从重庆运来大批纸型。那些书过去在重庆出过,而对于上海读者来说是新的。纸型现成的,省去了排字费,印刷又快。于是,作家书屋的柜架上,一下子出现一大批新印的书。

脚跟总算站稳了。姚蓬子一边开始在上海排印新书,一边把妻子、儿子、女儿接来上海。

章含之在她所写的《我与父亲章士钊》一文中,曾忆及当年的作家书屋印象:"1946年,我考入震旦女中。……冬天,平台上太冷,我就跑到如今瑞金大戏院附近的作家书屋,不花钱地坐在取书的小梯子上看书架上的书。巴金的《家》、《春》、《秋》,徐訏的《风萧萧》,以及无名氏的《塔里的女人》,等等都是我那时坐在作家书屋的小梯子上看的……"

小小年纪的章含之,未曾上楼。作家书屋的楼上,则是另一番景象:姚老板的桌子上,安装了几部电话机。他已毫无诗人的灵感,却充满投机商人的铜臭。纸张紧俏,他就做倒卖纸张的生意。黄金紧了,公债紧了,股票紧了,他也投机其中。什么玩艺儿能赚钱,他就做什么买卖。他只有一个目的——把金灿灿的、白花花的、沉甸甸的那些东西弄到手,就行![1]

姚文元住在二楼的亭子间里。他生性孤僻,总是钻在亭子间里看书,很少理人。他跟店里的职工几乎不打招呼。他的眼睛总爱朝上翻。

我走访了当年作家书屋的职工,他们说起姚蓬子待人之苛,令人惊讶。

那时姚蓬子雇了十几个职工,他成了道道地地的老板。作家书屋的一个老职工生肺

---

[1] 1988年2月29日,叶永烈在北京采访人民文学出版社总编辑楼适夷。

病死了,姚蓬子把他一脚踢开,什么抚恤金,没门儿!一位在作家书屋工作多年的学徒回忆道:"我那时候十几岁,在乡下生活不下去,到作家书屋当学徒,站柜台。姚蓬子只给我吃饭。每月的零用钱,只够理一次发,买一根油条。他克扣职工工资是很出名的。店里的职工流动性很大。稍微有点门路的,找到别的工作,就走了。剩下的就像我这样的人,没有门路,只好听任他剥削。物价飞涨,每一次职工要求增加工资,都要跟姚蓬子斗。他只能在迫不得已的时候,才答应增加一点工资……"

最有趣的是,每逢新书出版之际,姚蓬子是很怕见作者的。他再三关照职工,作者来了,要赶紧告诉他,他马上躲进厕所。这样,职工便可以对作者说,老板不在家,稿费改日再付!

一拖再拖。等到作者终于找到姚蓬子,拿到稿费,那时物价已涨了几倍了。

姚家向来喜欢雇同乡穷妇作佣人:一是同乡捏在他的手心之中,倘有不轨,"跑了和尚跑不了庙",可以追查到家乡;二是乡下穷人好欺,给碗饭吃就够了。

据曾在姚蓬子家做过五年佣人的钱亚芬回忆:五年之中,姚蓬子没有给过一分钱工资!1931年,当姚文元满月的时候,姚家亲戚前来贺喜。钱亚芬抱着姚文元给姚家亲戚们看,人赏给她几十个铜板。第二天,姚蓬子的妻子周修文,就从钱亚芬手中拿走了这些赏钱,只给她三个铜板。后来,当钱亚芬终于离开姚家时,她的身边只有这三枚铜板而已!

姚蓬子的吝啬,在亲戚中也是出名的:家乡来了亲戚,住不了几天,就得赶快开步走。姚老板的面孔是铁青的。亲戚多住几日,他便会下逐客令,唯恐亲戚多吃了他家的饭菜!

他总是说自己穷。他也确实一副穷相:西装已经又旧又破,他还天天穿着……

物价像火箭般腾飞。读者连肚子都喂不饱,哪有钱买书?书店的生意日趋萧条,上海各出版社、书店都挣扎在死亡线上。

作家书屋也几乎不印新书了,门市部门可罗雀。

就在这艰难时世,姚蓬子却渐渐变阔了:本来,一直穿一身破西装,如今添了崭新的狐皮袍;本来,一直跟店里职工一起吃"大锅饭",如今另起小灶……

解放前夕,最令人震惊的消息传出来了:姚老板要搬家啦!

姚老板要搬到哪儿去呢?

原来,上海一个大资本家叫林伯辉,在市中心静安寺附近新造了一批三层楼房,名曰"林村"。姚蓬子居然拿出灿灿金条,买下林村的一幢三层楼房①,全家搬了进去!

姚老板怎么会这么阔起来的呢?

原来,他不再靠印书赚钱,他靠着宣铁吾、吴开先,大量购进平价纸,然后以议价在黑市抛售,转手之间,赚了大钱!

姚蓬子居然请得动宣司令大驾,在作家书屋楼上打麻将!打麻将时他常常输,把一沓沓钞票塞进司令的衣袋。自然,司令也就更加殷勤地关照他了。

---

① 实际上那三层楼房是建在英籍商人哈同的土地上,按照合同,房屋产权在1954年12月31日起归哈同公司所有。

姚蓬子也给自己留下后路,他跟冯雪峰打交道,跟潘汉年打交道。

大抵是物以类聚的缘故,丁玲前夫冯达有着和他相似的经历,这时与他常来常往。

姚蓬子虽说发了财,却成天价双眉紧锁,没有一丝笑脸。每天打开《申报》,愁云便飘上他的心头:中国共产党指挥下的中国人民解放军,节节推进,步步得胜,眼看着便可唾手而得中国大陆,上海迟早要落入中共手中。

他,忧心忡忡。他曾听说,前几年中国共产党在延安搞过肃反,对叛徒是毫不手软的。

眼下,国民党政府大厦已摇摇欲坠,不能再作为靠山了。他,一旦落入共产党手中,纵然手中有钱,日子也是难熬的,因为他毕竟不是一般的书店老板,他有着那样一段抹不掉却又令人心焦的历史。

心境不好,使他脾气变得暴躁,动不动,他就要发一通无名火。

他把一切希望,寄托在独养儿子姚文元身上,望子成龙。

在姚文元之后,周修文生过二女一子。

大女儿叫姚文华。

二女儿是在1937年生的。生下不久,正值"八一三"日军突袭上海,姚蓬子把出生才几个月的二女儿送回诸暨老家。在缺医少药的乡下,二女儿死于脑膜炎。

来到重庆之后,周修文在北碚生下一个儿子,曾使姚蓬子兴高采烈。这小儿子上小学一年级时,染上麻疹,转为肺炎,死了。

于是,姚文元成了姚蓬子唯一的儿子,成了他的掌上明珠。

姚蓬子为姚文元操碎了心

姚文元从重庆回到上海之后,于1946年夏进入上海艺术师范附属中学继续上初中。然而姚文元在上海艺术师范附属中学参加学生政治活动,这引起了姚蓬子的严重不安[①]:

> 艺中隔壁是务本女中,两校为校舍常常发生纠纷。艺中校方就借机挑动学生起来闹事。姚文元和许多学生一起参加了罢课请愿风潮,他甚至敢于带头出来和教育局的处长"说理"。最后他们才明白是被校方利用并最终出卖了。但是,姚文元的最大收获是,他的表现引起了学校进步学生王克勤、顾志刚的注意。他和一些进步学生经常通信往来,还给一个自办的杂志《新生》投稿。
>
> 在投机政治中吃了苦头的姚蓬子,坚决反对姚文元再走从政这条路。有一次,姚文元写给同学的一封信,因地址写错被退回。姚蓬子看到信中对政局不满,就严厉警告他:"你不要随便写来写去,搞政治会搞出事情来!"初出茅庐的姚文元当然不服气,也不知道父亲参加过中共又自首的经历,两人经常发生激烈争吵。

---

① 陈东林:《冯雪峰与姚文元父子》,《党史博览》2003年第2期。

1947年，姚文元初中毕业，总算可以离开上海艺术师范附属中学，使姚蓬子松了一口气。姚蓬子期望儿子能够考上上海最好的中学——上海中学。虽然姚文元未能如姚蓬子所愿，但是姚文元考上了大同大学附属中学一院（今大同中学），那也是在上海很有名气的一所中学。

虽说姚家离大同大学附属中学一院颇远，但是为了儿子的前途，姚蓬子让姚文元每天来来回回挤公共汽车也无所顾惜。

儿子进了"大同"，姚蓬子总算放心了。儿子居然在课余还写起长篇小说来，这更使姚蓬子欣慰，父亲所企望的和儿子所追求的是同一个目标——做作家，做大作家。尽管姚文元跟父亲一样，并不是写小说的料——姚蓬子毕生没有写出过好小说，姚文元毕生没有发表过小说。

不过，作为作家的姚蓬子，为儿子培养了一个很好的习惯：从15岁起，姚文元就坚持每天记日记。

几十年来，姚文元一直恪守父亲的教导，从不间断地记日记。

即便是姚文元在"文革"中成为中央首长之后，忙得不亦乐乎，他仍忙里偷闲，写下日记。

后来，姚文元成为"阶下囚"，他在牢房里仍每日写日记。

不论历史对姚文元如何评价，姚文元毕竟已经深深卷入中国当代史上许多重要事件。姚文元的日记，成了这些重大事件的重要记录，因而富有史料价值。

笔者以为，将来在合适的时机，《姚文元日记》会分批出版。《姚文元日记》，将成为姚文元一生的重要著作。

诚如周佛海，人生道路崎岖，但是此公也数十年坚持记日记。如今，分卷出版的《周佛海日记》，已经成为历史学家研究现代史的重要史料。

追根溯源，姚文元从小养成记日记的习惯，不能不归功于父亲姚蓬子的引导。

1948年寒假里发生的一桩事，使姚蓬子深为不安。

那是1月28日晚上，大同中学一个姓王的同学突然来到了作家书屋，通知姚文元明天一早到学校去。

姚蓬子以为儿子返校开什么会，不料，第二天，儿子很晚才回家，说学生证也被警察搜去了。

姚蓬子一盘问，才知道儿子参加学生运动去了。

那时，同济大学成了上海学生运动的中心：由于学校的训导处开除了几名进步学生，上海同济大学全体同学从1月18日起实行罢课，并决定派出代表赴南京请愿。1月29日，上海27所学校5000多名学生云集同济大学，欢送代表团赴南京请愿。上海市市长吴国桢派出3000多名军警前往镇压，逮捕200多名学生。国民党政府教育部次长杭立武声称要解散同济大学。大同附中是前往支援同济学生的27所学校之一。这一学生运动发生在1月29日，称为"一·二九"事件。

那个姓王的同学，叫王寿根，中共地下党员。

"胡闹！"姚蓬子听说儿子被同学拉去参加游行，颈部根根青筋怒胀。

"我走过的桥，比你走过的路还多；我吃过的盐，比你吃过的饭还多。"姚蓬子摆出老资格，训斥17岁的儿子道，"你给我老老实实读书。你将来靠读书吃饭，不是靠游行吃饭！"

说实在的，姚蓬子吃够了"革命饭"。他知道被捕的滋味是什么。眼下，他的宝贝儿子要重蹈他的覆辙，他不由得怒火中烧。

他告诫儿子，不许再参加学生运动。

此后的报上，关于学生运动的报道中，不断出现"大同大学附中一院"字样，使姚蓬子暗暗为儿子担心。

确实，大同中学是中国共产党地下活动十分活跃的中学。据记载："早在第一次国内革命战争时期，就建立了中国共产党支部和共青团组织。1938年校内已有中共党员。1940年重建党支部。上海解放前夕已经有学生党员三十一名……"①

由于参加学生运动，1948年2月3日，姚文元被大同大学附中一院张榜开除。由于中共地下党员王寿根的帮助，姚文元得以转入上海沪新中学继续念高中。

沪新中学，亦即江苏省立上海中学，上海第一流的中学。日军侵占上海时，取缔了作为"江苏省立"的上海中学。该校迁至法租界顺昌路，更名为沪新中学，意即"新的上海中学"。

抗战胜利后，上海中学复校，沪新中学成为上海中学的一个部分。由于上海中学在上海郊区，而沪新中学在市区，报考沪新中学的人反而比上海中学多，尽管上海中学校舍宽敞舒适在上海是首屈一指的。

当时的沪新中学拥有一千多名学生，分为理科和商科。姚文元插入理科二年级甲班。

正当姚蓬子为儿子进入沪新中学而高兴的时候，不料，就在开学的那一天——1948年9月1日，发生了意想不到的事情。

放学回来，姚文元刚刚放下书包，脸上露出神秘的表情，他轻声地附在父亲耳边说："爸爸，有件要紧的事，告诉你。"

有什么要紧的事呢？

姚文元向父亲说出事情的原委："今天，我到沪新中学上学，一眼就认出跟我同桌的同学。我知道他叫崔之旺，可是他却说自己叫'崔震'②。"

"你怎么会知道他本来的名字？"姚蓬子顿时警觉起来，因为他有过地下工作的经验，知道哪些人物是经常改名换姓的。

"我认识他，他不认识我。"姚文元说道，"在大同附中时，我在高一的D班，他在B班。在'一·二九'事件中，他是大同附中学生的领队，所以我认得他。那时候，他叫崔之旺。寒假一过，他就被大同附中开除了，我就没有看见他了。他是共产党……"

"你怎么知道他是共产党？"姚蓬子问儿子。

"他是大同附中学生运动的头头。他被开除以后，许多同学都说他是共产党。"

---

① 陈佐辉、董生甫：《大同中学地下党开展革命文化活动片断》，《上海文史》1991年第3期。
② 1986年9月7日，叶永烈在上海采访姚文元的入党介绍人崔震及支部书记冒金龙、孙尚志。

"你没有告诉他——你认得他？"

"没有。我们在大同附中不同班，他不认识我。我猜出他为什么进沪新中学就改了名字，不便把事情说穿。"

又过了几天，姚文元告诉父亲，崔震正巧住在我们家不远，放学时跟我同路。我们一起上课，一起回家。

不过，姚蓬子这一回并没有反对儿子与那个中共地下共产党员来往。不言而喻，中国人民解放军已经逼近上海，中国共产党赢得全国胜利，只是个时间问题了。

姚文元喜欢看书。他的书包里，装着高尔基的小说，鲁迅的杂文集，悄悄在课桌上翻阅。自然，这引起了同桌的崔震的注意。

没几天，一件小事，使姚文元很不愉快：同学们熟悉之后，彼此取起绰号来了。贫嘴的同学孙志尚，给姚文元取了个雅号曰"摇头飞机"——因为姚文元八字脚，走起路来摇摇摆摆，正巧他又姓姚，跟"摇"同音。

在放学途中，姚文元对崔震说："他们取笑我八字脚，其实，他们哪里知道，我的双脚为什么朝外翻？那是抗日战争的时候，我父亲在重庆开进步书店——作家书店，要跟许多左翼作家联系，重庆是山城，我天天跟父亲一起东奔西跑，天天爬山，把脚爬成了八字脚！"

"你的父亲是……"

"我的父亲也是左翼作家，叫姚蓬子。"借"八字脚"为由头，姚文元大加发挥，说出了心中想说的那些话，"我父亲是鲁迅的战友。瞿秋白、冯雪峰、胡风，都是他的好朋友，我们家的常客。我受父亲的影响，对民族解放运动早就非常向往……"

听了姚文元的话，崔震虽然不动声色，但是暗暗记在心中。

崔震向党支部作了汇报。

那时，为了迎接上海的解放，上海地下党组织正在大力发展新党员。姚文元的名字，被列入沪新中学地下党支部的发展对象名单之中。

几天之后，姚文元悄然把入党申请书塞到崔震手中。

姚文元披上了革命外衣

"你有《三S平面几何》吗？"一个方脸、白皙、戴眼镜的二十四五岁的男青年，穿一身旧西装，左手拿着报纸，问姚文元道。

"没有。"姚文元答，"我只有《范氏大代数》。"

按照崔震教给的联络暗号，那位男青年跟姚文元对上了号。

男青年名叫郭坤和（又名郭民），是上海南中区的分区委书记。

他向姚文元讲明了对党、对组织要忠诚老实的原则，然后，询问了一系列问题。他问及了姚蓬子。姚文元如同对崔震说过的那样，又重述了"进步作家"姚蓬子的身世。

处于地下状态的共产党，无法对入党对象进行外调。由领导出面，这样找发展对象谈话，就像是一种审查手续。

由于姚文元的隐瞒,当时的党组织不知道姚蓬子的严重问题以及姚文元和徐恩曾、费侠的关系。何况姚文元只是一个中学生,他的入党申请只是报到分区委。

一位当年中共上海市委负责人,后来曾不胜感慨地说:"因为姚文元当时是个中学生,所以他的入党报告,只是送分区党委郭坤和同志审批。限于当时的条件,审批手续不过是郭坤和找他谈话。问及他的父亲时,姚文元说是鲁迅的战友等。如果当时上报市委的话,姚文元的入党报告,不会马上批准,起码要对他进行一段时间的考察——因为姚蓬子是叛徒,当时地下党上海市委是掌握的,是绝不会被姚文元所说的那一套'鲁迅的战友'之类话骗过去的!"

感慨只是感慨,历史毕竟已经过去。

不过,从冯雪峰1953年12月15日写给姚文元的信中透露:"我在你入党时,就知道的。"这表明冯雪峰当时就知道姚文元加入中国共产党。

崔震成为姚文元的入党介绍人(当时只需一个介绍人)。经过沪新中学地下党支部讨论通过,经过分区委批准,顺顺利利,姚文元在1948年10月便举行入党宣誓。

"忠于组织,严守秘密,誓死为共产主义事业而奋斗!"郭坤和念一句,姚文元跟一句。念完誓词,姚文元便成为中共预备党员了。

据称[①]:1948年10月,姚文元刚刚秘密加入党组织几天,冯雪峰看见他就笑嘻嘻地说:"姚文元,现在你进步了,好极了!"姚蓬子在旁一声不响。

姚文元入党之后,作家书屋二楼便常常成为沪新中学地下党开会的场所。每逢这种时候,姚蓬子知趣地回避了。

沪新中学的地下党组织迅速扩大,地下党员发展到三十多人。姚文元由于工作积极,入党不久便担任了党小组长以及沪新中学高二甲班的分支部委员。解放前夕,姚文元已是支部之下的分支书记。

后来,姚文元在履历表上写"担任沪新中学党支部书记",那是给自己提了一级。

■ 地下党小组长孙志尚关于姚文元入党的回忆　　■ 地下党支部书记冒金龙关于姚文元入党的回忆

---

① 据陈东林:《冯雪峰与姚文元父子》,《党史博览》2003年第2期。

我在访问当年沪新中学地下党的好几位老同志时①,他们一致严肃地指出:沪新中学地下党支部书记先是孙志尚同志,后为冒金龙同志。1949年2、3月间,由于新党员不断增加,沪新中学地下党成立了总支,总支之下设支部,支部之下设分支部。姚文元是高二年级甲乙两班的分支部书记。姚文元在解放后填表,自称是"沪新中学党支部书记",显然不符合事实。

1949年5月27日,中国人民解放军第三野战军在陈毅指挥下,攻下上海城。

入党不过七个月的姚文元,年纪不过18岁,学历不过高中二年级,从此却有了不可多得的政治资本——曾经是地下党员。

在"文革"中,在大庭广众之中,姚文元曾不止一次吹起了自己的光荣史。

令人寻味的姚文元道路

解放以后,姚文元走过了怎样的道路?

下面两个姚文元的镜头,时隔20年,反差是那么的强烈。

1949年初冬,上海还不算太冷,一个穿着蓝得刺眼的干部式棉衣的剃平头的小伙子,骑着一辆破自行车,穿过大街小巷。车后的书包架上,捆着一大包刚刚印出的《青年报》。

此人便是姚文元。当时他还在继续念高中,课余兼任上海《青年报》的发行员。由于这一职务不属国家干部正式编制,他没有领到国家供给的棉干部服。不过,那象征着革命的棉干部服,对他的吸引力未免太大了,他就自己花钱,请人照样仿做了一件。只是所买的蓝布颜色太艳,叫人一看便知道是仿制的。

20年后——1969年,姚文元穿一身崭新的军装。这军装在当时是革命服。他以一个"武化文人"的姿态,出现在中国共产党第九届全国代表大会主席台上。当年的新闻公报这样报道大会开幕式:"随同毛主席和林彪副主席登上主席台的有周恩来、陈伯达、康生、董必武、刘伯承、朱德、陈云、江青、张春桥、姚文元同志。"到了闭幕式时,新闻则这样报道:"今天在主席台前列就座的,有:周恩来、陈伯达、康生、江青、张春桥、姚文元……"新当选的38岁的中央政治局委员姚文元,成为党内的重要人物。

从20年前的一个普通高中生,到20年后成为党的最年轻的中央政治局委员,姚文元的道路是令人寻味的。

其实,姚文元开初并没有坐上"火箭",而是骑着"自行车"在人生的道路上前进,他甚至一度车翻人仰,跌进沟里。

在档案里,我看到姚文元亲笔填写的履历表:

1949—1950.2　　南二区工作
1950.2—1950.7　　因病在家休养

---

① 1986年9月7日,叶永烈采访姚文元的入党介绍人崔震及支部书记冒金龙、孙尚志。

1950.7—1951.9　团卢湾区工委宣传部干事

1951.10—1951.12　团校学习

1951.12—1952.5　三反工作队队长

1952.6—1952.9　团卢湾区工委宣传部副部长

1952.10—1953.3　团校学习

1953.3—1953.4　卢湾区团委

1953.5—1953.8　卢湾区团委宗教办公室

1953.9—1956.5　卢湾区党委宣传部理论教育科长、职工教育科长

也就是说，解放后七年，姚文元也不过是个科长。

也许由于太简略，有几处我不知何意，或者不知其详。

比如"1949—1950.2　南二区工作"，这"南二区"是什么意思？请教了姚文元当年的老同事，方知这是指他在团的南二区担任《青年报》的发行员、通讯员，"白天来来，跑跑基层，分分报纸"，如此而已。当时的"南二区"由上海的卢湾、蓬莱、邑庙、嵩山地区组成。姚文元在团的南二区委里，只有一个抽屉罢了，并非正式工作人员。

所谓"因病在家休养"，这病，据说是心脏病。

令人不解的是，"因病在家休养"的姚文元，在那五个月里，两度跟随父亲姚蓬子前往北京。

坐落在北京王府井东安市场里，有一家以涮羊肉名闻遐迩的东来顺饭馆。一位有着跟姚蓬子差不多的叛变经历的老朋友，久别重逢，在那里宴请姚氏父子。

老朋友跟姚蓬子沉湎于往事的回忆之中，姚文元只顾自己涮着羊肉，一块一块送往嘴巴里。

突然，那位姚蓬子的老朋友，把脸转向他："文元，你还记得你的寄娘费侠吧？"

"记得！"姚文元立即点头道。

■ 姚文元1949年填写的干部登记表（部分）

■ 姚文元1953年填写的中国共产党党员登记表（部分）

"你还记得你的寄爹徐恩曾吗？"

"记得！记得！都记得！特别是寄娘，待我特别好。"姚文元连连说道。

这时，那位姚蓬子的老友压低了声音，姚氏父子把耳朵伸了过去："你们知道吗？文元的寄爹、寄娘，都跑到台湾去了！"

姚文元的神色陡变。

姚蓬子双眉紧皱，当即说："这件事，今天说到这里为止，不要再提了！"

姚文元马上附和道："对，到此为止，到此为止。"

他，在"因病在家休养"前夕——1950年2月，总算转正，成为中国共产党正式党员。不论他在入党或转正的时候，都从未向组织上交待过他与徐恩曾、费侠的关系。此后，他更是守口如瓶，就连两度随父去京广访父亲故旧，他也从不对党组织提及一句。心中有鬼，唯独他自己明白。

至于"1951.12—1952.5 三反工作队队长"，姚文元言过其实。不论是他当时的顶头上司，还是一起工作的同事，都一致证明：姚文元当时是上海市卢湾区公安分局组织的"三反工作队"的一名"打虎队员"，担任过联络员，从未担任过队长。

留存在当年的老同事们的记忆屏幕上的姚文元形象，大抵是这样的：

独来独往。他住机关集体宿舍，总是要一个人独住。很少跟同事来往，也从不向组织暴露思想。

懒得出名。那件鲜蓝色的棉干部服，穿了几个冬天，已经油光可鉴了，他照穿不误，不洗也不刷。同事们称他为"卖油条的小贩"，他笑笑。臭袜子、脏衬衣之类，要等星期天带回家去，叫保姆冯金芸洗，他自己连块手绢也不洗。头发总是到了不得不剃的时候，才进理发店。每天早上，他总是机关宿舍里起床最晚的一个，从不参加做早操。

午睡时懒得连鞋子都不脱，斜着躺在床上。

唯一的爱好是看书、写稿。他的宿舍里放着个藤书架，他不时从家里带来书。别的书经常换动，但是姚蓬子著的《论胡适实用主义》小册子一直在书架上。

长篇《百炼成钢》成了废铁

穿着棉干部服，做着作家梦。

如果不把姚文元1944年在重庆南开初中校庆专刊上发表的文章算在内，姚文元平生第一篇公开见报的文章，也就是人们常说的处女作，那是在1949年4月，作为"我最爱读的一本书"征文发表的，题为《革命的意义——〈青年近卫军〉读后感》，署笔名"志毅"。当时，姚文元18岁。

另外，在1946年2月21日上海的《大晚报》上，查到《老城隍庙一瞥》，署名"文元"。是否系姚文元所作，待考。但是"志毅"写的那篇书评，确系姚文元所作。因为那篇文章收入姚文元所著《细流集》一书，列为首篇。

1949年6月22日,上海《青年报》的"读者之声"专栏里,刊出一位读者的千字短文,题为《揭穿帝国主义的阴谋》,署名"沪新中学姚文元"。这时的姚文元,是《青年报》的通讯员。

此后将近两年,姚文元没有发表过文章。

1951年4月12日《解放日报》的"读者来信"专栏里,终于冒出"姚文元"的大名,他的来信标题为:《要求音乐界创作镇压反革命歌曲》。

这年秋天,姚文元步入上海天宫剧场,看了滑稽戏《活菩萨》。这时的姚文元虽然只20岁,已有"众人皆醉吾独醒"的"左"派精神,在剧场里坐不住了,认为这样的戏太庸俗。他感到惊讶,竟有那么多的人观看《活菩萨》!不久,1951年11月《文艺报》的"读者中来"专栏里,发表了《一个值得严重注意的数字》,认为《活菩萨》拥有那么多观众是"一个值得严重注意的数字"。文章虽然不过千把字,批评的调子却唱得很高。此文署名:"青年团上海市工委姚文元"。

写这样的文章,姚文元觉得顺手,就沿着这条路写下去:写了《注意反动的资产阶级文艺理论》,写了《错误的了解》。在1953年8月的第16期《文艺报》上,又在"读者中来"专栏,发表姚文元的《应改进歌曲出版工作》一文,批评了"由于出版者唯利是图,有的集子编进了一些不健康的'冷门'歌曲,以示其'突出'……"

从1949年至1954年的六年时间里,姚文元总共只发表八篇"豆腐干"文章,要么"读者之声",要么"读者中来",要么"读者来信",一会儿批滑稽戏,一会儿批歌曲出版工作……姚文元意识到,这几篇"豆腐干"文章,离大作家太远了!

在他调到上海市卢湾区团委当宣传干事之后,一心一意要写长篇小说——大部头。他要写的小说,据说是受了苏联作家奥斯特洛夫斯基的名著《钢铁是怎样炼成的》的启示,名曰:百炼成钢!

这是一部"史诗"般的皇皇巨篇,从红军长征、土地革命,从反饥饿、反迫害、反内战的学生运动,一直写到中国革命的胜利,写到"三反"、"五反"运动。

用姚文元自己的话来说:"我花费了不知多少个星期日和夜晚,查资料,写作……"

当红军进行震撼世界的二万五千里长征的时候,姚文元不过是个3岁娃娃,他只能靠着查资料来写"史诗"般的小说。

足足写了四大捆稿纸,姚文元终于把《百炼成钢》写出来了。

他以为这一炮足以使中国文坛震动,可是,一纸退稿信,把这部巨著打入了冷宫。

整整一个月,他闷闷不乐,一下班就躺在床上。哦,《百炼成钢》成了一堆废铁!

他终于从退稿中醒悟,自己不是写小说的料。

他毕竟是从作家书屋里出来的,他从小就见过许许多多作家,他读过许许多多作家的作品,他铁了心,要当一位作家。

他在思索,他在寻找文坛捷径。忽地,他的眼前一亮,藤书架上的几本书吸引了他:那是作家书屋出版的胡风著作。

他想,不写小说,专搞文艺理论,不也能够成为大作家吗?胡伯伯,不就是活生生的榜样!

"我已变成一棵墙头草"

虽说姚文元在父亲的提携之下,见过鲁迅,见过瞿秋白,可是那时的姚文元乳臭未干,尚在牙牙学语之际。然而,胡风给了他很深的印象,姚蓬子常常让儿子给胡风送稿子、送清样、送书,十几岁的姚文元已经知道什么是大作家了。姚蓬子把儿子当作交通员,为的是让儿子早早结交文艺界巨星。

每当胡风来作家书屋闲坐,姚蓬子也总是把儿子喊来作陪旁听大作家的高谈阔论,以求受到文学的熏陶。

自从《百炼成钢》告吹之后,姚文元把目光转向胡风。

油汗淫淫,姚文元在家中底楼的书房里,翻找着胡风著作。

姚蓬子成了他的老师,指点着他怎样研究胡风著作。

在机关里,姚文元传出风声,他要给机关干部作一次文艺讲座:论胡风文艺思想。

大抵由于姚文元的口才太差,他似乎忙着以笔代口,写起长长的讲稿。因为是为机关里准备讲座,所以他在上班时间,也忙于写讲稿。

其实,"明修栈道,暗度陈仓"。姚文元哪里会把给机关干部作讲座放在心中,他在起劲地写一部厚厚的文艺理论著作:《论胡风文艺思想》。

他想,长篇小说《百炼成钢》出不了,出版一部长篇文艺理论著作也能在文坛崭露头角。

说实在的,姚文元的运气实在太糟糕:就在他对胡风文艺思想心领神会、烂熟于胸,就在他的《论胡风文艺思想》写得差不多的时候,忽然文坛风向大变!

在1954年下半年,中国文坛风波迭起:先是俞平伯在《红楼梦》中的研究观点,遭到了批判。毛泽东写了《关于〈红楼梦〉研究问题的信》。中国文联和中国作协主席团先后召开了八次联席会议。渐渐地,批判的矛头转向了胡风。周扬作了题为《我们必须战斗》的报告,其中的第三部分便是"胡风观点同我们的观点之间的分歧"。

读着周扬的报告,冷汗湿衣衫,姚文元先是震惊,继而沮丧,辛辛苦苦写成的《论胡风文艺思想》一书,不言而喻,泡汤了!

细思量,姚文元却又暗自庆幸起来:多亏他的讲座还没有讲,讲稿也未曾送出版社。须知,"一言既出,驷马难追。"讲出去的话,发出去的文章,如同泼出去的水。所幸水尚在盆中,盆尚在手中!

震惊过去了。沮丧过去了。庆幸过去了。姚文元之所以成为姚文元,在这关键的时候,显示了他的特点。

子肖其父。姚文元跟他的父亲一样,最拿手的好戏,莫过于"反戈一击"!

别以为直到"文革",才发明"受蒙蔽无罪,反戈一击有功",姚氏父子早就谙熟"反戈一击"之法。

姚文元在1956年7月24日《新闻日报》上发表的《理论家和墙头草》一文,倒是他

的绝妙的自我写照。那篇文章中,姚文元写了这么一位"猫先生":

> 那天晚上,猫先生的愿望在梦中实现了。他梦见自己变成一棵根扎得很浅的野草插在短墙上,在风中得意的摇摆。东来西倒,西来东倒,一点也不受拘束。他乐得唱起歌来:
>
> 我是一个最优秀的理论家,
>
> 什么风浪袭来我都不害怕,
>
> 因为我已变成一颗(应为棵——引者注)墙头草,
>
> 哪边风大我马上往那边斜……
>
> 歌未毕,突然一股强烈的风从南方吹来,他就顺着风向猛烈的向北倾斜,几乎成为九十度,表示他的正确性;可是他斜得太厉害,本来很浅浅的根竟有一小半从土中脱出来了;这时北方又吹来一股大风,他就向南方猛烈的弯腰,这一下弯得太厉害,竟把根全部从浅浅的土中拔起来,没有等到第三次弯腰,他就摇摇晃晃从墙头一头倒栽下来。
>
> "救命!"理论家大喊起来,浑身渗透了淋淋的冷汗,连毛都粘在一起了……

这位"理论家"猫先生是谁?正是姚文元自己!

见风使舵,已成为姚文元的"理论"的诀窍。这位"理论家"最初的精彩表演,便是从"颂胡风"一下子倒向"反胡风"。

姚文元对胡风打了第一枪——在北京《文艺报》1955年第1、2期合刊上,发表了《分清是非,划清界限!》一文。

这是一篇以《文艺报》通讯员的身份写的文章,口气却不小,不仅胡风受到斥骂,而且连《文艺报》也捎带着被批评了一通:

> 老实说,我对《文艺报》最大的意见之一,就是没有对胡风先生的理论进行持续的彻底的斗争。胡风的披着马克思主义外衣的资产阶级唯心主义文学理论是能迷惑一些人的,但《文艺报》只公开发表了林默涵同志和何其芳同志两篇文章后就停止了。实际上几年来问题一直存在……胡风先生已经站到直接违反马克思主义的立场上去了,已经站到诬蔑党的立场上去了,这难道还不明显吗?……
>
> 我是一个《文艺报》的通讯员。我认为《文艺报》的通讯工作(特别是近一年来)是有严重的错误和缺点的。据我的看法,错误的主要表现就是忽视新生力量,不相信群众中会提出具有重大意义的问题。这种骄傲自满的权威情绪终于使通讯员和《文艺报》的联系一天天削弱,使《文艺报》日益脱离广大群众……

姚文元此文写于1954年12月16日深夜,是"看到12月10日《人民日报》发表的周扬同志的《我们必须战斗》一文以后,我感到非常必要和胡风先生的观点划清界限",于是急急忙忙赶着政治浪潮而写。他自命为"新生力量",要在反胡风运动中大显身手了。

姚文元跨进《萌芽》编辑部

姚文元盘算着,怎样挤进上海文艺界。他悄然把那13篇批胡风的文章,整整齐齐剪贴成一本。在他看来,这已成了他进入上海文艺界的敲门砖和垫脚石。

1956年,春风徐徐吹拂着上海巨鹿路。姚文元手持那册自己装订的剪报集,步入中国作家协会上海分会的大门。

姚文元来到设在那里的《文艺月报》编辑部,希望成为那里的一名编辑。

非常遗憾,《文艺月报》编辑部答复说,已有三位文艺理论编辑,满员了,不需要另添新手。

他想起了张春桥。自从他挨批判之后,听说单位领导已把他的情况跟《解放日报》打过招呼,他也就不敢再去找张春桥。此刻,他想,进不了《文艺月报》,能不能进《解放日报》?

又非常遗憾,张春桥已于1955年秋调离《解放日报》社,家也从香山路搬走了。

在电话里,张春桥告诉他重要的消息:"上海作协正在筹办《萌芽》半月刊,准备在今年7月出版创刊号。那是个青年文学刊物,人手正缺,你去那里最合适。如果你愿意,我可以帮你说一声……"

在患难之中,张春桥拉了姚文元一把,使姚文元感激涕零。

终于,在1956年5月,姚文元被借调到《萌芽》编辑部。所谓借调,是指姚文元仍属中共卢湾区委干部编制,暂时借往《萌芽》杂志社工作。

姚文元如愿以偿,哼着歌儿前往《萌芽》编辑部。

不过,到了那里,这位"青年文艺理论家"小受委屈:分配他当诗歌编辑——他对诗一窍不通。

好在只要当上编辑,也就很不错了,姚文元并不计较。在他看来,《萌芽》的牌子要比什么"卢湾区委职工教育科长"响得多。他写信,爱用印着"萌芽"绿字的信封;他写稿,爱用印着"萌芽"的稿纸……

走出审讯室的姚蓬子,得知儿子升迁,格外的欣喜。他笑着对儿子说:"这叫'子承父业'!整整25年前——1931年1月,左联在上海创办了《萌芽》文艺月刊。主编是鲁迅,我是兼职编辑。也就在我编《萌芽》那一年,你出生了。算起来,你竟跟《萌芽》杂志同龄!真想不到,25年后的今天,你也成了《萌芽》的编辑,巧,巧,真巧……"

姚蓬子抚今追昔,感叹起来:"很可惜,当年的《萌芽》只办了五期,就给国民党查禁了。后来改名《新地》,只出了一期,就关门了。……唉,唉,想不到,你会成为新《萌芽》的编辑。你不要为当诗歌编辑不高兴。如果叫我当,就会高兴得跳起来。我像你这样的年纪,整天爱读诗,写诗。唉——,诗是青春的火花。如今,老啰,再没有心绪写诗了……"

说到这里,姚蓬子感伤起来,长吁短叹,懊恼而颓唐……

姚文元终于结束了整整一年的沉默。1955年6月18日,他在《新闻日报》发表了《要用铁的心肠消灭敌人!》之后,他的名字在报刊上消失了。1956年6月30日,他的名字重新出现在《解放日报》上,题为《百家争鸣,健康地开展自由讨论》。

　　中国的"阶级斗争"的风,总是一阵一阵的。1956年是个夹在两阵风之间的年头——1955年的"反胡风"斗争,1957年的"反右派"斗争。1956年是中国政治气候缓和的一年。中共八大就是在这一年召开,明确提出了反对个人崇拜、发展党内民主和人民民主。

　　一方面是受政治气候的影响,一方面因为挨过批判受过整,重新复出的姚文元,写文章不那么"左"了。

　　就拿他复出后的第一篇文章《百家争鸣,健康地开展自由讨论》[1]来说,毫无火药味:

　　"……首先就要反对意气相争,反对粗暴武断,反对不能忍受批评,反对不重视学术问题上真正的研究和争论的作风。

　　"毛主席说:'无产阶级的最尖锐最有效的武器只有一个,那就是严肃的战斗的科学态度。共产党不靠吓人吃饭,而是靠马克思列宁主义的真理吃饭,靠实事求是吃饭,靠科学吃饭。'这条指示,应当成为开展自由讨论中的座右铭。……"

　　姚文元要把"不靠吓人吃饭"、"靠科学吃饭"作为"座右铭",这真不容易哪!

　　1956年6月30日姚文元的文章在报上复出以来,他的棍子暂且收了起来。他这时发表的杂文有《江水和葡萄酒》、《对生活冷淡的人》、《学习鲁迅反八股和反教条主义的精神》、《僮族青年的歌声》、《从拒绝放映〈天仙配〉想起的》、《谈猎奇心理》、《致埃及兄弟》、《电车上的杂感》、《馆子里的杂感》……

　　复出半年以来,姚文元的脚跟渐渐站稳。

---

[1] 1956年6月30日《解放日报》。

第七章
江青"偶尔露峥嵘"

江青飞往苏联疗养

1949年3月24日,虽然江青通宵未眠,却异常地兴奋。向来很讲究作息规律的她,这一回规律完全被打乱了。

江青随着毛泽东乘坐汽车抵达河北涿县火车站时,已是25日凌晨2点。

喷着水汽的火车头,带着七八节车厢,正在车站待命。虽说江青当年往返于京沪之间,火车没少坐,这一回却头一次乘软卧车厢。上车之后,毛泽东、朱德、刘少奇、周恩来、任弼时、叶剑英、滕代远,各占一间软卧房间。

平津战役已经结束。1949年1月15日,中国人民解放军占领天津市,全歼守敌13万余人,活捉国民党天津警备司令陈长捷。毛泽东任命黄敬为天津市市长兼中国人民解放军天津区军事管制委员会副主任,主任为黄克诚。

1949年1月31日,北平宣告和平解放。傅作义率部起义。

毛泽东的专列,从涿县驶往北平。

一路上,毛泽东也显得兴奋。他说:"我以前也到过北平,到现在整整三十年了。那时,是为了寻求救国救民的真理而奔波。还不错,吃了点苦头,遇到了一个大好人,那就是李大钊同志。在他的帮助下,我后来才算成了马列主义者。可惜呀,李大钊同志已经为革命献出了宝贵的生命。他是我真正的老师呀。没有他的指点和教导,我今天还不知道在哪里呢。"①

涿县离北平不远。清晨,专列便驶抵北平清华园车站,华北军区司令员兼平津卫戍区司令员聂荣臻、中共北平市委第一书记彭真,已在车站迎候。

---

① 据阎长林:《毛泽东生活散记》,《东方纪事》1987年第1、2期合刊。

■ 1949年，江青、毛泽东、毛岸英、刘松林（后左起）、李讷（前）在北平双清别墅（徐肖冰 摄）

毛泽东坐进美国20世纪30年代生产的一辆道奇牌小轿车，直奔北平西郊。从此，毛泽东和江青便下榻于那里的香山双清别墅。

就在毛泽东到达北平的当天下午5时，毛泽东出现在西苑机场，上万人拥集在那里，举行隆重的入城式。毛泽东在那里检阅了部队。一些外国记者听说毛泽东出现在北平西苑机场，纷纷报道毛泽东"飞抵"北平。其实，毛泽东是坐火车前来北平的。

《人民日报》出版号外《毛主席飞抵北平》。北平震动了。中国震动了。这是中国共产党战胜国民党的最鲜明的标志。

江青也为此而兴奋。这意味着，她已成了中国的"第一夫人"。

进入北平之后，毛泽东加倍的繁忙。他要指挥中国人民解放军向长江以南进军；他要会见各界人士，筹备召开新的政治协商会议；他要着手于建立新中国和中央人民政府……

就在这时，就在进入北平一个来月，江青走了，离开了毛泽东，离开了北平。

江青上哪儿去了呢？

1949年5月21日，毛泽东在致柳亚子的信中说："各信并大作均收敬悉，甚谢！惠我琼瑶，岂有讨厌之理。江青携小女去东北治病去了……"[①]

[①] 中共中央文献研究室编：《毛泽东年谱（1893—1949）》下卷，人民出版社1993年版，第505页。

毛泽东在这里所说"江青携小女去东北治病去了",其实是经过东北去苏联治病。

江青先后四次前往苏联治病。这次1949年4月初是江青第一次去苏联治病。当时江青高烧不退,不知是得了什么病。

江青带着女儿李讷以及警卫员、护士和一位俄国大夫,从北平坐火车到沈阳,再从沈阳往北,进入苏联。

北平是和平解放的,北平有那么多的大医院,那么多的大夫,她看不上眼。她要去苏联看病,借此去国外开开眼界,休养一番。她从未出过国,而那时出国,诱惑力最大的是老大哥苏联那里。

据维特克的《江青同志》一书记载:

在1949年3月期间,江青回忆道,在行进中她已筋疲力尽,自己都怀疑她怎么能在最后的阶段坚持住。当作出结论和安排妥当后,一些领导人没有在主席的授意下,就决定:由于她身体虚弱,把她送往莫斯科进行"治疗"。

为什么她患有重病还要行程数千里去一所外国医院?多年的冲突已经毁坏了许多中国的医院。在50年代的早期,医疗机构到处都在可怕的混乱中。于是求助于斯大林,他也有义务进行安排。因此在到了北京几天后,她和几个护士以及警卫员就被塞进了火车。火车穿越了中国的最北部然后进入了苏联,这是她知道的唯一外国。在莫斯科火车站,一辆救护车来接她。医院给她安排了一张"中国付款"的病床。

她终于得以成行。她尝到了"第一夫人"的尊荣滋味。

到达莫斯科,她被安排住在斯大林在市郊的别墅。

李讷随江青一起疗养。苏联很尊重她,因为知道她是毛泽东夫人,后来还安排她到南方黑海海滨,住进雅尔塔疗养院高级房间。对于她来说,从1937年秋进入延安,到1949年春进入北平,在山沟沟里生活了12个年头。如今,35岁的她,可以尽情享受一番,苦尽甘来了。

在莫斯科,江青一称体重,只有42公斤。她的病状是持续发烧。

经过苏联专家会诊,确认发烧的原因是扁桃体炎:先是右侧的扁桃体发炎,然后影响到左侧。苏联医生为江青做了切除两侧扁桃体手术。手术只用了半小时。

据朱仲丽回忆,江青无大病。苏联医生的检查结果是除了官能性神经过敏之外,没有任何器质性疾病,用不着住院治疗。

于是,江青就乘火车旅行了一千多里,到了黑海边上的旅游胜地雅尔塔的疗养院疗养了一个多月。

关于江青在苏联治病的情况,很少见于书刊。1992年俄罗斯《半人星马座》杂志第1至2期,发表了当年担任江青翻译的A.N.卡尔图诺娃的回忆文章《我给江青当翻译》,详细透露了真实的情况。陈立思翻译了此文,发表于1993年第5期《人物》杂志。

卡尔图诺娃回忆说,当时她25岁,从莫斯科东方大学中国部毕业不久,从未当过汉语口语翻译,幸亏江青的普通话很标准。另外,后来又来了一位中方女翻译,她叫林利(当时叫李利),中共元老林伯渠的女儿。

现将卡尔图诺娃的回忆文章摘录于下:

> 1949年6月,苏共中央国际部部长B.R.格里戈良对我说,江青此行是秘密的(她在苏联用尤苏波娃这个姓),并强调,领导对我高度信任,而我则不得把此事告诉任何人,除非是那些必须知道此事并将与我共同工作的人。他讲了我的职责的大致范围,再次强调说,我应该尽一切努力,使客人觉得在莫斯科如在自己家里一样,使她对在我国进行的治疗、休养和日常生活氛围都感到满意。至于其他的一切工作,在此期间我都可以不做。
>
> 那时我只有二十五岁。在上述部门做中国问题初级专员刚刚一年。也许,正是由于年轻不懂事,接受这项任务时我竟然丝毫没有感到紧张不安。
>
> 在飞机抵达前我和部领导的代表已经在弗努科沃机场迎候了。江青的身体很虚弱。她是躺在担架上抬下飞机的。我们简短地问候了一下。就同医生护士一起把江青护送到莫斯科郊区一座专门为外国贵宾准备的别墅去。考虑到病人的身体状况,把她安排好,大多数人很快就告辞了,只留下医生、护士和我。这时我才初次体验到紧张:因我还不习惯的这种工作中会发生什么事呢?

卡尔图诺娃十分客观地记述了她对当时的江青的印象:

> 她身材优美,穿着得体(她穿长裤和连衣裙都同样惹人注目,不过连衣裙只有天气很热并且是接待客人或者外出时才穿),举止文雅。她有一双生动活泼的杏仁似的黑眼睛,五官端正,但牙齿略微向前突出了些,一头漂亮的黑发向后梳,挽成一个紧紧的发髻。十指纤细。身高一米六四。心情好的时候她也会露出富有魅力的、愉快的微笑。
>
> 依我看,江青的记性很好。那年夏天和她见过面的人,谁叫什么名字,她一直都记得。她熟悉国际共产主义运动的情况,知道差不多所有的共产党和工人党的领导人,对东欧各国人民民主运动的形势也有相当的了解,更不用说在中国发生的事情的动态了。总之,江青作为毛泽东的私人秘书,长年"泡"在大量的信息当中(这些信息源源不断地送到她的办公桌上),已经修炼得能够毫不费劲地记住它们了。
>
> 再谈谈她待人接物的方式。我不得不惊叹她在同来探望她的大大小小的人物交谈时驾驭对方的能力。我看她怎样变换谈话的调子和话题,从来都没有出过差错。对什么人应把握什么样的分寸,她总是测度得很准确。我想,昔日在上海当电影演员的经历对于她是大有裨益的。

关于江青第一次在苏联治病的经过,卡尔图诺娃写道:

从江青到莫斯科的第一天起,她就特别关照,房间里的温度要保持在22—23度。为江青做了一系列的医疗检查。我们陪她前往坐落在格拉诺夫大街上的医院(当时叫克里姆林医院)。我自然是要陪同全过程的,因此能接触到她的病情哪怕是最细微的情况。可是出于纯粹的道德上的考虑,我不打算写出这些,尽管江青已不在人世了。我只能说,我们的医生关于江青病情已无法医治的诊断是对的。后来还是传统的中医起了作用——正是中医治好了江青的痼疾。

时间一天天过去。江青经过住院治疗,身体渐渐恢复。出院后她回到扎列奇的住所,散散步,能打打台球(这是按照她的爱好特地运来的)。

随着身体情况的好转,江青提出要去参观工厂(我们陪她参观了留别尔茨的农机厂),也想了解集体农庄的情况。当然,最常去的还是大剧院,有一次她还在那里会见了谢尔盖·列梅舍夫。她还去过莫斯科模范艺术剧院,同当时任院长的塔拉索娃以及该剧院的主要演员进行了座谈。

江青是个自高自大和性格浮躁的人。在莫斯科她就是随心所欲的。而她的喜怒无常,我是很清楚的。

有一天我去江青的单间病房,我记得,是在二楼。在门厅里我看见玛莎(她是库图佐大街裁缝店的裁缝)在埋首饮泣。我问她出了什么事,她说:"要是你赶上了这种事也得哭。我给她(江青)赶了一夜才缝好的连衣裙,让她试试,可是她却不愿试!"我不知道是什么原因使江青的情绪不好。可是,有意思的是,当我走进江青的病房,同她谈了大约一个小时,她根本没提这件事,只是说,她今天不舒服。而玛莎则不得不多等几天再给她试衣服。

在苏联疗养期间,江青最为高兴的事,是见到了斯大林。

那是刘少奇受中共中央指派,秘密访问苏联。斯大林接见了刘少奇,同时也接见了作为毛泽东夫人的江青。

在宴会上,江青站起来向斯大林敬酒。斯大林见她那么年轻,以为她会怯场。她,演员本色,不慌不忙走到斯大林面前,高举着酒杯,像朗诵台词一般清楚地说道:"我举杯,向斯大林同志敬酒,祝愿斯大林同志健康长寿!斯大林同志的健康,就是我们的幸福!"

斯大林听了江青的祝辞,脸上浮现笑容,说道:"我第一次听到这样的话,我的健康是你们的幸福!谢谢!我祝愿毛泽东同志健康长寿!"

斯大林高举酒杯,和江青碰杯,一饮而尽。

江青在苏联休养了六个月,才回到北京。这是江青第一次前往苏联治病。

贺子珍顾全大局

江青在苏联的待遇,跟贺子珍在苏联的遭遇,可谓天渊之别。

1946年,王稼祥来到苏联治病。他的夫人朱仲丽是医生,陪同他一起去莫斯科。王稼祥的腹部被国民党飞机炸伤,他是躺在担架上进行艰难的长征。

王稼祥到苏联后,从朱德的女儿朱敏口中,得知贺子珍竟被关在远离莫斯科的一个疯人院里!娇娇,也在苏联。

王稼祥跟贺子珍是老战友,听到这消息异常震惊。他随即向苏方交涉,要求会见贺子珍。最初,他得到苏方的答复是:"经过上级考虑,贺子珍同志患的是精神分裂症,不便来莫斯科。你们的请求没有获得预期结果,很抱歉。"

于是,王稼祥设法让妻子朱仲丽以医生身份去探望贺子珍,也被苏方拒绝。

经王稼祥再三交涉,苏方才不得不同意把贺子珍和女儿娇娇送来莫斯科。

相见之时,贺子珍热泪纵横,哭诉她的痛苦经历:原来,失去爱子,加上又得知毛泽东和江青结婚,双重的打击,使她陷入极度苦闷之中。她又身处异国他乡,言语不通,举目无亲,于是形成了忧郁症状。苏方却把她当成"精神分裂症",把她送进疯人院。

贺子珍受此酷虐的另一原因则是由于女儿娇娇。她当时在苏联国际儿童院工作。娇娇来苏联后,生了一场大病,她不能不全力照料娇娇。娇娇还未康复,国际儿童院院长就要她上班。她和院长发生争吵。苏方院长斥骂道,"我把你关到疯人院去!"

疯人院里的生活如同监狱。贺子珍在伊万诺夫市疯人院苦度岁月。她想念女儿娇娇,可是,她却见不着娇娇。无尽的思念和内心的痛苦,日夜折磨着这位当年叱咤井冈山的女红军。

王稼祥的再三交涉,才使贺子珍跳出了苦海,结束了疯人院两年多的囚禁。临去莫斯科之前,娇娇回到了她的身边。

见到被剃成光头(疯人院里的病人一概如此)、憔悴、目光忧郁的贺子珍,王稼祥的心震颤着。她连讲话都结结巴巴,因为已多年没有人跟她讲中国话。

王稼祥问:"你今后怎么办?"

贺子珍这一句话倒讲得很干脆:"回国!"

王稼祥深深知道,如果她再滞留在苏联,等待着她的将是什么。然而,她又有着她特殊的身份,回国该怎么办?

王稼祥发电报给毛泽东,讲述了贺子珍的情况和要求。

毛泽东迅即回电:"同意回国。"

就这样,1947年秋,贺子珍带着娇娇,回到了离别九年的祖国,来到了哈尔滨。

她回国后不久,苏方把毛岸青也送回来,跟她生活在一起。

贺子珍给毛泽东写了一封长信,娇娇也给毛泽东用俄文写了一封信:

毛主席:

大家都说您是我的亲爸爸,我是您的亲生女儿,但是,我在苏联没有见过您,也不清楚这回事。到底您是不是我的亲爸爸,我是不是您的亲生女儿?请赶快来信告诉我,这样,我才好回到您的身边。

娇娇

毛泽东给娇娇写了回信。怕信太慢，他又加发了一份电报："娇娇我的女儿，你的信我收到了。你好好学习，做一个中国的好女孩。爸爸很好。"

毛泽东派人前往东北，把娇娇接到了西柏坡。

娇娇的到来，沟通了毛泽东和贺子珍之间的联系。娇娇给贺子珍去信时，总是谈及毛泽东的近况，转达毛泽东的问候。

1949年，当毛泽东从西柏坡来到石家庄时，在那里见到贺子珍胞妹贺怡。毛泽东曾对贺怡说："你让贺子珍到这里来，这是历史造成的事实了，我们还是按中国的老传统办吧！"①

毛泽东没有说清楚"按中国的老传统办"是怎么个"办"法。不过，他表示"让贺子珍到这里来"。

贺怡去东北接贺子珍，打算让贺子珍和毛泽东重逢。她们坐火车来到山海关车站时，被两个自称是组织上派来的人所阻挠，告诫贺子珍不能去见毛泽东。贺子珍明白，有人从中作梗。

贺子珍在天津暂住。

1949年盛暑，江青正在苏联疗养，毛泽东曾指派阎长林带着娇娇前往天津，看望贺子珍。

阎长林是这样回忆的：

> 8月初的一天下午，毛主席把我叫到了办公室里。进办公室一看，娇娇正在沙发上坐着，毛主席先让我坐下，然后对我说："小孩子们都放暑假了，娇娇想到天津去看她妈妈，我想托你和她去一趟。明天就去。你去了，代问贺子珍同志好，希望她好好学习，好好工作，保重身体。……"
>
> 我们到天津，来到了市委招待所里。在这里，娇娇看到了她的妈妈。贺子珍同志一见了娇娇，激动得流出了眼泪，忙拉娇娇的手，把娇娇搂在怀里。
>
> 我在天津住了十多天。
>
> 那时，我们经常在一起闲谈。贺子珍同志问了毛主席的身体、工作和在战争中的生活。我也讲了毛主席在战争中遇到的一些艰难困苦，以及一些危险的场面和情节。看来，贺子珍同志也非常关心毛主席的安全和健康。
>
> 贺子珍同志还对我说："我带着娇娇到苏联去学习，主席同意，我也愿意。我想，我学习一段回来之后，一定能够更好地协助主席工作。以前，我和主席在一起也是很好的。因为我的脾气不好，有时因为一些小事争吵几句，事后也感到对不起主席。这些事情，主席也没有放在心里，我也没有当作什么问题。总想好好学习两年，回来好好协助主席工作。可是……"说到这里，她再也讲不下去了。②

---

① 据王行娟：《贺子珍的路》，作家出版社1985年版，第253页。
② 阎长林：《毛泽东生活散记》，《东方纪事》1987年第1、2期合刊。

阎长林带着娇娇回到北平，毛泽东详细询问了贺子珍的近况。阎长林也谈及了贺子珍对往事的一段回忆之言。

毛泽东听罢，说道："好吧，过去的事情就叫它过去吧！"

这样，贺子珍和毛泽东之间，通过娇娇的来往，互通信息，并致问候。但是，"过去的事情就叫它过去"，她已不可能再和毛泽东恢复过去的夫妻关系。

这样，贺子珍后来由天津前往杭州。

1950年，贺子珍和她的哥哥贺敏学、嫂嫂李立英曾联名给毛泽东去信，提及工作安排问题。

毛泽东意识到这封信的用意，在复函中希望贺子珍保重身体，顾全大局，多看看社会主义建设。

这"顾全大局"四字，表明了毛泽东对贺子珍的期求。

于是，贺子珍在杭州担任杭州市妇联副主席。从此，她长期在南方工作、居住——在杭州，在南昌，在上海。她出于对毛泽东的挚爱和真诚，确实做到了"顾全大局"，没有使毛泽东为难。

由于贺子珍顾全大局，江青的夫人地位完全巩固了。

住进中南海菊香书屋

1949年秋，当江青从苏联回到北平时，毛泽东已从西郊香山的双清别墅搬入中南海。

中南海位于北平的故宫西侧。那里有北海、中海、南海三海，中南海指中海和南海。所谓"海"，亦即湖。中海、南海都是人工开凿的。中海开凿于金元，南海开凿于明初。有了"海"，沿"海"建殿阁楼台，湖光潋滟，风景秀丽，成了皇家禁苑。

北平和平解放后，周恩来曾仔细巡视了中南海，建议选定中南海为中共中央和未来的政务院的所在地。毛泽东同意周恩来的选择。于是，1949年5月，毛泽东迁入中南海丰泽园。

丰泽园在南海之畔，建于康熙年间，原是康熙及其后的皇帝讲礼的地方。

江青带着李讷到了北平，小轿车接她直奔中南海。她平生头一回进入风光秀丽、曲径通幽、古色古香、绿树掩映的当年皇家禁苑，如入画中。进入丰泽园，跨过三座汉白玉石栏杆桥，一座坐北朝南的朱红小院便出现在眼前。那里叫"颐年堂"，如今成了毛泽东召开核心会议的地方。朱德、刘少奇、周恩来常在那里跟毛泽东碰头。

从会议室往东，穿过一条小走廊，那便是当年皇家的菊香书屋。

北平刚解放时，第一个住进菊香书屋的是林伯渠。

菊香书屋是一个四方形的四合院，四面各有五间房。林伯渠住的是北屋。不久，东屋和南屋分别安排给毛泽东和周恩来作为临时休息之处——当时，毛泽东和周恩来还住在北平香山，每天进城办公，在此休息。5月，当毛泽东正式迁入中南海，整个菊香书屋都安排作毛泽东住所。从此，毛泽东在菊香书屋定居，直至1966年8月。

毛泽东住在北房东头的两间。一间是办公室，一间卧室。

江青被安排住在北房西头的两间屋里。她和毛泽东的住房之间隔着一间门厅。

东房五间，中间的一间也是门厅，成为毛泽东一家的餐厅。东房靠北两间是办公室，靠南两间是会客室。

西房五间，中间一间是过道。南头两间是值班室和工作人员办公室。北头两间，是毛泽东藏书室。

南房五间，中间一间是穿堂。其余四间是毛泽东子女住房。

菊香书屋四面二十间屋子，构成四方形的封闭小院。中间的院子里铺着草坪，种着树，南北、东西两条小路从院中央穿过，交叉成"十"字。

菊香书屋是老房子，红漆斑驳。毛泽东叮嘱行政部门，不必重新油漆，只是打扫了一下，就搬了进去。只是院内原本没有厕所，没有暖气设备，行政部门在那里建造了卫生间，安装了取暖锅炉。

虽说菊香书屋无法跟斯大林的别墅相比，但是比延安的窑洞毕竟好多了。江青住进菊香书屋，在北房跟毛泽东相对而居，这意味着她完全是以毛泽东夫人的身份出现在这里，不必担心由于贺子珍回国而造成的对她的夫人地位的威胁。

1949年9月27日开始，北平恢复原名北京。10月1日，毛泽东在天安门广场升起第一面五星红旗，宣告中华人民共和国成立，北京成为新中国的首都。

此后不久，江青受毛泽东委托，执行一次使她颇为高兴的公务——到北京火车站为宋庆龄送行。

孙中山夫人宋庆龄具有崇高的声望。

1949年6月19日，毛泽东亲笔致函宋庆龄，并委派邓颖超前往上海问候宋庆龄。毛泽东的信，全文如下：

庆龄先生：

  重庆违教，忽近四年。仰望之诚，与日俱增。兹者全国革命胜利在即，建设大计，亟待商筹，特派邓颖超同志趋前致候，专诚欢迎先生北上。敬希命驾莅平，以便就近请教，至祈勿却为盼！专此。敬颂

  大安！

毛泽东
1949年6月19日①

1949年8月28日，当宋庆龄应毛泽东之邀从上海坐火车到达北平时，毛泽东亲自前往火车站迎接，朱德、刘少奇、周恩来也一起去欢迎她。

10月1日，她作为中华人民共和国副主席，登上了天安门城楼。

11月，宋庆龄因事要从北京回上海，毛泽东委派江青前去送行。显然，江青是很恰当

---

① 《毛泽东书信选集》，人民出版社1983年版，第326页。

的人选,因为对方是女性。江青打扮了一番,前去送行。江青兴高采烈,不是在于送行本身,而在于执行此次公务她"代表毛泽东",亦即以毛泽东夫人的身份在社会场合公开露面。

当时,宋庆龄对江青最初的印象不错。宋庆龄曾对别人这么说起江青:"有礼貌,讨人喜欢。"①

江青第一次重返上海

宋庆龄回上海,勾起了江青对上海的无限怀念。她,自从1937年离开上海,已经整整12年没有回到这座令她日思梦想的大都市。

很遗憾,毛泽东只派她为宋庆龄送行。倘若那次毛泽东派往上海专程问候宋庆龄的不是邓颖超,而是她……

然而,江青能够以毛泽东夫人的身份为宋庆龄送行,已经是很大的满足了。邓颖超毕竟是邓颖超,她不仅是周恩来的发妻,而且当时担任着中共中央候补委员、中华全国妇女联合会副主席。跟邓颖超相比,江青差远了!如她后来在"文革"中所说,当时她只是一个"普通党员"。

开国之初,江青是个"闲人"。毛泽东却正处于百废待兴的高度繁忙时刻。他自1949年12月16日抵达莫斯科,直至1950年3月4日回到北京,都在苏联与斯大林进行会谈,签订《中苏友好同盟互助条约》。

在毛泽东如此忙碌的时刻,1950年元旦,江青向远在苏联的毛泽东发去电报,提出请求,到"新解放区"看一看。

江青所谓的"新解放区",实际上也就是指上海。

1950年1月4日,毛泽东从苏联复电在国内主持中央常务工作的刘少奇。

少奇同志阅转江青:

1月1日来电已悉。同意你去新区看一看,但须得少奇同志同意。如果他同意的话,则应以中央政治研究室研究员的名义由中央组织部写介绍信给新区党的组织。因此还须和廖鲁言同志谈好,并得到他的同意。到新区后注意只收集材料,不发表意见,并须顾到不要给当地党政以较多的麻烦。以上统向少奇同志接洽,由他作决定。

毛泽东
1月4日上午四时②

---

① 爱泼斯坦:《宋庆龄》,人民出版社1992年版,第600页。
②《建国以来毛泽东文稿》第1册,中央文献出版社1987年版,第214页。

从毛泽东这封电报中可以看出,那时江青想独自外出工作,不那么容易:

第一,必须征得毛泽东同意;

第二,"须得少奇同志同意";

第三,"须和廖鲁言同志谈好,并得到他的同意"。廖鲁言当时担任中共中央政策研究室副主任兼秘书长;

第四,"应以中央政治研究室研究员的名义由中央组织部写介绍信";

第五,"注意只收集材料,不发表意见";

第六,"不要给当地党政以较多的麻烦"。

由此可见,江青当时外出受到种种约束。

然而,她毕竟是"第一夫人"。在她到达上海的时候,受到饶漱石的亲自欢迎!

饶漱石称她为"朝廷特使"!

关于江青第一次重返上海的情况,几乎不为人们所知。所幸在美国记者维特克访问江青时,江青倒是细细地谈及此事,算是填补了这一空白。

从江青的回忆中,可以知道她第一次回上海,主要是由饶漱石负责接待。尽管饶漱石尽了"地主之谊",而江青对他并无好感。

后来,维特克在《江青同志》一书中,这样加以记述:

由于渴望参加中国东部的土地改革运动,她乘上了去上海的火车。上海她很熟悉,但已有十二年没有造访了。虽然她知道它的管理和文化生活已发生了深刻的变化,但她看到时还是非常激动。

……

她大多是与饶漱石打交道。一到上海,她就告诉他她想直接下到农村,开始有关土改的调查。他以许多特务正在附近活动而无法保证她的个人安全为由阻止她。

他频繁地来看她。有一天她决定去上海市区逛商店。在她离开之前,饶漱石坚持陪她去百货商场,不管她是否想单独去。从那以后,她不是被一个安全局(应为公安局——引者注)的局长就是饶漱石书记亲自陪同。不论到哪里,他们都是被持枪的秘密特工所包围,使她感到好像要被绑架,总使她回忆起早年在上海的日子里惊恐的感觉。

饶漱石把她安排在被称作胜利大厦的饭店内。为了继续监视她,他决定在她停留上海期间也住在那儿。开始她被安排了一间朝南和有暖气的房间。她强调说,那年冬天房间温度对她来说非常重要,因为她仍然虚弱。但是饶漱石已经意识到她房间的位置使她能够与一些有影响的同志接触,当时他想断绝她与政权之外一些消息灵通人士的来往。此外,如果她感到不舒服,她可以离开。他改变了房间的分配,他住进了朝南的最好的房子,她被移进了饭店的一翼,朝北而且没有暖气。房间非常冷而且没有阳光。为了保暖,她穿上了她所有的衣服,把自己裹在所有她能找到的被褥里。"看医生",在她最后向他强调她的病痛和发烧后他说。这不是她想要的解决办法,所以她就坚持着喝大量的水来退烧,最后他妥协了,允许她住一间有暖气的房间。

既然她不能到任何地方,她就求助上海市市长陈毅(他解放了上海和她的老家山东),告诉他,她感到灰心丧气。他鼓励她出来见一些文化圈里的人士,她对这个圈子有着个人和职业上的密切关系。因为太忙不能陪同她,陈毅指派副市长潘汉年陪她去剧院、电影院和参加发生在那时的其他的文化活动。

从饶漱石统治中国东部地区以来,他已经显示出对她的负责,但是又不知怎样能使她很自然地感到高兴。一天他邀请她参加他主持的党委扩大会议,首先把她简单地介绍了一下。在这样一种情况下,不是使一个女人感到舒服自在,而是降低了她的身份。在会议上,他坐在江青对面,当介绍时戏谑地称她为"朝廷特使"。这激怒了她,但她没说什么。

笔者在读《陈丕显回忆录》时,却发现他在书中提及了江青1950年的上海之行,而且陈丕显的回忆明显与维特克的记述不同。陈丕显回忆说:

> 1950年的时候,江青情绪不好,老跟毛主席闹别扭。陈老总就向毛主席建议:让江青到华东来,搞调查研究。毛主席非常赞成。江青问主席:华东这么大,我谁都不认识,我到哪里去啊?毛主席对江青讲:你就去找陈丕显,他是我党有名的红小鬼。当时,陪江青来的就一个随员——孙勇,后来任中央警卫局的副局长。当时,江青为了安全,不愿住在当地的招待所,就住在我家小楼二楼整理出来的书房里。她和我们住在一起,吃在一起,当时还是处得很正常的。①

按照陈丕显的回忆,江青并没有住在胜利大厦,而是住在陈丕显家二楼的书房里。1949年12月至1954年8月,陈丕显在上海任华东军政委员会委员、华东行政委员会委员。

江青曾一度离开上海,前往无锡。在那里,据说她考察了茶叶业和丝绸业。

她又从无锡返回上海,再从上海前往北京——她终于进行了第一次独立的外出工作。江青在从上海返回北京途中,悄然在济南下车。这是她去延安之后第一次返回济南。

关于江青乘"去新区看一看",回到济南,这在她的同父异母的哥哥李干卿在1976年12月15日所写的一份材料中,可以得到证实:

> 解放后,我和江青有多次见面。我先后去北京两次,江青来济南五六次。1949年江青来济南时,我对江青说:"因你从香港给我寄钱来,宪兵队把我找了去,打我,让我给你写了两封信,你收到了吗?"江青说:"我都知道了,以后不要再说这些事啦。"1959年我去北京,住了四十天,江青把我接到中南海谈话。同年秋,江青来济南,我向他谈了济南铁路局要审查我的历史问题。江青说:"你要稳住,不要害怕,还有上边嘛!"

---

① 陈丕显:《陈丕显回忆录——在"一月革命"的中心》,上海人民出版社2005年版,第27—28页。

后来我又给江青写信，说有人找我的麻烦。1960年5月12日江青回信说："有人找你的麻烦，你可以完全不理。"1973年我第二次去北京，住了十六天，江青在人大会堂接见我，送给我二斤茶叶，一架进口的照像机。对我的生活也有一些照顾，1969年把我的工资由六十四元五角提到八十三元，住房由两间增加到六间，还免收房费。

李干卿

1976年12月15日

李干卿所说的"1949年江青来济南"，就是江青"去新区看一看"这一次。

江青回到济南，令她最为痛心的是，她的母亲李栾氏已经去世。

江青从小对母亲的感情极深，尤其是见到母亲受到父亲的欺凌，她非常同情母亲。何况母亲在很艰难的处境中把她拉扯成人。她很想报答母亲的养育之恩，然而，就在江青荣归故里前一年——1948年初，李栾氏病故。

江青在哥哥李干卿以及警卫员的陪同下，来到母亲墓前。江青大哭一场——哭她母亲没有福气，没有享到女儿的福！

出任中宣部电影处处长

毛泽东夫人毕竟只是一种身份，不是一种职务。在菊香书屋闲居，终究不行。江青要求工作。

组织上斟酌再三，给江青安排了一个不大不小又适宜于她的兴趣的职务，即中共中央宣传部电影处处长。中宣部电影处是一个很小的单位，总共只有三个人，即两个干事钟惦棐和安琳，另外还有一个办事员沈美理。这个处只有江青这么个处长，没有副处长。

电影处处长是一个富有弹性的工作，江青不必天天去上班，甚至可以不管事，挂一个虚衔，但她毕竟有了一个党内的正式职务。按她的级别，是不配备专车的。因毛泽东夫人的身份，她有了轿车，进进出出方便多了。

她是一个不安分的女人，看到毛泽东成为党和国家的主席，她也跃跃欲试，企图染指政治。她的最初的尝试，那便是批判电影《清宫秘史》。

《清宫秘史》是香港永华影业公司在1948年12月完成的影片，编剧姚克，导演朱石麟，由舒适饰光绪皇帝，周璇饰珍妃，唐若青饰西太后，洪波饰李莲英。影片完成之后，便在香港上映。1950年3月至5月，《清宫秘史》在北京、上海等城市上映。江青虽然息影多年，仍关注着电影界的动向，曾调看了许多影片，内中包括这部《清宫秘史》。

江青看了《清宫秘史》，认为此片"内容反动"，是一部"卖国主义的片子"。

江青向毛泽东诉说了自己的观后感，得到毛泽东的支持。

于是，在中共中央宣传部的一次会议上，这位电影处处长发话了："《清宫秘史》是一部很坏的影片，我们应该对这部影片进行批判。"

中共中央宣传部部长陆定一、副部长周扬对这位电影处处长之言，不以为然。另一位副部长胡乔木,还发表了与江青相左的意见。胡乔木此人,自1941年起便担任毛泽东秘书、中共中央政治局秘书,跟毛泽东接触颇多。江青可以用毛泽东夫人的身份去吓唬红墙外面的人,却无法镇住陆定一、周扬、胡乔木这样资深的人物:当年转战陕北时陆定一"郑位"(政委),与毛泽东朝夕共事,而周扬则早在20世纪30年代便已是上海文化界的中共领导人。

不过,她对电影依然关注。1950年7月11日,文化部颁布《电影新片领发上演执照》、《国产影片输出》、《国外影片输入》和《电影旧片清理》四个暂行办法,加强电影管理,同时又成立了电影指导委员会,加强电影领导。电影指导委员会的委员有陆定一、周扬、胡乔木、田汉、蒋南翔、丁玲、邓拓、阳翰笙等,江青也被列为委员。另外,这天还成立了文化部戏曲改进委员会。

对于《清宫秘史》的批判未能如愿,江青又抓住了另一部电影《武训传》。

武训,原名武七,清末山东堂邑(今聊城西)人,以"行乞兴学"而著名,受到清政府嘉奖,封为"义学正"。陶行知十分赞赏武训精神。1944年夏,陶行知在重庆遇见电影编导孙瑜,送了一本《武训先生画传》给他,建议他拍《武训传》。

事隔数年,1947年,当孙瑜从美国回国,正值南京的中国电影制片厂着手筹拍反共"戡乱片"。从事地下工作的中共文艺界领导人阳翰笙知道孙瑜对武训有兴趣,建议他把剧本《武训传》写出来,交中国电影制片厂拍摄,以抵制拍摄"戡乱片"。这样,孙瑜写出了《武训传》,于1948年由中国电影制片厂拍摄。赵丹饰武训。

到了1948年11月,淮海战役战火酣烈,南京岌岌可危。中国电影制片厂经费困难,停拍《武训传》。

1949年2月,上海昆仑影片公司购置了《武训传》的摄制权。经过一番曲折,直至1950年12月才终于完成,于1951年初上映。

这样一部历时三年,从国民党时代开拍、到共产党时代完成的影片,作者为了使影片切合新形势,一头一尾,加上一位女教师的旁白:

> 今天,我们解放了,我们的政府给了穷人充分受教育的机会,翻了身的人,不再做睁眼的瞎子。今天我们纪念武训,要办好我们的义学,扫除文盲,提高文化。
>
> 中国的劳苦大众,经过几千年的苦难和流血斗争,才在为人民服务的共产党组织之下,在无产阶级的政党的正确领导之下,打倒了帝国主义和国民党政权,得到了解放!
>
> 我们纪念武训,要加紧学习文化,来迎接文化建设的高潮!

编导尽量把这样一部构思、创作于旧时代的作品,适应新时代的需要,用心之良苦,可见一斑。

影片上映之后,最初的三个月,《武训传》得到一片赞扬,各报纷纷发表文章给影片以好评。《大众电影》杂志还把《武训传》列为1951年十部最佳国产片之一。

作为电影指导委员会的委员,江青看了《武训传》,仿佛众人皆醉她独醒,她看出了《武训传》存在"严重问题"。她又一次向毛泽东吹风。

毛泽东调看了影片《武训传》,他认为这是一部宣传资产阶级改良主义的影片。

毛泽东的意见,使江青万分欣喜。她有了"尚方宝剑",便对周扬说:"《武训传》是一部宣传资产阶级改良主义的影片,应该进行批判!"

跟上一回一样,江青只是说出毛泽东的意见,并没有说明这是谁的话。

周扬仍不以为然,以为那是江青再一次挑刺,便顶了她一句:"你这个人,有点改良主义,没有什么了不起嘛!"

批判《武训传》江青"露峥嵘"

1951年的形势,已经与1950年不同。1951年,文艺界已经从建国之初的忙乱中走过来,开始抓批判工作。

1951年1月10日,《文艺报》载文批判了三部作品,即《愤怒的火箭》、《驴大夫》、《不拿枪的敌人》。

2月10日,《文艺报》刊载陈企霞的文章,批判碧野的长篇小说《我们的力量是无敌的》。

4月,报刊对电影《荣誉属于谁》开展批判。

于是,对于电影《武训传》的批判,也就提到了日程上。

4月25日,《文艺报》发表贾霁对电影《武训传》的批评文章《不足为训的武训》,打响了批判《武训传》的第一炮。

5月10日,《文艺报》发表杨耳的《试谈陶行知先生表扬"武训精神"有无积极作用》,把批判之火引伸到陶行知头上。同日《文艺报》还发表邓友梅的《关于武训的一些材料》。《人民日报》在5月15日、16日转载了《文艺报》上批判《武训传》的文章,并加了编者按,号召大家对这部影片进行深入讨论。这意味着中共中央机关报注视着电影《武训传》。

四天之后——5月20日,异乎寻常的情况发生了,《人民日报》在第一版醒目推出社论《应当重视电影〈武训传〉的讨论》。《人民日报》为批判一部电影而发表社论,这是头一遭。

社论的措辞严厉,行文如高屋建瓴,看得出非出自等闲之辈笔下。事隔26年之后,当《毛泽东选集》第五卷在1977年出版时,人们见到这篇社论收入其中,方知文章出自菊香书屋。

社论指出,电影《武训传》"狂热地宣传封建文化","污蔑农民革命斗争,污蔑中国历史"。在批判了《武训传》之后,笔锋一转,社论说了一番全局性的话,对文化界的领导们进行了尖锐的批评:

> 电影《武训传》的出现,特别是对于武训和电影《武训传》的歌颂竟至如此之

多,说明了我国文化界的思想混乱达到了何等的程度!

　　在许多作者看来,历史的发展不是以新事物代替旧事物,而是以种种努力去保持旧事物使它免于死亡;不是以阶级斗争去推翻应当推翻的反动的封建统治者,而是像武训那样否定被压迫人民的阶级斗争,向反动的封建统治者投降。……

　　特别值得注意的,是一些号称学得了马克思主义的共产党员。他们学得了社会发展史——历史唯物论,但是一遇到具体的历史事件,具体的历史人物(如像武训),具体的反历史的思想(如像电影《武训传》及其他关于武训的著作),就丧失了批判的能力,有些人则竟至向这种反动思想投降。资产阶级的反动思想侵入了战斗的共产党,这难道不是事实吗?一些共产党员自称已经学得的马克思列宁主义,究竟跑到什么地方去了呢?

社论扭转乾坤,成为全国解放后文学界第一次大规模的批判运动。

社论中还开列了长长的名单,点名批评了43篇赞扬武训和《武训传》的文章及其48位作者。这为开展大批判树立了箭靶。

原本为《武训传》叫过好的《大众电影》编辑部、戴白韬、梅朵等,纷纷登报公开检讨。就连郭沫若也牵涉进去了,因为他曾为《武训画传》题签并作序。他在《人民日报》发表了《联系着武训批判的自我检查》。

电影《武训传》编导孙瑜、主演赵丹,当然成了重点人物,连连检讨。

昆仑影业公司通电各地,停映《武训传》。

中央文化部、教育部,中共上海市委,纷纷发出通知,号召批判《武训传》。

周扬也只得顺应潮流,8月8日在《人民日报》发表文章《反人民、反历史的思想和反现实主义的艺术——对电影〈武训传〉的批判》。

8月26日,夏衍也在《人民日报》发表检讨文章《从〈武训传〉的批判,检查我在上海文学艺术界的工作》。

在批判高潮之中,江青做了一桩颇为得意的事:她向毛泽东提出,要去山东调查武训的历史。她说,她是山东人,能讲一口山东话,回老家活动方便,以"李进"的名字出现,不会引起别人的注意。毛泽东同意了。

江青的行动计划被周扬得知,周扬派出他的秘书钟惦棐,协助江青工作。

《人民日报》得知这一情况,也决定派人参加。

这么一来,在1951年6月,便由人民日报社和中央文化部组织了一个武训历史调查团,到山东武训家乡进行实地调查。调查团总共13人,江青以"李进"之名,参与其中。

这13人是:袁水拍(人民日报社),钟惦棐、李进(中央文化部),冯毅之(中共中央山东分局宣传部),宇光、杨近仁(中共平原省委宣传部。平原省在1949年设置,1952年撤消,包括鲁西、豫北、冀南等地),司洛路(中共聊城地委宣传部),段俊卿、赵安邦(中共堂邑县委),赵国璧(中共临清镇委宣传部),韩波(中共临清县委宣传部)。

当江青离开北京的时候,毛泽东亲自送江青到火车站,只是为了不引起别人的注意,到了火车站时,毛泽东没有下轿车。不过,毛泽东亲自为江青送行,足以表明对于江青的山东调查之行的重视和支持。

调查团在山东堂邑、临清、馆陶等县作了二十多天的调查。当地知道调查团的来意,也听说李进的特殊身份,也就顺着调查者的需要,提供种种材料。

调查团返京后,由袁水拍、钟惦棐、李进三人执笔,写出了《武训历史调查记》一文,最后经毛泽东修改,于1951年7月23日至28日,在《人民日报》连载,然后出版了小册子。

为了写《武训历史调查记》一文,袁水拍出了大力。毛泽东和江青曾经设家宴招待袁水拍,表示谢意。

毛泽东在1951年7月11日致函胡乔木,提及江青:

乔木同志:

　　此件请打清样十份,连原稿交江青。排样时,请嘱印厂同志校正清楚。其中有几个表,特别注意校正勿误。

毛泽东
7月11日[①]

毛泽东所说的"此件",就是《武训历史调查记》。

毛泽东嘱把清样连同原稿交江青,最清楚不过地说明主持这一调查的是江青。

《武训历史调查记》共分五个部分:一、和武训同时的当地农民革命领袖宋景诗;二、武训的为人;三、武训学校的性质;四、武训的高利贷剥削;五、武训的土地剥削。

毛泽东对每一部分都作了仔细修改。

《武训历史调查记》说,"武训是一个以流氓起家,遵从反动封建统治者的意志,以'兴学'为晋身之阶,叛离其本阶级,爬上统治阶级地位的封建剥削者。"

《武训历史调查记》完全否定了武训其人,也就从根本上否定了电影《武训传》。

批判电影《武训传》,对电影界造成了严重的后果。据夏衍回忆说:"1950年、1951年全国年产故事片二十五六部,1952年骤减到两部!"[②]

夏衍还说,当时电影厂流行一句话:"拍片找麻烦,不拍保平安!"

平心而论,电影《武训传》在那样大动荡的岁月中艰难地拍摄,就影片本身来说,确实显得粗糙,也存在许多明显的缺陷。然而,孙瑜、赵丹都是左翼电影工作者,用意是好的。倘若考虑到影片的历史原因,不应该那样粗暴地对影片大加挞伐。这种批判,实际上是"左"的思潮的初露头角,后来日渐发展,直至"文革"恶性膨胀。

1985年,当陶行知研究会和陶行知基金会成立之际,胡乔木作了一番讲话。讲话中谈到陶行知及对于《武训传》的批判。胡乔木这番话,反映了十一届三中全会以后中共中

[①]《建国以来毛泽东文稿》第2册,中央文献出版社1988年版,第403页。
[②]《夏衍谈〈武训传〉和中国知识分子》,1994年8月3日《文汇电影时报》。

央对当年批判《武训传》所持的否定态度：

> 1951年，曾经发生过一个开始并不涉及而后来涉及陶先生的、关于电影《武训传》的批判。这个批判涉及的范围相当广泛。我们现在不在这里讨论对武训本人及《武训传》电影的全面评价，这需要由历史学家、教育学家和电影艺术家在不抱任何成见的自由讨论中去解决。但我可以负责任地说，当时这场批判，是非常片面的，非常极端的，也可以说是非常粗暴的。因此，尽管这个批判有它特定的历史原因，但是由于批判所采取的方法，我们不但不能说它是完全正确的，甚至也不能说它是基本正确的。这个批判最初涉及的是影片的编导和演员，如孙瑜同志，赵丹同志等；他们都是长期在党的影响下工作的进步艺术家，对他们的批判应该说是完全错误的。他们拍这部电影是在党和进步文化界支持下决定和进行的。如果这个决定不妥，责任也不在他们两位和其他参加者的身上。这部影片的内容不能说没有缺点或错误，但后来加在这部影片上的罪名，却过分夸大了，达到简直不能令人置信的程度。从批判这部电影开始，后来发展到批判一切对武训这个人物表示过程度不同的肯定的人，以及包括连环画在内的各种作品，这就使原来的错误大大扩大了。这种错误的批判方法，以后还继续了很长时间，直到党的十一届三中全会才得到纠正。①

江青对于批判电影《武训传》颇为得意，"锁在烟雾中"的"奇峰"，终于"偶尔露峥嵘"。她借助毛泽东的权威，一下子使周扬、夏衍这班当年她的上司纷纷检讨，使那个给唐纳写诗的陶行知长眠地下也不得安宁，使赵丹也尝到她的厉害。她参加武训历史调查团，实际上成为这个调查团的领导。她开始探头探脑，尝试着干预政治了。

笔者在采访中国科学院学部委员、曾任上海科学院副院长、上海有机化学研究所所长的汪猷教授（汪猷之妻李秀明，是李淑一的胞妹。李淑一的丈夫柳直荀，是毛泽东的好友）时，他谈及有趣的一幕：

毛泽东来沪时，接见上海知识界人士，汪猷在座。那天，赵丹亦在应邀之列。当赵丹进来时，毛泽东一眼就认出他来，说道："你不就是演《武训传》的赵丹吗？"不料，毛泽东此言，使赵丹顿时满脸通红——因为电影《武训传》正在挨批！毛泽东迅即发现赵丹的尴尬之状，哈哈大笑起来，四座皆笑。赵丹亦笑，在笑声中赵丹解脱了窘境。

又一次飞往苏联治病

在初次"露峥嵘"的那些日子里，江青显得那么忙碌。

1951年7月28日，在电影指导委员会会议上，江青点名批判了电影《荣誉属于谁》。

9月初，在中共中央宣传部会议上，江青点了副部长周扬和胡乔木的名，说他们"抗

---

① 胡乔木：《在陶行知研究及其基金会成立大会上的讲话》，《党史通讯》1985年12期。

拒"对电影《武训传》的批判。

9月6日，在电影指导委员会第10次会议上，江青对拍摄电影《南征北战》发表了意见，表示支持。

10月，江青向中共中央反映，经她在电影界、美术界、音乐界做了"大量调查"，发现周扬在领导工作中存在"严重问题"，建议在文艺界开展整风运动。

中共中央宣传部决定先开"小型整风会"。会上，江青尖锐地批评了周扬。会后，周扬说："有江青同志在，工作难做。"此言传入江青耳中，江青益发对周扬耿耿于怀。无奈，在12月，周扬不得不在中共中央宣传部就电影《武训传》作检查。

1952年初，江青建议就武训历史调查团调查所得的材料，创作京剧《宋景诗》。

这时的江青，大有"文革"初期那种批张三斗李四的味道——实际上20世纪60年代的江青是50年代初期江青的重演。

就在江青一次次抛头露脸之际，在1952年2月，这江上"奇峰"忽地又"锁在烟雾中"了！

江青由前台退回幕后，其原因是她病了。

江青这次生病，最初是感冒引起的。

1951年9月初，她从山东回到北京，又决定去参加土地改革运动。

毛泽东同意她参加土改运动，她被安排到湖北农村。她随李先念等乘火车从北京前往武汉。

为了她的安全，李先念只让江青在武汉近郊参加土改。她仍以"李进"的名字出现在土改工作组。

天气日渐转冷。在一场寒潮袭来时，江青感冒了。由感冒而咳嗽，进而演变成为支气管炎。她不得不从近郊农村回到武昌治病。

她终于病倒，终日发低烧、失眠，特别是右肋下时有疼痛。

她从武汉回到了北京。在北京，经大夫会诊，她患慢性胆囊炎，肝也不好。

■ 江青在苏联

虽说这是常见病，北京的医院完全可以为她治疗，不过，她仍要求去苏联动手术。毛泽东同意了她的要求。这样，1952年8月，她飞往苏联，又住进莫斯科郊区的斯大林别墅。

维特克在《江青同志》一书中，记述了江青回忆第二次去苏联治病的情形：

> 苏联医生直接把她送进了外科实验室去探查她的肝脏，但没有除去积聚在胆囊里的水。经过外科抽样检查，提出治疗方案。她再一次被送到苏联南方的她所讨厌的雅尔塔。为了减退不断的高烧，她被注射了大量的青霉素，每次两千万单位，这样的剂量和次数只使得她感到更糟。她痛惜她个人完全没有权势，但她的抗议是完全徒劳的。
>
> 在那令人厌烦的雅尔塔冬天，她越来越思念家乡，但医生不让她回国。她想，他们要把她留在那里，可能只是因为他们因没治好病而感到惭愧。最后，他们把她送回

到莫斯科,安置在一个普通的医院里。后来她有幸被转移到了克里姆林宫里雄伟的宫廷医院,那是为政府的高级官员而准备的医院。

在斯大林逝世的前一天,她再被转移到郊区疗养院,从收音机里听到了他突然发病的消息。斯大林逝世的庄严宣告几乎使每一个苏联人民好几天都陷入在极大的感情紊乱之中。

在这紧要关头,负责江青病情的俄国警卫员、医生和护士说,他们的领袖之死至关重要,毛主席应和其他各国首脑一道来莫斯科参加葬礼。江青告诉他们说那不关她的事,这样重大的决定应由中共中央作出。

举行斯大林葬礼的那天,莫斯科的气温下降到零度以下。毛主席虽然没有来,但发来了唁电。在这紧张的情况下,她仍与疗养院的其他病人一道守夜。她从她的窗口看到了殡仪队伍走向红场,路上排队行走的人群非常混乱,使她感到非常惊讶。她评论说:斯大林的失败之一,是思想上没有为他死的那天准备群众队伍。

当年担任江青翻译的卡尔图诺娃,在1992年俄罗斯《半人星马座》杂志第1至2期发表的回忆文章《我给江青当翻译》中,这么写及江青第二次去苏联治病的情况:

1953年2月底3月初,根据部领导的请求,我每天都带着斯大林的病情报告上她那儿去。对于他的逝世,她感到十分悲痛,并去过联盟大厦停放斯大林灵柩的大厅守灵。

有一天江青决定去看望在莫斯科长期养病的毛远叔(即毛岸青,当时化名杨永寿)。我知道远叔在莫斯科东方大学读书,有一段时间他的哥哥毛远福(即毛岸英,当时化名杨永福)和他同学,我们叫远叔"果里亚·远叔",把他哥哥叫作"谢尔盖·远福"。但那时我们谁都不知道,他们是毛泽东的儿子。也许,除了柳芭·库兹涅佐娃(出嫁后随夫姓帕廖多钦娜),因为谢尔盖同她关系很好。很难说江青对他们怎么样。从前她从来没有在谈话中提起过他们。而现在,在从医院回来的路上,江青却讲起了谢尔盖·远福在朝鲜牺牲的情况(讲到他时显得那么怀旧)。

毛远福在大学时就是一个有为的青年,我甚至可以说他是有天才的,又博览群书。我们,他的同学们,听说回国后他曾在一些问题上与父亲意见不一致。毛泽东就派他到满洲参加土改,以便让他深入中国人民的生活。

江青在苏联休养了11个月,直到1953年秋才返回北京。

第一次匿名信事件

回国之后的江青,继续休养了一段时间。这时的江青,已是一副养尊处优的派头。如毛泽东的卫士长李银桥所忆:

每天早晨起来，我们卫士一定要向她问候："江青同志，晚上休息得好吗？"没有这一声问候，她会沉下脸一天不爱答理你。她的早饭是在床上吃，床尾有个摇把，可以把床摇起一半，带动着她坐起身。然后照顾她擦脸、漱口，将一个小桌在床上一嵌，早饭摆在她面前。看电影里有些外国人也是在床上吃早饭……

她变得有些娇了。房间里装了电铃，她越来越习惯按电铃叫卫士，大事小事自己能干不能干的事都愿意叫卫士代劳，似乎使唤人是一种享受，是一种身份和新生活的证明。

有一次，她又按电铃。卫士张天义匆匆赶进屋。江青慵懒地说："把暖水袋给我拿来。"张天义一看，江青手指的暖水袋就在她床上，只需欠欠身就可以拿到手。但她宁愿按电铃下命令，也不愿欠欠身。张天义为此事很伤感。他说，过去我们做事，江青常常说，不用，我自己来，我自己能做。现在呢？越来越习惯于指手画脚：你去干什么干什么，给我做什么做什么。①

她不常住在中南海菊香书屋，而是住在北京万寿路新六所。那新六所，是1950年新盖的六幢小楼。中共中央书记处的五位书记毛、刘、周、朱、任，每家一幢，另一幢工作人员居住。

她的爱好是看电影，打扑克牌，跳舞，也看点小说。

1953年12月27日，毛泽东前往杭州，江青也一起来到杭州。这次毛泽东在杭州住了70多天，一直住到1954年3月14日离开杭州。毛泽东走后，江青继续住在杭州。3月20日左右，陡然起风波，江青收到一封匿名信！匿名信是从上海寄往杭州，由浙江省交际处长唐为平转给江青。

这封匿名信，使江青吓出了一身冷汗！

信中说：党的七届四中全会刚刚开过，高岗、饶漱石反党集团已经被揭露，中央很快又要开始审干了。你江青有着堕落的历史，难逃这次审干。我已经把你30年代在上海的丑行写成材料，报告中共中央组织部。

信中很具体地写及江青20世纪30年代在上海的种种风流韵事，还提到江青曾经在上海被捕自首，甚至还说江青在上海曾经秘密加入过国民党军统特务组织——蓝衣社！

由于当时江青在杭州，最早经手这一匿名信案件的是浙江省公安厅厅长王芳。自2003年至2006年，笔者曾经多次采访王芳，协助王芳的三位秘书整理出版了45万字的《王芳回忆录》，于2006年9月由浙江人民出版社出版。

王芳曾经被称为毛泽东的"大警卫员"，因为王芳曾长期担任浙江省公安厅厅长，而毛泽东特别喜欢杭州，先后来杭州多达42次，在这里度过了800多个日日夜夜，毛泽东在杭州由王芳负责警卫。在"文革"之后，王芳先后担任中共浙江省委书记兼省委政法委书记、浙江省军区第一政委。1987年4月至1990年12月任公安部部长，还担任国务委员、武

---

① 权延赤：《卫士长谈毛泽东》，北京出版社1989年版，第86页。

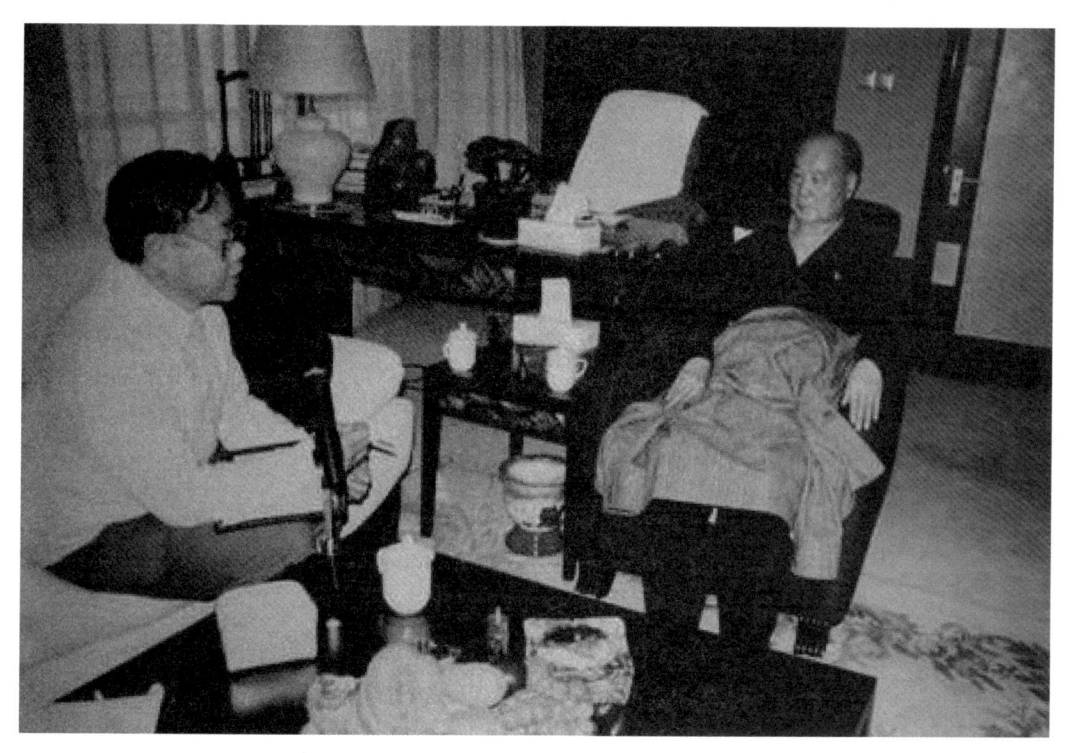

■ 叶永烈在杭州多次采访原国务委员、公安部原部长王芳

警部队第一政委、武警部队党委书记。王芳因病于2009年11月4日在杭州逝世,享年90岁。

王芳告诉笔者,江青1954年的匿名信案件,当时为了保密,代号为"18号案"。王芳曾经详细地向笔者谈及"18号案"。

笔者根据王芳的回忆,专门写了《江青的匿名信事件——"18号案"》,收入《王芳回忆录》一书。

王芳说:"江青收到匿名信后,非常恼火,神情显得有些紧张和不安。她先是找了浙江省委书记谭启龙同志,谈了一个上午,主要是讲自己的历史。第二天,江青找我谈,也谈了一个上午,也是讲自己的历史,说自己青年时期就是一个非常进步,非常坚强的革命者,现在有人诬蔑她,是别有用心的,是有其不可告人的政治目的的。江青还把匿名信递给我看了。我看了一张纸,就不想再往下看了,把信递过去。江青一脸严肃地说:'你不看谁看?这是一封反革命匿名信,你公安厅长看清楚了,要给我破案。有人编造谎言诬陷我,醉翁之意不在酒,矛头实际上是针对主席的。'"

王芳告诉笔者,匿名信上有一句话,给他留下深刻的印象[①]:"你这样的人,现在还像苍蝇一样,爬在毛泽东的脚面上。"

那封信没有署名,但是信封上写着"华东文委"。写信者知道江青的历史问题,又知道江青的行踪——在杭州休养,这表明必定是中共高层圈内人士。

尽管清查匿名信的作者的范围不大,但是当时并没有迅速查出。

---

① 2004年3月25日,叶永烈在杭州采访公安部原部长王芳。

王芳回忆说：

江青回到北京，立即将匿名信的事报告了毛主席。说这是一起性质严重的反革命案件，要公安机关立即组织侦破。主席认为这不是什么反革命案件，可能是你工作不虚心，得罪什么人了，是对你不满，有意见引起的。当时正好是解决"高岗饶漱石反党集团"的七届四中全会以后。江青一定要将这匿名信事件和那时政治斗争形势挂起钩来。她认为这件事不是孤立的，不是同志之间不满、发私愤，而是一个政治事件，有其政治目的。后来主席没有再说反对意见，也就是默认了。

动用了主席的权威，这一匿名信案——"18号案件"的侦查工作也就升级了。

由于匿名信信封上印有"华东文委"字样，江青要公安部门将侦查的重点放在上海的党政部门与文艺界。不久，中共中央华东局在上海召开会议。会议由中共中央华东局第三书记谭震林同志主持，中共中央华东局第二书记陈毅同志出席，还有我和上海市公安局局长黄赤波同志参加，确定把这封匿名信事件作为一个特大案件来侦察。会议确定，"18号案件"由公安部部长罗瑞卿负总责，上海方面由黄赤波（应为许建国——引者注）负责，浙江方面由我负责。会议并对案件进行了具体分析，把重点对象放在30年代曾在上海文艺界工作过的人员身上。

侦破工作在非常秘密的情况下进行。中共上海市委第一书记柯庆施亲自抓案件的侦破工作，每隔几天就要听取一次汇报。

当时，专案组先后收集了800多人的笔迹，进行了笔迹鉴定。他们将那些与匿名信笔迹相似而又对江青不满的人都列为侦查对象，进行重点侦查。仅案件的卷宗就有五六包之多。这些侦查对象，包括江青过去房东家的女佣人秦桂珍，她了解江青20世纪30年代的历史；东海舰队司令陶勇的夫人朱岚，她曾说过对江青不满的话，也被列为怀疑作案对象。然而，时间拖得很长，案子还没有结果。

当时受侦查时间最长、怀疑最多的是原上海市文化局局长赖少其的妻子曾菲。

事情是由她的丈夫赖少其引起的。赖少其在上海市第一届党代会上提过一个议案，要求组织上对贺子珍的生活给予照顾。

江青极其忌恨贺子珍。公安部门注意赖少其后又发现，赖少其的妻子曾菲与贺子珍一家的关系密切，并且对贺子珍的处境深表同情，而且对毛泽东1952年在上海没有与贺子珍女儿李敏见面一事颇有微词。另外，赖少其又恰好是在华东文委工作！

专案人员向柯庆施汇报之后，柯庆施认为曾菲"有作案的条件和思想基础"。于是公安部门找来曾菲的笔迹。经过鉴定，曾菲的笔迹竟然与匿名信的笔迹很相似！于是，曾菲成了重点怀疑和审查对象。

然而，对曾菲进行了诸多秘密侦查，始终未发现任何证据。

其间江青催问了多次，她显然对案件迟迟侦破不了，感到不满意。[1]

---

[1] 《王芳回忆录》，浙江人民出版社2006年版，第204—205页。

在上海方面，参与"18号案"侦查的，还有许建国。许建国当时担任上海市公安局局长。据许建国说，是公安部部长罗瑞卿把侦查任务交给他的。1954年11月，许建国被任命为公安部的副部长，离开了上海，没有再参与"18号案"侦查工作。

在王芳领导下，核对了800多人笔迹，未能侦破此案。六年之后，"18号案"的侦破，事出偶然。王芳回忆说："一直到1962年，一次偶然的事情中，查明了给江青写匿名信的人，原来是林伯渠的妻子朱明。"①

林伯渠又名林祖涵，中共元老：1920年任孙中山大元帅府参议。1921年经李大钊、陈独秀介绍加入中国共产党。1937年冬至1948年任陕甘宁边区政府主席，被人称为"延安五老"之一。解放后历任中央人民政府秘书长、中共中央政治局委员，在第一、第二届全国人民代表大会上，均当选为人大常委会副委员长。1960年5月29日病逝于北京。

林伯渠曾经有过四次婚姻：他的原配夫人叫司马殿英，是由父母指腹为婚，于1910年病逝。司马殿英去世之后，林伯渠与小学教师伍复明结婚。林伯渠到中央苏区后，与范乐春结婚。范乐春1928年参加闽西金砂暴动，曾任永定县苏维埃政府主席。红军长征时，她和邓子恢、张鼎丞、谭震林、方方等在闽西坚持三年游击战争，病逝于闽西。林伯渠进入延安，与朱明结识，在1945年5月和朱明结婚。

朱明（1919—1962），原名王钧璧，安徽定远县人。

在林伯渠去世之后，朱明给中央写信，反映有关林伯渠死后一些遗留问题。一查对，和匿名信的笔迹一模一样。朱明承认匿名信是她写的，并立即自杀了。

虽然朱明自杀身亡，但是在"文化大革命"中，"四人帮"一伙仍将朱明定为"反革命分子"。

粉碎"四人帮"后，中共中央组织部对朱明的问题重新进行了审查，并作出结论：朱明"给江青的信的内容没有错误，原定其为反革命分子是错误的，纯属冤案，应予平反昭雪，恢复名誉。"

王芳回忆说：

> 我记得那年江青收到匿名信之前，主席回北京之后，林伯渠和夫人朱明来杭州住了五六天，是我负责接待的。我几次去住地看望他俩，对他俩很尊重，很热情。
>
> 当时江青身边缺少一个人陪她，是我让朱明的女儿去陪她的。当时江青对我这样的安排并无不满。但是事后江青这样多心的人，不会不怀疑。因为朱明给江青的匿名信很可能是那次住在杭州时写成的，到了上海后发出的。②

这里需要补充一句的是，林伯渠到延安之后，曾经于1937年与李俊在延安结婚。由于

---

① 《王芳回忆录》，浙江人民出版社2006年版，第205页。
② 《王芳回忆录》，浙江人民出版社2006年版，第206页。

两人不合，于1941年离异。所以朱明实际上是林伯渠第五任妻子。可能由于朱明自杀的缘故，红旗出版社1986年出版的《林伯渠传》，只字未提朱明。

宋庆龄在1960年6月13日一封书信中写及："我很伤心地告诉你，原陕甘宁主席林老，上个月二十五日去世了。他患有心脏病，现埋葬在这里的八宝山公墓。看到他的妻子一路上用虚弱的双手捧着他的骨灰盒，而我们在后面走着，这情景真是感人。"[①]宋庆龄提到的林伯渠妻子，就是朱明。

前文写及，江青赴苏联治病时，林伯渠的女儿林利（当时叫李利）担任江青的翻译，与江青朝夕相处。在"文革"中，林利被江青投入监狱，单独监禁达七年零四个月之久。

"游泳池事件"

1954年3月底，江青从杭州回到北京，除了匿名信事件使她极其不快之外，有一件事使她非常尴尬、非常难受，给了她重重的一击：那是她知道毛泽东喜欢游泳，擅自提议给毛泽东修建游泳池，遭到毛泽东的严厉批评。

毛泽东自从住进北京中南海之后，每日忙于政务，空闲时则总是半躺在床上看书。保健医生以为，毛泽东终日没有运动，对健康不利。知道毛泽东喜欢游泳，"投其所好"，鼓励毛泽东在空余时游泳。

中南海在解放前就有一个露天游泳池，长50米、宽25米，南深北浅。在深水区那边，还有10米跳台和3米跳板。不过，中南海的工作人员以及家属都到那里游泳。考虑到毛泽东的安全，保卫部门只能让毛泽东在早上游泳池尚未开门或者晚上关门之后去那里游泳。不过，到了冬日，室外游泳池的水冰凉以至结冰，无法游泳，毛泽东只得改到清华大学的室内游泳池去游泳。清华大学离中南海远，何况毛泽东一到那里，需要清场，深感不便。

江青看在眼里，擅自提议给毛泽东修建室内游泳池。不过，那个游泳池不是建在中南海，而是建在北京玉泉山一号楼，因为毛泽东有时候也住在那里。据中直修办处的田恒贵回忆，这个游泳池很小，也就和一个大客厅差不多大。

游泳池造好了，江青满心欢喜向毛泽东报告，期望毛泽东会非常高兴。

出乎江青的意外，毛泽东却发脾气了。毛泽东以为，动用公家的钱，为他建造游泳池，那是绝对不允许的。

毛泽东要江青为此事写检讨。

1954年4月20日，江青给毛泽东写了一封信，在信中对她擅自提议给毛泽东修建游泳池一事作了检讨。

4月25日，毛泽东把江青的检讨信，转交刘少奇、陈云、邓小平等阅，并写下一段批示：

[①]《宋庆龄书信集—续集》，人民出版社2004年版，第355页。

刘、陈、邓、罗瑞卿、尚昆、汪东兴诸同志：

　　江青此信请阅。为补救计，建造费五亿由我的稿费中支出，游泳池封闭不用。

毛泽东
1954年4月25日①

　　毛泽东批示中所说的"建造费五亿"，是指当时的旧人民币计算的。中国人民银行从1955年3月1日起发行新人民币（也就是现在所用的人民币。一万元旧人民币，相当于一元新人民币）。所以，"建造费五亿"，也就相当于五万元新人民币。五万元人民币在1954年是相当大的数字！

　　江青一连受到两次打击，心境也就变得益发沉闷。她仍处于养病之中。

　　1954年6月24日，毛泽东在写信给堂弟毛泽荣（又名毛胜五）的时候，提及"江青病况略有进步"：

胜五弟：

　　你给我的信都收到了，很高兴。江青病况略有进步，她对你的关怀，甚为感谢。孩子们都好。你们都好吗？

　　祝进步

毛泽东
1954年6月24日

　　1954年10月1日国庆节。江青跟随毛泽东在天安门城楼上观看阅兵式、表演和烟火。赫鲁晓夫来了。周恩来很注重礼节，走过来要把江青介绍给赫鲁晓夫。

　　这时，毛泽东突然站了起来，走向江青，把江青领到沿城楼边的一处地方，避免她与赫鲁晓夫见面。

　　这件事也给江青的心里留下了阴影。这表明，毛泽东不愿把江青作为"第一夫人"介绍给赫鲁晓夫，避免江青以"第一夫人"的身份出现在苏联媒体的报道之中。

对于俞平伯《红楼梦》研究的批判

　　就在江青养病养了两年多之后，忽地又一次"露峥嵘"。

　　1954年9月1日，山东大学校刊《文史哲》发表了署名李希凡、蓝翎的文章《关于〈红楼梦简论〉及其它》，批评了俞平伯的《红楼梦简论》。

　　江青对美国记者维特克谈话时，曾自吹是"半个红学家"：

---

①《建国以来毛泽东文稿》第4册，中央文献出版社1990年版，第483页。

《红楼梦》我读过多少遍记不得了。大概十遍以上。到延安以前看了三次。一看到林黛玉死就哭鼻子,看不下去了。太惨了。

毛主席批评我,你这个人不成话,一部书都看不完……

《红楼梦》是讲不完的。你们不要认为我是红学家。我只是半个红学家。

作为"半个红学家",江青关于《红楼梦》的"名言"是:"不要只把这本小说当成故事来读,而要把它看成是一本论证阶级斗争的历史书。"

江青还这么说及她当时看了李希凡、蓝翎的文章之后的情景:"这篇文章被我发现了,就送给毛主席看。"

一下子,在中国又掀起一场轩然大波。

俞平伯,中国的《红楼梦》研究权威人士,北京大学教授,中国科学院文学研究所研究员。他1919年毕业于北京大学,1922年就写出了《红楼梦辨》一书。1952年,他修改了此书,改名《红楼梦研究》。1954年3月,他又在《新建设》第3期上发表《红楼梦简论》。

两个"小人物",读了俞平伯的《红楼梦简论》,不以为然。他们着手写文章,批评俞平伯。

这两个"小人物",便是李希凡和蓝翎。

李希凡,本名李锡范,当时27岁。他是北京通县人,考入山东大学中文系。1953年毕业后,到北京中国人民大学继续学习。

蓝翎,本名杨建中,当时23岁。他是山东单县人,就读于山东大学中文系,跟李希凡是同学。1953年毕业后,到北京师范大学工农速成中学任语文教员。

两位"小人物"写出了《关于〈红楼梦简论〉及其它》,试图投寄给《文艺报》。他们先给《文艺报》去信,询问可不可以批评俞平伯,没有得到答复。于是,他们求助于母校,他们的老师表示支持,把他们的文章发表在《文史哲》1954年9月号上。

江青读过的小说不算多,但是《红楼梦》却读过几遍。她对维特克说:她很有兴味地读了李希凡、蓝翎的文章,大为赞赏。她把文章推荐给毛泽东看。毛泽东看后,也以为不错,建议《人民日报》予以转载。不过,毛泽东以为自己直接给《人民日报》下指示,要他们转载,似乎过于郑重其事。他让江青出面,转告《人民日报》。于是,江青给人民日报社打了电话。9月中旬,江青带来了《文史哲》第9期,说毛泽东主席很重视李希凡、蓝翎的文章,希望《人民日报》予以转载。周扬以为,《人民日报》转载这样的文章不合适,建议改由《文艺报》予以转载。于是,《文艺报》第18期转载了李希凡、蓝翎的文章,还加了由主编冯雪峰所写的编者按,全文如下:

这篇文章原来在山东大学出版的《文史哲》月刊今年第九期上面。它的作者是两个在开始研究中国古典文学的青年;他们试着以科学的观点对俞平伯先生在《红楼梦简论》一文中的论点提出了批评,我们觉得这是值得引起大家注意的。因此征得同意,把它转载在这里,希望引起大家讨论,使我们对《红楼梦》这部伟大杰作有更深刻和更正确的了解。

在转载时，曾由作者改正了一些错字和由编者改动了一二字句，但完全保存作者原来的意见。作者的意见显然还有不够周密和不够全面的地方，但他们这样地去认识《红楼梦》，在基本上是正确的。只有大家来继续深入地研究，才能使我们的了解更深刻和周密，认识也更全面；而且不仅关于《红楼梦》，同时也关于我国一切优秀的古典文学作品。

冯雪峰所写的编者按，至今看来也并无什么不妥之处，想不到后来竟遭批判。

10月16日，毛泽东的一封信，震荡着中国的知识界。这天，毛泽东给中共中央政治局及其他有关人士写了一封信，此信后来被收入《毛泽东选集》第五卷：

驳俞平伯的两篇文章附上（除山东《文史哲》9月发表李希凡、蓝翎的《关于〈红楼梦简论〉及其他》一文外，10月10日《光明日报》又发表他们的《评〈红楼梦研究〉》一文——引者注），请一阅。这是三十多年以来向所谓红楼梦研究权威作家的错误观点的第一次认真的开火。作者是两个青年团员。他们起初写信给《文艺报》，请问可不可以批评俞平伯，被置之不理。他们不得已写信给他们的母校——山东大学的老师，获得了支持，并在该校刊物《文史哲》上登出了他们的文章驳《红楼梦简论》。问题又回到北京，有人要求将此文在《人民日报》上转载，以期引起争论，展开批评，又被某些人以种种理由（主要是"小人物的文章"，"党报不是自己辩论的场所"）给予反对，不能实现；结果成立妥协，被允许在《文艺报》转载此文。嗣后，《光明日报》的《文学遗产》栏又发表了这两个青年的驳俞平伯《红楼梦研究》一书的文章。看样子，这个反对在古典文学领域毒害青年三十余年的胡适派资产阶级唯心论的斗争，也许可以开展起来了。事情是两个"小人物"做起来的，而"大人物"往往不注意，并往往加了阻拦，他们同资产阶级作家在唯心论方面讲统一战线，甘心作资产阶级的俘虏，这同影片《清宫秘史》和《武训传》放映时候的情形几乎是相同的。被人称为爱国主义影片而实际是卖国主义影片的《清宫秘史》，在全国放映之后，至今没有被批判。《武训传》虽然批判了，却至今没有引出教训，又出现了容忍俞平伯唯心论和阻拦"小人物"的很有生气的批判文章的奇怪事情，这是值得我们注意的。

俞平伯这一类资产阶级知识分子，当然是应当对他们采取团结态度的，但应当批判他们的毒害青年的错误思想，不应当对他们投降。

毛泽东的信，以雷霆万钧之力，给了周扬等人一记猛掌。

毛泽东的信中，有一句涉及江青："问题又回到北京，有人要求将此文在《人民日报》上转载，以期引起争论，展开批评，又被某些人以种种理由（主要是'小人物的文章'，'党报不是自己辩论的场所'）给予反对，不能实现。"

不言而喻，这"有人"指的就是江青。

至于毛泽东所说的"某些人",指的就是中共中央宣传部副部长周扬、林默涵和《人民日报》总编辑邓拓。

毛泽东这封信,让江青有了强大的"后台"。

毛泽东的信中还有一句话:"被人称为爱国主义影片而实际是卖国主义影片的《清宫秘史》,在全国放映之后,至今没有被批判。"

毛泽东没有说明"被人称为"这"人"是谁。

如前所述,毛泽东有关《清宫秘史》是"卖国主义"影片的信息,来自江青。

在13年之后——1967年3月,在江青的策划下,戚本禹的文章《爱国主义还是卖国主义?——评反动影片〈清宫秘史〉》才揭穿了这一谜底——这"人"是刘少奇。尽管刘少奇否认对电影《清宫秘史》说过什么话,但是《爱国主义还是卖国主义?——评反动影片〈清宫秘史〉》用黑体字标明毛泽东在1954年写下的这段话,成为批判刘少奇的"有力武器"。

在戚本禹的文章《爱国主义还是卖国主义?——评反动影片〈清宫秘史〉》中这么写及江青:"当时,担任文化部电影事业指导委员会委员的江青同志,坚持毛主席的无产阶级革命路线,几次在会议上提出要坚决批判《清宫秘史》。但是,陆定一、周扬、胡××(此处'半点名',指胡乔木——引者注)等却大唱对台戏……"

虽然人们直至13年之后,这才体会到毛泽东信中的那句话的巨大威力以及江青的不可小觑,不过在当时,人们还是太看轻了江青!

在毛泽东写了那封信的第三天——1954年10月18日,中共中央宣传部和中国作家协会党组就召开会议,贯彻毛泽东的指示。

10月28日,《人民日报》发表袁水拍的《质问〈文艺报〉编者》一文,严厉批评《文艺报》。

袁水拍的文章,在发表前曾送毛泽东审阅并修改。

袁水拍在文章中尖锐批判《文艺报》:

> 这种老爷态度在《文艺报》编辑部并不是第一次。在不久以前,全国广大读者群众热烈欢迎一个新作家李准写的一篇小说《不能走那一条路》及其改编而成的戏剧,给各地展开的国家总路线的宣传起了积极作用。可是《文艺报》却对这个作品立即加以基本上否定的批评,并反对推荐这篇小说的报刊对这个新作家的支持,引起文艺界和群众的不满。《文艺报》虽则后来登出了纠正自己错误的文章,并承认应该"对于正在陆续出现的新作者,尤其是比较长期地在群众的实际生活中,相当熟悉群众生活并能提出生活中的新问题的新作者,……给予应有的热烈的欢迎和支持",而且把这件事当作"一个很好的教训",可是说这些话以后没有多久,《文艺报》对于"能提出新问题"的"新作者"李希凡、蓝翎,又一次地表示了决不是"热烈的欢迎和支持"的态度。

毛泽东在袁水拍的这段话之后,亲笔加上了这么一段:

> 文艺报在这里跟资产阶级唯心论和资产阶级名人有密切联系,跟马克思主义的新生力量却疏远得很,这难道不是显然的吗?①

紧接着,中国文联主席团和中国作协主席团先后召开八次扩大的联席会议,贯彻毛泽东指示。

于是,在全国范围内,掀起了批判俞平伯《红楼梦》研究的运动。

面对强大的压力,冯雪峰不得不写下《检讨我在〈文艺报〉所犯的错误》,公开发表于1954年11月14日《人民日报》:

> 问题的严重不仅在于我平日对于在古典文学研究领域内资产阶级唯心论观点在泛滥的现象熟视无睹,问题的严重更在于当李希凡、蓝翎两同志向古典文学研究领域内资产阶级唯心论开火的时候,我仍然没有认识到这开火的意义重大,因而贬低了李、蓝两同志的文章的重要性,同时,也就贬低了他们文章中的生气勃勃的战斗性和尖锐性,贬低了马克思列宁主义的这种新生力量。这错误的最深刻的原因在哪里呢?检查起来,在我的作风和思想的根柢上确实是有与资产阶级思想的深刻联系的。我感染有资产阶级作家的某些庸俗作风,缺乏马克思列宁主义的战斗精神,平日安于无斗争状态,也就甘于在思想战线上与资产阶级唯心论"和平共处"。特别严重的是,我长期地脱离群众,失去对于新鲜事物的新鲜感觉,而对于文艺战线上的新生力量,确实是重视不够;并且存有轻视的倾向的。

由俞平伯又牵扯了胡适,全国又开展对胡适思想的批判。

毛泽东的信,表示对于"小人物"的挑战精神的支持,表示对于学术权威的见解可以开展讨论,这是有积极意义的。但是,他对"大人物"和"小人物"的学术意见作出了裁决,这显然不妥,特别是那时形成了一边倒。对俞平伯全盘否定,并扣上政治性的大帽子,实际上是一种"左"的倾向。

1954年这场对俞平伯《红楼梦》研究的批判,最初的发难者便是江青。对电影《清宫秘史》和《武训传》的批判,最初的发难者也是江青。江青跟周扬等人的三番较量,她克敌制胜的王牌,便是借助于毛泽东的权威。这三番较量,是她参与中国政治的尝试。她都得胜而归!

毛泽东的信中,回溯了对电影《清宫秘史》和《武训传》的批判,这使周扬意识到:江青不可小视!

1992年4月4日,《光明日报》发表韦奈的回忆文章《我的外祖父俞平伯》,文中透露了俞平伯所蒙受的心理创伤:

---

① 《建国以来毛泽东文稿》第4册,中央文献出版社1990年版,第589页。

1954年突发的事件来势凶猛，令俞平伯丈二和尚摸不着头脑，直到"文革"后期，报端披露毛泽东给政治局的那封信，他才明白这到底是怎么一回事。韦奈和外祖父共同生活几十年，却从未听到他对这件事的任何议论，他的日记中也不见只言片语的有关记载。那一切，似乎已沉入他的心底，不见有一丝涟漪。沉默的本身也是一种表白，至"文革"后期，俞平伯更绝口不谈"红楼"，以至连他的家人也不敢去碰这个话题。但到临终前重病的半年里，他对《红楼梦》的系念却再也无法令他做到淡漠，他几乎要遍了家中所有版本的《红楼梦》，一部部翻看，他用几乎不能动弹的手写下了这样几个难以辨认的字："胡适、俞平伯是腰斩红楼梦的，有罪。程伟元、高鹗是保全红楼梦的，有功。大是大非"。"千秋功罪，难于辞达"。①

直至中共十一届三中全会之后，1986年1月，借庆贺俞平伯从事学术活动65周年纪念之际，由中国社会科学院院长胡绳出面，作了一番讲话，对1954年的那场批判，重新作了评价。

胡绳首先对俞平伯的成就，作了全面评价：

　　俞平伯先生是一位有学术贡献的爱国者。他早年积极参加五四新文化运动，是白话新体诗最早的作者之一，也是有独特风格的散文家。他对中国古典文学的研究，包括对小说、戏曲、诗词的研究，都有许多有价值、为学术界重视的成果。

胡绳着重地重新评价了1954年那场对于俞平伯《红楼梦》研究的所谓批判：

　　早在二十年代初，俞平伯先生已开始对《红楼梦》进行研究。他在这个领域里的研究具有开拓性的意义。对于他研究的方法和观点，其他研究者提出不同的意见或批评本是正常的事情。但是1954年下半年因《红楼梦》研究而对他进行政治性的围攻，是不正确的，这种做法不符合党对学术艺术所采取的双百方针。《红楼梦》有多大程度的传记性成分，怎样估价高鹗续写的后四十回，怎样对《红楼梦》作艺术评价，这些都是学术领域内的问题。这类问题只能由学术界自由讨论。我国宪法对这种自由是严格保护的。我们党坚持四项原则，按照四项原则中的人民民主专政原则，党对这类属于人民民主范围内的学术问题不需要，也不应该作出任何"裁决"。1954年的那种做法既在精神上伤害了俞平伯先生，也不利于学术和艺术的发展。

胡绳的讲话，意味着洗去了俞平伯所蒙受的历史冤屈。

---

① 麦阳：《〈红楼梦研究〉批判始末》，《世纪》1994年第1期。

1986年2月6日,《光明日报》发表了对俞平伯的专访《佳气神州一望中》,这是三十多年以来俞平伯第一次公开谈《红楼梦》。

"政治夫妻"

江青在第三次"露峥嵘"——批判俞平伯《红楼梦》研究之后,在1955年初还相当活跃。1955年2月,江青曾两度夜访著名电影导演史东山。

在本书第一章已经写及,当江青在1933年第一次从山东来到上海的时候,前往码头迎接她的就是史东山。当时,史东山是一位青年导演,奉左翼剧联(即左翼戏剧家联盟)之命,和前山东实验剧院话剧组教师李也非一起,前来接待这位青岛海鸥剧社的成员。

后来,史东山成了中国的名导演。特别是在1946年,导演了《八千里路云和月》,轰动了全国。

1955年2月23日,52岁的史东山猝死。

1955年2月25日,《人民日报》刊登一则消息:"我国著名电影导演、全国人民代表大会代表、中国文学艺术界联合会委员、中国戏剧家协会常务理事史东山23日逝世于北京医院,享年52岁……"

《人民日报》的报道既然称史东山"逝世于北京医院",言外之意是说史东山乃病死。从此对于史东山之死,一概称之为"病死"。

1955年6月《大众电影》发表唐忠琨的悼念史东山文章《可亲的老师》,把史东山"病死"说得更加具体:"很不幸,即将下厂的前几天,他突然病倒了,北京苏联红十字医院检查的结果是患慢性肝炎……当许多工作需要他去做的时候,无情的病魔将他的生命夺去了!"

虽然当时对史东山之死统一口径是"病死",而随着时间的流逝,真相渐渐浮出水面。令人震惊的是,史东山是服用了大量的安眠药,自杀身亡!

史东山是个乐观、直率的人,为什么会突然自杀呢?

在史东山自杀前,江青在两名警卫的陪同之下,两度前往史宅,登门拜访。据说,那是因为毛泽东要她关心电影界,于是她就登门看望史东山。

她与史东山单独谈话。究竟谈了些什么?不得而知。但是,自从第一次谈话之后,史东山就一下子变得闷闷不乐,沉默寡言。

没几天,江青又突然来访。

江青走后,史东山双眉紧锁。

妻子华旦妮问他。他只蹦出一句话:"我怎么能受一个女人的摆布?"

几天后,史东山便自杀离世。

周恩来得知这一消息,异常震惊。按照当时的规定,自杀者是不能开追悼会的,周恩来破例批准为史东山开追悼会。

史东山之死,在"文革"中才被重新提起。1969年,显赫一时的江青写下这样的批示:"史东山是对党不满自杀的。"

"华旦妮是军统特务。"

据云，江青结仇于史东山，是因为江青20世纪30年代在上海初入电影圈的时候，曾希望在史东山导演的影片中担任角色，被史东山拒绝。

至于江青在1955年2月，究竟跟史东山谈了些什么，直到2004年12月，95岁的华旦妮因病住院。在临终前，她向女儿史大里说出了隐藏在心中半个世纪的秘密。那是在江青两次到史宅访问之后：

> 仅一周，史东山的眼窝便深深地塌陷，身体十分虚弱。华旦妮十分担心，陪着他说话。史东山告诉她，胡风等人已被内定为"反党集团"，行将在全国铺开清查运动，江青暗示，他参与了胡风文艺小集团的活动，要他"不可执迷不悟"，马上起来揭发胡风。此前，毛泽东讲过"对二老（指蔡楚生和史东山）要客气一点"，所以江青两次找他，给他一个"客气"的警告。
>
> 江青还严厉地说："胡风三十万言书中的电影部分就是你写的，是反党反人民的，你必须反戈一击。"
>
> 作为胡风的老朋友，他是难脱干系了！
>
> 几天后，史东山服过量安眠药自杀了。
>
> 史东山的遗书很快上交，不知去向了，但华旦妮牢记了主要内容，几乎全是丈夫的自我表白：他跟胡风是老朋友，上下级，不是文艺小集团成员；尽管他赞同胡风的看法，可那份三十万言书，事前他不知道，没有写过一个字；他表示对大一统的文艺格局"不快活"、"不同意"，如他这样从国统区来的文艺工作者受到歧视和排斥，他十分愤怒；对于批判胡风和文艺整风，他觉得很恶劣，难以忍受。
>
> 华旦妮清晰地记得遗书里的一句话："整风是为了救人而不是把人整死"。刚毅如山的史东山，当然不可能对老朋友落井下石，但又无法摆脱无休止的逼迫，更不甘心忍受屈辱。于是，不诬人也不自诬，自杀以求人格的清白，就成了一代名导的最终选择。①

江青在1955年2月两度夜访史宅，表明江青当时相当活跃。

此后不久，江青便又处于云遮雾障之中了。

江青从前台又一次退到幕后，是因为她再度犯病了。

她定期作身体检查。这一回，全身检查结果，表明心肺正常，肝胆正常，血液正常，肠胃消化稍弱。然而，在作妇科检查时，北京协和医院的大夫认为，子宫颈口长期糜烂发炎，百分之八十的可能性生长肿瘤，需要进行治疗。

肿瘤？癌症？刚刚步入不惑之年的她，听到这消息如五雷轰顶！

性命第一。她不得不把政治上的野心搁在一边，忙着治病保命。

---

① 蒋连根：《大导演史东山自杀真相》，《名人传记》2010年8月。

她再一次要求去苏联治疗。保健大夫为她写了报告给毛泽东,毛泽东当即指示同意。于是,1955年7月,她第三次前往苏联,住在莫斯科郊区原斯大林别墅。

据朱仲丽回忆,苏联大夫检查后,只怀疑江青可能患子宫颈癌肿,但不能确诊。苏联大夫建议她休养一段时间,进行观察。

回国之后,国内的大夫又对她的病进行会诊。大夫们的结论是"子宫癌肿",建议她作子宫切除手术,这样可以达到根除的目的。

"一个女人怎能没有子宫!"江青坚决反对做子宫切除手术——原本这是妇科常见手术,对身体并无太大的损伤。

不能做子宫切除手术,那就只好进行放射治疗。如朱仲丽所说:"在这个问题上,江青吃了大亏。她采用放射治疗,致使全身虚弱,白血球减低,出现许多后遗症,休养了好多年。如果从另一个角度讲,也是一件好事,因为至少她少做了不少坏事。"

不过,她总以为苏联的医疗水平比中国高,她需要苏联医生的确诊,而且希望到苏联进行放射治疗。

于是,中国大夫带着她的病历、病理切片专程飞往莫斯科,和苏联大夫一起会诊,最后,决定请她来莫斯科,作放射治疗。

这样,1956年夏天江青第四次前往苏联治病,依然住在莫斯科郊区原斯大林别墅。

在维特克的《江青同志》一书中,则这样记述江青:

> 江青又一次旧病复发了。她的高烧很重,并且经久不退。体重急剧下降,使她瘦得不像人样。她所有的医生都被召集起来会诊,妇科医生诊断她患有子宫癌。
>
> 她回忆起在1955年,她不得不被送到苏联做证实是无效的医疗检查。因为在那些年月,苏联医生不相信"细胞原理"。因而,苏联医生否决了她去苏联前中国医生所做的诊断。
>
> 直到1956年她的中国医生才注意到大概损坏的细胞开始冲破子宫膜。在他们的判断中,两种治疗方法是可行的,外科手术或射线疗法。由于她以前因肝病做的外科手术引起了腹部粘连,她不能再接受外科治疗,那就只有搞射线疗法了。
>
> 她发现镭治疗太使人痛苦了,钴60更强烈,无法忍受。既然她也不能忍受他们的治疗,她的医生简直无法救她。因此,他们建议她回莫斯科,让俄国医生再一次接管治疗。
>
> 她知道她虽然病重,但她无法接受再次离开中国的想法,不知道她在离开后将发生什么。因此她强烈反对他们的决定。但最终仍无济于事。毛主席第一次安排了一个女妇科医生陪同她出国。这是她的第四次俄国之行(应是第三次苏联之行——引者注)。
>
> 她记得到达莫斯科后就完全衰弱了,不断地发高烧。她知道她得了可怕的病,指望康复十分渺茫。当她的情况被估量到允许进医院时,苏联医生说他们不能接受她,因为她的白细胞数低到了三千,镭射治疗的一个方面的影响会使她对传染病的抵抗力很低。她的妇科医生和助手发疯似的告诉医生说既然他们的医

院有病床就应该让她住院。他们妥协了，而且第一次允许她让中国医疗专家守在她的床边。他们对她"过量"使用钴60。她失去知觉。她坚信她骨髓都受到了损害。然后他们给她输血，但每次输血使她烧得更高，因此整个治疗方案被称之为适可而止。

停止治疗，苏联医生认为莫斯科郊外的新鲜空气更有益于健康，于是他们把她送到郊区疗养院。这是一个显然他们不再对她负责的地方。

那年冬天是刺骨的寒冷。疗养院的医务人员试图将她放到摄氏零下20度的空气中去"治疗"她。她的视力都斜了，所有的图像都变得模糊不清和变了形状，她的双腿严重颤抖以致她没有支撑就不能站起来。在她的记忆中，那个梦魇似的冬天转到了春天，春天又到了夏天。经过一长段对她的任意观察，她的医生庄严的宣布说她还患有"软骨病"。她突然大笑一声，回忆起三十年代和四十年代在陕西北部，很多同志患有他们所称的"软骨病"。这种情况是缺碘和钙而引起的。但这一次断定她患有"软骨病"的真正目的，是想找个理由将她脱手，以便把她送回到城市医院里去。

城里医生现在给她使用最有力的治癌武器。第一次，继而第二次、第三次使用钴治疗。这样大剂量的用药，削弱了她的身体，使得她时常需要供氧。

当她能振作精力时就提出两个要求：第一，停止钴治疗法；第二，送她回国。提要求是一回事，行动则是另一回事。苏联的医疗界是严格地区分等级的，这就意味着，另一个医师或医疗教授以他自己的权力担负起他的一个病例的责任，如果没有得到他的上级的认可几乎是不可能的。她又一次昏迷过去，这时才找到一个教授在那关键的时刻来看她的病情。她告诉他们说她极想回国，但没有人听她的话。城里的医生，显然因他们治疗无效而感到懊恼，又安排她回到不在他们权限之内的郊区疗养院。

通过这些日子，毛主席知道她极想回国。然而他也知道苏联医生准备的医疗报告的详情。在周总理被派往莫斯科去进行政府谈判时，他到医院看望了她。是他传达了主席的指示说要她留在莫斯科，直到她显然康复为止。总理在医院时，他与医务人员谈了话，研究了她病情的报告，以便自己判定她的情况到底怎样。当诊断和治疗的图像开始出现时，他对苏联医生所做的和没有做的大发雷霆。

她仍很高兴地见到了总理，因为她企图尽其所能跟上国内外政治形势。一天，总理带了鲍罗丁女士和程砚秋到她的床边看望她，程砚秋是著名的京剧艺术家。为了逗她乐，程砚秋表演了哑剧。

她待在苏联的时间越长，病情就更恶化。她反复乞求回中国去。最后，他们让她走了。在回中国的飞行途中，她全身皮下出血。

毛泽东1956年初致宋庆龄函中，提及了江青"到外国医疗"。原文如下：

亲爱的大姐：

贺年片早已收到，甚为高兴，深致感谢！江青到外国医疗去了，尚未回来。你好吗？睡眠尚好吧。我仍如旧；十分能吃，七分能睡。最近几年大概还不至于要见上帝，然而甚矣吾衰矣。望你好生保养身体。

毛泽东
1956年1月26日①

苏联大夫精心治疗她的病，因为他们知道她是毛泽东夫人。经过钴放射治疗，三个疗程顺利地进行，把她的子宫颈瘤彻底治好了。

据江青秘书杨银禄说：

> 1956年夏天，江青的子宫颈癌恶化了，又回到莫斯科的医院里。她这次的病很重，身体衰弱，情绪很不好；白血球降到3000，稍有感冒就有生命危险。在给她做放射治疗时，一边输血一边吸氧。1957年春天，江青才脱离了危险。她吃不惯苏联的饭菜，让工作人员打电话给北京，要可口的菜。北京用飞机运去了活鱼、香蕉、苹果、茄子、西红柿和其他新鲜蔬菜。在她情绪比较好的时候，苏联最高领导人的夫人发出邀请，江青愉快地接受了邀请。赫鲁晓夫、马林科夫、莫洛托夫、卡冈诺维奇等苏联领导人的夫人坐在江青左右，宴请她并谈她的健康问题，江青面带微笑。回到别墅，江青觉得在克里姆林宫没有吃饱，坐下来又吃中国可口的饭菜。②

卡尔图诺娃回忆说：

> 江青1957年再次来莫斯科时，我已不在中央机关工作，而是去读研究生了。有一天N.C.谢尔巴科夫打电话给我，说我的一位"老熟人"又来莫斯科郊区了，想同我见见面，并请我带我的女儿伊琳娜一起来。
>
> 我记得那是一个晴朗的秋日，午饭后我们同江青漫步在公园的林荫道上，她觉得自己浑身不舒服。她很快就累了。

经过疗养，江青的白血球数也回升到五千。江青康复，可以回国了。

在1957年春回国前夕，如朱仲丽所忆："她提出如何预防的问题，又提出将来再并发其他疾病问题。教授都详细地一一解答了，还告诉她在一年之内不能同房。""她马上干脆地答道：'我们早就不在一块，我同毛泽东同志是政治夫妻！'"

其实，江青和毛泽东感情的淡漠，不光是因为她患了妇科病。早在她患病之前，就连吃饭，她也跟毛泽东分开了。

如李银桥所忆，那是江青过分挑剔饮食之后，毛泽东发话了："我就是土包子。我是农

---

① 《毛泽东书信选集》，人民出版社1983年版，第508页。
② 杨银禄：《江青的"女皇"生活》，《百年潮》1998年第6期。

民的儿子,农民的生活习性。她是洋包子,吃不到一起就分开。今后我住的房子穿的衣服吃的饭菜按我的习惯办。江青住的房子穿什么衣服吃什么饭菜按她的习惯办。我的事不要她管,就这样定了!"

从此,毛泽东和江青分开吃。即便是在一个饭桌上吃饭,仍各吃各的菜!

美国记者维特克在《江青同志》一书中,这么评论江青与毛泽东的关系,倒是入木三分:

> 回过头来看延安时代,作为一个年轻的妻子,一个无名的同志,江青意识到了:性只关系到第一回合,支持长期利益是权力。
>
> 也许江青没有意识到,这个判断概括了她不寻常的生活:少女时代的坎坷导致了她跟最高领导人的婚姻,而这个婚姻的纽带又因她对权力的追求而松弛;她经过成功的个人斗争,取得了别的女人得不到的地位,并使得主席不仅因她是一个女人而对待她,而且要把她当作一个不受任何男人控制的政治人物来看待她;她还赢得了主席的一些同事对她个人的尊敬和重视,虽然他们有时抱怨她阻挡了他们通向毛主席的道路;她跟群众保持某种个人联系,而各种类型的统治者很容易切断这种联系;她不仅打破了老一代树立的某些政治、文化标准,而且制造了影响国家和历史的她自己的标准,当然是一种简单的破坏性的标准。

中共江西省委第一书记杨尚奎的夫人水静,则这么谈及江青和毛泽东的关系:

> 江青对工作人员的奴隶主工作作风,连毛主席也无可奈何。他知道江青对哪个态度恶劣,便会找哪个同志道歉:"看我的面子,不要跟她计较。"
>
> 有一次,一位护士到毛主席处要求离开江青,毛主席说:"我知道江青不好,不要多说了,看在我的分上。"主席有时被江青扰得心烦,只好与卫士谈心诉苦,后悔与江青结婚,说现在离婚,同志们有看法;不离婚,又背了个政治包袱,只好凑合着过了。
>
> 虽然分居多年,但仍未忘夫妻之情的毛泽东主席,最后终于无法忍受江青的倒行逆施。1975年7月,他在一封信件上对江青作了这样的指示:"孤陋寡闻,愚昧无知,三十年来恶习不改,立刻撵出政治局,分道扬镳。"尽管指示没有执行,但江青的末日已经临近了。然而,对毛主席来说,至死也未能摆脱这个沉重的"政治包袱"。
>
> 作为毛主席的妻子,江青长时期与丈夫和孩子吃不到一起,住不到一起,说不到一起,玩不到一起,使家庭处在解体的状态中。不能给丈夫以温馨,不能给孩子以母爱,而只知一味地贪婪地索取,给丈夫带来无休止的烦恼,一个家庭的悲剧正是从这里产生。

成为毛泽东"五大秘书"之一

1956年,中共中央政治局常委开会时,决定正式任命毛泽东的秘书,即陈伯达、胡乔木、叶子龙、田家英、江青,人称"五大秘书"。

这"五大秘书"有所分工:陈伯达、胡乔木为政治秘书,叶子龙为机要秘书,田家英为日常秘书,江青为生活秘书。

据说,最初定下的是"四大秘书",没有江青。因为在提名江青时,毛泽东曾表示反对。经周恩来提议,常委们经过讨论,毛泽东的生活秘书还是由江青担任比较合适、方便。所以,最后定下来还是"五大秘书"。

毛泽东的机要秘书叶子龙曾这么回忆:"最初,毛泽东提名的只有四个人,陈伯达、胡乔木、田家英和我。周恩来接着提议加进江青,中央同意了,所以文件下发时就成了五个。"①

不过,叶子龙说,文件上不是称为"毛泽东秘书",而是"中共中央主席秘书"。

其实,当时的中共中央主席是毛泽东,所以"中共中央主席秘书",实际上也就是毛泽东秘书。人们习惯地称之为"毛泽东的五大秘书"。

这样,江青有了一项正式任命,即毛泽东的生活秘书。此外,她还有两项职务,即中共中央宣传部电影处处长,文化部电影局顾问(原先的电影指导委员会取消了)。

自从被正式任命为毛泽东的生活秘书,江青也就成了副部长级干部了。

这时的她,心腹之患,仍是疾病。她担心放射治疗不彻底,担心癌肿转移,她顾不上再插手政治,处于长期疗养之中。

当时,担任毛泽东专职生活管理员的张国兴,曾这么回忆道:

> 毛泽东和江青的工资,由我每月初到中央警卫局行政处财务科签字领取回来,再交给卫士张云鹏保管,我负责每次具体花销,并记好账目。每月交李银桥审查,同时也必须交江青过目,因为江青不仅是毛泽东的"五大秘书"之一,而且还是家庭主妇。江青及子女的生活支出也是由我来掌握和记账。②

炎暑,她来到北戴河,下榻于中浴场一号平房。她在那里打扑克,散步,游泳。

她只会狗爬式。有一回,她在那里见到王光美游泳。这位刘少奇夫人时而侧泳,时而仰泳,蛙泳如"浪里白条"。江青深为惭愧,游泳的兴趣顿减,把更多的时间消磨在打扑克牌上。

冬日,她去南方疗养,要么住广州,要么去杭州、上海。在杭州西湖雷峰塔右侧,在上海西郊,借毛泽东的名义,她修建了别墅。

1958年2月20日,毛泽东在给杨开慧的堂妹杨开英的信中,提及"江青有一点病":

友妹:

来信收到,很高兴。结婚了,病也好了,为你祝贺。好象是在1956年,听了胡觉民

---

① 王凡:《知情者说》之二,中国青年出版社1997年版,第235页。
② 田原:《我负责毛泽东日常饮食生活——专职生活管理员张国兴的回忆》,《中外书摘》1994年第11期。

同志说你又穷又病,曾付一信,并寄了一点钱给你,不知收到否?我还好。江青有一点病。谢谢你的问候。祝你努力为人民服务,同时注意身体。并问李同志好!

毛泽东
1958年2月20日

这时的江青,虽然担任毛泽东秘书,但以休养为主,同时也看国内外报刊和文件,把认为有参考价值的送毛泽东参阅。

有的时候,正好反过来:毛泽东看到有的文件、文章,批给江青,要江青细细阅读。

在1958年,毛泽东曾几度批文件给江青。

其一:

1958年1月1日,《光明日报》发表王佩琨写的《十五年后赶上或超过英国》一文。文章分析了英国经济的特点,并比较了中英两国在钢铁、煤炭、机床、化肥生产等方面的差距,认为我国在十五年后赶上或超过英国主要工业产品的产量是可能的。

毛泽东阅毕,在1958年1月3日对《十五年后赶上或超过英国》一文写了批语:"江青阅,此件很好,可惜未比电力。"

其二:

外交部新闻司1958年7月23日编印的《国际时事资料》第141号,刊载了《美国的对外贸易、对外"援助"和私人对外投资情况》一文。

毛泽东在1958年7月28日阅后,写下给江青的批语:"江青:此件看过,有用,由你保存,备我利用。"

其三:

1958年8月14日,中共北京市委关于北京郊区涝灾和抢救情况给中央并毛泽东写了第二次报告。报告说,自8月6日暴雨过后,13日北京地区又下了一场大雨,郊区菜地受灾严重,近几天蔬菜上市量日渐减少,供应十分紧张。今后一段时间内,上市蔬菜还会减少。目前正在从各方面想办法,力求增加供应。

毛泽东阅毕,写下如下批语:"大问题。江青阅。老下大雨,菜量大减。"

其四:

1958年9月1日出版的《红旗》第7期,发表了中共中央文教小组组长、中央宣传部部长陆定一的《教育必须与生产劳动相结合》一文。

9月24日,毛泽东随手在这期《红旗》的封面上,写下批语给江青。"江青:陆定一的文章极好,必须看,至少看两遍。"

其五:

中共中央办公厅1959年11月19日编印的《情况简报》第174期上摘登了三份材料。

第一个文件是《中央国家机关的反右倾斗争日益深入》一文。文章说,中央国家机关反右倾运动正往深入阶段发展,具体表现在:

1.群众发动得愈加广泛、深入。2.重点批判对象增加,批判也更加深入、细致。3.领导核心健全有力或已经得到改进的单位占百分之八十至九十。

目前在中央国家机关中，仍有落后单位和落后面，主要是领导上存在右倾，不敢或不愿放手发动群众，以简单粗糙的方法来代替深入艰苦的思想工作。为此，中央国家机关党委提出：1. 必须继续大胆发动群众，充分运用大字报开展斗争。2. 对重点对象要有计划、有步骤、深入细致地进行批判。3. 要加强领导。4. 运动必须有始有终，不能煮"夹生饭"。

第二个文件是《十三个省农村整社工作动态》一文，介绍了河北等13个省份进行整社试点工作的情况，指出在整社开始的地方，都普遍获得贫农和下中农的拥护。

第三个文件是《农村公共食堂恢复和发展很快》一文指出，据12个省、区的材料看来，最近两三个月，农村公共食堂恢复和发展都很快，常年食堂也有很大的增长。目前各地在积极恢复和发展食堂的同时，开始大力抓食堂的巩固工作。

毛泽东阅后，写下批示：

> 江青阅后，交林克阅。
> 三件都可看。

从毛泽东多次批文件给江青可以看出，毛泽东对于"有一点病"的江青是十分关心的。

旁人眼中的江青

经过疗养，她因放射治疗造成的白血球减少，渐渐恢复正常。放射治疗导致的急性膀胱炎也痊愈。慢性胆囊炎早已治愈。不过，过分的无聊，加上对于疾病的过度恐慌、疑虑，又导致了神经官能症。

江青身边的工作人员后来给江青总结出"四怕"：一怕风，二怕光，三怕声，四怕冷与热。

1959年冬，王敏清受组织分配，担任江青的保健医生。

王敏清，也就是前文曾写及的王世英的儿子。当毛泽东要与江青结婚时，王世英曾上书中共中央负总责张闻天，坚决反对这一婚姻。

由于王世英解放后担任中共山西省委书记，他的学医的儿子王敏清也就被视为政治可靠，在中南海保健局工作。也真是冤家路窄，王敏清被分配到江青那里当保健医生——不过，江青并不知道王世英当年上书张闻天之事，王敏清也不知道此事。

笔者的文友王凡采访了王敏清，这么记述王敏清眼中的江青：

> 王敏清被确定为保健医生后和江青的第一次见面，是在广东省委东山招待所小岛二号楼。初次见面，江青对王敏清很客气，她坐在沙发上，让他坐在了她旁边的沙发上，并吩咐服务员给他沏茶。后来，王敏清了解到，在江青身边工作的人员，能享受在江青住所中同她平坐在沙发上待遇的人很少。

"我刚接手工作时，江青身边的服务人员有七八个：殷曼丽、程美英、李强华三位护士，负责医疗护理方面工作；李连成担任警卫，还要负责江青的生活，以及同广东省有关部门的联络；广东省委警卫处干部张荣，也整日跟着我们；还有两位服务员韩芷芬和张淑兰。"

王敏清安排在二号楼的楼上，和李连成住在一起，楼下是江青白天通常活动的地方。这里的人一再提醒他江青怕声响。他们在室内、在地毯上走也要脱了鞋；同江青说话，声音要轻得只能对话的两个人听见；江青活动范围内的门缝，都垫了纱布或海绵。他还得知，江青甚至因李强华辫子摩擦衣服的声音太吵，软硬兼施地逼她剪掉辫子。

一天，江青心血来潮，突然提议以后和身边的工作人员同桌进餐，说是为了和群众打成一片。所有的人都知道江青怕声响，所以吃饭时尽量不发出声音，甚至吃青菜也不敢出声。如果谁出了声，江青就骂谁："你是猪。"这是王敏清第一次看到江青施淫威，侮辱身边的工作人员。他感到吃惊：主席夫人怎么这么专横，这么不尊重别人？

"江青说同甘共苦、一桌吃饭，她和同桌的人都吃一样的菜饭吗？""我们是坐在一起吃，但她的菜是单独的，和我们不同。她有时会拣两口我们的菜吃。""她吃得很奢靡吗？有的文章或书中说她常吃高级补品。""在今天看来，倒不算很奢侈。鸡、鱼、肉、蛋，每顿总是有两样。有时也吃些高级营养品，像燕窝等，但不是经常不断。"

为了把饭吃得悄无声息，王敏清他们只好顿顿与豆腐相伴。有的护士因为怕嚼出声响，硬把一碗米饭直接吞进腹中，结果导致肠胃患病。不久，江青也发现，同桌人的菜总是豆腐，还问王敏清：你们怎么总吃豆腐？王啼笑皆非，只得说，我们喜欢吃豆腐。

和江青同桌不仅没有甘，只有苦，而且她一放筷子，大家也得"住口"。长此以往是要影响身体和工作的。于是王敏清他们在陪江青吃完饭送她走后，还得再回到餐厅补吃一顿"自由饭"。这样一来，加上晚间夜宵，王敏清他们每天要吃七顿饭。外界人还以为他们多享福，而他们的感觉却是受洋罪。

"江青不许别人吃饭出声，她自己难道吃饭一点声音都没有吗？"我问道，"记得某保健医生在其回忆录中说，他也感到和江青一起进餐是受罪，因为江青吃饭时爱喋喋不休地议论这、评判那，而且吃相饕餮，让人厌恶。""江青吃饭的确很斯文，确实没有什么声音，否则她骂别人猪时岂不也是在骂她自己？"王敏清答道："可也奇怪，她对辫子和衣服摩擦的声音都挑剔，可听音乐、跳舞、看戏、看电影，那么大的动静，她倒不怕了。"[①]

王敏清还回忆说，"她甚至不能听到飞机的声音，为此她要广东省委下令住地附近不得有飞机掠过。结果她住在广州的最后一个多月，广州白云机场关闭，民航的客机不得不在军用机场起落"。

中共江西省委第一书记杨尚奎的夫人水静，则这么谈及江青的生活：

---

① 王凡：《知情者说》之二，中国青年出版社1997年版，第19—21页。

当时，江青的生活完全资产阶级化，这已不是什么秘密，而"化"的程度却是令人吃惊的。一位曾在江青身边工作的护士告诉我，与其说江青像个东宫皇后，不如说更像个女奴隶主。在日常生活中，江青连一举手一投足之劳都不愿意付出。她晚上穿着睡衣躺在床上，要护士替她整好、拉平，她动都懒得动。房里安装了电铃，使唤人都不用开口，按按铃就行了。有一回她的电铃响了，护士急忙赶进房里，只听江青懒懒地说："把暖水袋递给我。"其实，那暖水袋就在她床上，伸伸手就够着了。早上一睁开眼，她就把护士和工作人员叫到床前，问她们："今天天气怎么样？我穿什么衣服好呀？配哪双鞋子呀……"嘀咕半天，想好了，给她办妥了，才准备起床。先坐在床上，在别人侍候下洗脸刷牙；然后在别人侍候下吃早饭。江青干什么都不愿意动手，甚至连洗澡也不例外。她躺在浴缸里，让护士给她洗身、擦背……

1962年夏，江青再次上庐山，当时，她常到直属招待所来洗头发。只要她一到，招待所便变成一座"死城"，工作人员不能来回走动，炊事人员不能动勺弄盘，住在这里的客人也得屏住呼吸，因为不能发出任何声音，否则就要"影响"江青的"休息"。而且她一呆就是半天，推拿按摩，没完没了，以致工作人员饭都吃不成。如此作威作福，也是天下少见的。

江青总是在自己周围制造死一般的寂静。我亲眼看到，她在上海、杭州、庐山等地的住处都与众不同，不但地上铺着厚厚的绿色地毯，窗上挂着沉沉的绿色窗帘，而且床铺、桌子、坐椅乃至马桶都要用绿色丝绒包起来；就连茶盘、茶杯也要垫上小方巾。为她服务的工作人员走进她的房间必须蹑手蹑脚，像雪花落地般地轻而无声，否则就要大触霉头。江青平时这么怕"吵"，我们这些夫人当时感到很不理解，背后常议论。江青那么怕吵，怕声音，可是跳舞时却非强刺激的西洋打击乐不能尽兴，这岂不自相矛盾？所以，如果说绿养眼还有些道理的话，静未必是为了养神，更多的恐怕还是为了造"威"，使人一入她的住处便胆战心惊，就像宗教庙堂里那种刻意制造出来的阴森气氛令人毛骨悚然一般。一个人的功绩与他所受到的尊敬是成正比的，江青无功，唯恐别人不敬，于是挖空心思地"创造威严"，可惜画虎不成，反类其犬。

江青得到的生活待遇和荣誉，远远超出了她的付出。沾一点毛主席的"光"，人们也可以理解，但是，我总觉得在她内心有一种深深的怨恨，一有机会或抑制不住时便会宣泄出来。我是从她对工作人员的态度上察觉这一点的。在她身边工作的人，都是经过严格挑选的，无不恪尽职守，甚至对江青的过分苛刻和横蛮无理的要求，也都看在毛主席的分上而强咽下去。尽管如此，她不但不对这些同志表示感谢，反倒抱有一种莫名其妙的敌意，甚至充满着仇视。一位曾做过江青护士的同志告诉我，江青偶尔一高兴，也什么都说，甚至连与唐纳等几个前夫的事也津津乐道；而她不高兴时，任何小事情都可以成为她训斥、惩罚工作人员的由头。我在北京的一位朋友告诉我，她的妹妹就是因为一件小事而被江青发配到大西北去"充军"的，搞得一家人不得团聚。还有更倒霉的，在江青一怒之下便当作"反革命"送进监狱。江青这种行为激起了许多领导的义愤，据说，少奇就很有意见，江青所在的党支部还专门派人找她谈了话，但毫无作用。

一位电影界人士在陪她看外国电影时，偶然说了一句某位外国摄影师很注意"出绿"。所谓"出绿"，便是影片中注意突出绿色，而且使各种绿色在画面中很有层次。她听了这话，所以要求她所住的房间也"出绿"，也"绿有层次"！

1962年春，陈云和夫人于若木来到上海，被安排住进太原路上海交际处管理的一幢房子。刚进门，就觉得屋里特别的豪华和奇特：绿色的地毯、绿色的沙发、绿色的窗帘，就连桌子、马桶、马桶盖上，也铺着绿色的丝绒。

陈云觉得奇怪，这房子他曾住过，室内并没有这等特殊的装饰。一问，才知此处后来江青住过，她说她喜欢绿色，绿色使人心境愉悦。她要求上海交际处照她的意见，对屋里装饰进行一番改造。

于若木对警卫处处长说："请你向交际处负责同志转达一下，这幢房子的装饰很别扭。我的意见是把这些窗帘都取下来，换上原来旧的。换下来的窗帘可以拿到市场上供应群众。"

交际处负责同志颇为为难，说："那还要去请示江青同志。"因为江青说不定哪一天会再来住些日子，看到装饰变了，会发脾气的。

据云，仅上海一地，按照江青吩咐作如此特殊装饰的房子，还有三处。

凭着"第一夫人"的身份，她时时电召专为高干服务的大夫们，今儿个会诊，明儿个为她进口药品……

她不断地调看外国影片。就连她看电影时的沙发椅子的要求也不同常人，必须做到连坐三个小时臀部无麻木之感。

她作为演员，原本喜欢拍照，左一张剧照，右一张生活照，这自然有摄影师为她效劳。她自己并不会拍照。在苏联疗养时，身边没有摄影师，而她又希望到处留影，她就买了架照相机，开始学习摄影，这时，她到处游玩，对摄影的兴趣更浓。她花费外汇，从香港进口一架高级照相机，每到一地，就用摄影打发时光……她在电影界工作过，有一定文艺修养，因此她学摄影，进步倒也快。只是忙坏了中南海的摄影师们，要帮她冲胶卷、印照片。

据江青对维特克说，她拍的照片"太多了"，即使是"近几年"就有"大概一万张左右"，但是她销毁了三四千张，"还有很多要去掉"。

"骄杨"风波

1957年1月25日，《诗刊》创刊。创刊号上，发表了毛泽东致《诗刊》主编臧克家的一封信，同时发表了毛泽东诗词18首。

这是毛泽东诗词首次正式发表——虽然他的那首《沁园春·雪》在重庆谈判期间，曾被重庆《新民报晚刊》于1945年11月14日传抄发表。毛泽东诗词18首的发表，传诵一时。正在湖南长沙第十中学工作的毛泽东的好友、柳直荀夫人李淑一仔细读了毛泽东的诗词，记起毛泽东当年跟杨开慧恋爱时，曾写过一首《虞美人》送给杨开慧。李淑一是杨开慧的密友，跟杨开慧无话不谈。杨开慧收到毛泽东诗稿，给李淑一看过。

李淑一记得，毛泽东那首《虞美人》全文如下：

堆来枕上愁何状，
江海翻波浪。
夜长天色总难明，
无奈披衣起坐薄寒中。

晓来百念皆灰烬，
倦极身无凭。
一钩残月向西流，
对此不抛眼泪也无由。

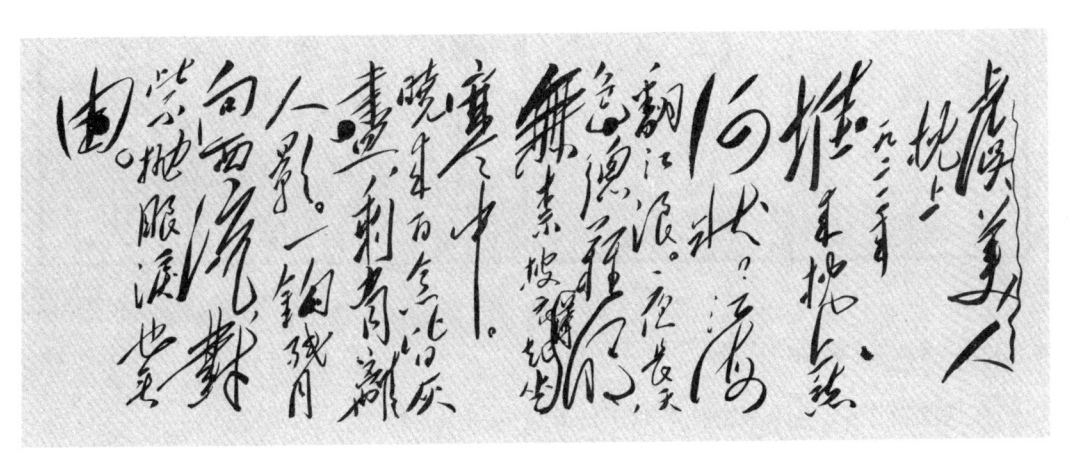

■ 毛泽东《虞美人·枕上》手迹

李淑一给毛泽东去信，寄去她的旧作《菩萨蛮》，并要求毛泽东把旧作《虞美人》抄寄赠她——因为她只是凭借记忆默出《虞美人》，不知是否有讹误之处。

毛泽东在1957年5月11日复函李淑一，说："开慧所述那一首不好（指《虞美人》——引者注），不要写了罢。有《游仙》一首为赠。"

毛泽东赠李淑一的《游仙》，也就是他写信当天所作的新词《蝶恋花·答李淑一》。

我失骄杨君失柳，
杨柳轻飏直上重霄九。
问讯吴刚何所有，
吴刚捧出桂花酒。

寂寞嫦娥舒广袖，
万里长空且为忠魂舞。
忽报人间曾伏虎，
泪飞顿作倾盆雨。

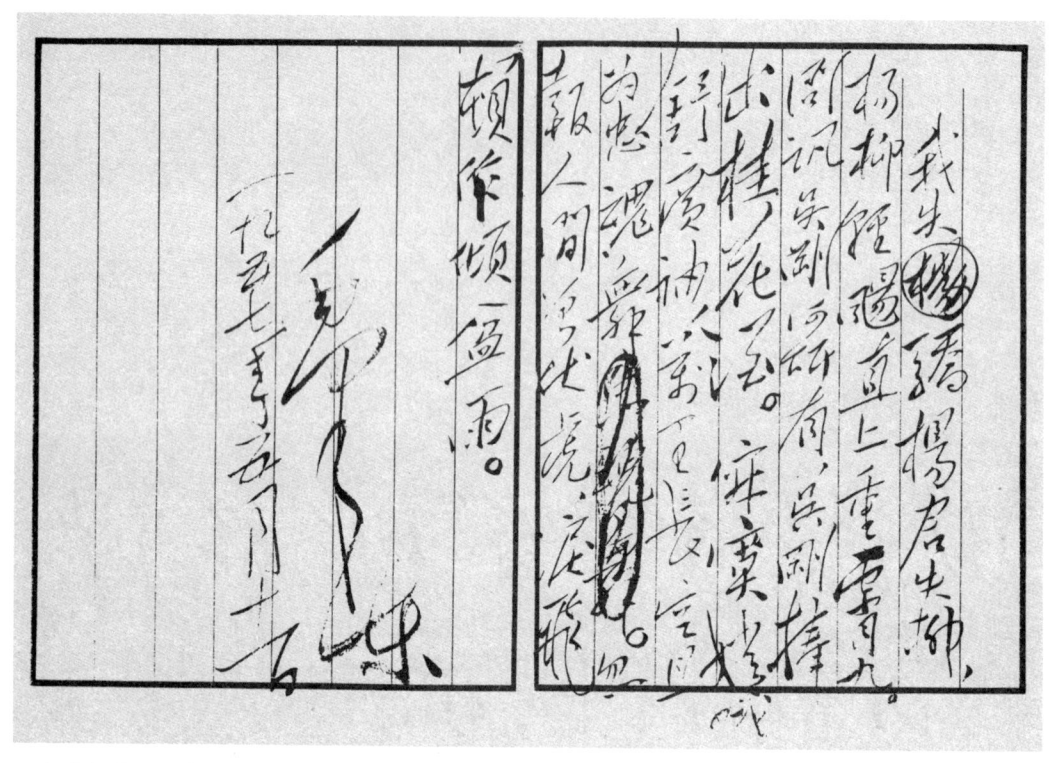

■ 毛泽东《蝶恋花·答李淑一》手迹

在这首新作中,毛泽东寄托了对于杨开慧的深深的怀念。

毛泽东的信,寄到李淑一手中,许多人传抄。李淑一征得毛泽东的同意,于1958年1月1日把毛泽东《蝶恋花》一词公开发表于湖南师范学院院刊《湖南师院》。《人民日报》迅即转载,各地报刊亦纷纷转载,一时间轰动全国。

《蝶恋花》一词使江青极度不悦。特别是"骄杨"的"骄"字,深深刺痛了江青的心,况且毛泽东所用的词牌,又恰恰是《蝶恋花》!

江青吵吵闹闹,当面对毛泽东大声地说:"你怀念杨开慧,我想念唐纳!"

江青在极端愤懑之中,给郑君里去信,打听唐纳在国外的地址。后来江青成了"旗手",百般要求追回此信,导致"文革"中郑君里横遭飞祸……

本来,毛泽东怀念他的前妻、烈士杨开慧,称之"骄杨",诚如他对章士钊所言:"女子革命而丧其元,焉得不骄?!"然而,江青向来心地狭窄,以致在家中闹一番风波。

1950年11月25日,当杨开慧的长子毛岸英在朝鲜战场上被美军轰炸机炸死时,消息传来,毛泽东陷入深深的哀痛之中,江青无动于衷。当时,毛泽东曾愤愤地说:"岸英之死,对江青来说视之于狗!"

江青是嫉妒心极强的女人。她一而再、再而三企求毛泽东为她写一首诗,她的不言而喻的目的,就是要与《蝶恋花》抗衡:毛泽东那首《蝶恋花·答李淑一》公开发表后,被谱上乐曲演唱,被改编成评弹演唱,被改编成舞蹈搬上舞台,全国上上下下在称颂毛泽东的"骄杨"。

在毛泽东写了《蝶恋花·答李淑一》之后四年,江青才终于夙愿以偿。那是她拍了庐山仙人洞的照片,富有诗情画意。她请毛泽东题诗,触发了毛泽东的诗兴。

江青本来是电影演员,20世纪30年代在水银灯下工作,对摄影有了许多了解。不过,那时她只是被摄对象,自己并不会拍照。

在20世纪50年代,她几度生病,病中无事,开始对摄影发生兴趣。她有了一架德国生产的照相机。由于那时的照相机要靠人工对焦点、定光圈和速度,对于初学者来说,不是那么容易掌握。

于是,江青在拍照时,便请身边的摄影记者帮忙、指导,渐渐掌握了摄影的初步技术。

江青上了庐山,对庐山的风景发生浓厚的兴趣。在上海《文汇报》记者徐大刚的帮助下,她拍摄了庐山仙人洞。

徐大刚曾经回忆说:

> 1961年5月初,组织上安排我帮助江青搞摄影创作,为她在选材上出出主意,在摄影技术上指点指点,外面传我辅导江青摄影。此间曾随喜爱京剧的江青为京剧名角钱浩梁、刘长瑜拍过剧照。例如,钱浩梁的拿手好戏《伐子都》《挑滑车》《罗通叫关》,刘长瑜的《卖水》等都拍摄过。还助她拍了花卉《傲菊》《洁莲》等。
>
> 此间,中央在庐山召开工作会议,江青想上庐山,当然她最关心的还是摄影。她向我谈到一同上庐山去拍仙人洞的一滴泉。不久,上庐山终于成行,我随她在1961年6月底从上海乘专机抵达庐山,随机带了一套照相、冲洗、放大器材。
>
> 7月的一天下午3时许,我随江青驱车去仙人洞。洞内潮湿、阴暗,一滴泉虽然泉水叮咚声不绝于耳,但很难拍出她要的那种"仙境"气氛。江青虽然学习摄影不算久,但艺术感觉不错,见状主动退出,打消拍摄"一滴泉"的念头。
>
> 出仙人洞后,我陪她在"仙路"上拍了一些小景。此时被誉为庐山观赏晚霞最佳处的御碑亭霞光灿烂,仙人洞外蟾蜍石上的石松沐浴着金色的霞光,御碑亭兀立的锦绣峰下的峡谷中,一缕缕云雾向石松方向涌来,景象十分动人。
>
> 江青十分欣赏这一景致,想抓拍这个镜头,我边选择角度边向她介绍拍晚霞常用的三种不同曝光程序及不同颜色的滤光、滤色的应用。画面选定后,随行人员架好三脚架,我请江青从取景框中看看画面如何?她满意地点点头。此时已是下午6时,霞光明面欲暗,我选择用侧逆光拍,她无异议,并按动了快门。为了能看到三种不同效果的画面,我们连拍了几张。
>
> 小样洗出来后,江青肯定了那张习作在艺术上是成功的,并主张放大三种不同效果的习作呈送主席。毛泽东看后,也选中了我们认为最满意的那一张。江青很开心,嘱我再放大送主席。大样送出约一周后,毛泽东在芦林一号别墅,挥毫写下了七绝《为李进同志题所摄庐山仙人洞晚照》,下题"赠李进"(正式发表时标题系《为李进同志题所摄庐山仙人洞照》)。
>
> 意外的成功令江青欣喜不已,她不无激动地对我说:"大刚,照片成功了!照片有政治寓意,把国内外的形势表达出来了。主席亲口对我讲,这张照片反映了当今的

政治气候,乱云飞渡,我很从容!"①

1961年9月9日,毛泽东写的一首七绝《为李进同志题所摄庐山仙人洞照》全文如下:

> 暮色苍茫看劲松,
> 乱云飞渡仍从容。
> 天生一个仙人洞,
> 无限风光在险峰。

"李进同志",亦即江青。得到了毛泽东的这首七绝,江青的心里平衡了,可以用这首诗与"骄杨"抗衡了。

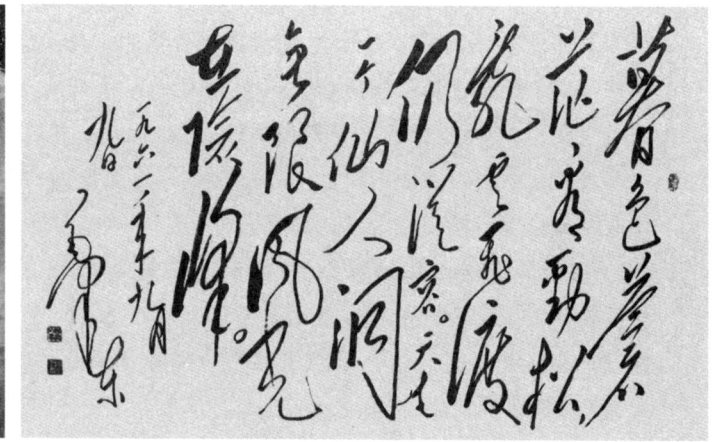

■ 江青拍摄的"庐山仙人洞照",及毛泽东为这幅照片题写的七绝《为李进同志题所摄庐山仙人洞照》。

然而,1962年杨开慧之母向振熙病逝,毛泽东于11月15日给杨开慧之兄杨开智发去电报,那电报上的字句再度使江青不快:

开智同志:
　　得电惊悉杨老夫人逝世,十分哀痛。望你及你的夫人节哀。寄上五百元,以为悼仪。葬仪,可以与杨开慧同志我的亲爱的夫人同穴。我们两家同是一家,是一家,不分彼此。望你节哀顺变。敬祝
大安。

毛泽东
1962年11月15日②

---

① 徐大刚口述、任翔撰文,载陈政《黑白瞬间的岁月:庐山老相册2》,江西美术出版社2003年版。
②《毛泽东书信选集》,人民出版社1983年版,第590页。

毛泽东对杨家寄托一腔深情，称"杨开慧同志我的亲爱的夫人"，依然表明，杨开慧是他心中的"骄杨"。

"桂花酒"之谜

就在"骄杨"风波发生不久，又有一件事使江青极度不快：毛泽东在庐山上会见了贺子珍。

毛泽东那首《蝶恋花》，通常被视为怀念杨开慧，因为"骄杨"非常醒目，一望而知，用不着多作考证。然而，《蝶恋花》中所隐隐约约透露的怀念贺子珍之情，却是外人莫知！

这话怎么说呢？

笔者在江西采访时，这才明白内中的含义。

那句"吴刚捧出桂花酒"中，这"桂"，这"桂花"，便是指贺子珍。

"桂"，怎么会是贺子珍呢？这是因为贺氏三姐妹，分别叫贺桂圆、贺银圆、贺先圆。这大姐贺桂圆便是贺子珍。

据江西的朋友告诉笔者，贺子珍生于中秋，他的父亲为她取名"桂圆"，取义于"丹桂飘香，圆月当空"。由于老大取名"桂圆"，老二、老三也以"圆"字命名，即"银圆"、"先圆"。

另外，贺子珍还有一小名叫"桂花"。

正因为贺子珍生于中秋，不仅毛泽东笔下的"桂花酒"指她，而且"寂寞嫦娥舒广袖"，也指贺子珍。

如果说，《蝶恋花》仅仅是怀念"骄杨"，为什么写"桂花酒"、写"嫦娥"呢？这分明与贺子珍生于中秋、原名桂圆、小名桂花，紧密联系在一起。

所以，毛泽东写《蝶恋花》，表达了对两位前妻的怀念。

正因为这样，毛泽东在庐山上主动提出与贺子珍晤面。

贺子珍南下之后，住在上海哥哥贺敏学家中。她跟哥哥、嫂嫂以及侄女贺小平、贺海峰住在一起。

她担任杭州市妇联副主席时，在杭州住了一段时间。

陈毅又安排她担任中共上海虹口区委组织部长，便于她在上海生活。

贺子珍一直思念着她的儿子小毛毛。

小毛毛是毛泽东和贺子珍结合后所生的第二个孩子，1932年11月在福建长汀出生。毛泽东为这个儿子取名毛岸红。

毛岸红的奶妈是江西人。江西人习惯于叫孩子"毛毛"。于是，毛泽东和贺子珍也就叫毛岸红为小毛毛。

在开始长征时，小毛毛已经长到2岁多，活泼而可爱。毛泽东深知长征一路艰难，无法带领2岁的孩子行军。毛泽东和贺子珍在长征前夕把小毛毛托给毛泽覃和贺怡。毛泽覃把小毛毛寄养在警卫员家中，后来又多次转移。由于毛泽覃战死，断了联系的线索。

1935年4月26日，毛泽覃在游击战争中战死。当时，贺怡刚刚生下一子。

1940年，贺怡在广东韶关被捕。后来，周恩来得知此事，用被俘的国民党将领换回贺怡，终于使贺怡来到延安，而贺怡的孩子则留在广东韶关。

　　1949年10月，贺怡担任中共江西吉安地委组织部长。10月，她回到了故乡江西永新县，在那里找到自己的14岁的儿子。

　　她怀念毛毛，她也深感内疚。这是姐夫毛泽东、姐姐贺子珍托交给她的。她决心寻回毛毛，这将是对毛泽东，特别是对贺子珍的极大安慰。

　　1997年8月4日，笔者采访了贺怡之子贺麓成。据贺麓成回忆：贺怡是个一不做、二不休的人。她决心找到这断了的线索。另外，她除了想找回小毛毛之外，还想找回失散多年的长女——她和毛泽覃所生的第一个孩子。

　　1949年11月初，贺怡向中共吉安地委请了假，去赣南寻找小毛毛。中共吉安地委知道她要去寻找毛泽东和贺子珍的儿子，考虑到赣南一带交通不便，而且又不安全，就给她派了一辆中型吉普车，还让她的警卫员贺红随行。

　　贺怡把儿子贺麓成也带上车。母子刚刚团聚，她舍不得让儿子单独留在吉安。贺麓成记得开车时，母亲总是让他坐在她的身边。

　　贺怡先是朝广东韶关出发。贺怡要去韶关，不仅因为她曾在韶关做过地下工作，曾在韶关被捕、坐牢，更重要的是，她的老战友曾碧漪在韶关。贺怡要和曾碧漪一起去找小毛毛。

　　贺麓成永远难忘1949年11月21日这一天：一场突然飞来的车祸，夺去了她的母亲贺怡的生命，而且使偎依在母亲身旁的他摔成了重伤。

　　这场车祸究竟是怎样发生的？曾有过各种各样的说法。

　　最初曾传说是国民党特务的有意预谋……这种传说甚至直至今日仍在流传。1997年10月由辽宁人民出版社出版的《毛泽东的女儿李敏》一书第117页在谈及贺怡之死的时候，仍然这么写道："原来司机是个特务，他早接受了杀害贺怡的任务……"

　　贺麓成向笔者详述这一事件的前前后后，才终于弄清来龙去脉。

　　那几天，贺怡带着一车人马，在赣南东奔西跑。当时那里的公路很差，路面高低不平，坑坑洼洼，长时间行进在这样的公路上，早已人累车乏。21日，从江西泰和赶往吉安。天已黑下来。他们在泰和汽车站的一家饭店吃了晚饭，司机提出在泰和住下来，明早再走。大家几乎都表示同意。但是贺怡急于赶路，主张连夜行车，到吉安休息。贺怡的话也有道理，因为她在吉安工作，到了吉安，吃、住都方便得多。

　　既然贺怡这么说，司机也就服从了。

　　贺麓成记得，大约在晚上8点左右开车。前排坐着四个人，自左至右依次为司机助理、司机、贺怡、他。后面几排坐着曾碧漪、古一民、警卫员贺红等人。开车后，由于太疲劳，贺麓成斜倚着母亲睡着了。车上很多人也睡着了。蒙眬中觉得车子晃得很厉害。紧接着，发出惊天动地的响声，贺麓成顿时醒了，只觉得车子在打滚，翻了下去，车子着火，车内响起一片哭叫声……

　　后来才知道，出事的地点是泰和县凤凰圩。那里有一座旧木桥，天黑桥窄，汽车在经过这座桥时，翻了出去，跌进了沟里。

贺麓成当时被压在车下,他昏过去了。他没有觉得疼。他只有一种飘飘忽忽的感觉。近天亮他听见一阵嘿哟嘿哟声,这才醒了。那是附近的农民赶来了,把车子抬起来,把他从车子底下拖出来。这时,他才感到左大腿疼痛钻心。

也就在这时,贺麓成发现母亲贺怡躺在他身边,任他怎么叫喊,她没有回答。

泰和县县长把母亲遗物交给贺麓成,这才知道,母亲死了!他与母亲相聚不足百日,她就这样惨死了,连一句遗言都没有留下!

事后查验贺怡遗体,身上并没有伤口。翻车时,车子压在她的胸口,使她窒息而死。如果她有项羽的力气,推开车子,也许可以幸免于难。

曾碧漪刚刚找回的儿子古一民,才团聚数日,死于这场劫难。他坐在后排,汽车油箱起火,把他烧死了。

另一个惨死者是司机助理,他是在翻车时被汽车砸死的。

车上还坐着贺怡女儿贺海峰的养父。他当时一点也没有受伤的感觉,可是却在第三天突然死去。据说,他翻车时被沟里的蛇咬了,后来蛇毒发作而死。

曾碧漪被摔伤,右腿骨折。

车上其他的人,平安无事。

这场横祸,造成四死两伤。

奇怪的是,在事发后,不见司机的身影。

曾碧漪是古柏夫人。古柏曾在20世纪30年代担任过毛泽东秘书,1935年初夏战死。古柏、曾碧漪跟毛泽东、贺子珍有着密切的交往。

笔者访问了曾碧漪[①]。据她回忆,她陪同贺怡去赣南寻找毛毛。可是,经多方查访,没有打听到毛毛的下落。1949年11月21日夜,曾碧漪和贺怡坐一辆中吉普返回吉安时,路过距泰和城七八里的凤凰墟的一座小木桥时,司机驾驶不慎,车子翻进水沟里。当时大约八九点钟光景。贺怡当场死亡,曾碧漪重伤,大腿骨折。贺怡孩子的养父也摔死。贺怡的孩子左腿骨折,他叫贺麓成,后来成为中国的导弹专家。

贺怡遇难,毛毛渺无音讯,消息传来,给了贺子珍沉重的一击。

据曾碧漪回忆,她后来到中南海,见到毛泽东。毛泽东在详细询问了贺怡遇难经过之后,说了一句使曾碧漪永生难忘的话:"你办事向来细心,这一回怎么这样粗心!"曾碧漪听了,心中非常难过,因为连夜行车是贺怡决定的,不是她粗心所致。不过,从毛泽东的话中可以看出,他对贺怡之死是非常悲痛的。

贺怡之死,改变了贺麓成的命运:姨妈贺子珍要他和妹妹贺海峰一起去上海。

不言而喻,贺子珍在贺怡蒙难之后,要把贺怡的子女当成自己的子女一样,培养成人。

据贺麓成回忆,车祸之后,他曾感到左腿一阵钻心的疼痛。可是,后来似乎好了些。在医院检查时,他的左腿,看上去连皮肉都没有破,所以他在吉安没有住院。可是,那腿痛是一阵阵的,有时很痛。他也不明白究竟是怎么回事。他是一个很能忍受痛苦的人,默默地

---

① 1991年7月10日,叶永烈在北京采访曾碧漪,曾碧漪时年86岁。

忍受着,从来不叫痛。他躺在床上,涂点松节油,吃点止痛片。他一直以为是轻伤罢了。

姨妈从上海派了好几个人到吉安,看望贺麓成,并接他去上海。

既然姨妈一再要他去上海,他也就在1950年初乘火车前往上海。"爷爷"、"奶奶"、保姆陪他一起去上海。姨妈贺子珍亲自到火车站接他。这是贺麓成第一次见到姨妈。贺麓成记得,在寒风中,姨妈的脸通红通红的,看上去非常健康。远远地,姨妈就朝他招手。见到他已经长得那么大,姨妈紧紧握着他的手,显得很兴奋。

贺麓成坐上姨妈的吉普车,驶往上海武进路。那时,贺子珍住在那里,房子很大,上上下下住了十几个人。那房子原先大概是国民党部队住的,屋里居然有几麻袋的国民党军服,他们就分穿这些衣服暂且御寒。

知道贺麓成腿痛不已,贺子珍第二天就带他去上海的医院看病。大夫把他带进一间黑房子,贺麓成这才第一次知道什么叫X光。

经过大夫用X光透视,贺子珍大吃一惊,原来贺麓成受了重伤:左腿腿骨断成三截!大夫说,必须开刀,马上把骨头接上。

为了使贺麓成得到很好的治疗,贺子珍带着他又去了几家医院,最后决定在上海公济医院动手术。

手术后,贺麓成从腿部到腰部,都上了石膏,躺在床上不能动弹。贺子珍如同母亲一样呵护着贺麓成,每天在医院里陪伴着他,甚至给他端屎端尿。贺子珍视贺麓成如同己出,把一片母爱献给失去双亲的贺麓成。贺子珍亲自护理贺麓成达一个来月。后来,贺子珍忙于别的事情,叫警卫员贺红来照料贺麓成。即便这样,贺子珍仍不时抽空到医院看望贺麓成。

在医院里躺了三个多月,贺麓成的左腿总算伤愈。不过,出院时,他仍不得不拄着拐杖。

出院后,贺麓成仍住在姨妈贺子珍家。姨妈待他极为亲切。

后来,贺麓成进入上海中学学习。由于上海中学离市区较远,学生都住校。贺麓成在星期日回到姨妈贺子珍家里。后来贺子珍搬到了上海溧阳路的一座楼房里。陈毅主持上海市工作,对于贺子珍是很照顾的。

贺子珍很为贺麓成优异的学习成绩感到高兴。贺子珍甚至请贺麓成当她的老师呢!贺麓成记得,有一回,贺子珍要他陪着去书店买书,然后要他教她。那时,贺子珍很想在工作上有一番作为,所以开始自学代数、几何、三角、物理、化学这些课程。这样,贺麓成便一度成了贺子珍的"老师"。

在上海中学学习两年,贺麓成在1952年夏,毕业了。

贺麓成回忆说,在他刚到上海时,贺子珍的身体很不错。这位井冈山上的游击女英雄,很想再干一番事业。正因为这样,她请贺麓成当"老师",学习数理化。然而,由于众所周知的原因,她的心灵备受折磨。

1954年9月15日,第一届全国人民代表大会第一次会议开幕,毛泽东致题为《为建设一个伟大的社会主义国家而奋斗》的开幕词。中央人民广播电台实况转播了毛泽东的讲话。贺子珍在收音机里听见毛泽东发表演说的声音,她久久地呆住了,昏倒在沙发上。她已经多年没有听见这熟悉、亲切的声音。她的精神受到极大的刺激。虽然经过抢救,她苏醒了,但是从此埋下病根。经过大夫检查,她患了精神分裂症。她的身体时好时坏。正常时思维正常,发病时精神紊乱……

她病倒了。

毛泽东闻讯,即给贺子珍写信安慰,劝她好好吃药,不要抽烟,保重身体。

井冈山上的老战友、上海市市长陈毅常去看望贺子珍,派出上海神经科专家为贺子珍治病。

毛泽东曾对陈毅说:"贺子珍在上海的开销,从我的稿费中支付。"[①]

陈毅当即说:"我们上海养得起一个贺子珍!"

在上海大夫的精心治疗下,贺子珍的病情渐渐减轻。

贺麓成来到北京进入留苏预备班之后,每年休假总是要去上海,在姨妈贺子珍身边度过假期。李敏也是这样。他们总想给贺子珍精神上的安慰。

毛泽东在庐山会晤贺子珍

为了使贺子珍的身体得到康复,中共上海市委还安排贺子珍去青岛、庐山等地疗养。从1958年7月起,至1966年9月,贺子珍在南昌市三纬路9号小院居住。[②]

笔者曾在南昌专访了这座小院,那是离中共江西省委只有咫尺之遥的幽静而又安全的所在。

贺子珍离开上海的原因,是由于陈毅从上海调往北京任国务院副总理兼外交部长;她迁居南昌,则是由于方志纯在江西任副省长。方志纯乃方志敏之弟,他的妻子朱丹华原是毛泽民之妻。另外,中共江西省委第一书记杨尚奎,也是贺子珍的老战友。他也邀请贺子珍到江西去。

毛泽民乃毛泽东的大弟弟,1943年死于新疆军阀盛世才手中。朱丹华与毛泽民在1940年结婚,生下儿子毛远新。贺子珍到江西,借助于方志纯、朱丹华以及杨尚奎的照料。

中共江西省委深知贺子珍身份的特殊,一面对她的住处、行踪实行严格保密,一面对她精心照料,给她配备了服务员、炊事员、秘书,指派了医生、护士。对她的称呼,一律用"姨妈"。

"姨妈"在三纬路那幢小院里,过着平静的生活。她经常喜欢独自静坐,一言不发,呆呆地坐在那里,而身边则带着一只已经十分破旧的小闹钟——那是当年在长征途中她和毛泽东共用的。

她的住处离中共江西省委招待所只几百米而已。笔者在中共江西省委招待所里,参观了毛泽东住过的1号楼——毛泽东每一回途经南昌,总是住在那里。虽说不过一箭之隔,彼

---

① 张世殊:《贺子珍在上海》,《海南纪实》1988年第4期。
② 方影、萧志文、曾宜坤:《贺子珍在江西》,《江西党史研究》1989年第5期。

此却没有机会见面。

1959年7月2日至8月16日，中共中央在庐山先后举行了政治局扩大会议和八届八中全会，史称"庐山会议"。

毛泽东在庐山上会见了贺子珍。这是贺子珍自1937年以来22年间头一回见到毛泽东，也是唯一的一次——此后，直至两人先后去世，都未曾会面。

见面的日子，通常说成"庐山会议期间"，这当然没错，只是不够精确。李锐著《庐山会议实录》一书记载了毛、贺会面的日期，即7月8日[①]。李锐当时是毛泽东的通讯秘书。据他所记，毛泽东于6月23日抵湖南长沙，25日去故乡韶山，28日到武汉，29日上庐山。

关于毛、贺见面的最早公开披露，是1985年3月10日上海《文汇报》所载《毛泽东和贺子珍相会在庐山》一文[②]。不过，文中说"贺子珍从上海来到南昌，又从南昌坐轿车赶往九江"，显然不符合事实。文中又写及，当贺子珍步入庐山毛泽东住处时，"内厅里传出雷鸣般的吼声"，那是"一个杰出的领袖和一个著名的骁将"在"争吵"，亦即毛泽东和彭德怀在争吵。实际上，庐山会议在7月23日才开始批判彭德怀，毛、彭不可能在7月8日就"争吵"。后来，关于毛、贺会面的比较真实准确的报道，是来自陶铸夫人曾志的回忆。曾志说出了毛泽东在庐山会晤贺子珍的原因，是因为她向毛泽东汇报了贺子珍的近况。

那时，陶铸带着夫人和女儿陶斯亮，一起上了庐山。陶铸听说冯白驹病了，正在南昌住院，就下山看望。冯白驹自1954年起任中共广东省委书记兼副省长，是陶铸的老朋友。但是，在1957年"反右派运动"中，他被撤消了省委书记职务。

曾志和陶斯亮随陶铸一起下山。听说贺子珍在南昌闲居，曾志便带着女儿去看望。曾志当年也是井冈山的一员女将，跟贺子珍熟悉。

曾志一进门，贺子珍就叫出了她的名字，而且还回忆起1937年她去西安时，曾见到写着曾志名字的行李，未能见到曾志……这一切都表明，贺子珍的记忆、精神都是正常的。

贺子珍问起曾志怎么会来南昌，曾志说起中央正在庐山开会。贺子珍马上就问："毛主席来了？"

曾志点点头。

贺子珍向曾志详细询问毛泽东的近况，显得非常关心。

曾志回到庐山，向毛泽东说起自己见到了贺子珍。权延赤著《陶铸在"文化大革命"中》，记述了曾志的回忆：

"主席，"曾志见面就说，"我下了一趟山……见到子珍了。"

"哦，"毛泽东一怔，马上问："她怎么样？"

"她很好么，看不出精神病。"

毛泽东嘴唇翕动一下，两眼有些暗淡，显然，他想起了过去的岁月……

[①] 李锐：《庐山会议实录》，春秋出版社、湖南教育出版社1989年版，第72页。
[②] 据1985年第1期《萌芽》所载报告文学《一个伟大的平凡的女性贺子珍》转载。

忽然，毛泽东胸脯起伏一下，眼睛变湿润了，深深叹出声："唉，我们是十年的夫妻哟……"他眨动双眼，驱走渗出的泪，用出自胸腔的低沉的声音说："我很想她……想见见她……"

"应该见见。"曾志说得很干脆，那一刻，她好像又回到了挺进赣南、闽西时的生活。

"这件事千万不要叫江青知道。"毛泽东嘱咐，显然已经同意见面。

"放心！"曾志鼓劲说，"她不会知道。"

毛泽东想了想，伸出一根手指，小声交代："你去找汪东兴，叫他来办。"

当时汪东兴正在江西当副省长，搞调查研究。曾志说："我明白，主席放心吧。"

汪东兴精心安排了这次见面，请江西省委书记杨尚奎的夫人水静和江西省省长方志纯（此时方志纯为江西省副省长。因为自1949年6月至1965年3月，江西省省长一直为邵式平。方志纯在1965年4月至"文革"初期任江西省省长）的爱人朱丹华接送贺子珍。方志纯是方志敏烈士的弟弟，朱丹华是毛泽民烈士的遗孀。毛泽民牺牲后，她改嫁了方志纯。

水静和朱丹华陪同贺子珍乘一辆小轿车驶进毛泽东居住的"美庐"。

水静和朱丹华上楼报告毛泽东，毛泽东轻声说："你们可以走了。"

水静和朱丹华走后，卫士把贺子珍领上楼。毛泽东对卫士说："你也走。"

毛泽东同贺子珍谈了近一小时，又由水静和朱丹华把贺子珍送回了住所。

事后，曾志又赶去见毛泽东，见面便急切地问："谈得怎么样？"

"唉，不行。"毛泽东凄然叹息，"头脑还有毛病。"

"怎么有毛病？"曾志又关心又着急。

"她怪我对王明不对，说王明还要害我，让我小心王明。我吃药，她来抢，说是毒药，她说她就不吃药，在上海就不吃药……"

毛泽东讲不下去了，望着屋顶长长叹息，回忆着什么，眷恋着什么，伤感着什么……

本来，说好毛泽东在第二天还要见贺子珍，所以翌日早上贺子珍在自己房间里等待着。忽地有个工作人员进屋说："毛主席有事已经下山，请你也马上下山。"

贺子珍听说毛泽东已下山，也就随即下山。回到南昌才知，毛泽东并没有下山。

22年阔别，22年等待，只盼得一个小时的晤面。从此，贺子珍再也无缘见到毛泽东。

她那么突然被送下山，在她心中一直是一团谜。她不知道发生了什么意外事件。

据说，后来，才慢慢明白：那时，江青在杭州。得知贺子珍上了庐山，便连夜给毛泽东打长途电话，她立即从杭州赶来庐山！

毛泽东请贺子珍上庐山，曾严格封锁消息，关照过不让江青知道。只在很小的范围内，很少几个人之中，知道贺子珍上山。

是谁给江青通风报信？

贺子珍曾怀疑陈伯达。那是因为陈伯达后来倒台时，毛泽东在批判他时说及："你在庐山上开会，为何下山去了？你下山去干什么？"贺子珍在听传达毛泽东讲话时，马上联想起她被突然送下山一事，怀疑陈伯达下山，可能是给江青通风报信。

不过，毛泽东所说的"在庐山上开会"，并未点明是1959年的庐山会议。因为在1961年8月下旬至9月中旬，中共中央也曾在庐山召开过工作会议，陈伯达也是参加的。

如果不是陈伯达，究竟是谁向江青密报？须知，毛泽东会见贺子珍，严格保守机密，尤其是对江青保密，知道这件事的人，屈指可数，江青怎么会迅速知道呢？

直到最重要的当事人、杨尚奎夫人水静说出了内幕，这才冰释一切疑问……

"水静，你马上收拾一下，今天下午就动身回南昌。"7月7日中午，尚奎郑重地对我说。

"什么事？怎么这么急？"我问。

"去把贺子珍同志接到庐山来，和朱旦华（又名朱丹华——引者注）一道去。"尚奎说得很严肃，"毛主席要见她。"

我睁大眼睛看着他，半天才反应过来。这本来是情理中的事，一旦成为事实，又觉得有些突然了。

"啊，这可太好了！"我几乎叫了起来。

"你听我说，"尚奎做了一个制止我大声说话的手势，说道："这是一个特殊的任务，主席强调要绝对保密。汽车上山之后，不要到这边别墅区来，要直接开到我们安排好的住处去。"又如此这般地作了许多具体的交代。

下午四点多钟，我便和朱旦华同志一道乘车下山。在车上，我们商量了一下用什么理由请贺子珍上山，并且统一说话口径，以免节外生枝。因为尚奎叮嘱，在见到主席之前，不要让大姐知道是主席要见她，主要是怕她过于激动因而触发旧疾，并且说，这也是主席亲自交代的。

不到六点，我们便到了南昌。车过八一桥，便直向三纬路贺大姐的住所驶去。

大姐恰好在厅堂休息，一见我们进屋，又是让座，又是倒茶，非常热情。在问过大姐的生活起居之后，我便"言归正传"了。

"大姐，今年南昌太热，省委请你到庐山去休息几天。"我用一种传达指示的口气说，"我们俩刚从庐山下来，省委特地派我们来接你。"

大姐很高兴，说了一些感谢省委关心之类的话。见她欣然同意，我心里一块石头才落了地。

"那就请你准备一下，大姐。"我说，"明天下午三点我们来接你好吗？"

第二天，我们准时把车开到大姐住处，大姐上车后，我们便向庐山飞驰。一路之上，我们和大姐尽谈些轻松、高兴的事，说说笑笑，非常愉快。汽车在成熟中的田野上起伏，只觉得芬芳扑鼻，满眼金辉。一片丰收的景象，跟着我们风驰电掣，更使我们心花怒放。几乎在不知不觉间，便到了庐山牯岭。

按照尚奎事先的安排，我们把车子直接开到特地为大姐准备的住处：涵洞左侧的"二十八"号房。这里附近只有几幢房子，都没有住与会议有关的人员，服务员也只有一人，不会引起别人注意。

朱旦华已经回到自己的住处，只留下我陪同贺子珍大姐。我们住的房间，摆了两张床、电话、卫生间一应齐全。吃过饭，安排好大姐休息之后，我先给尚奎挂了电话，报告我们到达的消息。尚奎叫我陪着大姐，不要随便离开。接着，我又和主席联系上了。

"客人的情况怎么样？"主席问道。他好像有些激动。

"一切都好。"我回答说。

"那好，你等着我的安排。"主席说。

次日中午，我趁大姐午睡的机会，独自乘尚奎的车，到了"一八〇"。主席坐在沙发上吸烟，正在等我。我把如何接大姐上山的事，简略汇报了一下，并且告诉主席，大姐情绪很好，记忆力也还可以，能回忆许多往事。

"很好。"主席点点头说，"今天晚上九点钟，你坐尚奎同志的车，送她到我这里来。"

"好的。"我说。

"这里已经安排好了，身边的几个同志都有事下山去了，只有小封留下值班。"主席又说，"门哨认得尚奎同志的车号，不会过问的，开进来就是了。"

我想起旦华是原毛泽民的夫人，他们之间的感情会更亲近些。而且我又是和旦华一同接大姐上山的，便问主席："要不要找朱旦华同志一道陪大姐来！"

"不用了，你一个人就可以。"主席回答说。

显然，主席很谨慎，想要尽量缩小知情面。一切问清楚了，我便起身告辞："主席，如果没有别的事，我就走了。"

主席紧锁着眉头，使劲抽着烟，心事重重的样子。没有直接回答我的问话，像自言自语似的说："咳，希望能一拍即合。"

我不知道主席这句话的内涵，也不敢多问，只是说："再见，主席，晚上九点我一定陪大姐来。"

待我赶回"二十八"号时，大姐午睡还未醒。

……

我很困，但是睡不着，直到我坐在"一八〇"值班室等候大姐时，仍然处在一种十分兴奋的状态之中。

"铃、铃、铃……"

清脆铃声把我从回忆中拽了出来。这是主席召唤小封。我看看手表，已经过了一个多小时了，我捉摸，也许谈得不错吧，要不怎么谈这么久呢，人哪，总是把事情往好处想。

一会儿，小封把贺大姐扶进值班室，让大姐坐下，然后对我说："主席请你去一下。"

我走进主席房间时，只见他手里夹着烟，脸色很不好。

"不行了,脑子坏了,答非所问。"他像是对我说,又像是自言自语。

我盯着他苍白的脸,不知说什么好。

"她很激动,你要注意她的情绪。"他夹着烟的手朝我点了一下,说,"明天你就送她下山,下山以前,你一步也不要离开她。现在她已经知道我在山上,怕她出去碰到熟人,那不好。延安时期的熟人很多呀,有些就住在你们附近。"

我已经注意到了,在离"二十八"号不远的河南路,就住了不少参加会议的领导人和工作人员,康生也住在那里。我想,主席考虑问题真周到,连这样一些细微末节都了解到了。

"主席,请放心,我保证不会离开她一步。"我说。

"还有一件事,最好回去就办。"主席加重语气说,"她拿走了我三小瓶安眠药,很厉害的,吃多了会出事。你要想办法从她手里拿下来。"

"好,我会办妥的。"我说。①

按照水静的回忆,可以排出以下时间表:

7月7日中午,杨尚奎通知水静下庐山去接贺子珍;

7月7日下午六时多,水静和朱旦华来到贺子珍住处,约定翌日下午上庐山;

7月8日下午三时,水静和朱旦华,陪贺子珍从南昌出发上庐山,住在"二十八"号;

7月9日中午,水静向毛泽东汇报,约定晚上见贺子珍;

7月9日晚九时,水静陪贺子珍来到毛泽东住处"美庐",毛泽东和贺子珍单独谈了一个多小时;

7月10日上午,水静送贺子珍下庐山。

所以,李锐所记毛贺会面在7月8日是不准确的,应为7月9日。

水静的回忆,可以说是最富有权威性的了。因为如她所言:"贺子珍在庐山上的头尾三天里,只有我陪着她。在到达庐山后,朱旦华同志也离开了,所以除我之外,她身边没有任何人,更没有带什么护士、女伴之类。当时,毛主席对这件事是非常谨慎的,因而知情人极少。即使事过之后,也没人敢于任意扩散。直至'文革'那场浩劫收场,社会上才渐有传闻……"

水静强调:"这次庐山会议期间,江青一直在北戴河,是主席亲口说的,而且有据可查。而有的文章却说,当时江青正在杭州,接到庐山一个秘密电话,便立即赶来,大闹一番。其实江青根本没有上庐山。"

按照水静的说法,江青根本没有上庐山,那个所谓陈伯达的"告密电话",也就不存在了——那只是贺子珍的猜测而已!

不过,据毛泽东贴身卫士李家骥回忆,江青确实上了庐山。江青上庐山,是李家骥下山去接的,而且还有李家骥当时的日记为证——"我日记上写着江青是8月11日上山的"。

---

① 水静:《特殊的交往》,江苏文艺出版社1992年版,第216—220页。

李家骥是这么回忆的：

> 8月9日，副卫士长李银桥对我说，江青同志要来庐山，因为你了解江青，就请你帮助收拾一下房子，多为她服务点。我说可以。
>
> 8月11日上午，我前往九江接江青。我陪江青坐车上的山。这次她带的东西很多，共四大皮箱。
>
> 在上山时，我和她坐的是一个车。
>
> 上山后，她首先看望了毛泽东，询问了一番毛泽东的生活起居情况，表示对毛泽东生活的关心。一般地说，这个时期她对毛泽东的生活还是关心的，有时也很会来事，会说话。
>
> ……
>
> 13日上午天气很好。我和另一位卫士帮她先把被子拿出来晾晒。在我们两人用竹竿子往外抬衣服时，正好碰到徐晓冰。他问这是谁的衣服，这么多呵！都这么漂亮！我回答是江青同志的，因为湿了，要在外边晾晾。①

笔者以为，水静所回忆的接送贺子珍上下山，她是当事人，她的回忆很有价值，可以帮助澄清许多传闻。

但是，关于江青是否在1959年庐山会议期间上了庐山，水静不是当事人。她所回忆的"这次庐山会议期间，江青一直在北戴河，是主席亲口说的，而且有据可查"，不知"有据可查"所依靠的是什么"据"。

李家骥是陪同江青上庐山的当事人，而且有日记为据，所以在1959年庐山会议期间，江青确实上了庐山。这倒是"有据可查"的。

当然，贺子珍是1959年7月8日上山，与毛泽东会面，7月10日就下山了，而江青直至8月11日才上山，中间隔了一个多月。另外，据李家骥回忆，江青上山后，情绪平静，不像是得知毛贺会面的消息后赶来。按照江青的脾气，她如果得知毛贺会面，一定会立即赶上山，并且会大吵大闹。所以，江青上山，应当说与毛贺会面无关。

顺便提一笔，1959年毛泽东和贺子珍在庐山的这次见面，向来被认为是毛、贺在延安分手后唯一的一次见面。但是，笔者的《江青传》初版本出版后，收到山西榆次读者白鸿多来信，提出毛、贺在1949年曾经见过面。

白鸿多在1996年10月12日来信说，他和姐夫当时在东北，姐夫是司机，负责接送娇娇（即李敏）上下学。姐夫跟贺子珍当时的保姆关英也很熟。他当时住在姐夫家，听说贺子珍曾秘密去过北京，见过毛泽东。

白鸿多所说的情况未必可靠。这里提一下，仅供读者参考。

另外，在这里也顺便提一下黄敬之死。

---

① 李家骥、杨庆旺：《跟随红太阳》，黑龙江人民出版社1994年版，第233—234页。

1949年1月15日，黄敬冒着战场的硝烟，进入天津。他被任命为解放后第一任天津市市长。他的妻子范瑾则担任《天津日报》副总编，后来担任总编兼社长。

1953年，经周恩来总理提名，黄敬被任命为第一机械工业部部长。当时，段君毅和汪道涵被任命为副部长。黄敬对工作极为负责。他当年在青岛大学只读过一年数学、两年物理，为了熟悉机械工业业务，坚持自学《普通物理学》，做完四卷书中所有的习题，而且自学《机械工业百科全书》。

1956年春，毛泽东在准备起草《论十大关系》的时候，听取了黄敬关于机械工业情况的汇报。不久，在中共八大，黄敬当选中共中央委员。

1957年4月，黄敬担任国家技术委员会主任兼第一机械工业部部长。

1958年1月，毛泽东亲自起草了《关于召开南宁会议的通知》，全文如下：

吴冷西，总理，少奇，李富春，薄一波，黄敬，王鹤寿，李先念，陈云，邓小平，彭真，乔木，陈伯达，田家英，欧阳钦，刘仁，张德生，李井泉，潘复生，王任重，杨尚奎，陶铸，周小舟（已到），史向生，刘建勋，韦国清，毛泽东，共26（27）人，于11日、12日两天到齐，在南宁开十天会，廿号完毕（中间休息二天到三天，实际开会七天到八天）。

谭震林管中央，总司令挂帅。陈毅管国务院。

毛泽东所开列的出席会议名单中有黄敬。

在这次会上，毛泽东对1956年的反冒进提出了严厉的批评，强调必须反对右倾保守。会议的气氛十分紧张。

会议结束后，黄敬在从南宁飞往广州的飞机上，当服务员给他送饮料的时候，他突然站了起来，口中不停地说话……

据黄敬胞妹俞瑾告诉笔者[①]，黄敬过去有过精神方面的疾病。为此，1944年他在延安时期就因病休养过。这种病的医学名词叫"迫害妄想症"。据说是从事地下工作的时候，工作过分紧张所造成的。这回则由于精神紧张，再加上乘飞机高空缺氧，导致旧病复发。

飞机在广州降落之后，陶铸立即派车把黄敬送入高干病房治疗，并电告范瑾。当时范瑾已调往北京，担任《北京日报》总编辑。

毛泽东得知，非常关心，托人传话给黄敬："好好养病。留得青山在，不怕没柴烧。"

周恩来、彭真都过问黄敬的治疗。

当时在广州的董必武、李富春、陶铸都赶去看望黄敬。

据俞瑾说，由于黄敬患"妄想症"，住院的时候竟从二楼跳下，股骨骨折，同时并发肺动脉栓塞。

当范瑾从北京乘火车到达广州时，晚了一步，黄敬已经在前一天——1958年2月10

---

① 1988年11月3日，叶永烈采访于北京俞瑾寓所。

日,病逝于广州,终年仅46岁!

在黄敬追悼会上,薄一波代表中共中央致悼词。悼词高度评价了黄敬的一生:

> 黄敬同志是我们党的优秀党员。是中国工人阶级和中国人民的忠诚的革命战士。在党的领导下,黄敬同志曾经在复杂和艰难的环境里,对工人阶级的革命事业作出了重要的贡献。
>
> 黄敬同志对党和工人阶级的革命事业具有高度的积极性、创造性和忠心,他积极努力把党的方针政策同具体的革命实践在工作中结合起来,千方百计地去完成党所交给他的工作任务。他善于团结同志、密切联系群众的作风,他的发奋忘我的工作热情,他的敢于打破常规,善于接受新鲜事物的精神,都是我们共产党人和革命干部学习的榜样。
>
> 应该特别指出,在响应中央和毛主席又红又专的号召上,在我们中央委员中间他是钻研得比较好的一个,我们大家应该向他学习。

■ 黄敬(俞启威)

又一封令江青坐立不安的匿名信

前面已经提到,1954年3月,江青在杭州时收到的一封匿名信,曾经使她多日寝食不安。那个"18号案",直到1962年才侦破,给江青写匿名信的人,原来是林伯渠的妻子朱明。

就在"18号案"尚未侦破的时候,1959年3月26日又发生第二起匿名信案件。这起匿名信案件,发生在上海。

当时,正处于中共八届七中全会(1959年4月2日至5日)在上海召开前夕。江青虽然不是中共中央委员,但是她作为毛泽东的生活秘书,于1959年3月24日先期到达上海。

中共中央全会通常在北京举行,难得在上海召开。会议地点在当时上海最好的宾馆——锦江饭店。

江青并不住锦江饭店,而是住在锦江饭店对面的锦江俱乐部——锦江饭店在茂名南路东侧,锦江俱乐部在茂名南路西侧,两者只隔着20米宽的茂名南路。毛泽东在4月1日从北京飞抵上海,也住在锦江俱乐部。毛泽东、江青不住锦江饭店,而住锦江俱乐部,为的是与大部分与会代表的住处分开。

锦江俱乐部是一幢法国宫廷巴洛克式的二层精致建筑,建于1926年。最初那里叫法国体育俱乐部,简称法国俱乐部,上海人称之为法国总会。在法国俱乐部内有弹子房、滚球房、阅览室、文娱室、温水游泳池、舞池、网球场,还有一个花团锦簇、绿茵成片的大花园。

解放后,改称锦江俱乐部,从属于锦江饭店,成为上海市领导和高层社会人士休闲的场所。

江青很喜欢锦江俱乐部,来去上海,总爱住在这幢闹中取静的豪华建筑。

这次江青来上海,为毛泽东打前站,心情很好。到达的翌日,由锦江饭店派车、派人,陪同她到上海南京路购物,并游览上海名胜豫园。

第三天——3月26日中午,江青正在锦江俱乐部客房里闲坐,锦江饭店办公室主任郝德光交给她一封信。那外面的信封上写着"锦江饭店负责同志收",已经拆开,里面放着一个信封,写着"江青同志收",没有拆过。

江青拆开了那封信,顿时脸色陡变,晕倒在地。

郝德光急忙请江青随行人员帮忙,让她躺在床上休息。

当时,江青只说身体不舒服。

当晚,康生抵达上海,住进锦江饭店,江青这才把收到内容非常恶毒的匿名信一事,告诉康生。

康生当即认为这是一起重大的"反革命事件",告诉了公安部部长罗瑞卿。罗瑞卿报告周恩来。周恩来以为,在上海召开中共八届七中全会,对外是严格保密的。江青在到达上海的第三天就收到匿名信,表明有人严密关注中共八届七中全会,必须及时侦破这一案件。

于是公安部调兵遣将,由上海市公安局局长黄赤波挂帅,成立专门的小组,侦查此案。

不过,江青只愿交出信封,不愿交出那封信,给侦查工作带来困难。江青说,信是用打字机打的。

4月1日,毛泽东从北京飞抵上海。就在这一天,锦江饭店又一次收到"锦江饭店负责同志收"的信,拆开之后,里面又是一封写着"江青同志收"的信,迅即交给江青。

江青拆开那封信,同样是用打字机打的,内容跟上次的信一模一样,可见是同一个人所为。

几天之内,接连收到两封匿名信,而第二封匿名信收到的翌日,正是中共八届七中全会在上海开幕之时,凸现出这两封匿名信来历不凡。

可是江青一直不肯交出匿名信,而光凭信封上的几个字很难侦查下去。罗瑞卿通过周恩来劝说江青,使江青终于交出了信件。果然那匿名信的内容非常"恶毒"[1]:

"以尖刻嘲讽的语气揭露江青30年代在上海生活的旧闻轶事,内容之详细,令人吃惊。信中甚至列举了当年与江青交往的数名男子的姓名、职业、住址等情况,还具体到描述了江青当时的种种媚态丑姿。"

在那个年月,还没有电脑,没有打印机,而中文打字机也很少。经过打字机专家鉴定,那封信是用宝石牌打字机打字,这下子使侦查范围缩小。

又经过调查,上海当时拥有宝石牌打字机总共为81台,分散于10个区的81个单位之中。循着这一线索,逐一排查。虽然从这些拥有宝石牌打字机的单位发现几个可能作案的

---

[1] 王仲典:《1959,上海"匿名信"事件》,《文史春秋》2007年第1期。

人,但是经过比对信封上的笔迹或者打字机上的字模,都被一一否定。

案件的侦查陷入胶着、停滞的状态。

直到4月16日深夜,侦查人员宋添福偶然注意到信纸上方的一根草绿色的细丝。那表明那张信纸是从整本的信纸上撕下来,而整本的信纸是用草绿色的胶水粘起来的。这种书刊装订用的胶水,通常是无色的。宋添福还是第一次见到这种草绿色胶水。

这无疑是一条重要的线索。经过艰难的追查,在东海舰队的仓库里发现用草绿色胶水粘起来的信纸。再沿着这一线索追查,发现使用这种信纸的单位,竟然是东海舰队的情报机关,代号为"1287办公室"。

难道在这样绝密的军队机关,潜伏着危险的作案者?

经过仔细的排查,1287办公室海军中尉金柏麟有重大嫌疑。

1287办公室正好有一台宝石牌打字机,经过打字机字模厂的专家鉴定,这台打字机打出来的字与匿名信上的字一样。金柏麟的笔迹,也与匿名信信封上的字相同。

这样,匿名信案件终于侦破。1959年4月12日金柏麟被捕。

关于金柏麟为什么要写羞辱江青的匿名信以及金柏麟如何获知江青来沪,侦查的结果如下[①]:

> 当时以为此案案情重大,背景复杂,审讯会有相当难度。出乎审讯人员意料的是,没费多大劲,这位前景看好的海军中尉便爽快承认了事实。原来,28岁的金柏麟是烈士遗孤,父母均系地下党员,6岁时,其父母被叛徒出卖遇害,金由其姨妈史文慧收养。史文慧是上海小有名气的评弹演员,系当年上海文艺界活跃分子之一。其实,这位评弹艺人还有着另外一种身份,她的秘密身份是为周恩来直接掌握领导的中央特科做情报工作(1924年入党),交往中结识了当时的电影明星蓝苹(江青艺名)。但其时,史文慧并不知道江青的地下党身份,因看不惯江青作风派头,主动断了与其的关系。
>
> 金柏麟父母牺牲后,史文慧同党中央断了联系。新中国成立后,党组织找到长期与史文慧一起居于苏州的金柏麟,将他们安排至上海。1953年金柏麟参军,在海军服役。此时,史文慧才偶然从熟人那里知道江青已成中国的"第一夫人",她目瞪口呆之余,很想不通其间名堂,有时不免与家人说点江青的过去。金也由此对江青产生极大反感。
>
> 3月25日当天,金柏麟去上海市区办事。在南京路上,正好碰见从永安公司购物出来的江青一行。那天下午,虽从未与江青见过面,金柏麟还是一眼认出了她。基于对江青的反感,金柏麟顿时产生写匿名信羞辱这个女人一番的念头。于是他开始跟踪江青一行,从南京路跟踪到城隍庙、龙华寺,一直到了江青下榻的法国俱乐部。
>
> 当天,他便寄出了第一封匿名信。几天后,正好派他去北京船舶机械附件厂查数据,他利用出差北京之机,又发出了第二封信。

[①] 王仲典:《1959,上海"匿名信"事件》,《文史春秋》2007年第1期。

金柏麟案件若在"文革"中,江青大权在握时,足以杀头,而且株连一大片。但当时,江青之淫威尚不足以控制军内外。结果,此案虽是公安部直接抓的大案,却既不由公安部处理,也不由案发地的上海处理,而是交部队军事法庭审理。罪名及判决也大出人意外:泄密罪,3年刑期。据言,此为一些军方高级将领干预的结果:金系烈士遗孤,须从轻发落。"文革"中,当年颇带侠义心肠的金柏麟侥幸躲过江青可能的报复,逃过一死。

江青之兄李干卿惹风波

发生了"骄杨"风波,发生了贺子珍庐山风波,发生了匿名信风波,风波连着风波,又发生了李干卿风波。

李干卿,江青的哥哥。江青忽地收到李干卿的信,说是有人在调查他的历史,使江青震怒了。

审查李干卿,倒是确有其事。那是因为先把姐姐李云露接进了中南海,接着要让李干卿也来中南海。考虑到李干卿历史上有过劣迹,进入中南海恐不合适,为此,山东省公安厅着手对李干卿的历史进行仔细调查。

关于李干卿的情况,济南军区张庆祥在1976年11月27日写过一份材料:

> 江青的哥哥李干卿,在国民党时期当伪警察局的巡官,解放后被济南铁路局留用,经有关部门调查,是一个有历史罪恶的反革命分子。江青为了让李干卿逃避群众的揭发和批判,千方百计地予以包庇。1969年春,江青通过叶群给王效禹打电话说:"江青的哥哥李干卿在济南,听说生活很困难,住的条件也很差,你们是不是安排一下。"先是安排李干卿住在省委会生产指挥部大院内,由生产指挥部供给。后来江青又别有用心地打电话,叫李干卿搬家,不要住在机关,结果被迫又把他安排在济南军区第一招待所的宿舍居住,占用六间平房的一个独立院,工资由六十四元五角加到八十三元,还享受着免收房费、生产补助、困难救济等特殊照顾。
>
> 张庆祥
> 1976年11月27日

另外,李干卿在1976年12月15日写过以下材料:

> 1939年春,江青通过别人从香港先后寄来了四封信,每封信内有七十五元的旧法币。有一封信被日本宪兵队队长寺田扣压了。不几天,寺田和伍长石吉、特务巡官张兴家把我抓到宪兵队,他们问我和江青的关系,开始我不承认,他们就打我,后来寺田拿出江青的照片来,我承认了江青是我妹妹,寺田就不打我了,对我说话也客气了。他叫我写信让江青回来,并说只要江青回来了,可让我当个省长、厅长。后来把我

放了,还叫我定期到宪兵队去,有时寺田也到我家来,问我有没有来联系的人?江青有没有来信?过了一月左右的时间,我给江青写了第一封信,内容是以我、母亲和大妹妹的名义让江青回来。信交给了寺田,怎么发出的我不知道,过了一个时间,没有消息,寺田又叫我给江青写第二封信,内容和第一封相同。以后日本宪兵队每十天、半月找我一次,直到珍珠港事件发生后才停止。

李干卿
1976年12月15日

在江青倒台后,李干卿还曾交出江青在1960年5月12日写给他的一封信,内中提及有人找他的"麻烦":

哥哥:

你最近的来信收到了。

姐姐还在医院里,需要动一个手术,没有危险,请放心!

我有一年的样子没有给你写信,一方面因为身体差和忙一些,另方面也没有什么事好告诉你。今天姐姐给我看了你以前的一封来信,你要求上北京,说有人找你的麻烦,你孤单,我认为应该和你谈谈。你不能来北京,因为找不到职业,你应好好地在目前的职位上工作,能够有工作有饭吃就是好的,至于有人找你麻烦,你可以完全不理,去年在济南我就和你谈过,只要自己拿稳了,是不怕这个的,你如果拿不稳,出了岔子,我完全不能负责任,希望你注意,不可因小失大。我们是劳苦家庭出身,应刻苦生活、努力工作!你现在究竟做什么工作?一个月多少薪水?

房子是否还是不出房租?在济南租一间房子一个月多少钱?以上这几个问题,请来信详细告诉我。祝你和嫂嫂好!

江青
5月12日

最初,在1953年开展镇压反革命运动时,铁道部公安局曾调查过在济南铁路局供职的李干卿的历史,知道他的历史有问题,只是由于他是江青的哥哥,亦即毛泽东的亲戚,未敢深查,找他"麻烦"。不过,从此也就给公安部门留下了印象,知道此人历史上不干不净。

江青所说的找她哥哥的"麻烦",是在1959年春,为着江青要接哥哥进中南海,公安部中南海警卫局的一位科长请山东省公安厅警卫处处长于杰,协助调查一下李干卿的历史情况。于是,引出了"麻烦"⋯⋯

山东省公安厅也就正儿八经地在1959年7月25日成立了李干卿问题调查组,成员有济南铁路局公安处副处长王茂青、一科副科长曲和钧、科员史殿安等。

经过一个多月的调查,调查组三易其稿写出了李干卿调查材料,打印上报。

这份调查材料的内容,大致如下:

李干卿,1901年3月13日生于山东省诸城县东关,曾读过几年私塾。1921年4月至1923年3月,曾在军阀张宗昌所部的伪四十七旅九十三团二营八连当"师爷"(文书)。

日伪和国民党时期,曾任过警长、巡官、局员、津浦铁路防建组组员等反动职务。

1939年,在日本宪兵队特务的指挥下,李干卿曾两次写信对江青进行策反。

据山东第二劳改队第一大队犯人米瑞晟供:1945年底,李干卿曾去他在济南林祥南街六号家中,"借"去王虎牌手枪一支。

李干卿自己也交代:1945年10月,米瑞晟给他土造的三号手枪。他说,这支手枪自己玩了几天,又被国民党山东行动总队十五支队副官李干臣要去了。

李干卿还有偷窃、贪污劣迹:

1948年偷车站食堂面粉两袋,价值五十六万元(指旧人民币,新人民币即五十六元。下同);

1951年任济铁公寓管理员时,贪污食堂大米、面粉、鸡蛋,计三百九十万元;

1951年6月,在机务公寓造假单据,贪污八万元;7月在机务公寓买咸菜,多报销五万元。

李干卿虽通过历次政治运动的学习和教育,但觉悟不高,转变不快,平日不参加任何学习,开会也经常不愿参加,工作态度不够积极,上班忙于烧水喝茶,在公安处工作期间,办公时常私自回家。

1954年7月济南市公安局李元祥同志找他谈话,李便说:"有人暗算我。"说已给他妹妹(指江青——引者注)写信反映等等。

由于贪污,李干卿在"三反"期间受记过处分。

对李干卿的审查,深深激怒了江青。她在"文革"中进行报复。陈伯达称这是"阴谋陷害江青同志的重大反革命集团案"。

1968年4月25日,在中共中央政治局会议上,江青听了山东省革命委员会主任王效禹的汇报,哭道:

"我哥哥李干卿过去很苦,为了糊口,在旧社会干了几天警察,他们就对他……对我……其实是对着我们的毛主席的呀……"①

陈伯达则帮腔道:

"从山东搞李干卿的问题说明,原来公安部是两个公安部。一是中央的;一是刘、邓、彭、罗为首的地下公安部(指刘少奇、邓小平、彭真、罗瑞卿——引者注),上通刘、邓、彭、罗,下通全国各地,这是一条又粗又长的黑线,一定要把这条黑线挖出来,一定要把公检

---

① 鲁公宣:《齐鲁一劫》,载《春风化雨集》上册,群众出版社1981年版。

法彻底砸烂！"①

急急如律令。翌日，从北京派出三名负有特殊使命的人物直奔济南。

几天之内，身患癌症的山东省公安厅厅长张国峰，副厅长李秉政，省交际处处长陈静波，省公安厅警卫处处长于杰，济南铁路局公安处副处长王茂青，分处处长曲和钧，保卫股股长史殿安，全部被捕。除张国峰病重外，其余六人于4月29日被用专机押往北京。

病重的张国峰受到日夜折磨，6月30日便死去。被押往北京的六人，受尽酷刑和屈辱。直至1977年8月，这桩案件才得以平反。1978年10月13日，《人民日报》刊载《山东省委为一起重大政治冤案彻底平反昭雪》，这才为审查李干卿引起的风波降下大幕。

李干卿未能住进中南海，只在毛泽东1959年底路过济南时，在专列上见他一面，算是给了江青一点面子。毛泽东接见李干卿，前后只有五分钟，话不投机，纯属敷衍而已。

后来李干卿在1970年春天带着他的小儿子到北京求见江青，中共中央办公厅把他们父子安排住在中直招待所。江青拒见李干卿，并通知中直招待所打发他们立即回原籍。

江青对秘书杨银禄说："这老东西真不识时务，他还不知道他是个什么人？解放以前他当过国民党的兵，解放以后被我们的人民政府审查和管教过，像他这样的人还有脸要求见我，真自不量力！我现在是政治局委员，如果会见一个曾为国民党扛过枪，与人民为敌，被人民政府镇压过的人，那我的阶级立场到哪里去了？"②

但是李干卿不肯走。

江青托秘书向毛泽东报告。毛泽东回答说："为什么不见？国际战犯都能改造好，国民党的高级人物我都可以见，难道你的亲兄长都不敢见吗？你不能六亲不认吧！见，一定要见。"③

就这样，江青在人民大会堂见李干卿一面，训斥了几句，就走了。

江青之姐李云露倒是在中南海长住。李云露的丈夫早逝，留下两个儿子，一个儿子叫王博文，另一个在山东游泳淹死了，王博文随李云露也住进中南海。李云露在中南海给江青做家务，带李讷。

然而，有一回李云露为了一点小事，得罪了江青。江青一气之下，把李云露逐出中南海，再也不理她。

李云露在北京艰难地生活着。在1969年之后，李云露常常给江青写信，表达想念之情。江青嘱咐秘书杨银禄，一不回信，二不回话。

在毛泽东去世前，江青忽然记起了李云露，派厨师程汝明代表她去看望。当年，李云露在中南海的时候，就与江青的厨师程汝明相识。

程汝明在清华大学一间平房内见到了李云露。江青秘书杨银禄后来听程汝明讲起当时的情景：

---

① 鲁公宣：《齐鲁一劫》，载《春风化雨集》上册，群众出版社1981年版。
② 杨银禄：《江青的亲情世界》，《同舟共进》2010年第6—7期。
③ 杨银禄：《江青的亲情世界》，《同舟共进》2010年第6—7期。

见到程师傅时,她很高兴,也很激动,双眼含泪,询问江青的身体怎么样?工作忙不忙?李讷好不好?她说李讷是我带大的,很想念她,很想见见李讷。

程师傅一边回答李云露提出的问题,一边环视屋内的情况:床上的被褥比较破旧,屋内生着一个煤炉,烧过的煤球和没有烧过的煤球都堆在地上,凌乱不堪。屋内的温度也不高。程师傅看到这些情况后感到一阵阵心酸,心想,姐妹俩的生活水平相差太大了。李云露离开中南海以后,江青从未关照过她,日子过成这个样子。李云露是一个好强的人,程师傅问她生活有什么要求时,她摇摇头,说没有要求,希望江青、李讷注意身体。④

程汝明回到中南海之后,向江青汇报了李云露的情况。这时,江青倒是动了恻隐之心,拿出5000元人民币,托程汝明送到李云露手中。

杨银禄说,其实江青手头没有多少钱。江青能够拿出5000元人民币给姐姐李云露,是毛泽东在1973年批给江青8000元人民币。那是因为1972年5月李讷生了孩子之后,既要雇保姆,又要给孩子买牛奶,而李讷的工资低,钱不够用。李讷不敢自己出面向父亲毛泽东要钱,而是在1973年托张耀祠向毛泽东反映情况。毛泽东问张耀祠,给多少钱合适?张耀祠鼓足勇气说,给8000元人民币吧。毛泽东想了一下,说:"江青、贺子珍、李敏、李讷每个人给8000元,平均吧。"⑤

就这样,江青有了8000元人民币。江青把其中的5000元人民币给了姐姐李云露。

在毛泽东去世之后,江青手头有点紧,要程汝明去李云露那里,把送出去的5000元人民币要回来。程汝明以及江青身边工作人员都以为不妥,劝江青不要那样做,否则影响不好。江青只得作罢。

江青的体育疗法和文化疗法

1990年夏,在上海愚园路一幢老式房子里,笔者拜访了上海市武术协会主席顾留馨。他是著名的太极拳专家,又是一位老干部。他早在1934年便加入共青团,不久加入中国共产党。解放初,他是上海市黄浦区第一任区长。

大抵由于他具有老革命、老武术家双重身份,他被看作政治可靠而又武艺高强的人,因此几度进入中南海,为中共高级干部教拳。

顾留馨最初的"学生"是越南的胡志明主席。那是1956年周恩来总理和贺龙副总理访问越南时,胡志明说及他在战争中曾从马上摔下来,受过伤,中国能否派一位太极拳拳师前来教他打太极拳,以拳术疗伤。贺龙主管体育,他回国后经过调查、选择,选中了顾留馨,派他前往越南,成为胡志明的拳师。

---

④ 杨银禄:《江青的亲情世界》,《同舟共进》2010年第6—7期。
⑤ 杨银禄:《江青的亲情世界》,《同舟共进》2010年第6—7期。

从此，顾留馨颇受重用，回国后，教过贺龙，教过叶剑英，教过邓颖超，以至教过宋庆龄。

消息传进江青的耳朵，她也请顾留馨教太极拳。在顾留馨的印象中，江青打拳的动作近乎舞蹈。不过，她倒很守时，总是准时前来学拳。这样的体育疗法，使江青的体质有所加强，这样，在1961年春夏之交，毛泽东在中共中央工作会议上有感而发，提倡老年人学打太极拳。一时间，向顾留馨学太极拳的高级干部纷至沓来。

打太极拳使江青尝到体育疗法的甜头，于是，她打乒乓球，打台球。从1959年中国运动员容国团在第二十五届世界乒乓球锦标赛中首次夺得男子单打冠军以来，乒乓球热席卷中国。江青早在上海当演员时就会打乒乓球，此时也投身于乒乓球热之中。她常抽杀，球技颇凶，属于进攻型。

她的游泳姿势虽差，不过，游泳是夏日最好的运动，她也就不顾游泳不如王光美之类不快之事，不时下海。

江青那时常在外地休养。1962年5月12日，毛泽东在为江青代拟给陈宗娥的信中，便提及江青"已两年不在北京"。

陈宗娥曾在毛泽东家作过保姆。

毛泽东代江青所拟的复信全文如下：

宗娥：

你1961年6月27日给我的信，我于今天早上才收到。在北京压了十个半月，真是岂有此理！至于你说，去年3月有信，则至今未收到，正在查询。我已两年不在北京了，患了重病，不习北方气候。现病略为好些，忽（勿）以为念。闻你如此重病，又如此困难，心极不安。今送上五百元，以济眉急。如有所需，望随时告我。有病不要性急，越急越坏。安心治疗，是为上策。有信请写：北京中南海17支局109号信箱徐业夫同志收转江青。祝你健康！

云鹤
1962年5月12日

"云鹤"，江青的本名。徐业夫是当时毛泽东办公室秘书。

江青在外地休养期间，毛泽东常常批一些文件给江青阅读，以使她在休养中了解中国政治情况。

1960年6月20日，毛泽东致函江青：

江青：

此件可看，很有兴趣。蒙哥马利和我、总理的（会）谈，他盛赞了中国人民的大劲，要和平、不侵略，五十年内大有可为。他说中国革命是正确的，不可避免的。

毛泽东
20日晨

蒙哥马利是原英国陆军元帅，当时已退休。新华社在1960年6月16日下午编印的《参考资料》第3660期上，刊载了《英报刊载蒙哥马利访华第一篇文章》的报道。报道说，英国《星期日泰晤士报》6月12日全文刊载了蒙哥马利谈访华观感的第一篇文章，题为《我同毛的会谈》。

1960年6月，毛泽东还就蒙哥马利问题，批示江青："江青阅。应当研究他为什么要说这些话。"

毛泽东的这一批示，是指外交部办公厅1960年6月24日印发的一份材料。在这份材料上，刊载蒙哥马利6月9日晚在德拉鲁公司举行的宴会上发表的演讲。

蒙哥马利说，他在中国期间，看到了几千年延续下来的中国文明在中国共产党的领导下，只有向前推进，并未受到损害。革命对中国是有益的，贪污、腐化、地痞、流氓和洋鬼子都被赶走了。当然也流过血，这不能不说是一件憾事，但看来不流血也没有办法。

蒙哥马利说，他曾同毛泽东主席谈过，革命使许多人掉了脑袋，固然不能算是件好事，但也不完全是坏事。为此，毛泽东主席称他是一位英国的开明元帅。

蒙哥马利还说，他所见到的中国领袖都是有学问的，并且是很有智慧的。西方所说的中国领袖对世界了解很少，是不正确的。他介绍所有出席宴会的人都去读毛泽东有关战争的著作。

1960年8月，毛泽东又批示："江青看，仔细地慢慢地看，很有好处。"

毛泽东要江青"仔细地慢慢地看"，是看中共中央对外联络部1960年8月19日编印的一份内部刊物上，刊载的《委共政治局候补委员阿里埃蒂对布加勒斯特会议的看法》。"委共"，亦即委内瑞拉共产党。

1961年4月29日《人民日报》第8版，发表了著名散文作家杨朔写的一篇旅日游记《樱花雨》。细于阅报的毛泽东，便在杨朔散文的标题旁，写下这样的批语："江青阅，好文章。阅后退毛。"

1961年6月17日，毛泽东又写道："江青精读。两个好文件，可以为各级干部的学习教材。现在是一定要重新教育一切上中下干部的时候了。"

毛泽东所说的"两个好文件"，是指中共中央1961年6月15日下发的《关于讨论和试行农村人民公社工作条例修正草案的指示》和6月19日下发的《农村人民公社工作条例（修正草案）》。

1961年11月19日，毛泽东收到江青的来信，批示：

一批材料，送给江青，从中选一些看，不必全看。我好，勿念。最近信已收到，待另复。

毛泽东
1961年11月19日

毛泽东所说的"一批材料"，共五种。其中有中共中央联络部1961年4月29日编印的一份内部刊物上刊载的五篇材料。在第四篇《美国军事家说西方国家无法对付毛主席的持久战战略》一文标题旁，毛泽东加了着重号，并指示"江青阅"。第五篇为《美国认为赫鲁晓夫是马列主义"理论的革新者"》，毛泽东也以为很值得一读。在这批材料中，还有中共中央1961年5月17日印发的《中央书记处关于录音、记录问题的决定》等文件。

1962年1月12日，毛泽东看了中共中央宣传部1962年1月10日编印的《宣教动态》增刊（5）（总第91期），对所载的《关于列宁"遗嘱"的一些材料》很重视，给江青写了批语：

江青：

此件可以看一下，可以明白这个问题的历史情形。

毛泽东
1月12日上午九时

《关于列宁"遗嘱"的一些材料》说，赫鲁晓夫在苏共二十大秘密报告中用列宁"遗嘱"，攻击斯大林"过于粗暴"、"滥用职权"，说列宁"及时地从斯大林的身上看出一些不良的品质"，"提出过应该研究撤销斯大林的总书记职务的问题"。

所谓列宁"遗嘱"究竟是怎么一回事呢？

《关于列宁"遗嘱"的一些材料》指出，所谓列宁"遗嘱"，就是列宁"给代表大会的信"，是列宁病重时口授的。这封信当时没有发表，列宁是准备把它交给他死后召开的那次党代表大会的。

列宁死后，在俄共第十三次代表大会上宣读了列宁的这一封信。尽管列宁在信中指出斯大林的种种缺点，认为斯大林不宜再担任党的总书记，但是代表们经过讨论，还是主张斯大林继续留在总书记的岗位上，并决定不公布这个列宁"遗嘱"。

此后，反对派便不断利用这一列宁"遗嘱"作为反对斯大林的武器，并造成一种空气，似乎俄共中央隐瞒了这一"遗嘱"。

实际上，斯大林在1927年10月23日所写的《托洛茨基反对派的过去和现在》一文中，还引用了列宁"遗嘱"中关于"斯大林太粗暴"那一整段话。

《关于列宁"遗嘱"的一些材料》说明了列宁"遗嘱"问题始末，理所当然引起毛泽东的注意——因为当时中国共产党与苏联共产党的严重分歧之一，就在于如何看待斯大林。

毛泽东以为《关于列宁"遗嘱"的一些材料》值得一阅，所以向江青推荐。

毛泽东的这一批语，表明他对休养中的江青是十分关心的。

不久，1962年2月，毛泽东关于《在扩大的中央工作会议上的讲话》整理稿的批语中，又一次要江青阅读文件：

田家英同志：

改好了（初步地），请你看一遍，看还有什（毛泽东手稿漏"么"字——引者注）

错误没有。看完后,即送江青看,然后还我。

毛泽东

26日上午四时半

经过休养和体育疗法,江青渐渐从病魔的阴影中走出来。

这时,她又接受上海大夫的建议,进行文化疗养:摄影,看戏,看电影。

前文已经提及,她喜欢摄影。在1961年9月9日毛泽东为她的摄影作品庐山仙人洞题诗之后,她对摄影的兴趣更浓了。

她为了提高自己的摄影技术,决定拜师。

她请谁当老师呢?

她请新华社副社长、摄影部主任、著名摄影家石少华当自己的摄影老师。

石少华得知这一消息,却推辞了。他深知江青性情乖戾,不敢收这样的"学生"。他借口工作忙,谢绝了江青的请求。

石少华万万没有想到,毛泽东竟然亲自出马,为江青求师。

石少华突然接到通知,说是毛泽东请他去。他开始以为是摄影上的事情,也没有往其他方面想,更没意识到和江青学习摄影有关。他赶快驱车往中南海去,车子一直开到南海湖畔毛泽东居住的丰泽园后院的门外。

主席会见客人的颐年堂在前院,工作和居住在后院,也就是大家所熟悉的菊香书屋。毛泽东正在办公,石少华到了后,卫士进主席办公室通告。石少华刚在会客室坐下,就见主席走了进来,他不知怎么觉得有些拘束,不似以前在延安那样放得开。毛主席却老远就大声招呼他:"欢迎欢迎,石少华同志!"

60年代初,毛泽东虽说已近古稀之年,可是体质相当好,面色红润,腰板笔直,走起路来,大步流星,脚底生风似的,噌噌地,有时年轻的卫士跟在身后都要不住地一溜小跑,大家无论从感觉上还是从感情上,都觉得毛泽东像常青树一样出神入化,永远不会衰老。

毛泽东热情地握住石少华的手,带着长辈的慈祥,轻轻地拍打他的肩,请他坐下。

"这次我请你来,有事相求。不是照相,但是和照相有关。"毛泽东说到这,故意停住他难懂的湖南话,侧过脸专注地看着石少华,想看看这个广东人的反应。

他们的会谈的确很有意思。一个湖南人,一个广东人,口音都难懂,交谈快了,别说外人了,就连他们自己相互听起来都费力,叽里咕噜的,和说外语差不多。不过他们交谈时都知道扬长避短,用慢速度讲话,也就不存在语言障碍了。

石少华听懂了主席的湖南话,但是没有马上明白主席所指的事情,愣愣地望着主席,等他说下去。

毛泽东将他请石少华来的意图慢慢对石少华说了,原来是为江青身体着想,请石少华做她的摄影老师。"江青同志她身体不好,有病。不能从事紧张的工作。你就收她做学生吧。一可以调剂调剂她的生活，二也能学习一点东西。她有这个爱好嘛！……我也支持她学习，给她买了照相机，想多学习一点知识，多掌握一门技术总是好嘛。石少华同志，看在我的面子上，你就收她吧！"①

除了学习摄影之外，江青还看了很多戏剧和电影。

江青在看戏、看电影之中，看出了大"问题"！

后来，1967年4月12日，江青在中央军委扩大会议上作题为《为人民立新功》讲话时，有这么一段话：

> 有几年我害病，为了恢复健康，医生要我参加一些文化生活，锻炼听觉和视觉。这样，我就比较系统地接触了部分的文学艺术问题。哎呀，觉得这个问题就大啦！在舞台上、银幕上表现出来的东西，大量的资产阶级、封建主义的东西，或者是被歪曲了的工农兵形象。

她在北京看戏，在上海看戏，在杭州看戏。据"文革"中红卫兵所印的《文化革命的伟大旗手》说，江青在20世纪60年代初的几年里"审查了一千三百多个京剧剧目"，得出结论"目前剧目混乱，毒草滋生"。

说江青"审查了一千三百多个京剧剧目"，未免夸大其词。不过，她进行文化疗养，确实看了不少戏。1962年3月，她在杭州养病，像《虹霓关》、《大五花洞》这样的戏都点看了。

1962年7月6日，江青在北京看了新编历史剧《海瑞罢官》。她以特殊的政治嗅觉，嗅出此剧的"严重政治错误"——三年后批判此剧，成了"文革"的序幕，此是后话。

体育疗养、文化疗养果真奏效，江青经再三检查，癌症的警报解除。她舒了一口气，筹划着从后台走向前台，继续着她20世纪50年代批电影《清宫秘史》、批电影《武训传》、批俞平伯《红楼梦》研究那番未了的"宏业"。

跟王光美比高低

正在这时，王光美作为刘少奇夫人，在中国政治舞台上日趋活跃，使江青颇为嫉妒。

王光美比江青小七岁，硕士生，英语纯熟。笔者在1991年7月7日采访王光美时，她正在读美国记者索尔兹伯里所赠英文原版《长征——前所未闻的故事》。

王光美出身名门。父亲王治昌，字槐青，曾留学日本早稻田大学法律系，回国后在北洋军阀政府农商部任工商司长，还曾出使英国、美国。

王槐青曾两度丧妻，有过三次婚姻，三位夫人生下十一个子女：前两位夫人生三子，即长子王光德，次子王光倚，三子王光超。王槐青第二次续弦，夫人名叫董洁如，她生下

---

① 顾保孜：《样板戏出台内幕》，中华工商联合出版社1994年版，第202—203页。

八个子女,即王光杰、王光复、王光英、王光美、王光中、王光正、王光和、王光平。内中王光英,在王槐青出使英国时出生,王光美则在王槐青出使美国时出生。

王家子女中,王光杰在清华大学电机系学习时,结识了中共党员姚依林(后来曾任国务院副总理)。姚依林是"一二·九"学生运动领导者之一,任北平市学联党团书记。受姚依林影响,王光杰投身于"一二·九"运动。1938年5月,王光杰加入了中国共产党。

姚依林在1936年后,出任中共天津市委宣传部长、市委书记。1938年9月,姚依林安排王光杰在天津英租界伊甸园建立秘密地下机关,设置电台。为了掩护秘密工作,姚依林调来一位女中共党员,和王光杰装扮成夫妻,住在那里。这位女党员名叫王新,1936年11月16日加入中共,比王光杰还早。

不料,弄假成真,这对假夫妻朝夕相处,产生爱慕之情。经中共地下组织批准,他俩于1938年12月26日正式结婚。这么一来,在王槐青子女婿媳之中,有了两位中共党员。

王光杰和王新在家中产生影响,使王光超、王光美、王光和、王光平都倾向中共,有的参加了中共地下工作。在王槐青子女之中,也有倒向国民党的,如王光复报考了国民党空军航校。

王光美考入辅仁大学。1945年,她在辅仁大学理科研究所获科学硕士学位。经王光杰、王新介绍,崔月犁结识了王光美。崔月犁是中共北平市委负责人之一(后来在1982年4月至1987年3月任卫生部部长)。

1945年12月,美国政府派前陆军参谋长马歇尔为总统特使来华,以"公正"的面目出现,居中调解国共军事冲突。

于是,在重庆成立了国、共、美三方代表组成的"军事三人小组",即张治中、周恩来、马歇尔。不久,在北平成立了"军事调处执行部",由国民党代表邓介民,共产党代表叶剑英和美国代表饶伯森组成。军事调处执行部需要翻译,经中共北平市委刘仁指示,崔月犁通知王光美,调她去那里担任中共方面的翻译(虽然这时王光美尚不是中共党员)。

1946年8月,马歇尔的"调处"宣告失败。王光美赴延安。

1948年,王光美加入中国共产党,并和刘少奇结婚。对于刘少奇来说,这是他的第五次婚姻:他的第一个妻子是何宝珍,生刘允斌、刘爱琴、刘允诺两子一女;第二个妻子谢非没有留下子女;第三个妻子王前,生刘涛、刘九真一女一子;第四个妻子王建,结婚半年便离婚;第五个妻子便是王光美。

内中,刘少奇的第三位妻子王前离婚后,跟聂真结婚。聂真之妹,即聂元梓,"文革"中的"明星",江青手下的"大将",此是后话。

王光美和刘少奇结婚后,翌年生刘平平,此后又生刘源源、刘亭亭和刘小小(即刘潇潇)。王光美性格温和,不像江青那样偏烈,她善于使这个由多位母亲生育的多子女(同父异母)的家庭和谐幸福,视刘少奇几位前妻所生子女如同己出。

解放后,王光美在中共中央办公厅工作。

王光美不如江青之处,是她的入党时间晚了15年,论革命资历比江青差。

然而,在1962年9月,当印尼总统苏加诺挽着夫人的粉臂款款步下舷梯,踏上北京机场时,作为外交礼节,刘少奇携夫人王光美前去迎接。9月24日,《人民日报》刊登了刘少奇夫妇和苏加诺夫妇在一起的照片。翌日,又登载了王光美和苏加诺夫人在一起的照片。

江青看着《人民日报》,怒火中烧。她,作为"第一夫人",从未在《人民日报》上露过面。

终于,她得到毛泽东的允许,第一次以毛泽东夫人的身份,参加会见贵宾——苏加诺总统和夫人。这样,毛泽东、江青和苏加诺夫妇的照片,醒目地出现在《人民日报》第一版。众多的中国读者,头一次从《人民日报》见到了江青的照片。

这张照片是一个重要的讯号:江青从幕后走到了前台!

康生开创索隐式批判恶例

1962年9月24日至27日,中共八届十中全会在北京举行。

毛泽东在会上发出了"千万不要忘记阶级斗争"的号召,强调阶级斗争要"年年讲,月月讲,天天讲"。中国这艘庞大的航船,在向"左"偏航。

会议前夕,1962年9月14日,毛泽东读了冶金工业部党组1962年9月11日《关于解决品种质量的情况和问题》给毛泽东并中央的报告,给江青写了批语:

江青阅,很重要。
退毛。

毛泽东把冶金方面的文件批给江青,表明他希望江青关心中国的方方面面的问题。
在中共八届十中全会期间,毛泽东还批示:

此二件,江青阅。退毛。
可看,很好。

■ 江青第一次在《人民日报》露面——1962年9月陪同毛泽东会见印度尼西亚苏加诺总统夫人。

毛泽东所说的"此二件"之中，一件是中共中央办公厅机要室1962年9月16日印发的《八届十中全会简报·华东组第二十号》，刊登的中共中央政治局委员、国务院副总理兼外交部部长陈毅9月14日下午在华东组的发言。

陈毅说，现在有一股风，叫"三面和一面少"。意思是说我们对美国斗得过分了，对修正主义斗得过分了，对尼赫鲁斗得过分了，要和缓一点。一少，是指我们对亚洲、非洲、拉丁美洲支持太多了，要少一点。这种"三和一少"的思想是错误的。

江青不是中共中央委员，毛泽东把中共中央全会的文件批给江青阅看，这同样表明，毛泽东要求江青关心中国政局。

就在这次中共中央全会前夕，工人出版社忽然接到通知，要求赶印六百册小说《刘志丹》送交中共中央办公厅。

会上，不仅散发了小说《刘志丹》，还印发了两封信——那是小说《刘志丹》的作者李建彤在1962年写给周扬的两封信，这两封信都是批评上将、中共云南省委第一书记阎红彦的。

毛泽东在会上，说了一段后来被广泛引用的话："利用小说进行反党活动，是一大发明。要推翻一个政权，必须制造舆论，无产阶级是这样，资产阶级也是这样。"

毛泽东所说的"利用小说进行反党活动"，指的便是小说《刘志丹》。

虽说对小说《刘志丹》作了"宣判"的是毛泽东，而制造这起文坛冤案的幕后策划者则是康生。

刘志丹，著名的红军将领，红军第二十六军军长，陕北革命根据地的开创者之一。1935年9月21日，毛泽东率红军长征到了哈达铺。从国民党报纸上见到刘志丹红军在陕北活动的消息，遂决定进军陕北，以陕北作为根据地。

刘志丹在1936年4月同国民党军队作战时，阵亡于山西中阳县三交镇。此后，刘志丹一直被作为革命先烈纪念。

1956年，北京的工人出版社要出版一批革命烈士传记，内中有一本《刘志丹》，约请李建彤写。

李建彤确实是很合适的作者，因为她是刘志丹的弟媳，很熟悉刘志丹的事迹。她的丈夫刘景范当年担任陕甘军委主席，是刘志丹的亲密战友。

经过两年的准备，李建彤在1958年开始写《刘志丹》。写了一稿又一稿，写至第六稿才得以出版。1962年7月28日至8月4日，《工人日报》还连载了李建彤的小说《刘志丹》第二卷第一部分。

本来，刘志丹早在20多年前已经战死，年仅33岁，关于他的小说不会有什么麻烦。可是，完全出乎意料，《刘志丹》问世之后，有人向康生报告："小说字里行间美化高岗，为高岗翻案！"这下子，使问题复杂化了。

高岗，曾参与陕甘边区的创建，曾任红军第二十六军第四十二师政委。1936年任中共陕北省委书记，陕甘宁保安司令部司令。此后，1953年6月在全国财经会议前后进行分裂党和破坏党的团结的活动。1954年2月，在中共七届四中全会上，高岗和饶漱石受到批判。

同年8月，高岗自杀身亡。

小说《刘志丹》中的"罗炎"，被说成是高岗。

康生把这一"严重情况"向毛泽东反映。正在号召"千万不要忘记阶级斗争"的毛泽东，把这一"严重情况"视为"阶级斗争的尖锐"表现，于是在中共八届十中全会上说了那么一番话。

毛泽东的话，一锤定音。于是，小说《刘志丹》被定为"反党小说"。

作者李建彤被开除党籍，监督劳动。

此案不断升级。许多人因此受到牵连。

此案直至经历了17个年头之后，在1979年8月，经邓小平批示，中共中央发出1979年第五十三号文件，才终于得以平反。

文件批驳了康生，指出康生强加给这部小说的罪名，是制造了理论上、思想上的混乱。

文件特别指出，小说中的罗炎，并不是高岗。《刘志丹》是一部小说，不是党史，应该允许作者有运用典型化方法塑造人物的自由，而不能用索隐式的方法硬把小说人物同真人等同起来。这种索隐式的批判方法，应当铲除。

文件还认为，应当实事求是地按照历史的本来面目评价一切人的功过是非。不能割断历史——因此，小说中即使采用了高岗在陕甘时期的某些材料，也不应定为"为高岗翻案"。

所谓"索隐"，亦即附会，亦即影射。把小说《刘志丹》索隐成是"为高岗翻案"开了一个恶例。

此事给了江青莫大的鼓舞。此后，她运用康生的"索隐式"手法，把新编历史剧《海瑞罢官》打成"为彭德怀翻案"可以说是"一脉相承"！

江青意识到形势对她颇为有利，便在1962年9月中共八届十中全会期间，约见了齐燕铭。齐燕铭担任过周恩来总理办公室主任，此时担任文化部党组书记兼文化部副部长。江青向齐燕铭指出，"舞台上牛鬼蛇神甚多，文化部要注意。"齐燕铭茫然，不知江青这番话有何来历——是江青自己的意见，还是毛泽东的意思？因为论职务，江青只是毛泽东的生活秘书，只是中宣部电影处处长，怎可以"训示"齐燕铭！

此后不久，江青居然召见陆定一、周扬、齐燕铭、林默涵这中宣部、文化部四位正副部长。须知，当时陆定一是国务院副总理兼中共中央宣传部部长。

江青又一次向他们指出，"舞台上、银幕上帝王将相、才子佳人、牛鬼蛇神泛滥成灾。"

部长们居然无动于衷，对于这位颐指气使的"第一夫人"的意见充耳不闻！

部长们又一次忽视了江青的"能量"。江青下决心要大干一场——她结束了疗养生活，插手中国政治了。